신행정정보체제론

이 윤 식

도서출판 대영문화사

머리말

산업사회 이후 정보통신 기술의 급속한 발달로 도래하게 되는 정보화사회에 부응하기 위해 행정학 연구 분야의 새로운 흐름으로 국가가 주도하다시피 하여 새로운 교육 및 연구 분야로 시작한 정보체제론(또는 정보체계론)이 대학교육의 중심에 등장했다. 그에 따라 관련된 교과목을 새롭게 개발하여 교육 및 연구를 해 오게 되었는데, 벌써 20여 년에 가까운 세월이 흘렀다. 이런 정보체세론의 교육 및 연구의 역사를 회고해 볼 때 그 내용이 많은 변화 및 변형을 거쳐오면서 학문적 영역에 대한 혼돈마저 초래하는 상황에 접하고 있음을 실감하게 되었다.

수많은 내용이 초기의 정보체제론 분야에 덧붙여지게 되고 심지어는 정보체제론이 무엇을 가르쳐야 하는지에 대한 합의도 없이 그 지평이 확대되어 가거나 아예 다른 분야로 독자적인 교육·연구 영역이 개발되어 옴을 보면서 이제는 정보체제론의 정체성을 좀 더 명확히 하고 특히 대학에서 한 학기에 가르쳐야 하는 교과목으로서 본질적인 내용을 정립해야 할 때에 이른 것으로 인식하게 되었다.

이에 이 책에서는 기존에 20여 년 동안 확장일로에 있던 정보체제론을 그 정체성을 확고히 하고 그에 따라 행정학 분야에 부합된 교육 및 연구의 내용을 정착시키는 노력의 일환으로 지식정보화 사회에서의 정보체제에만 우선적으로 초점을 맞추어 새롭게 구성하여 출판하게 되어 책명도 『신행정정보체제론』으로 명명했다.

그럼에도 불구하고 이 책에서는 다음과 같은 기존의 이론적 시각을 유지함으로써 이 책이 처음부터 차별적으로 수립해 온 학문적 기반을 계승하고, 아울러 행정정보체제론의 범주에 부적합 내용들을 과감히 제외시킴으로써 새로운 행정정보체제론을 확립하고자 했다. 첫째, 1990년 『행정정보체제론』(상·하)을 출간할 때 밝혔듯이, 기존의 '정보체계' 또는 '정보 시스템'이라는 용어 대신에 '정보체제'라는 용어를 계속 사용했다. 그 이유는 정보체제가 기계적인 체제가 아닌 인간—기계 체제이며, 더 나아가서 행정활동의 일환인 행정정보 활동이 국가 조직적 맥락에서 이해되어야 하기 때문이다. 그 배경은 정보체계는 인간이 개입된 조직활동과는 구별된 정보활동 메커니즘에 초점을 두고, 정보 시스템은 정보통신 기술 측면을 강조하는 데 있다. 그래서 이 책에서도 기술적인 측면의 정보체제만을 정보 시스템으로 사용하고 있음을 유의할 필요가 있다.

둘째, 행정정보체제 활동에 관한 분석은 행정활동의 특성에 비추어 거시적 입장, 즉 광의의 조직적 입장을 취하면서도 조직 내적 정보활동의 분석을 위해서는 협의의 조직적 접근을 동시에 취하고 있다. 이는 양자 간의 분석 수준의 차이에서 빚어지는 문제의 본질에 대한 분석과 이해의 오류를 최소화하고자 한 것이다.

셋째, 행정정보체제 활동, 좀 더 구체적으로 말해서, 컴퓨터와 통신기술을 기초로 한 인간의 정보활동에 초점을 두고 있기 때문에 컴퓨터 시스템이나 그 밖의 정보기술에 관한 순수 기술적인 면은 기본적인 요소들을 중심으로만 취급하고 있다. 이는 행정정보체제론을 좀 더 기술 지향적이고 공학적인 '행정전산론'과 '전산학개론' 또는 '전자계산론' 등의 내용과 범위면에서 구별하려는 의도에서 비롯된 것이다.

넷째, 1994년에 『행정정보체제론』(상 · 하)을 통합해서 『행정정보체제론』(전정판)으로 개정 · 증보하면서 여타 부분의 변화와 함께 정보통신산업의 발전에 따른 정보통신 산업정책 부문과 지방화의 급속한 진전에 따라 지방행정정보체제에 대해 새롭게 소개하여 연구 분야의 지평을 넓혀 오다가 정보체제론의 범주에서 정보통신 산업정책 분야는 정보체제의 시각에서 달리 취급될 필요성이 있어 이 책에서는 제외했다.

다섯째, 1999년 제2전정판을 출간하면서 초고속 정보통신 기반을 비롯한 새로운 정보화사업들에 관한 고찰과 함께 당시에 새롭게 대두되고 있던 전자정부, 전자주민카드, 전자상거래에 관한 문제들을 새로 분석 · 고찰했고, 정보화사회의 핵심 과제인 정보통신 기반 보안에 대한 주의를 환기시켰으며, 정보사회의 민주성을 가늠하는 정보공개를 프라이버시 문제와 연계하여 분석 · 고찰했고, 컴퓨터 소프트웨어 보호문제를 지적재산권의 시각에서 새롭게 고찰하는 등의 이슈들은 정보체제론의 범주에서 과거처럼 개괄적으로 다루기는 것보다 후속 출간되는 '행정정보관리론'에서 심층적으로 다루는 것이 더 적절하다고 보아 이 책에서는 제외했다.

여섯째, 2003년 제3전정판을 출간하면서 21세기 지식정보사회로의 진전에 따라 정보정책 문제를 포함하여 지식정보 관리 및 정책과 관련해서 새롭게 제기되는 분야에 대해 학문적 연구의 기틀을 제공하고 정보환경 및 그 정책적 변화를 이해하고 대비하는 교육에도 도움을 주고자 기존의 정보통신 기술에 관한 기초적인 내용들은 이미 중등교육 과정에서 관련 지식을 습득하고 대학에 온 학생들에게는 적절치 않아 제외하는 등 전공지식을 전수하는 대학교육에 걸맞은 내용에 초점을 맞추어 개정했던 경향을 유지·발전시켜서 주로 지식정보화 사회의 내용과 그에 따른 정보체제의 변화 및 발전에 대한 이론적 확충을 도모했다.

따라서 이 책은 신행정정보체제론으로서 행정정보체제가 등장하여 활용되는 새로운 지식정보사회를 조망해 보고, 행정정보체제와 관련된 이론적 개념들을 지식정보사회와 연계시켜 재해석하며, 체제 접근적 시각에서 정보체제가 갖는 의미와 정보체제의 분석, 설계, 실행, 운영, 평가의 단계별 체제 활동 그리고 그에 필요한 정보통신기술적 요소에 중점을 두고 중앙정부와 지방정부에서 도입·활용하고 있는 행정정보체제를 이해하고 발전시켜 나가는 이론과 실무를 전공 분야로서 이수하는 데 도움을 주고자 했다. 그렇게 함으로써 이 책과 관련된 강의를 수강하는 학생이나 이 분야를 연구하는 학자들이 연구의 범위를 분석 수준과 일치시켜 좀 더 깊이 있고 충실한 분석 능력을 확보하게 함으로써 행정정보체제론과 관련해서 이론적 발전뿐만 아니라 실무 현장에서 실질적인 문제를 바로 분석하고 해결하도록 하는 데 기여할 수 있도록 했다. 특히 이 책과 관련된 강의를 할 때 한 학기 동안 행정정보체제론의 핵심 내용에 대해 교수나 학생이 충분히 다룰 수 있게 하고, 무엇보다도 학생의 눈높이에 맞추어 이해하기에 용이하도록 내용의 설명을 학생들의 수준에 맞게 전면 바꾸어서 행정정보체제론을 교습하는 데 많은 도움이 되리라 기대한다.

이 책을 새롭게 내기까지 여러 가지로 격려해 준 관련 분야 동료 선·후배 교수님 및 강사님, 이 책과 관련된 강의를 수강해 온 수많은 대학원 및 학부 학생들의 세심한 논평과 의견 개진에 감사를 표한다. 아울러 이 같은 새로운 저술 작업에 관련 자료의 수집·정리 등에 직접적으로 많은 노력을 아끼지 않은 대학원 석·박사 과정의 학생들에게, 특히 저자 연구실의 김가영 조교와 김준식 조교의 노고에 위로와 감사를 표한다. 아울러 『행정정보체제론』을 새롭게 출판할 수 있도록 권면해 주고 지원해 주신 대영문화사 임춘환 사장님과 편집부 여러분께 심심한 사의를 표하면서 이 책이 관심 있는 모든 이에게 행정정보체제론을 이해하고 강의하며 연구하고 실질적으로 활용하는 데 조금이나마 도움이 되길 소망한다.

2009년 8월
조만식기념관 연구실에서
저자 이윤식

차 례

머리말 / 3

제 1 장 지식정보화 사회와 행정 ······ 15

제 1 절 지식정보화 사회의 의의 및 척도 ······ 15
1. 지식정보화 사회의 의의 / 15
2. 지식정보화 사회의 척도 / 24

제 2 절 지식정보화 사회관과 그 패러다임 / 34
1. 지식정보화 사회관 / 34
2. 지식정보화 사회에 관한 패러다임 / 39

제 3 절 지식정보화 사회의 특징 / 51
1. 사회적 측면의 특징 / 52
2. 경제적 측면의 특징 / 53
3. 문화적 측면의 특징 / 54
4. 정치적 측면의 특징 / 56

제 4 절 지식정보화가 행정에 미치는 영향 / 58
1. 행정조직에 미치는 영향 / 58
2. 행정관료제에 미치는 영향 / 64
3. 행정 업무 및 정책 과정에 미치는 영향 / 65
4. 행정환경에 미치는 영향 / 70
5. 지식정보화 사회에서 행정 지식관리와 행정모델 / 72
6. 행정에 미치는 역기능적인 영향 / 74

제 5 절 행정의 지식정보화 사회 정책적 과제와 역할 ······ 74
1. 행정의 지식정보화 사회 정책적 과제 / 74
2. 지식정보화 사회 정책의 추진에 따른 기대 효과 / 78
3. 지식정보화 사회에서 행정의 역할 / 80
4. 지식정보화 사회에서 좋은 정부 / 81

제 2 장 정보 및 체제의 의미 ······ 83

제 1 절 정보의 개념 및 특성 ······ 83
1. 정보의 개념 / 83
2. 정보의 특성 / 86

제 2 절 정보 가치 ······ 90
1. 정보 가치의 종류와 관계 / 90
2. 정보 가치의 평가 / 93

제 3 절 체제의 개념 및 특성 ······ 111
1. 체제의 개념 / 111
2. 체제의 특성 / 116

제 4 절 체제의 유형 ······ 121

제 5 절 체제의 통제 ······ 123
1. 통제의 정의 / 123
2. 개방 루프 체제와 폐쇄 루프 체제 / 124
3. 환류통제체제 / 125
4. 체제의 다양성과 통제 / 127

제 3 장 행정정보체제의 본질 ······ 129

제 1 절 행정정보체제의 의미 ······ 129
1. 행정정보의 정의 및 특성 / 129
2. 행정정보체제의 개념 및 구성 요소 / 131

제 2 절 행정정보체제의 특징과 기능 ······ 137
1. 행정정보체제의 특징 / 137
2. 행정정보체제의 기능 / 140

제 3 절 행정정보체제 접근법 ··· 144
1. 기존 접근법의 내용과 문제점 / 144
2. 체제접근법적 고찰 / 152

제 4 장 행정정보체제의 기획 및 개발 ··· 159

제 1 절 정보체제 기획 및 개발의 의미 ··· 159

제 2 절 행정정보체제의 기획 ··· 160
1. 맥린과 소덴의 정보체제 기획 모형 / 160
2. 놀란의 정보체제 성장단계모형과 기획 / 162
3. 크래머와 킹의 4단계 모형 / 166
4. 크뢰버와 윗슨의 4단계 기획모형 / 167
5. 보먼 · 데이비스 · 웨서브의 정보체제 기획 3단계 모형 / 170
6. 글레이서, 토랜스와 슈와르츠의 4단계 모형 / 199
7. 행정정보체제의 기획 / 200

제 3 절 행정정보체제의 개발 ··· 200
1. 경영정보체제의 개발접근법 / 201
2. 행정정보체제의 개발접근법 / 220

제 5 장 행정정보체제의 실행 및 평가 ··· 232

제 1 절 행정정보체제의 실행 ··· 232
1. 행정정보체제 실행의 개념 / 232
2. 정보체제의 실행 과정 / 233

제 2 절 행정정보체제의 실행 후 평가 ··· 259
1. 행정정보체제 평가의 의의 및 유형 / 259
2. 평가상 제약 요소 / 261
3. 평가 유형 / 263
4. 행정정보체제의 실행과 평가의 관계 / 266
5. 행정정보체제의 평가 대상 및 기준 / 267
6. 행정정보체제의 평가 절차 및 방법 / 278

제 3 절 행정정보체제의 운영 평가 ··· 285
1. 행정정보체제의 운영 / 285

2. 행정정보체제의 유지 보수 / 288
3. 행정정보체제의 운영 및 유지 보수와 평가 / 291

제 4 절 행정정보체제 평가의 문제점과 개선 방향 ······ 292
1. 행정정보체제 평가의 기본 가정과 문제점 / 292
2. 행정정보체제 평가의 개선 방향 / 295

제 6 장 컴퓨터 시스템 ······ 297

제 1 절 컴퓨터 시스템의 의의 및 중요성 ······ 297
1. 컴퓨터 시스템의 개념 / 297
2. 컴퓨터 시스템의 기능 / 298
3. 컴퓨터 시스템의 구성 요소 / 303
4. 컴퓨터 시스템의 중요성 / 307

제 2 절 컴퓨터 시스템의 발달 과정 ······ 309
1. 컴퓨터 시스템의 연원 / 309
2. 범용 전자식 디지털 컴퓨터의 발달 과정 / 311

제 3 절 컴퓨터 시스템의 분류 ······ 324
1. 유형별 분류 / 324
2. 용도별 분류 / 326
3. 규모별 분류 / 326

제 4 절 컴퓨터 시스템의 기능 ······ 330
1. 행정사무 처리의 개선 / 331
2. 행정 의사결정의 합리화 / 334
3. 행정정보 공유와 시스템 연계의 완성 / 334

제 5 절 컴퓨터 시스템의 활용 조건 ······ 335
1. 컴퓨터 시스템 활용의 선결 조건 / 335
2. 컴퓨터 시스템 활용 시 고려 사항 / 340

제 7 장 정보통신망체제 ······ 342

제 1 절 LAN · VAN · ISDN ······ 342
1. 정보통신망의 개념 및 이점 / 342

2. 근거리통신망(LAN) / 343
3. 부가가치통신망(VAN) / 356
4. 종합정보통신망(ISDN) / 367

제 2 절 한국의 행정전산망과 초고속 정보통신망 ········· 382
1. 행정전산망의 추진 배경 및 의의 / 382
2. 행정전산망 추진전략 및 추진 체계 / 385
3. 행정전산망사업의 평가 / 389
4. 초고속 정보통신망 / 395

제 3 절 정보통신망체제의 새로운 동향 ········· 402
1. 유비쿼터스 네트워크(Ubiquitous Network) / 402
2. 광대역통합망(BcN) / 403
3. RFID(Radio Frequency IDentification) / 410
4. u-센서 네트워크(Ubiquitous Sensor Network) / 418
5. 위성통신망(Satellite Communication Network) / 420

제 8 장 의사결정과 행정정보 지원체제 ········· 423

제 1 절 의사결정 과정과 행정정보체제의 역할 ········· 423
1. 의사결정의 개념 / 423
2. 의사결정 과정 / 424
3. 의사결정 과정과 행정정보체제의 역할 / 427

제 2 절 의사결정 계층과 행정정보체제의 역할 ········· 432
1. 최고관리층의 전략적 의사결정과 행정정보체제의 역할 / 433
2. 중간관리층의 관리통제적 의사결정과 행정정보체제의 역할 / 433
3. 하위관리층의 운영통제적 의사결정과 행정정보체제의 역할 / 434
4. 하위조직 구성원의 일상업무 처리 결정과 행정정보체제의 역할 / 435
5. 종합적 분석 / 436

제 3 절 의사결정 지원체제 ········· 437
1. 의사결정 지원체제의 역사 / 438
2. 의사결정 지원체제의 개념 및 범위 / 440
3. 의사결정 지원체제의 특성 / 442
4. 의사결정 지원체제와 다른 하위 정보체제와의 비교 / 447

5. 의사결정 지원체제의 수준 / 448
6. 의사결정 지원체제의 개발 / 451
7. 의사결정 지원체제의 분석모형 / 454
8. 의사결정 지원체제의 유형별 특성 / 459

제 4 절 집단의사결정 지원체제 ······ 462
1. 집단의사결정의 개념 / 462
2. 집단의사결정 자원체제의 개념과 특징 / 463
3. 집단의사결정 지원체제의 발달 / 463
4. 집단의사결정 지원체제의 구조 / 464
5. 집단의사결정 지원체제의 미래 / 466

제 5 절 전문가 시스템 ······ 467
1. 전문가 시스템의 개념과 논리적 구성 요소 / 467
2. 전문가 시스템의 필요성 / 469
3. 전문가 시스템의 개발 루트 / 469
4. 전문가 시스템의 성공적 구축 요건 / 470
5. 전문가 시스템의 기능 / 470
6. 전문가 시스템의 문제점과 활용 사례 / 471

제 9 장 정책 과정과 행정정보체제 ······ 473

제 1 절 정책 과정의 개관 ······ 473
1. 정책의제 설정 과정 / 474
2. 정책결정 과정 / 474
3. 정책집행 과정 / 475
4. 정책평가 과정 / 475

제 2 절 정책의제 설정 과정과 행정정보체제 ······ 476
1. 정책의제 설정 과정의 의미 / 476
2. 정책의제 설정 과정 / 476
3. 정책의제 설정 과정에 관한 모형 / 478
4. 정책의제 설정상 문제점 / 479
5. 정책의제 설정과 행정정보체제의 기능 / 480

제 3 절 정책결정 과정과 행정정보체제 482
1. 정책결정 과정에서 행정정보체제의 기능 / 482
2. 정책결정모형별 행정정보체제의 기능 / 486
3. 정책결정을 위한 행정정보체제의 설계 / 490

제 4 절 정책집행 과정과 행정정보체제 492
1. 정책지침 작성 단계와 행정정보체제 / 493
2. 자료의 수집 및 배분 단계와 행정정보체제 / 494
3. 실현 활동 단계와 행정정보체제 / 495
4. 감독 및 통제 단계와 행정정보체제 / 495

제 5 절 정책평가 과정과 행정정보체제 496
1. 정책평가 종류별 행정정보체제의 기능 / 496
2. 정책평가 단계별 행정정보체제의 기능 / 497

제 10 장 지방행정정보체제 500

제 1 절 지방화의 의미 및 특성 500
1. 지방화의 의미 / 500
2. 지방화의 특성 / 502

제 2 절 지역정보화의 의미와 필요성 508
1. 지역정보화의 개념 / 508
2. 지역정보화 패러다임의 변화 / 511
3. 지역정보화의 필요성 / 512

제 3 절 우리나라의 지역정보화정책 513
1. 지역정보화정책 추진 현황 / 513
2. 지역정보화정책의 추진상 문제점과 개선 방향 / 522

제 4 절 지방행정정보체제 528
1. 지방행정정보체제의 개념 및 특성 / 528
2. 기본 모형 / 531
3. 구축 절차 / 532
4. 지방행정정보체제 구축 시 고려 사항 및 정책적 과제 / 533

제 11 장 민주화와 행정정보체제 ······ 536

제 1 절 정보화사회에서 민주주의 ······ 536

제 2 절 민주화 모형 ······ 537

1. 민주주의와 민주화 / 537
2. 민주화 모형의 구성 요소 / 540
3. 구성 요소의 우선순위 / 545

제 3 절 행정정보체제의 문제점 ······ 546

1. 문제의 정의 / 546
2. 문제의 본질 및 체제접근법적 고찰 / 547

제 4 절 행정정보체제의 민주화 방안 ······ 559

참고 문헌 / 563

찾아보기 / 595

제 1 장 지식정보화 사회와 행정

제 1 절 지식정보화 사회의 의의 및 척도

1 지식정보화 사회의 의의

1) 지식정보화 사회에 관한 인식의 계기

유사 이래로 인간은 정보를 필요로 하는 사회에 살고 있음에도 불구하고(Berger, 1967: 22ff; Tehranian, 1987: 92) 근래에 들어 '지식정보 사회' 또는 '지식정보화 사회'라는 용어가 많이 사용되고 있으며, 많은 사람들에게 새롭고 신선한 충격으로 받아들여지고 있다. 이렇게 많은 사람들이 지식정보화 사회의 도래에 관해 새삼스럽게 인식하게 된 계기는 대체로 다음과 같은 상황의 전개에 기인한다(Ploman, 1987: 292-4).

(1) 정보통신 기술의 확산

지식정보화 사회에 대해 사람들이 새롭게 인식하게 된 첫 번째 이유는 그들의 관심이 산업사회에 주로 나타난, 환경을 어지럽히고 때로는 그것을 미화시키는 다양한 기술장치에 있지 않고, '정보 및 통신기술'이라고 정의되는 테크놀로지의 본질에 집중하게 된 데에 있다. 여기서 정보통신 기술은 정보기술과 통신기술을 통합한 광의의 개념으로서 초정밀 전자공학(microelectronics)과 통신공학에 바탕을 둔 기술을 의미하며, 전통적인 산업기술(industrial technology)과는 근본적으로 다르다. 즉, 정보통신 기술은 물질이나 물리 에너지의 조잡한 배열에 관한 것에 관심을 두지 않고, 직접적으로 기초과학의 발전을 구체화하고, 지식과 조직 테크놀로지의 표현에 중점을 두고 있다. 이 같은 테크놀로지가 산업 생산, 경영, 과학 및 오락 분야 등에서 현대 사회의 기본적인 기술적 하부구조로 급속하게 보급됨과 더불어 단순히 객관적으로 주어진 지식의 내용의 학습이 아닌 창조적인 지식의 형성을 통한 혁신적인 기술의 생성과 보급으로 인해(염재호, 2002) 사람들은 지식정보화 사회의 도래에 대해 새삼스럽게 인식하게 되었다.

(2) 정보통신 기술 분야의 확산

지식정보화 사회에 대해 사람들이 새삼스럽게 인식하게 된 두 번째 이유는 정보 및 통신 분야에서 도출된 은유, 직유 및 이미지 개념 등이 그들의 인식 기관에 크게 침투하게 된 데에서 찾아볼 수 있다. 즉, 커뮤니케이션 유형과 정보 유통이 자연 현상, 정치생활, 사회조직, 심지어 과학혁명의 구조를 설명하는 데에 기본적이고 결정적인 개념으로 원용되고, 한 국가 안이나 국가 간의 사회 관계, 작업과 여가의 성질, 공간적 운동과 배열의 형태, 학습, 지식, 문화 과정 등에 많은 영향을 미치게 됨으로써 비로소 지식정보화 사회의 도래에 관한 징후를 의식하게 되었다.

다만, 인간의 태도와 인지(認知)상의 급격한 변화로 인해 많은 사람들은 그런 변화 요인이 무엇인지 모르며, 어떻게 대처할 것인지에 관해서 아직 준비가 되어 있지 않다. 따라서 인간은 지식정보화 사회의 도래를 인식할 기회를 미처 갖지 못한 채 지식정보화 사회의 진입로에 들어와 있게 된 데서 지식정보화 사회를 충격적인 것으로 받아들이게 된 것이다.

(3) 국내외 문제의 상호의존성 증가

국내 및 국제문제가 급속도로 발달한 국제통신에 의해 좌우되고, 또 그러한 문제들에 영향을 미치는 국가 간 또는 정부 간, 그리고 국가 내 각종 집단 간의 상호연관성이 높아지게 되었다. 이러한 연유로 '국내문제의 국제화'와 '국제문제의 국내화' 현상이 두드러지게 되었고, 이것이 지식정보화 사회의 도래에 대해 새롭게 인식하게 된 세 번째 이유이다.

(4) **정보화의 성숙 및 고도화**

정보기술의 혁신 및 발달과 더불어 정보화의 성숙과 고도화가 일어남에 따라서 산업사회의 패러다임이 정보사회의 패러다임으로 변화했고, 다시금 지식정보화 사회의 패러다임으로 이행되고 있다. 즉 자본, 노동력, 토지 등의 중심 요소들이 지식으로 대체되는 모습이 나타나고 있으며, '지식'을 경제 중심주의적 시각에서 봄으로써 지식을 혁신과 가치 창출의 대상으로 중시하고 있다(현창희, 2000).

2) 지식정보화의 의미 및 동인(動因)

(1) **지식정보화의 의미**

지식정보화란 인간 생활의 질을 향상시킬 목적으로 정보통신 기술을 이용하여 정보활동을 신속하고 정확하게 수행함으로써 인간의 의사결정 합리화와 그에 따른 신속한 조치를 통해 인간 행위의 효율성을 도모하는 일체의 활동을 의미한다. 다시 말하면, 지식정보화는 정보 기반이 고도화된 지식사회의 특징과 지식 기반이 고도화된 정보사회의 특징이 나타나는 사회로 정보 기반과 기술을 통해 지식을 창조하고 공유한다. 정보의 단순한 생산, 유통, 소비를 넘어서 고도의 지식이 창조되고 유통, 공유된다(이준호, 2004: 186-7). 이 같은 지식정보화 활동은 대체로 물리적 기반 계층, 응용 서비스망 계층, 정보 시스템 계층, 지식정보자원 계층, 광의의 제도 계층으로 구성된다(이윤식, 1998: 14-20).

(2) **지식정보화의 동인**

지식정보화는 보통 다음과 같은 두 가지 요인에 의해 좌우됨을 알 수 있다. 하나는 사회적 수요를 의미하는 지식정보화의 필요성으로서 '인식적·필요적 측면(needs)'이고, 또 하나는 정보통신 분야의 기술혁신으로 표현할 수 있는 '기술적·원인적 측면(seeds)'이다(방석현, 1994: 29 참조).

① 인식적·필요적 동인

지식정보화의 동인이 되는 요소 중의 하나는 사회문화적 요인으로서 인식적·필요적 측면의 변화를 들 수 있다. 급속한 경제 성장에 따라 가치관은 점차 다양해지고 전문화된 정보 수요는 점점 더 증대되고 있다. 이러한 측면의 가치관에는 개성화, 민주화, 형평화, 합리화, 창조화, 인간화, 국제화 등을 들 수 있다.

정보사회가 효율성 중심의 정보화를 추구했다면, 지식정보 사회로 갈수록 효율성과 민주성 균형의 정보화를 추구한다고 볼 수 있다.

정보사회에서는 지식이 기계적 형태로 가공되고 유통, 저장되는 것에 초점이 있었다면 지식사회에서는 정보로 전이될 수 없는 지식의 특성, 다시 말해서 창조적 성격에 그 핵심이 있다고 할 수 있다.

② 기술적 · 원인적 동인

지식정보화의 동인이 되는 또 하나의 요소는 정보통신 분야의 기술혁신이다. 컴퓨터 반도체 기술의 고도화, 통신기술의 고도화, 정보의 전달 및 처리기술의 고도화, 사회 네트워크 기술의 고도화 등은 종전까지 할 수 없었던 방대한 양의 자료의 보존과 재생을 가능케 했다. 또한 인간의 지적 능력을 고도로 확대시키고 있으며, 사회구성원 간의 정보 공유 및 시간과 공간을 초월한 지식정보 전달의 가능성을 제공함으로써 지식정보 사회가 실현되어 가고 있다.

또한 지역 간, 국가 간 거래의 증대, 지식 근로계층의 형성, 지식 · 혁신 능력의 축적 및 확산과 더불어 수요의 고급화와 다양화, 정보통신 기술과 과학기술의 비약적인 발전, 범세계적 경제권의 형성으로 인한 변화의 상시화 · 가속화로 인한 환경의 불확실성 증대와 지식과 혁신활동을 둘러싼 경쟁 및 협력의 증대가 지식정보화 사회의 도래를 촉진했다고 볼 수 있다(이명호, 2000).

3) 지식정보화 사회의 개념

지식정보화 사회는 21세기 사회의 또 다른 표현이라고 할 수 있다. 지식정보화 사회는 정보통신 시설과 이용 측면에서 고도화되고, 그 기반 위에서 온갖 정보와 창의적인 지식들이 융합되어 이끄는 사회를 의미한다.

초고속 통신망을 통해 세계가 하나로 연결되고, 수많은 정보가 디지털화되며, 지적재산이 정보로 가공되고 상품화되어 전 세계로 유통되고 산업 부문 역시 지적재산권이 중요시되는 현상이 보편화되는 사회이다.

(1) 개념의 다의성

지식정보화 사회의 개념은 합의된 내용을 지녔다기보다 보는 시각에 따라 여러 가지로 정의된다. 이를 이해하기 위해서는 우선 정보화에 대한 대표적인 개념을 이해할 필요가 있다.

첫째, 정보화사회는 공업 제품보다도 창의적인 정보의 생성, 가공 · 처리가 더 많은 가치를 낳는 사회이다(변재옥, 1979: 168).

둘째, 정보화사회는 정보기술이 급속히 진보함으로써 다방면에 커다란 영향을 미치고 많은 정보가 대량으로 유통되는 사회이다(다케우치 히로시, 1984: 63).

셋째, 정보화사회는 저장과 유통에서 풍부한 정보의 배분과 변형, 그리고 사회의 모든 구성원에 의한 용이한 정보에의 접근으로 특징되는 사회이다(Ito, 1981: 671-2).

넷째, 정보화사회는 경제체제가 제조업이나 농업의 보조활동으로서 정보의 생산과 교환에 의해 움직이기보다는, 그 자체가 주된 활동으로서 지식과 정보의 생산과 교환에 의해 이루어지는 사회이다(Branscomb, 1987: 141).

다섯째, 정보화사회는 인간들이 보이지 않는 화판 위에 미래를 설계하고 살 만한 가치가 있는 개인의 삶을 추구하고 실현하는 고도의 지적 창조성을 지닌 사회이다(Masuda, 1980: 3).

여섯째, 정보화사회란 2차 산업인 제품 생산 중심의 경제체제로부터 지적 기술 창조를 주로 하는 서비스 생산 중심의 경제체제로 전환된 사회이다(권태준, 1987: 218).

일곱째, 정보화사회는 지식과 정보가 재화나 에너지 이상으로 유력한 자원이 되고, 정보의 가치 창출, 가치 생산을 중심으로 사회 전체가 움직이는 사회, 즉 인간의 지적 창조력이 일반적 재화를 이루어내는 고도 지적 창출 사회이다(김정흠, 1987: 43).

여덟째, 정보화사회는 기존의 정보매체의 확대와 더불어 초고속 통신망을 중심으로 한 정보처리 기술의 비약적인 진보에 따라 자료의 이용 가치가 높아지고, 사회에 유통되는 자료가 거대한 분량에 이르게 됨에 따라 일련의 사회구조 변혁이 일어나는 상황 또는 그에 관한 정보의 공개 등을 통해 국민의 알 권리가 충족되는 사회이다(김철수. 1988: 3).

아홉째, 정보화사회는 컴퓨터와 전기통신의 기술적 발전으로 새로운 정보기술과 정보기기가 사회에 파급됨으로써 과거의 산업사회와는 질적으로 다른 정보환경을 이룬 사회이다(노규형, 1988: 16).

(2) 통합적 개념과 구성 요소

지식정보화 사회는 이상의 정보화에 관한 여러 개념들을 토대로 대체로 다음과 같이 정의된다. 즉, 지식정보화 사회란 “사회생활의 모든 영역에서 정보와 정보통신 기술 그리고 정보 능력이 광범위하게 보급・활용되어 질 높고 부가가치가 증대된 지식이 창조, 공유, 유통되어 체계적 변화를 초래한 사회"이다. 이러한 개념적 정의는 대체로 다음과 같은 특징적인 요소를 포함하고 있다.

① 지식정보

지식정보화 사회에서 지식정보는 좀 더 포괄적인 의미를 지닌다. 즉, 지식정보는 첫째, 어떤 현상을 나타내고 있어서 그것을 필요로 하는 사람이 수집은 했지만 어떤 의미를 부여할 수 없는 상태로 존재하는 '자료(data)'와 둘째, 이 자료가 수집 정리되어 필요한 의미를 부여할 수는 있지만 그것이 확실하고 타당한 것인지의 여부가 불분명한 상태에 있는 '정보(information),' 셋째, 정보의 의미가 평가 과정을 통해 확실해져서 누구에게든지 인정받는 내용으로서 통용되는 '지식(knowledge)'을 모두 포함하는 뜻으로 사용된다(윤석민, 1988: 144). 이는 지식도 하나의 정보로서 활용됨을 시사한다.

지식정보 속에 지식은 자료정보의 단계를 거쳐 창출된다. [그림 1-1]에서 보듯 현실 세계에서 생성, 제공된 수많은 자료가 분석 과정과 의미 파악을 통해 정보로 산출된다. 정보는 일정한 규칙이나 약속 및 파일링 등을 통해 체계화되어 데이터베이스 형태로 구축, 활용되면서 가치평가가 이루어진다. 여기서 가치 있다고 판단된 경우에는 지식의 단계로, 그렇지 못한 경우 정보 쓰레기로 버려진다. 전략적 가치분석과 인

[그림 1-1] 지식, 정보, 자료의 개념도

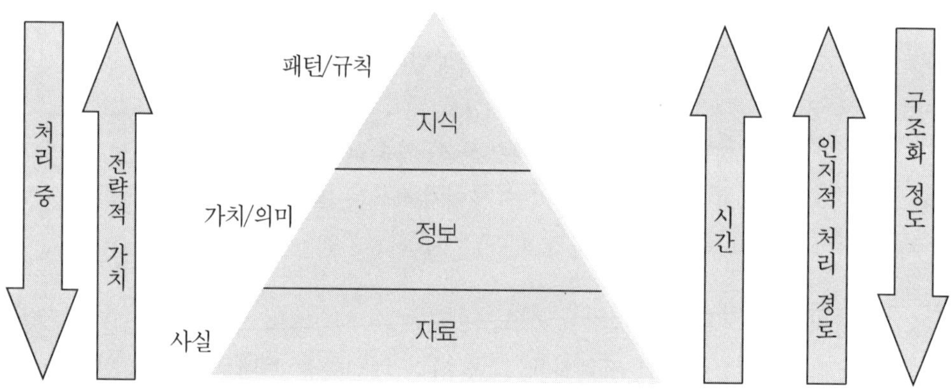

자료: 한세억(2002: 26-9).

〈표 1-1〉 지식에 대한 학자들의 개념 정의

연구자	내 용
Nonaka & Takeuchi(1995)	성당하고 진실된 체험과 믿음에 의해 획득된 스킬(skill)
Wiig(1995)	진실, 믿음, 전망, 개념, 판단, 기대, 방법, 노하우 등으로 이루어진 것으로 특정한 상황과 문제 해결에 적용하기 위해 축적, 구성, 통합되어 오랜 기간 보유하고 있는 것
Leibesking(1996)	증명 과정을 통해 타당성이 입증된 정보
Davenport, Long, & Beers(1998)	경험, 상황, 판단, 사상과 결합된 정보
Leonard & Sensiper(1998)	당면한 문제와 연관되고 즉시 활용될 수 있는 정보로 경험에 준거한 것

자료: 권기헌(2003: 531).

지적 처리 경로를 거쳐 지식으로 생성되는 지식화 과정을 거치고, 이러한 과정을 효율적으로 관리, 활용함으로써 부가가치 창출 및 경쟁력 확보에 기여하는 지식관리 활동이 요구된다.

학자들의 지식에 대한 개념 정의를 살펴보면 <표 1-1>과 같다.

한편 지식의 종류를 살펴보면, 대체로 다음과 같이 정리할 수 있다.

가) OECD의 분류: OECD는 지식을 know-what, know-why, know-how, know-who로 구분하여 설명하고 있다. 'know-what'은 특정한 사실로서 이것을 많이 이해하고 아는 정도에 따라 전문가를 판별한다. 'know-why'는 자연적 법칙이나 과학적 지식으로 연구기관 등에서 생산되는 일종의 조직적 지식을 의미하고, 'know-how'는 어떤 일을 할 수 있는 능력을 의미하며, 'know-who'는 누가 무엇을 얼마만

〈표 1-2〉 OECD의 지식 분류

구 분	내 용
know-what	사실에 대한 지식
know-why	사물의 원리와 법칙에 대한 과학적 지식
know-how	어떠한 일을 할 수 있는 기술과 능력
know-who	누가 무엇을 알고 있는가, 무엇을 어떻게 하는가를 누가 알 수 있는가에 대한 정보

큼 할 줄 아는가에 관한 지식을 의미한다(권기헌, 2003: 528).

나) 노나카와 다케우치의 분류: 노나카와 다케우치(Nonaka & Takeuchi, 1995)는 지식의 형태를 형식지(explicit knowledge)와 암묵지(tacit knowledge)로 나눈다. 형식지란 언어로써 유형화·형식화가 가능한 지식으로서 객관적이고 다른 사람에게 전달 및 이전이 용이하다는 특징을 갖는다. 암묵지란 경험 등을 통해 내면화되어 있는 지식으로서 주관적이며 다른 사람에게 전달 및 이전이 용이하지 않다.

〈표 1-3〉 형식지와 암묵지

구분	형식지	암묵지
특징	• 언어로 표현 가능한 객관적 지식으로서 언어를 통한 전달 및 습득이 가능하며, 이전이 용이함. • 문서, 연구보고서, 데이터베이스, 책 등의 형태로 전달 가능한 지식	• 조직의 문화와 같이 언어로 표현하기 어려운 주관적 지식으로서 경험을 통해 몸에 밴 지식, 전수가 어려움.

자료: Nonaka & Takeuchi(1995).

다) 벨링거의 분류: 벨링거(G. Bellinger)는 '자료(data)', '정보(information)', '지식(knowledge)', '지혜(wisdom)'를 구분하여 설명했다. 그에 의하면 자료는 현실 세계에서 일어난 사건들에 대한 단순한 사실을 의미하고, 정보는 자료를 수집하거나 정리하여 그들 간의 관계를 분석하는 데에서 창출되는 것을 의미한다. 그리고 지식은 창출된 정보가 일정한 규칙으로 정리됨으로써 데이터베이스가 되고. 이를 활용하여 새로운 부가가치를 창출하게 되는 경우를 의미하며, 마지막으로 자료, 정보, 지식의 모든 단계를 거쳐 유사한 문제가 제기될 때 즉각적으로 해결 방안을 제시할 수 있도록 체화된 경우를 지혜라고 했다(강근복 외, 1999: 232).

② 정보통신 기술

정보통신 기술은 정보처리 수단으로서 정보활동에 필요한 정보기술과 통신기술, 그리고 뉴 미디어 기술을 포괄하는 개념이다. 따라서 컴퓨터와 통신망의 도입·활용의 보편화와 발전을 통해 정보화사회의 정보처리 능력이 향상되고, 아울러 통신기술의 개발과 발달로 정보활동의 광역화와 동시화가 이루어짐을 시사한다. 이는 곧 컴퓨터의 인공두뇌 개발로 인간화 가능성과 함께 통신망(communication network)의 발달로 세계의 지구촌화 및 지역화의 가능성을 시사한다(하완규, 1985: 182-6). 아울러 뉴 미디어의 발달로 정보활동의 생활화가 이루어지고 있다.

③ 정보 능력

정보 능력은 두 가지 측면에서 고려된다. 즉, 하나는 소프트웨어적인 정보 해득력(information literacy)이고, 다른 하나는 하드웨어적인 컴퓨터 해득력(computer literacy)이다. 정보 해득력은 정보 교양과 정보처리 능력을 포괄하는 뜻이다. 여기서 지식정보 교양은 지식정보의 규범적 가치(normative values)에 관한 것으로서 지식정보의 가치, 지식정보의 선용과 오용, 정보의 소유권과 이용권, 개인의 프라이버시 보호와 컴퓨터 범죄의 예방을 위한 정보윤리관 등을 포함하는 개념이다. 지식정보 처리 능력은 정보의 수집, 가공, 저장, 검색, 전달 등을 좀 더 효율적으로 할 수 있는 정신 능력으로서 곧 가치 있는 지식정보를 창출하는 능력을 말한다(노규형, 1987: 120).

한편 컴퓨터 해득력은 정보기기 이용 능력과 정보기기 응용 능력을 포함하여 지식정보 전반에 걸친 이해 능력을 말한다. 먼저, 정보기기 이용 능력은 단순하게 정보기기의 작동으로부터 정보의 검색, 계산, 도표 작성, 문서 작성 등을 위해 마이크로컴퓨터나 워드프로세서 등 여러 정보기기를 이용할 수 있는 능력을 말한다. 다음으로, 정보기기 응용 능력은 좀 더 전문화된 능력으로서 프로그램을 사용하거나 새롭게 작성하여 정보를 처리할 수 있는 능력을 뜻한다. 여기에다 한 걸음 더 나아가서 정보기기의 이용 및 응용 과정을 통해 창출된 지식정보의 기능 및 영향력 등 지식정보 전반에 걸친 기본적인 이해 능력도 포함된다(노규형, 1987: 120; 김정흠, 1987: 45). 이러한 컴퓨터 해득력을 포함하는 더 넓은 개념이 매체 해득력(media literacy)으로서 이는 지식정보 매체에 관한 전반적인 지식과 그것을 다룰 줄 아는 능력을 뜻한다. 또한 매체 해득력의 최상위 개념으로 과학 해득력(science literacy)을 주장하는 사람도 있다(김정흠, 1987: 45).

④ 체제적 변화

지식정보화 사회의 개념적 정의 속에 포함된 체제적 변화는 지식정보화 사회의 내용이 산업사회에서 유행한 사회·경제체제적 성격을 탈피하여 본질적인 면에서 획기적인 변화를 이룬 상태를 뜻하는 것이다. 그러나 여기서 간과하지 말아야 할 것은 기술과 사회체제 변화의 관계를 언급할 때 편의상 결과론적인 입장에서는 기술을 독립변수로, 사회체제 변화를 종속변수로 보고 있으나 통시적으로 역동적 분석을 하면 양자는 상호 영향을 주는 관계에 있다는 점이다.

(3) 지식정보화 사회와 정보화사회의 차이

'지식정보화 사회'를 '정보화사회'와 구분하지 않고 같은 의미로 사용하기도 하지만, 일반적으로 정보화사회와 지식정보화 사회는 다음과 같은 개념적 차이가 있다. 정보화사회가 산업사회에 대응되는 개념으로 '정보통신 기술의 발달'을 강조한다면, 지식정보화 사회는 창조적 아이디어라 할 수 있는 '지식의 발달'을 강조한다. 즉, 정보화사회에서는 정보를 생산·유통·저장·처리하는 기술적 능력을 중요시하는 반면, 지식정보화 사회에서는 인간이 정보를 활용하여 좀 더 고차원적인 지식을 창출하는 것을 중요시하며, 이러한 창조적 지식의 창출이 부가가치 증대의 원천이 되는 사회이다.

지식정보화 사회란 지식 또는 정보자원이 갖는 사회·문화적 가치가 비약적으로 증대하고, 국민생활과 사회·경제활동 전반에 걸쳐 지식·정보자원의 생산과 유통 및 활용이 중요성을 지니는 사회를 지칭한다(강홍렬·최선희, 2005: 42). 지식정보화 사회에서는 가치 창출의 원천으로서 지식정보가 차지하는 비중과 우선순위가 높아지고, 새로운 경쟁력과 창의력의 원천으로서 지식의 가치가 강조된다. 즉, 지식정보화 사회는 정보통신 기술 자체의 중요한 의미보다는 정보통신 기술의 기반 위에서 창조적 아이디어인 지식을 창출하는 것이 중요해지는 사회로서, 이렇게 창출된 지식정보는 개인과 조직의 주요한 의사결정에 막대한 영향을 미치게 된다(서순복, 2002: 25).

2 지식정보화 사회의 척도

지식정보화 사회에 관한 개념적 정의가 다양한 것처럼 지식정보화 사회의 도래에 관한 견해 또한 다양하다. 그 이유 중에 대표적인 것은 어떤 관점에서 무슨 척도, 즉 어떠한 방법으로 측정해야 할 것이냐에 관한 합의가 없기 때문이다. 지식정보화 사회의 도래에 관해서는 대체로 인정하면서도, 언제부터를 지식정보화 사회의 시작으로 볼 것이냐에 관해서는 일치된 견해가 없다. 다만 관념적으로나 경험적으로 지식정보화 사회의 도래에 관한 예측이 가능한데, 이를 이해하기 위해서는 정보화사회의 도래에 관해 많이 활용되고 있는 '척도'에 대한 이해가 요구된다. 그 대표적인 척도에는 대체로 다음과 같은 것들이 있다.

1) 정보 수단의 발전 단계

정보화 사회의 도래에 관해 논할 때 가장 많이 사용하는 척도 중의 하나가 정보 수단의 발전 단계에 의한 것이다. 여기서 정보 수단은 대개의 경우 정보매체, 즉 정보기술 혹은 정보통신 기술을 뜻하는 것으로서, 정보기술이 얼마나 발전했느냐를 측정함으로써 정보화사회의 도래나 전망을 예측한다(Jussawalla, 1987: 33-50; 안청시, 1987: 109-22; Larson, 1987: 123-39; 류재풍, 1987: 173-202; 김경동, 1987: 203-24; Schiller, 1987: 225-43, 247-65; 추광영, 1987: 267-89). 예컨대 나이스빗(J. Naisbitt)은 정보사회의 태동을 1956년에서 1957년 사이의 시기라고 규정하면서 그 근거로 1956년 미국에서 대서양 횡단 전화가 개통되고 정보처리가 상품 생산보다 더 중요한 역할을 하게 됨을 들었다. 특히 세계적으로는 소련의 스푸트니크 인공위성이 1957년에 성공적으로 발사된 데에 정보화사회의 도래 이유를 들고 있다(장상용 · 홍성범, 1988: 23-4).

이와같이 정보 수단의 발전 단계에 의한 지식정보화 사회의 도래를 측정함을 도식화하면 [그림 1-2]와 같다.

[그림 1-2] 정보 수단의 발전 단계와 정보화사회

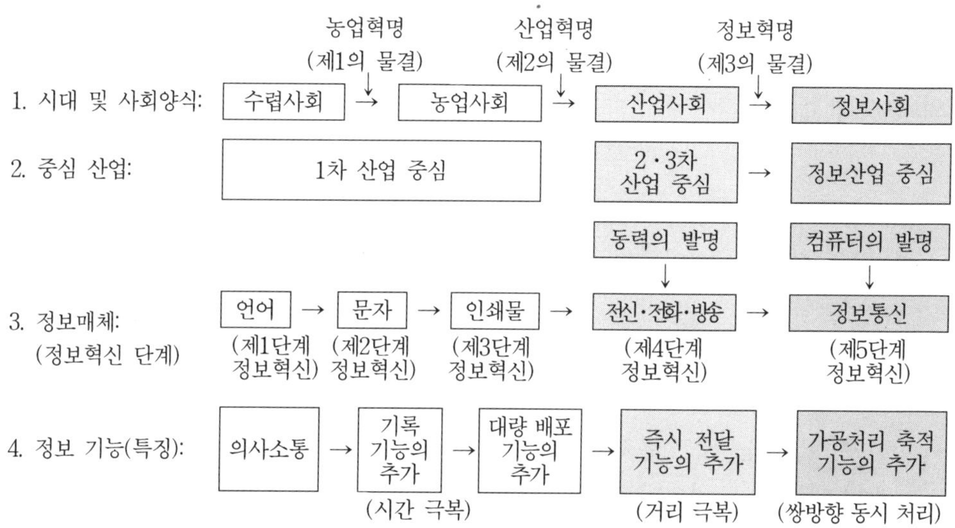

자료: 오명, 「정보사회를 향한 통신정책」 mimeograph, p. 5를 수정 · 보완한 것임.

2) 산업 부문별 구성 분포

정보화사회의 도래 내지 진입 정도를 측정하는 데에 사용되는 두 번째 척도는 특정 국가의 산업 부문별 구성 분포이다. 이는 일정 기간 동안 한 나라의 산업 부문이 어떠한 구성 분포를 나타내는지를 조사·분석함으로써 그 나라의 정보화사회 도래 여부를 판단하는 것이다. 여기서 중요한 전제 조건은 산업을 어떻게 분류할 것인지 합의가 이루어져야 한다는 것이다.

(1) 클라크의 분류

기존의 전통적인 산업 분류 방식은 클라크(Colin C. Clark)의 분류 방식을 따라서 제1차, 제2차, 제3차 산업으로 분류하여, 제1차 산업에는 주로 농업, 임업, 수산업, 그리고 목축업을 포함시켰고, 제2차 산업에는 광업, 제조업, 건설업 등을 포함시켰다. 그리고 제3차 산업에는 그 밖의 산업으로 운송, 통신, 전기, 가스, 수도, 상업, 금융 등 각종 서비스업을 포함시켰다. 이런 분류 방식은 경제 성장과 더불어 산업 부문의 구성 분포의 추이를 측정하는 데 유용한 수단이었다.

그러나 이 분류 방식에 의하면, 첫째로 정보나 지식과 관련된 업종은 어느 부문의 산업에 속하는지에 관한 분명한 언급이 없고, 둘째로 서비스 산업만 해도 그 종류가 다양하며 이질적인 것들이 뒤섞여 있어서 공통된 속성으로 나타내기 곤란하며, 셋째로 제2차 산업 안에도 같은 제조업이라고 불리는 것 중에는 소재 생산업체가 있는가 하면 연구개발에 중점을 둔 지식집약적 산업에 종사하는 기업이 있어서 정확한 구분이 없다는 등으로 클라크의 분류 방식은 산업 분류의 정확성이 결여되어 있다는 비판을 받는다(김정흠, 1987: 23).

(2) 벨의 분류와 매클럽의 분류

벨(D. Bell)은 5차 산업까지 분류하여 정보 및 지식산업을 포함시키고 있으며(Bell, 1979), 매클럽(F. Machlup)도 클라크의 분류 방식에서의 제3차 산업을 다시 정보산업(지식산업)과 서비스산업으로 분류했다(Machlup, 1962). 그런데 이 산업별 분류 방식에 의한 분석도 실질적으로 지식정보 관련 업종에 종사하는 사람의 변동 상황을 정확하게 파악하는 데는 무리가 있다. 왜냐하면 특정 산업, 예컨대 정보산업에 속해 있는 업종만도 여러 가지이므로 본질상 정보나 지식과 직접적으로 관련되어 있는 업종의 종사자 수가 제대로 조사되지 않은 채 전체적인 변동만을 파악하여 판단을 내리는 경우에는 지식정보화 사회의 진전에 대한 진단을 그르칠 수 있기 때문이다. 이 때문에 매클럽은 후에 종래의 산업별 취업자 수에 의한 분류 방식을 버리고 직업별 취업자 수에 의한 분류법으로 분석을 제안하게 된 것이다.

3) 직업별 구성 분포

(1) 의미

정보화사회의 진전에 관한 측정 기준 중에 세 번째 척도는 종래의 산업별 취업자 수의 추이에 따른 분석 방법을 극복한 직업 또는 직종별 구성 분포이다. 이는 취업자가 어떤 산업에 소속되어 있는가는 문제삼지 않고, 어떤 직종이나 직업에 종사하고 있는가를 중시하는 측정 기준이다. 오늘날 정보화사회의 도래나 전망을 예측하는 대부분의 연구가 이 척도를 이용하여 분석하고 있다. 예컨대, 매클럽과 이를 더욱 발전시켜 농업, 제조업, 서비스업, 정보업, 그리고 복합 직업의 다섯 가지 직종으로 분류하여 정보화사회 진전도를 분석한 포라트(M. U. Porat)의 연구가 이 척도를 이용했다(Porat, 1978: 3-60).

(2) 사례분석

[그림 1-3]은 이 척도를 이용하여 한국, 일본 그리고 미국에서 정보화사회의 도래 여부를 실제로 분석한 예이다. 그림에서 보듯이 한국, 일본, 미국은 서로 시간의 차는 있지만 동일하게 일정한 시점을 전환점으로 하여 수렵사회에서 농경사회로 넘어가는 '제1의 물결'을 타고, 그 다음에 다시 산업사회로 넘어가는 '제2의 물결'을 거쳐서, 정보화사회로 넘어가는 '제3의 물결'을 넘어가고 있거나, 곧 넘어가려고 하고 있음을 볼 수 있다. 좀 더 구체적으로 살펴보면, 다음과 같은 사실을 발견할 수 있다.

첫째, 미국에서 산업사회가 1905년에 시작되고, 정보화사회가 1956년부터 도래한 반면에, 일본에서는 1962년경에 산업사회로 진입했다가 1971년경에 정보화사회로의 발전을 보게 되었다. 이로써 미국이 산업사회에서 정보화사회로 진입하는 데에 51년(1905~1956년 사이) 걸린 과정이 일본에서는 불과 9년(1962~1971년 사이)밖에 걸리지 않았다.

둘째, 미국이 1860년경 농업 인구가 전체 업종의 42%였는데 반해 일본에서는 1955년경에 그와 비슷해짐으로써 미국이 농업사회에서 산업사회로 넘어가는 제2차 물결을 타는 데에 45년(1860~1905년)이나 걸린 과정이 일본에서는 불과 7년(1955~1962년)밖에 걸리지 않았다.

[그림 1-3] 국가별 정보화사회의 도래

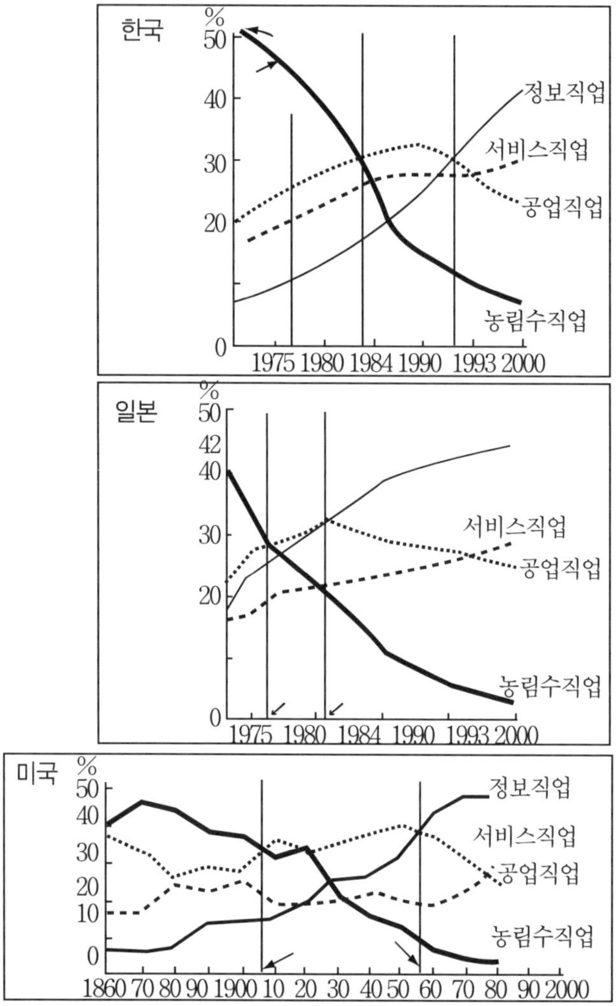

자료: 김정흠(1987: 24-37).

셋째, 농경사회로의 제1의 물결을 타서 농업 인구가 42%가 된 1860년경부터 정보화사회로 진입하는 제3의 물결을 타는 1956년까지 미국에서는 무려 96년(1860~1956년)이 걸린 반면에, 일본에서 농업 인구가 42%가 된 1955년경부터 정보화사회로 진입한 1971년까지 불과 16년(1955년~1971년)밖에 걸리지 않은 점을 발견할 수 있다.

넷째, 이들 두 나라와 비교하여 한국의 경우를 보면, 한국은 1977년경 농업 인구가 전체 인구의 42% 정도에 머물게 되었는데, 이때를 기준으로 일본 및 미국과 비교해서 산업사회로의 진입을 시작한 1984년경까지 약 7년(1977~1984년)이 걸려서 일본의 7년(1955~1962년)과는 같으나 미국의 45년(1860~1905년)보다는 훨씬 짧은 기간이었다. 1995년 정보사회로 진입했고, 2000년 정보 불평등의 해소를 강조하며 2009년 현재 지식정보화 사회로 진입했다고 볼 수 있다. 자원에 대한 접근을 넘어서 정보자원에 대한 선별과 균형을 강조하는 정책으로 변화하고 있다. 이를 볼 때 정보화사회의 진입은 미국이 1956년, 일본이 1971년, 한국이 1995년으로서 한국은 미국보다 약 37년 뒤져 있고, 일본보다는 약 22년 정도 뒤져 있음을 알 수 있다. 하지만 그러나 여기서 간과하지 말아야 할 것은 일본이 산업사회에서 정보화사회로 전환하는 데 걸린 기간이 미국의 경우에 비해 월등히 짧은 것과 마찬가지로 한국 또한 점점 단시간 내에 성취했으며, 현재 더 앞서거나 비슷하다고 충분히 말할 수 있다는 것이다.

4) 정보화지수

정보화사회의 진전도를 측정하는 또 하나의 수단은 정보화지수(information indicator)이다. 이는 정보화가 정보와 관련된 사회 정보환경의 변동을 의미한다고 볼 때, 이 같은 정보화 수준의 현실과 미래를 예측하는 데 사용되는 준거가 된다. 즉 '정보화지수'는 사회지표의 일환으로서 정보와 관련된 사회 변화 현상을 가능한 총체적이고 함축적인 지수로 나타내는 체계로서 '정보화지표'라고도 부른다. 그러나 아직 확실히 공통의 합의하에 도출된 정보화지수는 없다. 그것은 정보화사회의 실체에 대한 공감이 부족하기에 정보화의 개념이나 정의에 따라 여러 가지로 접근되기 때문이다. 먼저 정보화지수가 어떤 기능을 수행하는지를 고찰한 뒤 주요 접근 방법에 관해 살펴보고자 한다.

(1) 정보화지수의 기능

정보화지수는 대체로 다음과 같은 기능을 한다 (전석호, 1989: 182-3).

첫째, 정보화지수는 정보의 활용과 관련된 사회적 구조, 기능, 형태 등의 현재 수준은 물론 변화 정도와 방향까지를 제시해 준다. 특히 지역 간의 비교가 가능하므로 구조적 분석에 따른 정보 분배의 균형을 맞추기 위한 정책적 지침의 기능을 수행한다.

둘째, 정보화지수는 장차 전개될 새로운 정보환경에 대한 예측과 함께 이와 관련된 공공정책의 지침이 될 수 있다. 즉, 정보의 효용성을 높이는 동시에 정보의 오용으로 인한 사회적 문제를 조기에 감지하여 바람직하지 못한 사회적 여파에 대처할 수 있게 해 주는 기능을 담당한다.

셋째, 정보화지수는 누구에게나 공개됨으로써 일종의 사회보고(social reporting)가 제도화될 수 있게 하고, 나아가서 일반 국민으로 하여금 정보에 대한 가치를 중시하고 정보화 의식을 갖게 해 주는 역할을 담당한다.

넷째, 정보화지수는 사회 발전 지표의 의미로 이해될 수 있는데. 그것은 정보화지수에 포함된 정보 관련 항목별 지수는 물론이고 각 지수 간의 상관관계를 분석함으로써 사회 발전과 연관된 목표 설정 및 실적평가까지 가능하게 한다.

(2) 정보화지수 접근 방법

정보화에 대한 개념적 정의나 내용 등에 관해 의견을 달리함에 따라 정보화지수에의 접근 방법도 다양하다. 여기서는 대표적인 것만 간단히 설명하고자 한다(그 밖의 자세한 내용은 전석호, 1989: 183-8 참조). 다만 여기서 유념해 두어야 할 것은 정보화사회의 척도들도 일종의 정보화지수나 지표의 역할을 한다는 점이다. 이는 후술하는 접근법들에 관한 설명을 통해 이해될 수 있다.

① 산업구조 측면에서 접근 방법

이는 정보화의 진전도를 주로 산업구조의 변화에 두고 정보 관련 산업이 전체 국민경제에서 차지하는 비중을 파악하여 정보산업의 확대와 경제 성장과의 관련 정도를 밝혀보는 데 초점을 맞춘 접근 방법이다. 그 실증적 예는 이미 설명한 매클럽의 연구로서 그는 정보와 지식을 개념적으로 동일시하여 정보의 생산 및 분배와 관련된 산업조직을 예상하며 지식산업론(knowledge industry)을 전개했다. 매클럽은 지식산업을 정보기기, 정보 서비스, 커뮤니케이션 미디어, 연구개발(R&D), 교육 등 5개 부문으로 설정하고, 1947년부터 1958년까지 미국 정보 관련 산업의 생산 규모의 성장을 전체 GNP에서 차지하는 비중을 통해 분석했다(Machlup, 1962).

한편, 포라트는 매클럽의 분석을 발전시켜 정보산업을 '제1차 정보 부문'과 '제2차 정보 부문'으로 나누는데, 제1차 정보 부문은 정보재와 정보 서비스를 생산・판매하는 산업 분야이고, 제2차 정보 부문은 비(非)정보 부문이라도 생산성 증가를 목적으로 조직 내부의 필요에 의해 자체적으로 생산・소비하는 모든 분야를 의미한다. 정보통신 분야에도 같은 방법으로 적용했다(Porat, 1977).

〈표 1-4〉 OECD의 지식정보산업의 범위

구 분	세부 산업
첨단산업(제조업)	- 항공기 제조업 - 사무, 계산, 회계용 기기 제조업 - 의약품 제조업 - 영상, 음향, 통신장비 등
통신서비스업	- 전신, 전화, 우편, 방송
금융, 보험, 사업서비스업	- 금융, 보험, 사업서비스업

자료: 유승훈 · 정군오(2002: 49).

OECD에서는 1998년에 지식 정보, 기술의 활용 정도에 따라 기술과 지식의 내용을 기초로 지식정보산업의 포괄 범위를 지정했다. OECD의 지식정보산업의 범위를 살펴보면 <표 1-4>와 같다. 표에 제시된 지식정보산업의 개념에 따르면 크게 첨단기술산업, 통신서비스업, 금융, 보험, 사업서비스업 등 지식 기반 산업 범주에 포함하고 있다. 세부적으로 첨단기술산업은 기술 개발이 산업 발전에 핵심 역량이 되는 컴퓨터, 우주항공, 의약품, 통신장비 등이며, 통신서비스업, 금융서비스업은 지식, 정보기술 등 무형의 자산을 생산활동에 광범위하게 적용하고 도입하는 업종이다.

② 정보인력 측면에서 접근 방법

이 접근 방법은 기본적으로 전술한 산업구조 측면에서 접근 방법의 맥락을 유지하는 것으로서 정보행위와 관련된 정보 전문인력을 세분하여 정보 노동인력이 전체 노동인력 중에서 차지하는 비중을 수적 · 소득적 차원에서 비교 분석하는 방법이다. 이 방법은 특히 일본 국토청에서 '정보활동(information activity)'이라는 지표분석으로 활용되고 있다. 이는 정보활동에 관련된 정보인력을 의사결정 · 계획조정에 관련된 직업, 정보의 창조 · 생산에 관련된 직업, 정보의 수집 · 제공에 관련된 직업, 정보의 처리 · 가공에 관련된 직업, 교육 · 훈련, 그리고 정보의 전달에 관련된 직업으로 세분하여 이들 정보인력이 차지하는 비중을 가지고 정보화의 진전도를 판단한다. 여기서 정보인력은 정보의 창안 및 생산, 수집, 처리, 제공, 재가공, 전달에 관계된 모든 정보활동에 종사하고 있는 전문노동자를 일컫는다(전석호, 1989: 184-5).

③ 전자기술 발전 측면에서 접근 방법

이는 정보화의 영향이 사회 전반에 걸쳐 확대되는 1980년대부터 제기된 정보화지수 접근 방법으로서 기존의 산업구조면에 국한된 정보화지수를 수정하여 사회적인 측면도 고려한 정보화지표이다. 그 대표적인 것이 일본 통산성의 '산업구조심의회'의 정보화지표로서 산업 측면과 일반 개인, 가정에 이르는 사회적 측면에서 고려된 정보화지수이다. 이는 일본의 정보화 진전도를 산업 부문과 사회생활 부문으로 나눈 다음, 컴퓨터계와 비컴퓨터계를 각 부문에 적용하여 모두 4개 부문으로 분류하고, 각 부문을 가장 잘 대표한다고 생각되는 27개 정보매체를 총괄하여 보급 정도를 측정함으로써 정보화 정도를 평가했다.

그 후 일본의 경제기획청 산하 종합기획국에서 컴퓨터에 의한 정보처리의 기술적인 측면뿐만 아니라 전자식 수단에 의한 정보노동의 생산성 증가나 사무실에서의 정보 장비율의 증가 등 광의의 사회 보급 현상을 동시에 고려한 전자계와 비전자계의 분류에 의해 정보화지표를 수립·사용했다(전석호, 1989: 185-6).

④ 정보 유통 측면에서 접근 방법

정보화지수의 또 다른 접근 방법은 정보 유통량에 준거한 정보화지표의 설정·사용이다. 이는 한 국가의 정보 유통량의 크기를 측정하는 소위 '정보 유통 센서스'를 통해 도출된 정보 유통 지수에 의해 정보화의 정도를 측정하는 방법이다. 이 방법은 사회 전체에 유통되는 정보량이 변동함에 주시하여 그 양이 증가하는 경향을 정보화로 본다. 그 대표적인 것이 일본 우정성이 1974년 이래 실시하는 정보 유통 센서스에 의한 정보지수이다. 이는 지속적인 정보통신 기술의 발전으로 제반 정보환경의 변화에 따라 정보 유통 센서스에서 각종 정보 미디어를 전기통신계, 운송계, 공간계로 나누고 각 계열별로 공급 정보량 및 소비 정보량을 중심으로 정보지수를 산출한다.

그 측정 방법은 각 미디어별 표현 방식(음성, 문자, 영상 등)에 따라 기본 측정 단위(시간, 지면 등)를 설정하여 그에 따른 단위당 기본 단어 수(word)로 환산함으로써 각 미디어의 정보 유통량을 종합하는 것이다. 따라서 이 접근 방법은 정보의 의미나 가치보다도 단순히 단어 수를 기본 단위로 하는 양적 유통을 주로 관찰하게 된다. 이 접근 방법에서 중시하는 정보 소비율은 총소비 정보량을 총공급 정보량으로 나눈 것으로서(즉, 정보 소비율$=\frac{\text{총소비 정보량}}{\text{총공급 정보량}}$), 총소비 정보량은 실제로 소비된 정보의 총량을 뜻하고, 총공급 정보량은 수요자 측에서 소비 가능한 상태로 정보 공급자가 제공한 정보의 총량을 의미한다(전석호, 1989: 187).

⑤ 정보생활 측면에서 접근 방법

이는 정보화의 진전도를 특정 사회 전반에 걸쳐서 보급되어 있는 정보기술 장비나 미디어, 그리고 정보와 관련된 사회 주변 환경시설을 포함시켜 다각적으로 고찰한 것을 종합한 접근 방법이다.

⑥ 수용자 측면에서 접근 방법

이 접근 방법은 기존의 접근 방법들이 주로 정보와 관련된 기술적 진보나 경제적 규모, 또는 정보 유통 등 양적인 측면에 초점을 맞춘 것과 대조적으로 실제로 정보를 선택 사용하는 사용자 측면에서 정보와 관련된 물리적 환경의 변화뿐만 아니라, 정보를 사용하는 정보 수용자의 정보행위의 변화 또는 정보에 대한 가치관, 욕구 충족 등과 같은 인지・태도상의 변화에 중점을 두고 정보화의 진전도를 파악하는 방법이다. 그 대표적인 것이 일본에서 수용자의 정보에 대한 접근가능성(accessibility) 척도이다. 여기서 접근가능성은 수용자가 어떤 종류의 정보 서비스를 원할 때 항상 서비스의 이용이 보장 가능한 정도를 의미한다. 이는 다음과 같이 구해진다.

$$A = I \times G$$

여기서 A＝Accessibility(접근가능성)
I＝Importance(정보 욕구의 중요도)
G＝Gratification(정보 이용에 의한 만족도)

이와 관련된 실제적인 조사는 1978년 일본의 정보통신경제연구소에서 정보통신매체가 생활에 얼마나 기여하는지에 대한 생활지표를 조사한 것이 있다. 여기서 이 연구소는 생활 측면에 해당하는 항목으로 보건, 교통・통신, 여가, 치안 등 12개 항목을 정하고, 각 항목에 각자의 통신매체가 얼마나 긍정적으로 기여했는지를 시민들에게 직접 질문을 했다(전석호, 1989: 188).

⑦ 평가

정보화지수나 지표의 설정은 정보화의 정의나 개념에 관한 합의된 견해에 바탕을 두고 있어야 하기 때문에, 정보화에 관한 공통된 인식이 없이는 객관적이고 포괄적인

'하나의' 정보화지표를 설정한다는 것은 거의 불가능함을 알 수 있다. 그러나 비록 정보화에 관한 정의가 반드시 일치하지 않더라도 각각의 개념적 정의가 정보화사회의 현상을 설명하는 데 일조한다면, 그 개념적 정의에 기초한 정보화지수의 수립과 활용은 정보화사회의 도래나 전망에 대한 좀 더 폭넓은 이해를 짐작할 수 있는 이점이 있음도 아울러 간과되지 말아야 할 것이다.

이처럼 정보화지수는 한 사회의 정보화 진전도를 파악하는 데 좋은 길잡이가 되는 동시에, 포괄적이고 종합적인 분석을 가능하게 하는 변수들의 고려와 포함된 변수들 간의 관계 규명이 선행되기 전에는 정보화에 대한 객관적인 청사진을 창출하는 데 어려움이 있다.

또한 초고속 인터넷의 보편화와 개인용 컴퓨터의 보급률이 높아지고 있는 현재 상황에서 정보화지수의 지표 역시 단순한 기기 보급률과 사용료, 사용 시간과 같은 하드웨어적인 것을 넘어서서 정보의 질, 온라인 쇼핑의 이용도 등 지식정보 기반 위에서는 산업과 지식의 이용도와 만족도를 측정할 수 있는 지표가 필요하다고 본다.

제 2 절 지식정보화 사회관과 그 패러다임

1 지식정보화 사회관

지식정보화 사회의 도래에 즈음하여 이를 보는 시각 또한 정보화 사회관에 기초하여 크게 다음과 같이 세 가지로 나뉘어 있다.

1) 낙관론

(1) 주요 내용

정보화사회는 컴퓨터와 정보통신 기술 또는 전기통신 기술의 발달로 초래되는 전혀 새로운 양식의 사회라고 볼 때, 기존의 산업사회는 본질상 새로운 양식의 사회로 탈바꿈하게 될 수밖에 없는 상황에 이르고 있음을 시사한다. 이와 같은 고도 정보화 사회의 도래에 관해 낙관적으로 평가하는 사람들은 주로 자유주의 이론가로서 정보화사회는 인간 생활에 유익함을 더해 주리라고 주장한다. 즉, 그들은 다양한 지식정보 기술의 폭발과 전 세계에 걸친 확산은 전 세계적인 발전과 민주화를 가속화시켜 줄 것으로 믿고 있다(Tehranian, 1987: 87-91). 이들 낙관론자들 중에 대표적인 사람은 토플러(A. Toffler), 나이스빗(J. Naisbitt), 벨(D. Bell), 매클럽(F. Machlup) 그리고 마스다(Y. Masuda) 등이다.

예컨대 토플러는 『제3의 물결(*The Third Wave*)』(1980)에서 대량생산 사회인 산업사회가 가지는 여섯 가지 대표적인 특징, 즉 ① 규격화, ② 전문화, ③ 동시화, ④ 집중화, ⑤ 극대화, ⑥ 집권화 현상이 지식정보화 사회의 도래로 탈대량화함으로써 다음과 같은 현상이 나타난다고 주장한다. 즉 ① 탈규격화 또는 다양화, ② 탈전문화, ③ 탈동시화, ④ 탈집중화, ⑤ 탈극대화, ⑥ 탈집권화 또는 분권화이다. 이 같은 전망에도 토플러는 지식정보화 사회가 가져올 민주주의와 인간의 행복에 관한 전망에 대해서는 상당히 이중적인 입장을 취함을 주의할 필요가 있다(Tehranian, 1987: 91). 그러나 나이스빗은 정보화사회의 도래로 크게 열 가지 면에서 거대한 변화를 이룰 것을 예측하며 열광적으로 받아들였다.

한편 또 하나 열광적인 낙관론자인 마스다는 지식정보화 사회의 도래로 대의민주정치가 직접적인 참여민주정치 형태로 바뀔 수밖에 없다고 주장했는데, 그 이유는 ① 정보화사회에서는 자기실현 욕구에 의해 행동하기 때문이며, ② 국가나 기업 등 조직의 힘이 커져서 일반 국민들의 생활에 직접적이고 중대한 영향을 미치게 되는데, 이를 국민들이 좌시하지 않기 때문이고, ③ 국내문제의 국제화와 국제문제의 국내화 경향으로 특정 문제의 해결을 위해 시민들의 국제적 협력이 필요함을 인식하기 때문이다. 그리고 ④ 최신의 컴퓨터·통신기술의 발달과 뉴미디어의 출현으로 정치에의 직접 참여로 초래되는 시간과 비용과 기술적인 문제가 극복되었기 때문이다(Masuda, 1980: 101-3).

(2) 정보화사회의 영향

낙관론자들이 펼치는 정보화사회의 순기능적인 영향들을 요약하면 다음과 같다(안청시, 1987: 111-2).

첫째, 고도의 정보화사회는 새롭게 등장한 뉴 미디어를 통해 인터넷 쇼핑과 인터넷 뱅킹 등이 가능해짐에 따라 여유 있고, 질적으로 풍요로운 삶을 영위할 수 있게 된다.

둘째, 사무자동화와 통신기술의 발달로 인해 기업 간, 기업과 소비자 간 통신망이 고도화되어 산업활동의 효율화와 경제생활의 합리화를 기대할 수가 있다.

셋째, 다양한 뉴 미디어에 의해 중앙과 지방 간의 정보 격차가 해소되고 그 결과로 독자적인 지역문화, 자립적 지역사회, 분권화된 행정, 참여적인 정치민주화를 기대할 수가 있다.

넷째, 국가 간 커뮤니케이션과 정보기술의 차이가 해소되어 상호 이해가 한층 더 원활해져서 세계 평화를 이룰 수 있을 것이다.

2) 비관론

(1) 주요 내용

정보화사회에 관한 비관적인 견해들은 주로 마르크스주의적 비판가들과 그들과 입장을 같이하는 미래학자들이 주장한다(Tehranian, 1987: 91). 낙관론자들을 통칭해서 '유토피아론자'라고 부르는데 반해, 이들은 '디스토피아론자'라고 지칭된다. 이러한 비관론자들 중에 대표적인 인물로는 쉴러(H. Schiller), 하멜링크(C. J. Hamelink), 스미스(D. W. Smythe), 서스만(G. Sussman), 몰래나(H. Mowlana), 그리고 엘맨드라(M. Elmandjra) 등이 있다.

이들 비관론자들은 대체로 국가적인 차원과 국제적인 차원에서 제기되고 있는 이중 성향, 즉 "가난과 정보 빈곤의 세계적 대양(大洋) 속에서 부와 풍족한 정보의 섬들을 만들어 내는 경향"을 지적한다. 이들은 특히 새로운 정보기술이 다국적기업에 의한 정보의 사유화 및 집중 그리고 착취 등을 통해 국가 간에 현존하는 격차들을 더욱 벌여놓았다고 보고 있다(Schiller, 1981, 1985; Smythe, 1985; Hamelink, 1983).

그 밖의 비관론자들은 조지 오웰(George Orwell)과 같이 과학정보 기술의 발전을 위험스러운 현상으로 보고 있는데, 그것은 과학기술이 거대산업이나 군사체제와 야합하여 인류의 공공복지를 결국에는 위협하게 되고, 그 적용 과정에서 필연적으로 비인간화를 초래할 것으로 보기 때문이다. 특히 이들은 지식정보 기술의 발달로 인간이 기계의 도구로 전락될 위험성이 많을 뿐만 아니라, 지식정보 보유자였던 일반사무직 근로자가 문서 편집인 등 단순한 기계관리인으로 전락하게 될 것이라고 주장하고 있다(전병재, 1987: 60-1).

따라서 비관론자들의 견해를 요약해 보면, 정보화사회의 진전에 따라 각종 국민생활이나 산업경제 활동에 막대한 영향을 미치는 정보통신 시스템의 집중화와 통제화 및 기업화 그리고 대규모화가 초래되기 쉽고, 그로 인해 자연재해, 설비 고장, 범죄 및 실수의 위험과 사고 가능성이 증대될 뿐만 아니라, 정보의 불공평한 배분과 개인의 프라이버시 침해, 그리고 인간성의 상실과 같은 문제들이 비등하게 될 위험성이 높아진다는 것이다. 이 같은 상황은 국제적인 차원에서도 발생하여 정보기술 및 통신망의 이용 측면에서 유리한 위치를 점하는 나라들이 정보를 독점하게 되어 지식정보 유통의 불균형과 정보정책상 국가의 자유재량권 문제 등을 초래하게 된다고 주장한다(Schiller, 1984; Hamelink, 1983; Sussman, 1984, Mowlana, 1985; Elmandija, 1985: 1).

(2) **지식정보화 사회의 영향**

이들 비관론자들이 주장하는 정보화사회의 역기능적인 영향들을 좀 더 구체적으로 고찰해 보면 다음과 같다(안청시, 1987: 114-5).

첫째, 정보화사회가 도래함에 따라 정보는 항상 누군가에 의해 은폐되거나 변조될 가능성을 지니고 있다.

둘째, 통신의 수단과 기술은 독점되기 쉽다.

셋째, 정보정책은 항상 새로운 변화를 추구하기보다는 현상 유지의 경향을 띠게 되어 사회적 불평등이 심화될 위험성이 있다.

넷째, 정보화사회에서는 지식정보의 홍수 현상을 일으키기 쉽고 그로 인해 사람들은 전문가의 판단이나 그들이 제공한 지식정보에 쉽게 의존하게 되거나 자신의 취향과 일치하는 것만 추구하게 된다.

다섯째, 범람하는 지식정보를 제대로 관리하지 못하는 사람들은 소외되거나 창조적 사고의 결핍증에 걸려서 여러 가지 사회병리적 행동을 나타내든지 전체주의화의 동조 세력으로 전락될 위험성이 있다(Fromm, 1963).

여섯째, 정보화사회의 도래를 촉진시킨 정보통신의 고도화는 개인의 사생활에 관련된 여러 가지 정보를 축적·유통시키게 되는데, 이러한 정보가 유출되거나 악용되는 경우 개인의 프라이버시를 침해할 가능성이 높아진다.

일곱째, 모든 정보의 수집과 정보기술은 공공복리의 목적으로만 사용되어야 함에도 불구하고 정치적으로 악용, 독점, 왜곡 또는 조작 가능성이 상존한다.

여덟째, 중요한 지식정보를 독점하는 개인이나 조직은 그렇지 못한 개인이나 조직들보다 사회적으로 우월한 위치에 서게 되어 결과적으로 권력의 집중화를 촉진시키게 된다. 이것은 곧 통제사회로의 전환을 일으키는 동인이 된다.

3) 신중론

(1) 주요 내용

정보화사회에 대한 신중론자의 입장은 기본적으로 양극의 두 견해를 모두 고려한 중도 통합적인 주장들이다. 이들은 소위 '공동체학파(communitarian)' 또는 '공동체주의자'라고 불리며(Berger, 1967), 지식정보화 사회의 과정을 정보통신 기술이 개인의 자유, 사회적·정보상 평등, 문화의 자율성 및 주체성 등에 대한 위협이 됨과 동시에 사회 분야에서 참여민주주의의 수준을 증가시켜 줄 새로운 가능성의 선구자 역할을 하는 이중적 영향의 표본으로 삼고 있다(Tehranian, 1987: 87). 이들 '제3의 학파'인 신중론자들은 비관론자들의 주장을 인정하면서도 동시에 정보화사회를 도래시킨 정보 부문의 성장이 로봇 공학을 통한 자동화의 증가와 틀에 박힌 반복 작업의 감소 및 전체 사회가 얻을 수 있는 여가 시간의 균형적인 증가, 그리고 새로운 문화적 활력과 정치적 참여의 커다란 잠재력을 수반해 왔고, 또 그럴 것이라고 보고 있다.

(2) 정보화사회의 영향

이들 신중론자들은 현대 산업사회의 원자화와 분열 및 아노미적 결과들에 대항하여 공동체의 연대성을 재건해야 한다는 필요성에 대해 공감하고 있다(Tehranian, 1987: 96). 지식정보화 사회 현상은 단순히 새로운 기술적 혹은 사회적 가능성의 존재만으로 초래되지 않고 인간의 의식과 제도를 재구성하려는 의지에 의해 초래된다고 인식하고 있다. 따라서 이들 공동체학파들은 내재적인 인간 본연의 필요에 입각한 경제 성장, 문화적 다원주의와 주체성, 공동체 미디어, 자립과 자주관리, 소규모화, 적합한 기술, 직접민주주의, 권력의 분산과 양도, 생태 보존과 균형, 핵군축 등을 포함한 평화적이고 협동적이며 탈기술적인 사회 변동 전략을 이용하여 정보화사회의 도래로 초래되는 제반 영향의 정도를 조절하고자 한다(Tehranian, 1987: 102).

4) 평 가

지식정보화 사회에 관한 견해는 낙관론자들의 주장처럼 지식정보화 사회의 도래는 생산 과정과 행정 업무에서 반복적인 업무를 덜어 주고, 문화적·정치적 다원주의의 여지를 확충시켜 주며, 전자식 직접민주주의를 통한 새로운 방향으로 접근과 참여를 용이하게 할 뿐만 아니라 전자매체에 의한 교육을 통해 학습체계의 개방성을 넓혀 나가고, 나아가서 다양한 사회적 서비스(전자매체를 통한 진료, 상품 매입, 은행 거래 및 도서 열람 등)를 벽지와 빈곤한 사람들에게까지 확대시켜 주는 효과가 있을 수 있다. 그러나 이들의 견해는 이 같은 새로운 기술의 사회적 이점들을 충분히 확장시키는 데 장애가 될 수 있는 제도적 구속을 과소 평가하고 있다.

그 반면에 지식정보화 사회의 도래는 비관론자들의 주장과 같이 국가의 감시 능력을 높여 주고, 정보의 소유자와 비소유자 간의 격차를 넓혀 주며, 또한 자동화와 로봇 사용을 통해 실업과 저고용을 초래하고, 인간 갈등의 문제들을 해결할 때 고도 기술에 과도하게 의존함으로써 새로운 전체주의적 헤게모니 장악을 위한 도구를 제공해 줄 수도 있다. 그러나 이들 비관론자들 역시 기술적 변화 속에서 인간의 신노예화 시대의 불길한 도래를 예견하면서도 인간의 비판적·성찰적 합리성과 주체적 의지의 역할을 무시하는 오류를 범하고 있다.

더욱이 낙관론자도 비관론자도 모두 기술결정론(technical determinism)적 입장에서서 인간 생활에서 기술의 힘을 지나치게 과대 평가하고 있을 뿐만 아니라, 현재의 산업사회적 자생(自生) 법칙의 위력을 무시하거나 극히 과소 평가하는 오류를 범하고 있다(Tehranian, 1987: 103; 전병재, 1988: 62; 김세원, 1986: 89; The Commission of the EC, 1984: 62).

2 지식정보화 사회에 관한 패러다임

20세기 후반 정보화사회로의 진입을 넘어서서 최근에는 '지식정보화' 및 '지식정보화 사회'라는 말이 자주 활용되고 있다. 정보가 정태적이고 객관적인 것으로서 의미를 가진다면, 지식은 정보를 조합·변형시켜 주관적인 판단의 근거를 제공하는 것이라 할 수 있다. 이제는 단순히 정보처리나 자료의 축적·관리를 위한 정보통신 기술의 활용이 아닌 정보를 유용하게 활용하여 새로운 지식을 창조하기 위한 지식정보화의 사회적 시스템의 구축이 요구되는 때이다(염재호, 2002: 2-6).

지식정보화 사회에 관한 관심이 고조되면서 그에 대한 이론적인 정향화의 노력이 계속되었다. 그 과정이 일종의 패러다임으로서 기존의 정보화사회에 관한 이론들을 기초로 논의될 수 있다. 그들 중 대표적인 것들만 약술하면 다음과 같다. 여기에서는 각 패러다임의 내용과 함께 그 비판적 주장을 고찰한다(윤석민, 1989: 147-51; 1989. 3: 116-24).

1) 벨의 패러다임

(1) 내용

정보화사회에 관한 패러다임 중에 대표적인 것은 벨의 후기산업사회론이다. 벨의 후기산업사회론은 기본적으로 산업자본주의 사회에 대한 인식 내지 새로운 사회구조에 대한 조망을 이론적으로 체계화한 것으로 평가되는데, 엄밀하게는 지식정보화 사회를 지칭하지 않았으므로 지식정보화 사회에 관한 패러다임으로 간주될 수 없을 수도 있다. 그러나 대부분의 연구가 '후기산업(화)사회'를 정보화사회와 동일 개념으로 간주하므로 여기서도 일종의 정보화사회에 관한 패러다임으로 보고 살펴본다.

① 초기 패러다임

벨은 처음에 지식이나 정보를 중심으로 새롭게 구성되는 인간 사회의 개념을 정립하고 후기산업사회를 기존의 산업사회와 다음과 같은 다섯 가지 면에서 차이가 있음을 주장한다(Bell, 1973).

가) 경제 부문: 상품 생산 경제에서 서비스 경제로의 전환

나) 직업 분포: 전문직, 기술직 계층의 우위

다) 기본 원리: 혁신과 사회적 정책결정과 원천으로서 이론적 지식

라) 미래 방향: 기술의 통제와 기술적 변화

마) 의사 결정: 새로운 지적 기술의 창조

이 중에서 벨이 가장 관심을 많이 둔 현상은 상품 생산 경제에서 서비스 경제로의 변화와 이에 수반해서 발생하는 기존 계급 관계의 쇠퇴 및 기술집단의 대두이다. 그런데 벨은 서비스 경제로의 전환을 주장하면서 전통적인 클라크(C. C. Clark) 식의 3차 산업 부문의 증대가 아니라 인간 전문 서비스의 증대를 강조한다(Bell, 1973: 15). 그러한 유형의 서비스업의 증대는 곧 대학, 연구기관, 전문직 그리고 정부 내 새로운 지적 계층의 확대를 나타내 주는 것으로 보고 그 영향을 두 가지로 보고 있다. 즉 첫째로, 후기산업사회에서 권력에의 접근에 기초가 되는 것은 재산이 아니고 교육이나 기술적 지식이며 이런 경향에서 선두주자는 과학자이다. 둘째로, 이에 따라 전통적인

노사 갈등은 전문인과 일반 대중 간의 마찰로 전환된다. 그렇지만 그는 이런 갈등 문제가 아주 심각한 문제를 초래하지 않을 것으로 보는데 그 이유는 전문기술집단은 단일적 · 집합적 계급을 형성하지 않고, 논점별로 분열되고 사회 내 다른 엘리트들과 결합하게 되며, 사회적으로 중요한 문제를 결정할 때 테크노크라시(technocracy)보다도 정치적 과정이 여전히 중요하게 남게 된다고 보기 때문이다(Bell, 1973: 359).

② 1973년의 패러다임

벨의 1973년의 패러다임에서는 사회적 관계에서 지식의 역할에 대한 강조와 함께 산업사회 이후의 사회를 지식 우위의 사회로 특징짓고자 하는 그의 총체적 사회 구상 중에서 중요한 부분으로서 생산활동의 지식이나 정보의 역할을 강조하고 있다. 그는 현대 산업에서 과학과 산업의 관계가 긴밀해짐에 따라 상품 생산 과정에서 근본적인 변화가 발생한다고 본다. 즉, 이론적 지식의 이용을 통한 상품 생산을 강조한다(Review Symposium, 1974: 107). 결국 벨은 후기산업사회에서는 생산 과정에서 이론적 지식의 중요성이 점차 증대되고 가치의 원천이 되어 노동을 대체하게 된다는 것으로서 지식가치설의 우위를 주장한 것이다.

③ 1979년의 패러다임

그런데 벨은 1979년의 연구에서는 산업을 5개 산업 부문으로 분류하여 산업사회와 그 전후의 상황을 경제 부문, 동력원, 전략적 자원, 기술, 기술적 기초, 방법론, 시간 관념, 기획, 그리고 기본 원칙의 차원에서 비교 분석하는 패러다임을 제시하고 있다. 이에 대한 요약은 <표 1-5>와 같다.

표에서 보는 바와 같이 후기산업사회에는 주로 3, 4, 5차 산업이 성장하고, 지식과 정보가 중시되며, 지능 기술이 발달하고, 과학자와 기술자 등 전문직이 우세하며, 추상적 이론접근법을 사용하고, 이론적 지식의 코드화를 기본 원칙으로 삼는다고 분석하고 있다(Bell, 1979: 5-6).

(2) 비판

벨의 패러다임, 특히 1973년의 패러다임은 권력보다 권위를 중시하고 재산보다 지식이 힘을 발휘하는 후기산업사회 개념의 제시를 통해 새로운 역사 인식, 사회발전이론의 정립을 시도한 것은 올바로 평가될 수 있다. 그럼에도 불구하고 벨의 패러다임은 다음과 같은 개념상, 이론상 및 방법론상 오류를 드러내고 있다.

〈표 1-5〉 후기산업사회와 그 전후 사회 간 비교

양 식	산업화 이전 시대	산업 시대	후기산업 시대
생산 양식	추 출	제 작	프로세싱과 리사이클링
산업 유형	1차 산업 농업 광산업 어업 목재 석유, 가스	2차 산업 생산제품 내구재 비내구재 대형 건설	3차 산업 운송, 효용재 4차 산업 무역, 금융, 보험, 동산(動産) 5차 산업 건강, 연구, 레크리에이션, 교육, 정보
동력원	천연동력: 바람, 물, 동물과 사람의 근력	만들어진 동력: 전기, 석유, 가스, 석탄, 원자력	정보: 컴퓨터 및 자료 전송구조
전략적 자원	원재료	금융자본	지식
기술	기능	기계기술	지능 기술
기술적 기초	장인, 농부, 수공업자	기술자, 반숙련 노동자	과학자, 기술자, 전문직업인
방법론	상식, 실험과 실수, 경험	경험주의, 실험주의	추상적 이론: 모델, 시뮬레이션, 의사결정 이론, 체계분석
시간 관념	과거 지향적	임기응변적 적응, 실험주의	미래 지향적: 예측과 계획
기획	자연에 대한 게임	제작된 자연에 대한 게임	사람들 사이의 게임
기본 원칙	전통주의	경제 성장	이론적 지식의 코드화

자료: Techranian(1987: 88).

① 개념상의 오류

후기산업사회의 개념에 관한 문제점이 지적된다. 즉, 사회 변화를 예증하기 위해 제시된 사실들이 실제로 새로운 발전 경향을 보여 주는 것으로서 타당한 것인지에 대한 의문들이 제기된다. 예컨대, 서비스 부문, 특히 지적 노동 중 대중의 상당수가 정부 내 취업의 증가에 기인하며, 과학 및 새로운 기술의 발달과 성장이 주로 정부에 의해 지원된 것이라는 등의 재평가가 나오고 있다. 이러한 사실들은 후기산업사회로의 전환이 자연스러운 사회 변화 추세라기보다는 전후 미국 사회에서 전개되어 온 정부 및 군 주도 하의 전쟁 및 우주 경쟁 그리고 이에 따른 거대과학의 성장에서 비롯되었음을 암시해 준다(Review Symposium, 1974: 101-5).

② 이론상의 오류

이론상의 문제점으로는 벨이 주장하고 나이스빗과 마스다 등이 수용한 지식가치설에서의 오류를 들 수 있다. 즉, 지식은 가치의 원천이라기보다도 그 자체가 생산되어야 할 노동의 대상이므로 지식이 노동을 대체한다는 것은 고작해야 지적 노동이 육체노동을 대체한다는 의미밖에 주어질 수 없다. 따라서 지식가치설은 노동과 노동 대상에 관한 기본적인 혼동에서 비롯되었다고 볼 수 있다(Douglas & Gutback, 1984: 237-8).

③ 방법론상의 오류

방법론상의 오류는 벨의 주장을 실증적으로 뒷받침하여 정보경제를 측정하려 한 매클럽과 포라트의 경험적인 연구에서 지적될 수 있으며, 이들이 채택한 지식산업이나 정보 부문의 범주가 모호하고 지나치게 확대되었다는 것이다. 예를 들면, 포라트의 분류 속에는 식자공, 미터기 검침원, 판사, 지대 수급원, 그리고 영사 기사 등이 아무런 구별 없이 정보노동자로 분류되고 있고, 의료전문직이 행상인, 노조 간부, 그리고 소매업 관리인과 함께 불명확한 직종으로 분류되어 정보와 서비스 부문에 50대 50으로 할당하고 있는 것을 지적할 수 있다(Newman & Newman, 1985: 498-9).

2) 매클럽 및 포라트의 패러다임

(1) 매클럽의 패러다임

매클럽의 패러다임은 원칙상 벨의 모형을 경험적 자료에 의해 검증하고자 한 것이라고 볼 수 있는데, 그의 패러다임의 요지는 지식을 창출하고 전달하는 활동을 경제활동으로 파악하고 이에 경제이론을 도입하려고 시도한 것이다. 즉, 새로운 경제구조와 과정에 대한 이해의 열쇠로서 지식의 생산과 분배에 초점을 둔 이론이다(Machlup, 1962). 그는 지식의 생산·처리·분배에 관련된 활동을 교육, 연구개발, 통신 수단, 정보기기, 정보 서비스로 구분했다. 예컨대 교육 부문도 학교 교육을 모두 포괄한 광범위한 것이었다.

(2) 포라트의 패러다임

포라트의 패러다임은 매클럽의 이론을 더 발전시켜 정보경제에 관한 이론을 전개한 것으로서 농업사회에서 산업사회 그리고 정보화사회로의 발전에 대한 새로운 사회 발전 단계 이론을 벨에 이어 좀 더 광범위한 역사적 관점에서 제시한 것이다.

그는 산업의 직업별 분류를 다섯 개 직종으로 구분했는데, 농업, 제조업, 서비스업, 정보업, 그리고 복합 직업(즉 위의 네 가지 직종을 병합한 업종)이 그것이다. 여기서 특히 서비스업은 지식의 생산자 및 전달자, 시장조사 및 중개 전문가, 정보처리 노동자, 정보기기 노동자 등을 포함시켰다. 게다가 복합 직업으로는 의사, 간호원, 검사원, 측정원 등을 들고 있다(Porat, 1977; 오명, 1985: 69). 이들 직업 중에 특히 처음·네 개 직종에 따른 분류에 기초한 실증분석에서 포라트는 [그림 1−4]에서 보는 바와 같이 제1단계(1860~1906)에서는 노동력에서 최대의 집단은 농업이었고, 제2단계(1906~1954)의 기간 동안에는 공업 부문의 직업이 급속한 성장을 보였으며, 제3단계(1954~현재)에서는 지식정보 관련 직업이 최대의 집단을 구성했다고 밝혀냈다.

또한 포라트는 산업의 경제 부문별 분류에서는 먼저 정보 부문, 비정보 부문, 그리고 가계 부문으로 구분한 다음, 정보 부문은 다시 제1차 정보 부문과 제2차 정보 부문으로 구분했다.

3) 토플러 및 나이스빗의 패러다임

(1) 내용

정보화사회에 관한 종합적인 비전을 제시한 사람은 토플러와 나이스빗이다. 즉 이

[그림 1-4] 미국 노동력의 각 산업별 분포(1860~1980)

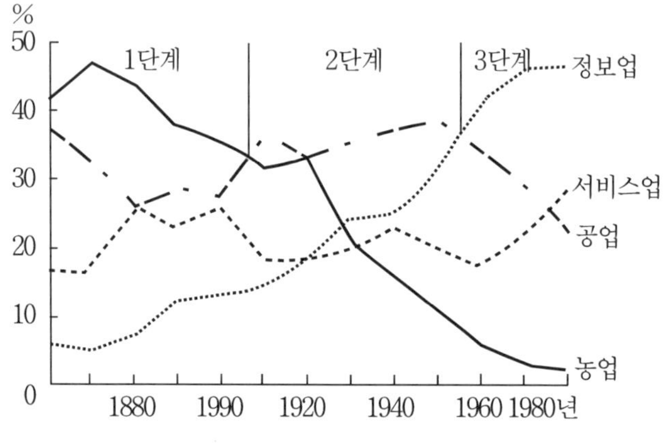

자료: Porat(1978: 7).

들은 새로운 정보기술의 민주적 효과에 특히 관심을 집중하면서 정보화사회에 대해 가장 상상력이 풍부하고 광범위한 대중적 전망을 제시했다. 이들의 주장을 살펴보면 다음과 같다.

① 토플러의 패러다임

토플러는 1980년 그의 『제3의 물결』이라는 저서에서 정보화사회의 도래에 관해 예측하고 있는데, 인류는 과거 농업혁명(제1의 물결)과 산업혁명(제2의 물결)에 이어 지식정보혁명(제3의 물결)이라는 새로운 문명의 전기를 맞고 있다고 주장한다. 그는 이 같은 제3의 물결이 산업, 개인, 가정, 사회생활에 미치는 영향을 다양한 실례를 들어 설명하고 있다. 그러나 이 같은 정보화사회에서의 변화를 총체적으로 컴퓨터 · 정보통신 기술의 발달로 인한 탈대량화 현상으로 규정하고, 구체적으로 전술한 다양화, 탈전문화, 탈동시화, 탈집중화, 탈극대화 그리고 탈집권화 또는 분권화 현상이 나타날 것으로 예견하고 있다 (Toffler, 1986: 15-32).

② 나이스빗의 패러다임

토플러보다 훨씬 열광적으로 정보화사회의 도래와 그에 따른 영향에 관해 예견한 나이스빗은 주로 미국 사회를 실례로 들어 인류 문명은 열 가지 거대한 조류(megatrends)를 겪게 될 것이라고 주장했다. 즉 공업사회에서 정보사회로, 경제적 기술에서 하이테크(high tech)와 하이터치(high touch)가 결합된 상태(즉, 고도 과학기술과 고상한 개인적 취향이 결합된 상태)로, 국민경제에서 세계경제로, 단기 계획에서 장기 계획으로, 중앙집권에서 분권으로, 공적 부조에서 자조적 노력으로, 대표민주주의에서 참여민주주의로, 사회계층에서 통신망(network) 조직으로, 북부 공업사회 중심에서 남부 전원사회 중심으로, 양자택일에서 다종선택(multiple-option) 사회로 전환하게 된다는 것이다 (Naisbitt, 1982; 장상용 · 홍성범, 1988).

(2) 비판

이들 미래학자들의 예견은 중범위론적이고 과학적 분석에 기초한 예견이라기보다 극히 관념론적이고 이상주의적인 예측이므로 정보화사회가 완전히 도래하기 전에는 확실한 근거를 기초로 비판하기는 어렵다. 다만 그들의 주장은 비록 토플러의 경우 민주주의와 인간의 행복에 관한 전망에 대해 상당히 이중적 입장을 취하고는 있어도, 정보화사회의 순기능적인 측면만을 강조하고 있다는 점에서 정보화사회가 초래할지도 모르는 역기능적인 면과 그 대처 방안을 구체적으로 제시하고 있지 못하다는 비판을 면키 어렵다.

4) 일본 대장성의 패러다임

(1) 내용

일본 대장성의 정보화사회에 관한 패러다임은 그 기관의 소프트노믹스 시리즈(Softnomics Series: 전37권) 중의 제9권에 해당하는 「고도 지식정보화 사회의 패러다임」에서 기존의 논의들을 종합하여 수립한 것이다. 주요 내용은 정보화사회의 패러다임을 사상체계, 기술체계, 사회체계의 세 가지 측면에서 설명한 것인데, 구체적으로는 다음과 같다(일본 대장성, 1983).

① 사상체계

정보화사회가 도래하면 개성이나 다양성을 존중하는 다원주의가 획일적 대량주의를 대체하며, 이는 생산에서 다품종 소량 생산체제로의 전환을 초래하게 된다. 이와 함께 인간은 하나의 통일적 인간으로 이해되어 '프로슈머(prosumer: producer+consumer)'와 같은 개념이 등장하게 된다.

② 기술체계

새로운 기술은 인간의 육체노동이 아니라 정신노동을 치환·보강하며 경박단소화(輕薄短小化)를 통해 소프트(soft)화된다.

③ 사회체계

정보화사회에서 사상체계상의 개성화·탈획일화의 원리는 사회체계에서 분권화, 자유화를 초래하고, 획일적인 이데올로기로부터의 탈이데올로기화를 가져온다.

(2) 비판

대장성의 「고도 지식정보화 사회의 패러다임」은 비교적 포괄적으로 정보화사회의 환경들에 대해 설득력 있게 기술하고 있으나, 특히 사상체계에서는 한 가지 중요한 사실이 간과되고 있다. 즉, 다원주의사회는 정보화사회의 도래와 함께 자연발생적으로 일어나는 것이 아니라는 것이다. 사회의 민주화가 특정 권력집단의 인위적인 통제에 의해 저지될 수 있는 것과 마찬가지로 한 사회가 특정한 목적 달성을 위해 효율성 위주로 운영되도록 상황지어지거나 내적·외적 위기에 봉착하게 될 때, 권력의 분산보다는 권력의 집중화 경향이 두드러지게 나타나서 민주적 다원화사회가 형성되지 못할 위험성이 있다. 따라서 다원적 민주사회는 의식 있는 국민이 쟁취해야 되는 것이지 자연발생적으로 기대될 수 있는 것은 아니다.

더욱이 사회의 다원화가 지식정보화 사회 도래의 결과라기보다도 그 전제가 되어야 한다. 왜냐하면 다원화되어 있지 못한 사회에서 지식정보화는 사회적 의사소통에서 왜곡의 정도를 더욱더 심화시킬 뿐만 아니라 지식정보 기술은 지배자의 피지배자를 위한 좀 더 효율적인 통제기구로 활용되게 되며, 더 나아가서는 국민을 기만하고, 조작하며, 착취하는 기술로서 더 발달할 위험성이 있다는 것이다(전병재, 1988: 77-8).

5) 마스다의 패러다임

(1) 내용

지식정보화 사회의 도래에 관해 가장 포괄적이고 체계적인 논의를 한 사람은 일본의 마스다(Y. Masuda)로서 그는 『후기 산업사회로서의 지식정보화사회(*The Information Society as Post-Industrial Society*)』(1980)에서 지식정보화 사회로의 전환과정과 지식정보화 사회의 정치 · 경제 · 사회 · 문화 · 국제 관계 등에 관해 종합적으로 분석하고 있다.

마스다는 미래 사회는 물질적 가치보다도 정보 가치의 생산이 사회 구성 및 발전에서 추진력이 되는 과거 산업사회와 전적으로 상이한 새로운 유형의 인간 사회가 될 것이므로, 후기산업사회라는 모호한 말 대신에 '지식정보화 사회'라는 용어를 사용해야 된다고 주장함으로써 논의를 시작하고 있다. 그는 지식정보화 사회의 도래는 컴퓨터 · 통신기술(computer-communication technology) 또는 정보통신 기술의 혁신에서 비롯된다고 보고 이 정보통신 기술은 다음과 같은 두 가지 특성을 지닌다고 주장한다.

① 사회적 기술로서 특성

마스다는 인류 사회에는 사회를 근본적으로 변혁시킨 혁신적 기술군이 존재하는데 이를 사회적 기술(societal technology)이라고 하며, 다음과 같은 조건이나 특징을 갖춘 기술을 의미한다고 주장한다.

첫째, 여러 다양한 종류의 기술들이 하나의 복잡한 기술체계를 구성하기 위해 결합된다.

둘째, 이러한 결합된 기술체계는 사회 전반에 걸쳐 확산되고 점차 뿌리를 내린다.

셋째, 새로운 유형의 생산력이 급속히 확장된다.

넷째, 이러한 생산력의 발전은 거대한 사회적 영향력을 수반하며 사회구조의 변화를 초래한다.

이러한 관점에서 볼 때 지금까지의 인류 사회의 발전에는 세 가지 사회적 기술과 그에 따른 세 가지 유형의 사회가 존재했다고 볼 수 있는데, 즉 수렵기술과 수렵사회, 농업기술과 농업사회, 그리고 공업기술과 공업사회가 그것이다. 그리고 그에 의하면 지식정보 통신기술이 바로 위의 사회적 기술이 갖추어야 할 특성을 지닌 것으로 평가된다.

② 지적 기술로서 특성

사회적 기술은 인간의 육체적 능력을 대체하거나 극대화하는 물리적 도구인 반면에, 컴퓨터 및 통신기술을 근간으로 한 정보통신 기술은 인간의 정신 능력을 대체하거나 배가하는 수단으로서 인간의 지적 처리 능력을 향상시키는 특성을 지닌다.

이에 따라 마스다는 지적 기술로서의 정보통신 기술은 단순히 사회 전체의 물적 생산력의 증대라는 종래의 사회적 기술의 한계를 초월하여 지적 생산력의 증대라는 이중적 의미의 생산력 변화를 의미하며, 이로 인해 거대한 사회적 변화를 초래하게 된다고 주장한다.

③ 사회 변화 과정 모형

마스다가 제시한 사회 변화 과정은 [그림 1-5]에서 보는 바와 같이 세 단계로 구성되어 있다.

가) 제1단계: 이상의 특징들을 지닌 정보통신 기술이 과거 인간에 의해 이루어진 노동을 자동화시키는 과정으로서 여기에는 인간의 육체노동뿐만 아니라 정신노동이 포함되고 시스템의 자동적 통제가 이루어진다.

나) 제2단계: 지식의 창조 과정으로서 이는 인간의 지적 노동의 확장을 의미하는 것이다. 즉, 인간은 과거에 해결이 곤란했던 복잡한 문제를 고도로 발달한 정보통신 기술에 힘입어 해결할 수 있게 된다. 또한 인간의 목적 성취 능력, 작업 선택 기회, 교육 기회 등이 증대된다.

다) 제3단계: 체제 혁신 단계로서, 이 시기에는 전 사회적인 정보 시스템이 구축되는데 이에 따라 정보의 공동 이용, 참여활동의 증가가 이루어지고 지리적 공간 개념

[그림 1-5] 정보통신 혁명과 그 사회적 영향

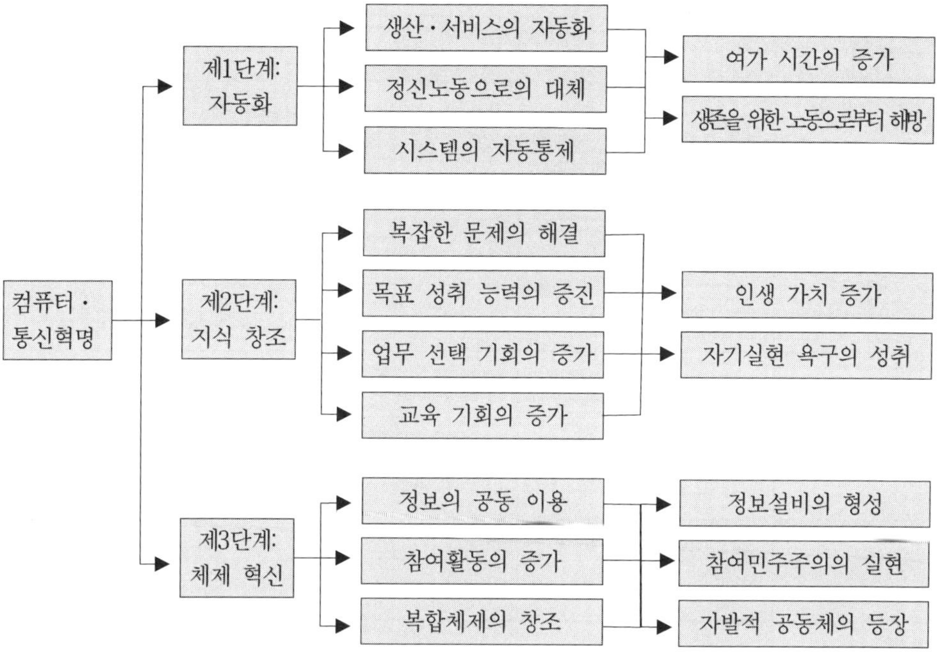

자료: Masuda(1980: 61), 윤석민(1989: 150)에서 수정 재인용.

에 입각한 새로운 체계가 형성된다.

④ 정보화사회의 특징

이러한 과정을 거쳐서 나타나게 되는 지식정보화 사회의 정치적, 사회·경제적, 문화적 그리고 기술적 측면의 특징을 <표 1-6>에서 볼 수 있는 바와 같이 산업사회와 비교해서 제시하고 있다. 이런 내용 중에 몇 가지만 살펴보면, 정보화사회에서는 산업사회의 증기기관 대신 컴퓨터가 문명의 주축이 되고, 주요 생산물도 물질적 재화와 용역에서 정보와 지식으로 바뀐다. 생산의 장(場)도 공장에서 정보시설로 옮겨가고, 경제 주체도 기업에서 지역정보 공동체로 변한다. 또한 사회 형태도 계급사회에서 기능사회로 바뀌며 참여민주주의가 가능해지며 자기실현이 최대 목표가 된다는 것이다.

〈표 1-6〉 지식정보 사회의 특징

구 분	산업사회	지식정보 사회	
	산업사회	정보사회	지식정보 사회
특징	사회적 부가가지 치원 창출, 유형 자원에 의존	정보의 생산, 가공, 전달, 이용을 통한 사회적 가치 창출의 극대화	문제해결성이 강조된 지식의 가치 창출
핵심 자원	토지, 노동, 에너지	정보	지식
자원의 특징	수확 체감(유한성)	수확 체증	체계화된 노하우
국가 권력	집권	분권	중앙통제적 분권
국가정책 기조	근대화, 공업화를 위한 국가적 공업화 정책	사회 각 분야의 정보화 기반과 마인드의 확대	산재된 정보 요소의 지식화
국가정책 대상	물류 기반, 생산 기반 확대	하드웨어, 소프트웨어, 인프라	체제화된 지식 네트워크

자료: 강세억(2002: 39).

(2) 비판

① 이론적 근거

마스다의 패러다임을 평가하는 데 사용되는 분석틀은 윌리엄스(R. Williams)의 기술결정론(technical determinism)과 징후적 기술론(symptomatic technology)에서 찾을 수 있다(Williams, 1975: 10-4). 윌리엄스의 이들 두 이론은 기술의 영향 내지 효과에 관한 기존의 논의들을 기술 및 그 기술이 적용되는 대상과의 관계를 파악하는 시각에 따라 분류된 것이다. 기술결정론은 특정 기술의 등장이 우연적인 것으로 간주되어 기술의 발전 이유가 기술 자체의 내적 발전에서만 비롯되는 것으로 보는 시각이다. 이 이론에 의하면 기술 효과도 기술 속에 내재해 있는 기술적 가능성으로부터 기계적으로 추론된다. 그 반면에 징후적 기술론은 기술의 등장이 사회적 필요에 의한 것이며, 기술의 영향은 기술 그 자체라기보다는 기술 외적 요인들에 의해 결정된다고 보는 시각이다. 따라서 이 이론에 의하면 기술의 등장은 이미 진행 중인 사회 변화에 대한 징후(symptom)로서 간주된다.

② 비판적 요소

이 분석틀에 의해 마스다의 주장을 보면 마스다의 패러다임은 기술 효과가 기술 속에 내재(즉, 사회적 기술 및 지적 기술)해 있다고 보고 그 사회적 영향을 기술적 가능성으로부터 기계적으로 추론하고 있다는 점에서 전형적인 기술결정론적 시각에 기초하고 있다고 평가된다. 그런데 이런 시각은 그 관점이 전도되어 있다는 비판을 면키 어렵다. 즉, 새로운 기술이 도입되면, 각종 욕구들이 표출되는 정치・사회・경제・문화적인 역학 관계에서 출발해 한편으로 기술 도입 과정과 이러한 욕구들과의 관계를 분석하고 또 다른 한편으로 새로운 기술의 잠재성을 분석하는 대신에 단지 새로운 기술의 내적 속성으로부터 출발하여 기계적으로 미래의 도래 사태를 도출해 낸다는 것이다. 이같이 기술적 문제의 해결이 자동적으로 모든 문제에 대한 최적의 해결 방안을 제시해 줄 수 있는 것처럼 정보기술과 사회 현상 간의 관계를 분석하는 것은 근본적으로 그릇된 시각에서 비롯된다(Cesareo, 1984: 71-2). 결국 마스다의 패러다임은 징후적 기술론의 입장에서 보고 있는 바와 같이 대부분의 사회문제 해결의 열쇠가 기술 자체가 아니라 제도적 구조의 변화 속에서 발견하고 있지 않으며(Parker, 1976: 47), 더욱이 정보기술을 사회적 질서의 한 부분으로 이해하지 않고 사회적 질서에 의해서 이용되는 것으로만 이해하는 체제 색맹성을 탈피하지 못하고 있다(Slack, 1984: 48).

제 3 절 지식정보화 사회의 특징

이제까지 정보화사회에 관한 견해와 구체적인 주장들을 고찰하면서 정보화사회의 특징적 성격이 매우 다면적임을 알 수 있었다. 여기서는 이상의 다양한 정보화사회에 관한 이론들을 기초로 지식정보화 사회의 특성을 정리하고자 한다. 정보통신 혁명으로 비롯되는 지식정보화 사회의 주요 특성을 살펴보면 다음과 같다(김경동, 1987: 207-10, 오석홍, 1987: 7-8; 서정자, 1984: 41-51, 竹内啓, 1984: 63-77; 정범모, 1987: 3-19; 통신정책연구소, 1986: 36-8; 오명, 1985; Bell, 1973; Masuda, 1980; Toffler, 1981; 한국개발연구원, 1985; 한국미래학회, 1982, 1984; 한국사회학회, 1983; 현대사회연구소, 1982).

1 사회적 측면의 특징

1) 정보의 폭증

지식정보화 사회의 가장 주목할 만한 특성은 지식정보 폭증(information explosion) 현상이다. 여기서 정보의 폭증은 주로 생산면에서 정보의 양적인 팽창을 뜻하지만, 지식정보 처리 및 통신기술의 진보에 힘입어 유통과 소비에서도 근본적인 변화를 기대할 수 있다.

그런데 이를 좀 더 깊이 분석해 보면 단순한 상황의 전개가 아님을 알 수 있다. 즉, 정보를 아무리 많이 생산·창출한다고 해도, 그것을 배포할 유통 기술과 그 밖의 기재나 제도, 의지, 유인책 같은 요소가 구비되어 있지 못하면 창출과 동시에 사장될 위험성이 있다. 또한 비록 그 정보가 유통된다 하더라도, 그 정보를 이용·소비하고자 하는 사람들의 준비 태세가 갖추어져 있지 않다면, 그리고 나아가서 지식정보를 활용할 기술적 행동양식과 지식 또는 기술적 방법 등이 결여되어 있다면 별 의미가 없게 된다. 이런 관점에서 문화지체(cultural lag)와 적응적 변동(adaptive change)이 문제가 된다.

그러나 상술한 조건들이 구비된 상태라고 가정할 때, 지식정보의 양과 종류의 급증은 인간에게 잠재적으로 선택가능성을 확대시켜 준다는 긍정적인 면이 있다. 이는 곧 조직구성원 각자의 자율적 선택의 여지를 확대시켜 줌을 의미한다. 즉, 자기실현에 필요한 정보의 공급이 확대되고 궁극적으로 공동체의 문화적 역량이 극대화될 가능성이 커진다. 이런 경향은 사회 발전에 기여하게 된다(김경동, 1979; 진덕규 외, 1984: 104-42).

아울러 고려되어야 할 점은 지식정보의 폭증이 초래할 수 있는 부정적인 면이다.

첫째, 지나치게 많은 정보의 양과 종류는 인간에게 오히려 선택의 부담을 주고 혼란을 초래할 수 있다.

둘째, 정보의 질적 저하를 초래할 소지가 높다.

셋째, 정보량의 팽창을 감당하지 못하는 조직체의 비능률을 가중시킬 가능성이 높다.

2) 사회조직 원리의 변화

산업사회에서의 전형적인 조직 원리가 관료주의적, 중앙집권적, 권위주의적, 획일성의 원리라고 한다면, 지식정보화 사회의 그것은 분권적이고 평등주의적이며 다양성의 원리일 것이라고 한다. 좀 더 구체적으로 토플러의 말을 빌려 설명하면, 산업화 사회가 대량 생산 사회로서 규격화, 전문화, 동시화, 집중화, 극대화 그리고 집권화의 경향을 나타낸 반면에, 지식정보화 사회는 탈대량화 사회로서 다양화, 탈전문화, 탈동시화, 탈집중화, 탈극대화 그리고 분권화의 특징을 나타낸다는 것이다.

2 경제적 측면의 특징

1) 노동의 의미 및 성격의 변화

인간의 생산활동과 관련하여 지식정보화 사회에서는 '일(work)'의 의미와 성격이 근본적으로 바뀌게 된다. 여기서 핵심이 되는 것은 인간의 자율성과 통제에 관한 문제이다. 즉, 산업사회에서 노동 과정을 중심으로 야기되는 인간 소외의 특징은 생산 수단인 기계와 생산 과정 자체에 대한 인간의 통제가 제약되어야만 했던 데에 있다. 그러나 지식정보화 사회에서 노동 과정은 근로자 개개인의 창의력과 자율적 통제를 가능케 하는 성질의 것으로 변하게 될 소지가 얼마든지 있다.

지식정보화 사회에서는 생산과 유통 및 소비의 통합이 가능해지는 체제가 수립됨에 따라 사회구성원은 스스로의 취향에 따라 직업뿐만 아니라 작업 시간과 장소를 선택할 수 있게 되고 자신의 아이디어대로 일을 처리하게 된다. 이에 자발성이 중시되어 자발적 사회에로 진전을 기대할 수 있게 된다(김경동, 1979, 1984). 그럼에도 불구하고 간과되지 말아야 할 사실은 노동의 성격이 변함에 따라 초래되는 노동력의 재분배와 고용의 조정이라는 적응의 어려움이 발생한다는 것이다. 더욱이 새로운 노동 과정은 지식정보와 통신에 대한 접근 및 통제를 완벽하게 개방하고 평준화시킨다는 전제가 없으면 무의미해진다. 왜냐하면 산업사회의 공장형 노동 과정에서보다 더 집권적 중앙통제와 기계에 대한 인간의 의존도가 커지는 결과를 가져올 수도 있기 때문이다.

2) 경제의 연성화(소프트화)

지식정보화 사회에서는 정보산업이 산업구조상 지배적인 위치를 점하게 되며 경제의 연성화(소프트화)가 촉진된다. 이는 지식정보산업에 종사하는 인구, 지식정보산업의 재정적 투입과 산출, 그리고 지식정보산업의 구조 등이 다른 산업의 경우보다 지배적인 위치에 있게 된다는 것이다. 여기서 지칭하는 경제의 연성화란 서비스화, 생산물 자체의 연성화, 제품의 경박단소화 및 다품종 소량 생산, 투자 및 소비의 연성화 등 일련의 변화를 의미한다. 이러한 변화가 발생하면 경기 변동도 심화되지 않고 연성화하게 된다.

3 문화적 측면의 특징

1) 인간 삶의 양식 및 질의 변화

지식정보화 사회의 도래는 인간의 삶의 양식과 질적 측면에서 변화를 가져올 것으로 기대된다. 다시 말하면, 삶의 가치 지향에서 물량주의와 소유 중심의 문화가 정보와 지식 중심의 삶 그 자체를 중시하는 가치문화로 전환하게 된다는 것이다(Lagos, 1981: 123-60; Kim & Lee, 1986: 35-65). 그로 인해 인간의 욕구가 고급화·다양화되며 인간의 존엄성과 자유에 관한 가치 욕구가 커진다. 이같이 인간의 자유화가 갈망되고 인간 욕구가 다양화되면서 늘어나는 정보 수요도 다양해져서 개별적이고 선택적인 정보 수요가 늘어난다.

지식정보 중심의 삶이 영위되면서 의식주 생활의 양식이 변하고, 가족생활과 지역공동체 생활의 성격과 유형도 달라질 것으로 추정된다. 그런데 문제는 이 같은 변화가 반드시 인간관계의 개선이라는 방향으로 이루어질 것인지에 관해서는 확실한 추론이 어렵다. 다만 여기에도 양면성을 엿볼 수가 있다. 그 하나는 일반적으로 기대되는 바와 같이 지식정보화 사회의 도래로 인해 개인화 과정이 심화될 것이며, 이는 직업생활을 비롯해 모든 활동이 개인 중심으로 그리고 자율적으로 이루어질 수 있는 기술적인 마련이 가능하다는 전제에서 비롯된다. 따라서 가족생활도 개인 중심이 되고, 지역공동체의 인간관계도 이웃이라는 개념이 희박해지고 개인 중심으로 삶이 영위될 수 있다.

그러나 다른 한편에서 지식정보화 사회가 될수록 정보통신망에 의한 통합적인 정보체계가 성립될 수 있는데 이런 상황에서는 오히려 집합주의화된 생활양식의 전개도 가능하다는 것이다. 물론 여기서는 두 가지 가능성이 있는데, 그 하나는 분권화된 집합체로서 분산된 지역공동체 단위의 새로운 집합적 생활양식이 생성되는 경우이다. 이러한 성질의 집합화는 자발적 공동체의 성격을 띠므로 사회 발전에 바람직할 수도 있다. 다른 하나의 현상은 이상의 새로운 집합화가 극도의 개인화로 인해 초래되는 원자화의 반동으로 형성되든지 아니면 권력 집중을 원하는 소수집단의 방침에 따라 이루어지는 경우에는 새로운 중앙집권적 통제를 더욱 강화시키게 될 것이라는 점이다.

2) 과학과 문화의 상호작용에 따른 변화

지식정보화 사회의 도래로 정보가 좀 더 중요한 결정 요인으로 널리 적용되는가의 여부는 특정 사회의 문화적 수준과 내용에 좌우되는 반면, 이를 가능케 하는 컴퓨터와 통신기술의 활용 문제는 과학적 진보와 밀접한 관련이 있음을 알 수 있다. 이런 관점의 특징적 현상을 예로 들면 정보화사회의 도래가 과업을 해결하는 데 무인화, 즉시화, 시스템화 그리고 통합화를 초래한다는 것이다(서남원, 1988: 8-9). 이를 좀 더 구체적으로 살펴볼 필요가 있다.

(1) 무인화

이는 지식정보화 사회에서는 많은 사회적 업무나 과제가 공장자동화(Factory Automation), 사무자동화(Office Atomation), 가사자동화(Home Automation), 상점자동화(Store Automation), 또는 경영관리 자동화(Management Automation) 등으로 인해 인간의 개입이 최소화된다는 것이다.

(2) 즉시화

이는 사회적 과업 해결에 소요되는 시간이 괄목할 정도로 단축되는 현상을 말하며, 이는 산업화사회에서의 일일생활권이 정보화사회에서 ‘지구촌(global village)’화 또는 세계화(globalization)로 전환됨을 시사한다.

(3) 시스템화

이는 산업사회에서의 ‘조직화’에 해당되는 것으로 조직화는 인간을 주체로 하는

'도래화' 개념인 반면에, 시스템화는 기계 및 장치와 인간을 동일한 시각에서 분석할 수 있는 새로운 패러다임적인 도래화를 뜻한다. 즉, 투입과 처리 그리고 산출 등의 기능을 구비한 사람과 기계장치의 혼합체화(混合體化)를 가리킨다. 달리 설명하면, 시스템화는 조직에서 직무, 권한, 부과 체계 등이 사라지고 기능 우선순위 그리고 자동화 작업이 등장함을 의미한다.

(4) 통합화

이는 전통적으로 단독 또는 분할 수행된 많은 사회적 과업이 '통합적'으로 해결될 수 있는 데에서 찾아볼 수 있다. 전통적으로 규모·복잡성 그리고 소요 시간 등으로 보아 분할 해결이 더 효과적이었던 경우라 할지라도 정보적 차원에서의 결합(coupling)으로 통합 해결이 현실적으로 가능해질 뿐만 아니라 효율성을 증대시킬 수가 있다. 이는 오늘날 많은 응용 시스템이 집적(integrated), 결합(total), 또는 합병(consolidated) 등의 방향으로 움직이고 있는 것을 보면 이해할 수 있다.

4 정치적 측면의 특징

지식정보화 사회의 특성은 참여민주주의의 실현가능성 제고이다. 정보화사회 도래의 동인인 정보통신 기술의 발전이 시간과 거리의 장애를 초월하게 함으로써 전자식 참여민주주의(electronic participatory democracy) 또는 직접민주주의를 가능케 한다는 것이다.

(1) 참여민주화의 전제 조건

지식정보화 사회의 도래로 가능해질 수 있는 직접 참여민주주의는 인간의 행동과 사회적 실행에 대해 다음과 같은 조건이 먼저 충족될 때에 가능하다는 점에 주의해야 한다(안청시, 1987: 113).

첫째, 모든 정보는 정확해야 하고 공개되어서 누구나 손쉽고 평등하게 접근·이용이 가능해야 한다.

둘째, 사람들의 행동 패턴이 공동 목표에 합의하고, 상호 협력하여 문제를 해결하는 합리성을 지녀야 한다.

셋째, 사회적 상호작용과 정치 과정의 결과로 나타나는 시민들의 혜택과 희생이 공평하고 평등하게 배분되어야 한다.

넷째, 모든 사람들이 다 같이 정치에 관심을 갖고 참여할 수 있어야 한다.

다섯째, 일단 내려진 결정에 대해서는 모두가 승복하고 어떤 경우에도 폭력이나 강압에 의한 결정 및 집행이 없어야 한다. 그런데 이런 전제 조건들이 정보기술의 발달만으로 해결되지 못한다는 데에 문제가 있다.

(2) 정보통신 매체의 정치성

더욱이 정치적 참여민주주의를 가능케 한다는 정보통신 매체의 정치성으로 인해 정보기술의 가치 중립적인 결과를 기대하기 곤란하다.

첫째, 정보통신 매체는 그 자체가 정치적 정보 생산자라기보다도 매체 밖에서 얻는 정치적 정보의 전달자로서 기능을 수행하기 때문에, 일차적으로 정치적 정보의 주요 원천(source)인 정부나 관료 또는 정치지도자들의 정치적 계산과 고려에 의해 정치적 정보의 내용이 결정되고 다음으로 그를 전달하는 통신매체 관리자들의 선택 기준에 의해 좌우되는 경향이 많다.

둘째, 정보통신 매체에 의해 전달되는 내용이 소수의 여론지도자나 의견 선도자들에 의해 해석된 후 배포되는 경우가 많아서 이들 매체의 전달 내용에 대한 정치적 반응이 국민 개개인의 수준에서 수용되고 해석되기보다 각 개인의 의사 형성에 영향을 미치는 사회·경제적 조건이나 집단의 조직적 특성을 통해 나타나게 된다.

셋째, 개인은 자기가 속한 사회·경제적 위치나 정치적 환경에 따라서 이용하는 통신매체의 종류나 접하는 정보의 내용이 다른데, 이는 각 개인의 정치관의 형성과 발전에 영향을 미치게 된다(안청시, 1987: 116-7).

(3) 정보통신 매체의 역기능

이 같은 정보통신 매체의 정치적 특성에 비추어 볼 때, 다음과 같은 역기능적인 면을 인지할 수 있다.

첫째, 정치정보의 제공이나 정보통신 매체 관리자의 주관에 따라 정보원이 은폐되거나 정보 내용이 변경될 가능성이 있음을 시사한다.

둘째, 또한 정보통신 매체에의 이용 가능성은 개인이 접한 사회적·정치적 기능과 위치에 따라서 불평등하게 배분되기 쉽다.

셋째, 게다가 정보통신 매체는 본질상 새로운 정치 경향이나 변화를 창출하기보다도 기존의 것들을 강화하는 기능을 수행하는 경향을 나타냄을 알 수 있다.

이상의 여러 가지 점을 고려할 때 지식정보 기술에 의한 참여민주주의의 실현 여부는 결국 정보기술을 관리하는 인간의 지혜와 국가의 학습 능력(learning capacity)에 의해 좌우된다고 볼 수 있다(안청시, 1987: 117-8).

제 4 절 지식정보화가 행정에 미치는 영향

지식정보화 사회의 도래는 사회 전반에 대해 영향을 미침을 이미 고찰했다. 여기서는 그 영향의 범위를 좁혀서 이 책의 주제에 접근하기 위해 지식정보화가 공공행정에 어떠한 영향을 미치는지를 살펴보고자 한다. 지식정보화가 행정에 미치는 영향은 어느 면에 초점을 맞추느냐에 따라 여러 가지로 설명될 수 있으나 공공행정조직론의 입장에서 지식정보화가 행정조직에 미치는 영향, 행정 업무에 미치는 영향, 관료제에 미치는 영향, 행정환경에 미치는 영향, 그리고 지식정보화 사회에서의 행정지식관리와 행정모델, 지식정보화의 역기능에 관해 고찰하고자 한다.

1 행정조직에 미치는 영향

1) 행정조직의 구조에 미치는 영향

사회가 지식정보화되고, 행정이 지식정보화됨에 따라 행정조직의 구조가 변화를 겪게 된다. 이런 조직구조의 변화는 대체로 다음과 같은 세 가지 특성을 나타낸다.

(1) 조직 형태상 변화

지식정보화가 조직의 구조에 영향을 미침은 첫째로 행정조직의 형태를 변화시키는 것으로 나타난다. 정보화에 의한 조직 형태의 변화란 행정조직 내에 초고속 정보통신망의 구축으로 인해 조직구성원들의 업무의 전부가 컴퓨터에 의해 대행되며 초고속 통신망을 이용하여 업무 처리의 속도와 공유가 빠르게 일어남으로써 해당 계층의 조직구성원의 수가 변동하여 조직의 형태가 기존의 피라미드형에서 다른 모형으로 바뀌게 됨을 의미한다. 리비트(H. J. Leavitt)와 휘슬러(T. L. Whisler)는 컴퓨터 시스

[그림 1-6] 컴퓨터 활용으로 인한 조직 형태의 변화(Leavitt-Whisler모형)

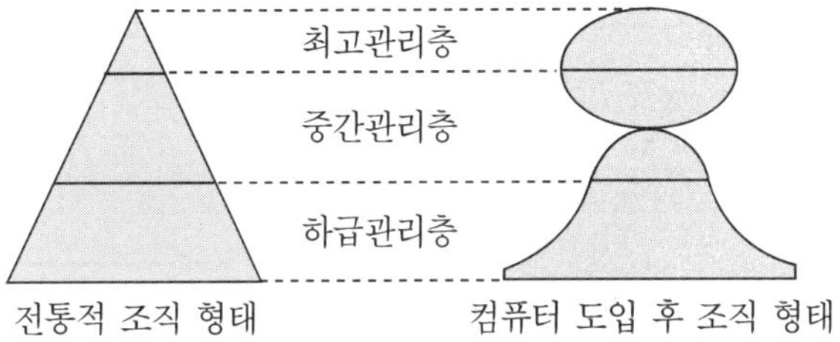

자료: Leavitt & Whisler(1958: 41-8), 김도훈(1988: 308)에서 재인용.

템이 조직에 도입되면 조직구조가 전통적인 피라미드 형태에서 [그림 1-6]과 같이 종(bell) 위에 럭비공을 올려놓은 것과 같은 형태로 변한다고 제시하고 있다(Leavitt & Whisler, 1958: 41-8; 김도훈 외, 1988: 307-8). 이것은 중간관리층의 업무나 의사결정이 대부분 구조적이고 일상적이며 반복적인 경우가 많아서 컴퓨터 시스템에 의해 대행됨으로써 중간관리층의 일부는 없어지고, 다른 일부는 좀 더 창의적이고 비구조적인 업무나 의사결정을 담당하는 최고관리층으로 이동하게 되기 때문이다.

그러나 여기서 주의해야 할 점은 중간관리층의 수가 감소하는 데는 먼저 그들 중간관리층의 업무 중에 비교적 정리되어 있고 극히 일상적인 업무만을 담당하고 있는 사람의 경우 컴퓨터의 활용으로 말미암아 없어질 가능성이 있음을 시사할 뿐이다(Simon, 1960: 17-55). 왜냐하면 중간관리층은 많은 경우 비정형적이고 일상적이 아닌 업무를 구조적이고 반복적인 업무와 함께 수행하고 있어서 컴퓨터로 처리할 수 있는 업무에 관한 한 컴퓨터 교육을 시켜서라도 담당하고 있는 업무를 계속 수행하도록 하는 경우에는 중간관리층의 규모에는 별 변동이 없게 되기 때문이다. 더욱이 구조적이고 일상적인 의사결정을 수행하고 있는 중간관리층을 없애는 경우에도 컴퓨터 시스템 관리자는 최소한 중간관리자로서 존재하게 되어 전체적 중간관리층의 규모에는 커다란 변화가 없을 수도 있다는 것이다(Coleman & Riley, 1981: 92-100; Kraemer & Danziger, 1984). 다만 이러한 시스템에 의해 대치된 업무를 수행하던 중간관리층은 하향 이동보다도 상향 이동을 할 가능성이 있음은 주목할 만하다.

다음으로 주의해야 할 점은 앞에서는 이러한 시스템의 도입이 조직 내 중간관리층에만 영향을 미치는 것으로 오인될 가능성이 있다는 것이다. 그러나 조직구조상 하위

[그림 1-7] 정보화 전후 조직 형태 비교

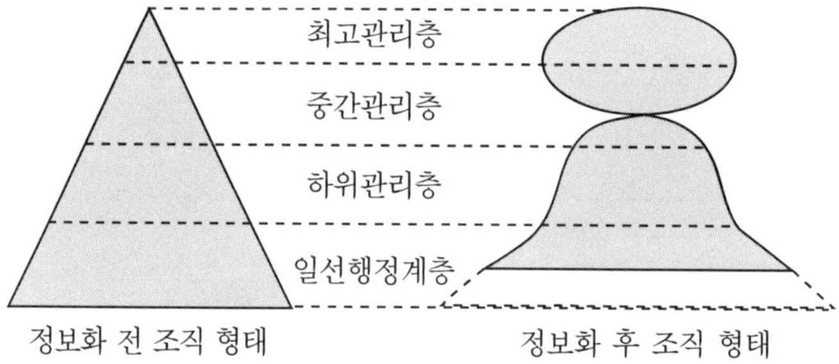

관리층의 업무의 일부와 특히 일상적인 운영 업무를 담당하고 있는 일선 행정관료의 업무도 이러한 시스템에 의해 대행됨으로써 그 계층의 규모가 축소·변동될 가능성이 높다.

여러 요소들을 고려해 볼 때 지식정보화 시대의 행정조직은 [그림 1-7]과 같이 중간관리층과 하위관리층 및 일선 행정계층의 규모가 상향 조정되면서 감소하는 형태를 나타낼 것으로 보인다. 다만 여기서 전제되어야 할 것은 조직의 각 계층이 좀 더 분명하게 정의되고 구분된다는 것이다(Lucas, 1982: 70).

(2) **계층제의 완화**

사회 및 행정의 지식정보화가 행정조직의 구조에 미치는 영향의 두 번째 양상은 계층제의 완화를 들 수 있다(김도훈, 1988: 308). 앞서 말한 바와 같이 행정조직 내에 초고속 통신망과 컴퓨터의 도입이 보편화됨에 따라 특히 중간관리층 및 일선 행정계층의 업무 성격과 인원 규모가 변화를 겪었다(Leavitt & Whisler, 1958: 41-8; Turner, 1980). 즉, 중간관리층의 수가 대폭 축소되며 내근자 수가 외근자 수에 비해 적어짐으로써 각 부서의 규모가 축소될 수 있다는 것이다(서남원, 1988: 14). 이는 곧 그 조직의 계층제약 구조에 변화가 일어날 수 있음을 의미한다.

그러나 여기서도 이미 지적한 바와 같이 특정의 구조적이고 반복적인 업무가 전산화됨에 따라 자료 코딩 및 입력 인원 등 보조인력의 충원이 필요하고, 특히 정치적인 분야에서는 관료들 자신이 해당 인력의 감축을 원치 않음으로써 실제로 인력구조에 변동이 없어 결과적으로 계층제에 변화가 일어나지 않게 될 가능성이 상존한다(Danziger, 1977).

(3) 수평적 분화

지식정보화가 행정 조직구조에 미치는 영향의 세 번째 특성은 조직구조의 수평적 분화 현상이다(김도훈, 1988: 309). 이는 앞에서도 언급한 바와 같이 조직 내 초고속 통신망의 도입과 컴퓨터의 도입과 활용이 보편화·일상화되면서 모든 업무가 전산화되므로 이를 관리할 부서가 신설되었다.

업무가 전산화로 인한 컴퓨터와 통신망 활용이 보편화됨에 따라 불필요한 인력의 감소 내지 다른 계층으로의 이동이 예상되었지만, 앞서 말했듯 이를 관리하기 위한 부서와 인력이 필요하게 된다. 이러한 이유로 조직 내 업무의 전산화로 인한 컴퓨터와 통신망의 활용이 보편화됨에 따라 조직구조의 수평적 분화는 불가피하게 일어날 것으로 보인다.

2) 행정조직의 기능에 미치는 영향

사회의 지식정보화는 넓은 의미에서 행정조직의 기능에도 영향을 미치게 되는데, 여기에는 조직의 집권화와 분권화, 조직 내 권력 관계 그리고 정책 과정에 미치는 영향으로 구분해 설명할 수 있다.

(1) 행정조직의 집권화와 분권화

지식정보화가 행정조직의 집권화를 심화시킬 것인지 아니면 분권화를 심화시킬 것인지에 대해서는 의견의 일치를 보고 있지 않다. 오히려 두 가지 현상이 모두 발생할 가능성이 있다는 데에 더 많은 공감을 보인다. 그런데 여기서 지식정보화로 인한 조직의 집권화란 조직 내 정보의 수집, 처리, 분산 등의 정보활동을 조직의 상층부나 중앙조직이 통제·관리하기가 훨씬 용이해짐에 따라 정보의 독점 및 그로 인한 상부계층이나 중앙조직의 권한이 강화됨을 의미한다. 반면에 지식정보화로 인한 조직의 분권화는 정보의 수집, 처리, 분산 등이 분산된 처리 시스템을 통해 이루어지게 됨에 따라 조직의 하위계층이나 지방 또는 지역조직의 정보력이 강화되고, 결과적으로 조직활동의 통제권이 강화됨을 뜻한다(김도훈, 1988: 310).

지식정보화의 동인인 컴퓨터·통신기술의 급속한 발전으로 시간뿐만 아니라 지리적인 장애를 극복할 수 있게 됨에 따라 정보의 실시간(real time) 분산 처리, 즉 시분할 시스템(time-sharing system)의 활용이 가능해지고, 그에 따라 행정의 분권화가 가능하게 된다(Toffler, 1980: Naisbitt, 1982: 103-41). 실제로 실증적 분석은 지식정보화가 조직 내 집권화 경향을 입증시키지 못했다고 지적한다(Lucas, 1973). 그럼에도 불구하고 간과하지 말아야 할 점은 정보의 분산처리 시스템의 발달을 초래한 컴퓨터·정보통신 기술 및 그 장치가 곧 의사결정이나 행정의 분권화를 의미하는 것이 아니라는 점이다. 왜냐하면 개인용 컴퓨터와 통신기술의 조직 내 활용이 하위계층의 의사결정자들에게, 행정활동에서 자율성 또는 자유재량권을 자동적으로 부여하고 촉진하는 것은 아니기 때문이다. 오히려 이미 지적한 바와 같이 기술결정론적인 입장에서 행정조직의 집권화와 분권화를 분석하기보다 사회·문화적인 측면에서 고찰해야 할 것이다. 즉 조직의 집권화 내지 분권화의 요인은 정보기술보다도 관리철학이나 조직문화라고 강조한다(Lynn & Markus, 1981: 203-5). 예컨대 마이어스(C. A. Myers)는 중앙집권적 전산화가 의사결정의 집중화를 수반하지 않으며, 집권화와 분권화를 결정하는 주요인은 지식정보 기술보다 관리철학이라고 주장한다(Myers, 1966: 189-201).

게다가 컴퓨터와 통신망 활용의 보편화는 전통적으로 집권화된 조직에서는 집권화를 강화시키는 경향이 있고, 또 전통적으로 분권화된 조직에서는 분권화를 촉진시키는 경향이 있음이 지적되기도 한다(Burlingame, 1961: 121-6). 그러나 지식정보 기술의 정치성을 배제한 채 그리고 관리철학과 지식정보 기술의 집권화와 분권화에 대한 영향 정도의 비교를 배제한 채 지식정보 기술의 기술적 기능만을 고려할 때 조직 내에서 컴퓨터와 통신망의 도입·활용은 조직 내 업무활동을 위한 정보처리의 능률화와 구조적이고 일상적인 의사결정의 자동화를 촉진하여 결정 권한의 집권화를 초래할 가능성이 높다. 그 반면 지식정보 통신기술의 발달과 통신망(network)의 구축이 실현되면 업무활동에 관한 자율적 결정이 하부 계층이나 지방조직에서도 가능해져서 조직의 분권화 현상이 고조될 소지도 높다.

(2) 조직 내 권력 관계의 변화

① 단지거와 클링의 모형

컴퓨터와 통신망의 활용이 보편화됨에 따라 조직 내 구성원, 특히 관리자 간의 권력 관계, 넓게는 영향력 관계가 어떻게 될 것인지가 주요 관심사이다. 여기에 대한 주장도 여러 가지일 수 있으나 단지거(J. N. Danziger)와 클링(R. Kling)의 모형에 따라 지식정보화 사회에 적용시켜 보면 다음과 같이 설명할 수 있다(Danziger & Kling, 1982: 136-69; 이종원, 1986: 175-9).

가) 관리적 합리성(managerial rationality)모형: 이는 조직에 컴퓨터와 통신망의 도입·활용이 보편화됨으로써 행정관료나 관리자가 지식정보를 정책 과정의 합리성 제고를 위해 활용할 수 있는 가능성이 높아짐에 따라 정책 과정의 지배까지도 도모할 수 있다고 보는 견해이다. 그러나 여기서 주의해야 할 점은 전산 처리된 지식정보는 정책결정을 비롯하여 정책 과정의 모든 과정을 통해 극히 일부에 지나지 않을 것이고, 기껏해야 이미 정형화된 문제에 관한 부분적인 해결책의 정보일 것이므로, 비록 그 지식정보를 관리하더라도 정책 과정의 완전 지배는 상상하기 어려운 것이라는 점이다. 더욱이 지식정보를 관리하고 통제하는 관료나 관리자의 활동은 조직에서 점하는 권한상의 위치에 의해 더 많이 영향을 받을 것이기 때문이다.

나) 조직적 다원주의(organizational pluralism)모형: 조직활동의 전산화를 촉진하는 컴퓨터 시스템은 조직 내 어느 특정 계층에 의해 통제·관리되기보다도 정치관료, 행정관료 그리고 기술관료 등의 다원적인 이해관계에 따라 그 운영이 좌우되며 결국에는 이들의 권익을 증진하는 데에 기여하게 될 것이라는 주장이다. 그런데 여기서도 문제는 조직 내 전산화된 정보체제의 이용이 반드시 이들 세 집단을 포함하여 관련된 계층 모두에게 유리한 방향으로만 운영될 수도 없고 그렇게 할 수 없는 경우가 더 많다는 것이다. 특히 선출된 공무원인 정치적 관료의 이해관계는 임명된 행정관료들의 이해관계와 반드시 일치할 수 없는 것이다. 즉, 그들은 자신들 선거구민, 넓게는 시민 또는 국민 전체의 이익과 관련하여 의사결정 및 정책결정에 임해야 하는 반면에, 임명된 행정관료는 책임을 지고 있는 상부 계층의 이해관계와 조직활동의 능률을 우선시하기 때문이다. 따라서 행정정보체제의 활용은 이해 당사자의 공동 이익을 보장하는 방향으로만 이루어지지 않고, 그래서 그들의 입지도 반드시 강화될 것으로만 볼 수 없다.

② 크래머와 더튼의 모형

크래머(K. L. Kraemer)와 더튼(W. H. Dutton)은 단지거와 클링의 모형과 유사하게 관료가설(bureaucratic hypothesis), 기술관료가설(technocratic hypothesis), 다원주의가설(pluralistic hypothesis), 구식가설(old-style hypothesis), 그리고 강화정치가설(re-inforeement politics hypothesis)의 다섯 가지 가설에 입각하여 경험적으로 연구 조사한 결과 조직 내 전산화는 특히 정치, 기획, 관리적인 차원에서 볼 때 조직 내 컴퓨터 시스템을 통제하고 있는 기존의 관료의 영향력을 더 강화시켜 주는 경향이 있다고 주장한다(Kraemer & Dutton, 1979: 80-106).

그런데 대부분의 실증분석이 그렇듯이 크래머와 더튼의 연구도 다음과 같은 문제점을 안고 있다. 즉, 첫째, 컴퓨터를 활용할 수 있는 부문을 관리, 기획, 정치면에서만 보면서 그들 간 구분이 불분명한 경우에 컴퓨터 활용 정도와 실제로 어느 정도로 기존의 컴퓨터를 이용하는 관료의 권한이 증가되었는지에 대해 확정적 결론을 내리는 데는 어려움이 있음을 암시한다. 둘째, 지방정부의 경우를 사례로 연구했기 때문에 중앙정부에서는 같은 결과를 거둘 수 있을지 등이 계속 연구되어야 할 과제로 남는다. 셋째, 특정 조직이 집권화 경향을 띠고 있는 경우에는 조직 내 정보화로 구성원 간의 권력 관계가 어떻게 변할지 또 분권화의 경우는 어떨지에 관한 경험적 연구가 필요하다. 넷째, 처음으로 조직에 컴퓨터 시스템을 도입하게 되는 경우 여전히 강화정치모형이 성립하게 될지가 의문시된다는 것이다.

다만 이상의 모형들이 결론적으로 시사하는 바는 조직 내 행정의 전산화 또는 지식정보화를 통해 특정 계층이나 집단의 권한이 강화되는 것은 그들에게 컴퓨터와 통신망의 도입·활용의 보편화 및 제반 정보에 대한 통제, 관리, 이용 접근의 권한이 주어졌는지 여부와 그들의 조직 내 권력계층의 위치, 조직문화 및 조직의 내외적 환경 요소들에 의해 영향을 받는다는 사실이다(Danziger & Kling, 1982: 161).

2 행정관료제에 미치는 영향

사회의 지식정보화가 행정관료제에 미치는 영향은 이미 앞에서 설명된 계층제에 미치는 영향과 그 밖에 정책 과정에 참여하는 사람, 즉 고위관료들의 정책활동에 미치는 영향 등에서 부분적으로 다루어졌다. 여기서는 광의의 관료제에 미치는 영향으로서 곧 관료화의 촉진 문제를 살펴본다. 광의의 관료화는 조직의 목적을 달성하기 위한 의사결정센터 또는 계층제를 지닌 대규모 조직이라는 구조적 측면을 넘어서 국민의 일상생활과 정치에서 공공관료의 간여 내지 개입의 보편화 현상을 의미한다(김도훈, 1988: 312-4).

사회의 지식정보화는 목표 달성을 위해 정형화된 구조를 필요로 한다는 점에서 관료화와 같은 방향으로 나아가고 있다고 볼 수 있다. 다시 말하면, 관료제는 조직 내적·외적 환경으로부터 지각되고 인지된 것을 구조화시키려는 경향을 갖고 있는데,

이는 정보의 정형화를 촉진시키고, 나아가서 정보화의 동인인 컴퓨터와 통신망 도입·활용의 보편화를 포함한 지식정보 기술의 조직 내 활용으로 그들의 역할을 더욱더 중요하게 만든다. 즉, 컴퓨터를 중심으로 한 정보기술은 관료적 형태의 관리 및 서비스 제공 그리고 문제 해결에서 효율성을 제고하고, 사회의 비조직화된 다른 부분을 희생해서라도 관료의 권력을 강화시켜 주는 데 기여하게 된다. 아울러 지식정보기술은 정형화된 정책결정 등의 합리성을 제고하여 조직 목표의 효율적 달성을 가능케 해 준다. 더욱이 컴퓨터와 통신망의 도입·활용의 보편화를 포함한 지식정보 기술을 이용하여 관료제는 환경의 요구에 적절히 대처할 수 있게 됨으로써 지식정보 기술이 발전함에 따라 개인이나 사회의 관료제에 대한 의존도를 점증시켜 주게 된다(김도훈, 1988: 313).

무엇보다도 중요한 것은 컴퓨터와 통신망 도입·활용의 보편화 등 지식정보 기술이 행정관료제에 도입·활용됨에 따라 정보자원 및 그 처리 수단 등이 관료제의 통제 및 관리하에 놓이게 되고, 결국에는 사회 전반에 걸쳐 구성원들의 행동을 감시·예측하며, 그들의 행동 방향까지도 통제하게 되는 완전한 관리행정에로 전환될 위험성이 있다는 것이다(김도훈, 1988: 313). 따라서 관료제에 의한 지식정보 기술 및 정보의 독점을 방지 또는 예방하는 제도적 장치와 국민적 통제 노력이 요구된다.

3 행정 업무 및 정책 과정에 미치는 영향

1) 행정 업무에 미치는 영향

사회의 지식정보화에 따른 행정전산화는 행정 업무의 내용에도 많은 변화를 초래하게 한다. 자료를 수집·처리하는 단순 반복적인 육체적 작업이 전산화됨에 따라 처리된 자료나 정보를 분석하고 활용하는 업무를 증가시켜 줌으로써 업무 내용을 향상시켜 줄 것으로 본다. 좀 더 구체적으로 살펴보면 다음과 같다(김도훈, 1988: 309-10).

(1) 최고관리자의 업무 변화

먼저, 행정이 전산화됨에도 불구하고 비교적 컴퓨터 시스템의 활용이 영향을 미치지 못하는 업무는 최고관리자들의 전략적 의사결정 업무이다. 왜냐하면 이들의 업무는 비구조화된 것으로 정형화된 해결책보다는 창의력, 경험 그리고 직관 등의 초합리성을 요구하는 작업이기 때문이다. 그러나 컴퓨터와 통신망 도입·활용의 보편화 및 정보기술의 발달은 각종 소프트웨어의 개발을 촉진하게 되어, 전문가 시스템(expert system)과 같은 인공지능에 기초한 의사결정 지원체제를 개발함으로써 어느 정도 최고관리자들의 비구조화된 업무에도 활용된다. 그러나 지적된 바와 같이 특히 최고관리자의 업무의 내용은 좀 더 고도의 지적 작업을 요구하게 되고 컴퓨터와 통신망 도입·활용의 보편화에 의한 대행은 극히 부분적이고 제한적으로 이루어지고 있다는 것이다.

(2) 중간 및 하위관리자의 업무 변화

지식정보를 활용하는 하위관리자와 중간관리자의 경우 직무 내용의 변화가 더욱더 뚜렷해질 것이다. 즉, 그들에게 지식정보의 수집·처리·저장 등과 같은 지식정보 처리와 관련된 업무는 크게 감소되고, 지식정보를 활용하는 데에 필요한 분석력과 판단력 그리고 창의력이 요구되는 업무를 더 많이 담당하게 된다. 특히 중간관리자의 경우, 지식정보 처리와 관련된 업무를 컴퓨터와 통신망에 의해 대행케 하고 그들은 지식정보를 탐색하여 문제를 파악하고 이를 창의적으로 해결하는 데에 더 치중하게 될 것이다. 이는 이들 중간관리자들의 업무의 질을 전보다 향상시키는 결과를 가져온다.

(3) 일선 행정관료의 업무 변화

일선 행정관료의 경우 컴퓨터와 통신망 도입·활용의 보편화는 지식정보 수집 및 집계와 같은 단순한 육체적 업무를 없애고 컴퓨터에 자료를 입력하는 데에 필요한 기계적이고 반복적인 업무를 증가시키게 될 것이다. 비록 기계적이고 반복적인 업무가 증가하지만 컴퓨터에 자료를 입력하기 위한 제반 작업은 과거의 단순 육체적 업무보다 고도의 정확성과 함께 일정한 지적 기술과 정신적 집중을 요구하게 되므로 직무 내용에서 질적 향상을 보일 것이다.

일선 행정관료들의 업무 내용이 변화하게 된 구체적인 사례를 보면 다음과 같다(김도훈, 1988: 12-4).

첫째, 전자민원제도의 실시가 가능해졌다. 이에 따라 각종 민원 사항의 신고, 열람, 서류 발부 등이 행정관서와의 왕래 없이 인터넷, 휴대전화, PDA 등 다양한 매체를 통해 언제 어디서나 쉽고 편리하게 원하는 민원행정 서비스 및 기관별 행정지식 정보의 이용이 가능하다. 예컨대, 민원 서비스 혁신(G4C) 시스템의 경우 통합 전자민원 창구로서 5,000여 종의 민원안내 및 720여 종의 민원신청 서비스, 그리고 30여 종의 민원 열람·발급 서비스 등을 제공하고 있다(전자민원 G4C 홈페이지, http://www. egov.go.kr/).

둘째, 통합고지서의 발행이 가능해졌다. 이에 따라 각종 세금 및 공과금 납부에 관한 고지서를 일선화하여 컴퓨터로 처리하게 됨에 따라 일선 행정관료들의 업무가 더욱 간소화될 뿐만 아니라 각종 고지서 발부 등의 육체적 노동을 줄이고 컴퓨터에 의한 납부세액의 종합적 분석 업무에 더 치중하게 되었다. 예컨대, 서울시의 경우 2007년 7월, '세외수입 종합징수 시스템'을 마련하여 그간 개별법에 의해 각각의 전산 시스템으로 운영해 온 것을 하나로 통합·관리하게 되었다. 이에 따라 시민들은 인근 동사무소나 구청, 시청 등 장소에 관계없이 고지서를 발급받아 편리하게 납부할 수 있고, 인터넷을 통해 과태료 등 모든 세목에 대한 부과 및 납부·체납 현황 등의 정보를 제공받게 되었으며, 최대 4장의 고지서(구세·시세·국세·기금)로 발급되던 매각 대금, 대부료, 변상금 등을 1장의 통합 고지서로 발급받게 되었다(하이서울뉴스, 2007년 6월 11일자 http://inews.seoul.go.kr/newshome/mtnmain.php?mtnkey=articleview&aid=164673).

셋째, 컴퓨터와 통신기술의 발달로 가정과 가정 간에 직접 연결되는 전자우편제도가 확충되었다. 더욱이 전 세계를 연결하는 통신망을 이용하여 전자사서함, 다중영상화 방식, 데이터 회선 등이 전통적인 우편, 통신 방식에 획기적인 개혁을 초래하여 즉시 자동화 및 무인화가 가능해졌다. 우편·체신행정의 우편물 송·수신 업무 및 집배원의 배달 업무는 축소되었다.

넷째, 무인행정사무실이 출현할 가능성이 많아졌다. 예를 들면, 파출소의 기능이 파출소에 근무하는 경찰관에 의해서보다 로봇에 의해 수행된다는 것이다. 사실상 방범, 치안 유지, 소방, 구급활동 등의 비상 조치가 재래적인 인간 중심의 방식에서 정보 수집과 처리 및 자동시설의 활용으로 대체될 가능성이 높다. 특히 인공지능(AI)의 개발로 이러한 일들의 실현 가능성은 더욱더 많아진다. 이 같은 무인행정사무실의 등장으로 그 업무를 수행하던 경찰관, 소방관, 방범요원들의 수가 감소될 수밖에 없을 것이다. 실제로 다수의 지방자치단체에서는 불법 운행 주정차 위반 차량에 대해 무인단속(CCTV) 장비를 활용한 적발을 실시하고 있다. 또한 u-지역정보화 추세에 맞추어 지역통합센터를 중심으로 유비쿼터스 기술 기반의 첨단 도시 경비, 통합 치안 상황 관제 업무를 제공함으로써 지역 주민의 안전 보장 및 대민 봉사 역량을 확보하는 사업인 u-치안 서비스는 인력 중심에서 IT 기술 기반 중심의 치안 시스템을 도입한 것이다. 이로써 공공기관 상주 대체경비 인력, 대국민 편익 향상을 위한 범죄 예방의 사회적 비용 절감 효과가 기대된다(김기환 외, 2008: 43).

다섯째, 새로운 행정봉사 업무가 개발·실시된다. 이는 전통적인 공공행정 분야에서 소요 경비의 과다 지출 등의 이유로 포함되어 이루어지지 못한 업무들이 정보화 사회의 도래로 새로이 개발되거나 확장 보충될 것임을 의미한다. 예컨대 지역사회 활동을 위한 정보 제공, 주민 부재 시의 행정 업무 대행, 공공행정에 관한 개업 응답 및 공공행정의 홍보 등을 들 수 있다. 이들 신종 서비스 업무는 신규 인력의 충원을 요하게 되는데, 이때 새로이 채용하든지 또는 앞에서 각종 기존 업무의 전산화로 인한 이동 인력을 이 분야에 흡수시킬 수도 있다.

결국, 사회의 정보화는 행정 업무의 내용에서 변화를 초래하는데 결코 일정한 방향으로 또는 획일적으로 이루어지지 않고 대신에 업무의 성격과 기존 인력의 재활용 여부 등에 의해 여러 가지 형태로 변함을 알 수 있다.

2) 정책 과정에 미치는 영향

행정의 지식정보화가 행정관료들의 정책활동에 미치는 영향에 관해서는 행정조직의 활동 중 정책활동은 가장 중요하며 이에 대한 정보화의 영향 또한 간과될 수 없기 때문에 조직 내 구성원 간 그리고 부처 간 권력 관계에 관한 설명에 부연해서 간단히 언급하고자 한다.

조직에 컴퓨터 시스템의 도입으로 정책정보의 수집, 처리, 분산, 활용, 그리고 저장 등의 정보활동은 자동화되고 즉시화하게 된 것이다. 이는 정책 과정 참여자들에게 정책 과정의 각 단계, 즉 정책의제 설정, 정책결정(정책분석), 정책집행, 그리고 정책평가의 과정마다 필요한 정책정보를 적시에 적량을 요구하는 사람에게 제공해 줌으로써 좀 더 합리적인 정책활동을 수행할 수 있게 해 준다. 더욱이 정보통신 기술의 발달로 거리와 시간을 초월해서 정책활동에 필요한 정보를 수집, 처리, 분산, 저장 등을 할 수 있다.

그런데 이같이 전산화된 정책정보가 정책 과정 참여자들에게 정책활동의 합리성을 제고해 준다는 것은 다음과 같은 몇 가지 점을 전제로 한다. 첫째, 제공되는 정책정보가 정확하고 다양해서 필요로 하는 사람에게 특정한 문제 해결에 도움이 되도록 알맞게 필요한 시기에 전달될 수 있어야 한다. 둘째, 정책 과정 참여자들이 컴퓨터 시스템의 작동 및 운영 원리를 파악하고 있고, 지식정보의 진위에 관해 식별할 수 있는 능력을 갖고 있으며, 제때에 제대로 필요로 하는 정책정보가 제공이 안 될 때 자신들이 직접 확보할 수 있어야 한다. 셋째, 정책 과정 참여자 자신들이 공평무사한 정신 자세와 주어진 정책정보를 합리적으로 활용하고자 하는 정의롭고 합리적인 사람이어야 한다.

그러나 현실적으로 전산화할 수 있는 정책정보는 구조화되고 반복적인 사항에 한정되어 있다. 비계량적이고 초합리적인 정책문제에 대해서는 사실상 컴퓨터 시스템이 극히 제한적인 효용성 또는 아예 무용지물이 될 가능성이 많다. 또한 컴퓨터와 정보기술이 가치중립적(value-free)임에도 불구하고 정책과정 참여자에 따라서 정치성이 부여되어 수집, 처리 그리고 산출된 정책정보가 은폐, 왜곡, 오용, 또는 남용되는 경우가 발생할 수 있다. 더욱이 정책활동 자체가 가치정향적(value-oriented)인 활동이며 컴퓨터 기술의 비구조적 정책결정에 대한 지원상 한계로 인해 인간의 판단과 직관이 요구되는데, 인간의 편견과 비합리적인 사고와 태도는 정책활동의 효용성을 떨어뜨리게 한다. 따라서 조직 내 전산화 또는 정보화가 반드시 정책 과정의 합리성을 제고하는 데에 기여하는 것이 아니고 앞서 말한 전제 조건들이 충족되는 범위 내에서 구조적인 정책활동에만 그런 효용성을 기대할 수 있다. 예를 들면, 공공자금의 집행과 관련된 모든 예산의 편성, 집행, 감사 업무가 즉시 자동화되어 매우 효율적인 성과를 올리게 된다. 즉 행정기관의 예산제도가 온라인화되어 예산 편성이 정책결정과 동시에 즉각적으로 이루어질 뿐만 아니라 자금의 배정, 사용 승인, 결산, 그리고 감사의 시행 등이 자동적으로 해결될 수 있다(서남원, 1988: 13).

3) 우리나라 지식정보화 정책의 특성

우리나라의 지식정보화는 정부 주도로 단기간에 압축적으로 진행되어 왔다. 경제적인 목적과 효율성을 중심으로 진행되었기 때문에 민주적인 가치에 대한 고려와 보완이 필요하다.

우리나라는 정부 주도로 단기간에 지식정보화 사회로 도입되었다고 볼 수 있다. 이러한 이유로 정보 인프라 구축 측면에서는 세계적인 모델이 될 수 있었다. 이러한 이유로 OECD 등에서는 초고속 정보통신망의 효율적 구축을 위한 정부의 강력한 정보화 정책을 우리나라의 성공 요인으로 보고 모델로 삼고 있다. 하지만 이러한 정보

기술 고도화를 통한 지식정보화 사회의 좋은 측면만을 강조하여 국민들의 일방적인 적응만을 강요한 측면이 없지 않다. 이러한 측면에서 지식정보화에 대한 폐해와 문제를 인지하고, 지식정보화에 대한 국민의 도덕적·문화적·의식적인 성장이 함께 이루어져야 한다.

우리나라의 정보화정책은 정보기술의 인프라를 통한 생산성 증대와 지식정보산업 육성 등의 경제적인 목적을 중심으로 추진되었다. 이로 인해 초고속망의 구축과 각급 학교의 PC 보급의 가속화 등 공공 부문에서 정보산업 수요 창출이 국내 정보산업의 내수시장을 이끄는 원동력이 될 수 있었다. 우리나라는 창조적 지식 기반 국가 건설을 위한 정보 인프라의 구축과 지식정보 기반을 활용한 국가 전반의 생산성 향상 등 기술과 산업 중심의 정보화정책을 펼치고 있다. 향후 지식 정보화정책은 현재의 기술과 산업 중심의 지식정보화 정책과 더불어 국민의 삶의질 제고와 민주성, 형평성의 측면까지도 제고하는 사회적 목적의 정책의 보강으로 그 초점이 맞추어질 것이다. 또한 지식정보 사회의 성숙은 정보통신 기술의 관점으로만 접근되는 것이 아니라 교육, 경제, 사회·문화적 문제에 대한 균형적인 접근이 이루어질 것이다.

정부와 시민은 정보기술의 활용을 통해 효율성과 민주성을 균형적으로 달성할 수 있다. 정부의 경우 중복 업무의 감소로 내부 업무의 생산성을 높이는 것이 가능해지고, 민주성의 경우 행정의 투명성을 달성으로 가능해질 것이다. 국민의 경우에도 효율성 측면에서는 서비스를 편하게 제공받는 것이며, 민주성은 정책결정에서 시민의 참여와 인권과 사생활의 보호를 의미한다.

향후 지식정보화는 민주성에 대한 보완으로 효율성과 민주성이 균형적으로 발전하는 방향으로 추진되어야 한다. 또한 현재 우리가 직면하고 있는 지식정보화 사회의 문제점과 한계와도 관련되므로 지식정보화 사회에 대한 새로운 개념과 접근이 시도되어야 한다(김성우·황주성, 2005: 13-8).

4 행정환경에 미치는 영향

행정환경에는 행정부 외의 국가조직인 의회와 법원 그리고 일반 시민 및 각종 사회집단이 포함되나 논의가 국가활동에 초점을 맞추고 있으므로 여기서도 이 범위 내에 속하는 환경 요소로 국한하면, 정책기관 중 행정부 이외 다른 국가기관으로 의회와 법원을 들 수 있다. 따라서 정보화가 의회와 법원에 미치는 영향을 살펴보고자 한다. 그런데 국회사무처나 법원행정처의 행정활동에 미치는 영향은 행정 전반에 미치는 영향에 포함되기 때문에 여기서는 국회의원과 법조인의 활동에 미치는 영향만을 살펴보고자 한다.

1) 국회 활동에 미치는 영향

국민을 대신하여 행정에 대해 감사를 행하는 국회 활동에 지식정보화가 미치는 영향 중의 대표적인 것은 국회에 의한 국정감사 방식의 전환이다. 이는 지식정보화 사회의 도래로 행정활동에 관한 모든 자료가 객관적으로 보관되어 있어 소실, 변조, 누락 등의 염려가 없고 또 국정감사 자료의 작성으로 인해 일반 행정 업무가 아무런 영향을 받을 필요가 없이 국정감사가 이루어질 수 있음을 말한다. 더욱이 국정감사 중에 필요한 경우 현장에서 직접 관련 자료를 불러내어 열람할 수도 있다. 더욱더 중요한 것은 정기적인 국정감사 이외에도 평상시에도 수시로 행정 자료를 열람할 수가 있어서 더욱 즉각적으로 민첩하게 행정부 활동에 대한 감시를 수행할 수 있다는 것이다. 여기서 물론 국회의원 각자가 컴퓨터 시스템의 활용에 관한 지식과 정보 마인드(information mind)가 갖추어져야 함을 전제로 한다.

〈표 1-7〉 정보화 환경 변화와 입법활동에 대한 시사점

	정보화 시대		지식정보화 시대
중심 목표	기술 중심, 공급자 중심 IT의 보급 자체가 중요		정보 중심, 이용자 중심 정보활용 등 지식정보 역량 중요시
정부 역할	물리적 인프라 구축 및 IT산업 지원	▶	사회문화적 인프라 구축 (개인 정보 보호, 정보 격차, 정보 확산)
주체	중앙부처 중심의 정보화		지역정보화 중요성 증대
현상	정보화정책의 제한적 영역(산업,경제) 컨버전스(융합) 현상이 미비		정보화정책의 주류화(사회 전반) 정보화 영역과 다른 영역 간의 융합 가속화

자료: 김도승(2008: 5).

또한 일상적인 입법활동에도 정보화는 영향을 미친다. 각종 입법에 필요한 자료를 수집·저장해 두어서 필요할 때마다 수시로 검색 가능하게 하고, 입법 내용도 저장해 두어 후에 참고하기에 용이하게 한다. 더욱이 정보통신의 발달로 다른 곳의 정보도 활용할 수 있게 됨에 따라 입법활동의 효율화와 합리화를 높여 준다. 같은 맥락에서 의회행정의 효율화와 합리화를 기할 수 있게 된다.

이로 인해 정보화 환경이 변화함에 따라 입법 환경 역시 달라지게 된다. 정보화 시대가 기술 중심과 공급자 중심, IT 보급 자체가 입법의 중요한 시사점이었다면 지식정보화 사회에서는 정보와 이용자 중심, 정보의 활용과 지식정보의 역량이 입법활동에서 중요한 시사점이 될 수 있다. 또한 정부의 주요한 역할이 물리적 인프라의 구축과 IT산업 지원에 초점이 맞추어져 있던 것이 사회문화적 인프라 구축과 더불어 개인 정보 보호, 정보 격차 해소, 정보 확산 등으로 그 초점이 옮겨지고 있다. 정보화 환경 변화와 입법활동에 대한 시사점을 정리해 보면 <표 1-7>과 같다.

2) 법원 활동에 미치는 영향

법원 행정에 대한 지식정보화의 영향은 법원 행정 절차도 행정정보화의 일환으로 구조적인 업무의 경우 정보화될 수 있고, 더욱이 각종 판례 등도 전산 처리하여 보관, 유통시킴으로써 좀 더 능률적인 재판을 할 수 있게 되어 법원서기의 업무와 판사 나아가서는 검사와 변호사의 판례 조회 업무 등을 간소하고 그러면서도 좀 더 심층자료를 열람할 수 있게 되어 결국 인권 보호에 기여하게 된다. 아울러 행정부 활동에 대한 사법적 통제에서 효율성을 제고할 수 있게 된다.

이러한 순기능과 더불어 개인 정보의 관리와 손쉬운 정보 조회로 인한 프라이버시의 침해, 그리고 지식정보화로 인해 빈번해지고 있는 대규모 개인 정보 침해와 해킹, 피싱 등과 같은 신종 범죄에 대한 처벌 기준과 재판 기준 등이 시급히 마련되어야 한다.

5 지식정보화 사회에서 행정 지식관리와 행정모델

지식관리는 지식정보화 사회에서 처음으로 등장한 개념이 아니다. 과거 장인과 도제의 관계에서 볼 수 있듯이 개인이 습득한 기술과 지식이 제자나 가족들에 의해 전수된 것 역시 지식관리의 한 모습이라고 볼 수 있다. 특히 1990년대 이후에 이르러 정보기술이 비약적으로 발달하고 초고속 통신망과 컴퓨터가 보편화됨에 따라 지식의 체계화와 공유가 쉽고 편리하게 이루어지고 있다. 이러한 지식관리는 조직이 보유하고 있는 지식의 체계적인 관리를 통해 문제 해결 능력을 향상시키고 조직의 지속적인 발전을 가능하게 할 수 있다. 또한 이러한 지식의 중요성이 강조되면서 지식정보화 사회에서 지식관리의 중요성이 증대되고 있다. 지식관리 활동은 업무 성과에 영향을 미치기 때문이 유용한 지식을 소유할수록 개인이나 조직의 위상이 높아질 수 있으며, 그 자체가 권력이 될 수도 있다. 이러한 사실은 경영뿐만 아니라 행정 측면에서도 강조된다.

21세기에 이르러 세계 각국의 정부는 전자정부 구축을 목표로 그에 적합한 행정모델을 추구하고 있다. 예를 들어 호주의 경우에는 아웃소싱을 통한 전자정부 구축을 통해 지식관리와 더불어 지식정보화 사회에 진입했으며, 영국의 경우 전통적인 행정모델에서 시장행정으로의 전환을 통해 지식정보화 사회의 행정모델을 마련했다. 우리나라의 경우 기계적인 행정모델에서 네트워크 행정모델로의 변환이 일어나고 있으며, 그 안에서 지식의 중요성과 지식관리를 통한 지식 포털의 개념을 통해 지식 기반의 행정을 위한 지식 활용에 사용자의 측면을 강조하려 하고 있다.

기계적인 행정모델은 용어 그대로 정해진 규칙에 맞추어 기능을 수행하는 행정모델이라고 할 수 있다. 정부가 규칙, 규정, 기준에 의해 행정 업무를 수행하고, 부처별로 업무 내용만 다를 뿐 일하는 방식은 거의 동일하다. 이에 반해 네트워크 행정 모델은 개인의 자율성과 독창성을 중시하고, 비공식적인 의사소통을 중요하게 여기기 때문에 절차에 관한 지식보다 인적 지식이 많이 활용된다. 인적 지식은 기관의 인적 자원과의 의사소통을 위한 지식으로 전문 분야, 분야별 이력, 특기, 관심 분야 등이 포함된다. 개인 지식은 기관 내부의 개인이 보유하고 있는 지식으로 네트워트 행정모델에서는 인적 지식과 개인 지식이 중요시된다. 또한 네트워크 행정모델에서는 업무가 프로젝트의 단위로 이루어지고 부처가 독립적으로 운영되기 때문에 부서 간의 의사소통의 채널이 다양화되어 신속하고 정확한 의사소통이 일어날 수 있다. 또한 다양한 형태의 자료와 정보, 지식이 공유된다. 이러한 행정모델에서는 정보와 지식이 서로 쉽게 공유되고 활용되어야 한다.

이러한 네트워크 행정모델에서는 효과적인 지식의 공유와 활용을 위해 모든 행정 주체들이 지식을 공유하고 활용할 수 있는 시스템이 필요하다. 이러한 이유로 구축된 시스템을 지식 포털(knowledge potal)이라고 할 수 있다. 이러한 지식관리 체계인 지식 포털은 사용자의 관점에서 접근하기 용이하도록 지식을 분류했다는 점에서 유용하다 볼 수 있다. 이러한 지식 포털 체계를 나누어 보면 이미 수립된 정책에 대해 행정적으로 처리하는 업무와 관련된 지식에 접근하기 위한 행정처리 포털, 행정 주체들 간의 자유로운 의사소통을 하기 위한 네트워크 포털, 이미 수립된 정책의 집행이 아닌 행정정책을 수립하기 전에 활용할 수 있는 지식에 접근하기 위한 정책 포털로 나누어 볼 수 있다(김승윤 외, 2000: 441-3).

6 행정에 미치는 역기능적인 영향

이는 후에 별도로 속간되는 행정정보 관리와 정보공개 및 프라이버시 보호, 컴퓨터 범죄 등에 관한 『행정정보관리론』에서 구체적으로 논의되므로 여기서는 자세한 설명을 생략한다. 다만 유의해야 할 점은 행정적인 측면에서 지식정보화의 역기능은 크게 해킹, 피싱 등과 같은 신종 컴퓨터 및 통신범죄, 개인 정보 유출과 스팸으로 인한 피해, 프라이버시 침해 등 인권 침해, 정보 독점, 프로그램 소유권 등의 지적재산권 침해, 정보의 무분별한 접근 등으로 인한 폐해와 악성 댓글 등으로 인한 피해 등이 점차 확대되고 사회문제화되고 있다. 따라서 이들에 대한 예방책 및 사후 해결 방안에 대한 범정부 차원의 논의와 대책이 시급한 실정이다.

제 5 절 행정의 지식정보화 사회 정책적 과제와 역할

1 행정의 지식정보화 사회 정책적 과제

우리나라의 정보화 및 전자정부 구축은 국제적으로 높은 수준으로 평가되고 있음에도 불구하고, 이를 활용한 국가경쟁력 제고 및 대민 서비스 향상 수준은 크게 높지 않은 것으로 나타나고 있다(강홍렬·최선희, 2005: 188). 이러한 현상을 방지하고 정보화와 국가경쟁력 및 대민 서비스 향상을 통한 국민의 삶의 질 제고가 연계되도록 하기 위해서는 다음과 같은 행정의 정보화사회 정책적 과제가 부각됨을 알 수 있다(정홍익, 1989: 14-7).

1) 새로운 지식정보 기술의 개발과 활용

지식정보화 사회에서 행정이 수행해야 할 최우선 과제는 새로운 정보통신 기술의 개발 및 활용이다. 이는 행정 업무 중에 상당 부분을 점하고 있는 단순 반복적인 업무를 행정사무 자동화(Office Automation: OA)의 활용을 통해 전산화시키는 작업에서부터 컴퓨터와 통신기술의 활용을 통해 근거리 통신망(Local Area Network: LAN) 체제, 종합정보통신망(Integrated Service Digital Network: ISDN) 체제, 초고속 정보통신망 체제 등을 구축하여 행정부처 간뿐만 아니라 전국 행정기관 간 그리고 행정부와 국민 간 신속한 정보 교환 및 협조 체제를 이루어 행정의 효율화를 기하고 행정 서비스의 질도 향상시키는 것이다.

그런데 이러한 행정개혁을 위해서는 행정의 민주화가 선행되어야 한다. 왜냐하면 행정정보가 정부 부처 간 공개 및 공유가 이루어지지 않은 상태에서 국민에게 공개하는 것은 더욱 기대하기 어렵기 때문이다. 그 같은 새로운 정보통신 기술의 개발과 활용을 통한 행정사무의 자동화와 행정정보의 공개는 행정인력의 변동뿐만 아니라 정부와 국민 간의 세력 균형이 국민에게 유리한 쪽으로 변동될 가능성을 크게 한다.

2) 지식정보 관리행정의 강화

행정이 지식정보화 사회에 수행해야 할 두 번째 과제는 지식정보화 사회가 진전됨에 따라 폭증하는 정보와 그와 관련된 업무를 관리하기 위한 행정 즉 지식정보 관리행정을 강화하는 일이다. 지식정보 관리에 관한 구체적인 행정 업무는 크게 규제를 위한 업무, 보호를 위한 업무, 원호를 위한 업무 그리고 직접 봉사 업무 등이 포함된다.

좀 더 구체적으로 살펴보면, 최근에 국내외적으로 문제가 되고 있는 컴퓨터 소프트웨어 저작권 등의 지적 소유권 보호에 관한 문제 그리고 그 밖의 데이터베이스의 작성이나 이용 또는 방송 프로그램과 관련된 문제 등에 관해 해결할 책임을 져야 할 것이다. 또한 컴퓨터 및 통신범죄 등 지식정보 통신기반 보안문제에 대한 규제 업무도 담당해야 한다.

게다가 각종 지식정보 통신기술의 도입·활용에 따른 개인의 프라이버시 침해로부터의 보호에 대해서도 지속적인 법적·제도적 개선·보완 업무뿐만 아니라 실질적으로 본 피해에 대한 보상과 가해자에 대한 처벌에 관한 절차상의 문제들도 관장해야 한다. 이 밖에 행정정보의 공개에 관한 행정도 담당해야 한다. 공개 범위의 결정과 공개 절차 그리고 공개 내용의 대민 홍보에 관련된 행정을 제도적으로 수행해 나가야 한다. 여기에는 당연히 행정부 내에 정보전문가가 많이 필요하게 될 것이다.

3) 지식정보 사회의 기반 확충

지식정보화 사회의 도래에 대비해서 또는 지식정보화 사회의 건설을 촉진하기 위해 행정이 능동적으로 수행해야 할 기본적인 임무는 지식정보화 및 정보 교육적인 측면에서 국민의 정보 해득력(information literacy)을 배양하는 것이다. 좀 더 넓은 의미로 컴퓨터 해득력(computer literacy) 그리고 과학 해득력(science literacy)을 배양함으로써 가능하게 되고 결과적으로는 지식정보 사회의 기반을 조성함을 의미한다. 이 같은 정보 해득력의 배양은 일반 시민으로 하여금 지식정보화 사회에 대한 인식을 갖게 하고, 지식정보화 사회의 환경에 대한 적응력을 키워 주며, 더 나아가서는 지식정보화 사회에서 행정에 대해 협조적인 자세를 갖게 하는 데에 기여하게 된다. 그러므로 정보 해득력은 교육 과정에서 필수적으로 취급되어야 할 것이다.

아울러 지식정보 사회의 기반 조성을 위해서는 관련 법령의 제정 및 지속적인 정비가 요구된다. 예컨대 정보통신 관련 법령, 지적 소유권 관련 법령, 정보 격차 해소 및 개인 정보 보호 관련 법령, 그리고 표준화 관련 법령 등이 그것이며, 이 밖에도 광통신망의 설치, 데이터베이스의 구축, 근거리 통신망(LAN), 종합정보통신망(ISDN), 초고속 정보통신망 등과 같은 정보 기반(information infrastructure)을 지속적으로 보강·관리하는 과업도 포함되어야 한다.

4) 지식정보 시스템 구축

정보통신 기술의 발달에 따라 지식정보화를 이룩했고, 이로써 지식정보의 처리 및 축적, 관리가 용이해졌다. 그러나 지식정보화 자체로는 우리에게 필요한 부가가치를 창출하기 어렵고, 인간의 창의적인 두뇌 활동의 결과로서 생성된 창조적 지식이 경쟁력의 원천이자 부가가치를 창출하는 지식정보화 사회가 도래했다. 따라서 이제는 정보 시스템을 단순하게 이용하는 단계에서 정보 시스템을 활용하여 가치를 창출할 수 있도록 하기 위해 정보관리뿐만 아니라 지식관리의 중요성이 증대되었고, 이에 따라 지식의 생산 및 관리, 그리고 활용을 위한 지식정보 시스템의 구축 및 활용이 요구되기에 이르렀다. 이를 위한 행정의 역할은 공공 부문에도 체계적인 지식관리를 위한 시스템을 구축하여 행정기관들의 지식 공유·활용이 용이하도록 하여 궁극적으로 행정의 효율성과 국가경쟁력을 제고하고 국민의 삶의 질 향상을 추구하는 것이다.

또한 그 동안 구축·발전시켜 온 정보 인프라와 정보기술의 활용을 독립적으로 분리하여 추진할 것이 아니라 이제는 경제사회 활동의 혁신과 국가 선진화를 위한 국가 사회 현안 해결을 위해 내재화되어 활용될 수 있도록 방향을 전환하는 것이 필요한데, 예컨대 사회안전, 환경, 교육, 일자리 창출, 국가경쟁력 제고 등을 위해 IT를 활용하는 것이다. 이를 위해 국가사회 선진화에 기여하는 국내외의 정보화 활용 우수사례를 지속적으로 수집·공유할 필요가 있다(김현곤, 2008: 6-10).

5) 기타 사회 변동에 따른 과제

행정은 지식정보화 사회의 도래로 초래되는 산업 개편의 부작용과 관련된 여러 과제들을 해결해야 할 것이다.

첫째, 사양산업의 근로자를 정보통신산업 등 지식산업으로 전직시키는 문제를 근로자 개인이나 기업에 전담시키는 것에서부터 정부가 직접 개입하여 재교육자의 교육 과정 동안 실업보험 등으로 생계를 지원하는 일, 그리고 취업을 알선하는 일 등을 통해 해결해야 할 것이다.

둘째, 지식정보화 사회에서는 인구의 고령화가 심화되어 노인복지에 대한 수요가 증가될 것이다. 행정은 이에 대한 해결책도 모색해야 할 것이다.

셋째, 지식정보화 사회에서는 여가 시간이 대폭 확대될 것이므로 이에 대한 행정서비스의 제공과 그 밖의 지원 업무에 대한 행정의 확대가 요구될 것이다.

넷째, 지식정보화 사회의 기반은 정보와 지식인데 특히 지식은 교육을 통해 획득되기 때문에 교육행정의 혁신이 요구되며 아울러 연구활동이 중요시되어 이에 대한 행정 지원이 증가되어야 할 것이다.

다섯째, 지식정보화 사회에서는 인구의 분산이 예상되므로 지방정부의 행정력의 강화를 통해 지방화 시대의 증가될 행정 서비스 요구를 각 지방에서 충족시킬 수 있도록 해야 할 것이다.

2 지식정보화 사회 정책의 추진에 따른 기대 효과

정보화사회 정책을 추진함으로써 기대되는 순기능적인 효과는 다음과 같은 두 가지 측면에서 고려해 볼 수 있다(전산망조정위원회, 1989a: 80-5, 1989b. 11: 91-139; 오명, 1985: 59-62; 김영태, 1988).

1) 정치 · 행정 부문의 기대 효과

(1) 정치 부문

정치 과정이 개방되어 국민의 정치에 대한 관심이 높아지고, 각종 레벨의 정치에 대한 주민의 참여가 용이해지며, 정치 과정에 지식정보 체제가 도입되어 정치 운영이 효율화되고 정치의 정보 의존도가 높아질 것이다.

(2) 행정 부문

행정에 정보처리 통신망의 도입으로 행정사무를 신속하게 처리할 수 있게 되고, 행정 서비스는 내용의 수준이 향상됨으로써 '작고 효율적인 정부'가 실현되며, 공개행정에 따른 시민 참여의 증대로 시민의 욕구(needs)와 의사가 행정 시책에 반영되어 행정의 민주성이 제고될 것이다.

2) 국방 · 공안 부문의 기대 효과

(1) 국방 부문

첨단 정보통신 기술의 도입으로 정보 수집 · 분석체제가 효율화되고 국가 자원의 효율적 관리 · 활용 및 유기적 연결로 국가 안전보장의 확고한 기반이 조성될 것이다.

(2) 공안 부문

사회적 병폐, 범죄에 대한 정보 수집, 처리 및 대응이 신속히 이루어지고 예방적이며 신속한 민생치안 체제가 확립될 것이다.

3) 산업 · 경제 부문의 기대 효과

(1) 산업 부문

기업경영, 생산, 금융, 유통 및 농림, 수산 등 각 방면에 정보체제가 도입되어 생산성이 크게 향상될 것이다.

(2) 경제 부문

산업이 첨단정보 기술 중심의 고부가가치형 산업구조로 고도화되고, 고용구조도 서비스, 정보 부문 등 기술 집약·지식 집약적인 선진국형 고용구조로 전환될 것이며, 세계 시장에서 우리의 경제적 역할이 증대될 것이다.

4) 국민생활 부문의 기대 효과

(1) 국민생활

도시·농촌 간, 사회계층 간 생활 수준이 평준화되어 두터운 중산층이 형성되고, 교통·환경 등 생활환경의 개선으로 국민생활의 질적인 향상과 편리성이 제고될 것이다.

(2) 국민교육

컴퓨터와 정보통신 기술의 활용으로 학교교육, 연구 효과가 효율화되고 학사행정이 합리화되며, 또한 개성에 맞는 교육 실현을 위해 시청각 교육 서비스와 가정학습 촉진을 위해 영상 서비스의 제공, 평생교육의 기회가 확대될 것이다.

(3) 국민보건

의료정보망의 전국적 확충으로 국민 의료 요구를 충족시키며, 보건의료의 소외지역을 해소하며 의료보건 관리가 효율화될 것이다.

(4) 사회복지

다양한 국민적·사회적 욕구의 충족으로 사회후생·복지·수혜 정도가 향상될 것이다.

5) 문화·예술 부문의 기대 효과

(1) 문화 부문

사회 전반에 걸친 정보화에 따른 개인 여가 시간의 증대로 개인의 문화, 예술 창작 활동이 활발해질 것이다.

(2) **예술 부문**

예술 및 문화 방면에 정보체제가 도입됨으로써 그 범위가 다양하고 넓어지며, 그 수준이 크게 향상되어 선진 사회에 적합한 국민문화·예술적 창달과 다양한 가치관이 형성될 것이다.

3 지식정보화 사회에서 행정의 역할

지식정보화 사회의 도래에 대비하거나 지식정보화 사회를 건설하기 위한 과제를 수행할 때 행정이 취할 수 있는 역할은 크게 긍정적인 것과 부정적인 것 두 가지로 나타날 것으로 보인다(서남원, 1988: 14-5).

먼저, 부정적인 역할로서 행정이 정치 수단화되는 것과, 긍정적인 역할로서 대민봉사 체제를 이루는 것이다. 전자의 경우는 지식정보화 사회에서 정보통신 기술을 지속적으로 개발·활용함으로써 행정이 독재적 권력의 수단으로 전락하는 상황을 지칭한다. 만일 행정이 이같이 독재정치 수단으로 이용되는 경우 제반 행정 과제의 해결을 위한 행정활동은 외견상 별 문제가 없는 것처럼 보일지 몰라도 내면적으로 다른 목적을 달성하기 위한 수단적 절차에 지나지 않아서 예상치 못한 엄청난 문제를 일으키게 된다. 다시 말하면, 행정이 독재 권력의 수단으로 전락되는 경우 국민의 모든 거취가 탐지되고, 위장정보의 조작·유포가 가능하며, 그로 인해 강압적이고 일방적인 정치공작이 이루어질 수 있는 동시에 개인들은 자유를 완전히 상실당할 위험성이 있다. 심지어는 행정이 지식정보 수단을 총동원하여 의도하는 경우에는 증권 시세뿐만 아니라 가정의 경제활동까지도 조작이 가능하게 될 것이다. 그래서 이 같은 현상을 방지하기 위해 오늘날 행정은 정치 수단화를 최소화하면서 대민 봉사에 충실을 기하는 양면성을 고루 갖추려는 입장에서 지식정보화 사회를 맞이하려고 한다.

그러나 행정의 이러한 노력은 선진국에서 볼 수 있는 바와 같이, 양자의 조정이 결코 용이하지 않아 둘 다 잃을 가능성이 적지 않다. 따라서 민주사회에 부합한 행정의 역할인 대민 봉사에 우선적으로 충실히 하는 입장에서 지식정보화 사회의 도래에 따른 과제들을 해결해 나가야 한다. 다시 말하면, 지식정보화 사회에서 행정은 사회의 민주화 내지 선진화를 위해 좀 더 기민하게 역할을 수행해 나가야 할 것이다.

4 지식정보화 사회에서 좋은 정부

지식정보화 사회에서 좋은 정부란 국민들에게 의무에 대한 부담은 적게 하고 권리와 혜택은 크게 하는 정부이다. 즉, 양질의 서비스를 많이 제공하는 정부라고 할 수 있다. 국민의 부담을 줄여 주기 위해서는 업무의 처리 절차와 관행에 대한 혁신을 통한 비용 절감이 필요하며, 혜택을 늘리기 위해서는 정책 과정에 대한 국민의 참여와 통제권을 확대하고 신속하고 편리한 공공의 서비스를 제공할 수 있어야 한다. 이러한 지식정보화 사회에서 좋은 정부의 모습을 구체적으로 살펴보면 다음과 같다.

첫째, 지식정보화 사회의 좋은 정부는 정부와 민간의 긴밀한 상호작용을 바탕으로 시민의 참여를 이끌어 내며, 정부의 정당성, 책임성, 민주성을 확보하고 효율성과 함께 지속 가능한 발전을 중심 가치로 삼는 것이다. 또한 중앙과 지방정부 사이에 원활한 역할 분남을 통해 지방의 특색에 맞는 정책의 수행과 지역 주민의 요구에 민감한 신속하고 안정적인 행정체제를 갖추는 정부라고 할 수 있다.

둘째, 지식정보의 창출과 활용을 통해 사회 발전과 경쟁력을 지속적으로 유지하며, 행정 서비스의 질적인 향상을 위해 노력하는 정부라고 할 수 있다. 정부는 지식의 창출과 활용을 통해 사회의 발전을 유도해야 하며, 정부개혁을 통해 국가경쟁력을 제고해야 한다. 단순히 행정과 경제 분야에서 인적·물적인 정부의 규제과 감시를 넘어서 관료주의와 비효율을 배제하고 행정의 생산성을 높이기 위한 전자 서비스 시스템 도입 등의 지식, 전자정부의 구축이 필요하다.

셋째, 지식정보화 사회의 좋은 정부가 지향해야 할 정책의 목표를 인간의 개발과 삶의 질 향상이라고 볼 수 있다. 정보기술의 발전으로 시작된 지식정보 혁명이 산업자본주의를 대체하면서 지식 관련 산업의 중요성이 점차 커지고 있다. 지식의 생산성이 국가의 경제와 사회적인 성공과 삶의 질 향상 등에 결정적 요인이 되고 있으며, 지식기반 경제를 구축하기 위해서는 사회 각 부문에서 활동하는 개인들의 인간 개발이 필수적이다. 이러한 이유로 지식정보화 사회의 좋은 정부는 정부 부문의 지식화 등의 여러 과제를 효과적으로 해결하기 위해서는 지식 능력의 개발과 향상을 위해 노력해야 한다.

지식정보화 사회에서 정부의 바람직한 기능은 법과 제도의 개선, 정보 인프라의 고도화, 과학기술의 혁신 능력 강화, 지식 기반 산업의 육성과 창의적인 인재의 양성, 지식정보 격차의 개선 등 지식정보화 기반 구축을 선행해야 한다. 이를 토대로 인적 자본에 대한 투자의 체계화, 지식 검증체계의 확립, 지식정부의 구현, 지식의 민주화 등에 대한 요구에 부합하는 정책을 펼쳐야 한다. 즉, 지식정보화 사회에서의 좋은 정부는 기술적 기반, 법적·제도적 기반, 의식, 문화적 기반을 토대로 민주성과 효율성을 충족시킬 때 지식정보화 사회에서 좋은 정부의 역할을 수행하게 될 것이다(한세억, 2002).

제 2 장 정보 및 체제의 의미

제 1 절 정보의 개념 및 특성

1 정보의 개념

1) 정보의 정의

정보에 관한 개념은 정보를 필요로 하는 분야에 따라 여러 가지로 정의할 수 있다. 예컨대, 과학기술적 차원에서 맥도너(A. McDonough)는 “정보란 특정 상황에서 가치가 평가된 자료(data)로서 문제 해결에 유용한 것”이라고 정의를 내리고 있다. 수학적 정보이론을 개발한 와이너(N. Weiner)는 사이버네틱스(cybernetics)의 입장에서 “정보란 인간이 외계에 적응하려고 행동하고 또 조절 행동의 결과를 외계로부터 감지할 때에 인간이 외계와 교환하는 내용”이라고 설명하고 있다. 데이비스(G. Davis)와 올슨(H. Olson)은 “정보란 사용자에게 의미 있고 현재나 미래의 행동이나 결정을 위해 참으로 가치가 있을 것으로 판단되는 형태로 처리된 자료”라고 정의를 내리고 있다. 한편 경제·사회·일반적인 차원에서 켄트(S. Kent)는 “정보란 지식이며, 조직이고 활동”이라고 말하고, 샤논(C. Shannon)은 “정보란 어떤 형태 또는 사건에 대한 불확실성을 감소시키는 유형·무형의 실체”라고 정의를 내리고 있다(Seiner, 1984; Davis & Olson, 1985: 200-1; Shannon, 1950: 370-32, 623-59; 윤은신, 1988: 178).

그 밖에 르부르통(P. LeBreton)은 정보(information)를 첩보(intelligence)와 구별하여 전자를 특정 사실이나 상황에 관해 전달되거나 또는 전달받은 지식이나, 아니면 의사전달, 조사 또는 지시를 통해 얻은 지식을 말하고, 후자의 첩보는 특정한 사건이나 상황에 관한 지식, 뉴스 또는 정보를 뜻하거나, 아니면 적 혹은 잠재적인 적에 관한 지식 또는 그와 같은 정보에서 얻은 결론이라고 주장한다. 그러나 이 같은 정의에서는 양자가 내용상 거의 동일시되고 있다(LeBreton, 1969: 14).

유종해는 이상의 두 개념을 구별하여 정보는 "알려진 사실 또는 알리는 행위"라고 암시하는 반면에, 첩보는 "정보의 수집 내지 배포"를 의미하는 것으로 특히 군사정보와 같은 비밀정보를 의미한다고 주장한다(유종해, 1986: 577-8).

오명은 좀 더 쉽게, 정보는 다른 사람에게 지적인 내용을 제공하는 서비스의 의미를 가지는 것으로서 공개된 지식을 나타낸다고 보고 있으며, 첩보는 군사상의 첩보나 비밀 내용을 담은 것으로서 남의 비밀 내용을 캐거나 감추어 두고 알려 주지 않는 속성을 지닌 것으로 보고, 양자가 근본적으로 다르게 사용되나, 우리말의 '정보'를 intelligence의 개념으로 해석해서 사용하므로 혼동을 초래하고 있다고 지적한다(오명, 1988: 33-4).

이상의 여러 가지 정보에 대한 정의로부터 다음과 같은 일반적인 정의를 도출해 낼 수 있다. 즉, "정보란 사용자나 사용 조직에게 특정한 목적을 위해 의미 있고 가치 있는 형태로 처리된 자료나 정보원이다."

2) 정보의 개념적 구성 요소

정보의 개념은 다음과 같은 분석적인 요소로 구성되어 있다.

(1) 정보 사용자 및 조직

정보는 현재나 미래에 필요로 하는 사용자가 있어야 한다. 아무리 많은 정보가 있다고 해도 그것을 필요로 하는 사람이나 조직이 없는 경우 그 정보는 하찮은 쓰레기에 지나지 않게 된다.

(2) 나름대로의 가치

정보는 나름대로 가치가 있어야 한다. 여기서 '나름대로'의 가치에 유의할 필요가 있다. 통상 정보의 가치를 논할 때 특정 정보가 가치가 있다고 믿고 있으나 마치 그

가치가 일률적인 가치를 가져야 하는 것처럼 생각되기 쉽다. 그러나 특정 정보가 특정 목적에 따라 형성된 것이기 때문에 어떤 사람이나 조직에는 소중해도 다른 사람이나 조직에는 무용한 경우를 볼 수 있는 바와 같이 정보의 고유한 가치를 요구하고 있다. 물론, 어떤 정보는 여러 사람이나 집단 또는 조직에 공통적으로 가치가 있는 경우를 부인하는 것은 아니다. 그러나 여기서 주의할 점은 공통적인 가치나 이질적인 가치는 그 정보를 필요로 하는 사람이나 조직들 간에 동일하거나 상이하게 평가되는 데서 비롯된다는 것이다. 그 밖에 정보 가치에 관한 설명은 뒤에서 자세히 다룬다.

(3) 일정한 형태로의 처리

정보는 일정한 형태로 처리되어야 한다. 정보가 다양한 형태를 갖게 되는 것은 정보를 필요로 하는 사람이나 조직이 특정한 목적을 위해 활용하고자 하는 경우, 있는 그대로의 형태로 사용하는 경우도 있겠으나, 많은 경우에 적절한 형태로 변형해야만 한다. 이와 같은 정보를 특성한 목적을 위해 적절한 형태로 변형하는 것을 "정보를 처리한다"고 말한다. 따라서 일정한 형태로 처리되지 않은 정보는 자료(data) 또는 정보원(情報源, information resource)으로 간주된다. 물론 자료나 정보원도 정보의 기능을 수행하기도 하므로 어떤 특정한 경우에 특정한 사람이나 조직에 정보로서 이용된다.

(4) 자료나 정보원

정보는 자료나 정보원으로 구성되어 있다. 여기서 정보원은 단편적으로 보아서 정보를 제공해 주는 사람이나 조직과 같은 정보의 출처(information source)만을 의미하는 것으로 보기 쉬우나, 많은 경우에 이상의 의미에 더해 대부분 정보를 추출해 낼 수 있는 '정보의 원료(resource of information)'라는 의미를 포함한다. 그 대표적인 예가 바로 자료이다. 정보는 정보원인 자료를 일정한 목적으로 처리한 것임을 알 수 있다. 여기서 처리되지 않은 자료를 곧 '원자료(rawdata)'라고 부른다. 원자료란 처리된 또는 변형된 자료에 대한 상대적인 개념임을 알 수 있다. 이를 달리 표현하면, 원자료가 처리된 자료의 정보가 되고, 정보인 처리된 자료를 다른 목적으로 재차 처리하면, 이를 '2차 정보' 또는 일종의 첩보라고 부르는 반면에, 앞의 1차로 처리된 자료를 상대적으로 '1차 정보'라고 한다. 물론 후자의 1차 정보를 정보원으로부터 직접 수집·획득된 정보로서 현재 당면하고 있는 특정 상황에 적합하도록 수집된 정보라 하

[그림 2-1] 지역개발 추진을 위한 원리의 모형

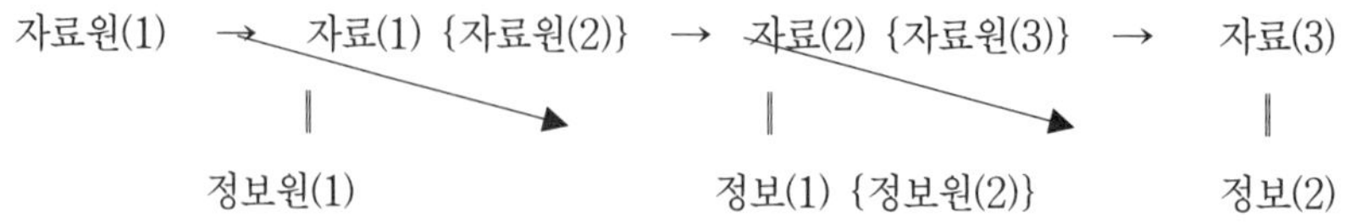

고, 2차 정보는 다른 기관이나 조사자 및 수집자가 다른 목적에서 관찰·수집하여 편집·처리한 정보 또는 가공 처리된 정보라고 설명하는 경우도 있으나(최봉기, 1981: 170) 결국 같은 의미이다. 이들 자료원(또는 원자료), 자료, 정보원 그리고 정보 간의 관계를 도식화하면 [그림 2-1]과 같다.

그런데 이 같은 정보의 개념은 이미 앞장에서 언급하고 있는 바와 같이 협의의 개념인 반면에, 지식정보화 사회에서의 지식정보 개념은 자료, 정보, 지식을 포괄하는 광의의 정보 개념을 의미한다. 즉, 자료와 정보의 단계를 거쳐 생성된 지식도 하나의 가치 있는 정보로 이해한다는 것이다.

2 정보의 특성

1) 개별 정보로서 특성

정보는 개별적으로 다음과 같은 특성 내지 속성을 갖는다(서남원, 1985: 120-1).

(1) 무형성

정보는 무형성을 갖는다. 정보는 정보 자체가 물리적인 형태를 지니지 않고 다만 표현된 내용으로서만 존재한다는 것이다. 이는 정보가 '내용적·추상적 형태'만을 지님을 뜻한다.

(2) 보편다재성

정보는 보편다재성(普遍多在性)을 갖는다. 이는 정보가 모든 기존의 사실 상황 및 공상적인 내용뿐만 아니라, 추정된 사실이나 상황 또는 공상적인 내용으로부터 유출될 수 있으므로 인간의 모든 분야에 걸쳐 골고루 발생되어 존재하게 된다는 것이다.

(3) **매체의존성**

정보는 일반적으로 매체의존성을 갖는다. 정보는 그 자체로서 형태를 갖고 있지 못할 뿐만 아니라 표현되지 못해서 실제로는 특정한 매체에 의존하여 나타나게 된다. 다시 말하면, 정보 존재에 대한 인지는 한 매체의 상태 변화에서 다른 매체의 상태 변화로 전환되는 것을 의미한다. 그러므로 정보는 실제적 상태가 아닌 그것이 의존하고 있는 매체의 형태로 존재함을 뜻한다.

(4) **표현다양성**

대부분의 경우 정보는 표현다양성을 갖는다. 정보가 무형적이고 매체 의존적인 관계로 정보를 인지하는 조건 여하에 따라 매우 다양할 수밖에 없다.

(5) **표현전환성**

정보는 표현전환성을 갖는다. 정보가 매체적 전환을 통해 그 의미나 내용을 전달하게 되는데, 이때 정보의 내용이 전환되어서는 안 되지만 표현상 전환이 불가피하게 발생하게 된다는 것이다.

2) 조직정보로서 특성

정보는 위와 같은 일반적인 특성을 가지면서 아울러 조직 내에서 활용되는 조직정보로서 역할을 수행할 때는 다음과 같은 특성을 갖는다(서남원, 1985: 127-8).

(1) **사회성 또는 간주관성**

조직정보는 사회성 또는 간주관성(interpersonal characteristics)을 갖는다. 이는 정보활동을 하는 데 반드시 상대방에 의존하고, 상대방의 반응이 정보 과정의 완성에 영향을 미친다는 것을 의미한다. 따라서 조직정보에는 사회적 요소(예: 역사성, 민족성, 사회 관습 등)가 불가피하게 영향을 미친다는 것을 알 수 있다.

(2) **통신성**

정보는 조직정보로서 통신성(communication)을 갖는다. 일반적으로 통신이란 정보 기능 단위 간의 매체 변화를 통해 정보가 이동하는 것을 의미하는데, 조직정보도 일종의 사회정보로서 의사 소통이라는 통신성을 갖게 됨을 뜻한다.

(3) 지속성

조직 내에서 정보는 지속성(steadiness)을 갖는다. 이는 정보의 견지성이라고도 부른다. 이는 정보가 모든 조직구성원들에게 이미 사전에 설계된 경로, 시간, 방법 등에 의해 계획적으로 전달되며, 이런 정보 과정이 무수히 반복·순환되어도 같은 절차가 견지됨을 뜻한다.

(4) 복잡성

정보는 복잡성(complexity)을 갖는다. 이는 조직활동이란 목적 달성을 위해 필요한 자원을 동원 및 활용하는 다수인의 장기적인 활동이므로, 이에 관련된 정보의 인지 및 표현 내용이 복잡한 것일 수밖에 없음을 나타낸다.

(5) 다량성

조직 내 정보는 다량성(volumes)을 갖는다. 조직의 규모가 증가함에 따라 정보의 양은 많아지기 마련인데, 이는 정보의 양을 정보의 자구 수(字句數)나 도수(度數)로 볼 때, 조직 규모의 확대는 복잡성의 증대와 구성원의 증가로 인해 불가피하게 많아질 수밖에 없음을 의미한다.

3) 재화로서 특성

정보가 재화로서 간주되는 한 최소한 시한성, 비이전성, 누적효과성, 신용가치성, 무한가치성 등의 특성을 지닌다. 이를 좀 더 구체적으로 살펴보면 다음과 같다(오명, 1988: 31-3).

(1) 시한성

재화로서 정보는 시한성을 갖는다. 정보는 대부분의 경우 의사결정을 하기 위한 자료로서 활용되기 때문에 최신의 정보일수록 그 가치가 높다. 따라서 정보는 시간이 흐를수록 그 가치가 감소하거나 아주 없어져 버리는 시한성을 가지고 있다. 이 점에 비추어 정보는 마치 생선과 같이 그 신선도를 유지해야 하고, 그 신선도를 유지하기 위해 정보의 전달 속도가 얼마나 중요한가를 잘 반영해 주고 있다.

(2) 비이전성

정보는 비이전성을 갖는다. 이는 정보가 타인에게 양도되어도 완전히 다른 사람에게 가버리는 것이 아니라 자신에게 여전히 남게 됨을 뜻한다. 예를 들어 한 학생이

다른 학생에게 자신이 한 숙제를 보여 주었다고 가정할 경우, 보여 준 학생의 숙제 내용인 '정보'는 다른 학생에게 완전히 이전되어 더 이상 자신의 것이 되지 못함을 의미하지 않는다.

(3) 누적효과성

재화로서 정보는 누적효과성을 갖는다. 이는 데이터베이스에서 볼 수 있듯이 정보가 풍부하게 생산·축적되면 될수록 그 가치가 높아지는 성질을 갖는다는 것이다. 예컨대 우리나라에서도 최근 나타나는 현상이지만 미국 등 선진국에서 자주 볼 수 있는 것으로서 광고 우편물을 보내는 회사나 기업들이 많은데 이들 회사들은 발송 대상자 명단이 소비자 형태로 잘 분류되어 있고 그 수가 많이 확보되어 있을수록 그 회사는 광고 우편물을 발송해 주는 대가로 광고주 회사들로부터 수입을 많이 올릴 수 있다. 물론 여기서 주의할 점은 정보의 내용과 질 등에 따라 그리고 목적 등에 따라 정보가 누적될수록 그 효과가 달라질 수도 있다는 것이다.

(4) 신용가치성

재화로서 정보는 신용가치성을 갖는다. 이는 정보를 구입할 때 그 정보 소유자의 신용이 중요한 역할을 함을 의미한다. 다시 말하면, 재화나 서비스를 구입하는 경우에는 보통 미리 그 내용을 객관적으로 평가할 수 있으나 어떤 정보의 내용은 그 자체가 가치의 대상으로 되어 있기 때문에 사전에 평가될 수 없고 단지 정보 소유자의 신용이 가치 판단의 중요한 기준이 된다.

(5) 무한가치성

정보는 무한가치성을 갖는다. 이는 물질이나 에너지는 하나의 상품으로 만들어져 하나의 가치만을 부여받을 수 있지만 정보는 필요로 하는 사람이면 누구에게나 가치를 발휘할 수 있는 속성이 있다는 것이다. 좀 더 자세히 보면, 정보는 TV, 라디오 등 대중 정보매체를 통해 일시에 무한히 많은 사람들에게 전달되는 재화로서 많은 사람들에게 도움을 줄 수 있다. 또한 물질이나 에너지는 소비된 재화면 반드시 폐기물을 수반하게 되지만, 정보는 순환성·비이전성·비소모성 등으로 인해 공해물질을 유발하지 않을 뿐만 아니라 대부분의 경우 높은 부가가치를 창출하게 된다.

이상에서 살펴본 재화로서 정보의 특성은 여러 특성들 중의 일부에 지나지 않음을 유의할 필요가 있다. 정보의 가치에 대한 좀 더 자세한 설명은 뒤에서 이루어진다.

제 2 절 정보 가치

1 정보 가치의 종류와 관계

1) 정보 가치의 종류

정보 가치는 크게 정보 자체가 지니는 질(quality)과 그 정보를 이용하는 사람, 즉 의사결정자의 행위에 따라 좌우되므로 그 종류 또한 여러 가지로 설명될 수 있다. 그러나 여기서는 상기의 두 측면을 종합한 정보 용도면에서 정보의 이용 목적에 따라 다음과 같이 세 가지 종류로 정보 가치를 구분한다(통신행정연구소, 1986: 86-9).

(1) 상업적 가치

이는 정보가 상업적인 재화로 간주되어 왔음을 나타낸다. 이러한 정보가 상업적 재화로 활용된 것은 수세기에 걸쳐서 이루어져 오고 있다. 그 구체적인 실례는 각종 출판 및 방송산업이 모두 수세기에 걸쳐 정보를 팔아오고 있는 것을 들 수 있다(Machlup, 1962). 사회가 점차 정보에 대한 의존도가 높아짐에 따라서 정보의 가치도 점차 높아지게 되는데, 이때의 정보 가치는 상업적 가치를 나타낸다. 정보화사회의 도래에 즈음하여 컴퓨터를 이용한 정보산업의 급속한 발전 추세가 이러한 경향을 잘 설명해 준다.

정보는 특히 기술적인 상황에서는 일반 상품과 구별되는 특성이 있다.

첫째, 정보는 재생산이 가능하다.

둘째, 재생산비용은 최초의 조립이나 생산비용과 비교해서 항상 저렴하다.

셋째, 정보는 통신망을 통해 국내외로 즉시 전달이 가능하다.

넷째, 정보의 생명은 정보의 가치를 결정하는 데 중요한 요소이다.

다섯째, 정보 가치는 첨가적이지 않다. 즉, 동일한 내용의 정보를 여러 장의 복사물로 가진다고 더 가치 있는 것은 아니다.

이러한 특성은 어떤 경우에는 기술에 의해 확대되지만 컴퓨터 범죄, 복사와 저작권 침해, 국가 간의 정보 유출 등에 관한 정책문제들을 일으킬 수 있다.

(2) 사적 가치

조직체들은 중요한 정보를 상업적인 재화로 간주해서 많은 이득을 보아 왔는데, 이러한 경향은 개인들에게도 나타난 것이다. 정보화사회에서는 정보를 어떻게 수집하느냐에 따라 좌우될 수 있다. 개인도 정보를 어떻게 수집하느냐에 따라 중요한 정보의 수집·활용에 차이를 보이게 된다. 그 결과 풍부한 정보로 인해 개인적으로 이익을 향유하게 되는 정보가 있는가 하면 중요한 정보를 보유하고 있지 못해 불이익을 당하는 정보도 있게 된다. 예를 들면, 청량음료의 배합 비율, 계량경제적 예측, 영업계획, 지질학적 자료 등이다. 또한 반대로 개인들이 자기 자신과 관련된 정보를 자의든 타의든 간에 노출시킴으로써 손해를 입게 된다거나 또는 혼자만 특정 정보를 소유하고자 하는 경우는 바로 정보의 사적 가치의 중요성 때문이다.

(3) 공적 가치

이는 정보를 공공 복리에 영향을 미치는 것으로 보는 것이다. 이 때문에 정보의 유통에 대한 관심이 높아지게 된 것이다. 예컨대, 미국 사회에서 도서관·학교 및 박물관 등에 대한 공적 지원, 학문의 자유에 대한 전통과 학술적인 출판의 개방 체제, 정보 공개에 대한 법률 등은 바로 정보의 공적 가치를 인정하여 보호하려는 조치로 볼 수 있다.

2) 정보 가치의 삼각 관계

상술한 정보 가치들은 대부분의 경우 상호 경쟁 관계에 있기 때문에 서로 갈등 관계로 빠지게 된다. 경우에 따라서 어떤 정보는 상업적·사적·공적 가치를 모두 지니고 상호 보완적 관계에 있을 수도 있으나, 그 반대로 어떤 정보는 이들 중에 어느 하나가 비교 우위를 점하게 됨으로써 비교적 우세한 또는 이용자에 의해 더 선호되는 가치로서 다른 가치들로 대체될 수도 있을 것이다. 아니면 사적 가치와 공적 가치 그리고 상업적 가치가 서로 대등한 상태에 있는 경우 의사결정자는 또 다른 선택 기준이 주어지지 않는 한 가치 선호에 어려움을 겪게 될 것이다. 이러한 마지막의 경우가 바로 정보 가치 간의 갈등 관계에 놓이게 하는 삼각 관계가 성립하게 되는 것이다. 이를 좀 더 구체적으로 살펴보자(통신정책연구소, 1987: 28-30, 89; Mayo & Anthony, 1980).

(1) **공적 가치와 사적 가치의 관계**

공적 가치를 반영하는 정보공개법은 사생활을 보호받을 권리와 같은 개인이나 소유자의 이해, 즉 사적 가치와 상충될 수 있다. 예를 들면, 공적인 목적을 위해 정부는 개인이나 기업 또는 다른 조직에 관한 막대한 양의 정보를 수집한다. 그런데 지금까지는 이러한 정보 중에 어떤 것은 법에 의해 대중이 이용할 수 있도록 허용되어 왔으나 수작업에 의해 기록·유지되는 시스템에서는 그러한 정보를 추출하는 데 막대한 노력이 들기 때문에 본질적으로 사적 가치가 보호된다. 정보화사회의 도래로 정보 시스템은 이러한 정보를 이용하는 데 소요되는 비용과 시간을 감소시켜 정보가 대중에게 공개되어 자유롭게 이용될 수 있게 됨에 따라 대중들로 하여금 어느 정도까지 그런 정보를 이용할 수 있고 이용해야 하는지에 대한 정책적 문제가 대두될 가능성이 그만큼 높아진 것이다.

(2) **상업적 가치와 공적 가치의 관계**

정보가 점점 가치 있는 상품이 됨에 따라 새로운 정보체제를 통해 정보를 판매하려는 사람과 공공도서관 사서와 같이 정보를 모든 사람이 이용 가능한 공공재로 취급하는 전통적인 역할을 담당하는 사람들 간에 마찰이 빚어지고 있다. 그런데 이러한 마찰은 정보공개법에 입각하여 정부가 수집한 자료와 상업적인 정보 서비스 간의 경쟁에서 발생할 수 있다는 데에 주목할 필요가 있다.

(3) **상업적 가치와 사적 가치의 관계**

상업적으로 시장성이 있는 정보는 관련된 개인의 인지나 동의 없이 제3의 정보 제공자로부터 수집되는 전산화된 우편물 수취인 등록과 같이 사생활과 소유권의 침해

[그림 2-2] 정보 가치의 삼각 관계

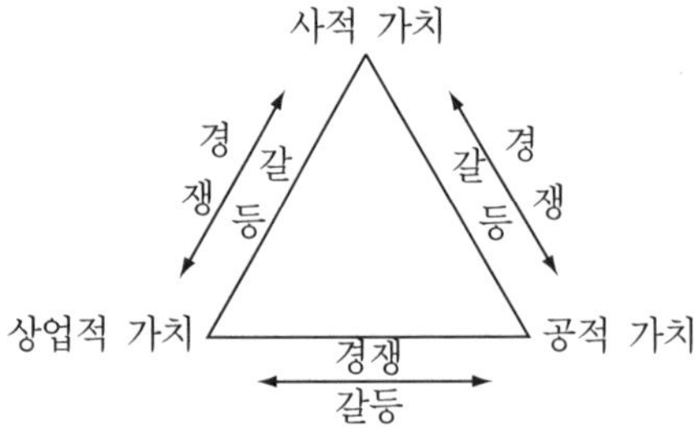

자료: 통신정책연구소(1987: 29).

를 초래할지도 모른다.

이상에서 살펴본 정보의 사적·상업적·공적 가치 간의 경쟁·갈등 관계를 도식화하면 [그림 2-2]와 같다.

2 정보 가치의 평가

정보 가치는 정보체제에서의 정보통신(information communication)과 관련하여 다음과 같은 세 가지 수준에서 평가될 수 있다.

1) 정보통신의 정확성 수준에서 가치평가

(1) 이론적 근거: 수학적 통신이론

통신의 정확성(accuracy) 수준에서 정보 가치의 평가는 기술적 차원에서 특정 정보가 수신자에게 얼마나 정확하게 전달되느냐에 준거하여 통신에 사용되는 정보 가치를 측정하는 것이다. 이는 가끔 정보이론(information theory)이라고도 불리는 수학적 통신이론(mathematical theory of communication)에 의해 주로 취급된다. 원래 정보이론은 유명한 수학자 와이너(N. Weiner)의 사이버네틱스(cybernetics) 연구결과로 개발된 것이다(Weiner, 1948). 그는 이 이론에서 유기체 모두가 정보를 획득하고, 사용하며, 보유하고 전달하는 수단을 소유함으로써 비로소 서로 결합되어 있게 되는 것이라고 주장한다. 그 후 샤논과 와이너의 개념을 전화 시스템과 같은 통신체제를 설명하는 데에 적용했다(Shannon, 1950: 4). 이런 맥락에서 정보이론은 주로 수학적 통신이론으로서 발전되어 왔다.

이러한 수학적 통신이론의 일반적인 모형은 [그림 2-3]과 같다.

이 통신체제 모형은 개인 수준을 넘어서 조직 간 통신 관계를 설명할 때는 전달이나 수신시에 기계장치를 거치며 환류 루프(feedback loop)를 활용하게 됨으로써 좀 더 복잡한 통신체제를 가지나 그 기본 원리는 동일하다. 따라서 일반적인 통신체제 모형의 구성 요소를 보면, 정보 원천, 코드 작성자(즉, 전문을 특정 코드로 전환하는 사람 및 기계), 경로(또는 매체), 해독자(즉, 수신 기호를 전문으로 전환하는 사람이나 기계), 목적지, 그리고 소음(즉, 무작위의 예측 불가능한 통신 간섭으로서 수정이 곤란한 것) 및 왜곡(즉, 공개적이거나 의도적인 조작에 의한 통신 간섭으로서 그 반

[그림 2-3] 일반적인 통신체제 모형

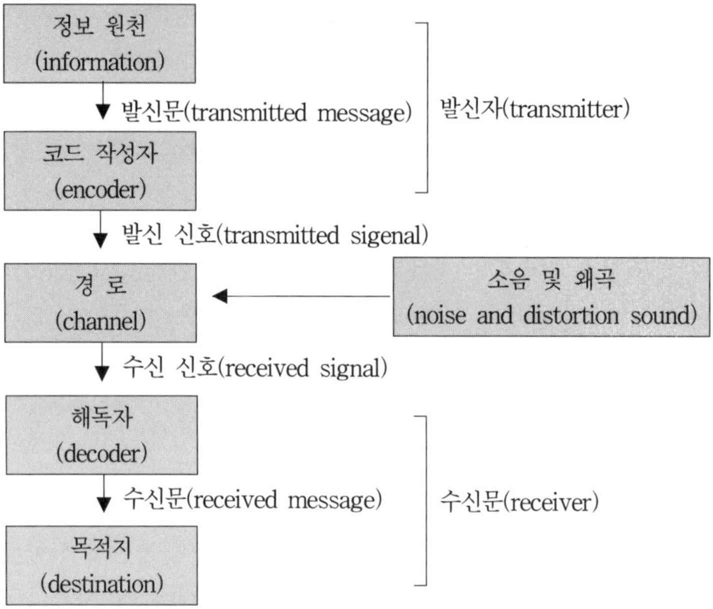

자료: Davis & Olson(1985: 203); Hodge, Fleck, & Hones(1984: 82); 서남원(1985: 142).

대 조작에 의해 수정 가능한 것) 등으로 구성되어 있다. 여기서 특히 주의해야 할 것은 개인 간의 통신 관계의 경우 정보 원천과 코드 작성자가 발신자 한 사람에 의해 이루어지고, 아울러 수신의 경우도 해독자와 목적지는 동일인의 수신자가 그 역할을 감당한다는 것이다.

이 통신체제 모형에 의하면 정보는 수신자나 사용자에게 전달되기까지 통신 과정을 거쳐서 최종적으로 그에게 특정한 의미와 용도상의 가치를 제공하게 됨을 알 수 있다. 또한 기계를 이용하는 경우 정보 자료는 정보처리 과정에서 정보기기가 이해할 수 있는 기계언어(binary code 등)로 변형되고 처리된 정보가 여러 형태의 경로를 통과하는 동안에 여과(filtering)와 누락(omission), 그리고 소음과 왜곡 등의 장애 요소의 작용을 받게 됨을 알 수 있다. 게다가 수신자도 제공된 정보를 해독하는 과정에서 자신의 지각상의 선택과 선입관에 의한 평가 및 선택적 경향이 작용하여 그가 실제로 지각하는 정보 가치가 영향을 받게 된다는 것이다. 이같이 통신체제 모형은 정보가 통신 과정을 거쳐 나가는 동안 그 본래의 가치를 특히 경로(channel)상, 그리고 수신자의 지각상의 오류 등으로 인해 과대 또는 과소 평가되어 인식되는 경우가 있음을 제시한다. 따라서 이상에서와 같이 정보가 수신자에게 전달될 때까지 그 통신 과정에서 작용하는 여러 가지 기술적이고 행동적인 장애 요소를 극소화시키고 정보 가치를 제고하기 위해 정보의 내용과 형태, 그리고 경로와 해독을 조정하는 것도 정보체제의 설계를 위해 중요한데, 바로 이런 점에 대해 통신이론이나 수학적 정보이론은 정보체제이론의 발전에 기여해 오고 있다(Weiner, 1948; Shannon & Weaves, 1949).

(2) 정보량과 불확실성

① 정보의 단위 개념

수학적 통신이론이나 정보이론의 주요 관심사는 특정 정보를 얼마나 정확하게 수신자에게 전달하느냐에 있다. 즉, 특정 메시지에 들어 있는 특정 내용의 정보를 통신 도중에 누락이나 왜곡 또는 잡음이 섞이지 않은 채 전달될 수 있느냐에 초점을 둔다. 이는 정보 개념 자체를 수학적으로 나타내어 통신 과정에서 전달할 수 있는 정보량, 즉 정보 내용의 규모를 산출해 냄으로써 그 정보가 의사결정자들이 직면한 불확실성을 얼마나 감소 내지 제거할 수 있느냐에 따라 정보 가치를 측정할 수 있음을 시사한다. 다만 여기서 전제되는 것은 대체로 불확실성 상황에서는 정보의 양이 클수록 불확실성의 정도를 감소시킨다고 보는 것이다.

이러한 수학적 통신이론에 따르면 정보는 통신이 예상되는 모든 가능한 메시지 가운데서 하나의 메시지를 식별하는 데 필요한 기호라고 보고, 통신은 메시지의 내용 자체가 문제라기보다도 내용을 식별하는 최소 개수의 기호가 정보를 좌우할 수 있다. 그래서 특정 통신체제의 통신량은 이렇게 매 회마다 전달되는 기호량의 평균치와 같다는 것이다. 다시 말하면, 수학적 통신이론에서의 정보는 아주 엄밀한 의미를 가지는데 그것은 전달이 예상되는 모든 메시지 중에 어느 한 메시지를 식별하는 데에 필요한 이진법수의 평균치(average number of binary digits)로 정의된다.

이러한 정보의 정의에 비추어볼 때, 특정 메시지에 대한 코드의 크기(size of the code)는 코드를 작성하는 체계(scheme)와 전달이 예상되는 모든 메시지의 수에 달려 있다. 또한 정보이론에서 코드 작성 체계(coding scheme)는 대체로 이진법 체계이다. 환언하면, 만일 통신체제가 오로지 '예'와 '아니오'의 대답만으로 답변을 요구하는 경우, 그 체제는 이진법 체계에서 그 두 사실을 나타내는 1(one)과 0(zero)으로 표시된 오로지 두 가지 부호 중의 하나를 보내야 한다는 것이다. 그래서 통신체제에서는 전달될 메시지의 정보 내용은 비트(bit)로 표시된다. 다시 말하면, 정보의 단위 개념은 비트로서 이는 이진법의 한 자리의 용량, 즉 0 또는 1의 두 가지 기호를 수용하는 양을 한 단위로 볼 때 사용되는 용어이다(Davis & Olson, 1985: 203-4; 서남원, 1985: 195).

② 정보량의 산출

수학적 통신이론에 의하면 동일한 확률로 전달되는 메시지의 정보 내용, 즉 정보량(또는 비트로 표시된 코드 크기)은 일반적으로 다음과 같이 산출될 수 있다.

$$I=\log_2 n \text{ 또는 } n=2^I$$

여기서 I : 정보량(bit)

n: 메시지 총량(또는 총사건 수)

예를 들어, 8개의 서로 다른 메시지(즉, 개별 사건)를 전달하는 경우에 정보량 또는 정보의 내용은 몇 비트가 되는지를 계산해 보자. 위의 공식을 이용하여 $I=\log_2 8=3$ 또는 $8=2^I \rightarrow 2^3=2^I \therefore I=3$이 된다. 즉, 정보량은 3비트이다.

다시 말하면 3개의 비트만으로 위의 여덟 가지 메시지(개별 사건)를 모두 식별할 수 있다는 것이다. 이를 알기 쉽게 도식화하면 [그림 2-4]와 같다.

[그림 2-4] 개별 사건별 정보량

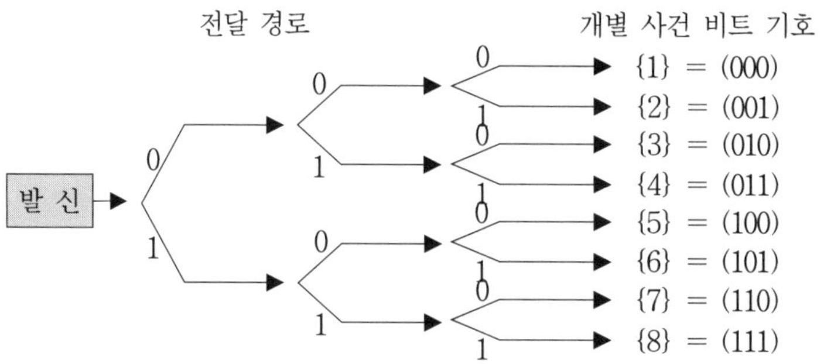

한편 개별 사건(즉, 각 메시지)이 발생할 확률이 서로 다른 경우에는 다음과 같이 산출할 수 있다.

$$I=\sum_{i=1}^{n} P_i \log_2 (1/P_i) \text{ 또는 } I=-\sum_{i=1}^{n} P_i \log_2 P_i$$

여기서 P_i: n_i

i : 개별 사건(각 메시지)

예를 들어, 발생 확률이 서로 다른 4개의 개별 사례에 대한 정보 내용 또는 정보량을 구해 보면 <표 2-1>과 같다.

〈표 2-1〉 발생 확률이 다른 사건별 정보량

개별 사건(메시지)	발생 확률(P_i)	$\log_2 P_i$	$P_i \log_2 P_i$
(가)	0.50	1.00	-.50
(나)	0.25	-2.00	-.50
(다)	0.15	-2.74	-.41
(라)	0.10	-3.32	-.33

표에서 보는 바와 같이 발생 확률이 서로 다른 사건들의 정보량의 총계 $I=\sum Pi \log_2 (1/P_i)=-\sum Pi \log_2 Pi=-(-1.74)=1.74$인데, 여기서 1.74는 같은 수의 사건이 동일한 발생 확률인 경우에 구할 수 있는 정보량 2(즉, $I= \log_2 n=\log_2 4$, $4=2^I$ $2^n=2^I$ $\therefore I=2$)보다 작은 것으로 나타났다(즉, 1.74< 2). 이것은 특정 사건이 그 발생 확률이 다른 경우에 통신에 사용되는 정보량, 즉 총 코드 수를 줄일 수 있음을 나타낸다. 따라서 통신량을 줄이기 위해서는 확률값이 큰 개별 사건을 나타내는 기호는 짧은 코드를 사용하는 반면에, 발생 확률이 작은 개별 사건을 표시하는 기호는 긴 코드로 작성하는 비대칭 코드 이동 방식(asymmetric code mobile method)을 이용하면 된다(Davis & Olson, 1985: 204-5; 서남원, 1985: 196).

③ 불확실성에서 정보 가치

앞에서 특정 개별 사상이나 사건의 발생 확률이 그 사상의 전달에 필요한 정보량 또는 정보 내용을 결정함을 보았다. 다시 말하면 복수의 사건들 간에 발생 확률이 동일하다는 것은 비현실적인 것으로 그만큼 불확실성이 그들 사건들 간의 발생 확률이 다른 때보다도 더 크다는 것을 나타낸다. 그런데 전자의 경우에 통신에 필요한 정보량이 후자의 경우보다 큰 것으로 나타났기 때문에 역으로 불확실성의 상황에서는 통신에 필요한 정보의 내용이나 정보량이 더 많다는 것을 수학적으로 입증한 것이 된다. 즉, 정보는 그 양이 많으면 많을수록 불확실성의 상황에서는 그 불확실한 조건들을 해결하는 데 도움이 된다는 것이다. 왜냐하면 특정 사건에 대한 결정을 내리는 데에 필요한 정보를 더 많이 전달받음으로써 하나씩 하나씩 불확실한 상태에서 확실한 상태로 나아갈 수 있기 때문이다. 이런 점에서 정보는 불확실성을 감소시키거나 제거하는 효과를 가지므로 그 가치가 불확실성 하에서 더 크게 발휘된다고 볼 수 있다(Davis & Olson, 1985: 205-6; 서남원, 1985: 197).

그러나 여기서 간과하지 말아야 할 것은 불확실성 하에서 정보가 특히 중시되어 통신에 필요한 정보량이 많아야 한다는 것은 곧 모든 가능한 기호 정보량 중에 필요한 정보량이 차지하는 비율이 높아야 된다는 의미로서 이는 사건이나 메시지의 상대적 전달 효율성 척도(measure of the relative transmitting efficiency)가 된다는 사실이다. 이는 또한 정보 원천상의 불확실성에 관한 상대 척도(relative measure of uncertainty at the source) 또는 정보 원천의 상대적 엔트로피(relative entropy of the source)를 나타내는 것으로서 다음과 같은 공식으로 구할 수 있다(서남원, 1985: 198).

$$E = \frac{I_n}{Im}$$

여기서 I_n: 필요한 정보량(즉, $I = \log_2 n$ 또는 $I = \sum_{i=1}^{n} P_i \log_2 \frac{1}{P_i}$)

Im: 기호 정보량

결국, 불확실성 하에서 통신의 효율성을 높이기 위해서는 정보 엔트로피가 커야 하고, 그에 따라 정보 가치가 나타나게 됨을 알 수 있다.

(3) 정보통신의 정확성과 정보 중복

정보통신의 효율성은 일반적으로 정보 중복 또는 정보 가외성(information redundancy)에 의해 감소하게 된다. 왜냐하면, 특정 사건이나 메시지를 전달할 때에는 꼭 필요로 되는 코드 수보다 훨씬 많은 코드 수를 사용하기 때문이다. 여기서 정보 중복 또는 정보 가외성은 대부분의 경우 불필요하게 중복된 정보를 의미하며 1(one)에서 E(정보 엔트로피)를 감한 부분의 정보량으로 나타낸다(Davis & Olson, 1985: 205-6). 즉,

$$R = 1 - E = 1 - \frac{I_n}{Im}$$

여기서 R: 정보 중복(information redundancy)
I_n과 Im은 전과 동일함.

이처럼 정보 중복은 특정 사건에 관해 통신할 때 효율성을 감소시킬 수 있는 반면에, 정보통신의 정확성 측면에서 중요한 역할을 한다. 즉 어떤 경우, 정보 중복은 통신 오류 통제에 아주 유용하다. 많은 경우 하나의 메시지가 통신 경로에서 각종 기회요소나 왜곡 요소의 간섭으로 처음 발신한대로 전달되지 못하게 되는데, 이때에 중복된 정보나 자료를 보냄으로써 수신자로 하여금 수신된 메시지가 올바른지를 점검하게 하고 나아가서 잘못된 경우에는 본래의 메시지를 재구성하도록 허용하기도 한다. 따라서 정보 중복(information redundancy)은 언제나 무용지물이 아니라 경우에 따라서 특히 통신기술적인 차원에서 통신의 정확성을 제고하는 데 아주 중요한 요소가 된다는 사실을 유의할 필요가 있다.

2) 정보통신의 효율성 수준에서 가치평가

통신의 효율성 수준에서 정보 가치의 평가는 특정 메시지의 정보가 얼마나 경제적으로 수신자에게 전달되느냐에 따라 그 정보 가치를 분석하는 것이다. 앞에서 정보이론이나 통신의 수학이론은 주로 통신의 정확성 수준 또는 기술 수준에서 정보 가치를 다루었는데 그것은 메시지의 정보 내용이 경제적이라는 가정하에 이루어진 것이다. 그러나 실제도 사람이 통신에 사용되는 언어의 풍부성과 정보처리자로서 인간과 조직에 대한 각종 제약 조건들을 고려하면 수신된 메시지는 오해될 가능성이 많다. 이는 사람이 사용하기 위한 정보통신은 대체로 정보의 전달 방법과 메시지 취급 방법에 의해 좌우됨을 시사한다. 다시 말하면 정보통신의 효율성 내지 경제성은 메시지의 전달과 취급 방법에 의해 영향을 받게 됨을 의미한다. 이러한 정보통신의 효율성을 제고하는 방법은 크게 두 가지로 분류될 수 있는데, 그 하나는 정보통신체제의 송

수신상의 능률성을 증대시키는 방법이고, 다른 하나는 정보의 내용 및 유통을 조정하는 방법이다. 결국 정보통신 효율성의 수준에 따른 정보의 가치는 위의 두 가지 유형의 방법들을 활용함으로써 더욱더 제고할 수 있다. 따라서 이상의 두 유형에 속하는 구체적인 조정 방법은 어떤 것이 있는지를 살펴볼 필요가 있다(Davis & Olson, 1985: 208-12; 이학종, 1989: 94-6).

(1) 정보통신체제의 송수신상 능률성 증대

정보 가치를 통신의 효율성 측면에서 평가해 볼 때, 정보를 이용하는 사람의 정보처리 용량의 한계나 정보를 처리하는 기계의 용량 한계를 무시한 채 정보가 유통되는 경우, 아무리 그 정보가 정확하고 중요하더라도 그런 상황에서 해당 정보를 사용할 가능성은 희박해지고, 결과적으로 그 정보 가치는 떨어질 수밖에 없음을 알 수 있다. 따라서 정보통신의 능률성 수준에서 정보 가치를 제고하는 방법은 사람들에게 사용되도록 저장되고 제공되는 정보의 양을 적절하게 줄이는 것이다. 왜냐하면 이는 정보의 송수신상의 능률성을 증대시킬 수 있기 때문이다. 이처럼 조직 내에서 정보를 좀 더 능률적으로 제공하는 방법에는 대체로 두 가지를 생각해 볼 수 있다.

① 정보량의 조정

조직 내에서 많이 활용되는 정보량의 조절 방법으로는 정보의 요약이 있다. 이는 정보 내용의 본질은 변경시키지 않고 자료나 정보의 전달량을 감소시키는 것이다. 이는 공사조직을 막론하고 흔히 활용된다. 이와 같은 방법의 장점은 정보 사용자의 목적에 따라서 가능한 한 집계 및 분석 결과만을 요약하여 제공함으로써 이용자로 하여금 정보 중복이나 정보 홍수로 혼란에 빠짐을 방지하고 동시에 사용자로 하여금 일반적으로 수용하고 활용 가능한 정보만을 제공해 준다는 것이다.

② 정보 수신자의 제한

정보의 내용에 따라서 정보의 수신자를 제한하는 것이다. 이는 조직 내 정보를 필요로 하는 사람에게 전달하는 데 좀 더 신속하고 정확하게 하는 데에 크게 기여하게 된다. 사실상 의사결정자들은 특히 조직 내에서 관리자들은 예측 불허의 상황을 대비하기 위해 전술한 바대로 여러 가지 정보를 요약하는 경향이 있다. 그러나 이 같은 요구는 정보통신체제에 비경제적이고 기술적인 낭비와 더불어 관리자 자신에게도 정보 중복의 결과를 초래함으로써 오히려 올바른 판단을 내리는 데에 장애가 되기도 한다.

(2) 정보 내용 및 유통의 조정

정보를 이용하는 개인이나 조직은 때때로 자신들의 업무량을 조절하거나, 또는 자신들에게 바람직하지 못한 영향을 미치는 정보의 유통을 통제하거나 그렇지 않으면 일정한 형태로 정보를 재정리하기 위해 정보 내용과 유통을 조정하는 수가 많다. 이 같은 정보 내용과 통용의 조정은 바로 정보통신체제의 능률성을 제고하기 위한 일환으로 이루어진다. 이들 정보 내용 및 유통을 조정하는 구체적인 방법으로는 대체로 다음과 같은 것들이 있다.

① 정보 내용의 수정 및 여과

이는 사소한 문제들에 의해 의사결정자들이 시간을 낭비하는 것을 방지하게 한다. 예를 들면, 사소한 문제가 발생한 경우 상위 계층에 정보 형태를 사실 그대로 보고하는 것보다는 하위 계층에서 일상 업무로 처리되는 것이 바람직하다. 그러므로 이와 같은 문제는 선별적으로 수정되어 상위 의사결정자의 관심을 끌지 않도록 정보 내용을 조정할 수 있다.

② 정보 자체의 조정

이는 의사결정자가 불확실성을 감소시켜 주기 위해 정보 자체를 조정하는 것이다(March & Simon, 1958: 164-9). 다시 말하면 불확실성의 흡수란 특정 자료로부터 추론(inferences)한 것이 자료 자체보다도 조직 내에 유통되는 경우에 나타나는 일종의 정보 자체의 수정을 의미한다. 좀 더 구체적으로 설명해 보면, 조직 내 비구조적인 의사결정 상황에서 정보통신체제는 하위 관리자나 전문적인 참모들에게 여러 가정과 대안들 중에서 가장 확률이 높은 것을 선택하도록 지원해 줌으로써 그들로 하여금 불확실성을 흡수하도록 할 수 있다. 이때 의사결정자는 문제 상황에 관련된 모든 자료에 입각하기보다도 전문적인 추론에 준거한 분석 결과를 정보로 의사결정에 활용함으로써 효율성을 높일 수 있다.

③ 정보의 제공 양식 및 형태의 조정

이는 자료나 정보를 제공하는 방식이 그 정보나 자료를 사용하는 방식과 그 내용을 해석하는 데에 영향을 미치거나 편견(bias)을 갖게 되므로 정보나 자료의 분류와 순서, 그리고 그림이나 도표의 활용을 통해 정보 사용자에게 문제의 초점을 명백하게 밝혀 주는 것이다. 이러한 정보 양식과 형태의 조정은 정보 제공상에 편견(presentation bias)을 초래할 수도 있지만 의사결정자로 하여금 문제의 초점을 좀 더 정확히 파악하게 하고, 그의 의사결정 행동을 효율화시킨다는 점에서 순기능적인 효과를 가져온다.

④ 정보 전달 시기의 조정

이는 일반적으로 정보는 신속하게 처리되어 사용자에게 신속하게 전달되는 것이 바람직한 것으로 인식되고 있다. 그러나 경우에 따라서 사용자의 업무 상황에 따라서 정보처리를 지연시키거나 처리된 정보의 전달을 지연시킴으로써 사용자의 정보 중복을 방지할 수 있다. 그뿐만 아니라 사용자가 더 중요한 문제 해결에 직면해 있을 때에는 정보 전달을 지연시킴으로써 사용자로 하여금 더 중요한 문제에 집중하도록 할 수 있다. 그러나 정보 전달의 지연은 이상과 같은 순기능적인 면만 있는 것이 아니라 때로는 정보의 의도적인 왜곡이나 누락 등의 역기능적인 결과를 초래할 위험성도 있음을 주지할 필요가 있다. 이때에는 정보 가치를 그만큼 감소시킬 수 있다.

3) 정보통신의 효과성 수준에서 가치평가

정보이론의 기술 수준, 즉 정보통신의 정확성 수준에서나 정보통신의 능률성 수준에서 정보 가치에 관한 평가는 정보 가치를 부분적으로밖에 분석하고 있지 않다. 왜냐하면 특정 정보가 아무리 정확하고 능률적으로 사용자에게 전달되더라도 그 정보는 여전히 효과적으로 사용되지 않을 수도 있기 때문이다. 따라서 여기서는 일반적으로 정보의 질로 나타내는 정보 가치를 제고하기 위해 어떻게 효과적으로 사용되어야 하는지를 의사결정자의 지각(perceptions)의 입장과 의사결정자의 변화된 의사결정 행위의 입장에서 살펴보고자 한다. 이들을 고찰하기에 앞서 우리는 정보 자체가 지니는 질이 정보 가치를 결정함을 고려하여 그 결정 요소가 무엇인지를 먼저 살펴볼 필요가 있다.

(1) 정보의 질적 가치를 결정하는 요소

일반적으로 정보 자체의 가치는 정보의 질로 표현되는데, 이런 정보의 질을 결정하는 중요한 요소를 보면 대체로 다음과 같다(Senn, 1982: 21-39; Andrus, 1971: 40-6; Murdick & Munson, 1986: 143-6; Hicks, 1987: 11-3).

① 적실성(relevance)

첫째로, 정보의 질은 정보의 적실성 또는 현실적합성 유무에 의해 좌우된다. 다시 말하면 정보는 사용자의 정보 욕구를 충족시켜야 하므로, 사용자의 사용 목적과 관련된 것이라야 가치가 있다. 따라서 의사결정 상황에서 정보는 문제의 상황을 파악하고 진단하며 대안을 분석하는 데 도움이 될수록 그 적실성은 커지고 동시에 정보로서 가치도 높아진다.

② 정확성(accuracy)

정보의 질적 가치를 결정하는 두 번째 요소는 정보의 정확성이다. 정보의 정확성은 '오류로부터의 자유(freedom from error)'를 의미하는 것으로서 대개의 경우 정보 가치의 다른 요소인 적시성에 의해 특히 영향을 받는다. 정보의 정확성은 또한 정보 제공상의 편견에 의해 영향을 받기도 한다. 정보 제공상의 편견은 정보 자체의 부정확성보다는 정보 제공 양식이나 형태를 통해 정보에 대한 사용자의 지각에 영향을 주는 것을 뜻하므로, 사용자로 하여금 조직 목적에 부응하여 의사결정 행동을 취하도록 유도하는 순기능적 효과가 있기도 한 반면, 때로는 그 편이 지나칠 경우 사용자의 지각과 의사결정 행동의 조작과 더불어 의도적인 정보의 왜곡과 오류 등의 역기능을 초래하기도 한다. 따라서 정보의 정확성은 항상 유지되어야 한다.

③ 적시성(timeliness)

정보의 질적 가치를 좌우하는 세 번째 요소는 적시성 또는 시기적절성이다. 이는 정보가 사용자의 필요에 따라 적시에 제공되어야 그 가치가 높아진다는 것이다. 모든 정보가 반드시 특정 시기에만 사용되고 그래야만 한다는 것이 아니라 적시적 의사결정을 내려야 하는 경우에 요구되는 정보가 적시에 제공되지 않는다면 그 정보의 진가를 인정받지 못함으로써 의미를 상실하게 됨을 의미한다. 그래서 정보체제는 시기상의 가치를 높이기 위해 분산 처리와 온라인, 그리고 통신망을 이용해 정보처리 및 전달상의 시간적 지체를 최소화하려고 노력한다. 이러한 정보의 적시성은 정보 제공의 빈도 수가 많을수록 더욱더 중요해진다(Gregory & Atwater, 1957: 42-70).

④ 정보 제공의 빈도(frequency)

정보의 질적 가치는 정보 제공의 빈도에 의해 영향을 받는다. 정보 제공의 빈도가 높으면 높을수록 사용자에게는 도움이 될 가능성이 많으므로 그만큼 정보 가치도 높아진다. 따라서 정보체제는 데이터베이스(database)나 데이터뱅크(databank)와 같은 정보 자료를 항상 준비하여 사용자가 원할 때마다 필요한 정보를 제공하도록 노력하고 있다. 이러한 정보 제공의 빈도 수는 전술한 정보의 시기적절성과 함께 정보 제공의 신속성을 나타낸다.

⑤ 기타 요소

이 밖에도 정보의 질적 가치에 영향을 주는 요소로는, 정보의 완전성(completeness), 계량성(quantifiability) 또는 계량화의 정도, 보완성(complementariness) 또는 수정성(modifiability), 확인성(verifiability), 범위(scope or breadth), 정보 제공의 양식(form), 그리고 정보 제공 기간(time horizon or time frame) 등이 있다. 그러나 이들 요소는 정보의 질을 높여 줄 수 있는 반면에, 때로는 정보 제공의 편견 정도와 정보의 분류 방법 그리고 정보의 양에 따라서 정보에 대한 사용자의 그릇된 지각과 정보 홍수를 초래함으로써 오히려 정보의 질에 역기능적인 영향을 끼칠 위험성도 갖고 있다.

(2) 의사결정상 정보의 질적 가치

정보 가치는 정보 자체 내 질에 의해서도 영향을 받지만 무엇보다도 중요한 것은 정보를 필요로 하는 사용자들, 즉 의사결정자들의 지각(perceptions)과 그들의 의사결정 행위 및 그와 관련된 요소들에 의해 더 영향을 받는다. 예를 들어, 특정 의사결정자가 그 자체는 별 의미가 없는 것으로 간주되는 특정 정보를 선호하여 그의 결정에 활용했다면, 그 정보는 비록 가치가 있는 것으로 알려졌지만 의사결정자에 의해 간과 내지는 무시당한 정보보다는 더 가치가 있다고 볼 수 있다. 따라서 여기서는 정보의 질적 가치를 의사결정자의 지각 및 행동과 관련하여 고찰한다.

① 의사결정자의 지각에 따른 정보의 질적 가치

정보의 질적 가치는 의사결정자의 지각의 관점에서 볼 때 정보의 효용(utility of information). 정보의 만족(information satisfaction), 그리고 오류와 편견(errors and bias) 정도에 달려 있다(Davis & Olson, 1985: 214-6). 이를 좀 더 구체적으로 고찰하면 다음과 같다.

가) 정보의 효용: 정보의 가치는 정보의 정확성 이외에 정보의 사용을 촉진하거나 지연시키는 정보의 효용에 의해 평가될 수 있다. 이때에 활용 가능한 평가 기준으로

는 다음과 같은 네 가지 정보 효용이 있다(Andrus, 1971: 40-6).

- 형식 효용(form utility)－이는 정보의 형식이 의사결정자의 요구 조건에 잘 부합될수록 정보 가치는 증가하게 된다는 것이다.
- 시간 효용(time utility)－이는 의사결정자가 필요로 할 때에 정보가 이용 가능한 경우 그 정보는 더 큰 가치를 갖게 된다는 것이다.
- 장소 효용(place utility) 또는 물리적 접근가능성(physical accessibility)－이는 정보가 용이하게 접근 가능하고 전달되는 경우, 더 큰 가치를 갖게 된다는 것이다. 예컨대 온라인 체제는 시간과 장소 효용성을 극대화한다.
- 소유 효용(possession utility) 또는 조직상 소유(organizational possession)－이는 정보를 소유함으로써 그 정보가 타인에게로 분산되는 것을 통제하게 되어 정보 가치에 강력하게 영향을 미친다는 것이다.

그런데 주지해야 할 점은, 정보는 이상과 같은 효용을 지니고 있는 반면에 그와 관련하여 비용(cost)을 들게 하는데, 만일 정보 획득 비용이 정보 효용을 초과하는 경우 다음과 같은 두 가지 대안적 조치를 취하게 된다. 첫째, 정보의 정확성을 제고하고 정보의 효용을 증가시킴으로써 정보 가치를 높인다. 둘째, 정확성과 효용을 줄임으로써 정보비용을 감소시킨다. 따라서 의사결정자에게 제공되는 정보의 효용에 따른 정보의 활용 가치는 그 정보를 활용함으로써 예상되는 정보의 효용과 그 정보를 획득·활용하는 데에 따른 비용 간의 차이로 나타날 수 있다.

[그림 2-5]에서 보는 바와 같이 정보의 효용과 비용은 시간이 지남에 따라 하락하는 경향을 보이며, 그에 따라 정보의 경제적 활용 방식이 그림의 어두운 부분과 같이 성립되고, 그 부분에서 정보의 효용 가치가 높다는 것을 알 수 있다.

나) 정보의 만족: 정보의 질적 가치를 조직적 맥락에서 평가하기란 어렵거나 불가능하다. 다만 의사결정에서 정보의 질적 가치를 측정하는 대리 척도(substitute measure)로서 정보만족도(information satisfaction)가 사용된다. 이는 의사결정자가 공식적인 정보체제의 산출물에 만족하는 정도를 의미한다(Seward, 1975; Cyert & March, 1963: 126). 사이어트(R. Cyert)와 마치(J. March)의 개념에 기초하여 시워드(H. H. Seward)가 제시한 정보 만족을 위한 접근법에 의하면, 만일 요구된 정보를 제공하는 공식적인 정보체제가 이용 가능하다고 의사결정자가 생각하는 경우에 그는 먼저 그 정보의 출처를 탐색할 것이다. 그런데 만일 필요한 정보가 준비되어 이용 가능한 경우에 의사결정자의 정보체제에 대한 만족이 강화되는 반면에, 그렇지 못한 경

[그림 2-5] 정보의 활용 가치 측정

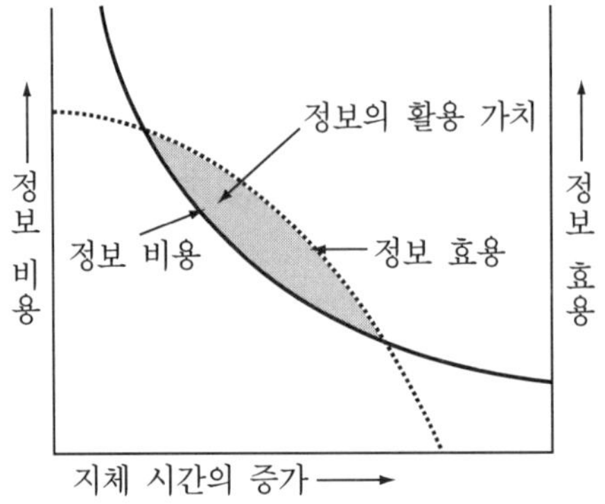

우에는 그 의사결정자는 자기가 필요한 정보를 획득하기 위해 확대 탐색을 실시해야만 되는데, 그때 의사결정자의 정보체제에 대한 당혹감이나 불만이 한층 고조될 수 있다.

다) 오류와 편견: 정보의 질적 가치에 영향을 미치는 의사결정자나 사용자의 지각요소 중에 또 하나는 오류와 편견이다. 많은 경우 선택이 주어지면 관리자들은 정보의 양적 증대보다도 정보의 질적 개선을 강력하게 선호하는 경향이 있다. 이 같은 성향을 띤 의사결정자도 편견이나 판단의 오류를 범하는 경우 정보의 질적인 면에 부정적인 영향을 주게 된다. 여기서 편견은 정보를 제공할 때 개개인이 재량권을 행사할 수 있는 능력에 의해 초래된다. 그래서 정보 수신자가 정보 제공자의 편견을 알게 되는 경우 그 정보의 내용이나 질을 조정할 수 있으나 문제는 어떻게 정보 제공자의 편견을 간파하느냐에 있다. 왜냐하면 편견이 있음을 알게 되면 그것에 대한 시정은 아주 간단하기 때문이다.

한편 오류는 더 심각한 문제가 되는데 그 이유는 정보 제공상의 오류를 조정하는 것이 간단하지 않기 때문이다. 더욱더 심각한 문제는 편견과 마찬가지로 오류도 정보의 질 또는 가치에 영향을 미칠지도 모른다는 사실을 정보 수신자는 인식하고 있지 못하다는 점이다. 여하튼 일반적인 오류의 발생 원인과 그 극복 방안을 보면 다음과 같다.

먼저, 일반적인 오류의 발생 원인을 보면 다음과 같다.

- 부적당한 자료 측정 및 수집 방법

- 올바른 자료처리 절차의 위배
- 자료의 누락이나 미처리
- 자료의 오기 및 잘못된 수정
- 잘못된 과거 파일 또는 과거 파일의 잘못 사용
- 컴퓨터 프로그램 오류와 같은 정보처리 절차상의 실수
- 고의적인 위조

다음으로, 이상의 요인 등으로 초래된 오류를 시정할 수 있는 극복 방안을 보면 다음과 같다.

- 오류 식별을 위한 내부 통제
- 내적 · 외적 감사
- 자료에 '신뢰 한계(confidence limits)'를 추가함.
- 자료의 측정 및 처리 절차에 관한 사용자지침을 사용해 발생 가능한 오류의 평가

여기서 주의할 점은 이상의 오류 극복 방안 중에 전자의 두 방법은 자료에 대한 불확실성을 감소시켜 정보의 내용을 향상시키고자 하는 것들인 반면에 후자의 두 극복 방안은 사용자에게 신뢰 한계를 제공해 주려는 것들이다. 특히 전자의 내부통제 및 감사는 이런 맥락에서 오류의 존재에 대한 불확실성을 감소시킴으로써 정보체제에 의해 제공되고 있는 정보에 가치를 추가하는 방안으로 간주될 수 있다.

② 의사결정자의 행동에 따른 정보의 질적 가치

정보 가치는 의사결정자의 의사결정 행위에 의해 영향을 받는다. 다시 말하면, 정보 가치는 의사결정자의 의사결정에 어떻게, 어느 정도로 기여하느냐에 따라 좌우되기도 한다. 즉, 의사결정자의 의사결정 행동에 대한 정보의 역할에 따라 그 가치가 영향을 받게 된다는 것이다. 그런데 의사결정자의 의사결정 행동은 크게 두 가지 측면에서 고찰될 수 있다. 그 하나는 내재적인 또는 '잠재적인 의사결정 행위'이며, 다른 하나는 '표면화된 실제적인 의사결정 행동'이다. 전자의 내재적인 또는 잠재적인 의사결정은 실제적인 의사결정을 위해 필요한 행위로서 의사결정 요소로서의 행위, 즉 의사결정을 위한 지적 · 심리적 활동을 말하고, 후자는 실제로 대안들 중에 하나를 선택함으로써 어떤 결과를 초래하는 행위를 뜻한다. 따라서 이 두 가지 측면에서 정보는 어떤 가치를 갖게 되느냐를 알아볼 필요가 있다.

가) 의사결정자의 잠재적 행위에 따른 정보 가치: 정보 가치는 의사결정자의 행위

결과에 의해서만 평가될 수 없다. 어떤 의미에서 정보 가치는 의사결정자의 내재적 행위, 즉 지적·심리적 판단과 분석에서 더 발휘될 수 있다. 다시 말하면 정보 가치는 실제적인 의사결정 행동 이외의 의사결정자의 행위에 의해 분석·평가된다 (Davis & Olson, 1985: 221-3; 이학종, 1989: 99-101). 이처럼 정보 가치에 영향을 미치는 의사결정자의 잠재적 의사결정 행위 요소로는 대체로 의사결정자의 동기, 의사결정자의 지식과 경험, 그리고 의사결정자의 조직모형 수립을 들 수 있다. 이들을 좀 더 구체적으로 살펴보자.

- 의사결정자의 동기—정보는 의사결정자에게 특정 의미를 제공함으로써 그의 태도와 동기, 그리고 행동까지도 영향을 준다. 따라서 정보는 아무리 신속하고 정확하게 전달된다 하더라도 의사결정자의 동기를 유발시키고 의사결정 행동에 긍정적인 영향을 주지 않는다면 실제 성과면에서 볼 때 그 정보 가치는 향상될 수가 없다. 일반적으로 정보는 의사결정자에게 긍정적인 환류 효과를 주고 그에게 적극적 강화(positive reinforcement)를 초래할수록 그의 동기 유발 가능성은 높아지고, 동시에 그 정보의 성과와 가치가 제고될 수 있다(이학종, 1984: 90-4).
- 의사결정자의 지식과 경험—정보 가치를 실제적인 성과면에서 평가할 때, 정보 가치는 의사결정자의 지식과 경험, 즉 배경에 의해 결정적인 영향을 받는다. 다시 말하면, 의사결정자가 당면한 의사결정 문제에 대해 사전에 많은 지식과 경험을 갖고 있는 경우 그는 이미 그 의사결정의 불확실성 특히 상황적 불확실성을 많이 감소시킨 결과가 되어 질 낮은 정보라도 의사결정에 유효하게 활용되어 좋은 성과를 거둘 수 있다. 그러나 그 반면에 의사결정자가 당면한 의사결정 상황에 대한 지식과 경험이 결여되어 있다면 아무리 질이 높은 정보라도 잘 활용되지 못하며 그 결과 좋은 성과를 기대하기가 어렵다. 이와같이 의사결정자의 실제 성과에 기여하는 정보는 정보 사용자인 의사결정자의 배경 지식과 경험에 의해 좌우된다.
- 의사결정자의 조직관리모형—의사결정은 조직의 관리 및 운영의 한 과정으로서 정보와 의사결정자의 상호작용에 의해 그 성과가 발휘된다. 조직의 정보체제는 의사결정자에게 수많은 정보를 제공하여 각종 모형을 개발·변경·강화하는 한편, 의사결정자도 이들 정보와 모형을 사용하면서 자신의 의사결정 모형과 행동을 형성해 나가게 된다. 그 과정에서 조직정보체제와 의사결정자는 각각의 학습을 통해 상호간 적절한 정보처리 및 활용 관계를 수립하게 된다. 따라서 이 같은

조직체제의 관점에서 볼 때, 정보 가치는 조직체 내부의 관리·운영조직과 정보체제 환경으로부터 많은 영향을 받는다. 다시 말하면 정보 가치는 의사결정자의 조직관리모형을 어떤 유형으로 전환·유지하느냐에 의해 영향을 받고, 이런 의사결정자의 조직관리모형 수립은 또한 정보체제 및 기타 조직환경에 의해 영향을 받으므로, 양자 간의 유기적인 관계 정립이 의사결정 활동의 성과 및 나아가서 정보 가치를 제고해 주게 된다는 것이다.

나) 의사결정자의 표면화된 행동에 따른 정보 가치

- 의사결정 상황과 정보 가치－의사결정이론(decision theory)은 의사결정자의 표면화된 의사결정 행동에 초점을 두고 확실성(certainty)과 위험성(risk) 그리고 불확실성(uncertainty)의 상황에서 의사결정을 위한 접근법들을 제시하고 있다. 먼저, 확실성 하에서의 의사결정은 의사결정의 결과에 대한 완전한 정보를 가정하고 있다. 다음으로, 위험성 하에서 의사결정은 의사결정의 각 결과의 확률에 관해 정보를 가정할 뿐 주어진 사건에서 어떤 결과가 초래될 것인지에 대한 정보를 가정하고 있지 않다. 끝으로, 불확실성 하에서 의사결정은 가능한 결과에 관한 정보를 가지고 있으나 각 결과의 발생 확률에 관한 정보를 가정하고 있지 않다.

  그런데 이 같은 의사결정이론에서는 정보 가치를 정보화로 인해 초래된 의사결정 행위상 변화의 가치에서 정보를 획득하는 데에 든 비용을 감한 값으로 나타낸다(Emery, 1969: ch. 4). 다시 말해서, 주어진 가능한 의사결정 집합에서 의사결정자는 현재 갖고 있으며 이용 가능한 정보에 기초하여 하나의 결정 대안을 선택하게 될 것이다. 여기서 만약 새로운 정보가 다른 의사결정을 내리도록 하는 경우, 그 새로운 정보 가치는 과거의 의사결정의 결과와 새로운 의사결정 결과 간의 가치상 차이에서 그 새로운 정보를 획득하는 데에 든 비용을 감한 값으로 나타낸다. 그러나 그 새로운 정보가 별다른 결정을 내리게 하지 못하는 경우 그 새로운 정보 가치는 영(0)이 된다.

- 확정정보와 확률정보의 가치－의사결정이론에서 주장하는 정보 가치는 주로 확정정보로서 가치와 확률정보로서 가치를 말하는데, 전자의 확정정보의 가치는 전술한 확정적 환경(certainty environment)에서 의사결정시 필요한 정보 가치로서 의사결정의 결과로 나타나는 이득/손실의 구성을 확정적으로 파악하는 정보 가치이다. 이때의 정보 가치는 정보가 입수되기 이전의 이득/손실에 대한 이

해를 통해 얻는 최적안의 가치와 정보 입수 후에 얻어지는 최적안의 가치 사이의 차이값으로 표현된다.

한편 확률정보로서 가치는 좀 더 현실적인 입장에서 정보의 가치를 이해한 것이다. 즉, 일반정보는 결코 미래 시점에서 특정 의사결정에 따른 경제적 이득/손실을 명확하게 규정지어 주는 이른바 확정정보가 아니라 최적의 이득/손실을 기준으로 하여 일정한 범위 내에서 분포를 가리키는 확률정보로서 가치를 가질 뿐이다. 다시 말하면, 확률정보는 어떠한 범위 내에서 분포 상태로 매 의사결정의 이득/손실을 알리는 정보를 말한다. 여기에는 최종 결정변수의 값을 알려 주는 완전정보(perfect information)와 오직 통계적 특성만을 알려 주는 불완전정보(imperfect information)의 두 가지 경우가 있다.

전자의 완전정보의 가치는 완전정보의 부재로 이루어진 최적 의사결정의 결과 가치와 완전정보를 이용함으로써 얻는 최적 의사결정의 결과 가치 간의 차이값으로 산정된다. 간단히 말해서 완전정보의 가치는 정보 부재로 말미암아 최적 의사결정이 이루어지지 않았을 때에 발생할 수 있는 손실의 기대치로 정의할 수 있다. 또는 확률정보 하에서 완전정보의 가치는 의사결정자가 최적안을 선정했을 때 초래되는 기회 선택의 기대치가 된다. 한편 특정 의사결정에 대해 명확한 대안을 제시하기보다도 어떠한 범위와 평균을 가리키는 불완전 정보는 사실상 표본조사(sampling)로써 얻는데, 그 가치는 추정 표준편차와 추정 평균에 의해 좌우된다(Davis & Olson, 1985: 216-21; 서남원, 1985: 202-8).

• 정보 가치와 성과—지금까지 설명한 의사결정자의 표면화된 행동에 따른 정보 가치는 전술한 정보의 질뿐만 아니라 의사결정 조직체의 상황과 의사결정자 자신의 의사결정 행동에 의해 영향을 많이 받는다는 사실을 유의할 필요가 있다. 결국 정보 가치는 특정 정보를 활용해서 얻은 실제 성과(performance)에 따라서 결정된다고 할 수 있다. 특히 의사결정론에 기초하여 볼 때, 정보 가치는 그 정보로 인해 얻은 실제 성과 또는 결과와 그 정보를 산출 및 제공하는 데에 드는 모든 비용과의 차이에 의해 측정될 수 있다. 이를 도식화하면 [그림 2-6]과 같다.

그림에서 보듯이 일반적으로 정보의 성과 및 비용은 정보의 질이 높을수록 상승하다가 일정 수준에 이르면 체감 효과를 나타내므로 의사결정자는 특정 정보를 활용함에 따라 줄친 부분만큼의 정보 가치를 향유할 수 있다. 그러나 문제는 그런 정보 가치를 향유할 수 있게 하는 정보의 질적 수준이 어느 정도이며 또

[그림 2-6] 정보 가치의 종합적인 분석

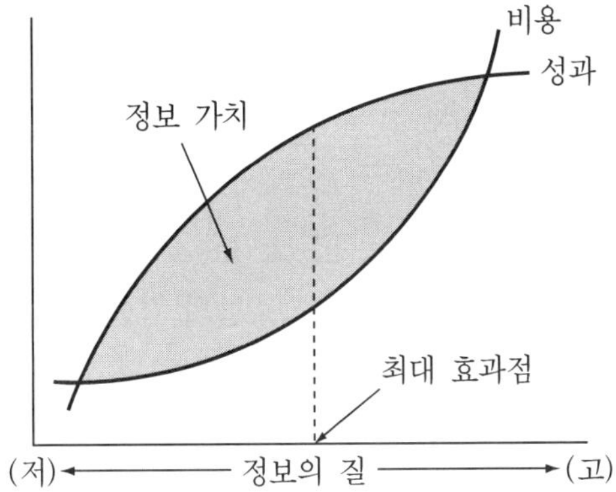

자료: 이학종(1989: 103)을 참조함.

그런 정도의 틀을 갖춘 정보는 실제로 좋은 성과를 가져올 수 있는지를 밝혀내야 할 뿐만 아니라, 의사결정 행위가 이에 영향을 미치는 여러 변수들의 변화에 어느 정도로 민감하게 반응을 보이는지를 알 수 있어야 한다. 따라서 전자를 위해 정보설계와 개발의 타당성분석을 수행할 필요가 있고, 후자의 문제를 해결하기 위해 정보의 민감도분석(sensitivity analysis)을 실시할 필요성이 점점 커지고 있다(Davis & Olson, 1985: 220-1; 이학종, 1989: 101-3).

제 3 절 체제의 개념 및 특성

1 체제의 개념

1) 체제의 정의

체제(system)란 단어를 사전적으로 정의한다면 복잡하거나 통일된 전체를 형성하고 있는 것이나, 부분들의 집단 내지 결합을 뜻한다(*The Random House Dictionary*, 1980: 898). 또는 "조직화되거나 복잡한 전체"로 정의되거나 "서로의 목표를 달성하는 데 관련된 사람, 물체, 그리고 개념과 같은 요소들의 집합"을 의미하기도 한다(*The Random House Dictionary of the English Language*, 1969).

한편 존슨 외(Johnson et al., 1973: 4)는 체제란 "복잡한 기능적 효과를 실현하기 위한 상호 정보적 연결을 유지함으로써 자체 제어를 기하는 개별 요소들의 집합체"로 정의한다. 하지, 플렉과 호네스(Hodge, Fleck Jr. & Honess, 1984: 49)는 체제를 "특정한 목적을 위해 서로 상호작용하는 구성 요소들의 집합"이라고 정의하고 있다. 또 웨서브(J. Wetherbe)는 체제를 "단일체나 전체를 형성하고 있는 것과 같이 관련되어 있거나 연결되어 있는 실재 또는 사물들의 집합 내지 배열"로 정의한다(Wetherbe, 1979: 9-18). 머딕과 먼슨(Murdick & Munson, 1986: 31)은 좀 더 구체적으로 체제를 정의하고 있는데, 그는 체제를 "산출물로서의 정보, 에너지, 물질, 유기체 등을 창출하기 위해 일정한 시간대에서 자료, 정보, 에너지, 물질, 유기체 등을 운용함으로써 어떤 공통의 목표 또는 목표들을 추구하는 조직화된 상호작용 요소들의 집합"으로 보고 있다. 그리고 힉스(Hicks, Jr., 1987: 303)는 체제를 "어떤 목적을 위해 경계 내에서 운영되어 상호작용하는 구성 요소들의 집합"이라고 한다.

이들 여러 가지의 정의를 종합해 보면, 체제는 다음과 같이 정의될 수 있음을 알 수 있다. "체제란 조직의 범위 내외에서 적용되는 개념으로서 하나의 통일된 단위체를 이루어 공통의 목적을 달성하려고 경계 내에서 상호작용하는 관련된 실체들의 조직화된 집합 내지 배열"이다. 따라서 체제의 주요 구성 요소로서 단위체 또는 개체(unitary whole), 부분 또는 요소(parts or elements), 상호 관련성(interrelationship)(Ackoff, 1971: 661-71), 목표 또는 목적(goal or objective), 그리고 경계(boundary)가 강조된다.

2) 체제의 모형

(1) 체제의 기본 모형

체제에 관한 이해를 높이기 위해 체제의 모형을 고찰하기로 한다. 체제의 가장 기본적인 모형은 [그림 2-7]과 같다.

이 그림에 나타난 것이 체제를 가장 단순화시킨 모형이다. 왜냐하면 실제로는 체제의 투입과 산출이 한 가지로 한 번만 일어나는 것이 아니라 다수로 구성되어 있기

[그림 2-7] 기본적인 체제모형

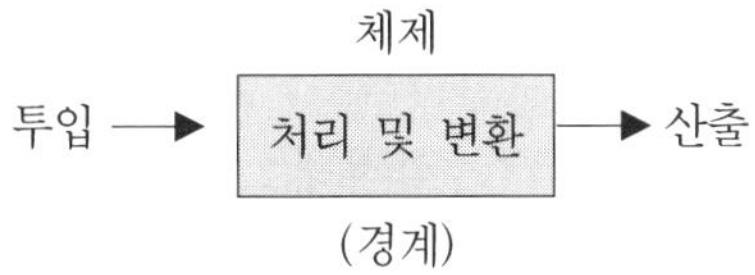

때문이다. 이렇게 단순화한 기본적 체제모형에서 체제는 처리(processing) 활동을 하는 부분이 된다.

(2) 체제의 일반모형

체제의 일반모형은 전술한 기본 모형이 포함하고 있는 요소들뿐만 아니라 다음과 같은 요소를 필수적으로 포함하게 된다.

① 경계

체제를 특징지어 주는 가장 중요한 결정적인 요소는 경계(boundary)이다. 즉, 경계는 체제의 영역을 한정시켜 주는데, 그 경계 내부에 존재하는 것을 체제라고 하고, 그 경계 외부의 것을 환경(environment)이라고 한다(Davis & Olson, 1985: 271). 그러나 정보체제의 경우는 경계가 본질적으로 실체적이고 물리적이지 않아서 체제의 경계에 관한 정의를 어떻게 내릴 것이냐가 중요하다. 대체로 특정 대상물이 체제 내에 존재하는지의 여부는 다음과 같은 두 가지 기준에 의해 결정된다. 즉 첫째, 그 대상물을 체제분석가가 임의로 처리할 수 있는지, 둘째, 그 대상물은 체제에 절대적으로 중요한지, 이들 두 조건이 긍정적으로 판단될 때 그 대상물은 체제 내에 존재한다고 본다(Hicks, Jr., 1987: 304).

② 하위 체제

대체로 하나의 체제는 단일의 존재라기보다는 여러 개의 하위 체제(subsystems)에 의해 구성되며, 이들 하위 체제들은 다시 차하위 체제(sub-subsystems)에 의해 구성되어 있다. 이때 하위 체제를 구성하고 있는 체제를 하위 체제의 입장에서 상위 체제(supra system)라고 한다. 이들 하위 체제와 체제(즉 상위 체제)뿐만 아니라 하위 체제 간에 경계가 존재함을 아울러 유의할 필요가 있다. 여기서 이들 하위 체제를 바로 체제의 구성 요소(components of a system)나 요소(elements)라고 부르기도 한다(Hodge, Fleck, & Honess, 1984: 54; Hicks, Jr. 1987: 304).

③ 인터페이스

체제는 그 구성 요소들 간의 관계를 설정해 주어야만 조직화된 그리고 유기적인 상호작용을 할 수 있는데, 이 같은 기능을 수행하는 것 또는 장치를 인터페이스(interfaces)라고 한다. 다시 말하면, 특정 체제를 구성하고 있는 하위 체제 간의 상호 연락과 상호작용 통로, 영역 또는 장치를 인터페이스라고 한다. 사람과 컴퓨터 간의 인터페이스는 컴퓨터의 투입과 일치하는 사람의 산출물을 나타낸다. 또한 컴퓨터는 그 전력 체제와 벽 플러그(wall plug)에서 인터페이스하게 된다. 정보체제에 관한 한, 한 체제의 산출물은 그것과 접속되어 있는 체제에 수용될 수 있는 형태로 존재해야 한다. 결국 인터페이스는 두 체제 간의 공통의 연결부(common link)를 의미한다(Hicks, Jr., 1987: 306; Davis & Olson, 1985: 271).

[그림 2-8] 일반적인 체제모형

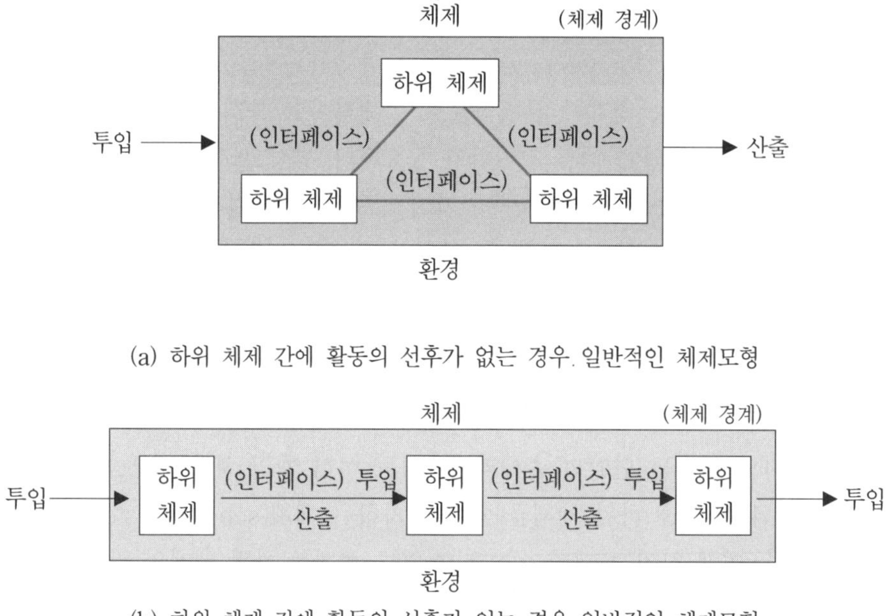

(a) 하위 체제 간에 활동의 선후가 없는 경우 일반적인 체제모형

(b) 하위 체제 간에 활동의 선후가 있는 경우 일반적인 체제모형

④ 암상자 개념

체제모형과 관련하여 주지해야 할 점은 현실적으로 체제를 구성하고 있는 하위 체제 중에 어느 것은 그 활동이나 과정을 정확하게 파악할 수 없는 경우가 많다는 것이다. 이처럼 하위 체제, 특히 처리 과정 또는 변형 과정이 알려지지 않거나 알 수 없는 경우, 그 하위 체제를 암상자(black box)라고 한다. 그런데 이런 암상자 개념은 다음과 같은 두 가지 가정을 전제로 이용된다.

첫째, 투입과 산출의 관계가 안정적일 것이다. 다시 말하면, 암상자의 내부활동(internal operations)이 시간에 따라 변하지 않을 것이라는 것이다.

둘째, 암상자는 상호 독립적이라는 것이다. 이런 가정 하에 사용되는 암상자 개념은 어느 수준에서나 복잡한 체제의 계층구조를 분석하는 데 도움을 준다(Hicks, Jr., 1987: 306).

이상의 요소들을 고려한 일반적인 체제모형을 도식화하면 [그림 2-8]과 같다.

(3) 정보체제모형

정보체제는 일반 체제와 달리 투입과 산출이 일시적이거나 심리적인 성격을 갖는 것이 아니라, 한번 투입된 것은 본질상 미래의 활용을 위해 저장해 두어야 하기 때문에 전술한 기본적인 체제모형 및 일반적인 체제모형에서 하위 체제 중의 하나는 반드시 저장활동이나 저장 하위 체제를 포함하고 있어야 된다. 따라서 이상의 체제모형을 정보체제의 경우로 도식화하면 [그림 2-9]와 같다.

[그림 2-9] 정보체제모형

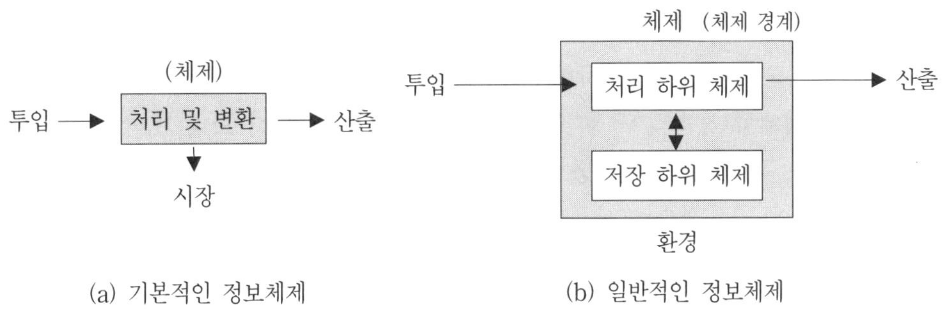

2 체제의 특성

1) 체제의 일반적 특성

체제가 갖는 일반적인 특성은 관심의 초점에 따라 여러 가지로 설명될 수 있겠으나 총괄적으로 그 주요 내용을 보면 대체로 다음과 같다(Kroeber & Watson, 1984: 28-35).

(1) 전환성

체제는 전환성(transformability)을 지닌다. 이는 변환성(conversion)과 같은 성질을 뜻한다. 즉, 체제는 투입을 산출로 변환하는 특성을 갖는다. 예를 들면, 제조 회사란 원자재를 완제품으로 전환·산출하는 체제로 생각할 수 있다. 또한 정보체제, 특히 컴퓨터를 기초로 한 정보체제는 자료를 투입으로 받고 그것들을 정보로 전환, 또는 처리하는 체제이다.

(2) 간학문성

체제는 일반적으로 간학문적(interdisciplinary) 성격을 지닌다. 이는 체제의 개발이나 응용은 특정 학문적 연구의 결과라기보다도 서로 관련된 둘 이상의 학문적 상호작용의 결과라는 것을 지칭한다. 이는 더 나아가서 체제가 독립적이고 고립적으로 존재하지 않고 주변 체제, 특히 서로 관련이 있는 분야의 체제와 공존함을 의미한다. 예를 들어 어느 특정 산업에서 관리자들은 또 다른 산업의 관리자들의 경험을 통해 이득을 볼 수 있다. 더욱이 한 체제 내의 관리자들이 컴퓨터 정보체제를 사용할 경우에 전통적인 학문 노선을 벗어나는 정도를 인지하지 못한다.

이를 좀 더 구체적으로 고찰하면 다음과 같다.

첫째, 정보체제의 물리적 구성 요소들은 경영학 분야로부터 크게 벗어난 학문 분야의 산물이다. 즉 컴퓨터, 전자통신 단말기, 고속 인쇄기, 자료 저장장치, 그리고 컴퓨터 정보체제에 공통적으로 사용되는 주변기기들은 물리학과 전기공학의 발달에서 비롯된 것이다. 이들 요소들은 관리자들의 정보처리 욕구를 충족시키기만을 위해 개발된 것은 더욱 아니다(Kroeber, Watson, & Carroll, 1980).

둘째, 컴퓨터 하드웨어에 의하면 촉진된 현대 관리 도구들의 대부분이 실제로 경영면에 응용함이 없이 개발되었다. 예를 들어, 선형 프로그래밍, 회귀분석, 그리고 다른 운영연구(OR) 방법은 근본적으로 수학적인 분야에서 비롯되었으나 경영 목적에 채택되어 온 것이다.

셋째, 컴퓨터 정보체제 이용자들은 다른 학문 분야의 방법과 기법들을 이용할 뿐만 아니라 그들 고유의 전문 분야 간에도 이들 방법과 기법들을 공유한다. 결국, 체제는 간학문적인 성격을 포함하고 있다.

(3) 총체성

체제의 총체성은 체제가 총체적(holistic)이라는 것이다. 하나의 체제가 적절히 기능을 한다는 것은 체제의 여러 부분들 간의 상호의존성(interdependence)의 결과이다. 그러므로 비록 체제의 어느 일부가 문제시되더라도 체제는 관심의 대상이 되는 모든 부분들을 가진 전체(a whole)로서 간주되어야만 한다. 이같이 전체에 대해 강조하는 것을 총체주의(holism)라고 하고, 이런 총체주의를 나타내는 체제를 총체적이라고 일컫는다.

체제에 대한 총체적인 접근법의 가치는 환경문제에서 특히 잘 입증된다. 예를 들면 곤충학자는 살충제를 개발할 때 전 생태계를 고려해야만 한다. 곤충학자는 어떤 특정 화학적 스프레이가 감자벌레들을 효과적으로 죽인다는 것을 발견한 경우, 그는 그런 스프레이를 사용하기 전에 그것을 사용함으로써 토양에 미치는 장기적인 효과와 감자밭에서 흘러나오는 물, 그리고 그런 약을 뿌린 감자를 먹는 사람의 문제들에 관해 만족스러운 해답을 미리 얻어야만 한다.

이 같은 체제의 상호의존성은 컴퓨터 정보체제의 경우 덜 극적이지만 총체적인 견해를 정당화하기에 충분할 만큼 중요하다. 예를 들어, 제조 회사에서 행한 순전한 시장활동뿐만 아니라 시장조사 정보는 상품 디자인과 생산 스케줄에 대해 여러 가지를 암시해 준다. 한편 그 같은 생산 스케줄에 대한 정보는 인사문제를 다루는 데에 유용하다. 즉, 그 정보를 기초로 해서 내린 인사 조치는 재정적 부담을 창출하게 된다. 이와같이 컴퓨터 정보체제를 전체성(entirety)의 맥락에서 고찰하게 되면, 하위 체제 간의 관계도 조직 내 정보의 흐름과 연관시켜 쉽게 설명될 수 있다.

(4) 분화성

체제는 분화성을 지니는데, 이는 체제가 여러 개의 부분으로 분화(differentiated)될 수 있다는 것이다. 비록 체제를 총체적으로 고찰하는 것이 중요할지라도 체제는 여러 개의 서로 다른 부분들로 구성되어 있다는 사실을 간과하지 말아야 한다. 사실상 체제에 대한 좀 더 단순한 정의들 중의 하나가 "상호 관련된 부분들의 집합"이라는 것이다. 예를 들어, 교통체제를 전체로서 간주하는 것이 적절하더라도, 철도체제 또는 항만체제만을 고찰하는 것도 똑같이 중요함을 인식할 필요가 있다.

컴퓨터 정보체제에도 부분들이 있는데, 최소한 전술한 바와 같이 컴퓨터의 투입과 산출 장치, 자료 저장설비, 컴퓨터와 관련된 장비를 관리하고 조작하는 사람들, 컴퓨터 정보체제를 운영하고 사용하기 위한 절차, 자료를 정보로 처리하기 위한 프로그램, 산출물의 배포를 위한 규정, 산출물의 해석을 위한 지침, 그리고 산출물을 사용하는 관리자나 사용자가 바로 그 체제의 부분이 된다.

(5) 상조작용성

체제의 상조작용성은 체제가 상조작용적임을 의미한다. 때때로 상조작용(synergism)의 성질을 "부분의 합을 초과하는 전체의 질"로 정의하기도 한다. 그러나 체제와 관련해서는 문자 그대로 해석하지 말아야 한다. 이 말은 하나의 체제가 체제 부분의 개별적인 노력으로는 불가능한 결과를 초래할 수도 있음을 의미한다. 예를 들어 전화, 케이블, 스위치, 릴레이(relays) 등과 같은 통신체제의 다양한 부품들은 그들 개별적으로는 별 가치가 없을 수 있다. 그러나 그들이 서로 결합될 때에는 커다란 가치를 창출할 수 있게 된다.

그런데 컴퓨터 정보체제에서 상조작용 효과는 통신체제보다도 덜 명백하기 때문에 쉽게 무시당하는 수가 많다. 그러나 주지해야 할 점은 컴퓨터 정보체제에서 각 부분들이 유기적으로 작동되지 않으면, 그 체제는 그 용량의 한계에 훨씬 못 미치게 작동하게 된다는 것이다. 이런 현상은 응용 프로그램들이 다른 관련된 요구 사항들을 고려하지 않고 극히 부분적이고 구체적인 요구에만 맞게 설계된 경우에 특히 많이 나타난다.

(6) 계층성

체제는 계층성을 가지는데, 이는 대부분 체제가 계층적인 성향을 갖는다는 것이다. 체제의 각 부분은 그 자체가 소규모 체제이며, 반대로 이들 체제가 좀 더 대규모 체제의 일부분일 수도 있다. 이 같은 체제의 서열(ordering)이 그 체제의 상대적인 용량(capacity)과 지위(rank)를 반영하는 계층제(hierarchy)라고 한다. 특정 체제의 부분을 하위 체제(subsystems)라고 하고 그 체제보다 상위, 즉 그 체제를 포함하는 체제를 상위 체제(suprasystem)라고 한다. 그리고 이들 체제의 최상위에 존재하는, 사실상 체제의 경계 밖에 존재하는 체제들을 모두 환경이라 부른다. 어떤 의미에서 이런 환경은 다른 체제 및 하위 체제들을 모두 포함한다는 면에서 초상위 체제(suprasupra system)인 것이다. 이 같은 계층제는 컴퓨터 정보체제에도 적용된다. 컴퓨터 정보체제를 갖춘 특정 조직은 그 컴퓨터 정보체제의 상위 체제가 되고, 컴퓨터 정보체제를 구성하고 있는 자료처리체제(DPS), 정보처리체제(IPS), 그리고 의사결정 지원체제(DSS)는 컴퓨터 정보체제의 하위 체제가 되는 것이다. 한 가지 추가로 고려되어야 할 점은 이 밖에도 체제는 더욱더 상향적으로나 하향적으로 계층화될 수 있다는 것이다.

(7) 피규제성

체제는 규제된다. 이 같은 체제의 피규제성은 전술한 체제 엔트로피와 관련된 것이다. 체제 엔트로피(system entropy)는 체제의 무작위(randomness) 및 무질서(disorder) 상태를 말하는데, 이처럼 체제가 규제를 받지 않으면 최대의 엔트로피로 치닫는, 즉 체제가 곤두박질해서 해체되는 상태까지 치닫게 된다. 이 같은 체제 엔트로피는 정(正)의 엔트로피와 부(負)의 엔트로피로 구분된다. 정의 체제 엔트로피 증가는 체제와 그 환경과의 관계로 설명될 수 있다. 즉, 후술하는 바와 같이 환경과 투입물 및 산출물을 서로 교환하지 않는 폐쇄 체제(closed systems)는 계속해서 정의 엔트로피를 증가시켜 불가피하게 작동 불능 상태가 되어 버린다. 그 반면에 환경과 투입물 및 산출물을 상호 교환하는 개방 체제(open systems)는 적어도 일정한 기간에 정의 엔트로피를 피할 수가 있다. 즉, 부의 엔트로피를 증가시켜 체제의 항상성(homeostasis)을 견지하게 된다. 여기서 체제의 항상성은 체제, 특히 개방 체제가 안정적 상태의 위치로 복귀하려는 특성을 뜻한다. 다시 말하면, 항상성은 체제가 이미 처방된 한계 내에서 계속 운영되도록 적응해 나가는 과정으로서 평형(equilibrium) 상태를 유지하려는 속성을 의미한다.

컴퓨터 정보체제도 엔트로피로부터 완전히 해방될 수가 없기 때문에 규제가 필요하다. 정보체제가 규제되지 않고 환경과의 접촉이 없어지면 급속하게 붕괴된다. 정보요구가 변함에 따라, 정부가 규제함에 따라, 경쟁이 치열해짐에 따라, 그리고 조직 자체가 변경됨에 따라서 비규제된 정보체제는 그 목적 달성에 점점 더 비능률적이 된다. 체제 내의 규제는 뒤에서 별도로 설명되는 바와 같이 통제 하위 체제(control subsystem)에 의해 이루어진다. 이 하위 체제로의 투입은 환경으로부터 오거나 또는 체제 자체의 산출로부터 환류의 형태로 이루어진다. 또한 통제 하위 체제의 산출이 체제의 투입을 규제하게 된다.

(8) 목표지향성

체제의 목표지향성은 체제의 목표나 목적이 조직의 성공적인 운영에 대해 갖는 중요함을 의미한다. 즉 체제의 목표는 조직에 방향을 제시하고 관리 과정을 주도하는데 기여한다. 그런데 여기서 유의해야 할 점은 이들 조직의 목표나 목적은 또한 컴퓨터 정보체제에 지침을 준다는 것이다. 그래서 정보체제 관리자들은 정보체제와 관련된 고유의 목표를 설정하게 된다. 이런 컴퓨터 정보체제의 목표로는 정보의 정확성에 대한 기준과 보고의 적시성, 그리고 물리적 보안성 등과 같은 것을 들 수 있다.

2) 정보체제의 특성

앞에서 설명한 체제의 일반적인 특성은 바로 컴퓨터를 기초로 한 정보체제의 특성도 된다. 그 밖에 특히 인간과 기계 간의 상호작용 관계에 있는 컴퓨터 정보체제가 갖는 특성을 살펴보면 <표 2-2>와 같이 요약될 수 있다. 이들 인간-기계 체제인 컴퓨터 정보체제의 특성은 운영상 특성(operational characteristics)으로서 그 정보체제의 설계, 구축, 산출, 진단, 그리고 평가에 중요하다(Murdick, Ross, & Claggett, 1984: 359-60).

〈표 2-2〉 컴퓨터 정보체제의 운영상 특징

• 기본적인 기능과 보조적인 기능의 수행성	• 수행의 정확성
• 수행의 신속성	• 비용
• 신빙성	• 환경적응성
• 유지 보수성	• 후속 모형에 의한 대치가능성
• 안전성 및 사고 방지성	• 생산가능성
• 생산 규모에 따른 최적의 재료 및 처리 공정	• 단순화, 표준화, 그리고 선호된 규모
• 무게	• 규모 및 형태
• 모양 및 포장	• 다른 체제나 보조장치와의 호환성
• 모듈 설계	• 운영의 용이성
• 교환(trade offs)을 통한 균형설계	• 수송 및 설치의 용이성
• 합법성	• 사회성

제 4 절 체제의 유형

체제는 그 용도나 목적에 따라 크게 일반체제와 조직체제 그리고 정보체제로 분류될 수 있다. 그 중에 정보통신 기술을 기초로 한 정보체제는 사람과 기계의 상호작용 체제로서 일반적인 체제 및 주로 사람을 근간으로 하여 구성된 조직체제와 다른 특성을 지니는데, <표 2-3>과 같이 여덟 가지 준거에 따라 구별된다(Davis & Olson, 1985: 286).

〈표 2-3〉 일반체제, 조직체제, 그리고 정보체제 간의 유형별 비교

체제의 분류 기준	일반 체제	조직 체제	정보 체제
1. 추상성	개념적 체제와 경험적 체제	좌동	좌동
2. 가공성	자연적 체제와 인공적 체제	좌동	인공적 체제
3. 주요 구성 요소	사회적 체제, 인간-기계 체제, 기계 체제	사회적 체제	사회적 체제와 인간-기계 체제
4. 개방성	개방 체제와 폐쇄 체제	개방 체제	개방 체제와 폐쇄 체제
5. 존립 기간	영구적 체제와 잠정적 체제	대부분 잠정적 체제	잠정적 체제
6. 지속성	안정적 체제와 비안정적 체제	일반적으로 비안정적 체제	안정적 체제
7. 내포성	하위 체제와 상위 체제	좌동	좌동
8. 적응성	적응적 체제와 비적응적 체제	적응적 체제	비적응적 체제

자료: Murdick et al.(1984: 356); Murdick & Munson(1986: 37-8).

(1) 개념적 체제와 경험적 체제

컴퓨터를 기초로 한 정보체제의 모형이나 이론을 논할 때에 사용하는 것은 개념적 정보체제이다. 그러나 이것이 구체적으로 작동 중에 있는 또는 활동 중에 있는 경우는 경험적 정보체제를 의미하게 된다. 따라서 정보체제는 개념적 체제로도 표현될 수가 있고, 실제적·경험적 체제로도 나타낼 수 있다.

(2) 인공적 체제

정보체제는 그것이 인간 정보체제이든 컴퓨터를 기초로 한 정보체제이든 사람에 의해 고안된 것이지 단순히 자연 그대로가 아니라는 점에서 인공적 체제이다.

(3) 사회적 체제와 인간-기계 체제

정보체제는 순전히 인간의 관점에서 통신 및 의사결정을 포함하고 있는 사회적 정보체제일 수도 있다. 또한 고도의 정교한 기술 형태를 갖춘 정보체제는 전자 컴퓨터와 같은 장비를 포함하고 있기 때문에 인간-기계 체제이기도 하다.

(4) 개방 체제와 폐쇄 체제

정보체제가 개방 체제이냐 폐쇄 체제이냐는 관리자의 기능에 따라 설명될 수 있다. 단지 운영적이고 하급 기능적인 관리자의 의사결정의 경우 정보체제는 환경과 단절된 채 체제 내에 저장해 둔 정보를 바탕으로 운영된다. 이러한 경우의 정보체제는 폐쇄 체제로서의 역할만을 할 뿐이다. 그러나 반대로 대부분의 정보체제들은 그 환경과 중요한 상호작용을 요구하는 기획 및 의사결정을 위해 활용된다. 이때의 정보체제를 개방 체제라고 한다.

(5) 잠정적 체제

다른 어떤 체제보다도 정보체제는 더 잠정적 성향이 강하다. 왜냐하면 정보기술의 발달과, 또한 다양해지고 대량화된 정보의 능률적이고 효과적인 처리를 위해 정보체제는 끊임없이 공식적으로 그리고 비공식적으로 개조되고 있기 때문이다.

(6) 안정적 체제

정보체제는 끊임없이 그 성능이나 체제의 성격을 개조해 나가지만 일단 설계가 되면 특정 형태의 문제들을 다소 루틴 베이스(routine basis)로 취급해서 특정의 구체화된 프로그램에 의해 관리자에게 정보를 제공해 주도록 되어 있다. 이런 점에서 정보체제는 안정적인 체제인 것이다.

(7) 하위 체제와 상위 체제

초기 단계의 정보체제는 일차적으로 잠정적인 전체 기업 정보체제의 하위 체제로서 설계되어 있다. 그러나 전체적이고 고도로 정교한 대기업이나 산업의 정보체제는 분명히 상위 체제가 될 만하다.

(8) 비적응적 체제

컴퓨터를 기초로 한 정보체제는 인공적 체제이고, 그 자체의 수정이나 개조도 자연적 또는 자동적으로 이루어지기보다는 외부의 힘에 의해 의도적으로 행해지기 때문에 비적응적 체제이다.

결국 이상에서 살펴본 컴퓨터 정보체제의 유형은 그것이 가지는 인간-기계 체제로서의 특성 때문에 대체로 인공적, 잠정적, 안정적, 그리고 비적응적 체제를 유지하면서, 다른 체제와 같이 개념적 체제와 경험적 체제, 사회적 체제와 인간-기계 체제, 개방 체제와 폐쇄 체제, 그리고 하위 체제와 상위 체제의 형태도 취함을 알 수 있다.

제 5 절 체제의 통제

1 통제의 정의

체제에서 통제(control)는 일반적으로 다음과 같이 정의된다. 즉, 통제란 사전에 규정된 한계 내에서 개인, 집단, 기계 또는 설비의 수행 성과나 특성을 유지하는 것 또는 특정 변수의 특성이나 가치를 유지하는 것을 뜻한다. 그러나 정보체제면에서 볼 때 정보체제의 기능은 정보 사용자나 의사결정자에게 자신들이 사전에 설정된 한계를 초과했는지, 아니면 초과하려고 하는지의 여부를 알려 주는 것이라고 생각할 수 있다.

이런 관점에서 통제는 수행 성과의 기준을 설정하는 것, 수행 성과를 설정된 기준에 의해 측정하는 것, 그리고 그 기준으로부터의 일탈 또는 편차를 최소화하기 위한 교정 조치를 취하는 것으로 간주된다. 이때 이상의 내용은 바로 통제의 절차나 과정을 나타내기도 한다(Murdick et al., 1984: 361-8). 또한 이 같은 통제의 정의는 통제가 최소한 다음과 같은 요소로 구성되어 있음을 말해 준다(Hodge, Fleck, & Honess, 1984: 66).

첫째, 사전에 설정된 목표나 목적 또는 기준이나 계획

둘째, 수행 성과를 측정하는 수단이나 방법

셋째, 계획으로부터의 일탈이나 편차를 간파할 수 있는 비교 수단 또는 기준

넷째, 계획으로부터의 일탈을 교정하고 조정하는 수단이나 절차

2 개방 루프 체제와 폐쇄 루프 체제

통제를 위한 루프가 환경에 대해 개방적이냐 아니냐에 따라 개방 루프 체제(open-loop system)와 폐쇄 루프 체제(closed-loop system)로 구분된다(Murdick & Munson, 1986: 330-1).

1) 개방 루프 체제

개방 루프 체제는 단순한 체제모형에서 보여 준 바와 같이 단지 투입, 처리, 그리고 산출만으로 구성되어 있으며 처리나 산출로부터 투입으로 되돌아가는 연결이나 정보가 없는 체제를 말한다. [그림 2-10](a)에서 보는 바와 같이 개방 루프 체제에서 체제의 통제는 정확한 투입과 처리에 달려 있다. 이 통제체제 하에서는 별도로 정보나 자료를 수집하여 기준이나 사전에 결정된 목표와 비교하는 일이 없다. 예를 들면, 타이머(timer)에 의해 작동되는 교통신호등은 미리 정해진 시차에 따라 자동적으로 신호를 변경시킴으로써 교차로에서 차들의 운행을 원활하게 도와 준다. 여기서 혼동을 피하기 위해 주지해야 할 점은 개방 루프 체제는 체제 내에 일정한 환류 루프(feedback loop)가 없는 체제를 의미한다는 것이다. 따라서 개방 환류 루프 체제 또는 개방 통제 루프 체제란 특정 통제 하위 체제가 존재하지 않고 투입 자체나 처리

[그림 2-10] 개방 루프 체제와 폐쇄 루프 체제

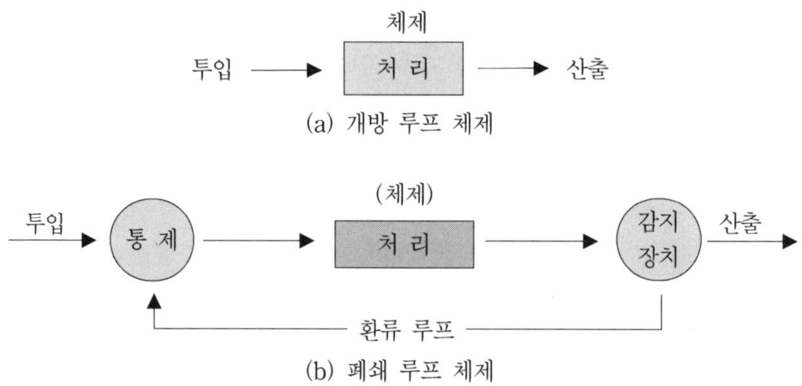

자체의 영향을 받는 체제라는 뜻이다. 그러므로 환경으로부터 투입되는 내용이나 처리 과정이 얼마나 정확하냐에 따라 체제의 효과성 내지 능률성이 결정된다. 이는 개방 루프 체제를 단순하게 개방 체제의 개념과 연결시켜 이해할 수 없음을 시사한다. 왜냐하면 개방 체제는 환경과의 상호작용 관계를 중시하여 환경으로부터의 통제를 전제로 하나, 그 반면에 개방 루프 체제는 환경으로부터의 투입면에서 개방 체제와 일치하나, 특히 산출에 대한 환류 기능이 부재하기 때문이다.

2) 폐쇄 루프 체제

폐쇄 루프 체제는 처리와 산출에 관한 정보가 통제자에게 되돌아가서, 그로 하여금 필요에 따라 투입과 체제 자체를 조정 내지 수정하게 하는 체제이다. [그림 2-10](b)에서 보는 바와 같이 폐쇄 루프 체제에서는 처리와 산출에 대한 감지장치를 통해 통제자 또는 통제 하위 체제에 환류정보로서 제공된다. 따라서 폐쇄 루프 체제의 특징은 체제 속에 통제 하위 체제나 통제 독립 요소가 내재해 있어서 처리와 특히 산출에 대한 정보를 기초로 체제에의 투입에 변경을 가할 수 있게 할 뿐만 아니라 체제 자체에 영향을 미칠 수 있게 한다는 것이다. 이러한 폐쇄 통제 루프 체제가 바로 환류통제를 위해 조성된 것이다. 여기서 통제 하위조직이 또한 미리 정한 목표나 기준에 따라서 산출에 대한 정보를 비교하여 투입이나 체제의 변경 여부를 결정하는 경우가 많다. 폐쇄 통제 루프 체제가 개방 체제의 특성을 결정짓는 중요한 요소가 된다. 왜냐하면 폐쇄 통제 루프 체제는 환류통제체제이기 때문이다. 이에 대해서는 다음에 좀 더 자세히 고찰하기로 한다.

3 환류통제체제

환류통제(feedback control)는 체제에서 가장 널리 사용되는 통제 방법이다. 정보체제와 관련시켜 보면, 정보관리체제의 주요 목적이 산출, 즉 결과에 관한 정보를 관리자나 의사결정자에게 환류시켜서 어떤 필요로 되는 수정 조치를 취하도록 하는 것이다. 그래서 환류통제 과정은 대체로 수행 성과 기준의 설정, 기준에 대한 성과의 측정, 그리고 기준으로부터 성과의 일탈 또는 편차 축소의 세 단계로 구성되어 있다. 이 같은 환류통제는 크게 정의 환류통제(positive feedback control)와 부의 환류통제(negative feedback control)로 분류된다(Davis & Olson, 1985: 316-7).

1) 정의 환류통제

체제에서 정의 환류체제는 체제가 진행 중인 방향을 강화하는 것이다. 다시 말하면 정의 환류는 체제로 하여금 조정이나 특정 조치를 반복하게 하거나 확대시키게 된다. 예를 들어, 어떤 프로그래밍 감독관이 모듈 프로그램 구조의 사용법을 배워서 작은 프로젝트에 시도한 결과 좋은 성과를 얻은 후, 그 감독관은 그 모듈 프로그램 구조의 사용법을 좀 더 큰 프로젝트에 시도하여 역시 좋은 결과를 얻었다. 여기서 그 감독관은 그런 프로그래밍 방법을 되풀이하여 사용함으로써 같은 결과를 얻을 때까지 계속하거나 그런 프로그래밍 방법이 별 효과가 없는 프로젝트가 발견될 때까지 계속할지도 모른다. 이 경우에 작은 프로젝트에 모듈 프로그래밍 구조의 사용법을 시도해 얻은 좋은 결과는 그 감독관에게는 하나의 정의 환류가 되고, 또한 이때의 환류 기능이 정의 환류통제를 한 것이다.

2) 부의 환류통제

체제에서 부의 환류체제는 체제의 변동이 정해진 기준에서 크게 일탈하지 않도록 축소 내지 감소시키는 활동으로서, 주로 환류통제 루프에 의해 이루어진다. 다시 말하면, 체제에서의 부의 환류통제는 체제로 하여금 일정한 수행 한계 내에서 운영되게

[그림 2-11] 부의 환류통제 요소

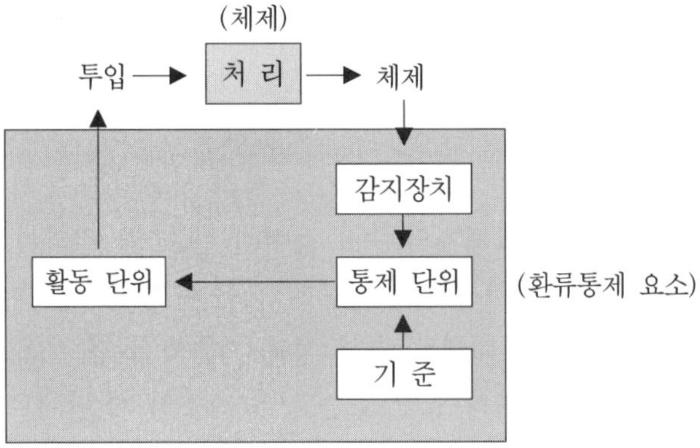

하는 것을 의미한다. 이 같은 부의 환류통제 기능은 자동화된 생산체제나 컴퓨터 정보체제에서 흔히 발견된다. 예를 들어, 통계 처리를 위해 입력한 자료들이 컴퓨터가 처리할 수 있는 용량이나 기준에 벗어나게 주어진 것들인 경우 컴퓨터 체제는 통계 처리 기능을 수행할 수가 없게 된다. 이처럼 체제가 고장나거나 통제 불가능하게 된 것은 그 체제가 허용 한계를 넘어서 기능함에 따라 규제 메커니즘이 제대로 작동되지 못하기 때문이다. 부의 환류를 이용한 통제는 보통 [그림 2-11]에서 보는 바와 같이 네 가지 환류통제 요소로 이루어져 있다.

첫째, 통제될 특성이나 조건은 산출로부터 측정 가능해야 하며, 이때 측정된 산출을 비교할 기준(standard)

둘째, 특성이나 조건을 측정하는 감지장치(sensor)

셋째, 측정된 것을 그 특성이나 조건에 대해 사전에 설정된 기준에 비교하는 통제 단위(control unit)

넷째, 처리 과정에 수정을 요구하는 투입 신호(corrective input signal)를 보내는 활동 단위(activating unit)

결국, 체제에서 통제는 환류에 의해 이루어지는데 환류와 통제는 거의 동시에 일어난다. 여기서 통제는 산출을 사전에 정해진 기준에 비교하는 체제 기능이라고 하면, 환류는 산출과 통제 기준 간의 편차에 관한 정보를 제공해서 산출이 나온 처리 과정에로의 투입으로서 전달하는 기능을 의미한다. 이 같은 환류통제는 체제로 하여금 체제 내적 능률성의 향상과 체제의 효과성의 증가뿐만 아니라 환경에 대한 적응력을 높임으로써 체제 자체의 생존을 확보하려는 체제 기능인 것이다.

4 체제의 다양성과 통제

체제에서 통제는 언제나 가능한 것이 아니라, 최소한 통제가 가능할 수 있게 전제조건이 먼저 충족되어야 한다. 이는 체제상 통제의 제약을 시사하는데, 이를 처음으로 주장한 사람이 애쉬비(H. R. Ashby)로서 그는 필수적 다양성의 법칙(law of requisite variety)을 주장한다(Ashby, 1963). 그의 필수적 다양성의 법칙에 의하면, 특정 체제를 통제하기 위해서는 그 체제의 산출에 의해 나타나는 다양성에 동등한 수의 대책이나 대응책이 이용 가능해야 한다는 것이다. 이는 체제 통제자가 통제변수의 변량(variations)을 결정해서 체제에 각 변화에 대한 지침을 전달할 수 있어야 함을 의미한다. 좀 더 구체적으로 설명하자면, 필수적 다양성의 법칙은 특정 체제가 통제되는 데에는 모든 통제자(즉 사람이나 기계)에게 체제가 직면할지도 모르는 가능한 모든 상황을 총괄하기에 충분한 통제 반응(control response) (즉, 각각의 경우 무엇을 할 것인지), 가능한 모든 통제 반응을 일으키는 데 필요한 결정규칙(decision rules), 그리고 통제 반응을 일으키기 위해 자체적으로 체제를 조직할 수 있는 권위(authority)가 제공되어야 한다는 것을 의미한다. 그런데 바로 이 필수적 다양성의 법칙 때문에 컴퓨터만으로 통제되는 개방 루프 체제, 즉 기계 체제는 실행이 불가능하다. 그 해결책으로 컴퓨터는 예측되는 모든 상황에 대해 통제 반응을 일으킴으로써 의사결정규칙을 적용하는 한편, 의사결정자인 인간은 예측 불허의 상황에 대해 통제 반응을 일으키는 인간-기계 체제인 정보체제를 이용하게 된다.

제 3 장 행정정보체제의 본질

제 1 절 행정정보체제의 의미

1 행정정보의 정의 및 특성

1) 행정정보의 정의

행정정보란 행정활동을 목적으로 하는 정보 사용자나 공공조직이 가치 있는 형태로 처리한 자료나 정보원(情報源)을 말한다. 좀 더 구체적으로, 행정정보란 정보 사용자나 공공기관의 구성원들이 행정활동 및 정책활동을 수행할 때 유효적절하게 활용할 수 있는 형태로 처리된 자료나 정보원을 뜻한다.

21세기에 들어서면서 지식의 중요성이 새롭게 강조되고 있다. 특히 정보통신 기술혁명과 더불어 지식의 확산이 빠른 속도로 이루어짐에 따라 지식이 경쟁과 협력의 중심 개념으로 부상했으며, 지식 패러다임에 대한 예견은 경영학과 행정학 분야의 연구에 실제 반영되고 있다. 이른바 자본, 노동력, 토지 등 산업사회의 핵심 요소들이 지식으로 대체되고 있는 것이다. 그렇다고 정보가 중요하지 않다는 것은 아니며, 정보의 상위 개념으로서 지식이 정보를 대체하기 시작했다는 점에 비추어볼 때, 행정정보체제에서도 역시 정보의 상위 개념인 지식이 정보를 대체하기 시작했다고 볼 수 있다. 또한 앞서 2장에서 언급했듯, 현실 세계에서 생성, 제공된 수많은 자료가 분석 과정과 의미 파악을 통해 정보로 산출된다. 정보는 일정한 규칙이나 약속 및 파일링 등을 통해 체계화되어 데이터베이스 형태로 구축, 활용되면서 가치평가가 이루어진다. 여기서 가치 있다고 판단된 경우에는 지식의 단계로, 그렇지 못한 경우 정보 쓰레기로 버려진다. 전략적 가치분석과 인지적 처리 경로를 거쳐 지식으로 생성된다. 이렇게 생성된 지식 역시 또한 데이터베이스 형태로 구축되어 광의의 정보로 행정 및 정책 활동을 수행하는 데 활용하게 된다.

2) 행정정보의 특성

행정정보는 일반정보로서 특성을 가지면서 추가로 다음과 같은 특성을 갖고 있다. 여기서 주의할 점은 다음의 특성들은 절대적인 차이점이라기보다는 상대적인 특성이라는 것이다.

(1) 공공성

사기업 정보인 경영정보와 달리 행정정보는 우선 그 목적면에서 차이를 보인다. 행정정보는 공공의 행정 목적을 달성하는 데 필요한 결정을 합리적이고 능률적으로 내리는 데 지원해 주는 역할을 한다. 이것이 행정정보와 경영정보를 구별하는 가장 특징적인 요인이며,[1] 아울러 행정정보를 개인의 이익이나 편익을 위해 사용해서는 안 됨을 시사한다.

(2) 광역성

행정정보는 일반 사기업의 경영정보와 달리 그 수집, 활용 및 전달에서 행정관리 및 통제 영역의 전반에 걸쳐 이루어지거나, 적어도 사기업 경영정보에 비해 행정정보의 영향이나 효과가 경영정보보다 폭넓게 영향을 미친다.

---

1) 공사조직의 차이점에 관한 연구는 H. Rainey et al., "Comparing Public and Private Organization," *Public Adninistration Review*, Vol. 36(March 1976), pp. 223-224; 또한 공행정과 사행정, 즉 경영과의 차이점에 관해서는 보즈만과 브레트슈나이더는 공공성모형(models of publicness)으로 설명하고 있다. 이들은 기존의 연구들이 주장한 이론들에 근거하여 경제적 권위(economic authority)모형, 그리고 인사 및 인사제도(personnel and personnel system)모형으로 설명하면서, 하나의 통합적인 공공성모형을 제시했는데, 그것은 공공성의 결정 요인 중에 정치·경제적 권위 요구가 영향력이 가장 커서 작업환경을 결정하고, 작업환경은 인사 및 인사제도를 결정하는 특징으로 보인다는 것이다(Barry Bozeman & Stuart Bretschneider, "Public Management Information Systems: Theory and Prescription," *Public Administration Review*. Vol. 46 (November 1986), p. 475).

(3) **독점성**

행정정보는 행정기관에 의해 독점적으로 소유, 운영, 관리되기 때문에 사조직의 경영정보와 같이 그 대가를 지불하고 쉽게 활용할 수 없는 특징을 갖고 있다. 이 같은 행정정보의 독점성은 '비밀정보'로 묶어 일반의 접근은 물론 특정 행정기관을 제외하고는 다른 행정기관의 접근을 원칙적으로 금하고 있다.

(4) **합법성**

행정정보는 사기업 정보와 달리 그 수집, 처리, 활용, 전달 등이 관계법이나 규칙에 준거하지 않고는 원칙적으로 실행되지 못한다. 예컨대, 행정정보의 수집은 법에 의해 정부가 필요로 하는 정보를 국민 개개인에게 자발적으로 제공해 줌으로써 이루어지는 '강제적·소극적' 정보 수집 방법의 형태를 띠고 있다. 결국, 행정정보 활동이 합법적일 경우에 강제성까지 지님을 암시해 준다.

(5) **정치성**

행정정보는 사기업 정보와 달리 공공활동을 지원할 목적을 가짐으로써 행정정보의 정치적 역할이 크다. 특정한 행정정보가 국민 전체 또는 일부에게 커다란 영향을 주었거나 줄 것으로 판단되거나 그렇게 알려진 경우에는 그 정보에 대한 정치적 책임을 규명하게 된다는 사실은 행정정보의 정치성이 크다는 것을 잘 표현해 준다.

2 행정정보체제의 개념 및 구성 요소

1) 개 념

행정정보체제(PMIS; AIMS)는 경영정보체제(Management Information System: MIS)의 정의에서 유추해 낼 수 있다. 일반적으로 광의의 경영정보체제는 의사결정지원체제(Decision Support System: DSS), 정보처리체제(Information Processing System: IPS), 그리고 자료처리체제(Data Processing System: DPS)로 구성되어 있는데, 전자의 체제가 상위조직 체제이고, 그 다음은 중간조직 체제, 그리고 후자는 하위조직 체제로 본다.[2] 이를 도식화하면 [그림 3-1]과 같다.

2) 그러나 학자에 따라서는 광의의 MIS를 EDP, DSS, OA(Office Automation)를 내포하는 개념, 즉

[그림 3-1] 광의의 MIS 구성 개념

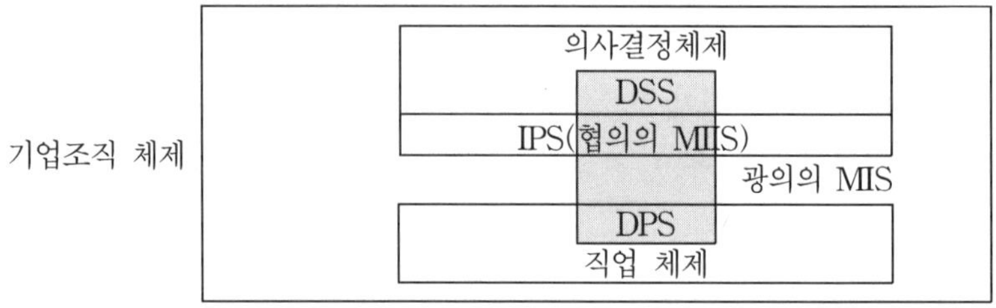

[그림 3-2] 협의의 MIS 구성 개념

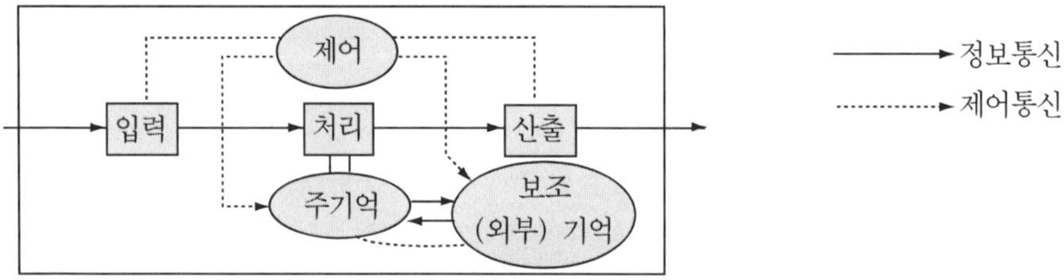

이상에서 살펴본 넓은 의미에서 MIS 개념의 구성 요소 중에서 정보처리체제(IPS)만을 협의의 MIS라고 한다. 이 협의의 MIS인 정보처리체제 모형은 [그림 3-2]와 같이 나타낼 수 있다(서남원, 1983: 157).[3]

그러나 실제로는 학자들마다 조금씩 다른 의미로 정보체제를 설명하고 있어서 때로는 정보처리체제, 정보결정체제, 정보 시스템, 조직정보체제 등과 같은 다양한 말로 표현한다. 그 중에 가장 많이 인용되고 있는 데이비스와 올슨의 경영정보체제의 정의를 보면, "조직에서 운영, 관리, 분석 및 의사결정 기능을 지원하기 위해 정보를 제공하는 통합된 사용자-기계 체제(user-machine system)"라고 규정하고 있다(Davis & Olson, 1985: 6).

이 개념으로부터 행정활동의 특수성을 감안하여 행정정보체제에 관한 정의를 도출

광의의 MIS=EDP+DSS+OA로 이해하는 경우도 있다(이영환, 1989: 43을 참고할 것).

3) 여기서도 학자에 따라서 좀 달리 개념화한다. 즉 협의의 MIS를 경영관리에 필요한 각종 정보의 제공 시스템으로 보아 사무자동화(OA)의 일부로 파악하고 있다(이영환, 1989: 43-4).

해 낼 수 있다. 즉, 행정정보체제는 "공조직, 즉 국가 및 지방자치단체와 그 밖의 공공기관에서 행정 업무의 운영·관리·분석과 제반 정책 기능을 지원하기 위해 인공적으로 설계·제작된 통합된 사용자-기계 체제"라고 정의를 내릴 수 있다. 여기서 인공적으로 설계·제작된 통합된 사용자-기계 체제는 컴퓨터 하드웨어 및 소프트웨어와 통신설비, 통합처리 메커니즘, 설명서 절차 및 분석·기획·통제·의사결정을 위한 모형, 데이터베이스, 그리고 관리요원을 포함한 개념이다.4)

그런데 여기서 유의해야 할 사항은 경영정보체제는 중범위론적 차원의 조직 수준에서 개념화되고 있는 반면에, 행정정보체제는 중범위론적 조직 수준에서뿐만 아니라 국가론적 차원의 거시적 내지 초거시적 수준에서 개념화한 것이라는 점이다. 즉,

[그림 3-3] PMIS 구성 관념

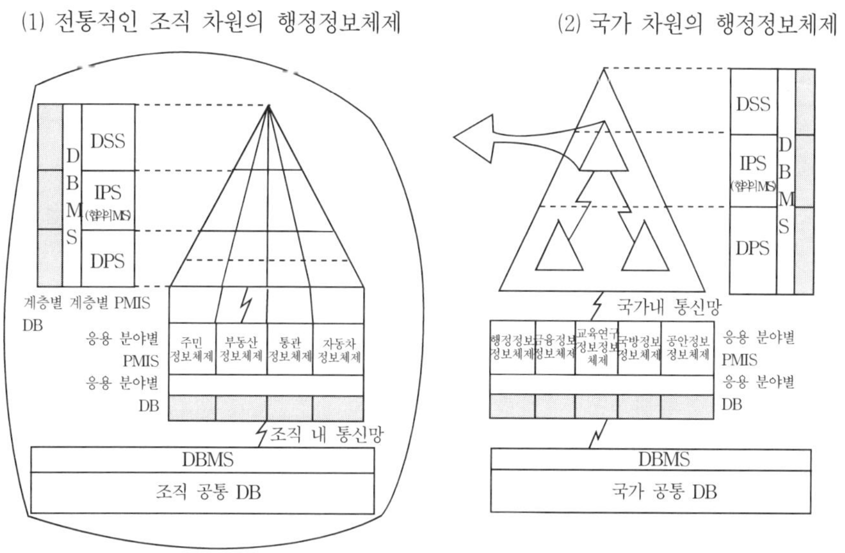

4) 데이비스와 올슨은 경영정보체제의 구성 요소로 컴퓨터 하드웨어와 소프트웨어, 설명서 절차, 분석, 기획통제, 그리고 의사결정을 위한 모형, 그리고 데이터베이스를 들고 있다(Davis & Olson, 1985: 7-10을 참고할 것). 이외에도 경영정보체제의 구성 요소로 다음과 같은 여섯 가지, 즉, 컴퓨터 하드웨어, 소프트웨어, 데이터베이스, 통신과 네트워킹, 지식근로자, 방법 및 절차를 드는 사람도 있다(이영환, 1989: 66-72를 참고할 것).

[그림 3-3]에서 볼 수 있는 바와 같이 행정정보체제는 전통적인 조직 차원의 개념을 포함하여 국가 차원의 개념까지 확대 해석된 의미를 갖는다(이윤식, 1990: 693-718).

좀 더 구체적으로, 먼저 중범위론적 차원의 조직 수준, 즉 전통적인 조직 차원의 행정정보체제는 조직계층별로 정보체제가 구축된 것을 의미하는 것으로서 하위관리층 및 일선 행정관료의 업무를 지원하는 자료처리체제(DPS)와 중간관리층의 업무를 지원하는 정보처리체제(IPS: 이를 협의의 경영정보체제, MIS라고도 함) 그리고 최고관리층의 업무를 지원하는 의사결정 지원체제(DSS)로 구성됨을 알 수 있다. 또한 이들 각 계층별 정보체제는 각각의 데이터베이스를 유지하면서 아울러 공통 데이터베이스를 구축해 활용할 수 있음을 시사한다.

같은 맥락에서 업무 분야별 행정정보체제의 구축도 이해할 수 있다. 이미 전산화 사업을 통해 행정 각 부처별로 관련 업무 처리 프로그램들을 개발하여 응용 분야별 정보체제를 구축·운영하고 있는 것이 그 대표적인 예이다. 이들 응용 분야별 정보체제도 업무 분야별 데이터베이스뿐만 아니라 공통 데이터베이스를 구축·활용하고 있음을 알 수 있다. 더 나아가서 계층별·응용 분야별 데이터베이스를 종합한 조직 전체의 공통 데이터베이스를 구축하여 조직 내 통신망인 LAN을 이용한 활용이 추진되고 있는 것도 주목할 필요가 있다.

다음으로 국가 조직 차원의 행정정보체제는 전통적인 조직 차원의 행정정보체제 중 응용 분야별 정보체제가 현재 구축 중인 국가기간전산망을 통해 상호 접속되어 운영되는 것을 우선적으로 상정할 수 있으나 이는 국가조직의 계층면에서 볼 때 일선 행정 업무 수준을 지원하는 정도이다. 따라서 상위 관리계층의 비정형화된 업무를 지원할 수 있는 정보체제의 구축은 행정의 복잡성에 비추어 관련 응용 소프트웨어 개발에 기술적인 어려움뿐만 아니라 통제국가화 및 전체국가화 경향을 우려하는 국민 정서면에서도 조기 달성은 어려울 것으로 보인다. 더욱이 이론적으로는 개념화할 수 있는 국가 차원의 통합 데이터베이스의 구축·운용은 많은 어려움이 예상된다.

2) 행정정보체제의 구성 요소

행정정보체제를 간단히 인공적으로 설계 제작된 통합된 사용자-기계 체제라고 볼 때, '통합된 사용자-기계 체제'의 구성 요소는 상술한 다섯 가지의 개념적 요소로서, 곧 행정정보체제의 개념적 구성 요소가 된다. 이를 좀 더 구체적으로 설명하면 다음과 같다.

(1) 컴퓨터 및 통신설비

통합된 사용자-기계 체제인 행정정보체제는 기본적으로는 컴퓨터의 활용을 기초로 하고 있으나 더 나아가 최근에 크게 발달하고 있는 정보통신 기술에도 의존하고 있음을 뜻한다. 이론적으로는 행정정보체제가 컴퓨터 없이도 존재할 수 있는 것으로 보이나, 실제로는 행정정보체제를 실용 가능하게 해 주는 것이 컴퓨터의 힘이라는 사실을 알게 된다. 다만 문제는 행정정보체제가 컴퓨터를 반드시 사용해야 하는지의 여부가 아니라, 행정정보를 활용할 때 어느 정도로 컴퓨터에 의존하고 있느냐이다.

사용자-기계 체제의 개념은 업무 내용이나 성격에 따라 컴퓨터의 활용이 더 유리할 수도 있고, 또한 그렇지 못할 수도 있다. 즉, 어떤 업무는 컴퓨터로 처리하는 것보다는 사람에 의해 직접 처리되는 것이 훨씬 더 능률적일 수 있다. 예컨대, 창조적인 업무를 수행할 때 컴퓨터보다 사람의 능력이 여전히 우세하게 작용한다는 것이다. 여기서 사용자란 자료를 입력하고, 체제를 지시하며, 체제의 정보 산출을 활용하는 데 책임을 진 사람을 뜻한다. 많은 문제를 해결하기 위해 사용자와 컴퓨터는 양자 간의 상호작용을 통해 얻은 결과로서 연합 체제를 형성한다.

또한 사용자와 기계 간의 상호작용은 사용자의 투입-산출 장치가 컴퓨터에 연결되어 운영됨으로써 가능해진다. 여기서 컴퓨터는 한 사람의 사용자를 지원하는 개인용 컴퓨터나 통신망으로 단말기를 통해 많은 수의 사용자를 지원하는 대형 컴퓨터일 수도 있다. 컴퓨터의 종류에 관계없이 사용자의 투입-산출 장치는 자료의 직접적인 투입과 결과의 즉각적인 산출을 가능하게 한다. 더욱이 컴퓨터와 통신이 결합될 때 활용도가 증가하게 되는데, 그것은 원거리에서 정보의 실시간 처리도 가능하게 되기 때문이다. 이는 행정정보체제가 거시적인 영향을 미치고 있음을 시사한다.

행정정보체제의 컴퓨터를 기초로 한 사용자-기계의 특성은 시스템 개발자와 시스템 사용자 모두가 컴퓨터에 관한 지식을 가져야 함을 암시한다. 여기서 '컴퓨터를 기초로' 한다는 말은 행정정보체제의 설계자는 컴퓨터 자체와 그런 컴퓨터를 정보처리에서 어떻게 사용하는지에 대한 지식을 갖고 있어야 비로소 정보처리자로서 인간의 역량과 정보 사용자로서 인간의 행위에 관해 이해하게 된다는 것이다. 따라서 행정정보체제의 응용은 사용자가 컴퓨터 전문가는 아닐지라도 그들이 활용하고자 하는 정보를 얻는 데 필요한 조건에 대해 세부적으로 인식하고 있어야 한다.

(2) 통합처리 메커니즘

행정정보체제는 행정조직의 정보처리를 통합하는 기반을 조성하고 있음을 의미한다. 다시 말하면, 행정정보체제는 통합된 행정정보 처리체제를 이루고 있다는 것이다. 행정정보체제 내의 각 조직구성원의 정보 활용은 다양하게 이루어지고 있기 때문에, 이들에 대한 통합된 과정이나 메커니즘이 없는 경우에 각각의 정보처리가 일관성이 없고 상충되는 폐단이 발생하게 되어 처리상 중복이나 낭비를 초래하게 된다. 이와같이 비능률적이고 비경제적인 결과를 초래하는 다양한 정보체제의 활용을 통합하는 것은 전반적인 정보체제 계획에 의해 추진된다. 본질적으로, 행정정보체제는 하나의 계획된 소규모 시스템의 연합으로서 설계된다. 또한 행정정보체제의 통합은 행정정보체제의 기능에 따라 수립된 표준, 지침 및 절차에 의해 달성된다. 즉 이러한 표준과 절차들을 적용함으로써, 행정정보체제의 다양한 사용자들에게 지속적으로 사용하게 해 주는 메커니즘으로서 이상의 통합된 행정정보체제의 좋은 예가 된다.

(3) 데이터베이스

행정정보체제는 데이터베이스를 필요로 한다. 데이터베이스의 기본 개념은 자료가 처리를 위해 사용 가능하고 적절한 질을 갖추도록 관리될 필요가 있음을 암시한다. 이런 자료관리는 소프트웨어와 그 조직을 필요로 하는데, 데이터베이스를 창출하고 관리하는 일련의 소프트웨어를 데이터베이스 관리체제(DataBase Management System: DBMS)라고 한다. 데이터베이스에 관한 모든 접근과 사용은 데이터베이스 관리체제에 의해 통제되는데, 이때 한 장소에서만 저장되어 있는 자료를 여러 가지 정보로 산출하여 다방면으로 활용할 수 있게 된다. 이런 경우에 이 자료 항목을 한번만 갱신하면(update) 다른 모든 활용을 위한 갱신이 이루어지게 된다. 데이터베이스 관리체제를 통한 데이터베이스의 통합은 그 데이터베이스를 관리할 중앙의 권한을 필요로 한다. 즉, 자료는 중앙의 한 컴퓨터에 저장될 수도 있고, 또한 여러 컴퓨터에 분산·저장될 수도 있는데, 우선적으로 필요한 것은 통제력을 행사할 수 있는 조직 기능이 있어야 한다는 것이다.

(4) 처리모형 및 절차

행정정보체제에서 정보처리는 기계적인 활동이 아닌 좀 더 다양한 처리모형의 활용을 필요로 한다. 다시 말하면, 대부분의 경우 행정정보 사용자들에게는 원자료나 요약된 자료 상태만으로는 활용이 충분하지 못하다. 그래서 자료는 처리된 결과가 의사결정에 도움이 되는 방향으로 처리되고 제시될 필요가 있다. 이때에 의사결정에 도움이 될 수 있도록 자료를 처리하는 데에는 정보처리모형을 활용한다. 정보처리모형은 의사결정 과정의 다른 단계를 지원하는 데에도 활용될 수 있는데, 문제나 기회를 탐색하는 데 활용되는 것이 그 대표적인 예이다. 또한 최적화모형 및 선택모형들이 가장 바람직한 정보처리모형으로 활용되고 있다는 사실이 좋은 예가 될 것이다. 아울러 이들 정보처리모형을 활용할 때 요구되는 각종 설명서 절차들도 정보체제의 운영을 위해 구비되어야 한다.

(5) **관리요원**

행정정보체제가 사용자와 기계 간의 상호작용 체제인 점을 감안할 때 양자를 연계시켜 주는 관리요원이 요구된다. 사용자가 컴퓨터 및 통신설비를 이용할 수 있는 역량을 겸비하고 있는 경우나 그렇지 않은 경우를 막론하고 원활한 정보활동을 기하기 위해 정보체제 관리요원은 필수불가결하다. 이 같은 관리요원은 컴퓨터 및 통신요원으로 일컬어지는 사람들로서, 여기에는 시스템 분석가, 프로그래머, 시스템 운영가(system operator)가 포함된다. 그러나 이 같은 전문적인 기술요원 이외에 정보체제 전문가로서 기술직 행정관료도 포함되어야 할 것이다.

제 2 절 행정정보체제의 특징과 기능

1 행정정보체제의 특징

1) 일반적 특징

행정정보체제는 다음과 같은 일반적인 특징을 갖고 있다(안문석, 1988: 7-8).

(1) **행정관료 및 일반 국민의 행정활동 지원**

행정정보체제는 일차적으로 국가기관이나 공공기관에 종사하는 행정관료들의 제반 활동을 돕기 위한 지원체제이다. 아울러, 이러한 행정정보체제는 부차적으로 일반 사용자인 국민들의 행정정보에의 접근 및 그 활용을 지원하는 체제라고도 할 수 있다.

(2) 행정 및 정책활동의 통제

행정정보체제가 행정관료들의 행정활동을 지원한다는 것은 행정관료들의 일상적인 행정 업무의 수행뿐만 아니라 그들의 제반 정책활동을 지원한다는 것이다. 이는 경영정보체제와 달리 행정정보체제가 일반 국민생활에 커다란 영향을 주는 행정관료들의 행정활동을 통제할 수 있음을 암시한다.

(3) 인공적으로 설계 제작된 체제

행정정보체제는 특정한 목적을 위해 인공적으로 설계 제작한 관리체제이다. 이는 행정정보체제가 행정활동의 능률화와 함께 효과성을 제고하는 데 필요한 인공지능(artificial intelligence)에 해당하는 각종 소프트웨어를 개발하고 응용하도록 되어 있다는 것이다.

(4) 인간-기계 상호작용 체제

행정정보체제는 인간적인 요소와 기계적인 요소의 상호 유기적인 관계를 바탕으로 형성된 체제라는 것이다. 이는 행정정보 활동의 능률화를 위해 컴퓨터를 포함한 기계적인 요소의 활용이 요구되지만 아울러 그런 기계적인 조작의 원리를 이해하고 응용할 수 있는 사람이 존재해야 함을 의미한다. 이러한 특징은 또한 행정정보체제가 정보활동에 관련된 사람뿐만 아니라 기계도 통제, 관리함을 시사한다.

2) 설계 운영상 특징

행정정보체제가 가지는 이상의 일반적인 특징을 기초로 행정정보체제의 설계 운영상의 특징에 관해 조명해 볼 필요가 있다. 이런 설계 운영상 특징은 행정조직이 이익집단에 해당하는 이해 당사자가 많으므로 그 목표 개념이 불분명할 수밖에 없다는 기본적인 속성에서 비롯된다. 이들 특징을 개관하면 다음과 같다(안문석, 1988: 13-4).

(1) 기존 행정정보체제의 문제에 관한 인식 결여 및 불일치

설계 운영상 특징은 기존의 행정정보체제가 안고 있는 문제의 심각성에 대한 인식부터가 행정 부처 관계자들 간에 합의점을 찾지 못하고 있다는 것이다. 관계자 각자는 할거주의식 문제 접근으로 인해 행정정보체제가 겪고 있는 문제를 제대로 파악조차 못하는 경우가 많으며, 문제점을 파악했다 하더라도 그것의 심각성에 대해서는 일치된 견해를 갖지 못하고 있다. 더욱이 기존의 행정조직 구성원들은 새롭게 등장하는 행정정보체제의 이점에 대해 확신을 갖고 있지 못하다.

(2) 행정정보체제에 관한 평가의 정확성 결여

행정조직의 목표가 지나치게 포괄적이거나 추상적인 관계로 그것을 제대로 인식하지 못한 채 운영되고 있는 행정정보체제에 대해 정확한 평가를 내리기에 상당히 곤란하다는 것이다. 이처럼 행정정보체제에 대한 평가가 곤란한 것은 행정조직의 목적이 불확실한 것뿐만 아니라 행정정보체제가 추구하는 목표가 단기적이거나 시한부적이라서 행정정보체제가 속해 있는 행정조직의 목표와도 비교가 곤란한 데에 기인한다. 또한 행정정보체제가 행정조직과 행정의 효율성을 위한 수단으로 인식되어야 함에도 불구하고 초창기에는 이것이 목표로 인지 되었기 때문에 평가에 대한 기준이 모호했다.

(3) 행정정보체제 분석에 관리과학 기법의 활용상 한계

행정정보체제의 분석에 목표의 조작화가 요구되는 각종 관리과학 기법을 제대로 활용할 수가 없다는 것이다. 왜냐하면 행정조직에는 이해 당사자가 많음으로 인해 초래되는 목표의 불확실성이 크게 영향을 미치고 있기 때문이다.

(4) 정보 홍수로 인한 행정활동의 비능률성 및 비효과성 초래 가능

행정정보체제는 정보관리에 대한 법적 구속력을 갖고 있기 때문에 장기적인 면에서 발생할 수 있는 행정정보체제의 처리 능력을 초과한 행정정보의 투입은 정보의 홍수 현상을 일으켜 행정활동의 비능률성 및 비효과성을 자초할 가능성이 없지 않다.

(5) 행정정보체제의 비민주적 운영 가능

정보관리상 행정정보의 독점화를 누리는 행정정보체제는 일반 사용자들의 행정정보에의 접근이나 활용에 제약을 줌으로써 행정정보 활동의 비민주화와 함께 행정의 비민주화를 심화시킬 수도 있다. 이러한 행정정보의 독점화 현상은 정보를 상품화한 정보산업 종사자들보다 행정정보체제의 종사자들에게 더 심할 가능성이 높다. 그 이유는 행정정보의 영향력과 가치가 일반 경영정보의 그것들보다도 훨씬 크기 때문이다.

(6) **행정정보체제 내 조정체계의 확립 필요**

행정정보의 독점화 현상은 제도적으로 방지될 수도 있는 반면에 관료적 병폐인 할거주의적 성향이 행정정보체제에서도 두드러지게 나타날 수 있음을 감안할 때, 행정정보체제는 행정정보 관리상의 조정체계가 불가피하게 우선적으로 확립되어야 한다는 특징을 갖고 있다.

(7) **행정정보체제의 환경적응성**

행정정보는 국민 생활에 직접적으로 영향을 미치는 정도가 일반 경영정보보다 더 크기 때문에, 일반 국민의 사생활 침해 등과 같은 기본권 침해의 경우가 많아서 행정정보체제가 환경의 영향을 많이 받게 된다. 이것은 행정정보체제가 정치성을 띠게 될 수밖에 없어 그것이 처한 상황을 행정정보체제의 구축 및 개편 시에 고려해야 한다는 것이다.

2 행정정보체제의 기능

행정정보체제는 [그림 3-4]와 같이 대체로 수직적인 기능과 수평적인 기능 그리고 이들을 종합한 통합적인 기능을 수행한다. 이들 기능을 좀 더 구체적으로 살펴보면 다음과 같다(Davis & Olson, 1985: ch. 2).

1) 수직적 기능

행정정보체제는 행정조직 내 여러 가지 행정활동 및 정책활동을 지원해 주는 기능을 담당하는데, 조직구조상의 계층에 따라 다른 기능을 감당한다. 이런 기능을 행정정보체제의 수직적 기능이라고 한다. 이를 좀 더 구체적으로 설명하면, 행정정보체제는 최고관리층 또는 최고 정책결정자들의 전략적 정책기획 및 의사결정을 지원해 주는 전략적 기획 기능, 중간관리층의 전술적 정책기획 및 의사결정을 지원해 주는 관리 기능, 하위관리층의 운영기획, 의사결정 및 통제를 지원해 주는 경영통제 기능, 그리고 하급 행정조직 구성원의 일상적인 업무를 지원해 주는 일상업무 처리 기능을 수행한다.[5]

---

5) 여기서 주의해야 할 점은 행정정보체제의 수직적 기능이 반드시 네 가지 기능만으로 구성됨을 의미

[그림 3-4] 행정정보체제의 수직적 기능

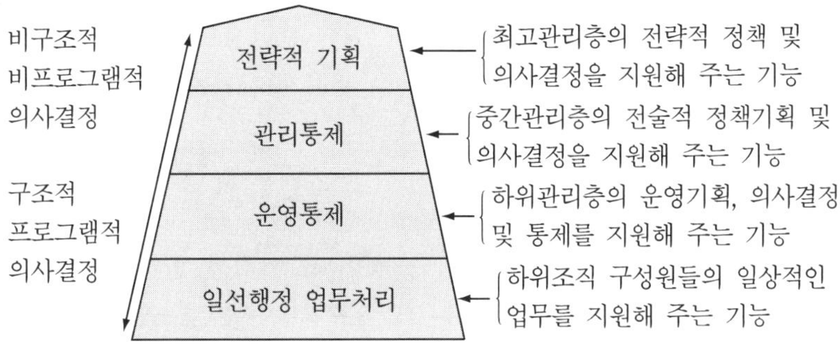

이들 각 기능을 좀 더 구체적으로 살펴보면 다음과 같다.

(1) 전략정보로서 기능

행정정보는 행정조직 내에서 최고관리층이 전략적 행정결정 및 정책결정을 내리는 데 지원하는 '전략정보'로서 기능을 담당한다. 전략정보는 경영정보론에서 '경영정보'라고도 불리는 정보로서(유종해, 1986: 579) 주로 최고관리층이 행정 방침의 확립, 새로운 정책의 입안, 정책이나 사업 간의 조정에 필요한 정보를 나타낸다. 이들 전략정보는 행정 목표를 달성하기 위해 외부환경의 영향 및 예상된 변화에 더 많은 관심을 갖고, 비주기적이고 비정기적이며, 장기적인 전략적 기획에 필요한 정보로서 판단에 근거를 두는 경우가 대부분이다. 따라서 이런 전략정보는 대부분의 경우에 표준화된 자료 체제를 구비하기가 곤란한 특성을 지닌다. 아울러, 전략정보는 정확성이 상대적으로 낮고, 그 대신에 미래 지향적인 특성을 갖는다.

행정정보는 관리정보의 기능을 수행한다. 이는 행정정보가 중간관리층, 예컨대 행정부처의 중간관리자들의 행정활동의 성과를 측정하고, 통제 조치를 취하며, 하위관리자들에 의해 적용될 새로운 결정 규칙들을 설정하고, 조직활동에 필요한 제반 자원을 배분하는 데 요구되는 정보의 역할을 담당함을 의미한다. 이들 관리정보는 요약 형태로 제공되어야 하는데, 대체로 행정활동의 경향을 파악할 수 있고, 행정활동의

하는 것은 아니라는 것이다. 조직의 규모에 따라 더 세분화될 수도 있고, 또는 그 반대로 포괄적으로 표현될 수도 있다. 이는 경영관리조직의 경우에도 적용될 수 있을 것이다(T. Lucey, *Management Information System,* Hants: DP Publications Ltd., 1987, pp. 78-93을 참고할 것).

성과가 다양하게 되는 경우 그 이유를 이해할 수가 있으며, 해결 방향을 제시해 줄 수 있는 형태로 처리되어야 한다. 이런 관리정보는 비교적 미래 지향적일 수도 있고, 현실적인 문제 해결을 위한 정보일 수도 있다. 또한 관리정보는 아주 정확할 필요는 없으나 비교적 객관적인 정보인 경우가 많다. 아울러 중간관리자들을 위한 관리정보는 아주 빈번하게 필요한 것은 아니다.

(3) 운영정보로서 기능

행정정보는 '운영정보'로서 기능을 한다는 것이다. 여기서 운영정보는 행정 실무 담당자인 하위관리자들이 운영통제를 하는 데 요구되는 정보를 의미한다. 또한 운영통제는 제반 운영활동을 효과적이고 능률적으로 추진해 나가도록 확보하는 과정을 뜻한다. 대부분의 운영통제는 이미 상부 계층에서 설정해 놓은 절차나 의사결정 규칙을 활용하는 것이다. 따라서 운영통제를 위한 결정들이란 대개 프로그램화할 수가 있을 뿐만 아니라, 준거하는 절차는 비교적 안정적이다. 이런 경영통제를 위한 결정은 결국 단기적인 효과를 중시하게 되고 일상적인 행정활동 중에서 내려지는 결정임을 알 수 있다.

그러나 한 가지 주의할 점은 그런 운영상의 제반 결정이 아주 상례적인 업무만은 아니고, 일상적인 행동에 영향을 미친다는 것이다. 이런 운영통제를 위해 필요한 운영정보는 아주 역사적인 성격을 띠고, 최근의 정보를 필요로 한다. 또한 운영정보는 정확성이 아주 높을 뿐만 아니라 자주 활용 가능한 정보라는 특징을 가진다. 아울러 주지해야 할 점은 컴퓨터와 통신기술이 발달하여 정보화 시대에 이를수록 사조직에서와 마찬가지로 공조직에서도 이런 운영정보의 처리 기능을 컴퓨터가 대신하게 되어 운영정보 관리계층인 하위관리자의 수가 줄어들 수밖에 없게 된다는 것이다. 다만 사조직에서와 다른 점은 공조직에서는 관리정보 및 운영정보의 관리자인 중간관리층은 그 수가 정보화사회의 도래로 크게 감소하지 않는 반면에, 사조직에서는 운영정보를 포함한 관리정보의 관리자인 중간관리자의 수가 정보화의 정도가 심화될수록 줄어든다.

(4) 업무정보로서 기능

행정정보는 '업무정보'로서 기능을 수행한다. 이는 행정정보가 일상적이고 극히 정례적 행정활동을 수행하는 데 필요로 되는 정보로서 대개 일선 행정 근무자들에게 활용됨을 뜻한다. 이들 업무정보는 새로운 사업이나 업무를 부과받는 경우에 그 일을 추진하는 데에 요구되는 적절한 정보들이다. 또한 이들 업무정보는 관리자들에게 사용되기보다는 관리의 대상이 되는 사무직 관료들의 일상적인 업무를 집행하는 데 필요한 극히 단순한 정보들임을 알 수 있다.

이들 기능의 계층구조는 행정정보체제가 상위조직 체계로 올라갈수록 비구조적이고 비프로그램적인 정책결정을 하는 데 지원하는 반면에, 하위계층으로 내려갈수록 구조적이고 프로그램적 의사결정을 지원하는 기능을 수행하고 있음을 보여 준다. 특히, 행정정보체제가 일반 경영정보체제와 다른 점은 행정정보체제의 수직적 정보관리 기능 중에서 전략적 기능과 관리통제 기능은 사조직의 그것들과 비교가 안 될 정도로 심각하게 행정조직의 근접환경(proximate environment) 및 원격환경(distal environment)의 영향을 받기 때문에, 이들을 구별하여 대처한다는 점이다(Bozeman & Bretschneider, 1986: 475-87). 이는 기존의 경영정보체제와 달리 행정정보체제가 단순히 정보관리에 영향을 미치는 환경적 요소를 고찰해 보는 정도를 넘어 행정정보의 관리행위를 결정짓는 환경적 요인을 좀 더 철저하게 조사하여 고려해야 함을 시사한다.

2) 수평적 기능

행정정보체제는 하위 행정조직의 업무 분야에 따라 달리 지원하는 정보관리 기능을 수행한다. 행정정보체제의 이런 기능을 수평적 기능이라고 한다. 다시 말하면, 행정정보체제의 수평적 기능은 예컨대 일반행정 업무, 재무회계 업무, 그리고 인사관리 업무 등을 지원하는 행정정보체제의 기능을 말한다. 이런 기능은 행정 업무가 세분화됨에 따라 더욱더 다양해지고 복잡하게 될 가능성이 있기 때문에, 이런 수평적 기능을 좀 더 능률적이고 효과적으로 수행하기 위해서는 이들 기능을 조정하는 기능이 행정정보체제 내에 추가될 필요가 있다. 그렇지만 이런 행정정보체제가 이들 수평적 기능을 효율적으로 수행하기 위해서 사기업 정보관리에서처럼 지나치게 경제적인 측면에서만 정보를 관리 통제하기보다는 비경제적인, 특히 정치적인 요소를 비롯하여 행정조직의 근접환경 요소들의 영향을 충분히 고려하는 것이 요구된다.

3) 통합적 기능

행정정보체제는 실제로 이상의 두 가지 기능을 별도로 수행하기보다는 거의 동시적으로 수행하기 때문에, 행정정보체제의 기능은 통합적인 면에서 고찰되어야 한다.

여기서 수직적 기능과 수평적 기능을 함께 수행하는 기능을 행정정보체제의 통합적 기능이라고 한다. 물론 주의해야 할 점은 이런 통합적인 기능이 상술한 두 기능을 똑같은 정도로 동시에 이루어짐을 의미하기보다 두 기능의 구성 비율상의 차이는 있더라도 특정한 목적을 달성하기 위해 동시에 수행되고 있음을 나타낸다. 이런 통합적 기능을 다음과 같이 설명할 수 있다. 즉, 하위 행정조직 계층에서 각종 업무를 수행하기 위해 필요한 정보를 관리하게 되는데, 이것은 하위조직 구성원들이 그런 정보관리 활동을 통해 그 상부 조직계층에 업무상 요구되는 정보를 제공하게 되어, 결국에는 조직 전체가 유기적으로 정보 기능을 함께 수행하게 됨을 가리킨다. 이는 통합적 행정정보 관리 기능이 좀 더 현실적임을 시사한다.

제 3 절 행정정보체제 접근법

1 기존 접근법의 내용과 문제점

1) 호튼과 마천드(H-M)의 행정정보 관리(AIM) 접근법

(1) 내용

거의 대부분의 경영정보이론은 사조직의 경영정보체제를 고찰하면서 협의의 조직 차원에서 조직 내적 또는 조직구성원의 개별적 행위에 초점을 두고 있다. 특히 그 주류는 조직의 특성을 경영정보체제의 성과에 관련시켜 조직적 맥락에 연구의 초점을 맞추고 있다.6)

6) William DeLone, "Firm Size and Characteristics of Computer Use," *MIS Quarterly*, Vol.5 (December, 1981), pp. 65-78; Margrethe Olson & Norman Chervany, "The Relationships Between Organizational Charateristics," 57-67; Philip Ein-Dor & Eli Segev, "Organizational Context and the Success of Management Information Serviecs Function," *MIS Quarterly*, Vol.4(June, 1980), pp. 57-67: Philip Ein-Dor & Eli Segev, "Organizational Context and the Success of Management Information Systems," *Management Science*, Vol.24(June, 1978), pp. 1065-1077; P. Ein-Dor & E. Segev, "Strategic Planning for Management Information Systems," *Management Science*, Vo1. 24(November, 1978), pp. 1631-1641; P. Ein-Dor & E.

[그림 3-5] H-M의 AIM 접근법

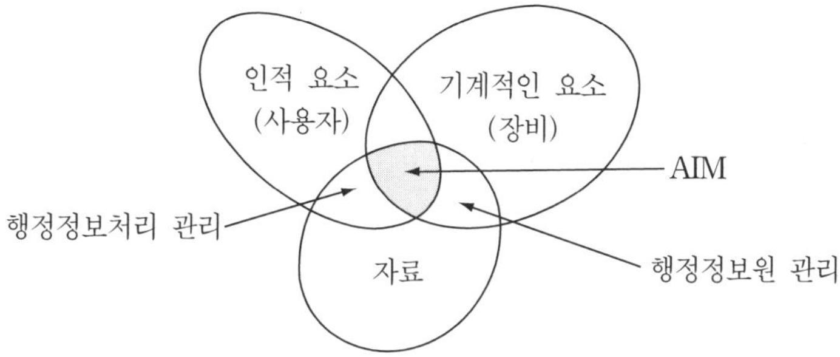

이런 경향은 행정정보 관리에 관한 연구에서도 두드러지게 나타난다. 호튼과 마천드는 행정정보 관리를 인적인 요소, 기계적인 요소와 자료 간의 상호작용 관계로 설명하고 있는데. 그 중에서 기계적인 요소와 자료 간의 상호작용 관계를 행정정보원 관리(Administrative Information Resource Management)로 보는 반면에[7] 인적 요소와 자료 간의 상호작용 관계를 행정정보 처리관리(Administrative Information Processing Management)로 봄으로써 이들 두 유형의 관리가 행정정보 관리(Administrative Information Management: AIM)를 구성한다고 본다(Horton & Marchand, 1982: chs. 1-3). 이것을 정리해 나타내면 [그림 3-5]와 같다.

호튼과 마천드의 행정정보 관리 접근법의 내용을 좀 더 구체적으로 살펴보면 다음과 같다.

① 행정정보원 관리

행정정보원 관리는 [그림 3-5]에서 보는 바와 같이 공조직에서 행정정보 관리 대상으로서 자료와 하드웨어 측면을 강조한다. 또한 행정정보원 관리는 정보가 조직의

Segev, "Organizational Context and MIS Structure Some Empirical Evidence," *MIS Quarterly*, Vol. 6(September, 1982), pp. 56-67을 참고할 것. 또한 이것에 관한 경험적인 연구 결과는 Blake Ives, Scott Hamilton, & Gordon Davis, "A Framework for Research in Computer- Based Management Information Systems," *Management Science*, Vol.36 (September 1980), pp. 910-934에서 찾아볼 수 있다.

7) 유종해는 행정정보체제의 구성 요소를 정보의 필요성의 결정, 정보의 동원, 정보의 수집과 처리, 정보의 전달, 그리고 정보치 수령, 사용, 저장으로 보았는데, 이는 후술하는 안문석의 '행정정보 처리과정'의 절차와 유사하다(유종해, 1986: 578).

자원이라는 개념에 바탕을 둔 정보관리 접근법을 의미한다. 그래서 그 초점을 조직구성원들의 욕구나 정보 요구(information requirements)를 충족시켜 주기 위해 정보처리 결과로 나타난 유형의 정보 생산물 및 도구의 질과 그 활용 그리고 그런 질과 활용에 대한 관리에 둔다. 여기서 행정정보원은 자료, 통신, 워드프로세싱, 그리고 전통적인 자료처리 도구뿐만 아니라 개인용 컴퓨터 등을 포함한다. 정보원 관리 개념은 기술의 정교함이나 하드웨어와 소프트웨어의 능률성보다는 특히 행정정보체제 자원(administrative information system resource)의 조직적 관리의 효과성을 강조한다.

행정정보원 관리는 공조직 구성원의 정보의 필요와 요구에 부응하고자 다양한 자료 취급 기술을 도입하는 데 정보물의 질과 신뢰도에 특별한 관심을 가질 것을 요구한다. 결국 행정정보원 관리 개념은 이들 행정정보원에 대한 관리활동과 행정정보 처리활동 간의 갭을 연결시켜 주고, 조직의 의사결정에 가치 있는 정보 과정과 정보 제품(information products)의 조정적 관리의 필요성을 환기시켜 주는 방향으로 추구된다. 즉, 정보를 자원으로서 적절히 회계하고, 예산편성을 하며, 기획하고, 조직화하며, 평가하는 방법을 터득하지 않는 한, 창출된 정보의 활용에 중요성을 절감하지 못한 채 정보의 생산, 사용 및 취급을 위한 자원을 계속해서 낭비하게 될 위험성이 있다. 정보통신 기술의 확산이 점점 더 심화되고, 의사결정을 위해 사용 가능한 정보에 대한 요구가 점증하고 있는 상황에서 정보원에 대한 관리가 그만큼 더 중요시된다.

② 행정정보 처리관리

행정정보 처리관리는 행정정보원 관리보다 더 역동적인 면을 나타낸다. 이는 공조직의 구성원들이 의사결정과 분석적인 목적을 위한 정보자원 및 지원 기술과 어떠한 상호작용 관계를 형성, 유지하는가에 관심을 갖고 있다. 다시 말하면, 행정정보 처리관리는 주로 공조직 내에서 조직구성원과 자료 간의 상호작용 및 그 관계의 질(質)에 초점을 두고 있다. 이처럼 행정정보 처리관리는 정보자원의 효과적인 활용과 관계된 것으로서 더욱더 사람 중심적인 문제나 이슈를 강조하여 다음과 같은 면에 특별한 주의를 기울인다. 첫째, 공조직 내에서 사용되는 자료의 유형과 조직구성원 개개인과의 상호작용의 질에 관심을 가진다. 둘째, 전달문이나 다른 자료들이 조직 내에서 얼마나 잘 유통되는가에 관해 관심을 가진다. 셋째, 공조직 내 정보처리 환경 및 여건이 관심의 대상이 된다. 넷째, 행정정보 처리관리 대상은 정보활용의 정도이다.

그런데 이러한 조직구성원과 자료처리 기술 간의 상호작용을 정확하게 분석하는 것은 용이하지 않은데, 그 이유는 사람이 기계처럼 항상 정태적이지 못해 그 활동을 예측할 수 없기 때문이다. 여기서 관심은 다음과 같은 문제들에 집중되어야 함을 암시한다. 즉, 조직구성원들 개개인은 어떻게 정보를 처리하고 교환하며, 그들은 조직환경 속에서 각종 언어와 상징들을 얼마나 잘 이용하고 있고, 조직 내에서 정보처리를 강화하기 위해 정보기술의 효과적인 활용에 요구되는 전제 조건은 무엇이며, 그리고 조직의 유지 및 생존 본능은 어떻게 조직 내외 사람들을 위해 처리된 정보의 질과 가치에 영향을 미치는가에 대한 분석이 필요하다는 것이다.

또한 조직의 행정정보 처리의 효과성은 사용된 정보기술의 정교함의 문제를 초월해서 여러 가지 많은 복잡한 변수들에 영향을 받는 조직구성원들이 여러 가지 자료를 얼마나 효과적으로 사용하느냐에 있다는 것이다. 그래서 정보처리 관리에서는 동기적 요소가 조직 전체에 영향을 주어서 외부 행위자들, 예컨대 의원, 이익단체, 고객 및 일반 시민들뿐만 아니라 조직구성원들이 행하는 정보처리의 효과성을 좌우함을 유의해야 한다.

(2) 비판

결국 호튼과 마천드의 행정정보 관리 접근법은 분석의 초점을 행정조직의 내부활동에 둠으로써 조직의 외적 환경의 영향을 무시하여 행정정보 관리의 거시적 분석을 경시할 뿐만 아니라 행정정보 관리를 행정정보원 관리와 행정정보 처리관리로 이원화함으로써 행정정보원과 처리 결과인 행정정보 생산품과의 구별 및 그에 따른 관리 접근법의 차이를 무시하여 역동적이고 좀 더 체계적인 분석을 하고 있지 못하다는 비판을 면키 어렵다. 또한 인적 요소와 기계적 요소의 상호작용 체계를 무시하고 있다. 특히 맨서(Ali Mansour)와 왓슨(Hugh J. Watson)은 정보관리에서 외부환경의 영향은 매우 중요하며, 더욱이 그런 외부환경은 공조직과 사조직 간에 크게 다르다고 주장하고 있다(Mansour & Watson, 1980: 521-33).

2) 보즈만과 브레트슈나이더의 행정정보체제 접근법

(1) 내용

① 분석모형

보즈만과 브레트슈나이더(Bozeman & Bretschneider, 1986: 475)의 행정정보체제(PMIS) 접근법은 아이브스 외(Ives et al., 1980: 910-34)의 경영정보체제(MIS) 접근

법의 오류를 범하지 않고, 광의의 조직 수준 또는 거시적 차원에서 행정정보체제를 연구하기 위한 수정된 분석틀로서, 분석 수준을 사회, 조직, 그리고 개인의 수준으로 구분하여, 사회적 수준은 외부환경을, 조직적 수준에는 조직적 맥락을, 그리고 개인적 분석 수준으로서는 개인적 특성을 들고 있다. 게다가 외부환경을 대변하는 독립변수로서 사회적 맥락을 활용하고, 조직적 맥락의 측면은 PMIS의 구조적 맥락을 독립변수로 활용하고 있다. 그리고 개인적 특성을 대변하는 독립 변수로서 의사결정 맥락을 사용하고 있다.

이를 좀 더 구체적으로 설명하면, 거시적인 면에서 사회・경제적인 맥락을 외부환경 요소로 보고 이들이 조직적 맥락 변수인 PMIS 변수들, 즉 기술, 관리, 구조를 경유하여 종속 변수인 PMIS 성과에 영향을 미치고, 그와 동시에 미시적인 측면에서 개인적 특성을 나타나는 의사결정 맥락 변수들, 즉 인지 방식(cognitive style), 정보체제에 대한 만족도 및 다른 개인적이고 인구학적 특성(demographic characteristics)을 포함한 조직 내 활동 개체들의 특성이 PMIS 성과에 영향을 미치는 것으로 보고 있다. 여기서 효과성(effectiveness) 변수로서는 개인적 특성을 측정하는 수준에서 비용(cost), 적시성(timeliness), 이윤성(profitability)(Dickson, Senn & Chervany, 1977: 912-23; Luca, 1981: 757-68; Remus, 1984: 533-42)을 사용하는 한편, 조직적 판로를 측정하는 수준에서는 PMIS의 총체적 활용 및 적용의 다양성, 그리고 조직 내의 활용 수준(Ein-Dor & Segev, 1978: 1065-77)을 사용하고 있다. 이러한 PMIS 접근법을 도식화하면 [그림 3-6]과 같다.

B-B의 PMIS 접근법을 일반 MIS 접근법과 비교하여 설명하면, PMIS 접근법은 조직 내적 특성에 관심을 두기보다도 조직 외적 환경의 영향에 더 많은 관심을 두면서 아이브스 등의 MIS 접근법에서처럼 단순히 환경의 영향을 인식하는 정도를 넘어서 환경 요소를 원격환경(distal environment) 요인과 근접환경(proximate environment) 요인으로 구별하여 원격환경 요인이 근접환경 요인에 영향을 미침으로써 결국 PMIS의 조직적 관리 행태뿐만 아니라 인적 관리 행태가 결정된다고 보는 것이다. 특히 B-B의 PMIS 접근법이 아이브스 등의 MIS 접근법과 가장 크게 차이를 이루는 점은 원격환경으로서 정치・경제적 영향을 중시하며, 그 중에도 정치적 요인에 의해 상대적으로 더 많은 영향을 받는다는 것이다. 또한 이런 원격환경 요인은 근접환경 요인인 업무환경 요인에 영향을 미쳐서 조직관리 형태를 결정짓는다고 보고 있다. 여기서 정치적 요인으로 법적・제도적 요소와 사회심리적 요소를 특히 중시하고 이들

[그림 3-6] B-B의 PMIS 접근법

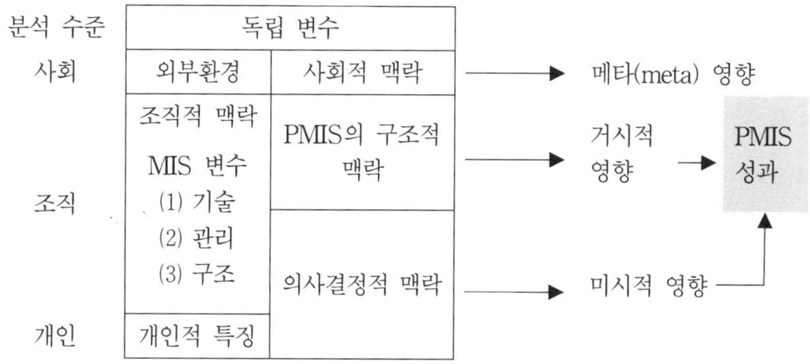

요소들이 조직의 업무 환경 변수인 시간구조, 정치적 주기, 매체의 관심, 위기 정향, 책무성과 모니터링 등에 영향을 미치게 되어 결국에는 조직 내적 관리 및 인적 관리 행태를 변화시키게 된다.

② PMIS의 성과평가 유형

보즈만과 브레트슈나이더의 PMIS 접근법에 의하면 PMIS의 성과를 다음과 같은 세 가지 수준에서 평가할 수 있다(Mansour & Watson, 1980: 526).

가) 환경 수준에서 성과평가: PMIS의 환경 수준에서 성과(environmental level of performance)는 공공관료의 최종 공공재 및 서비스에 대한 만족도, 고객에 대한 공평성, 그리고 기본권의 보호와 같은 적법절차의 허용 정도에 의해 평가되는데, 이것은 원격환경 요인에 의해 영향을 받는다는 것으로 PMIS의 가장 중요한 속성이다.

나) 관리 수준에서 성과평가: PMIS의 관리 수준에서 성과(managerial level of performance)는 효용유보도(benefit savings), 책무성, 그리고 가시성 억제 정도(visibility 'screw up' index)에 의해 평가되는데, 이들은 일반 MIS의 성과를 주로 경제적 이윤성에 두는 것과 차이를 보인다.

다) 경영 수준에서 성과평가: PMIS의 운영적 수준에서 성과측정(operational level of performance)은 주로 비용, 능률성, 그리고 적시성에 준거하여 이루어진다. 이러한 PMIS의 운영면의 성과는 주로 하드웨어, 소프트웨어, 그리고 자료의 실제적 측정과 아주 밀접하게 연관된 것으로 정보관리체제의 자원 부분의 성과를 반영한다.

[그림 3-7] B-B의 PMIS 접근법과 일반 MIS 접근법의 비교

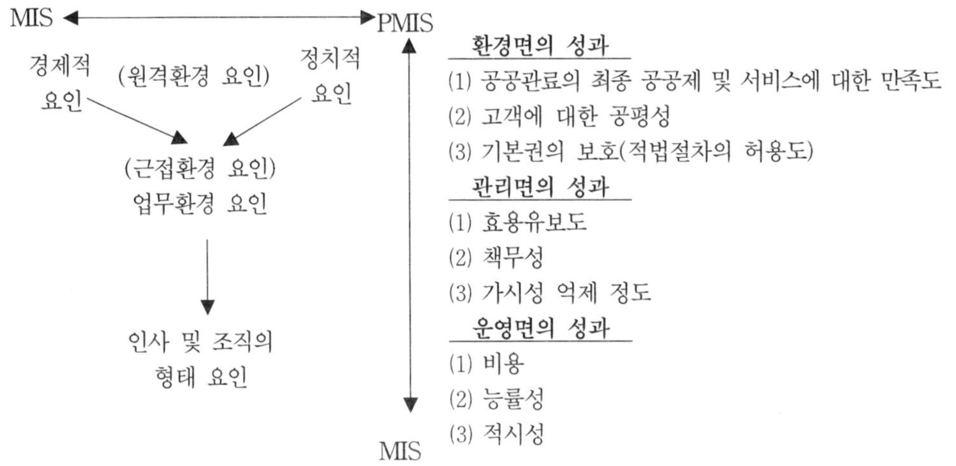

그 밖에 PMIS의 응용 체제, 통계적이고 의사결정 지향적 모형의 활용 정도, 그리고 시스템의 개발 및 전달에 관한 평가에 의해서도 PMIS의 운영 수준에서의 성과가 평가된다. 여기서 주의할 점은 이런 기술적 운영 수준에서의 성과가 근접환경의 영향을 더 많이 받을 뿐만 아니라 일반 사조직의 정보관리에서 더욱더 중요시되고 있다는 것이다(Bozeman & Bretschneider, 1986: 48). 지금까지 살펴본 B-B의 PMIS 접근법을 기존의 MIS 접근법과 비교하면 [그림 3-7]과 같다.

② PMIS의 특징

B-B의 PMIS 접근법에 따르면 행정정보체제가 사기업 경영정보체제와 비교하여 다음과 같은 일반적인 특징을 가짐을 알 수 있다(Bozeman & Bretschneider, 1986: 481).

가) 정치적 능률성 및 정책의 과업성에 의한 평가: PMIS의 효과성이나 성과는 MIS처럼 경제적인 능률성이나 이윤성만으로 평가될 수 없고, 정치적인 능률성 및 정책의 과업적 성격에 의해 동시적으로 평가되어야 한다는 것이다.

나) 점증주의적이고 상황적응적인 기획과 조직 외적 연계 기획: PMIS는 MIS의 경우에서처럼 그 기획상 총체적이거나 합리적인 방법보다는 점증주의적이고 상황적응적인 방법을 선호하게 되는데, 그 이유는 PMIS가 공공 부문에서 상존하는 외부통

제와 정치적 변화에 대해 비교적 민감해야 하기 때문이다. 아울러 PMIS의 기획이 점증주의적이고 상황적응적이어서 비효과적일 수밖에 없는 것은 일반 사조직에서와 달리 공공 부문에서 이루어지는 예비 과정에 기인한다는 것이다. 또 PMIS는 조직 외적 수평 및 수직 연계를 가능한 크게 기획하고 시스템 설계를 이루고 있어야 한다. 공공 부문에서 PMIS는 환경을 모니터하기 위한 것뿐만 아니라 외부 행위자들이 관련 조직과 상호작용을 하거나 관련 조직의 활동을 모니터하기 위한 수단으로서 활용된다는 것이다. 따라서 PMIS는 외부 접근이 가능하게 설계되어야 하고, 책임성과 함께 동료 기관의 목적과 상충되는 방향으로 운영될 가능성 및 중복성을 피해 설계·운영되어야 한다.

다) PMIS 최고책임자의 정치성 배제와 PMIS 자원의 공유: PMIS의 최고책임자는 공공조직 내 집행부의 최고위층의 인물이 되어서는 안 된다는 것이다. 이는 사기업 조직과 달리 집행부 최고위층은 주로 정치적 임명을 받은 사람으로서 조직의 운영관리에 간여하지 않고, 오히려 정치적 주기를 의식하여 단기적 효과를 거두는 데만 너무 많은 관심을 갖고 있어 PMIS의 장기적 관리 목표의 달성을 저해할 우려가 있다. 또한 PMIS의 조달정책은 대여(leasing)와 PMIS 자원의 공유에 더 중점을 두어야 하는데, 그것은 민간 부문에서 MIS에 투자하는 자본의 역할과 달리 공공 부문의 조직들은 PMIS에 투자하는 자본에 대해 세금 혜택을 받기 위해 가치 절하를 획책할 수도 없고, 노후 장비에 대해 정당한 시장 가치를 기대할 수도 없기 때문이다.

라) 생산성 요소 이외의 요인에 의한 PMIS의 정당화: PMIS는 노동력의 절감만을 위해 정당화되어서는 안 된다는 것이다. 비록 PMIS로 인한 노동력의 절감이나 인력대치 효과가 없지 않다고 하더라도 PMIS가 현저한 노동력의 절감 혜택을 가져다 줄 것이라고 믿을 이유가 없다. 왜냐하면 공공 부문의 일자리는 민원이 요구되는 한, 보장될 뿐만 아니라, 더욱더 강력한 보장인 정치적 대상물(political quid pro quo)로서 보호되기 때문이다. 더욱이 공공 부문에서 노동력의 감축은 순전한 이익이 아니라 실업 방지의 일환으로서 공공복지적 차원에서 이루어지기 때문에 어느 정도 특히 사회비용이 든다. 따라서 요원 해고는 공공재 및 용역의 본질과 안전망으로서 공직의 역할을 고려할 때, 생산성의 근거만으로 용납될 수 없다는 것이다.

(2) 비판

결국 보즈만과 브레트슈나이더의 행정정보 관리 접근법은 공조직을 사기업 조직과 기본적으로 다르게 하는 공조직의 공공성(publicness)을 결정하는 변수들 중에 거시적인 환경 요소에 지나치게 집착한 나머지, 공조직의 일부인 행정정보체제가 환경으로부터 영향을 받을 뿐, 그 환경에 영향을 주어 변화시킬 수 있다는 사실을 간과하고 있다. 그로 인해 어떻게 행정정보체제가 환경의 영향에 대처해 나가는지 그리고 그런 활동을 어떻게 관리할 것인지에 대해 전혀 시사하는 바가 없다. 보즈만과 브레트슈나이더의 PMIS 접근법은 PMIS의 외부환경, 특히 정치적 환경 요소의 중요성을 인식하고 있지만, PMIS의 투입 기능과 산출 기능의 차이와 그들의 영향에 관한 관리에 대해 구체적으로 언급하고 있지 않다. 또한 PMIS와 환경 간의 상호작용에 관해 무시하고 있다.

이상에서 살펴본 기존의 행정정보 관리 접근법들은 행정정보체제의 이해에 부분적으로 기여하고 있을 뿐, 여러 가지 문제점들을 내포하고 있어서 이들 문제점들을 해소하고 행정정보체제를 좀 더 정확히 이해하기 위해서는 체제접근법(systems approach)적 연구가 요구된다.

2 체제접근법적 고찰

행정정보체제를 체제접근법적(Bozeman & Bretschneider, 1986: 481)으로 고찰하면 다음과 같은 세 가지 주요 하위 체제로 구분할 수가 있다.[8] 이들 하위 행정정보

8) 대부분의 경영정보관리론이 체제접근법적 입장을 취한다고는 하지만 그것은 정보처리에 관해서만 언급하고 있을 뿐이다, 정보관리체제 전체를 체제접근법적 입장에서 구체적으로 분석한 연구는 없다. 다만 유사한 것으로 다음과 같은 문헌들을 참고할 수 있다. Mere Uri Porat, “The Public Buraucracies,” in F. W. Horton & D. A. Marchand, 1982, pp. 16-27: Ida R. Hoos, *Systems Analysis in Public Policy A Critique*(Berkley. CA: University of California Press, 1972), pp. 195-234; G. B. Davis & M. H. Olson, *Management Information System*(New York: McGraw-Hill Co., 1985), ch. 9: & Niv Ahituv & Seev Neumann, *Principles of Information Systems for Management*(Dubuaue, IA: Wm. C. Brown Co., 1982), ch.4. 그 밖에 일반적인 체제접근법의 일반체제이론 및 체제분석 등과 개념적 차이 등에 관해서는 이윤식, “민주화와 행정정보관리: 민주화 과정에 있어서 행정정보 관리체제의 문제점과 그 개선 방안,” 「논문집」(사회과학 편), 숭실대학교, 제6집(1989. 1), 각주 No. 56: Robert M Korone, *Systems Analysis and Policy Sciences: Theory and Plactice*(New York: John Wiley & Sons, 1980), chs. 3-4: Ludwig von Bertalanfty, *General Systems Theory: Foundations, Deuelopnent, Applications* (New York: George Brazillerm, 1968), rev. ed.: 서남원, 「경영정보론」(서울: 무역경영사, 1985), pp. 54-56, 98-100; 편인범, 「경영정

관리체제는 행정정보 투입체제, 행정정보 처리체제, 그리고 행정정보 산출체제이다. 여기서 한 가지 주의할 점은 각각의 하위 행정정보체제들이 하나의 독립된 체제를 이루고 있다는 것이다. 예컨대, 행정정보 투입체제는 나름대로의 투입 기능과 처리 기능 및 산출 기능을 갖고 활동한다. 이는 행정정보의 투입활동이 실제로 하나의 기능으로 그치지 않고, 최종적인 투입을 위해 가장 적절한 정보원을 산출해 내는 하나의 과정이요 메커니즘이라는 사실을 의미한다. 이들 하위 행정정보체제들 간의 관계를 도식화하면 [그림 3-8]과 같다.9)

[그림 3-8] 체제접근법적 행정정보체제

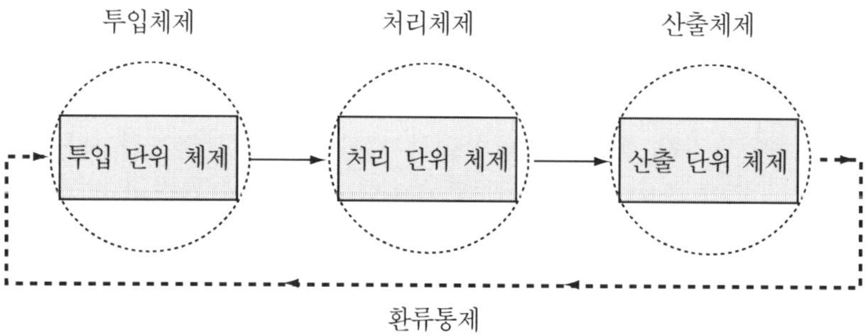

이상의 각 하위 행정정보체제의 기능을 좀 더 구체적으로 살펴보면 다음과 같다.

1) 행정정보 투입체제

행정정보 투입관리는 공조직 내에서 특별한 목적을 위해 정보를 창출하려고 관련 자료나 정보원을 투입하는 과정을 통제하는 것을 말한다. 기존의 연구들과 달리 이 책에서 투입 과정을 행정정보체제의 하위 체제로 간주하는 이유는 행정정보를 산출

보론」(서울: 경진사, 1983), p. 135: 이영환, 「시스템 분석과 설계」(서울: 법영사, 1989), ch. 3, 소영일·이종민, 「MIS원론」(서울: 법영사, 1989), chs. 3-4; 유종해, pp. 834-40).

9) 체제접근법의 가장 중요한 특성 중의 하나는 경계(boundary)가 있다는 것으로 이것은 체제를 경계 내부와 환경인 체제 외부로 분리한다는 것이다. 좀 더 구체적으로 체제를 특징짓는 성격을 보면 다음과 같은 여섯 가지 기본 요소로 구성되어 있다. 즉, 목표와 목적, 투입, 산출, 경계와 환경, 구성 요소와 상호 관계, 그리고 제약 조건이다(N. Ahituv & S. Neumann, *op. cit.*, 1982, pp. 90-93을 참고할 것. 또한 이러한 체제접근법적 고찰의 실례는 이윤식(1988), "민주화와 행정정보 관리" 참고).

하기 위해 사용하는 각종 자료나 정보원이 일반 사기업체에서와 달리 처리, 산출된 결과가 초래할 수 있는 영향이 국내외적으로 막대할 수 있으므로 그런 입력자료나 정보원의 유효성 내지 적합성 또는 신빙들을 투입하기 전에 확보할 수도 있고 확보해야 한다는 입장에서이다.[10] 다시 말하면, 일반 정보관리 접근법은 처리 과정에 입력되는 자료는 유효한 것으로 가정하고 단지 하나의 투입물로 간주할 뿐 독립된 하위 체제로 보지 않는 반면에, 여기서는 행정자료의 신빙성을 중시하여 사용하고자 하는 자료에 대한 투입 전 점검을 하는 독립된 정보처리 과정으로 취급한 것이다. 또한 제1차로 처리된 정보를 재차 투입하고자 하는 경우에도 그 활용 목적이 다를 것이므로 투입물로서의 유효성 등을 조사하는 활동이 필요하고 실제로 그렇게 행해지고 있다고 볼 때, 투입 하위 체제로 보는 것은 당연하다.

행정정보 투입체제의 기능은 행정정보를 산출하기 위해 사용될 수 있는 모든 유형의 자료나 정보원, 예컨대 각종 문서 및 서류작업을 관리하는 것을 의미한다.[11] 이처럼 행정정보 투입관리는 행정정보를 산출하기 위해 다양한 정보원이나 자료를 수집하는 과정을 관리하는 것으로서 특정한 정보를 얻는 데에 그다지 중요시되지 않는

---

10) 일반적인 경영정보론에서 고려하고 있는 기본적인 정보체제모형과 자료 저장 기능을 포함한 정보체제모형을 보면 다음과 같은 것이 있다.

(가) 기본정보 체제모형

자료 ···→ 처리 ···→ 정보

(나) 저장 기능을 포함한 기본정보 체제모형

투입물 ···→ 처리 ···→ 산출

↕

자료 저장

이상의 정보체제들은 그 전체를 정보처리체제(information processing system) 또는 컴퓨터 자료체제(systems for computer data processing)로 본 것이다. 따라서 투입과 산출을 하위 체제로 보지 않고 처리 기능만이 체제를 형성하고 있다고 보고 여기에는 다섯 개의 하위 체제로 구성되어 있다고 간주한다. 즉, 하드웨어와 시스템 소프트웨어 하위 체제, 관리 및 행정 하위 체제, 운영 하위 체제, 응용 시스템 개발 및 보수(maintenance) 하위 체제, 그리고 응용 시스템 하위 체제이다. 또한 이들 하위 체제들은 각각 그들 나름대로 하위 체제로 구성되어 있다고 본다(Davis & Olson, 1986: 288-9).

이와 유사하게 안문석은 '행정정보 처리 과정'에 초점을 둠으로써 다음과 같은 네 단계로 구성되어 있다고 보았다. 즉, 정보 투입 단계, 정보 해석 단계, 목표 설정 단계, 평가 단계이다. 아울러 과는 이들 각 단계에서 공조직과 사조직이 차이를 보이고 있다고 주장한다(안문석, "행정정보 체제의 특징," 『행정과 전산』, Vol.10, No. 1, 1988. 7, pp. 9-10).

11) 이런 관점에 대한 타당성은 이미 몇몇 기존 연구들에서 암시되고 있다. 예컨대, G. B. Davis & M. H. Olson, 1986, pp. 272-273: Ida R. Hoos, 1972, pp. 231-234를 들 수 있다.

입력 자료의 수집 포기(예: 최근에 확정된 각종 지원서 또는 보고서에서 본적란의 삭제 등) 또는 새로운 정보의 추가 등과 같은 활동을 통제 관리함을 포함한다. 이 행정정보 투입체제에서는 산출물이 환경에 주는 영향의 결과로 나타나는 정보활동상의 변경 등을 통제하게 된다. 여기서 '환경'은 정보체제의 외적인 정치·사회적 제반 여건을 말하며, 때로는 하나의 행정정보체제에서 그 체제를 구성하는 각종 하위 체제도 환경이 될 수 있다.

행정정보 투입체제에 대한 평가는 투입활동의 경제성이나 능률성에 입각하여 이루어질 수 있으나, 무엇보다도 정치적 이유 등 외부환경에 의해 평가되는 경우도 있는 것이 다른 하위 정보체제와 다른 점이라고 할 수 있다. 또한 행정정보 수집상 초래될 수 있는 컴퓨터와 관련된 각종 범죄들에 관해서도 이 정보 투입체제에서 통제된다(Kish & Morris, 1982: 139-59; Horton & Marchand, 1982: 185- 204). 그런 범죄들 중에 대표적인 경우는 국민 개개인의 기본권을 침해하면서 강제로 정보 수집 활동을 전개하는 국가기관 및 조직들의 비밀 도청장치 또는 컴퓨터와 통신기술을 이용한 비합리적이고 비윤리적인 정보 수집 행위 등일 것이다. 그러나 이 같은 유형의 범죄는 그다지 보편화되어 있지 않는 반면에, 정보처리 과정에서 컴퓨터 범죄가 더 빈번히 발생하므로 그에 관한 통제·관리가 절실히 요구된다. 그 밖에 행정정보 투입체제는 국가기관이 국민에게 부당하게 요구하는 정보원의 제공을 거절할 수 있는 권리의 보호 기능을 수행한다.

결국, 행정정보 투입체제의 주관심사는 이용할 정보원이나 자료의 신뢰성의 확보 문제, 그리고 그런 자료의 신뢰성을 확보하기 위한 정보원 수집 활동의 정확성 보장의 문제가 될 것이다. 그로 인해서 행정정보 투입의 대상은 행정정보를 확보하기 위해 사용되는 각종 자료 및 정보원 그리고 그런 투입물을 취급하는 데 필요한 각종 지원 기술 및 장비들이다. 그런데 여기서 유의해야 할 점은 기존의 정보관리 접근법들이 등한시 내지 무시하고 있는 투입물의 결과 및 그로 인해 초래되는 영향 자체는 이 투입체제의 기능 속에 포함되지 않고, 행정정보 산출체제의 기능에 속한다고 보는 것이다.

2) 행정정보 처리체제

행정정보 처리체제는 행정정보 사용자와 투입된 자료 또는 정보원과의 상호작용을 통제하는 체제로서 특히 사용자인 인간이 정보를 획득하여 처리하는 활동 내용과 질 그리고 경향 등을 그 관리의 주된 대상으로 간주한다. 여기서 '사용자'란 대부분의 경우 행정정보의 관리 주체인 행정기관 및 그 소속 행정관료들일 수 있으나, 반드시 그렇지만은 않고 특정 행정정보를 여러 가지 이유에서 필요로 하는, 그러면서 그런 행정정보에 의해 영향을 받는 일반 국민일 수도 있다.

행정정보 처리체제의 기능이나 내용은 기존의 정보관리 접근법들이 가장 큰 관심을 갖는 바와 같이 가장 중요한 기능으로서 그 내용도 서로 유사하다. 행정정보 처리상 가장 중요한 관리 대상은 행정정보의 처리에 관계하는 사람들의 정보활동인데, 그 이유는 정보처리를 담당하거나 관련된 사람들의 자세 및 태도가 행정정보 산출의 효과성뿐만 아니라 정보처리의 능률성을 좌우하며 더 나아가서 행정조직 전체에 막대한 영향을 미치기 때문이다. 따라서 공조직 내에서 정보처리 관계자들 간의 정보처리 활동이나 태도를 분석하기 위해 모든 접근법을 사용해야 하는가에 많은 관심을 쏟고 있다.

스탬퍼(Ronald Stamper)는 사기업 경영정보 처리에서뿐만 아니라 공조직에서 유용한 처리활동 접근법으로 기호언어학(semiotics)적 접근법을 주장한다. 기호언어학적 정보처리 접근법은 기존의 실용론(pragmatics)적 접근법, 의미론(semantics)적 접근법, 구문론(syntactics)적 접근법, 그리고 경험론(empirics)적 접근법들이 정보처리 활동이나 행위에 대해 부분적으로 설명하는 데 그치고 말기 때문에, 이들 접근법을 모두 종합한 일종의 통합적 접근법이다(Horton & Marchand, 1982: 170-84). 이를 좀 더 구체적으로 살펴보면, 커뮤니케이션에서 표시(significations)의 의도로서 기술적 신호(descriptive signs)와 처방적 신호(prescriptive signs)를 사용하고, 표시의 양태(mode)로서 지시적 신호(directive signs)와 감정적 신호(affective signs)를 사용함으로써 양자 간의 상호작용을 통해 초래되는 3차원적 결과, 즉 지정(designation)(기술적 신호+지시적 신호), 평가(appraisal)(기술적 신호+감정적 신호), 지도(instruction)(처방적 신호+지시적 신호) 그리고 권유(inducement)(처방적 신호+감정적 신호)로써 정보처리 활동을 설명하고 있다(Stamper, 1982: 85-102).

행정정보 처리체제에서는 행정정보를 처리하는 데 영향을 미칠 수 있는 요인을 조사하기 위해 행정관료들의 병리적 현상(bureaupatholcgy)이나 행정조직상의 문제점 등을 분석해야 한다(Stamper, 1982: 85-107). 이처럼 행정정보 처리체제는 방대한 범위에 걸친 정보처리자 및 처리환경의 영향을 통제·관리하게 된다. 아울러 이 하위 행정정보체제에서는 행정정보 처리상에 발생하는 컴퓨터 범죄, 예컨대, 사생활 침해나 행정정보의 도용, 전용, 왜곡 등에 관한 통제도 이루어지게 된다.

결국, 행정정보 처리체제는 행정정보체제에서 가장 중점적으로 관리되는 분야로서 그 범위 또한 방대하고 구조가 복잡할 수밖에 없어서 이 분야의 전문관리자 이외에는 정보처리 활동의 통제가 거의 불가능함을 시사한다(Stockfisch, 1982: 120-38). 따라서 행정정보 처리체제는 이들 관리자들의 충원 및 관리에 또한 역점을 두어야 한다. 왜냐하면 이런 노력의 성패가 지식정보화 시대에 행정의 민주화와 능률화의 정도를 결정하기 때문이다(Downs, 1982: 103-19).

3) 행정정보 산출체제

기존의 정보관리 접근법들이 정보의 산출활동을 하나의 정보활동 과정으로서 산출체제로 보지 않고, 단지 산출물, 즉 정보제품으로 간주함으로써 정보 산출 활동의 역동성을 제대로 파악하지 못하고 있다. 환언하면, 자료나 정보원을 처리하여 예비적 또는 잠정적 산출물을 얻고, 그리고 나서 여러 단계의 심의나 조사 등을 거치면서 최종적으로 만족할 만한 상태에 이르면 조직의 외부환경으로 전달하든지 또는 조직 내에 유통을 시키게 되는 것이 좀 더 상례적이라는 것이다.[12] 이런 현상은 정보의 유통량이 상대적으로 방대하면서 아울러 외부환경에 직접적이고도 크게 영향을 미치는 행정정보 산출체제에서 더 빈번히 나타나게 된다는 것은 재고의 여지가 없다. 이런 관점에서 볼 때, 정보 산출체제의 존재를 인정하지 않을 수 없다.

같은 맥락에서 행정정보 산출체제의 기능은 공조직에서 특정한 목적을 위한 최종 정보산출물을 산출해 내는 제반 활동을 통제·관리하는 것이라고 정의를 내릴 수 있다. 좀 더 구체적으로, 행정정보 산출체제의 기능은 불필요한 정보를 산출하거나 반드시 필요한 정보를 산출하지 못함으로 인해 행정정보 관리의 효과성을 저해하는 일은 없는지, 만약에 문제가 있다면 어떻게 해결할 수 있으며, 그리고 만약에 별 문제가 없다면 어떻게 처리할 것인지에 관해 총괄하는 것이라고 볼 수 있다. 그러므로 행정정보 산출체제를 통해 불필요하고 지나치게 비능률적이며 비경제적일 뿐만 아니라 외부환경에 악영향을 미칠 수 있는 산출 예정의 행정 정보물은 그 생산을 중단하도록 할 필요가 있다.

더욱이 이미 산출된 정보물인 경우에도 불필요하고 오히려 일반에게 해롭거나, 본

12) 이에 관한 긍정적인 견해는 Davis & Olson(1985: 273)에서 찾아볼 수 있다.

래의 목적과 다른 것은 그것의 분산 및 유통을 통제해야 한다. 그런데 여기서 주의해야 할 점은 행정정보 산출체제의 기능이 행정정보의 투입 기능과 중복된 것같이 보일지 모르나, 결코 그렇지 않다. 왜냐하면 예를 들어서, 정보 산출물로서 정부 보고서 중의 일부를 위와 같은 이유로 파기하는 경우에 그것은 정보 산출 기능에 해당되는 반면에 그런 보고서를 기초로 하여 또 다른 보고서와 같은 제2차 정보 산출물을 생산하려고 투입하는 과정에서 어떤 이유에서 사용하지 않는 경우에는 바로 정보 투입 관리 기능에 속한다고 보기 때문이다.

행정정보 산출체제가 무엇보다도 중시해야 하는 기능은 일반 사기업 정보와 달리 행정조직이 행정정보의 소유 및 분산에서 독점적 권한을 부여받음으로써 발생하는 행정정보의 홍수 현상과 그러한 독점화 심화로 야기되는 실제로 긴요한 정보의 부재 현상, 즉 행정정보의 빈곤 현상을 동시에 방지하는 것이다. 이는 일반 국민의 '알 권리'와 행정정보에의 '접근권'을 보호하는 것이다.

제 4 장 행정정보체제의 기획 및 개발

제 1 절 정보체제 기획 및 개발의 의미

일반적으로 정보체제가 조직의 전체적 관리체제의 일부로 간주되면서 조직의 목표를 좀 더 능률적이고 효과적으로 달성하기 위해 조직의 다른 자원처럼 정보자원을 관리할 필요가 더욱 강조된다. 그러나 정보자원 환경의 복잡성은 정보체제의 기획이 정보자원 관리의 성패를 좌우하게 되고, 이는 나아가서 조직의 존립에 결정적인 영향을 미친다는 사실을 시사한다. 이러한 정보체제의 기획은 그 모체가 되는 조직 전체 기획의 일부가 됨은 자명하다. 따라서 정보체제의 기획은 조직 전체의 기획과 조화를 유지하는 것이 일반적이다. 여기서 개념상 분명히 해둘 필요가 있는 것은 '기획(planning)'과 '계획(plan)'이다. 전자는 계획을 수립하는 활동이나 과정을 의미하는 반면에, 후자는 곧 기획의 결과로서 나타나는 계획안이나 산출물을 나타낸다. 여기서 논하고자 하는 것은 정보체제의 개발을 위한 계획을 수립하는 과정을 말하므로 기획이라는 말이 더 타당하다.

정보체제에서 기획과 개발은 새로운 정보체제를 수립 또는 개선하는 과정에 필수불가결한 요소로서 기획은 개발의 선결 조건이라고 할 수 있다. 그래서 불완전한 기획은 정보체제의 목표에 부응한 개발이나 개선을 이룰 수 없게 된다. 그럼에도 불구하고 실제로는 항상 훌륭한 기획이 선행됨을 의미하지 않는다. 그래서 정보관리체제의 효과성이나 능률성이 저하됨에 따라 다시 개선할 필요성이 대두된다.

이 같은 기획과 개발의 관계는 정보체제의 개발 수명주기(development life cycle)에서 잘 나타나고 있다. 수명주기의 구체적인 단계는 학자마다 약간의 차이를 보이나 대체적인 것은 정보체제가 생성, 발전, 소멸이라는 단계를 거쳐 하나의 정보체제가 약 3년에서 8년 동안 존재하게 된다는 것이다. 이러한 정보체제의 수명주기를 좀더 구체적으로 나타내서 기획(planning), 개발(development), 실행(implementation), 운영(operation) 그리고 통제(control)로 보기도 한다. 이런 정보체제의 개발 수명주기에서 나타나는 바와 같이 기획은 정보체제 개발의 시초 단계이고 이를 발전시킨 것이 개발 단계임을 알 수 있다. 따라서 기획은 효과적인 정보체제 개발의 선행 요건이 되며, 개발은 정보체제의 목적을 달성하기 위한 여러 가지 사명을 수행하는 기본 전제가 됨을 알 수 있다.

기획과 개발의 관계는 행정정보체제에서 특히 중요시된다. 하나의 조직 속에 그 일부로서 정보체제의 기획과 개발은 그 조직의 발전에 중요함은 이미 지적한 바와 같다. 그렇지만 행정정보체제가 하나의 행정조직 내의 정보조직보다도 규모가 큰 전국적인 조직을 이루고 있는 경우 그 규모나 복잡성 그리고 국민에 대한 영향력이 경영정보체제와 같은 조직 내적 영향력과 비교가 안 될 만큼 대규모적이라는 점에서 기획과 개발의 부실을 되풀이할 수 없고, 그래서 그 기획과 개발은 그만큼 더 중요하다. 그런데 행정정보체제의 기획과 개발에 관해 고찰해 보면 정보체제 기획의 기본적인 이론은 경영정보체제의 경우나 행정정보체제의 경우가 대동소이하므로 공통적으로 적용 가능한 내용을 먼저 살펴보고자 한다. 그리고 후에 개발면에서는 행정정보체제의 특성에 맞는 개발 지침과 전략을 설명하고자 한다.

제 2 절 행정정보체제의 기획

1 맥린과 소덴의 정보체제 기획 모형

맥린과 소덴의 정보기획모형은 다음과 같은 4단계 기획 활동으로 구성된다(나승훈 외, 2001: 25-7).

1) 전략적 정보체제 기획 단계

전략적 정보체제 기획 단계는 주로 조직의 최고관리층이 담당하며, 정보체제의 목적을 결정하는 단계라고 할 수 있다. 이 단계에서는 조직의 목표와 전략에 기초하여 행정정보체제의 기본 목표를 설정하고, 목표의 달성을 위해 필요한 자원을 어떻게 획득, 이용, 배분할 것인가에 관해 기본 방향을 설정한다. 그 내용은 정보체제 목적의 명확화, 환경 요인의 평가, 정보체제 역할 수립, 정보체제 전략 개발, 정보체제 정책 정의, 정보체제 절차화, 계획 실행과 실적 감독 등이다.

2) 장기 정보체제 기획 단계

장기 정보체제 기획 단계는 특정 프로젝트가 아닌 사용자의 요구와 유용한 정보를 제공하는 단계로 조직의 정보체제 팀이나 상급 임원진에 의해 이루어진다. 일반적으로 장기 정보체제의 간격은 5~10년 정도로 5년 내지 10년 후에 조직에서 요구될 정보체제의 역할과 기능에 대해 개념적으로 정의하고 거기에 따른 정보체제의 구축 기획을 수립하는 것이다.

가) 배경 정보의 수립: 전략적 계획에 의한 목적, 미래 기술 및 자원의 특성을 파악한다.

나) 전반적 요구 사항의 파악: 전반적 요구 사항의 파악을 위해 배경 정보에 의한 사용자 요구 유형, 능력, 소요량, 시점 등에 관한 정보를 수립하고 분석한다.

다) 장기계획서 작성: 목적, 환경 예측, 전략 대안, 세부계획 등을 작성한다.

3) 중기 정보체제 기획 단계

중기 정보체제 기획 단계는 장기 계획서에서 수립된 광범위하고 개념적인 사항에 대한 세부적인 운영계획으로 전환하는 단계로 마스터 플랜(master plan)이라고도 한다. 프로젝트 포트폴리오, 하드웨어 및 소프트웨어 확보 계획, 예산 및 인원 충원계획 등이 중기 정보체제 기획에서 결정되어야 할 사항이다. 그 내용은 프로젝트 포트폴리오 개발, 프로젝트 서열과 우선순위의 부여, 프로젝트 계획 수립·자원 소요와 일정계획 수립, 기본계획서 작성·목적, 현재 정보체제 상황, 지출계획, 스태프와 조직계획, 응용개발계획 등이다.

4) 단기 정보체제 기획 단계

단기 정보체제 기획 단계는 연도별 정보체제의 개발 및 운영기획과 같이 주기적으로 수립되고 실시되는 구체적이고 상세한 기획으로 중·장기계획에 따른 단기적인 목표와 달성을 위한 성과 기준, 구체적인 과업, 추진 일정과 예산 배정 등을 포함한다. 그 내용은 정보체제 기능의 목적과 개관, 응용 프로그램 개발과 유지·보수 계획, 운영계획, 기술자원계획, 스태프와 조직계획, 교육훈련 계획, 재무계획 등이다.

2 놀란의 정보체제 성장단계모형과 기획

놀란(R. L. Nolan)의 정보체제 성장단계모형(Nolan's stage model of information system growth)은 직접적으로 정보체제의 기획 과정에 관한 모형이라기보다는 정보체제의 다양한 특성을 가진 성장 단계에 따라서 기획을 하는 데 이용될 수 있는 틀로서 기능한다. 따라서 놀란의 성장단계모형은 만일 어떠한 특징이 존재하면 그 정보체제는 그 특징을 지닌 성장 단계에 있다는 상황적응이론(contingency theory)이고, 그 기본 전제는 체제가 특정 단계에서 다음 단계로 성장할 때 후술하는 각 단계를 반드시 거쳐야 한다는 것이다. 이는 곧 만일 조직의 현 성장 단계가 식별되면 일련의 기획상의 한계를 제시하게 된다. 이 같은 놀란의 성장단계모형은 성장 4단계 모형, 성장 6단계 모형, 그리고 성장 3단계 반복모형으로 구분된다.

1) 정보체제 성장 4단계 모형과 기획

[그림 4-1]에서 보는 바와 같이 정보체제는 조직에서와 마찬가지로 개시(또는 착수, initiation), 확장(또는 확산, expansion or contagion), 공식화(또는 통제, formalization or control), 그리고 성숙(또는 통합, maturity or integration) 단계를 거쳐서 S자형으로 성장해 나간다(Gibson & Nolan, 1974: 76-88).

놀란의 4단계 성장모형은 주로 EDPS에 초점을 두고 자료 처리 과정을 설명하므로 확장 단계의 후반부터는 급속한 성장을 보게 되어 S자 커브를 그리게 됨을 나타낸다. 이들 각 단계를 약술하면, 체제의 개설 또는 착수 단계에서는 소수의 사용자들에 의해 조직의 정보 요구를 충족시키고자 컴퓨터를 사용하여 합리화된 통제와 최소한의 기획이 이루어지는 초기 단계이고, 두 번째 확장 내지 확산 단계는 많은 사용자

[그림 4-1] 놀란의 정보체제 성장 4단계 모형

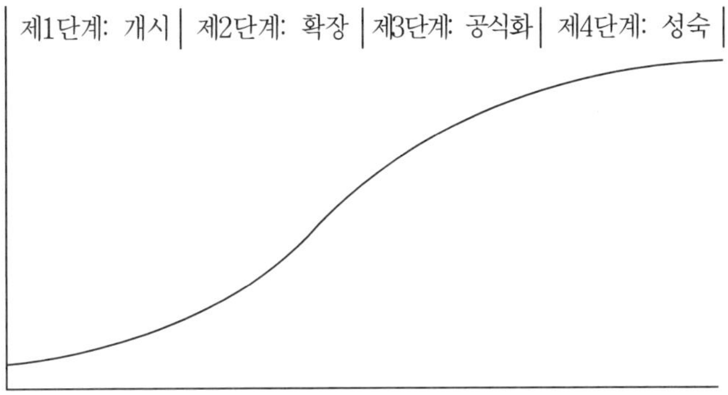

들에 의해 컴퓨터로 실험하고 채택해 사용하여 컴퓨터 응용이 확산되고, 그 결과 급속한 비용 상승으로 인해 위기에 직면하게 되는 단계이다. 이에 기획의 필요성이 증가한다. 세 번째 정보체제의 공식화 또는 통제 단계에서는 컴퓨터 사용의 증가를 관리할 수 있는 조직적 통제를 수립하고 비용효과(cost-effectiveness) 기준을 적용함으로써 정보체제의 집권화를 확립하게 된다. 이때 통제는 잠정적 이득을 막는 수도 있다. 이 단계에서 기획은 어느 정도 집권화되어 이루어짐을 알 수 있다. 끝으로 성숙이나 통합 단계에서는 응용이 통합되고 통제가 조정되며, 기획이 잘 수립되어 정보체제와 조직이 조화를 이루게 된다.

2) 정보체제 성장 6단계 모형과 기획

놀란은 그의 초기 4단계 성장모형을 수정하여 후에 6단계 성장모형을 제시하고 있다. 이 6단계는 개시(initiation), 확산(contagion), 통제(control), 통합(integration), 자료관리(data administration), 그리고 성숙(maturity)이다. 이 6단계 성장모형의 특징은 [그림 4-2]에서 보는 바와 같이 정보체제가 통제 단계 후반에 이르면 이제까지의 자료처리 시대에서 정보 시대로 넘어가는 전환점이 존재하게 된다는 것이다. 또한 정보체제의 성장은 매 단계에서 조직의 통제와 조직의 여유자원(slack)의 관계로 설명될 수 있다.

여기서 통제란 컴퓨터 시스템 사용의 효율성을 확보하려는 관리체제와 정책으로

[그림 4-2] 놀란의 정보체제 성장 6단계 모형

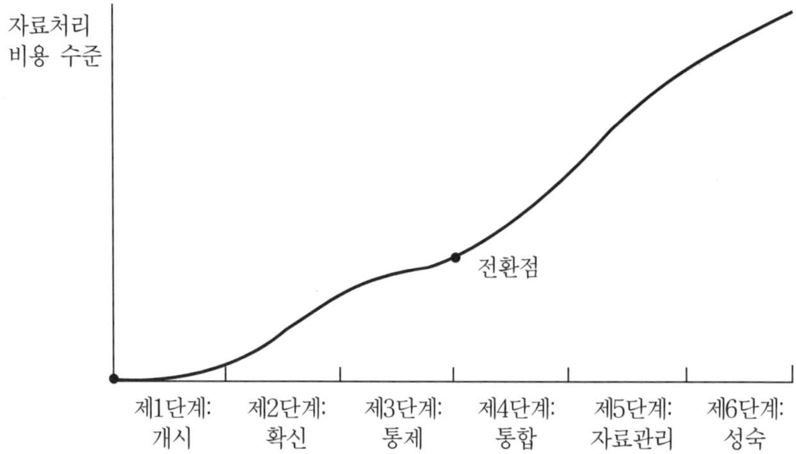

특징지어지고, 여유자원은 기본적인 자료 처리에 요구되지 않고 응용 분야에 통제를 별로 받지 않고 활용할 수 있는 자원의 가용성을 나타낸다. 각 단계별 통제나 여유자원의 활용성 및 그에 따른 정보체제의 기획을 보면 다음과 같다(Nolan, 1979: 115-26).

가) 제1단계(개시): 통제 수준이 낮고 여유자원도 비교적 적은 편이다. 따라서 이 단계에서 정보체제의 기획은 부재하거나 거의 없는 상태이다.

나) 제2단계(확산): 사용을 촉진할 수 있는 여유자원이 좀 많으나 기획 기능이 결여되어 있다. 게다가 통합의 결여로 인한 비용 발생이 점증하고 있는 단계이다.

다) 제3단계(통제): 고도의 통제가 이루어지면서 정보체제 기획이 점점 더 강조된다.

라) 제4단계(통합): 통합이 강조되면서 정보체제의 비용에 대한 사용자 통제가 강화되고, 데이터베이스가 활용되기 시작한다.

마) 제5단계(자료관리): 자료관리에 관심이 집중되고 조직의 전략적 이점에 기여하는 정보체제의 개발을 장려할 수 있는 여유 자원이 좀 있다.

바) 제6단계(성숙): 응용 포트폴리오(application portfolio)가 완비되어 조직 목표에 일치하게 된다. 즉, 정보체제와 기획이 조직의 목표와 일관되게 이루어진다.

3) 정보체제 성장 3단계 반복모형과 기획

놀란은 정보체제 성장단계모형 내 세 번째 대안모형으로서 3단계 반복모형을 제시하고 있다. 이 모형의 특징은 [그림 4-3]에서 보는 바와 같이 주요 기술 변화로 정보체제의 성숙 단계가 도래하지 않고 처음의 3단계, 즉 개시·확산·통제 단계가 반복적으로 나타난다. 다시 말하면, 새로운 하드웨어, 소프트웨어, 그리고 체제설계의 도입으로 정보체제는 새롭게 성장해 나가게 된다는 것이다(Nolan, 1979: 115-26).

따라서 이 성장단계모형에 의하면 전술한 다른 모형에서의 처음 세 단계에서와 같은 특징이 반복되어 나타난다고 볼 수 있다. 즉, 성장의 세 단계가 끝나면서 새로운 정보체제의 기획을 수립하게 된다는 것이다.

4) 놀란의 성장단계모형의 기획 기능에 대한 비판

놀란의 성장단계모형은 기본적으로 다음과 같은 세 가지 가정을 기초로 하고 있다.

첫째, 조직은 학습(organizational learning) 활동을 통해 성장 단계를 거쳐서 이동한다는 것이다.

둘째, 정보체제의 성장 단계는 건너뛸 수 없는데, 그 이유는 다음 단계로의 성장은 반드시 전 단계에의 경험을 필요로 하기 때문이다.

셋째, 비록 정보체제가 자연 성장 과정을 거치더라도 각 단계를 능률적이고 효과적으로 통과하기 위해 후반 4단계의 성장 과정에 관해 기획하고 조정하며 그리고 관

[그림 4-3] 놀란의 정보체제 성장 초기 3단계 반복모형

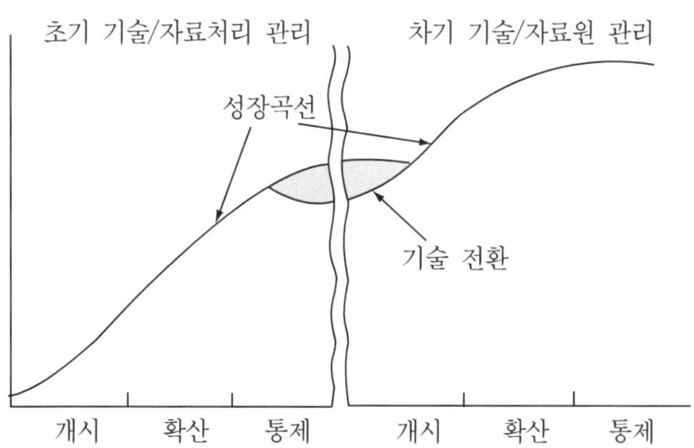

리할 수 있다는 것이다.

그러나 이와 같은 가정에 기초한 놀란의 성장단계모형은 상당한 설득력을 지닌다는 주장도 있는 반면에(Ives & Hamilton, 1982: 67), 성장의 각 단계마다 놀란이 언급한 특징만이 나타나지 않을 뿐더러 특정 단계에서는 다른 현상까지 나타나므로 신뢰할 수 없다고 보면서, 그 이유로는 부적절한 연구설계와 수많은 매개변수와 보상행위 등으로 인한 조직의 환경적응이론에 관한 증명의 어려움 그리고 실제의 성장 현상은 연속적인데 비해 놀란의 성장 단계는 불연속적이어서 비현실적이란 점을 들고 있다(Bembasat, Dexter, Drury, & Goldstein, 1984: 476-85).

즉, 놀란의 성장단계모형이 일종의 진화론자모형(evolutionist model)으로서 변화의 메커니즘을 구체적으로 설명하지 못하는 단점을 가진 반면에 발전에 관한 논리를 설명해 주는 장점을 갖고 있다(King & Kraemer, 1984: 466-75). 또한 놀란의 모형은 변화의 일반적인 방향을 이해하는 데에 유용한 개념적 모형으로 변화를 이해하기 위한 분석틀을 제공함으로써 기획 과정을 지원해 준다. 즉 놀란의 모형의 진단 척도와 처방적 요소들이 정보체제 기획을 위한 일반적인 지침이 된다.

3 크래머와 킹의 4단계 모형

이 모형은 정보체제가 조직에서 차지하는 위치에 따른 것이다. 크래머(K. L. Kraemer)와 킹(J. L. King)은 앞서 설명한 놀란의 모형을 진화론적 모형이라고 말한다(정우열, 2005: 207). 즉, 변화의 이론과 도달되어야 하는 목적지를 설명하고 있다는 것이다. 이러한 면에서 놀란의 이론이 가지는 강점은 발전이론의 설명력이라고 할 수 있다. 하지만 진화론적 모델이 가지고 있는 구체성의 결여 역시 나타난다고 말한다. 즉, 놀란의 모형은 변화의 메커니즘까지는 설명하지 못한다는 것이다. 결국 놀란의 단계 모형은 변화의 일반적인 방향을 이해하는 데 유용한 모형으로 개념적인 수준에서 변화를 이해하는 틀을 제공하여 계획의 수립을 도울 수 있다. 이러한 이유로 이 놀란의 모형은 정보체제의 기획을 위한 일반적인 지침이라고 할 수 있다(King & Kraemer, 1984: 466-75).

하지만 크래머와 킹는 놀란과는 달리 기술적인 변화보다 조직의 맥락의 변화가 체제의 성장을 가져온다고 주장하면서 조직 내부의 부서 간, 집단 간 정치적 관계에 중점을 두고 있다. 크래머와 킹의 모형을 도입기, 확장기, 경쟁·통제기, 재평가·정착기 총 4단계로 나누어 설명된다.

가) 도입기: 간단한 사무의 전산화가 이루어지는 단계로 일부 부서에서만 정보체제를 도입하여 조직 내 특정 부서가 시스템의 기준을 설정하는 등의 주요 의사결정을 내리며 정치 관계에서 우위를 차지한다.

나) 확장기: 정보체제의 개발과 이용이 여러 부서로 확산되어 다수의 참여자가 생긴다. 각 부서가 개별적으로 체제를 운영하는 등의 행태가 나타나 체계적인 통제가 이루어지지 않는 단계이다.

다) 경쟁·통제기: 정보체제의 도입과 운영 사례가 경쟁적으로 증가하는 경향에 따라서 정보 서비스의 수요와 체계 개발에 관한 효율적인 통제가 강조되기 시작하는 단계이다.

라) 재평가·정착기: 현재까지 이루어진 정보체제의 개발과 이용 형태에 대한 평가를 통해 체제를 수정하고 보완하여 좀 더 효율적이면서 종합적인 체제를 정착시키는 단계이다.

4 크뢰버와 왓슨의 4단계 기획모형

크뢰버(D. S. Kroeber)와 왓슨(H. J. Watson)은 기획 단계에서 정보체제의 궁극적인 성패가 결정된다고 보고, 훌륭한 계획이 훌륭한 정보체제를 절대적으로 보장하는 것은 아니더라도 효율적인 정보체제가 불완전한 계획으로부터 나오지는 않는다고 주장한다. 즉, 불량한 정보체제 기획에 관련된 위험성이 높기 마련이라는 것이다. 이 같은 전제하에 그들은 정보체제의 기획은 새로운 정보체제에 대한 필요성의 인식부터 시작되어 정보체제의 목적 설정, 기획된 정보체제의 실행가능성 조사, 그리고 마스터플랜의 작성 단계를 거친다는 것이다. 이들 각 단계를 좀 더 구체적으로 살펴보면 다음과 같다(Kroeber & Watson, 1984: 431-39).

1) 정보체제의 필요성 인식

정보체제 기획의 첫 번째 단계는 정보체제의 필요성을 인식하는 단계이다. 조직에서 정보체제의 필요성을 좌우하는 일반적인 요소들로는 근대 조직의 본질, 최근의 법적·사회적 환경, 기술의 발달 그리고, 관리자의 역할 확대 등을 들 수 있다. 이들을 좀 더 자세히 설명하면 다음과 같은 요소들을 들 수 있다.

(1) 조직 운영의 복잡성

많은 조직들이 사실상 컴퓨터의 지원 없이는 불가능한 정보처리 요구를 받고 있다. 이는 조직 내 정보체제 수립을 촉진하게 하는 요소이다.

(2) 일상 업무량의 증가

조직에 따라 때로는 비교적 단순한 운영활동을 수행하는 반면에 어떤 조직은 단순하지만 방대한 양의 일상 업무를 수행할 때 컴퓨터의 지원을 받지 않고는 업무의 능률을 기할 수가 없는 경우가 많아졌다. 특히 복지행정 업무는 사회가 발전함에 따라 복잡·다양화됨으로써 정보체제의 도움은 절실해진다.

(3) 위험 요소

조직 중 특정 조직이나 조직 내 특정 업무 부서는 자료 처리상 발생하는 오류로 고통을 겪는 수도 많다. 특히 공공요금을 징수하는 업무나 민원처리 업무 등에는 자료 처리상의 정확성을 기하기 위해 정보체제의 수립이 요구된다.

(4) 상호의존적 조직 운영

조직 간에 또는 조직 내 부서 간에 정보 교환이나 정보 공유를 요하는 경우 정보체제의 수립이 필요하다. 이는 행정 각 부처 또는 특정 행정 부처 내의 중앙과 지방조직 간의 정보 교환이나 정보 공유의 필요성이 많아짐에 따라 정보체제의 도입은 불가피해졌다.

(5) 업무 처리의 신속

업무 처리 또는 조직 운영의 신속성이 절실히 요구되는 부처나 부서에서는 다른 행정 부처나 부서보다도 정보체제의 수립이 더 요구된다. 예컨대, 국방부의 군사정보관리체제의 구축·운영은 조직 운영의 신속성 확보를 위해 매우 절실한 요소일 수 있다.

2) 정보체제의 목적 설정

정보체제 기획의 두 번째 단계는 관리자가 조직의 목표 및 목적을 수립하는 것과 같이 정보체제 기획 수립자는 정보체제의 목표 및 목적을 설정해야 한다. 조직의 목표와 정보체제의 목표 간에는 전술한 바와 같이 무관한 것은 아니되, 정보체제의 목표는 좀 더 구체적이고 주로 정보처리에 관한 것이다. 정보체제의 목적들은 통제 단계에서 실질적인 체제의 성과와 비교할 수 있도록 계량적으로 언급되는 것이 필요할 뿐만 아니라 그 목적들에 관해 기능요원(functional staff)과 정보체제 요원(information system personnel) 간에 합의가 이루어져야 한다.

3) 정보체제의 실행가능성 조사

정보체제 기획의 세 번째 단계는 새롭게 기획된 또는 수정된 정보체제가 실행 가능한지를 조사하는 단계이다. 정보체제의 실행가능성(feasibility)에 관한 형식과 내용 그리고 방법들이 설정되어 있는데, 대체로 다음과 같은 세 가지 기준에 의해 조사하게 된다.

(1) 기술적 실행가능성(technological feasibility)

이는 정보체제가 운영될 수 있는지를 조사하는 것으로서 새로운 정보체제나 수정된 정보체제가 현재 사용 가능한 하드웨어와 소프트웨어로 자체 목적들을 달성할 수 있을 때 기술적으로 실행 가능하다고 본다. 기술적 제약은 컴퓨터에 접속, 이용될 수 있는 원거리 단말기(terminals)의 수, 저장공간, 접근 시간(access time), 연산 속도, 데이터베이스 관리 능력 등에 의해 비롯된다.

(2) 경제적 실행가능성(economic feasibility)

이는 정보체제가 비용 효과적인지에 관한 조사로서 새로운 정보체제의 실행으로 얻는 혜택의 순현재가치(net present value)가 최소 기준을 초과하는 경우를 나타낸다. 경제적 실행가능성을 결정할 때 어려운 점은 미래의 이득을 측정하기가 쉽지 않다는 것이다. 그러나 이는 정보체제만이 갖는 문제는 아니라는 점을 주의할 필요가 있다.

(3) 행태적 실행가능성(behavioral feasibility)

이는 새로운 정보체제나 수정된 정보체제를 어떠한 어려움이나 반대에도 불구하고 운영·실행해야 하는지를 조사하는 것으로서 새로운 정보체제의 도입으로 발생하게 될 실업이나 전업 등의 문제에 대해 심각하게 조사할 필요가 있다. 다만 정보체제의 도입으로 막대한 혜택이 예상되는 경우에도 이 같은 행태적 어려움 때문에 실행되지 못할 것인지는 의문시된다.

4) 마스터 플랜의 작성

정보체제 수립의 마지막 단계는 마스터 플랜(master plan)을 수립하는 단계로서 정보체제의 실행에 대한 지침을 주는 문서를 준비하는 것을 뜻한다. 이 마스터 플랜에 포함되는 내용이나 형식은 획일적이지는 않지만 대체로 다음과 같은 요소들을 포함하게 된다. 첫째, 정보체제의 목적들을 구체적으로 기술하게 된다. 둘째, 새로운 정보체제의 실행에 따른 조직구조상 변화 내용을 기술한다. 셋째, 새로운 정보체제나 수정된 정보체제의 실행을 위해 필요로 하는 자원(예: 장비, 요원, 물리적 시설, 소프트웨어 패키지, 그리고 운영예산 등)을 명시하는데 이때 현존 자원과 추가로 예상되는 자원 등을 표시해야 한다. 넷째, 마스터 플랜에는 통제 수단들이 포함된다. 이미 언급한 정보체제의 목적들이 성과 기준(performance standard)과 같은 역할을 하고, 예산이 통제 수단이 된다. 또한 정보체제의 감사(audit)는 정보체제의 통제 수단이 된다. 게다가 정보체제의 개발 및 실행과 관련하여 시간에 대한 통제가 이루어지는데 그 수단으로서 사건 스케줄(milestone schedule) 작성과 갠트 도표(Gantt chart)와 PERT/CPM 기법 등이 이용된다.

5 보먼 · 데이비스 · 웨서브의 정보체제 기획 3단계 모형

보먼(B. Bowman), 데이비스(G. R. Davis)과 웨서브(J. C. Wetherbe)는 정보체제 기획 3단계 모형(three-stage model of information system planning)을 통해 일반적인 기획활동과 그 순서 및 대안적인 기획기법 또는 방법들을 제시함으로써 정보체제의 기획에서 제기되는 문제의 본질을 인식하고 적절한 기획 단계를 선택하는 데에 도움을 주고 있다. 특히 그들의 3단계 기획모형은 정보체제의 기획과 조직의 정보요구 및 자원 배분과의 관계를 규명함으로써 기회 과정에 대한 통찰력을 제공해 주면서 아울러 여러 가지 기획 방법들의 위상에 대한 혼동을 줄일 수 있게 해 준다. 보먼 · 데이비스 · 웨서브의 정보체제 기획 3단계 모형을 도식화하면 [그림 4-4]와 같다.

이들 각 단계를 좀 더 자세히 고찰해 보면 다음과 같다(Bowman, Davis, & Wetherbe, 1980: 155-62).

[그림 4-4] 정보체제 기획 3단계 모형

기본적인 기획활동:	전략기획	조직정보 요구분석	자원 배분
기획기법:	① 조직계획과의 편차 (deviation from organization plan) ② 전략적 그리드(strategic grid) 이용 ③ 전략적 부합 점검 (strategic fit) ④ 조직의 전략군 변형 (strategy set transformation)	① 정보요구 수준 파악 ② 조직정보 요구 분석 ③ 정보요구 분석 전략 및 방법 이용 ④ 조직 및 응용정보 요구에 관한 상황적응 접근법(contingency approach) 활용	① 비용/편익비 ㉠ 투자 회수(ROI) ㉡ 수요율 예측(EBB) ② 포트폴리오(portfolio) 접근법 활용 ③ 비용부과(chargeout) 방법 이용 ④ 상임위원회에 의한 순위(steering committee ranking)

1) 전략기획 단계

정보체제 기획 과정에서 전략기획 단계(strategic planning stage)의 목적은 조직의 목표 또는 목적과 전략에 일관된 정보체제의 목표(goals) 또는 목적(objectives)과 전략(strategies)을 설정하는 것이다. 이 같은 전략기획을 수립하는 데에는 대체로 다음과 같은 네 가지 기법을 사용한다.

(1) 정보체제 전략의 조직계획과의 편차 조정

일반적으로 조직이 조직의 목표와 목적 그리고 전략들을 반영하는 계획을 수립해서 가지고 있는 경우에는 정보체제의 목표 및 목적과 전략들을 그 계획으로부터 끌어낼 수가 있다. 이때 계획상의 조직의 목표 및 목적과 전략들을 요구된 정보체제 지원 정도에 따라 분석하여 정보체제의 목표 및 목적과 전략을 수립하게 된다.

(2) 전략적 그리드 이용

정보체제 기획에 관한 결정을 내리는 데 주로 사용하는 상황적응 접근법(contingency approach)으로서는 맥팔랜(F. W. McFarlan)과 매케니(J. L. McKenney)의 전략적 그리드(strategic grid) 기획기법이 있다(McFarlan & McKenney, 1983). 이 방법에 따르면 그리드는 [그림 4-5]에서 보는 바와 같이 기존의 정보체제 응용 포

[그림 4-5] 전략적 그리드 기획기법

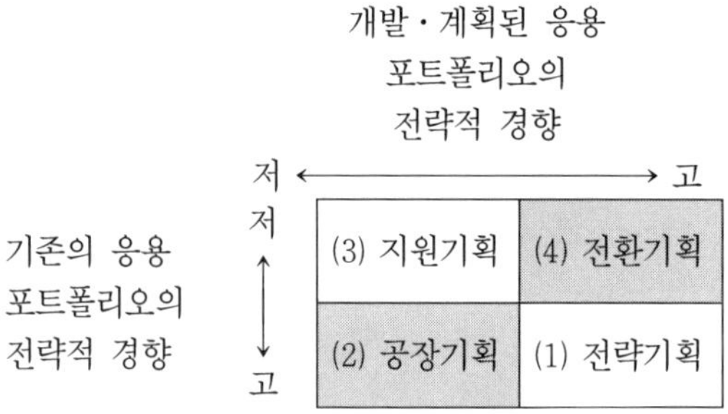

자료: McFarlan & McKenney(1983: 15).

트폴리오의 전략적 경향과 개발 계획된 응용 포트폴리오의 전략적 경향에 따라 네 가지 유형의 정보체제 기획 상황을 상정하고 있는데, 각 칸(cell)은 바로 정보체제 기획활동의 위치를 나타내 준다. 이들 각각의 정보체제 기획활동을 살펴보면 다음과 같다.

첫째, 전략기획(strategic planning) 활동은 정보체제 기획활동이 조직 현재의 경쟁전략과 장래의 전략적 방향 설정에 중요하며, 정보체제 응용활동은 그 자체가 조직의 새로운 전략 방향 설정 활동의 일부가 되는 기획활동을 의미한다. 따라서 전략적 기획 과정에서는 관리자의 지도가 상당히 많이 간여하게 되고, 조직기획과 정보체제 기획의 통합을 추구하며, 정보체제 활동의 원활화가 요구된다.

둘째, 공장기획(factory planning) 활동은 통상 관리운영 기획으로서 정보체제 응용활동이 좀 더 구체적으로 규명되어 활용이 잘 되도록 하는 것이지만 이러한 기획활동 자체가 장래의 전략적 조직 운영의 일부가 되지 않는 정보체제 기획 상황을 말한다. 따라서 공장기획 단계에서는 고위관리자가 기획 과정에 간여하는 경우가 적고, 정보체제의 기획 시 조직계획으로부터 지침을 받아 정보체제 운영요원에 의해 운영 및 규모에 관한 구체적인 기획을 수립하게 된다.

셋째, 정보체제의 지원기획(support planning) 활동은 정보체제 운용활동이 조직의 활동을 지원하는 데에 유용하여 주로 전통적인 자료 처리 응용 활동을 강조하는 단계이다. 이 단계에서는 정보체제 기획활동이 중요한 조직 운영에 절대로 필요한 것은 아니며, 또한 장래의 전략적 운영 방향을 설정하기 위한 활동의 일부로도 간주되지 않는다. 따라서 정보체제 지원기획 상황에서는 고위관리자들의 개입이 거의 없을 뿐만 아니라 조직계획으로부터 지침도 전혀 받지 않는다.

넷째, 전환기획(turnaround planning) 활동은 정보체제가 지원체제에서 전략체제로 이전하는 과정에 있음을 나타내 주는 것으로서 조직이 과거에 지원형 응용체제를 갖고 있다가 이제 조직의 전략적 성공에 절대로 필요한 응용체제로 전환하고자 기획하려는 상태를 나타낸다. 이런 전환기획 상황에서의 정보체제 기획에 관한 조직 및 관리는 전략기획의 상황에서와 같다.

이 전략적인 정보체제 그리드 접근법은 조직 내에서 정보체제의 역할을 이해하기 위한 진단적 도구로서 기획 과정에 최고관리자의 개입 정도뿐만 아니라 정보체제의 계획과 조직계획 간의 관계를 설명해 주는 이점이 있는 반면에, 무엇이 일어나야 하는 것 이외에 실제로 무엇이 발생하고 있는지에 대해서는 설명하지 못하는 단점이 있다. 즉, 조직이 정보체제의 이용에 더욱더 전략적이고자 하는 경우에 그리드 접근법은 그런 결정의 근거를 제시해 주지 못한다.

(3) 조직문화와의 전략적 부합

모든 조직은 그 조직에 관한 가치(values)와 규범(norms) 그리고 신념(beliefs)을 강화하는 조직문화를 갖고 있기 마련인데, 정보체제의 목표와 목적 그리고 전략을 그 조직문화에 부합시킴으로써 일어날 수 있는 강력한 반발과 실패 위험도를 피하려는 전략이 조직문화와의 전략적 부합(strategic fit with organizational culture) 방법이다. 이때 만일 조직문화가 정보체제 기획자에게 분명하지 않을 경우 그 실마리를 특정 사건이나 이야기, 회의, 고위관리자의 행위, 시설 등의 물리적인 배치, 의식 그리고 서류 등을 통해 찾는다.

(4) 조직의 전략군 변형

때때로 정보체제의 목적 또는 목표, 그리고 전략 등을 도출할 수 있는 조직의 계획이 없는 경우를 상정할 수 있는데, 이런 경우 정보체제 기획자는 필요한 계획을 수립해도 헛일이 되고 만다. 그러나 전략적 그리드 방법을 사용해서 정보체제의 일반적인 전략적 위치를 측정할 수 있고, 또 조직문화 분석 방법을 통해 정보체제의 일반적인 가치와 방향을 이해할 수는 있으나 둘 다 정보체제의 목표와 전략을 개발하는 데에 충분하지 못하다. 이런 경우에 좀 더 완전한 방법으로서 전략군 변형(strategy set transformation) 방법을 사용할 수 있다. 이 전략군 변형 방법은 다음과 같은 절차에 따라서 정보체제의 목표와 전략을 창출해 내는 데에 사용된다(King, 1978: 27-37).

첫째, 조직의 전략군에 관해 기술한다. 여기서는 먼저 조직에서 고객(clients)과 같은 정보요구자 구조(claimant structure)를 기술하고, 다음으로 그들 정보요구자들의 목적을 식별하며 각 정보요구자 집단에 적합한 조직의 목표와 전략들을 식별한다.

둘째, 조직의 목표와 전략을 관리자에게 그 내용에 관해 비평해 줄 것을 요구함으로써 확인한다. 여기서는 확인된 조직의 목적과 전략 그리고 전략적 조직 속성들로 조직의 전략군을 형성한다.

셋째, 조직의 전략군을 정보체제 전략군으로 변형한다. 여기서는 우선 조직전략과 당해 조직의 목적 및 속성에 기초하여 정보체제 목적들을 식별하며, 그리고 조직전략군과 정보체제 목적으로부터 정보체제 제약 조건을 식별하며, 마지막으로 조직의 속성과 정보체제의 목적 그리고 정보체제의 제약 조건들을 기초로 해서 정보체제 설계 전략을 강구하는 활동을 수행한다.

2) 조직정보 요구의 분석 단계

정보체제 기획의 두 번째 단계는 조직정보 요구 사항을 분석하는 과정으로서 정보요구 분석은 정보체제 기획, 즉 정보체제 응용 분야 및 정보구조(information architecture)를 기획하기 위해 조직 전반에 걸쳐 이루어진다. 이 같은 조직정보 요구 수준을 어떻게 파악하느냐에 따라 정보체제 기획의 방향이 좌우된다.

따라서 여기서는 정보 요구의 수준, 조직 정보 요구 분석 절차, 정보 요구 분석전략 및 방법, 그리고 조직 정보 요구 및 응용 정보 요구에 관한 상황적응 접근법에 관해 고찰하고자 한다.

(1) 정보 요구의 세 가지 수준

정보 요구는 크게 기능적 요구 사항과 비기능적 요구 사항으로 구분할 수 있다. 기능적 요구 사항은 시스템이 수행해야 할 프로세스나 시스템이 제공하는 정보와 직접적인 관련이 있다. 간단히 말하며 기능적 요구 사항은 시스템이 수행해야 할 기능을 의미한다.

반면 비기능적 요구 사항은 시스템이 갖추어야 할 행위적 특성(성능이나 이용가능성)을 의미한다. 이러한 비기능적 요구 사항을 설계 단계에서 인터페이스 설계나 하드웨어 및 소프트웨어의 선정 등에서 중요하게 작용한다. 비기능적 요구 사항은 운영적 측면에서 시스템이 운영되는 물리적·기술적 환경에 대한 요구 사항, 성능적 측면에서 시스템의 속도, 용량, 신뢰도 등의 요구 사항, 보안 측면에서 시스템 접근 권한에 대한 요구 사항 등으로 분류된다(정대율 외, 2007: 114-6).

정보 요구를 분석하기란 결코 용이하지 않은데 거기에는 몇 가지 그럴 만한 이유가 있다.

첫째, 정보처리자이며 문제해결자로서 인간의 능력상 제약이다.

둘째, 정보 요구의 다양성과 복잡성을 들 수 있다.

셋째, 정보 요구를 규명할 때 사용자와 분석가들 간의 복잡한 상호작용 경향이 그 이유가 된다.

넷째, 정치적 또는 행태적 이유로 정보 요구를 의도적으로 하지 않는 사용자들의 태도를 들 수 있다.

이 같은 이유 등으로 정보 요구에 대한 결정을 내리기가 힘들다는 사실은 정보 요구 결정을 위한 일반적인 전략이 여러 가지 있음을 시사한다. 그런데 그런 전략 중 어느 하나를 선택하는 것은 특정 사례가 처해 있는 여건에 근거한다. 더욱이 특정 정보 요구 결정에 대한 전략 중에 어느 구체적인 방법을 사용하기 위해서는 정보 요구가 이루어지는 수준을 파악하고 있어야 한다. 더 나아가서 정보 요구 수준을 파악함으로써 어떤 유형의 정보체제가 설계되고 실행되어야 하는지를 알 수 있게 된다. 정보 요구 수준은 대체로 다음과 같이 세 가지로 구분된다(Davis, 1982: 4-30; Davis & Olson, 1985: 474-6).

① 조직 수준의 정보 요구

조직 수준에서의 정보 요구 결정이 정보체제 마스터 플랜을 개발하는 데에 주요소(key element)가 된다. 조직 수준에서 정보 요구 결정 과정은 고도 수준의 정보 요구를 철저히 파악하여 조직화하고 문서화하는 과정이다. 여기서 정보 요구는 분류되어 데이터베이스와 응용 포트폴리오인 하위 체제로 개발될 수 있다. 그리고 전반적인 정보구조가 정의되고 개별 적용 하위 체제들의 경계와 인터페이스(interfaces)가 명시된다.

② 데이터베이스 수준의 정보 요구

데이터베이스 수준의 정보 요구는 응용 업무와 특별 조회(ad hoc queries)를 통해 이루어진다. 이들 요구를 충족시키기 위한 데이터베이스의 전체적인 구조는 조직 정보 요구의 일부로서 정의될 수 있다. 또한 주요 유형의 자료가 정의되고 그런 자료를 요구하는 조직 과정들과 관련을 갖게 된다. 이 수준에서의 정보 요구는 구체적이지 못하다. 그런데 좀 더 자세한 데이터베이스 요구를 파악하여 조직화하는 과정은 사용자들이 인지하는 것처럼 자료 요구를 정의하는 것(즉, 프로그램이나 특별 질의)과 데이터베이스의 물리적 설계에 대한 요구를 정의하는 것으로 분리될 수 있다. 여기서 사용자 요구는 개념적이거나 논리적인 요구로 간주되는데 그 이유는 자료에 관한 사용자 관점은 물리적 기억장치 속에 자료의 구조와 구별되기 때문이다. 사용자 요구사항은 기존의 응용 업무나 자료모형화(data modeling)로부터 도출될 수 있다. 한편 물리적 자료설계 요구는 개념적 요소, 하드웨어와 소프트웨어 환경 그리고 데이터베이스의 사용과 관련된 명세에서 도출된다.

③ 응용 수준의 정보 요구

응용 업무 체제는 전체적인 정보체제 구조의 하위 체제로서 조직 단위나 조직활동을 위해 정보를 처리해 준다. 응용 업무 수준에서의 정보 요구 결정 과정은 구체적인 정보 내용과 설계 및 실행 요구를 정의하고 문서화한다. 이러한 수준에서의 정보체제 응용 요구는 두 가지 유형이 있는데, 그 하나는 사회적 또는 행태적 요구(social or behavioral requirements)로서 업무설계(job design)에 기초하여 다음과 같은 목적과 가정을 명시한다. 첫째로 작업조직 설계 목적, 둘째로 개별적 역할에 대한 가정, 셋째로 책임에 관한 가정, 넷째로 조직의 정책 등이다.

정보체제 응용 요구의 다른 유형은 기술적 요구(technical requirements)로서 이는 업무나 과업을 수행하는 데에 필요한 정보에 기초한다. 이들 기술적 요구 사항들은 산출, 투입, 기억된 자료, 그리고 정보처리를 명시한다. 이러한 기술적 요구의 상당한 부분이 자료의 구조 및 형태(format)와 관련이 있다. 또한 기술적 요구 사항에는 사용자 체제(user system)와 응용 체제(application system) 간의 인터페이스 요구도 포함된다. 이 인터페이스 요구는 자료 표현 형태(data presentation format), 스크린 설계(screen design), 사용자 언어구조(user language structure), 환류 및 지원 제공(feedback and assistance provisions), 오류통제(error control), 그리고 응답 시간(response time)을 포함한다.

(2) 정보 요구 분석자로서 인간의 제약점

개인적 차원에서든 조직적 차원에서든 정보 요구는 인간에 의해 이루어지고, 더욱이 그에 대한 분석도 기계나 조직체가 아닌 바로 인간에 의해 이루어진다. 그럼에도 불구하고 정보 요구에 대한 정확하고 완전한 분석은 사실상 불가능하다. 그 이유로는 전술한 네 가지 일반적인 요인이 있고, 여기서 살펴보는 바와 같이 순전히 인간적인 측면에서도 제약점이 있기 때문이다. 그런 인간적 측면에서의 제약점들은 대체로 다음과 같이 세 가지로 정리할 수 있다(Davis & Olson, 1986: 476-79).

① 정보처리자로서 인간 능력의 한계

일반적으로 인간은 정보처리에서 외부 기억과 장기 기억 그리고 단기 기억을 이용하고 있다. 그 중에 단기 기억의 한계는 특히 정보 요구를 규명하는 과정에서 단기 기억(예: 노트나 보고서 또는 서류와 같은 외부 기억들이 필요없는 면담)만 사용하는 경우 정보 요구 분석에 영향을 주게 된다. 다시 말하면 면담을 받는 사용자는 토론이나 분석을 목적으로 단기적으로 다량의 항목들을 기억해 둘 수 없기 때문에 응답 처리상 한계를 드러내게 된다. 또한 단기 기억상 제약은 사용자가 중요하다고 간주하는 정보 요구 수에도 영향을 미친다. 즉, 단기 기억을 이용하는 다양한 처리활동에서 사용자는 선별적으로 몇 가지 항목의 정보만을 강조해서 이들 정보 항목들을 가장 중요한 것으로 장기 기억에 기록해 둔다는 것이다. 그러나 이 같은 기억의 제약점도 처리되는 자료를 저장하기 위한 외부 기억장치의 사용과 소수의 자료군을 체계적으로 도출하여 기록하는 방법론을 활용함으로써 상당히 감소될 수 있다.

② 자료 선택과 사용에서 인간의 편견

자료를 선택하고 사용할 때 인간은 상당한 편견을 갖고 있다고 밝혀지고 있다(Miller, 1956: 81-97). 이러한 인간의 편견은 정보 요구 분석에 많은 영향을 미치는데, 특히 현행 절차, 현재 사용 가능한 정보, 기존 관념, 최근의 사건 그리고 사건에 관한 소수의 표본으로부터 얻은 추론에 기초한 편견은 정보 요구에 대한 결정에 막대한 영향을 미친다.

③ 인간의 문제 해결 행위상 제약

정보 요구 결정에 관한 문제의 영역은 정보 요구를 분석하는 데에 사용할 표현을 특정 분석가나 사용자가 어떻게 형성하느냐이다. 대개 정보 요구 결정 방법들이 문제 영역을 위한 구조를 제공한다. 대부분의 경우 문제 해결 과정에 관여하는 사용자들과 분석가들은 조직과 조직의 정보 요구에 관한 약간 단순화된 모형을 사용하는 제한된 합리성(bounded rationality)에 의존하게 된다. 따라서 정보 요구 결정의 완전성과 정확성은 그 단순화된 모형과 그와 같은 문제 해결 과정에 관여한 사용자나 분석가의 훈련, 선입관, 관습 그리고 태도에 의해 제약을 받게 된다. 마찬가지로 정보 요구 분석에서 제한된 합리성의 효과는 체제분석가의 행위에서 입증된다. 숙달된 체제분석가의 특징은 자신들이 문제의 영역을 제시하기 위한 일반모형을 사용해서 정보 요구에 대한 능률적인 검색을 하는 데에 지원하는 것을 터득한 반면에, 저급의 체제분석가들은 엉성하게 개발된 모형을 갖고서 문제 영역에서 빈약하게 개발된 탐색 절차를 이용하기 마련이다(Vitalari, 1981: Vitalari & Dickson, 1983: 948-56). 또한 고급의 분석가들은 정보 요구를 결정할 때 조직 및 정책문제를 고려하는 반면에 저급의 분석가들은 그렇지 못한 것이 특징이다.

(3) 조직 정보 요구의 분석 절차

조직 정보 요구의 분석 방법은 여러 가지가 있을 수 있으나 그 절차는 대체로 다음과 같이 세 단계로 구성되어 있다(Wetherbe & Davis, 1983: 261-69).

① 기본적인 조직 하위 체제의 정의

정보 요구 분석의 첫 번째 단계는 기본적인 조직 하위 체제(underlying organizational subsystems)를 정의하는 것으로서 그 목적은 정보 요구 결정을 주요 조직 활동에 따라 세분해서 조직 정보 요구 분석 과정을 관리 가능하게 하기 위해서이다. 이들 하위 체제들은 관리자들과 모든 조직활동을 토론해서 그 활동들을 하위 체제의 넓은 범주 속에 속하는 것으로 정의하는 반복적인 과정을 통해 밝혀진다. 그래서 새로운 활동들이 고려될 때 그들은 이미 전에 정의된 범주에 포함시키든지 아니면 새로운 범주를 만들어 포함시킨다.

② 하위 체제·관리자 매트릭스의 개발

조직 정보 요구 분석의 두 번째 단계는 특정 조직 하위 체제에 해당 관리자를 연결시키는 것으로서 하위 체제와 관리자 간의 매트릭스(subsystem-manager matrix)를 개발하는 것이다. 이러한 하위 체제·관리자 매트릭스는 중간관리자로부터 최고관리자 각각의 주요 의사결정 책임을 검토하여 그 의사결정을 특정 하위 체제에 연결시킴으로써 작성된다. 이때 그 매트릭스는 각 하위 체제에 대해 누가 의사결정 책임을 갖는지를 기록하게 된다. 여기서 이 하위 체제-관리자 매트릭스 개발 단계의 목적은 각 하위 체제와 관련하여 책임을 명확히 해서 해당 관리자들을 면담하려는 데에 있다.

③ 조직 하위 체제에 대한 정보 요구의 정의와 평가

조직 정보 요구 분석의 세 번째 단계는 하위 체제에 대해 주요 의사결정 책임을 지고 있는 관리자들이 집단면담을 통해 각 조직의 하위 체제의 정보 요구를 파악하는 것이다. 그런데 관리자들에게 그들의 정보 요구를 규명해 줄 것을 단순히 요청하는 것만으로는 만족스럽지 못하게 되는데, 그 이유는 정보처리자로서 인간 능력의 한계 때문이다.

하위 체제의 정보 요구를 밝히는 데 사용되는 질문들은 대체로 업무체제 기획(business systems planning: BSP)과 중요 성공 요소 그리고 목적·수단 분석에 관한 접근 방법들로부터 도출된다. 이들 질문들은 곧 정보 요구에 관한 세 가지 사고방식을 반영하는 것으로서 각 질문은 특유의 정보 요구를 규명하게 된다. 따라서 이들 세 가지 유형의 질문을 사용함으로써 정보 요구에 대해 철저히 밝힐 수 있게 된다. 위의 세 가지 접근법에 관련된 세 가지 질문군을 보면 다음과 같다.

첫째, 업무체제 기획과 관련된 질문이 있다. 무슨 문제가 있으며 그 문제 해결을 위해서 어떤 정보가 필요한가, 어떤 결정을 내리며 그 결정을 위해 무슨 정보가 필요한가?

둘째, 중요 성공 요소와 관련된 질문이 있다. 귀하의 성공적인 부서 활동에 어떤 요소가 중요하며 성공적인 활동을 수행하거나 활동상의 진척을 모니터하는 데에 무슨 정보가 필요한가?

셋째, 목적·수단 분석에 관련된 질문이 있다. 귀하의 부서 활동 결과는 무엇이고 그 결과를 달성하려면 효과성을 제고하거나 측정하는 데에 어떤 정보가 필요한가, 그런 결과를 산출하는 데에 어떤 자원을 사용하고 그 자원을 사용할 때 효율성을 제고 및 측정하는 데에 어떤 정보가 필요한가?

(4) 정보 요구 분석전략 및 방법

정보 요구 분석의 주체로서 인간의 제약을 최소화하는 정보 요구 분석 방법은 어떤 것이 있는지를 고찰할 필요가 있다. 여기서는 정보 요구 분석 방법의 목적과 내용 및 그 선택 절차를 살펴보고자 한다(Davis & Olson, 1985: 479-93).

① 정보 요구 분석 방법의 목적

정보 요구 분석 방법은 대체로 다음과 같은 기능을 수행할 수 있어야 한다.

첫째, 정보 요구 분석 방법은 문제의 영역을 제한하고 구조화하는 데에 분석가를 지원할 수 있어야 한다.

둘째, 요구 사항을 파악하고 인간의 정보처리에서 단기 기억의 제약을 극복하도록 지원함으로써 문제의 영역 내에서 효율적으로 탐색하는 데 지원할 수 있어야 한다.

셋째, 최근성(recency), 구체성(concreteness), 소규모의 표본 그리고 미사용 자료에 대한 가치 부여와 같은 편견 요소들(biasing factors)을 극복하는 데에 지원할 수 있어야 한다.

넷째, 사용자나 분석가의 훈련, 선입관, 관습 및 태도를 극복하는 데에 도움이 될 수 있어야 한다.

다섯째, 요구 사항이 완전하고 정확하다는 확신을 줄 수 있어야 한다.

이처럼 다양한 목적을 가진 정보 요구 분석 방법들도 그것이 제공하는 구조화의 정도에서 차이를 보인다. 즉, 어떤 방법은 개념적 구조를 제공하는 대신에 고정 및 문서화 구조는 거의 갖추고 있지 않는 반면에, 다른 방법은 모든 과업과 문서화를 위해 상세한 구조를 제공한다. 그런데 그런 상세한 구조는 상황에 따라서 변한다. 예컨대 경험과 전문성이 결여된 사용자와 분석가들은 상세한 구조가 매우 유용하다고 보는 반면에 응용 분야에 대해 경험을 갖고 있으며, 요구 사항들을 규명할 수 있는 능력을 갖춘 분석가와 사용자는 상세한 구조를 장애물로 간주하고 당혹한 것으로 볼 수 있다는 것이다.

② 정보 요구 분석전략 및 방법

정보 요구 분석전략에서 정보 요구 분석을 위한 접근 방법으로는 대체로 다음과 같은 네 가지 전략이 있고, 각 전략에는 그에 합당한 분석 방법들이 있다. 이들 전략들은 조직의 정보 요구뿐만 아니라 응용 업무의 정보 요구에 관한 분석에도 적용될 수 있다(Davis & Olson, 1985: 480-88).

첫째, 질문전략이 있다.

순수한 질문전략(asking strategy)은 분석가가 특정한 이용 체제(utilizing system) 내의 사람들, 즉 정보 사용자들에게 그들의 정보 요구 사항이 무엇인지를 물어만 봄으로써 정보 요구를 분석하는 접근 방법을 말한다. 개념적인 관점에서 볼 때 질문전략은 사용자가 자신의 문제 영역을 구축하여 전술한 구체성, 최근성(recency), 소규모의 표본 그리고 미사용 자료 등으로 인한 자신의 편견을 극복하거나 보완할 수 있음을 가정하고 있다. 정보 요구 분석을 위한 질문전략에 주로 사용되는 구체적인 방법들과 그 사용 조건을 보면 다음과 같다.

가) 폐쇄적 질문(closed question): 이 방법은 각 질문에 일단의 가능한 답변들을 정의해 두고서 그 답변들 중에서 응답자가 선택하게 하는 방법이다. 이 방법을 사용하기 위해서는 일단의 사실적 답변이 알려져 있거나 응답자가 모든 가능한 상태를 기억할 수 없는 상황이어야 하고, 아울러 분석가는 가능한 모든 답변을 알고 있어야만 한다.

나) 개방적 질문(open question): 이 질문 방법은 질문에 대한 가능한 답변들을 제시하지 않고 응답자로 하여금 직접 답하도록 하는 방법이다. 이 방법은 주로 응답자의 감정이나 견해가 중요시되거나 응답자가 질문에 답할 수 있는 지식과 능력을 갖추고 있는 경우에 사용된다.

다) 브레인스토밍(brainstorming): 이 방법은 참석자로 하여금 공개적인 아이디어 교환을 통해 다양한 제안을 할 수 있도록 하는 집단질문 방법(group asking method)이다. 이 방법은 참석자들의 문제 영역을 확대시켜서 구태의연하지 않은 해결책을 모색하고자 할 때 사용된다.

라) 유도 브레인스토밍(guided brainstorming): 이 방법은 참석자들에게 이상적인 해결 방안들을 제시하여 최선의 실행 가능한 그리고 이상적인 해결 방안을 선택하도록 요구하는 방법이다. 이 방법은 이상적인 해결책을 제시하도록 브레인스토밍을 유도하고자 할 때 사용되며, 참석자들이 체제에 관한 지식을 갖추고 있을 때 유용하다. 그러나 이 방법은 자칫 잘못하면 참석자들의 우유부단한 행위와 적응행위(adjustment behavior)에 집착하도록 만들 가능성도 있다.

마) 집단적 합의(group consensus): 이 방법은 참석자들에게 중요한 변수들에 관한 자신들의 추정치와 기대치를 물어보는 방법으로서 델파이(Delphi) 방법이 그 예이다. 이 방법은 주로 계량화가 어렵거나 불가능한 변수들에 관해 최선의 판단적 추정을 내리고자 하는 경우에 사용된다.

이들 구체적인 질문 방법들은 복수로 사용 가능하고 또한 다른 정보 요구 분석전략들과 결합해서 사용 가능하다.

둘째, 기존 정보체제로부터의 도출전략이 있다.

동종의 조직이나 응용 업무를 위해 새롭게 제안된 정보체제에 대한 정보 요구 사항은 기존에 운용되고 있는 정보체제로부터 파악될 수 있다. 그러나 기존의 모든 정보체제가 새로운 정보체제에 대한 요구 사항을 파악하는 데에 유용한 것이 아니라 대체로 다음 네 가지 유형의 기존 정보체제가 미래의 정보체제에 대한 정보 요구를 파악해 내는 데에 유용하다.

가) 새로운 정보체제에 의해 대체될 기존의 정보체제

나) 또 다른 유사한 조직 내의 기존 정보체제

다) 소유 정보체제(proprietary system)나 패키지(package)

라) 교과서, 핸드북, 산업 연구보고서 등에 기술된 정보체제

정보 사용자와 분석가는 기존의 정보체제를 하나 선택해서 정보 요구를 조정하게 되는데, 이처럼 기존의 정보체제로부터 정보 요구 사항을 파악하는 것을 자료분석 접근법이라고도 부른다. 왜냐하면 기존 정보체제에서 자료의 입력과 출력이 분석의 초점이 되기 때문이다(Munro & Davis, 1977: 55-67). 만약 기존의 정보체제가 표준화된 기준에 따라 운영되고 표준화된 정보를 제공하는 경우, 그 기존 정보체제를 새로운 정보체제에 대한 정보 요구 분석 기준으로 이용하는 데에 적절하다. 예컨대 급여 업무와 같이 잘 정의된 기능을 위한 응용 업무 체제에서는 기존 정보체제의 자료에 관한 분석이 가장 유용한 분석 방법이 된다. 다시 말하면, 조직의 일상 업무와 회계 업무에 대한 초기의 전산화 작업에서 기존 정보체제가 제공한 자료를 처리해서 정보 요구 사항을 파악하는 방법이 널리 사용되었다. 그런데 어떤 분석가들은 기존의 정보체제에 대한 자료 분석을 정보 요구 분석을 위한 부수적인 분석 방법으로 간주하기도 한다. 그 이유는 처음부터 정보 요구 분석이 기존 정보체제의 구체성에 의해 지나치게 영향을 받기 위해서이다.

셋째, 정보 이용 체제의 특성으로부터의 종합전략이 있다.

정보체제는 정보를 이용하는 체제의 운영을 활성화하기 위해 정보 서비스를 제공하기 때문에 정보 요구에 대한 파악은 그 정보 이용 체제의 활동을 분석·종합함으로써 가능하다. 다시 말하면 정보 요구 사항을 파악하는 가장 논리적이고 완전한 방법은 정보 이용 체제의 특성을 분석하는 것이다. 이 접근은 사용자나 분석가에게 문제 영역에 대한 분석틀을 제공함으로써 편견을 극복할 수 있게 해 준다. 그러므로 대상 체제에 관한 분석은 정보 이용 체제가 변화 중에 있거나 새롭게 제안된 정보체제가 내용과 형식 및 복잡성 면에서 기존의 패턴과 차이를 보여 기존 정보체제에의 지

나친 집착이나 정보 욕구에 관한 기존의 관찰 방법이 완전하고 정확한 정보 요구 경향을 파악하지 못하는 경우에 사용하기 적절한 접근법이 된다.

정보 이용 대상 체제 분석을 통해 정보 요구를 결정하는 전략을 실행하는 구체적인 방법들은 여러 가지가 있을 수 있으나 그 중에 대표적인 것만을 보면 다음과 같이 여덟 가지 방법이 있다. 이들 방법은 크게 첫째, 조직 차원의 정보 요구 분석에 이용되는 규범적 분석(normative analysis), 전략군 변형 방법(strategy set transformation method), 중요 요소 분석(critical factors analysis), 과정분석(process analysis), 목적·수단분석(ends-means analysis) 방법과 둘째, 응용 업무 차원의 정보 요구 분석에 사용되는 의사결정 분석(decision analysis), 사회기술적 분석(socio technical analysis), 투입·처리·산출분석(input-process-output analysis)이 있다. 이들 방법의 공통적인 특징은 정보체제에 대한 요구 사항이 정보 이용 체제에 관한 연구로부터 파악된다는 것이다. 그리고 각 분석 방법에서 질문이나 분석 과정이 정보 이용체제의 욕구(needs), 구조(structure), 목적(objectives) 등의 분석으로부터 시작된다.

가) 조직 차원의 정보 요구 분석 방법: 조직 차원의 정보 자료 분석에 적합한 방법들을 차례로 약술하면 다음과 같다.

- 규범적 분석－정보 이용 대상 체제의 분류상 근본적인 유사성에 기초하고 있다. 이들 근본적인 특성은 규범적인 요구 사항들의 기초가 된다. 그리고 나서 특정 조직이나 응용 업무의 비표준적인 욕구를 충족시키기 위해 규범적 요구 사항을 조절하는 데에 분석을 집중시킨다.
- 조직의 전략군 변형 방법－조직 수준의 정보 요구 사항을 주로 기술하는 방법으로서(King, 1978: 27-37) 정보체제 계획을 조직의 목적들에 일치시키기 위한 방법이다.
- 중요 요소 분석－조직을 운영하고 관리하는 데에 중요한 요소들을 분석함으로써 정보 요구 사항을 파악하는 방법이다. 이 분석은 두 가지 절차로 구성되어 있는데, 먼저 중요한 요소를 파악하고, 다음으로 정보 요구 사항을 도출한다. 이러한 중요 요소 분석의 일례로 중요 성공 요소(Critical Success Factors: CSF) 방법을 들 수 있다(Rockart, 1979: 81-91). 이 방법에 의하면 분석가는 사용자들에게 자신들의 기능을 수행하거나 의사결정을 내릴 때 성공을 거두는 데에 결정적으로 중요한 요소들을 규명하도록 요청한다. 이 과정에서 대체로 여러 가지 중요 요소들이 도출된다. 그런 후에 정보 요구 사항들이 파악될 수 있는데, 이 방법은

조직과 응용 업무 수준 모두에서 사용될 수 있다.

- 과정분석－정보 요구 사항을 종합하는 접근 방법으로서 이 분석 방법의 기본적인 아이디어는 조직의 자원을 관리하는 데에 요구되는 일반의 의사결정과 활동으로 대변되는 사업 과정이 정보체제 지원의 기초가 된다는 것이다. 일반적으로 과정(processes)은 시간이 흘러도 비교적 일정하게 존재하므로 조직의 비과도기적인 욕구를 반영하는 과정으로부터 조직의 요구 사항을 파악해 낼 수 있다. 이 같은 과정에 기초한 분석 방법의 일례로는 업무체제 기획(BSP)을 들 수 있다. 이 방법은 주로 정보체제 마스터 플랜을 개발하는 데에 적합하다.

  BSP는 원래 자료와 지시 사항들을 활용하는 포괄적인 정보 요구 분석 방법으로서 IBM에서 개발, 이용한 것이다.[1] 이 접근 방법에 의하면 [그림 4-6]에서 보는 바와 같이 정보 요구 사항을 사업 목표로부터 시작해서 사업 과정을 규명함으로써 대상 체제로부터 하향식 또는 상의하달식(top-down fashion)으로 도출해 내게 된다. 그리고 사업 과정은 자료의 수집과 분석의 기초가 된다. 이러한 사업 과정을 명백히 하기 위한 관리자와의 면담을 통해 중요 성공 요소를 구체적으로 명시하도록 하고 의사결정과 문제들을 식별할 수 있게 한다. 논리적으로 관련이 있는 범주의 자료들을 식별해서 사업 과정과 연결시킨다. 여기서 획득한 정보는 제안된 정보구조를 규명하는 데에 사용되고, 이렇게 해서 규명된 정보구조와 정보자원 관리를 검토하여 정보 요구 사항에 대한 결정과 조치를 취할 계획을 수립하게 된다.

- 목적·수단 분석－이 방법은 체제이론(systems theory)에 기초하여 정보 요구 사항을 결정하는 방법으로서 조직, 부서 또는 관리자 개개인 수준에서의 정보 요구 사항을 분석하는 데에 사용될 수 있다. 이 분석 방법은 정보와 서비스 등과 같이 조직 차원의 처리 과정에 의해 창출되는 목적(ends)이나 산출물(outputs)을 투입물(inputs) 및 과정(processes)처럼 이들 결과나 산출물을 확보하는 데 사용되는 수단과 분리해서 정의를 내린다. 하나의 과정이 조직 차원의 과정이든 아니면 부서 차원의 처리 과정이나 개인 수준의 처리 과정이든지 간에 그 처리 과정의 결과나 산출이 다른 처리 과정의 투입물이 된다.

---

1) *Business Systems Planning-Information Systems Planning Guide*, Application Manual, GE20-0527-3(3rd ed.), IBM Corporation, July 1981.

[그림 4-6] BSP모형

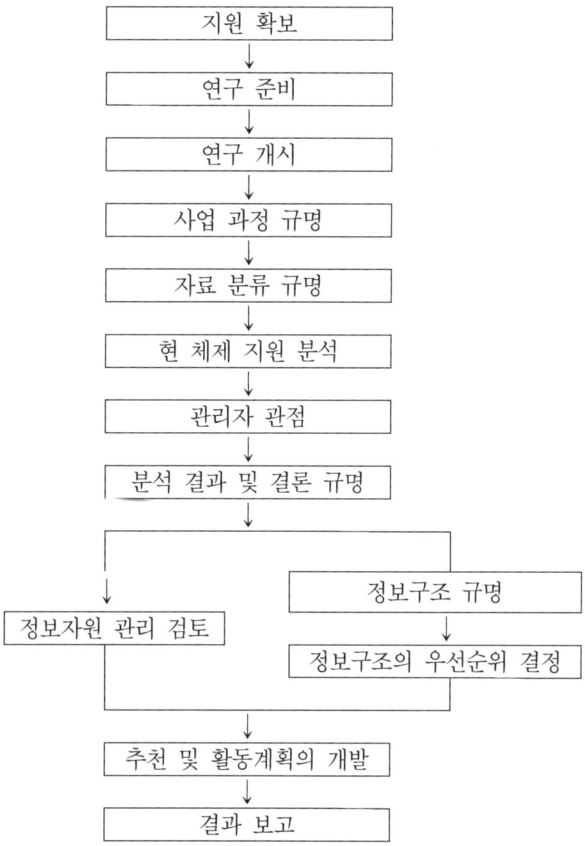

자료: IBM Corporation, *Business Systems Planning-Information Systems Planning Guide*(3rd ed.), GE 20-0527, 983, p. 25.; Davis & Olson(1985: 484)에서 재인용.

이 같은 목적·수단 분석에 관한 모형은 [그림 4-7]과 같이 나타낼 수가 있다. 이를 좀 더 자세히 살펴보자. 이 모형에 따르면, 관리자들은 먼저 그들 부서의 입장에서 목적과 수단을 규명해야 하며, 다음으로 효과성(effectiveness)과 능률성(efficiency)에 관한 척도를 기술해야 한다. 그래서 효과성에 관한 정보 요구 분석은 산출에 대한 효과성의 구성 요소가 무엇이고 효과성을 평가하기 위해 어떤 정보나 환류가 필요한지를 분석하는 것이다. 또한 능률성에 관한 정보 요구 분석은 투입과 변형 과정에서

[그림 4-7] 목적 · 수단 분석 모형

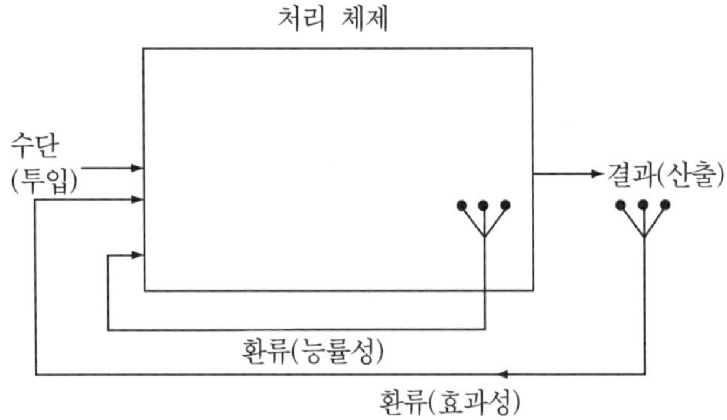

자료: Davis & Olson(1985: 486).

능률성의 구성 요소가 무엇이며 그런 능률성을 평가하는 데 무슨 정보나 환류가 필요한지를 분석하는 것이다.

기존의 다른 정보 요구 분석 방법들과는 달리 목적 · 수단 분석 방법은 여러 가지 다양한 조직환경에서 널리 활용되고 있는데, 가장 큰 차이점은 다른 많은 정보 요구 분석 방법들은 주로 능률성 지향적 정보(efficiency-oriented information) 요구 사항만을 밝혀 주는 반면에, 목적 · 수단 분석 방법은 관리자들에게 더욱더 중요시되는 효과성에 관한 정보 요구 사항을 파악케 해 준다는 점이다.

나) 응용 업무 수준에서의 정보 요구 분석 방법: 응용 업무 수준에서 주로 활용되는 정보 요구 분석 방법들을 고찰해 보자.

- 의사결정 분석(decision analysis)—이 분석 방법의 기본적인 절차는 다음과 같다(Ackoff, 1967: 147-56).

  ㉮ 의사결정 사항을 식별하여 규명한다.

  ㉯ 의사결정 연산 과정(decision algorithm)이나 의사결정 과정을 규명한다. 여기서는 의사결정 순서도(decision flowchart), 의사결정표(decision table) 또는 의사결정수(decision tree)와 같은 다양한 문서화 방법(documentation methods)을 사용하게 된다.

  ㉰ 의사결정 과정에 필요한 정보를 규명한다.

  의사결정 분석은 의사결정 과정이 매우 잘 규명된 경우에 사용자들이 정보 요

[그림 4-8] 사회기술적 분석 절차

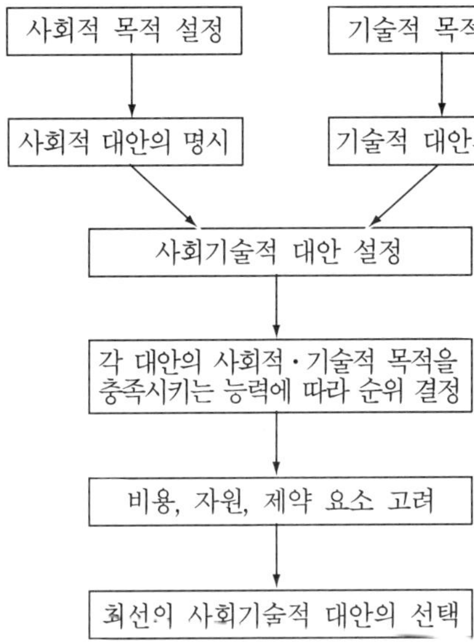

자료: Mumford & Weir(1979).

구를 명백히 밝히는 데에 아주 유용하다. 그 반면에 비구조적이고 제대로 규명되지 않은 의사결정 과정에 대해서는 의사결정 분석은 다른 접근법보다 별로 나은 점이 없다. 또한 의사결정 분석 방법은 모든 응용 업무나 응용 업무에 포함된 모든 정보를 분석하는 데에 적용되지 않는다(Munro & Davis, 1977: 55-67).

• 사회기술적 분석(sociotechnical analysis)－이 방법은 사회분석(social analysis)과 기술분석(technical analysis)의 두 부분으로 구성되어 있다(Bostrom & Heinen, 1977a: 17-32; 1977b: 11-28). 전자의 사회분석은 조직의 사회적·인간적 상호작용 체제에 관련된 체제 요구 사항을 파악하는 것이다. 이 같은 체제 요구 사항에는 체제설계 요소와 실행 절차가 포함된다. 반면에 기술분석은 정보 요구에 관한 분산분석과 정보를 요구하는 통제 루프(control loop)의 분석을 의미한다. 사회기술적 분석 절차는 [그림 4-8]과 같다.

사회기술적 설계에 대한 요구 사항은 대체로 참여적 방법에 의해 얻어지며 응용 수준에서의 분석에 의해 밝혀진다. 이 분석 방법은 많은 사용자들과 특히 자료 준비 요원과 같은 2차 사용자들에게 관련된 응용에서나 또는 응용체제가 작업환경이나 사회적 상호작용 또는 직무설계를 현저히 변화시킬 수 있는 곳에 적합하다.

- 투입 · 처리 · 산출분석(input-process-output ananlysis)—이 분석 방법은 바로 체제접근법(system approach)으로서 대상 체제에 대한 상의하달식 또는 하향식 접근으로 시작된다. 여기서 체제는 그것의 투입, 산출 및 투입물을 받아서 산출물을 생산하는 변형 과정에 의해 정의된다.

  또한 대상 체제의 하위 체제들은 정보처리 활동이 하위 체제 내 별개의 활동으로 간주되는 한, 더 작은 하위 체제로 세분될 수 있다. 이 체제분석은 그것이 체계적이고 포괄적이며, 상위 수준에서 시작하여 하위 체제로 세분화함으로써 분석에서 완전성의 합리적인 보장을 기할 수 있는 이점이 있다(Demarco, 1978; Ross & Schoman, 1977: 6-15). 이러한 투입 · 처리 · 산출 접근법의 예로서 자료 흐름도(data flow diagram)에서 구조분석 및 설계기법(Structured and Design Technique: SADT) 그리고 정보체제 작업 및 변화 분석(Information Systems Work and Analysis of Changes: ISAC)을 들 수 있다.

넷째, 개발한 정보체제(evolutionary information system)의 실험으로부터의 발견 전략이 있다.

이것은 정보 요구 분석을 위한 전통적인 접근법은 정보체제가 설계되고 수립되기 전에 정보 요구 사항을 완전하고 정확하게 파악하고자 설계된 것이다. 그런데 대부분의 경우 사용자들은 정보 요구 사항을 결정할 수 없는데 그 이유는 그들이 요구 사항을 결정하는 데 기초가 되는 특정의 규범적이거나 실험적인 모형을 가지고 있지 않기 때문이다. 그래서 이들 사용자들은 추상적인 정보 요구를 할 수밖에 없거나 새로운 정보체제를 도식화하기가 힘들다는 사실을 알게 된다. 그래서 사용자들은 자신들이 적응할 수 있는 구체적인 체제에 의존할 필요성을 느낀다. 결국 다른 접근 방법을 선호하게 되는데, 그것은 최초의 정보 요구 사항들을 파악하여 이들 요구 사항을 충족시키기 위한 특정 정보체제를 구현하는 것이다. 이런 정보체제는 변화 적응적으로 설계되어 사용자들이 이 체제를 도입하여 운영하는 도중에 환경 변화가 발생함으로써 제기되는 추가적인 정보 요구를 반영하게 된다. 이러한 분석에 관한 일반적인 접근법은 원형개발 접근법(prototyping development approach) 또는 자습식 개발 접근법(heuristic development approach)이라고 한다(Berrisford & Wetherbe, 1979: 11-9).

② 정보 요구 분석전략의 선택

이제까지 정보 요구 분석을 위한 네 가지 전략과 각 전략에 적합한 구체적인 분석 방법에 관해 고찰해 보았다. 이제 문제는 이들 분석전략 중에 어느 것을 선택·사용해야 하느냐이다. 여기서는 가장 적합한 전략의 선택에 관해 살펴보고자 한다(Davis & Olson, 1985: 488-94). 먼저 유의해야 할 점은 특정 전략이나 방법의 선택은 정보 요구 분석이 이루어지는 환경의 특성에 달려 있다는 것이다. 다음으로 특정 전략을 선택하기 위한 기본적인 근거는 정보 요구 분석 과정에 관한 불확실성의 정도라는 것이다. 여기서 불확실성을 좌우하는 주요 요소로는 정보 이용 체제의 특성, 정보체제나 응용체제, 사용자 및 분석가가 있다.

정보 요구 분석전략을 선택하는 접근법은 [그림 4-9]에서 보는 바와 같이 대체로

[그림 4-9] 정보 요구 분석전략의 선택모형

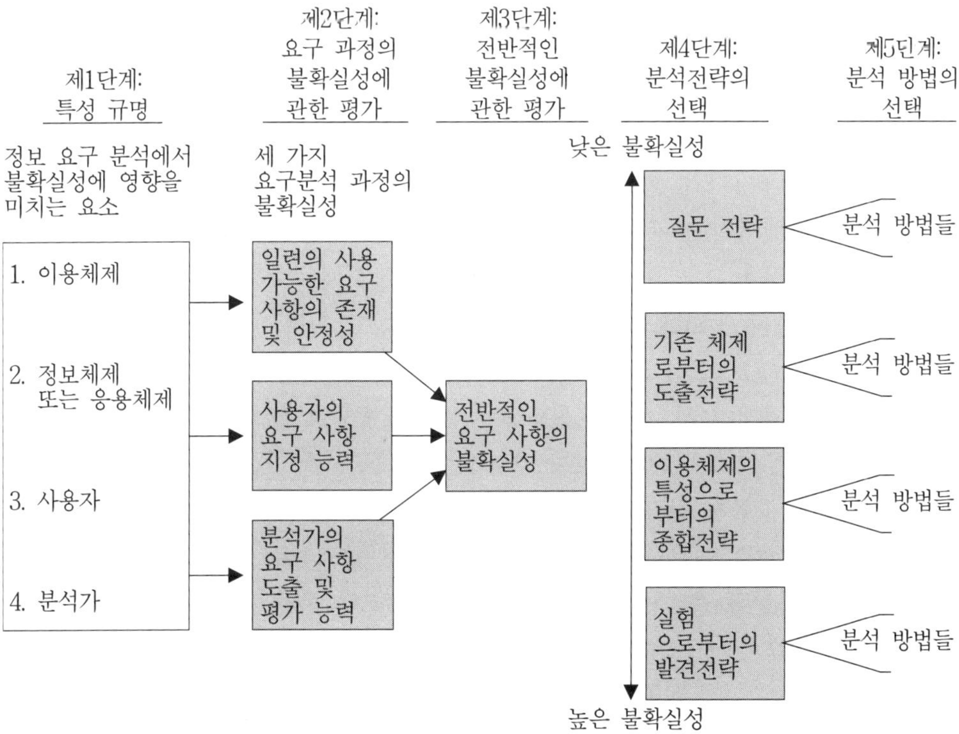

자료: Davis & Olson(1985: 489).

〈표 4-1〉 정보 요구 분석전략의 개발 과정 요소

개발 과정 요소	불확실성을 감소시키는 특성	불확실성을 증가시키는 특성
이용체제	• 변화 과정에 있지 않은 안정적이고 잘 정의된 체제인 경우 • 프로그램된 활동과 결정인 경우	• 변화 과정에 있으며 불안정적이고 제대로 이해되지 못한 체제인 경우 • 비프로그램된 활동과 결정인 경우
정보체제 또는 응용체제	• 복합적이고 단순한 요구 사항인 경우 • 사무 지원체제인 경우	• 복잡하고 비일상적인 요구 사항인 경우 • 관리 지원체제인 경우
사용자	• 소수의 사용자인 경우 • 사용자의 체제 경험이 풍부한 경우	• 다수의 사용자인 경우 • 사용자의 체제 경험이 빈약한 경우
분석가	• 유사한 정보체제에 교육훈련과 경험이 있는 경우	• 유사한 정보체제에 대해 사전훈련이나 경험이 없는 경우

다섯 가지 단계로 구성된다. 이들 각 단계는 선택 기준을 설정하기 위한 일련의 평가 요소를 나타낸다. 물론 이들 평가 요소들은 정확한 것이 아니고 단지 판단을 위한 지침을 제공할 뿐이다. 이상의 전략선택 절차를 좀 더 구체적으로 살펴보면 다음과 같다.

가) 제1단계: 정보 요구 분석상의 불확실성에 영향을 미치는 개발 과정 요소의 특성 식별

정보 요구 분석전략의 불확실성 수준에 영향을 미치는 개발 과정 요소는 전술한 바와 같이 이용체제, 정보체제나 응용체제, 사용자, 그리고 분석가 등이다. 이들 개발 과정 요소들은 정보 요구 분석에서 예상되는 불확실성 수준을 <표 4-1>에서와 같이 감소시키는 특성과 동시에 증가시키는 특성을 지니고 있다.

나) 제2단계: 정보 요구 분석 과정의 불확실성에 관한 평가

전술한 개발 과정의 네 가지 요소들의 특성이 다음과 같은 세 가지 요구분석 과정상의 불확실성에 영향을 미침으로써 결과적으로 정보 요구 사항 분석의 불확실성에 영향을 미친다. 따라서 이들 정보 요구 분석 과정상의 불확실성을 평가할 필요가 있다. 이들 불확실성은 일단의 사용 가능한 요구 사항의 존재와 이용가능성에 관한 불확실성, 요구 사항을 상술할 수 있는 사용자의 능력에 관한 불확실성, 요구 사항을 도출해서 평가할 수 있는 분석가의 능력에 관한 불확실성 등이다.

• 첫 번째 불확실성－이용체제의 여러 가지 특성에서 비롯되는데 몇 가지 예를 들면 이용체제에 관한 잘 규명된 모형의 결여, 이용체제의 구조와 운영상 안정성의 결여, 정보체제의 이용상 안전성의 결여, 다수의 사용자의 존재 등이다.

- 두 번째 불확실성－세부적인 요구 사항은 개발할 때 인간 능력의 제약성뿐만 아니라 정보체제나 응용체제의 특성으로부터 초래되는데, 그런 불확실성을 일으키는 요인들의 예를 들어보면 사용자의 이용체제에 관한 개념적 모형의 결여, 지원되는 활동이나 의사결정을 위한 구조의 결여, 이용체제의 변화, 정보 사용상의 변화, 복잡한 체제, 요구 사항을 규정하는 데 참여 수준과 사용자의 책임감에 영향을 미칠 수 있는 사용자들이 다수인 경우, 요구 사항을 규정하는 사용자 유형 중 사무직 사용자는 관리자와 대조적으로 전체적인 내용보다는 절차에 관한 요구 사항들을 규정할 수 있는 점, 사용자의 이용체제 및 제안된 응용체제에 대한 경험 결여 등이다.
- 세 번째 불확실성－주로 분석가의 개인적 특성과 일반적인 훈련 수준 그리고 같거나 유사한 응용체제에 대한 사전 경험과 밀접한 관계가 있다. 더욱이 사용자에게 영향을 미치는 응용체제의 특성이 분석가의 성과에 영향을 미치게 된다. 그런데 이러한 분석가와 사용자에게 필요한 지식과 경험의 수준이 정보 요구 분석전략에 따라 차이를 보인다. 예컨대, [그림 4-10]에서 보는 바와 같이 질문전략은 사용자에게 실험전략보다도 높은 수준의 지식과 경험을 요구한다.

다) 제3단계: 요구분석 과정에서 불확실성이 전반적인 요구 사항의 불확실성에 미

[그림 4-10] 사용자와 분석가의 지식 및 경험과 정보 요구 분석전략 간의 관계

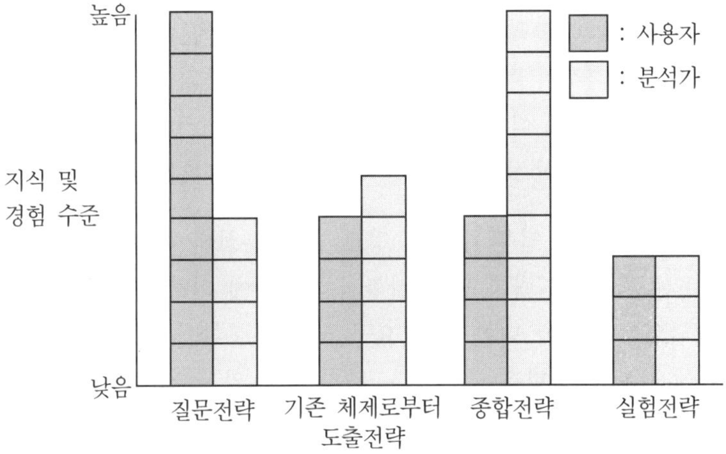

자료: Davis & Olson(1985: 492)을 변형한 것임.

치는 영향에 관한 평가

전반적인 요구 사항에 대해 예상되는 불확실성은 대상 체제, 정보체제, 사용자 그리고 분석가의 특성으로부터 직접 측정될 수 있으나 대개 다음과 같은 두 단계의 절차에 따라 평가하는 것이 유용하다. 첫째, 전술한 세 가지 분석 과정의 불확실성에 대해 네 가지 개발 과정 요소의 특성이 미치는 영향을 평가한다. 둘째, 전반적인 요구 사항에 대한 불확실성의 추정 수준을 파악하기 위해 세 가지 분석 과정에서 불확실성을 평가한다.

물론 이 같은 두 단계의 평가 절차를 거쳐 추정된 불확실성의 전반적인 수준이 확실한 것은 아니다. 그러나 전술한 불확실성에 관한 3단계 평가전략은 정보 요구 분석전략의 선택을 위한 합리적인 기준을 제공함을 알 수 있다.

라) 제4단계: 1차적인 정보 요구 분석전략의 선택

일차적인 요구 분석전략(primary strategy)의 선택은 일반적으로 요구 분석상의 불확실성 수준에 기초한다. 특정 분석전략이 선택될 때 그 전략에 적합한 하나 이상의 분석 방법을 선택하게 된다. 물론 일차적인 정보 요구 분석전략과 그에 관련된 분석 방법의 선택이 2차적인 전략(secondary strategy)과 여타 보조적인 분석 방법을 사용함을 금지하지 않는다. 오히려 그러한 2차적인 분석전략과 보조적인 분석 방법은 정보 요구에 관한 예상된 정도의 불확실성을 어떻게 처리한 것인지를 이해하는 데에 분석가를 지원해 준다.

많은 조직이 모든 응용 수준의 정보 요구 분석에 하나의 분석 방법만을 채택해 왔는데, 이것은 훈련, 감독 그리고 품질 보증면에서 조직에 이전을 주지만 그 대신에 어떤 응용 업무에는 최적이 아닌 요구 분석 방법이 사용되는 경우도 있음을 뜻한다. 이런 경우에 상술한 요구분석 전략의 선택접근법은 분석가가 대안적인 방법을 사용하든지 아니면 기존의 분석 방법을 수정, 조정 또는 보완할 수 있도록 지원해 준다.

(5) 조직 수준 및 응용 업무 수준의 정보 요구 분석에 대한 상황적응 접근법

전술한 정보 요구 분석전략과 달리 상황적응 전략에 의하면, 조직 및 응용 수준에서 개발 과정 4요소 각각에 대한 정보 요구 사항이 불확실성에 영향을 미치는 특성에 기초하여 정보 요구 사항을 분석한다. 조직 수준 및 응용 수준의 정보 요구 사항에 대한 불확실성을 평가하는 데에 기준이 되는 특성들을 요약하면 <표 4-2(a)>와 <표 4-2(b)>와 같다.

〈표 4-2(a)〉 조직 수준 요구 사항의 불확실성에 관한 평가

개발 과정 요점	불확실성에 영향을 미치는 특성
이용체제	• 기술 및 운영체제의 안정성 • 관리 및 통제상 안전성 • 정보체제 사용상 성숙성
정보체제	• 고위관리 응용체제들이 체제 범주 내에 포함되는 정도 • 체제의 복잡성 및 정보 통합의 수준
사용자	• 이용체제에 대한 경험 수준 • 정보체제 기획에 대한 경험
분석가	• 정보체제 기획에 대한 경험

〈표 4-2(b)〉 응용 수준 요구 사항의 불확실성에 관한 평가

개발 과정 요점	불확실성에 영향을 미치는 특성
이용자	• 체제모형에 대한 경험 • 체제의 안전성 • 비프로그램된 활동 대 프로그램된 활동 • 정보 사용에서의 안전성
응용체제	• 고급의 응용 대 저급의 응용 • 응용체제의 복잡성 • 응용체제 사용자 수
사용자	• 이용체제에 대한 경험 • 응용체제에 대한 경험
분석가	• 이용체제에 대한 경험 • 응용체제에 대한 경험

자료: Davis & Olson(1985: 493-4).

(6) 정보 요구 사항 분석을 위한 야다브의 모형

야다브(S. B. Yadav)는 정보체제의 구축은 먼저 조직의 특성이 파악되고 그에 맞추어 정보체제의 특성이 결정된 후에 착수되어야 한다고 주장한다. 조직의 특성과 정보체제의 특성을 파악하기 위한 절차는 다음과 같다(조동성, 1989: 158-62, Yadav, 1985: 39-60).

① 총체적 구조분석

조직이 환경에 적응하기 위해 어떠한 대응책을 세우고 있는가를 알기 위해 조직

전체를 분석하는 것으로, 조직의 목표, 핵심 운영 부문, 조직구조의 형태로 나뉜다.

위의 목표, 기술, 상황 요인은 조직구조의 결정에 중요한 변수가 되고 조직구조의 형태는 조직의 정보처리에 중요한 역할을 한다.

② 포괄적 기능 분석

조직이 조직 목표의 달성을 위해 각 기능을 어떻게 차별화하고 이를 어떻게 통합하는지 살펴보는 것으로, a. 중요한 기능적 조직전략, 목표, 성과지표, b. 기능적 구조, c. 통합 수단; 계획 통제 시스템, 연결 수단, 의사결정 시스템 등으로 나뉜다.

③ 정보체제의 지원이 필요한 조직 기능의 상세 분석

조직의 구조분석와 포괄적 기능분석을 마친 후 이를 기초로 각 하위 체제에 대한 상세 분석을 수행해야 한다. 이 과정에서 각 하위 체제에 적절한 구체성과 지표를 결정하고 하위 부분 내의 구조와 기능을 살펴보게 되는데, 이는 a. 기능의 목표·효과성지표, b. 하위 기능 단위와 구조, c. 기능 시스템 등으로 나뉜다.

④ 관리 기능 분석

이 부분에서는 정보체제가 궁극적으로 지원해야 할 관리자의 기능에 초점을 맞추어 분석을 전개한다. 관리자의 기능은 보통 POSDECoRB(Planning, Organizing, Staffing, Directing, Evaluating, Co-ordinating, Reporting, Budgeting)로 요약된다. 이들의 관리활동과 과업환경, 문제의 성격 등과의 관계 역시 고려해야 한다. 이러한 요인들과 관련되어 관리자의 활동이 고려되어야 실제적인 정보 요구 사항이 도출될 수 있으며, 이는 a. 관리활동의 범주, b. 관리활동 하의 행위(과업환경, 행위의 목표와 성격, 문제의 성격 행동에 필요한 기술과 자원, 인간 요소의 영향 등) 등으로 나뉜다.

⑤ 관리행위를 지원하기 위한 정보체제 특성의 결정

관리기능 분석의 결과 정보체제 요구 사항이 파악되고 필요로 하는 정보체제의 구조, 정보의 형태, 정보의 속성, 정보의 변형 과정(요약, 분류) 등이 결정된다. 이는 a. 정보의 특성과 내용, b. 필요한 정보 변환, c. 관리자의 관점에서 보고서의 특성 등으로 나뉜다.

3) 정보자원 배분 단계

정보체제 기획에 관한 보면, 데이비스와 웨서브의 3단계 모형의 첫 번째 단계는 정보체제 기획 단계이고, 두 번째 단계는 조직 정보 요구 분석 단계로서 앞에서 설명한 바와 같다. 마지막 세 번째 단계는 정보체제의 자원을 배분하는 단계를 고찰하는 것이다(Davis & Olson, 1985: 463-67).

정보자원의 배분 단계는 어떤 응용 업무를 어떤 순서로 실행할 것인가를 결정하기 위해 자원을 배분하는 것을 말한다. 정보체제의 자원은 한정되어 있어서 모든 프로젝트를 한꺼번에 완수할 수가 없다. 따라서 각각의 프로젝트는 적어도 다음과 같은 네 가지 요소 내지 기준에 따라 분석되어야 한다.

① 특정 프로젝트의 설계·실행에 따른 예상되는 비용의 절감이나 편익 비교
이것은 계량적 요소의 분석을 의미한다.

② 쉽게 계량화될 수 없는 비용 절감 또는 편익 증가
이들은 좋은 결과를 가져다 줄 것으로 기대되지만 측정하기에 힘든 요소들을 뜻한다.

③ 제도적 요소
이는 정보체제의 개발이 질서정연하게 진척되게 할 필요성이나 전체 조직이 새로운 정보체제에 관여하게 할 필요성 등을 나타낸다.

④ 체제관리 요소
이는 어떤 체제는 다른 체제보다 먼저 준비될 필요가 있고, 또 어떤 소프트웨어 패키지는 적합한 인터페이스가 될 수 있도록 개발되어야 하는 등 체제관리가 필요함을 나타낸다.

이상의 네 가지 요소를 투입물로서 사용하여 의사결정에 관한 서로 다른 기본적인 평가 기준에 따라 희소한 정보체제 개발 자원을 배분하는 방법들이 여러 가지 제안

〈표 4-3〉 정보체제 자원 배분 방법과 평가 기준

배분 방법	기본적인 평가 기준
비용이나 편익 비교	경제적 합리성
포트폴리오 접근법	프로젝트 위험과 프로젝트가 정보체제의 성장 단계나 전략적 방향에 부합되는 정도
비용 부과	사용자에의 가치(부분적 합리성)
상임위원회에 의한 순위 결정	조직의 효력, 정치 그리고 연합

되었다. 그 중에 몇 가지 대표적인 방법들을 보면 <표 4-3>과 같다. 이들 방법은 개별적으로 또는 복합적으로 사용된다.

이들 정보체제 자원의 배분 방법들을 좀 더 자세히 살펴보면 다음과 같다.

(1) 비용/편익 비교

모든 프로젝트는 항상 동일한 비용/편익의 비를 나타내지 않고 어떤 것은 성공하면 경제적 가치가 높은 반면, 또 어떤 것은 경제적 가치가 낮은 경우도 있다. 다음의 두 가지 합리적·경제적 의사결정 방법이 자원 배분에서 경제적 합리성을 위해 사용될 수 있음을 예시한다. 즉, 그 하나는 투자 회수(return on investment: ROI) 방법으로서 이는 고전적 의사결정 접근법을 나타낸다. 정보체제 프로젝트의 경우 각 프로젝트는 계산 가능한 경제적 비용과 이익을 가지므로 비용과 편익의 흐름을 이용하여 각 프로젝트에 투자한 것에 대한 회수 내용을 산정해 낼 수 있다.

ROI에 기초한 의사결정규칙은 가장 높은 ROI를 나타내는 프로젝트를 선택 가능한 프로젝트들 중에 선택하는 것이다. 그런데 이 ROI 방법은 세 가지 단점을 갖고 있다.

첫째, 많은 편익이 계량화하기 어려움에도 불구하고 특정 프로젝트가 가장 낫다고 이해된다는 점이다.

둘째, ROI만을 기초로 한 프로젝트들은 위험 부담과 같은 다른 차원들 간의 균형 잡힌 포트폴리오를 제공하지 못한다는 것이다.

셋째, ROI 기법은 점증적 특성을 가져서 최대 응용에 대한 제고를 허용치 않는다는 것이다.

또 하나의 합리적·경제적 의사결정 방법은 영기준예산(zero-based budgeting: ZBB) 방법이다. 영기준예산은 주로 재무행정에서 취급되는 내용으로서 모든 프로그램과 활동 그리고 지출을 비용/편익에 의해 재평가하는 절차를 말한다. 이 방법의 절차는 다음과 같이 3단계로 이루어진다.

첫째, 의사결정 패키지(decision package)를 개발한다. 여기서 의사결정 패키지는 별도로 추가 내지 삭제될 수 있는 각각의 활동을 기술한 문서를 말한다.

둘째, 이들 의사결정 패키지를 중요도에 따라 순위를 결정한다.

셋째, 의사결정 패키지에 이용 가능한 자원을 배분한다.

정보체제의 경우 영기준 예산 방법에 의해 기존의 포트폴리오를 제안된 포트폴리오와 함께 검토하게 된다. 컴퓨터 응용에 관한 각 기능이나 분야는 응용 기준이 없는 데에서 출발하여 점차 기능이 추가되어야 할 경우 응용 분야에 지정하게 되는 우선 순위를 가리키게 된다. 이 방법은 전반적인 자원 배분을 검토하는 데에 유용하게 보이나 프로젝트에 대한 정규의 의사결정을 내리는 데에는 매우 시간 낭비적인 경향을 띤다.

(2) 포트폴리오 접근법

포트폴리오 접근법(portfolio approach)의 기본적인 아이디어는 프로젝트들이 개별적으로뿐만 아니라 전반적인 영향을 미치는 프로젝트 포트폴리오의 일부로서 평가되어야 한다는 것이다. 따라서 포트폴리오는 위험 부담과 전략적 방향에 대한 지원 그리고 조직의 다양한 하위 체제의 성장 단계에 걸맞은 응용의 적절한 혼합체를 이루고 있어야 한다.

원래 포트폴리오 접근법은 위험 부담에 관해 맥팔랜이 기술한 것이다(McFarlan, 1981: 142-50). 그는 이 접근법을 프로젝트 관리(project management)에 적용했다. 포트폴리오를 수립하기 위한 다른 평가 기준은 전술한 전략적 그리드와 놀란의 성장 단계이론에 의해 암시된다.

포트폴리오에 기초한 위험성 사정(risk assessment)은 프로젝트가 스케줄상의 실패, 비용 초과, 성과 미달 그리고 폐기와 같은 다양한 실패의 위험성에 따라 다르다는 것을 인정한다. 맥팔랜은 프로젝트 성공에 대한 불확실성을 초래하는 세 가지 차원을 규명했다.

가) 프로젝트 크기: 프로젝트가 클수록 위험 부담이 많다.

나) 기술에 대한 경험: 위험 부담은 체제개발팀이 사용되는 기술에 대한 경험이 많은 정도와 개발팀과 사용자들이 응용 분야에 대해 지식이 많은 정도만큼 감소된다.

다) 프로젝트 구조: 위험 부담은 응용이 업무를 수행하기 위한 기초 구조에 적합하고 조직이 변화적응성을 입증하는 정도만큼 감소된다.

각각의 제안된 프로젝트의 위험 부담이 평가된 후에야 포트폴리오의 전반적인 위험성이 사정될 수 있다. 위험성의 적절한 균형 유지는 위험 부담에 대한 조직문화와 정보체제 전략상 주요 전환을 지지하는 데 따르는 위험 부담의 정도와 같은 요소들에 의해 좌우될 것이다.

이 같은 포트폴리오 개념은 개발에서 균형을 이루기 위해 아래와 같은 다른 차원에 따라 적용될 수 있다.

첫째, 지원 응용과 전략 응용 간의 균형

둘째, 중앙집권 체제와 최종 사용자 시설 간의 균형

셋째, 높은 위험 부담에 대한 높은 보상과 낮은 위험 부담에 대한 낮은 보상 간의 균형

넷째, 적극적이고 성숙한 사용자와 우둔하고 초보적인 사용자를 위한 응용간의 균형

(3) 비용 부과

비용 부과(chargeout)는 정보체제 자원의 비용을 그것을 사용한 사용자들에게 할당하는 회계 메커니즘이다. 비용 부과 방법에는 두 가지가 있는데, 첫 번째 방법은 서로 다른 사용자들에게 자원은 어떻게 사용되고 있는지에 관한 아이디어를 주기 위해 그들 사용자들에게 비용을 무조건 할당하는 방법이다. 이 방법에 의하면 사용자에게는 비용에 대한 하등의 통제력이 주어지지 않는다. 이 방법의 일차적인 목적은 정보체제 비용의 내부적 통제를 지원하려는 것이다. 비용 부과의 두 번째 방법은 사용자들이 혜택을 받은 정보 서비스에 대해서만 비용을 부담하지만 그들은 정보 서비스를 감소하거나 대안적인 방법이나 공급자들을 선택함으로써 비용을 통제할 수 있다. 그러므로 새로운 정보체제를 개발하기 위한 자원 배분 규칙은 사용자들이 응용 체제를 기꺼이 도입할 것인지의 여부에 기초한다. 만약 사용자가 정보체제 개발을 위한 비용 부담을 기꺼이 질 것이라면 정보체제 기능은 필요한 입력 자원을 배분해야 한다.

만약 비용 부과 방법이 조직에 적합한 경우 그 방법은 상당한 이점을 갖는다. 그렇지만 비용 부과는 전체 조직을 위한 합리성보다는 부분적 합리성(local rationality)을 증진하는 방법이다. 따라서 만일 정보체제가 개발될 수 있는 것보다도 프로젝트들이 도입될 경우 이 비용 부과 방법은 자원 배분의 문제를 해결하지 못한다.

(4) 상임위원회에 의한 순위 결정

합리성과 균형잡힌 포트폴리오에 따른 시도에도 불구하고 여전히 유의미한 자원 배분에 관한 결정은 개선의 여지가 남아 있기 마련이다. 이들 배분 결정은 정보체제 집행관과 같은 단일의 집행관에 의해 이루어질지도 모른다. 한 가지 대안 방법은 조직 내에 주요 기능들을 담당하고 있는 집행관(executive)들로 구성된 상임위원회(steering committee)의 설치이다. 중요한 점은 프로젝트의 선택이 그 프로젝트를 정

확하게 수행하기 위한 적절한 권한뿐만 아니라 사업 요구에 관한 지식도 없는 하위 체제기획 요원에 의해 이루어져서는 안 된다는 것이다.

상임위원회 방법의 이점은 상임위원회가 조직의 권력과 정치력의 행사를 허용한다는 점이다. 이상적으로는 그 같은 상임위원회가 조직적 차원에서 자원의 최적 배분을 이루는 계획까지도 수립하게 된다. 또한 상임위원회는 연합을 촉진하고, 자원 배분과 결과적인 계획에 대한 지원을 확립한다. 그런데 이 상임위원회의 협상에 요구되는 시간과 정보 부족을 느끼면서도 권력이 상대적으로 약한 집단들이 간과될 가능성이 이 방법의 대표적인 약점으로 남게 된다.

6 글레이서, 토랜스와 슈와르츠의 4단계 모형

글레이서, 토랜스와 슈와르츠는 기술결정론에 입각하여 기술의 발전에 따라 조직 내 컴퓨터의 사용이 증가한다고 보고 조직 진신화의 4단계 모형을 제시했다(하미승, 1999: 523-4).

(1) 일괄처리 단계

이 단계는 1950년대 초반의 현상으로 간단한 프로그램을 개발하여 활용하던 단계로서 거래 처리, 사무작업 등 정형화되고 반복적인 업무가 주요 적용 대상이다.

(2) 확장된 일괄처리 단계

1950년대 중반에 해당하는 단계로서 복잡한 계산 처리 업무와 사무자동화가 더욱 진전되는 단계라고 할 수 있다. 일괄처리가 중심이 되면서 네트워크를 통해 타조직과 연결되는 시스템을 가지고 관리·통제면에서도 진전이 있기 시작한다.

(3) 온라인 질의 단계

CRT 터미널을 통해 즉각적인 사무 처리가 시작된다. 관리·통제면에서 개선이 이루어지고, 고객 서비스가 향상된다. 사용자의 참여에 의한 시스템의 개발이 이루어지기 시작한다.

(4) 분산 처리 단계

CPU와 터미널 사이의 네트워트 연결과 데이터 통신을 통한 사무 처리가 가능해지고 분산 처리가 이루어진다. 최고관리층의 관심과 업무 지원이 증대되고 사용자의 참여에 대한 요구 역시 급증한다. 결국 분산화의 단계는 사용자 중심의 시스템, 지능화된 시스템, 개방형 시스템, 환경적응적이며 신축적인 시스템이 구축되는 단계를 의미한다.

하지만 이 모형은 기술결정론에 입각하고 있기 때문에 조직의 변화와 맥락을 무시하는 경향이 있다.

7 행정정보체제의 기획

행정정보체제의 기획은 거시적 측면과 미시적 측면으로 나누어 고찰할 수 있다(정철현, 2000: 317). 미시적 측면의 경우에는 조직 내 행정정보체제의 도입이 어떻게 확산되는지에 중점을 두어 효과적인 행정정보체제의 구축과 조직 전체의 단계적 확산 방법에 대한 논의가 이루어져야 한다. 앞서 이를 위해서는 놀란의 정보체제 확산모형, 크래머와 킹의 4단계 모형, 크뢰버와 윗슨의 4단계 기획모형을 활용할 수 있다.

거시적인 측면의 경우에는 정보정책의 관점에서 행정정보체제의 도입과 확산이 정치, 경제, 사회에 어떠한 영향을 미치는가에 대해 논의가 이루어져야 한다. 이를 위해보면, 데이비스와 웨서브의 정보체제 기획모형이나, 정보통신 기술의 발전에 따른 글레이서, 토랜스와 슈와르츠의 4단계 모형, 맥린과 소덴의 정보체제 기획 단계를 활용할 수 있다.

제 3 절 행정정보체제의 개발

정보체제의 개발은 단속적 활동(discrete activities)이라기보다는 연속적 활동(continuous activities)으로서 여러 단계로 구성된다. 그러나 그 개발 단계는 학자들마다 보는 관점과 개발 과정의 구체성 정도에 따라 여러 유형으로 분류되고 있다. 더욱이 어떤 개발접근법을 사용하느냐에 따라 정보체제의 개발 과정이나 절차는 약간씩 달리 설명된다. 그럼에도 불구하고 기본적인 정보체제 개발 과정은 체제분석

(systems analysis), 체제설계(systems design), 체제실행(systems implementation), 체제운영(systems operation) 그리고 체제평가(systems evaluation) 단계로 구성되어 있음을 알 수 있다. 이런 정보체제 개발 과정을 정보체제 개발 수명주기(systems development life cycle: SDLC)라고 부르기도 한다(Sprague, Jr. & Carlson, 1982). 그러나 이 개발 수명주기 모형의 구체적인 내용이나 구성 단계는 학자마다 다양하다.

여기서는 정보체제의 개발을 곧 특정한 목적을 위한 정보체제의 분석, 설계, 실행, 운영 그리고 평가 과정이라고 정의를 내리고 그 개발전략이나 접근법을 고찰하고자 한다. 그런데 정보체제의 기획 및 개발에 관한 앞 절에서의 설명처럼 이곳에서도 행정정보체제의 개발에 관한 이해를 증진하기 위해 경영정보체제의 개발에 사용되는 대표적인 접근법을 고찰한 후에 행정정보체제의 개발전략이나 접근법에 관해 살펴보고자 한다.

1 경영정보체제의 개발접근법

경영정보체제의 개발은 주로 응용 체제의 개발에 관한 것으로서 응용체제를 포함하는 또는 그것과 별개로 간주되는 정보체제의 개발 자체에 관한 것이 아니다. 그러나 양 체제 개발 접근법들은 기본적으로는 서로 변환되어 적용 가능하므로 응용체제 개발에 관한 접근법을 중심으로 설명함으로써 경영정보체제의 개발에 중요한 통찰력을 얻고자 한다.

1) 응용체제 개발전략의 선택에 관한 상황적응 접근법

개발은 주로 요구 사항 변화를 수용해서 응용체제가 개발됨에 따라 사용자의 요구 사항을 정확하고 완전하게 반영할 수 있도록 보장하는 과정을 포함해야 한다. 따라서 응용체제 개발접근법의 근본적인 목적은 정보 요구 개발 보증(requirements development assurance)에 있다. 그러나 물론 응용 개발 접근법이나 전략들은 이런 요구 보장을 달성할 수 있는 정도에서는 서로 차이를 보인다. 이는 좀 더 적절한 개발전략이나 접근법의 선택을 요구한다. 후술하는 개발전략들 중에 어느 것을 선택할 것인지 결정하는 데에 지침이 되는 전략을 살펴볼 필요가 있다. 그러기 위해 먼저 정보 요구

개발에서 불확실성을 일으키는 상황적 요소들(contingencies)을 보자.

(1) 정보 요구 개발상 불확실성 수준을 결정하는 상황적 요소

정보 요구 사항을 충족시켜 주는 응용정보체제의 개발은 정보 요구 개발상 불확실성의 정도에 좌우되고, 더욱이 그런 불확실성은 대체로 다음과 같은 네 가지 상황적 요소에 의해 영향을 받는다(Davis & Olson, 1985: 564-5).

① 프로젝트 크기(project size)

프로젝트 크기는 특정 사업의 크기를 말하는 것으로 총비용(total cost)과 존속 기간(duration)의 두 가지 특성으로 나타난다. 따라서 프로젝트 크기가 크면 총비용도 많이 들고 또한 존속 기간도 긴 경우가 많은데 이때 정보 요구 사항의 개발에 관한 불확실성은 클 수밖에 없다. 왜냐하면 관여하는 사람들도 많고 변동이 많을 것이며 커뮤니케이션량이나 복잡성도 클 것이기 때문이다. 물론 그 반대의 경우 요구 사항의 개발에 관한 불확실성 정도는 작아진다.

② 구조화 정도(degree of structuredness)

이는 정보체제가 지원하게 되는 의사결정의 상대적인 구조화 정도를 말하는 것으로서 그 구조화 정도가 클수록 정보 요구 사항의 개발에 대한 불확실성 정도는 그만큼 감소된다(Gorry & Morton, 1971: 55-69).

③ 사용자의 업무이해도(user task comprehension)

이는 정보체제에 의해 지원되는 업무에 대해 사용자들이 이해하고 있는 정도를 나타낸다. 사용자들이 정보체제에 의해 지원되는 업무에 대한 이해도가 높을수록 정보 요구 개발에 관한 불확실성은 그만큼 낮아진다.

④ 개발가의 업무숙련도(developer task proficiency)

이는 개발 스태프들이 프로젝트 개발에 관련하여 받은 훈련 정도와 경험 정도를 의미하는 것으로서 개발가들의 개발 업무에 관한 수완이나 능력이 클수록 정보 요구 사항 개발에 관한 불확실성은 작을 수밖에 없다, 여기서 개발 스태프는 프로젝트 관리자, 연락요원, 체제분석가 그리고 체제설계가 등이 포함된다.

이들 상황적 요소들과 정보 요구 개발에 관련된 불확실성 정도의 관계를 요약하면 [그림 4-11]과 같다.

[그림 4-11] 상황적 요인과 요구 사항 개발상 불확실성 수준 간의 관계

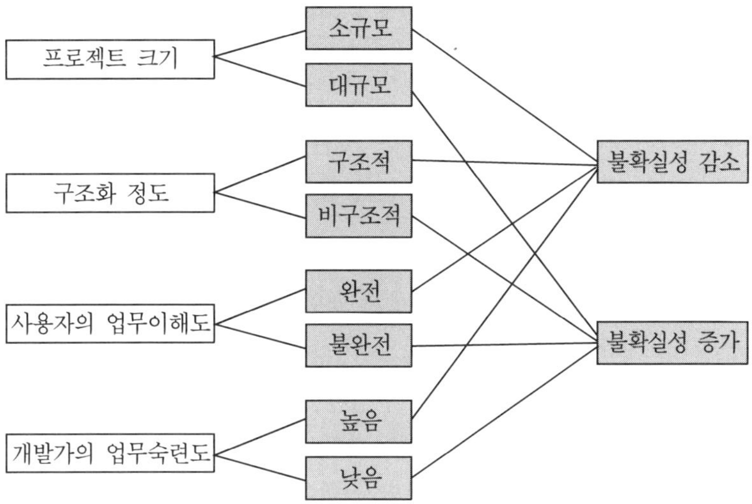

(2) 정보 요구 개발보증 전략의 선택

전술한 정보 요구 사항 개발상 불확실성의 정도에 따라 여러 가지 개발보증 전략을 고려해 볼 수 있으나 대체로 다음과 같은 네 가지 전략을 상정해 볼 수 있다(Davis & Olson, 1985: 566-7).

① 수락 보증전략(acceptance assurance strategy)

사용자들의 요구 사항에 관한 진술을 완전하고 정확하며 확고부동한 것으로 받아들여 응용 정보체제를 개발하는 접근 방법이다. 그러나 이 접근법에서는 그런 사용자들의 요구 사항이 정확하고 완전하며 더 나아가서 불변한 것인지에 대해 실제로 보증하는 절차는 없다. 이 접근 방법은 주로 소규모 프로젝트, 고도로 구조화된 업무 그리고 사용자들의 정보체제 지원 업무에 관한 이해도가 크며 개발가들의 경험이 풍부한 경우에 유용한 전략이다. 따라서 수락 보증전략은 자신들의 정보 욕구가 분명한 사용자들에 대한 반응이 크고, 이들 사용자들의 요구 보증 절차를 무시하는 경우를 감소시키며 개발의 능률성을 증가시키게 된다.

② 선형 보증전략(linear assurance strategy)

응용 체제에 관한 요구 사항이 비교적 분명하고 추가적인 수정이 이루어지지 않은 경우 정보 요구 사항의 상세화(specification) 단계부터 최종 개발 단계까지 순차적으

로 나아가면서 사용자의 요구 사항들에 제대로 순응하고 있는지를 검증하는 보증 절차를 취하는 방법으로서 전형적인 수명주기 방법론(life cycle methodologies)에서 사용된다. 이 접근 방법은 처음에 정보 요구 사항을 명세화한 후 요구 사항의 변화가 적은 경우에 유용하며, 특히 고도로 구조화된 의사결정 업무와 사용자 및 체제 개발 요원의 업무 수완이 높은 경우에 유용하다. 물론 프로젝트 크기가 적은 경우 선형 보증전략은 전술한 수락 보증전략과 효과상 동등하다.

③ 반복적 보증전략(iterative assurance strategy)

선형 보증전략을 수정 보완한 전략으로서 개발 중에 요구 사항에 관한 불확실성이 상당히 높아 실제 정보 요구 사항을 충족시키지 못하는 경우, 전술한 선형보증 절차를 필요에 따라 반복적으로 취함으로써 수정된 사용자의 정보 요구 사항에 부응하려는 응용정보체제 개발전략이다. 다만 이 접근법은 보증 절차가 충분히 반복 실시되면 사용자들의 요구 사항들을 완전히 그리고 정확하게 파악할 수 있다고 가정한다. 이 전략은 주로 다수의 사용자 체제와 사용자 및 개발가 조직에 새로운 응용 분야를 위한 정보체제 개발에 적절한 접근법이다.

④ 실험적 보증전략(experimental assurance strategy)

응용정보체제의 개발 과정에서 정보 요구 사항 및 그 충족에 관한 불확실성이 매우 높은 경우에 개발 중에 있는 체제를 실제로 사용자들이 경험해 보게 함으로써 그들 요구 사항에 부응한 정보체제를 개발하는 접근 방법이다. 이 전략은 주로 원형 접

[그림 4-12] 정보 요구 사항 개발 보증전략의 선택에 관한 상황적응 모형

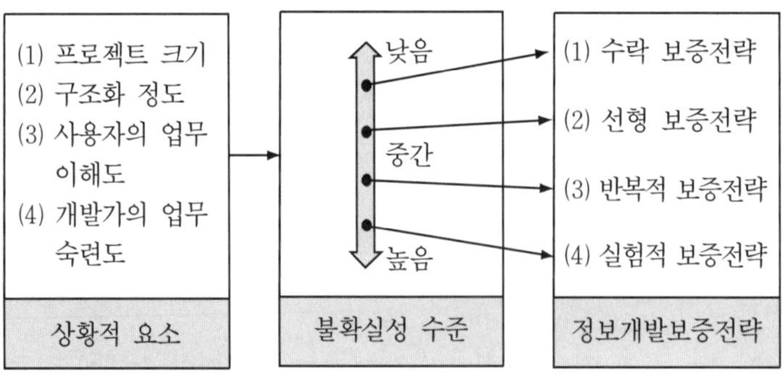

자료: Naumann, Daivs, & Mckeen(1980: 277)을 수정한 것임.

근법이나 시뮬레이션 방법 등에서 활용된다. 원형 설계 방법(prototype design method)은 불확실성을 계속적인 어림셈(approximation)을 통해 감소시켜 나간다. 특히 사용자와 개발가들은 응용정보체제에 관한 요구 사항들을 미리 파악할 수 없는 경우에도 이 방법을 이용함으로써 응용정보체제의 원형에서 약점을 쉽게 식별할 수 있다는 데에 이 전략의 장점이 있다.

이들 각 개발전략의 선택 기준 및 상황적 요소들과의 관계가 [그림 4-12]에 나타나 있다.

2) 체제 개발 수명주기 접근법

경영학 분야에서 응용 정보체제 개발에 가장 많이 사용되는 전통적인 개발접근법은 체제 개발 수명주기(SDLC) 접근법이다. 이 접근법은 전술한 바와 같이 정보체제가 기본적으로 초기 개발 단계, 성숙 단계, 그리고 퇴거 및 대체 단계를 거쳐 가는 수명주기가 있음을 전제로 하여 새로운 응용정보체제의 개발을 시도하는 접근 방법을 의미한다. SDLC의 구체적인 단계나 절차는 응용체제의 유형이나 복잡성에 따라 다양하여 학자마다 서로 다른 모형을 제시하고 있다.[2] 예컨대 데이비스와 올슨(Davis & Olson, 1985: 570-91)은 3단계 응용정보체제 개발 수명주기 모형을 제시하고 있는데 매 단계마다 세부적인 단계로 구성되어 있음을 나타낸다. 그 구체적인 내용을 보면 [그림 4-13]과 같다.

그런데 데이비스와 올슨의 체제 수명주기모형이 주로 응용정보체제의 개발에 초점을 맞추고 있으므로 주기모형의 내용을 살펴보고 그 문제점을 특히 행정학의 관점에서 지적하고자 한다.

(1) 일반적인 체제개발 수명주기모형의 내용

여러 가지 정보체제 개발 수명주기모형들을 종합화한 대표적인 사람은 루빈(B. M. Rubin)으로 그의 SDLC 모형을 살펴본다(Rubin, 1986: 541-2). 일반적인 체제개발 수명주기 모형은 <표 4-4>에서 보는 바와 같이 대체로 8단계로 이루어져 있으며,

2) 그 대표적인 예를 들어 보면 다음과 같다. H. C. Lucas, Jr., *Information Systems Concepts for Management*, 3rd ed. (New York: McGraw-Hill, 1984); J. A. Senn, *Analysis and Design of Information Systems*(New York: McGraw-Hill, 1984): E. M. Award, *Systems Analysis and Design*, (2nd ed.) (Homewood, IL.: Irwin, 1985): N. Ahituv & S. Neumann, *Principles of Information Systems for Management*, 2nd ed.(Dubuque, IA.: W. C. Brown, 1986).

[그림 4-13] 응용체제 개발 수명주기 및 그 활동

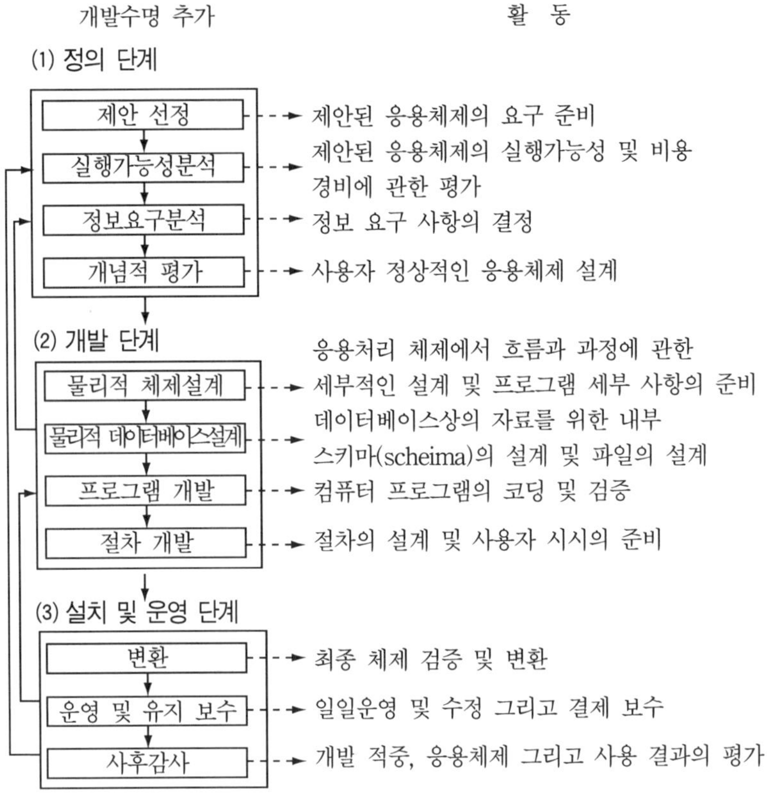

매 단계마다 더 세분화된 절차들로 구성되어 있다. 각 단계마다 이루어지는 활동 사항들은 <표 4-4>에 자세히 기술되어 있어서 추가 설명을 생략한다. 다만 그 중에 체제기획 단계는 그 중요성 때문에 앞에서 별도로 설명했음에도 불구하고 특기할 사항이 있어서 좀 더 구체적인 고찰이 필요하다.

① 상향식 기획접근법

대부분의 경우 특정 조직의 정보체제에 대한 기획은 고도의 기획기술이나 전문성을 필요로 하게 되는데 그 이유는 정보체제는 각각의 기능 단위(functional unit)의 욕구를 충족시키기 위해 설계된 하위 체제들의 연합(federation)으로 이루어져 있기 때문이다. 각 하위 체제는 각 기능 단위에게 부여된 고유의 업무에 대해 책임을 지고

〈표 4-4〉 체제개발 수명주기(SDLC) 접근법

계 층	세부 절차	활동 내용
1. 체제 기획	• 필요성의 인식 • 정보체제 계획의 개발	• 문제의 명확화와 정보체제의 필요성 식별, 그리고 연구 • 정보체제 개발과 조직의 전략적 계획 간의 관계 설정
2. 실행 가능성 분석	• 기존 체제의 평가 • 대안적 체제의 제안 및 평가	• 기존 체제 및 절차의 적합성 결정 • 대안들의 경제적, 기술적 그리고 운영적 실행 가능성 결정
3. 체제 분석	• 기존 체제 및 조직의 분석 • 정보 요구 분석 • 체제에 관한 세부 사항의 수립	• 기존 체제의 장·단점 파악 및 조직활동과 실체의 문서화 • 사용자의 정보 요구 사항 확정 및 자료의 실체 및 속성 파악 • 절차와 프로그램에 관한 세부 사항의 수립
4. 체제 설계	• 투입 및 산출의 설계 • 절차 및 처리 논리의 설계 • 데이터베이스 구조의 지정 • 변환계획(conversion plan)의 수립 • 사용자 배제	• 자료 형식과 투입 스크린 형식, 그리고 산출 스크린 및 보고서의 설계 • 각 프로그램이 특정 과업을 수행하는 데 기준이 되는 논리와 수작업 절차 지정 • 자료 형식과 자료 접근 메커니즘 그리고 데이터베이스 특성의 식별 • 새로운 체제로의 변환을 위한 절차 및 시간표의 명시 • 상세 및 설계의 동결
5. 실행	• 프로그램 및 절차의 개발 • 데이터베이스의 생성 및 변환 • 체제 성과의 검증 • 체제 수락 여력의 검증 • 사용자에 대한 교육 훈련 • 신구 체제의 병행 실행	• 프로그램의 코드화와 검증 및 문서화, 그리고 사용자 지침 및 수칙의 개발 • 체제에 의해 요구되는 새로운 데이터베이스의 구축 및 기존 자료 파일의 데이터베이스 형식에로의 변환 • 체제의 조작화 및 성과 목적의 충족 여부 검증 • 체제가 사용자의 욕구를 충족시키고 있는지를 결정하도록 최종 사용자에 의한 예비적 이용의 권장 • 교육자료의 개발 및 교육훈련 실시 • 사전에 결정된 기간 동안 새로운 체제와 병행해서 구체제를 예비 체제(backup)로서 운영
6. 운영 및 유지보수	• 체제 운영 • 체제 개조	• 조직을 위한 생산 체제로서 새로운 체제의 운영 • 오류를 정정하고 요청에 따라 수정안을 제공함으로써 체제의 유지
7. 사후 감사	• 체제에 관한 비용/편익 검토	• 체제의 계속 운영 아니면 교체되어야 하는 지에 대해 확인하여 체제성과 및 목표의 주기적인 점검
8. 종료	• 체제의 폐기 또는 신체제로의 교체	• SDLC 접근법에 의한 새로운 체제의 개발 착수

있는데, 전통적으로 이들 응용 하위 체제들은 통합된 양식으로 설계되지 않고 그 대신에 각각의 기능 단위의 특정 요구에 부응하기 위해 설계된 것이다. 이처럼 통합되지 않은 하위 체제들의 집합(conglomerate)을 통해 전체적인 정보체제로 등장하게 되는 체제 개발 유형이 상향식 접근법이라고 하는 것이다.

그런데 이런 상향식 접근법은 자료처리 절차를 통해 기능 단위의 정보 요구를 충족시키려는 SDLC의 구체적인 체제분석과 설계 단계에서 주로 요구되기 때문에 전체적인 정보체제는 형편없이 설계되고 통합된다. 그 결과 여러 가지 문제점이 드러나게 된다. 즉, 그 대표적인 문제점으로는 자료 및 사람의 노력에 따라서 심한 중복, 기능 단위들 간의 자료의 공유 불능, 상급관리자들의 의사결정에서 수립된 정보체제의 효용성 상실, 그리고 정보체제의 조직 목표에의 미흡 등을 들 수 있다.

② 하향식 기획접근법

하향식 기획 하에서는 하위 체제들 간의 조정이 요구되는데, 이 같은 조정은 일반적으로 최고관리자의 관점에서 그리고 이들 집단의 적극적인 개입으로 정보체제 계획을 수립하게 됨으로써 가능해진다. 이처럼 상부 계층의 주도로 이루어지는 정보체제 기획 방식을 하향식 기획접근법이라고도 한다. 이 하향식 접근법에 의해 조직을 위해 필요한 하위 체제들을 식별하고, 각 하위 체제의 요구 사항에 관한 대강의 아이디어를 제공하며, 각 하위 체제가 어떻게 서로 연결이 되어야 하는지를 나타내 주고, 각 하위 체제로부터 중간 및 최고관리자들을 위해 요구되는 정보를 식별하게 된다.

따라서 SDLC의 세부적인 체제분석 및 설계가 수행될 때는 SDLC가 정보체제 계획과 기능 단위의 최종 사용자들로부터 비롯된 정보 요구에 부응하고 있는지를 확인하는 교차 점검이 이루어진다.[3] 여기서 하향식 기획과 상향식 설계에 관한 개념들을 통합함으로써 모든 하위 체제들 간의 조정은 물론 SDLC를 통해 기능 단위의 요구 사항들을 명확하게 처리할 수 있게 됨을 알 수 있다(Gillenson & Goldberg, 1984: 54-6).

---

3) 이 접근법 이외에 다른 접근법들이 제시되고 있는데, 대안적인 정보체제 기획방법론에 관해서는 B. J. Browman, G. B. Davis, & J. C. Wetherbe, "Three Stage Model of MIS Planning," *Information and Management*, Vol.6(1983), pp. 11-25; M. L. Gillenson & R. Goldberg, *Strategic Planning, Systems Analysis, and Database Design*(New York: John Wiley, 1984); G. B. Davis & M. H. Olson, 1985, pp. 443-471을 참고할 것.

(2) 비판

이상에서 살펴본 체제개발 수명주기(SDLC) 접근법은 전통적으로 정보체제 개발에 많이 활용됨에도 불구하고 몇 가지 중대한 결점을 지니고 있음도 간과하지 말아야 한다. 그 대표적인 문제점들을 보면 다음과 같다(Rubin, 1986: 542-3).

첫째, SDLC는 특정 정보체제가 실행된 후에 어떤 결함이 있어서 그 체제의 변경을 꾀하고자 하는 경우에, 체제 변경에 따른 비용이 매우 크므로 불가피하게 체제 개발상의 경직성 문제에 직면하게 된다. 다시 말하면 SDLC 접근법에 따라 특정 정보체제를 설계하여 일단 실행하게 되면 다시 체제분석 단계로 회귀하여 수정을 요하는 부분을 시정하여 체제 전환을 꾀하기란 변경에 따른 비용면에서 볼 때 매우 어렵다는 것이다.

둘째, SDLC 접근법은 사용자의 정보 요구를 적절하게 파악하지 못하는 문제점을 갖고 있다. 그 이유는 전통적인 SDLC 접근법에서 개발 노력이 전 단계로 회귀하는 환류 주기(feedback cycles)가 사전에 배제되어 있기 때문이다.

셋째, 두 번째 문제와 관련된 것으로서 사용자들은 실행 단계 이전까지 정보 요구의 상세화 및 체제 설계에 대해 관여하는 것을 끝마치도록 요구되어, 결과적으로 체제상세(system specifications)와 설계(design)가 그 정도에서 동결되는 문제를 겪게 된다. 다시 말하면, 정보체제의 설계 및 실행에 대한 SDLC 접근법은 특히 사용자의 정보 요구를 식별하는 실행 이전 단계(preimplementation phases)에서 전력 투구할 것을 요구한다.[4] 따라서 일단 실행된 이후에는 정보체제에 대한 수정이나 보완 조치를 취하기란 용이하지 않은 문제가 있다.

넷째, 결국 이 같은 SDLC 접근법에서 사용자들은 체제가 설계되기 전에 정보 요구 사항을 완전하게 상술할 수 있을 것으로 가정하고 있다. 그러나 실제로 그렇지 못하고 오히려 새로운 정보체제를 사용하면서 필요한 정보를 더 요구하게 된다는 것이다.

SDLC 접근법은 시스템 개발 과정에 대한 엄격한 통제가 필요한 복잡한 시스템을 개발할 때 주로 사용되기 때문에 다른 접근 방법에 비해 비용과 시간이 많이 투자된다. 그로 인해 이러한 접근 방법은 개별적인 특정이 있고, 구조적이지 못한 대다수의

4) 그 이유는 초기 단계에서 사용자의 정보 요구에 대한 식별이 제대로 이루어지지 않아서 정보체제가 그 목적을 달성하지 못하는 경우가 많기 때문이다.

소규모 데스크톱 시스템에는 적합하지 않을 수 있다(Laudon & Laudon, 2007: 407).

3) 원형 접근법

(1) 내용

① 자습식 체제설계 접근법과 원형 접근법

정보체제 개발에 관한 원형 접근법(prototyping approach)은 전술한 SDLC 접근법의 문제점을 보완하고자 개발된 발전적인 설계접근법(evolutionary design method)으로서 사용자들의 정보 요구를 사전에 식별하기 곤란한 경우나 그들의 요구 사항이 정보체제의 개발 도중에 현저하게 변화되는 경우에 주로 사용된다. 즉 전통적인 SDLC 접근법에서는 최종 사용자들과 관리자들이 정보체제에 관한 구체적인 요구 사항을 실행 단계 이전에 마무리지을 것을 요구하고 있기 때문에, 실제로는 실행 단계 이후에 일어나는 그들의 정보 요구상의 현저한 변화를 큰 비용을 들이지 않고는 개발 과정에 수용할 수 없다(Martin, 1985: 9). 결국 사용자나 관리자들이 미리 사전에 자신들의 정보 요구 사항을 상술할 수 없는 경우에는 정보체제의 개발에 관한 모든 노력은 무의미해진다. 이 같은 문제를 극복하기 위해 정보체제 개발의 대안적인 접근법으로서 원형 접근법이 나우만(J. D. Naumann)과 젠킨스(M. Jenkins)에 의해 최초로 제안되었다(Naumann & Jenkins, 1982: 29-44; Jenkins, 1983).

이 원형 접근법은 사람들은 장차 있을 추상적인 체제에 관해 선호한다고 생각하는 것을 표현할 수 있는 것보다도 현존하는 응용정보체제에 대해 무엇을 좋아하고 싫어하는지를 훨씬 더 쉽게 표명할 수 있다는 단순한 제안에 기초한다. 그래서 이 접근법은 기존의 정보체제를 문제시하거나 특정 정보체제에 의해 해결될 계기가 주어졌다고 믿는 사용자들에 의해 주도되는데, 이들 사용자들은 원형 접근법에 유능한 전문적인 체제설계가의 지원을 필요로 한다. 여기서 한 가지 주의할 점은 원형 접근법이 종종 자습식 체제설계(heuristic systems design) 접근법과 혼용되는 경우가 있는데 양자는 약간의 차이를 보인다는 것이다.

전자의 자습식 체제설계 접근법은 베리스퍼드와 웨서브(Berrisford & Wetherbe, 1979: 11-9)에 의해 제안된 것으로서 사용자들에 대해 정보체제에 관해 자세히 설명하기 전, 즉 정보 요구 분석 단계에서 정보체제의 산출물을 발생시키는 제반 요소에 관한 운영 원형(operational prototype)을 제공한다는 데에 기초한다. 이러한 원형에는 예비적 산출 내용(output screens)과 교호적 대화(interactive dialogues)가 포함된다. 이 접근법에 의하면 사용자들과 관리자들은 모두가 정보체제의 산출 측면을 자습식으로 탐구할 기회를 갖게 되고, 그렇게 함으로써 자신들의 실제적인 정보 요구사항을 좀 더 충분히 발견할 수 있게 된다.[5)]

한편 후자의 원형 접근법은 원형을 정보 요구 단계 이후에도 현저하게 사용함으로써 사용자 및 관리자들의 정보 요구상의 변화를 수용하려는 정보체제의 개발전략이다. 이 원형 접근법이 전술한 전통적인 SDLC 접근법의 경직성을 극복하기 위해 사용될 수 있는데, 그것은 반복적인 원형 개발 방법(interative method of prototype development)을 사용하여 체제분석, 체제설계 및 체제 실행 단계까지도 대치함으로써 가능해진다(Wallace & Hurley, 1986: 563-71).

② 원형 접근법의 절차

전통적인 SDLC 접근법의 체제 개발상 경직성을 극복하는 원형 접근법은 대체로 다음과 같이 4단계로 적용된다(Davis & Olson, 1985: 568-70).

가) 제1단계: 사용자의 기본적인 정보 요구의 식별

이 단계에서는 사용자가 자신의 기본적인 정보 욕구(information needs)를 정보체제로부터 나오는 산출물에 의해 명시한다. 그러면 체제설계자는 현실적인 사용자의 기대를 설정하여 운영 원형 체제를 개발하는 데 드는 비용을 산정한다. 또한 요구되는 자료 요소(data elements)를 규명하고 이용 가능성을 결정하고 전산화할 기본적인 모형을 가능한 한 단순화시켜 유지한다.

나) 제2단계: 초기 원형 모형의 개발

이 단계의 목적은 사용자가 언급한 기본적인 정보 요구를 충족시키는 순기능적인 상호작용적 응용체제를 수립하는 것이다. 그래서 체제설계자는 최고급의 개발 언어(development language)나 다른 응용 개발 도구들을 사용하여 그런 정보체제를 수립할 책임을 지고 있는데, 여기서 체제 운영의 능률성보다 체제 수립의 속도를 강조한다. 그 결과 초기의 원형은 단지 사용자의 기본적인 요구 사항에 대해서만 반응을 보여 불완전하기 마련이다. 이런 초기 원형이 사용자에게 전달되어 사용하게 된다.

---

5) 이 같은 자습식 개발과 원형 접근법은 차츰 그 사용이 감소하게 되었는데, 그 이유는 데이터베이스 관리 소프트웨어와 고급 질의어(query language)가 발달됨에 따라 원형의 상호작용적 보고서 발생 절차와 산출 내용 양식은 체제분석가 및 설계자들에 의해 적은 노력으로 프로그램화되어 손쉽게 이용되기 때문이다(Rubin, 1986, footnote No. 16).

다) 제3단계: 사용자의 요구 사항을 정비하기 위한 초기 원형의 사용

이 단계는 사용자로 하여금 제안된 정보체제에 대해 직접적인 경험을 갖게 하여 자신의 정보 욕구뿐만 아니라 정보체제가 그런 욕구를 충족시키는 것이 무엇이고 그렇지 못한 것이 무엇인지에 대해 이해할 수 있게 한다. 그래서 사용자로 하여금 초기의 원형 체제의 결함이나 문제가 무엇인지 발견하기를 기대한다. 그 결과 체제설계자보다도 사용자가 언제 체제 변화가 필요한지를 결정해서 전체적인 개발 시간을 통제하게 된다.

라) 제4단계: 초기 원형 체제의 수정 및 보완

이 단계에서는 체제설계자가 제2단계에서 언급된 원리나 원칙에 따라 사용자에 의해 요구된 것만을 변경한다. 이 단계에서 강조되는 것은 체제를 수정해서 사용자에게 반환하는 속도이다.

이상의 4단계 체제 개발 원형 접근법을 도식화하면 [그림 4-14]와 같다.

[그림 4-14] 4단계 체제 개발 원형 접근법

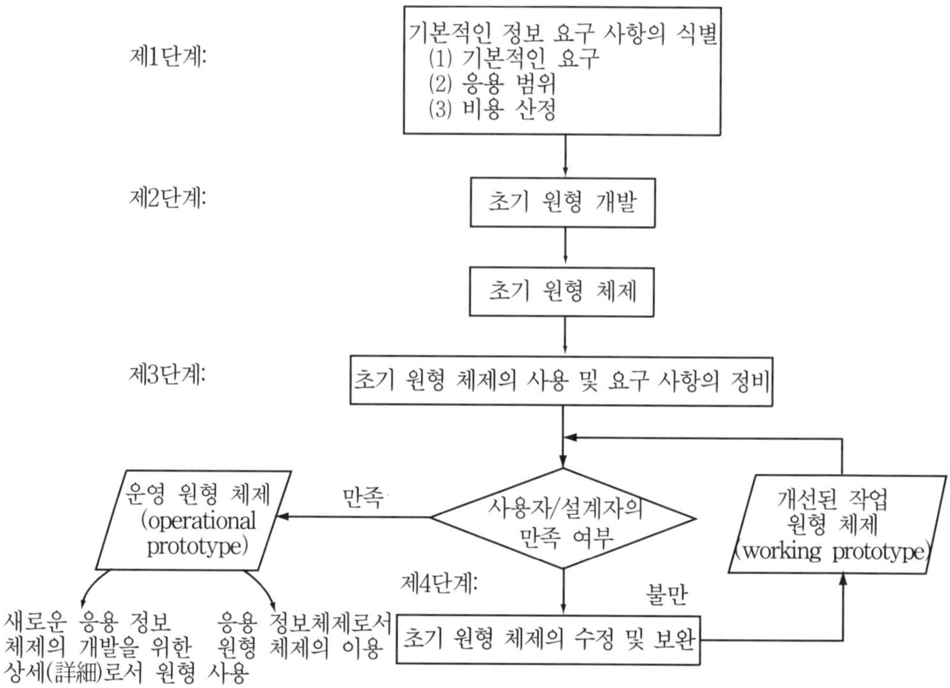

자료: Jenkins(1983); Davis & Olson(1985: 569)를 수정한 것임.

(2) 비판

원형 체제 개발접근법은 다음과 같은 장·단점을 갖는다(Davis & Olson, 1985: 570).

① 장점

원형 접근법은 특히 고도의 불확실성의 응용체제 개발에서 다음과 같은 장점이 있다.

첫째, 큰 비용을 초래하지 않고도 아이디어를 시험해 볼 수 있다.

둘째, 사용자나 관리자의 정보 요구 사항이 자주 변경되는 경우에도 총 개발비를 감소시킬 수 있다.

셋째, 제대로 기능하는 체제를 사용자에게 신속하게 넘겨 줄 수 있다.

넷째, 사용자 전문가와 정보체제 전문가 간에 신속하게 넘겨 줄 수 있다.

다섯째, 희소한 인적·물적 자원을 효과적으로 이용할 수 있다.

② 단점

이상의 여러 가지 장점과 그 밖의 유효성에도 불구하고[6] 원형 접근법의 가장 대표적인 문제점은 다음과 같다.

첫째, 빈번한 정보 요구의 변화로 인해 체제 문제 과정의 관리가 어렵다(Alavi, 1984: 556-63).

둘째, 원형이 충분히 구체화된 설계의 근거로만 사용되어야 하는 경우 최종 생산물로 받아들이는 경향이 있을 수 있다.

셋째, 원형 접근법이 기존의 SDLC를 완전 대체하여 낡은 것으로 만들기보다는 SDLC 접근법과 결합하여 사용될 때만이 최상의 유용성을 발휘한다.

따라서 SDLC에 내재해 있는 구조상 이점을 이용하지 않고 원형 접근법만 사용되는 경우에 여러 가지 문제점을 발생시키게 된다는 것이다(Janson & Smith, 1985:

6) 원형 접근법의 체제 개발에서 효용성은 여러 연구들에서 주장되었다. 예컨대, J. M. Kraushaar & L. E. Shirland, "A Prototyping Method for Applications Development by End Users and Information systems Specialists," *MIS Quarterly*, Vol. 9(September 1985), pp. 189-197; M. A. Janson & L. Douglas Smith, "Prototyping for systems Development: A Critical Appraisal," *MIS Quarterly*, Vo1. 9(December 1985), pp. 305-316: & M. Alavi, "An Assessment of the prototyping Approach to Information systems Development," *Communications of the Association for Computing Machinery*, Vo1. 27(June 1984), pp. 556-563을 참고할 것.

305-16).

4) 참여적 체제설계 접근법

(1) 내용

정보체제 개발을 위한 참여적 체제설계 접근법(participative systems design approach: PSDA)은 전통적인 SDLC의 가장 중요한 문제점인 경직성을 극복하려는 또 하나의 대안적 접근법으로서(Mumford, 1981: 5-19) 여기에는 크게 두 가지 방법이 포함되어 있다. 그 하나는 기능 분야의 최종 사용자로 하여금 체제분석 및 설계 과정에 적극적으로 참여케 함으로써 그들의 정보 요구에 대한 인식과 구체화를 높이는 방법이다. 다른 하나는 관리자로 하여금 역시 체제분석 및 설계 과정에 적극적으로 참여케 하는 방법이다.

① 사용자의 정보체제 개발 과정 참여

정보체제의 성공적인 개발에 영향을 미치는 주요 요소들 중의 하나는 최종 사용자로 하여금 정보체제의 개발 과정에 더 적극적으로 개입하도록 하는 것이다(Ginzberg, 1981: 46-60). 이 같은 사용자의 정보체제 개발 과정 참여 방법은 여러 가지가 있을 수 있으나 대표적인 방법은 상담 형식(consultative mode)이다. 이것은 사용자가 체제설계 요소 및 제안들에 관한 자신들의 반응에 대해 계속적으로 상담을 하는 방법이다. 또 하나의 대표적인 사용자 참여 방식은 최종 사용자로 하여금 정보체제 설계팀의 구성원으로서의 역할을 수행하게 하여 SDLC 개발 단계마다 체제분석가 및 관리자들과 직접적으로 상호작용하게 하는 방법이다.

② 관리자의 정보체제 개발 과정 참여

이는 최종 사용자의 체제 개발 과정 참여와 마찬가지로 최고관리자로 하여금 정보체제의 설계 및 실행에 직접 참여하게 하는 것이 정보체제의 성공적인 개발에 근본적인 요소가 된다(Ginzberg, 1981: 46-60).

(2) 비판

기존 SDLC 접근법의 문제점을 극복하고자 개발된 사용자 및 관리자의 정보체제 개발 과정 참여 증대 접근법은 특히 다음과 같은 장·단점이 있다.

① 장점

먼저, 사용자들의 체제 개발 과정 참여 증대 접근법은 다음과 같은 장점이 있다(Hirschheim, 1985: 295-303).

첫째, 사용자들과 체제개발가 및 관리자들 간의 커뮤니케이션의 개선

둘째, 새로운 정보체제에 대한 저항 감소

셋째, 생산성 향상

넷째, 사용자들의 업무만족도 강화

다섯째, 능률적인 체제 개발 과정의 유지

다음으로, 관리자, 특히 최고관리자의 정보체제 개발 과정 참여 증대 접근법은 다음과 같은 장점을 지닌다(Ginzberg, 1981: 46-60; Senn, 1978: 23).

첫째, 새로 개발되는 정보체제의 지원 강화

둘째, 조직에서 체제개발자 역할의 중요성 증가

셋째, 정보 요구 결정 과정에의 최종 사용자로서의 최고관리자 참여

② 단점

이상과 같은 여러 가지 장점에도 불구하고 참여적 체제설계 접근법은 몇 가지 문제점을 드러내고 있는데 무엇보다도 사용자나 최고관리자 등이 정보체제 개발의 전문가가 아니기 때문에 정보 요구 분석에는 능률성과 효과성을 높이는 데 이 접근법이 기여할지 모르나 적시에 특정 목적의 정보체제를 수립·구축하는 데에는 오히려 비능률적일 가능성이 있다는 것이다. 더욱이 상술한 장점들이 특정 연구 결과로 나타났기 때문에 좀 더 확정적인 사실이 되기 위해서는 다양한 대상 체제 개발 과정과 여러 가지 다른 상황과 시점에서 추가적인 연구가 이루어져야 할 것이다(Ives & Olson, 1984: 586-603).

5) 사회기술 접근법

(1) 내용

① 의의

민간 부문의 조직에서 정보체제를 개발하는 데 이용 가능한 또 하나의 접근법은 사회기술 접근법(sociotechnical approach)으로서 조직 변화에 관한 분석과 앞에서 설명한 정보체제 요구분석에도 적용된다. 이 접근법의 기본 아이디어는 조직을 사회

기술 체제(sociotechnical systems)로 보는 것처럼 정보체제도 사회기술 체제로 보는 것이다. 이 사회기술 접근법은 기술과 사람 간의 상호작용에 초점을 두고 기술적으로 능률적일 뿐만 아니라 고도의 업무 만족을 가져다 줄 수 있는 정보체제를 개발하는 것을 목적으로 한다(Mumford & Weir, 1979: 6). 또한 이 접근법은 체제설계가와 같은 기술전문가뿐만 아니라 새로운 정보체제에 의해 영향을 받게 되는 사람들의 체제 개발 과정 참여를 강조한다. 그래서 이 사회기술 접근법은 앞에서 설명한 참여적 체제설계 접근법과도 관계가 있다. 끝으로 사회기술 접근법은 수많은 운영요원들이 영향을 받게 되는 사무체제(clerical systems)와 같은 거래처리 체제(transaction processing systems)의 개발에 특히 적합한 접근법이다.

② 사회기술 접근법의 절차

사회기술 접근법은 [그림 4-15]에서 보는 바와 같이 7단계로 이루어진다. 이들 각 절차를 살펴보면 다음과 같다(Mumford & Weir, 1979: ch.3).

가) 제1단계: 문제의 진단

이 단계에서는 설문지조사를 통해 작업환경에 관한 사람들의 욕구(needs)를 진단한다. 설문지조사 결과로 종사원들이 그들의 직업에 대해 무엇을 좋아하고 싫어하는지를 파악하게 되고, 또한 그들이 이상적인 일자리로서 무엇을 원하는지를 알게 된다.

나) 제2단계: 사회기술적 체제설계

제1단계 활동의 결과로서 정보체제에 대한 인적 목적들을 설정하게 된다. 그리고 체제에 대한 이들 인적 목적들과 사전에 규정된 기술적 목적들에 기초하여 정보체제에 관한 개괄적인 목적들을 규정한다.

다) 제3단계: 대안적 해결책의 정의

이 단계에서는 최적 해결 방안과 기술적 해결 방안이 별도로 설정된다. 각 대안은 앞의 2단계에서 수립된 평가 기준에 기초하여 평가되어 실행 가능한 사회적 그리고 기술적 해결 방안들에 관한 간단한 목록을 작성한다.

라) 제4단계: 가능한 사회기술적 해결 방안의 정의

이 단계에서는 제안된 기술적 해결 방안들을 제안된 사회적 해결책들과 비교하여 하나의 해결 방안으로 결합될 수 있는 것들만 사회기술적 해결책(sociotechnical solutions)으로 제안한다.

[그림 4-15] 사회기술 접근법

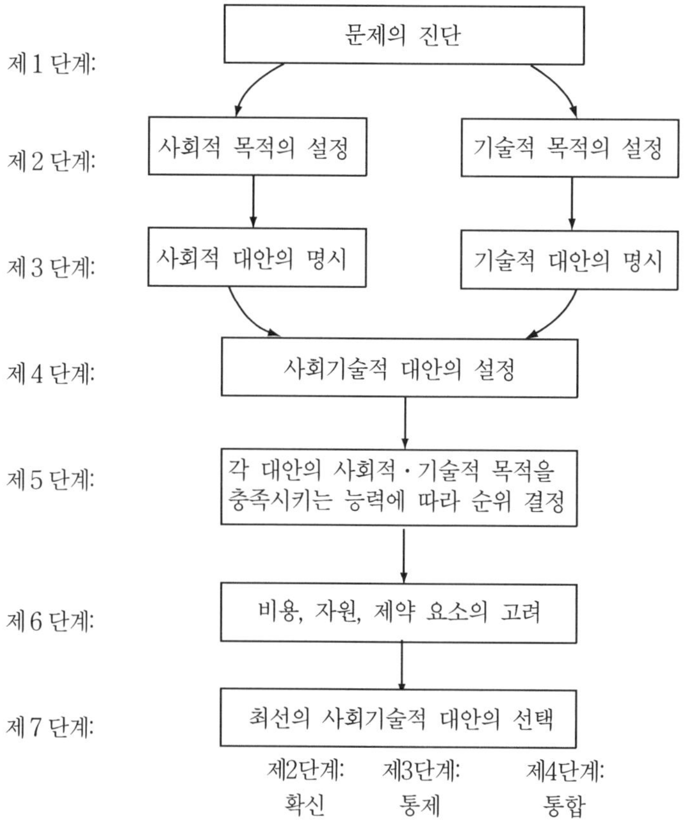

마) 제5단계: 사회기술적 해결 방안들의 순위 결정

이 단계에서는 제안된 사회기술적 대안들 각각에 대한 비용/편익 분석을 실시한다. 그래서 최선의 대안이라고 분석된 것을 제2단계에서 설정한 사회적·기술적 목적들에 비추어 평가한다.

바) 제6단계: 구체적인 작업설계의 준비

이 단계에서는 새로운 정보체제에 대한 작업의 적절한 구성과 작업집단의 조직을 결정하는 구체적인 과업구조(task structures)를 고안한다. 이때 작업설계 원칙(job design principles)을 준용하게 된다.

사) 제7단계: 최선의 사회기술적 해결 방안의 채택

일단 최선의 사회기술적 해결책이 채택되어 실시되면 그 정보체제의 목적이 충족되어 있는지를 관련 종사원들은 확인해야 한다. 여기서는 주로 직무 만족에 관한 후속 진단(follow-up diagnosis)과 생산성 척도가 새로 도입된 정보체제에 의해 결과로 나타나는 개선의 정도를 측정하는 메커니즘이 된다.

(2) 비판

① 장점

민간 부문의 조직에서 정보체제 개발을 위한 접근법으로 사용되는 사회기술 체제설계 접근법은 다음과 같은 장점을 갖는다.

첫째, 사회기술 체제설계 접근법은 업무의 능률성뿐만 아니라 업무의 만족도를 향상시켜 주는 정보체제를 개발할 수 있게 한다.

둘째, 자신들의 업무에 영향을 미칠 정보체제의 개발 과정에 사용자로 하여금 직접 참여케 함으로써 그 체제에 대한 이용도를 증가시킬 수 있을 뿐만 아니라 기술적 우수성을 확보할 수 있다.

셋째, 더욱이 사회적 욕구나 가치를 희생시키지 않고도 생산성 목표를 달성할 수 있는 체제를 수립할 수 있다.

② 단점

이상의 이점에도 불구하고 사회기술 체제설계 접근법은 몇 가지 제약점을 갖고 있다.

첫째, 지나치게 시간을 낭비하는 체제설계를 하게 된다.

둘째, 작업 재설계(work redesign)와 집단 커뮤니케이션 기술을 갖춘 체제설계가를 필요로 한다.

셋째, 무엇보다도 공공 부문의 행정조직에서는 일상 업무 처리집단을 위한 정보체제의 개발의 경우를 제외한 그 밖의 정보체제 개발에 이 사회기술 접근법을 적용하기는 본질상 곤란하다.

6) 프로토타이핑

프로토타이핑(prototyping)은 새로운 체제에 대한 작업모형을 신속하게 개발하고 테스트하는 방법이다(Laudon & Laudon, 2007: 407-9). 이 방법은 정보체제 전문가와 비즈니스 전문가가 다 함께 참여하는 방식으로 이루어진다. 체제의 설계를 단순화하고 빠르게 진행함으로써 최종 사용자가 체제의 개발 과정에 참여할 수 있는 기회를 얻을 수 있다. 이것은 체제의 개발 과정에서 최종적인 사용자와 정보체제의 전문가 역할에 변화를 요구하는 것이라 할 수 있다.

프로토타이핑 과정은 4단계로 분류되며, 체제 개발자는 3단계와 4단계를 수차례 반복하여 최종 운영 체제를 개발한다.

가) 1단계: 사용자의 기본적인 요구 사항의 파악 단계

시스템의 설계자는 사용자의 기본적인 정보 요구를 충분히 파악하기 위해 사용자와 함께 작업한다.

나) 2단계: 시범 시스템 제작

다) 3단계: 시범 시스템의 실제적 사용

사용자가 실제적으로 시스템을 사용해 봄으로써 자신의 요구 사항이 얼마나 만족되었는지 확인하고, 제안하는 단계

라) 4단계: 시범 시스템 수정과 개선

사용자가 요구한 요청 사항에 따라 시스템을 수정하여 사용자가 만족할 때까지 3, 4단계를 반복.

프로토타이핑은 정보체제의 사용자 인터페이스를 설계할 때 유용하게 사용될 수 있다. 프로토타이핑 기법은 최종 사용자가 적극적으로 참여하기 때문에 사용자의 요구에 충족한 체제를 개발할 수 있다. 하지만 최종 시제품이 잘 동작한다면 관리자들은 완벽한 체제 개발의 필요성을 느끼지 못해 사용자의 요구가 충분히 반영되지 못하는 문제점이 발생할 수도 있다.

7) 최종 사용자 개발

최종 사용자들이 기술 전문가의 도움 없이 약간의 도움만으로 간단한 정보체제를 개발하도록 하는 것이다. 최종 사용자는 체제분석가나 프로그래머의 도움 없이 4세대 언어, 그래픽 언어, 그리고 PC 소프트웨어 등의 도구를 활용하여 데이터 접근과 보고서 생성, 정보체제 개발을 스스로 할 수 있다(Laudon & Laudon, 2007: 410).

대체로 최종 사용자 개발(end user development) 체제는 전통적인 체제 생명주기를 통한 체제 개발보다 개발 속도가 더 빠를 수 있으며, 사용자에게 자신들의 사업 요구를 직접적으로 명시하도록 하여 요구 사항의 수집이 용이하고 적극적인 사용자의 참여와 만족도 제고가 가능하다. 하지만 이 방법은 정형화된 개발방법론, 검사, 문

서화 없이 단기간에 시스템을 만들기 때문에 조직적인 위험을 가지고 있다. 그렇기 때문에 최종 사용자 정보체제의 하드웨어, 소프트웨어, 품질에 대한 표준 설정이 필요하다.

2 행정정보체제의 개발접근법

지금까지 사기업 조직에서 활용되는 경영정보체제의 개발접근법들에 관해 고찰해 보았다. 이들 접근법들의 논리나 아이디어는 행정정보체제의 개발에도 원용될 수 있겠으나 그대로 사용될 수 없음은 자명하다. 행정정보체제는 경영정보체제와 기술적인 차원에서 많은 공통점을 공유하면서도 행정조직이 경영조직과 조직 내·외적인 면에서 서로 차이를 보임으로써 그 개발면에서도 차이를 보이게 된다. 중복을 피하기 위헤 양 정보체제 간에 가장 대표적인 차이점만 들어보면, 행정정보체제는 첫째로 경영정보체제보다도 목적면에서 공공성이 더 강조되며, 둘째로 정보체제의 개발면에서 신축성이 더 많아야 한다. 특히 행정정보체제가 경영정보체제와 달리 환경 요소, 특히 원격환경 요소로서 정치적·경제적 요소에 의해 많은 영향을 받기 때문에 그 개발에서도 그런 특징이 고려되어야만 한다. 따라서 행정정보체제의 개발과 관련하여 먼저 기본적인 개발전략을 살펴보고, 다음으로 구체적인 개발접근법들을 살펴보고자 한다.

1) 개발전략

행정정보체제의 개발전략은 크게 세 가지 차원에서 고려될 수 있다. 즉, 환경적 차원(특히 경제적인 면과 정치적인 면), 조직적 차원(특히 업무환경 요소면), 그리고 개인적 차원(특히 인사 제도면)에서 행정정보체제의 개발에 관한 지침을 보면 다음과 같다(Bozeman & Bretschneider, 1986: 482-5).

(1) 환경적 차원에서 개발전략

① 개발전략 1

경제적 능률성(economic efficiency)은 행정정보체제의 효과성을 평가하기 위한 여러 가지 중요한 평가 기준 중의 하나에 지나지 않는다.

사조직에서는 정보체제의 성과를 생산처리 및 수익성에 관한 그리고 조직 전체에 관한 경제적 능률성을 기초로 평가하는 것은 의미가 있으나(Hamilton & Chervany, 1981: 55-70) 행정조직을 생산효율성 척도에 따라 평가하는 것은 의미가 있을지 몰라도 매우 어렵다. 더욱이 행정정보체제를 경제적 능률성에 의해 평가하는 것은 부적절한 경우가 많다. 오히려 정치적 선거구와 형평성 규범을 등한시하여 행정정보체제를 수립하는 경우에 심각한 문제에 봉착하게 된다.[7] 따라서 행정정보체제의 성과가 정부기관의 비시장성 과업과 완전히 분리되지 않는 한 경제적 능률성에 주로 기초한 성과평가는 부적절하다.

② 개발전략 2

행정정보체제를 개인적 보상이나 부가 지불(side payment)로서 사용해서는 안 된다.

공공 부문에서 컴퓨터 기술과 정보체제의 통제 및 접근은 때때로 부가 지불로서 기여하는 경우도 있으나 그런 경우에 심각한 어려움 중의 하나는 개인적인 이득을 위해 이용될 때 남용될 가능성이 있다는 것이나. 컴퓨터를 부가 지불로 사용함으로써 초래되는 두 번째 어려움은 조정의 결여로 호환 불능의 장비 및 소프트웨어의 급속한 확산을 야기할 가능성이 있다는 점이다.

③ 개발전략 3

행정정보체제의 기획은 총체적/합리적(holistic/rational)이기보다는 점증적/상황적(incremental/contingent)이어야 한다.

일반적으로 경영정보체제의 기획은 미래 지향적이고 포괄적이어야 한다. 그래서 오늘의 하드웨어와 소프트웨어는 내일의 욕구와 기술적 가능성을 고려해야만 한다. 또한 컴퓨터 기기의 구입은 통합적으로 이루어져야 하기 때문에 정보체제의 기획에 대해 경험적 접근법이 대체적으로 가장 적절하다. 그러나 공공 부문에서는 외부통제와 정치적 변화에 대한 민감도(sensitivity)가 요구되므로 행정정보체제의 기획을 위한 다른 접근법이 필요하다. 공공 부문에서 행정정보체제의 기획에 제약을 주는 요소로는 첫째, 행정정보체제의 도입에 따른 책임이 관련 부서별로 분리되어 있다는 것과

7) 그 예로는 K. Morrissey & C. Williams, "Massachusetts Combats Welfare Frau," *State Government News*(December 1982), p. 15; K. Kraemer, at al., *The Management of Computers*(New York: Columbia University Press, 1981)을 참조할 것.

둘째, 정부의 정책 과정에서 불확실성이 존재함을 들 수 있다.

④ 개발전략 4

행정정보체제의 기획 및 체제설계는 환경 외적 수평적·수직적 관계에 대한 필요성을 가능한 충분히 고려해야 한다.

간혹 민간 부문에서 조직들은 경영정보체제를 외부 환경과의 연계 수단으로 이용하지만, 공공 부문에서는 행정정보체제가 정부활동을 모니터할 뿐만 아니라, 대외활동가가 해당 조직과 상호작용을 하고 모니터하는 수단으로서 이용된다. 행정정보체제의 가장 큰 책무성은 행정정보체제가 특정 조직 외부의 공식적인 행위자들에게 직접적으로 접근 가능해야 한다는 것이다. 외부 접근이 없는 경우에 행정정보체제는 내부 조직인들에게만 이용 가능한 조그만 '지식의 영지(field of knowledge)'로 전락하거나 단지 내각의 상부계층 및 감독기관 또는 여타 책임을 지고 있는 당사자들과의 관계에서 협상 수단으로서 사용될 뿐이다.

또한 행정정보체제의 책무성(accountability)을 강화할 뿐만 아니라 업무상 중복과 타부서에 반하는 목적에 이용되는 일을 피하는 것이 중요하다. 게다가 공조직 간의 상호의존성으로 인해 행정정보체제의 구축에서 수평적 연계가 중시된다. 많은 경우에 행정정보체제는 정책 영역에서 다양한 행위자들의 자원이 되기도 한다.

(2) 조직적 차원에서 개발전략

① 개발전략 1

행정정보체제의 장은 공조직 집행부의 최고관리자가 되어서는 안 된다.

많은 경우 민간 부문에서의 경영정보체제의 성공은 상부 계층 관리자들의 지지와 관심과 밀접하게 관련되어 있어서 흔히 경영정보체제의 틀은 조직의 최고관리자에게 직접 보고하도록 되어 있다. 그러나 공공 부문에서 최고관리자들은 정치적으로 임명된 사람들이어서 운영 관리에는 관여하지 않는 경향이 많다. 이들 정치관료들은 주로 정치적 주기와 성급한 결과에만 관심을 보임으로써 행정정보체제의 장기적인 관리목표를 저해하는 경우가 있다. 예컨대 정보자원관리(IRM)의 기본적인 논리도 의사결정자들의 중요한 자원인 정보에 관해 중앙집권적 기획과 통제가 이루어지되 직업공무원의 최고의 계층에서 전담하도록 되어 있는 것이다. 결국 최고관리층은 컴퓨터에 관련된 정책에는 관여하지만 자원 배분을 위한 기본적인 규칙 등을 정비하는 데에는 관여하지 않는다.

② 개발전략 2

행정정보체제와 관련된 조달 정책의 경우 컴퓨터 대여와 행정정보체제 자원의 공유에 중점을 두어야 한다.

민간 부문에서 경영정보체제에 투자한 자본은 세금 감면을 목적으로 가치 저하를 취할 수가 있고, 많은 경우 회사의 욕구가 커지거나 장비가 낙후되면 컴퓨터 장비를 매각 처분할 수가 있다. 그러나 공공 부문의 조직들은 평가 절하의 혜택도 볼 수 없을 뿐만 아니라 노후 장비에 대해서는 시장가격을 기대할 수도 없다. 그래서 장비 대여 및 공유가 행정정보체제의 개발에서 아주 매력적인 대안으로 간주된다.

③ 개발전략 3

행정정보체제는 그 시험 개발 및 원형 개발에서 오랜 기간을 필요로 한다.

일반적으로 공공 부문에서의 실수는 그 영향이 막대한데, 행정정보체제의 영향도 광범위하기 때문에 행정정보체제 개발가는 실행에 앞서 더욱더 신중을 기할 것이 요구된다. 다시 말하면 경영정보체제의 개발에서처럼 행정정보체제는 개발상 시행착오를 거듭할 수가 없는데, 그 이유는 한 번의 실수가 미치는 영향이 막대하고 광범위하기 때문이다. 그래서 그만큼 더 개발에 책임성을 강조하게 된다.

④ 개발전략 4

행정정보체제는 일반적으로 관리·통제를 강화하는 데에 유용한 수단이 못 된다.

많은 경우 민간 부문의 관리자들은 경영정보체제를 통제력을 행사하고 강화하기 위한 수단으로 사용하는 반면에, 공공 부문에서의 행정정보체제는 관리통제를 위한 효과적인 도구가 되지 못한다. 왜냐하면 관리자의 통제력을 강화하기 위해 행정정보체제를 사용하는 경우 여러 면에서의 저항에 직면하게 되기 때문이다. 실증적인 조사는 지방정부의 경우 최고관리자들은 컴퓨터를 기초로 한 정보체제가 자신들의 책임하에 부서들을 통제하거나 그들 부서에서 문제나 권력 남용 또는 비능률을 식별하고 또 이들 부서의 부하 직원들 각자의 성과를 모니터하는 능력에 전혀 효과적이지 못하다고 보고 있음을 밝혔다(Kraemer at al., 1981: 55).

(3) 개인적 차원(인사 제도면)에서 개발전략

① 개발전략 1

행정정보체제는 노동 절감에만 기초하여 합리화되지 말아야 한다.

비록 행정정보체제가 때때로 주장된 노동 절감과 요원 교체에 근거하여 심지어 매각되기도 하지만 행정정보체제가 현저한 노동 감소 효과를 초래한다고 믿을 이유가 없다(Danziger, 1977: 28-37). 많은 경우 공공 부문의 일자리는 정치적인 대상물로서 주어지고 보호된다. 더욱이 공공 부문에서는 노동 절감이 유일한 기대 효과가 아니다. 오랫동안 공공 부문에서의 고용은 실업 방지 대책의 일환으로 권장되어 왔다. 따라서 민간 부문에서와는 달리 공공 부문에서 요원 해고는 공공 서비스의 본질상 그리고 안전망으로서 공직의 역할에 비추어 생산성만을 근거로 쉽게 정당화되지 않는다.

② 개발전략 2

행정정보체제의 요원 시장은 덜 탄력적이어서 행정정보체제의 기획은 비시장성 고용의 제약 조건들에 대해 민감해야 한다.

대체적으로 행정정보체제로부터 비롯된 생산성과 행정정보체제 요원들을 고용하기 위한 기금 및 직위 사이에는 거의 일치성이 존재하지 않는다(Wamsley & Zald, 1973: 78). 경영정보체제 요원은 대체로 시장에서 경쟁가격에 고용될 수 있는 반면에 행정정보체제 요원들에 대해 행정기관들은 제한된 경쟁력을 가질 뿐이며, 고용 관행에서도 신축성이 제한되어 있고, 또한 사내훈련(in-house training)에 대한 지원에서도 제약을 받는다. 따라서 행정정보체제의 설계에서 기획 과정의 초기 단계부터 누가 그 체제를 운영·관리할 것인지를 파악하는 것이 바람직하다. 인사 제도의 제약 요소로 인해 요원 배치는 아주 보수적이어야 하고 행정정보체제 개발이 요원의 충원·관리는 저절로 이루어질 것이라는 가정하에 이루어져서는 안 된다.

2) 반복적 체제 개발주기 접근법

(1) 내용

① 의의

반복적 체제 개발주기(iterative systems development cycle: ISDC) 접근법은 공조직에서 정보체제의 설계 및 실행에 아주 적절한 체제 개발 접근법으로서 한편으로 식별 가능한 개발 단계와 필요한 개발구조를 유지하면서 다른 한편으로 전통적인 SDLC 접근법이 안고 있는 체제 개발상의 경직성 문제를 극복하기 위한 주요 기법들을 포괄한 정보체제 개발 접근 방법이다. 따라서 ISDC 접근법은 기존의 SDLC 접근법의 특징적인 개발 단계에다 전통적인 수명 주기모형의 결함을 해소하도록 설계된 새로운 방법론을 병합함으로써 도출된 복합모형(hybrid model)이다.

기존의 SDLC 접근법과 크게 다른 점 중의 하나는 ISDC에는 '종료' 단계가 없다는 것이다. SDLC는 민간 부문의 경영정보체제에 적합할 것이나 대부분의 공공 부문의 응용 업무에는 유용하지 못하다. ISDC 모형은 계속되는 정보체제 발전주기를 지향하고 있는데 그것은 기존 정보체제가 '적응적 설계(adaptive design)'라고 불리는 반복적인 원형화 과정을 통해 검토되고, 평가되며, 수정됨을 나타낸다. 만일 기술이나 환경에서 본질적인 변화가 발생하여 기존 정보체제가 존속되지 못하거나 대치되는 경우 새로운 정보체제가 기존 정보체제의 잔해로부터 생성하게 된다. 공조직에서의 정보체제 발전에 관한 이상과 같은 관점은 민간 부문에서와 달리 공공 부문에서는 기존의 목표 및 절차들을 완전히 그리고 쉽게 변경할 수 없다는 사실에서 기인한다.

② 반복적 체제 개발주기 접근법의 절차

반복적 체제 개발주기 접근법은 [그림 4-16]과 같이 크게 6단계로 구성되어 있다. 이 접근법에서 가장 특기할 점은 다섯 번째 단계인 원형화 또는 원형 수립 단계가 다시 체제평가, 체제분석, 체제설계, 그리고 체제 실행의 4단계로 구성되어 가장 바람직한 원형 정보체제가 나올 때까지 원형 체제 수립활동을 반복적으로 계속한다는 것이다. 이들 ISDC 단계를 구체적으로 살펴보면 다음과 같다(Rubin, 1986: 547-8).

가) 체제기획 단계: ISDC의 첫 단계인 정보체제 기획 단계(systems planning stage)는 대체로 다음과 같은 세 가지 세부 단계로 구성되어 있다.

- 필요성의 인식－전통적인 SDLC의 경우와 마찬가지로 문제를 명확히 하고 필요성을 식별하며 연구를 착수한다.
- 정보체제 계획의 개발－여기서 계획개발은 전략적 기획(strategic planning)을 할 수 없다. 왜냐하면 전략적 기획 과정은 대부분의 공조직에서는 존재하는 경우가 드물기 때문이다. 그 대신 정보체제 기획 과정에서는 정보체제와 관련된 조직의 전략적 문제들이 취급되며 최고 행정관료들이 직접 관여한다. 전술한 바와 같이 이 같은 최고 행정관료의 기획 과정에의 관여는 정보체제가 조직의 목표와 일치함을 확신시키는 데에 도움이 될 뿐만 아니라 공공 부문의 관리자들이 정보체제 개발 과정에서 적극적인 의사결정자임을 밝혀서 공공 부문의 정보체제가 실패하게 되는 또 하나의 결함을 극복하게 한다(Schmitt & Kozar, 1978: 9).

[그림 4-16] 반복적 체제개발 주기 접근법

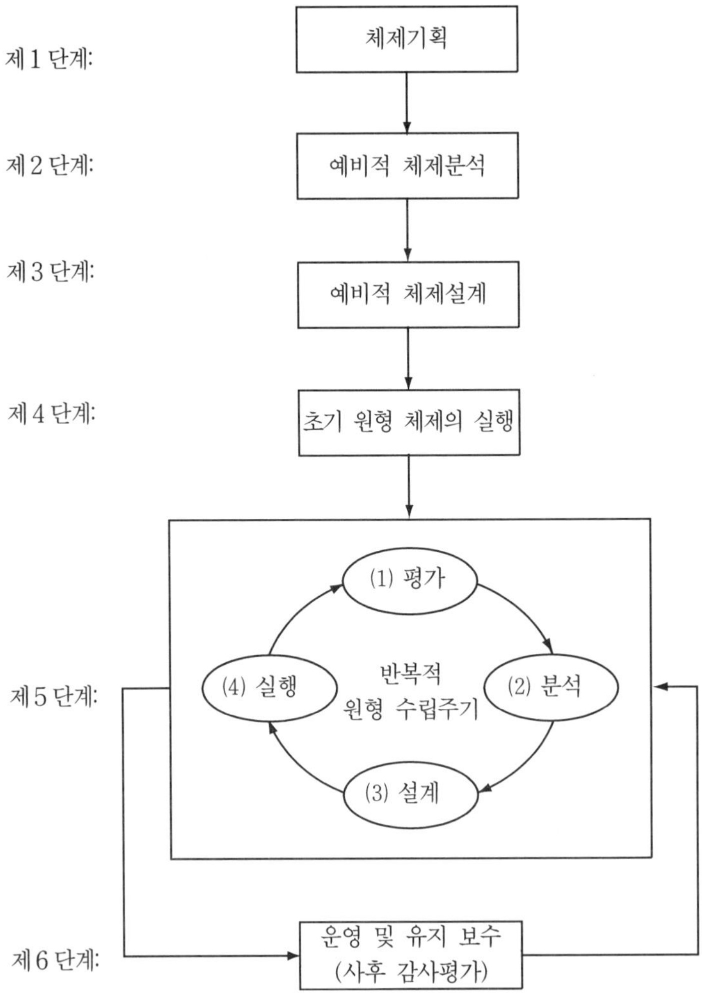

자료: Rubin(1986: 546)을 수정한 것임.

- 실행가능성 분석(feasibility analysis)－이는 단지 기존 정보체제가 본질적인 문제를 해결하는 데에 적합한지의 여부와 개발 노력의 경제적 실행가능성에 관해 조사한다. 그 밖의 기술적·운영적 실행가능성 문제는 원형 체제 수립 노력의 부산물로서 간주된다.

나) 예비적 체제분석 단계: 이 단계에서는 첫째로 사용자의 적극적인 참여를 통해

자신들의 정보 요구에 관한 초기 단계를 이해시키는 것과 둘째로 이 같은 이해를 바탕으로 초기 원형(initial prototype)에 관해 일련의 구체적인 기술을 한다. 그런데 공공 부문에는 정보체제를 개발하는 데 적절한 체제분석이 없는 경우 정보체제의 개발에 실패하게 됨을 유의할 필요가 있다(Schmitt & Kozar, 1978: 14).

다) 예비적 체제설계 단계: 이 단계는 원형 개발을 위한 다음과 같은 두 가지 세부 단계로 구성된다.

- 적극적인 사용자의 관여－이는 투입, 산출 그리고 초기 원형의 처리 논리(processing logic)가 사용자의 요구 사항과 일치함을 확신시키기 위한 절차이다.
- 초기 원형을 위한 데이터베이스 구조의 상술－이는 초기 원형 체제에 적합한 데이터베이스의 구조를 구체화하는 단계로서 좀 더 확대된 데이터베이스에 관한 구체적인 설명은 나중에 오는 원형 체제 개발주기에서 이루어진다. 이처럼 예비설계 단계에서는 내용 및 적시적 전달면에서 사용자의 요구 사항에 대한 대응성(responsiveness)을 입증하는 원형 체제를 제시하는 것에 최우선 순위를 두게 된다. 따라서 이 단계에서는 일반적으로 데이터베이스 관리체제(database management system: DBMS)를 구축하게 된다(Tien & McClure, 1986: 333-562).

이 단계에서는 변환계획(conversion plan)이 고려되지 않는다. 그것은 ISDC 접근법이 갖고 있는 반복적인 체제 실행의 본질에 기인한다. 그렇지만 예비설계 단계에서 조직이 어떻게 새로운 체제로 변환할 것인가를 구체적으로 명시하려는 것은 효과적이지 못하다. 왜냐하면 이러한 변환이 원형 개발주기와 동시에 발생하거나 그 직접적인 결과로서 발생하는 것이 일반적이기 때문이다.

라) 초기 원형 체제의 실행 단계: 이 단계에서는 원형화 과정 또는 원형 수립 과정을 시작하기 위해 신기술에 크게 의존한다. 특히 실행 단계에서는 4세대 응용개발 언어(fourth-generation applications development languages)를 사용하여 모든 자동화된 과정들이 개발되어야 한다. 이들 개발 언어들은 컴퓨터가 어떻게 작동되어야 하는 것보다도 무엇을 처리해야 하는지에 관해 프로그래머가 상술하게 하는 비절차 언어를 제공함으로써 프로그래밍 노력을 감소시키는 프로그래밍 체제를 말한다. 이것은 처리 과정의 매 단계마다 컴퓨터에서 지시하는 명령어를 프로그래머가 제공하도록 요구하는 코볼(COBOL), 포트란(FORTRAN), 또는 베이직(BASIC)과 같은 절차 언어(procedural languages)와 구별된다.

이들 4세대 언어들은 또한 데이터베이스 관리 소프트웨어와도 관련이 있는데, 그것은 입력과 출력 프로그래밍의 자동 처리와 컴퓨터 스크린 그리고 하드카피 보고서(hardcopy reports, 출력된 인쇄물) 간의 상호작용적인 설계 능력으로 인해 프로그래밍 시간을 더욱 절감하게 해 준다는 점이다. 이러한 4세대 언어들로는 FOCUS, SAS, R: Base 5000, 그리고 dBase Ⅲ 등이 있다.[8)]

마) 반복적인 원형 수립주기 단계: 이 단계는 전술한 바와 같이 ISDC가 전통적인 SDLC 정보체제 개발모형과 구별하는 과정이다. 즉, 기존의 SDLC 접근법에서는 개발 과정의 어느 단계에서나 정보 요구 사항의 상세(specifications)를 동결하려는 것과 대조적으로 이 ISDC의 원형 수립주기 단계는 새로운 원형 체제를 구축함으로써 개발 과정의 어느 단계에서나 사용자나 관리자의 정보 요구 사항에서의 변화를 정보체제에 수용할 수 있게 한다. 이 점이 바로 ISDC모형의 특징으로서 정보체제 개발이 어느 시점에서나 체제의 변화를 수용하고 장려하는 연결 과정임을 보여 준다. 이 원형 수립주기 단계는 다시 다음과 같은 평가, 분석, 설계, 그리고 실행의 네 가지 세부 단계로 이루어져 있는데, 이들 과정은 바람직한 원형 체제가 결정될 때까지 반복된다.

- 원형 체제의 평가 단계－이는 사용자로 하여금 초기 원형 체제 또는 신형 체제를 직접 시험하게 함으로써 그 정보체제가 안고 있는 결함과 강화시킬 필요가 있는 장점들을 파악하게 하는 과정이다. 이 결과를 체제개발가에게 다시 보고하여 새로운 유형의 원형 체제를 개발하도록 한다.
- 체제분석 및 설계 단계－이는 예비적 체제분석 및 설계에 이어서 다시 시도되는 과정이지만 예비 단계와는 달리 확충된 사용자의 요구 사항과 체제 강화 요소를 새로운 원형 체제에 수용한다는 관점에서 이루어진다. 기존의 자료 흐름도(data flow diagrams)와 의사결정표(decision tables)와 같은 체제분석 및 설계도구를 수정하여 이상의 변화들을 수용하고, 데이터베이스가 더욱더 구체화되며, 체제 논리와 코드(systems logic and code)가 수정 내용과 확충 내용을 수용할 수 있게 개조된다.
- 실행 단계－이는 앞의 단계에서 새롭게 개발된 원형 체제를 다시 한 번 사용자

8) 이들에 관한 설명은 J. Martin, *Fourth-generation Languages*(Englewood Cliffs: Prentice-Hall, 1985)를 참조할 것.

〈표 4-5〉 반복적 체제 개발주기 접근법

단 계	세부 절차	활동 내용
1. 체제 기획	• 필요성의 인식 • 정보체제 계획의 개발 • 실행가능성 분석	• 문제의 인식, 필요성의 식별, 그리고 연구의 착수 • 기관의 집행관들을 기획 과정에 참여시킴으로써 정보체제 개발과 조직의 목표 간의 관련성 파악 • 기존 체제의 적합성을 평가하고 경제적 실행가능성을 결정하기 위해 예비적 실행가능성 조사 실시
2. 예비적 체제분석	• 기존 체제의 분석 • 정보요구 분석 • 초기 원형에 관한 세부 사항의 설정	• 기존 체제의 장점과 약점의 파악 • 사용자의 정보 욕구에 관한 예비적 이해 정도의 확정 및 초기 자료의 실체와 속성의 식별 • 투입, 산출 그리고 처리 요소를 포함한 초기 원형에 대한 세부 사항의 설정
3. 예비적 체제설계	• 초기 원형에 대한 처리 논리, 투입 및 산출, 그리고 수작업 절차의 설계	• 투입 스크린, 산출 스크린, 수작업 및 자동처리 절차의 설계에 적극적 참여자로서 사용자의 관여 • 초기 데이터베이스 구조의 설계 및 예비 자료에의 접근 메커니즘의 지정
4. 초기 원형 체제의 실행	• 원형 프로그램 및 절차의 개발 • 원형 데이터베이스의 구축 • 초기 원형의 전달 및 사용자에 대한 교육훈련의 제공	• 4세대 언어로 원형 프로그램의 코드화와 원형 프로그램의 검증 및 문서화 그리고 초기 지침 및 수작업 절차의 규정 • DBMS를 이용하여 현실적인 자료로 초기 데이터베이스를 수립 및 내장 • 예비문서화 및 병행되는 훈련 세미나를 통한 사용자의 원형 체제 이용
5. 원형 수립 주기	• 평가 • 분석 • 설계 • 실행	• 결함이나 향상 및 수정의 필요성을 간과하기 위해 사용자로 하여금 새로운 원형 체제에 의해 작업을 수행하도록 권장, 만약 체제가 만족스럽고 완전하면 체제 개발주기를 벗어남. • 체제분석가에 의한 다음 원형의 개발 및 사용자의 경험을 기초로 한 새로운 요구 사항, 수정 사항 그리고 원형의 개선점 등의 지정 • 새로운 원형을 위한 투입 및 산출 형식, 처리 논리, 데이터베이스 구조, 그리고 수작업 절차의 수정 • 기존의 4세대 언어 코드의 수정: 문서화 및 수작업 절차의 변경: 실제 데이터베이스의 구축 및 수정: 새로운 원형의 최종 사용자에게 전달
6. 운영 및 유지 보수	• 체제 운영 • 사후 감사 및 평가	• 생산 체제로서 최종 원형 체제의 운영 • 원형 주기가 언제 재착수할 필요가 있는지를 결정하기 위해 운영 중인 원형 체제에 관한 주기적인 평가

자료: Rubin(1986: 545).

에게 주어 시험케 하고 나아가서 평가하게 되는 과정이다.

결국, 이 같은 원형 체제 수립활동은 사용자들의 정보 요구가 안정적인 수준에 이르거나 사용자들이 상술한 강화 요소나 변경 사항들을 수용할 수 있을 때까지 반복적으로 되풀이되나 적어도 2번 정도의 반복 과정을 통해 필요로 하는 원형 체제를 수립하게 된다. 따라서 정보체제 개발 과정은 다음과 같이 모두 3차의 원형 체제를 이용해 이루어짐을 알 수 있다.

- 초기 원형(initial prototype)－이 원형은 주로 절차와 산출물에 관해 수립하게 되는데 사용자로 하여금 대화를 통해 그리고 체제의 처리 요소를 이용하여 자신들의 정보 요구 사항과 문제점들을 식별하게 해 준다.
- 제2원형(second prototype)－두 번째 원형은 원형 주기(prototype cycle)를 첫 번째 반복함으로써 도출된 것으로서 사용자들에 의해 상술한 변경 사항과 강화 요소뿐만 아니라 투입 체제 및 데이터베이스의 완전 실행을 포함한다.
- 제3원형(third prototype)－이는 사용자가 완전 정보체제를 경험한 결과 추가로 요구한 사항을 충족시켜 주도록 설계된 운영 가능한 정보체제를 나타낸다. 이 원형 체제에는 훈련용 프로그램의 완전 문서화가 가능할 뿐만 아니라 제공되기도 한다.

바) 운영 및 유지 보수 단계: 이 단계에서는 앞의 원형주기 단계를 통해 최종적으로 수립된 원형 체제, 즉 제3의 원형 체제를 조직에서 생산 체제로서 운영하고 유지·보수하는 과정이다. 이 과정에서 또한 언제 원형 수립 주기를 추가로 반복 실시해야만 하는지를 알려 주기 위해 주기적인 사후 감사평가(periodic post-audit evaluation)를 실시하게 된다. 이같이 추가로 반복 실시되는 원형주기 과정을 통해 정보체제가 수립된 후로도 조직 내부에서나 환경에서 발생한 변화를 수용하게 된다.

지금까지 설명한 ISDC 접근법의 절차 및 세부 단계를 요약하면 <표 4-5>와 같다.

(2) 비판

① 장점

이제까지 설명한 ISDC 접근법은 특히 공공 부문의 조직에서 정보체제 개발에 유용하다고 여러 실증적인 연구에 의해 평가되고 있다. 즉 원형 접근법은 최종 사용자들이 정보체제를 효과적으로 이용하게 할 뿐만 아니라 정보체제의 적응성과 신축성을 보장해 주는 효과적이고 능률적인 설계전략으로서 공조직에 적합하다(Keen &

Gambino, 1983: 173-204; Henderson & Schilling, 1985: 157-68). 무엇보다 이 반복적인 원형 수립 접근법을 사용함으로써 중요한 체제 수정으로 인한 비용이 기존의 체제 수명주기 방법을 통한 체제 개발의 경우보다도 훨씬 적게 든다는 것이다. 또한 ISDC의 통합접근법은 행정정보체제의 중요한 구성 요소인 협의의 MIS(즉 IFS: 정보처리체제)와 DSS(의사결정 지원체제)를 별도 개발할 수 있게 할 뿐만 아니라 공동으로 개발할 수 있게 한다. 다시 말하면 이 ISDC 접근법은 협의의 MIS와 DSS 개발 및 발전이 일반적으로 통합되고 또한 동시에 발생하는 공공 부문에서의 정보 개발에 아주 적절하다는 것이다. 이는 DSS의 실행이 협의의 MIS상의 현저한 변화를 초래하게 되어 공공 부문에서 두 유형의 정보체제들 간의 실질적인 상호의존성이 있음을 감안한 개발접근법임을 뜻한다.

② 문제점

이와 같은 ISDC 접근법의 장점에도 불구하고 대부분의 정보체제 개발접근법에서와 같이 ISDC 접근법에 의한 행정정보체제를 개발하는 데 가장 어려운 문제는 기존의 행정정보체제가 사용자나 관리자의 정보 요구를 충족시켜 주지 못해서 그 체제를 수정할 필요가 있는 경우 민간 부문의 조직에서처럼 용이하게 추진할 수 없다는 것이다. 왜냐하면 우선 행정조직 자체가 대규모적이고 광역적이어서 정보체제에 관련된 사용자나 관리자가 많고 다양해서 그들의 정보 요구를 일정한 방향으로 수렴하기 곤란할 뿐만 아니라 관료적 병폐 중의 하나인 할거주의적 행동양식은 반복적인 원형체제 수립을 능률적이고 효과적으로 수행할 수 없게 만들기 때문이다.

제 5 장 행정정보체제의 실행 및 평가

제 1 절 행정정보체제의 실행

1 행정정보체제 실행의 개념

행정정보체제의 설계가 완료되면 그 체제의 실행이 이루어진다. 여기서 정보체제의 실행이란 학자에 따라 여러 가지로 정의되는데, 이를 종합해 보면 크게 두 가지로 나눌 수 있다.

첫째, 광의의 실행 개념으로서 정보체제의 실행을 정보체제로부터 얻고자 의도한 이점을 실현시키는 과정으로서 정의하는 것이다. 즉, 정보체제의 실행이란 정보체제의 분석, 설계, 변환, 운영, 평가 및 유지 보수 등 정보체제 개발의 모든 과정을 의미한다고 보는 견해이다(Murdick & Munson, 1986: 581-616; Murdick & Ross, 1979: 217-42; Zmud & Fox, 1979: 35-43). 이 같은 견해는 주로 행태론적 또는 인간 지향적 접근을 시도하는 학자들에 의해 주장한다.

둘째, 유형의 정의는 협의의 정보체제 실행 개념으로서 정보체제의 실행을 새로이 설계된 정보체제를 설치하여 변환 및 수락이 이루어지는 과정으로 파악한다. 이 같은 견해는 주로 기술 지향적 또는 체제 지향적 접근을 시도하는 학자들에 의해 주장된다(Scott, 1986: 541-48).

전자의 광의의 개념이 조직구성원의 행위적 요소들을 중시하고 있다는 점에서 행정정보체제의 실행을 이해하는 데에 도움이 될 수 있지만, 행정정보체제의 개발 과정을 여러 가지 단계로 구성되어 있는 과정으로 보며 체제 실행이 그들 구성 단계들 중의 하나라는 점에 비추어 볼 때, 광의의 개념 그 자체로는 체제 실행만을 설명하기에 부적절하며, 더욱이 후자의 협의의 개념이 정보체제론적 입장에서 좀 더 일반적이므로 이곳에서도 체제접근법적 관점에서 협의의 개념을 수용하여 정보체제의 실행을 기존의 정보체제를 새로운 정보체제로 변환하는 활동 내지 새로운 정보체제를 설치하는 행위로 정의한다(Lucas, 1982: 387). 이는 달리 표현해서 정보체제의 설계 개념을 작동 체제(working system)로 변환하는 것을 뜻한다.

그런데 이 같은 협의의 개념을 수용하면서도 앞에서 언급한 바와 같은 광의의 실행 개념의 행태론적 입장을 고려하여 정보체제의 실행에 즈음해서는 수반 내지 선행되어야 할 조직상의 변화에 관련된 모든 문제들도 실행 과정에서 취급되어야 할 것으로 본다.

다시 말하면, 정보체제의 실행은 기술적 변화뿐만 아니라 조직상의 변화를 포함하는 개념이다. 많은 경우 정보체제의 실행에서 조직상의 변화 문제를 간과하거나 경시하고 기술적 실행(technical implementation)만을 집착한 나머지 새로운 정보체제 조직으로의 도입이나 기존 정보체제의 수정 등에 따른 조직상의 변화에 반대하는 조직 내적 거부나 반발로 인해 기술적 실행마저 실패하게 되는 수가 있다. 이는 특히 할거주의적 경향과 현장 유지적 성향이 심한 행정조직 내에서 새로운 정보체제의 실행이나 기존 정보체제의 수정은 그에 따른 또는 그를 위한 조직상의 변화를 사전에 고려하여 대책을 수립하지 않고는 성공하기 어려움을 시사한다.

따라서 성공적으로 정보체제를 실행하기 위해서는 조직적·환경적 요인, 개인적 요인, 업무의 특성, 시스템 설계적 요인, 실행 과정상의 요인 등이 종합적으로 고려되어야 한다.

2 정보체제의 실행 과정

정보체제의 실행 과정도 실행의 개념을 어떻게 정의하느냐에 따라 여러 가지로 설명될 수 있으나 앞에서 내린 실행의 개념 하에서 대체로 다음과 같이 두 가지 측면에서 고찰해 볼 수가 있다.

1) 기술적 측면에서 실행 과정

기술적 측면에서 실행 과정은 대부분의 경우, 다음과 같은 네 가지의 기본 활동 과정으로 구성되어 있다(Kroeber & Watson, 1984: 460-8; Burch & Grudnitski, 1983: 603-24). 즉, 행정정보체제의 실행은 컴퓨터 프로그램의 작성, 즉 프로그래밍, 정보체제 요원의 훈련과 교육, 정보체제의 검증, 그리고 체제 변환의 네 가지 활동 또는 절차로 구성되어 있다. 앞의 3단계는 실행의 핵심 활동인 체제 변환을 위한 준비 활동으로 볼 수 있다. 이들 각 활동에 대해 좀 더 구체적으로 살펴보면 다음과 같다.

(1) 컴퓨터 프로그램의 작성

컴퓨터를 기초로 한 정보체제에 관한 설계가 완료되면 작동 체제로 변환시키는 정보체제의 실행 단계에서 가장 큰 단일 활동은 컴퓨터 프로그램들을 작성하는 것이다. 이 활동은 컴퓨터 하드웨어의 설치 장소 등이 이미 확보된 상태에서 어떻게 작동시킬 것이냐를 구체적으로 표현하는 것이다. 여기서 컴퓨터 프로그램의 작성, 즉 프로그래밍은 컴퓨터 체제를 작동시키기 위한 절차들을 준비하는 것이라고 정의를 내릴 수 있다. 프로그래머들이 만들어 내는 코드는 구체적인 체제설계 단계에서 체제분석가가 제공하는 문서화(documentation)에 기초한다. 즉 체제분석가들이 제공한 체제 논리와 투입·산출·데이터베이스·통제설계 상세(詳細, specifications)에 기초하여 프로그래머는 코드를 작성한다. 이처럼 구체적인 설계 상세를 준수하는 것은 곧 사용자가 원하는 것을 생성하는 프로그램을 작성하게 되기 때문이다. 또한 프로그램을 작성할 때 중시되는 것은 경제성인데, 이 같은 프로그래밍의 경제성을 향상시킬 수 있는 프로그래밍 실행(programming practices)으로는 대체로 세 가지가 있다.

① 모듈 접근법(modular approach)의 이용

프로그래밍에서 모듈(즉, 컴퓨터 장치나 프로그램을 여러 개로 나눈 것 중의 하나를 일컬음) 접근법을 활용하면 다음과 같은 세 가지 이점이 있다.

첫째, 좀 더 난해한 모듈들을 좀 더 숙련된 프로그래머들에게 분배해 줌으로써 프로그래밍 생산성을 향상시키게 된다.

둘째, 가장 빈번히 사용되는 모듈들에 대해 최적화 노력을 경주함으로써 처리상 능률성을 강화할 수 있다.

셋째, 프로그램상의 변화를 지역 모듈(local modules)로 분리 · 고립시킴으로써 변화의 확산을 방지하여 프로그램들이 더욱더 유지 가능하게 된다.

② 표준(standards)의 활용

표준이란 프로그래머가 프로그램을 작성할 때 준수해야 할 일련의 규칙들이다. 프로그래밍에서 이 같은 표준들을 활용하게 되면 조직 내에서 지속적인 프로그래밍 스타일을 향상시켜서 새로운 조직구성원들이 좀 더 용이하게 프로그램들을 유지할 수 있게 된다. 따라서 프로그래밍 표준들은 파일, 레코드(record), 변수, 그리고 모듈명(module names)상의 지속성을 필요로 한다. 이처럼 프로그래밍 표준은 모듈 작성 시에 엄격한 규칙을 준수할 것을 요구한다.

③ 수석 프로그래머 팀(chief programmer team)의 활용

특정 정보체제는 여러 가지 좋은 그러나 조정이 이루어지지 않은 아이디어보다는 일련의 설계 아이디어를 반영해야만 한다. 이처럼 대규모 정보체제를 개발하는 것도 리더(leader)로 하여금 정보체제의 핵심적인 주제가 제대로 실행되고 있는지를 확인하게 한다. 이런 이유로 해서 정보체제를 설계한 많은 조직들이 주요 프로그래머 팀을 설치 · 운영한다. 이 팀의 최고 프로그래머는 새로 준비한 정보체제의 모든 기술적인 측면을 관리하는데, 여기에는 프로그램 설계를 준비하고 모든 코딩과 검증 그리고 문서화를 감독하는 일들이 포함된다. 이 최고 프로그래머는 정보체제의 실행과 관련하여 주요 백업(backup) 요원으로서 행동하는 선임 보조원의 지원을 받는다. 이 선임 보조원은 그 팀의 다른 구성원들과의 의사소통뿐만 아니라 최고 프로그래머의 아이디어에 대한 반응을 테스트하는 사람(sounding board)으로서 역할을 담당한다. 이들 두 사람은 행정관리자, 편집인, 특정 프로그래머(tool smith), 검사자, 언어전문가, 그리고 프로그램 사무요원(program clerk)의 지원을 받는다.

④ 프로그램 예비조사(program walk-through)

프로그램 작성이 완료된 후에는 매 프로그램마다 예비조사를 실시한다. 이 같은 프로그램 예비조사는 프로그램 상에 생략, 오류, 그릇된 논리, 부적절한 언어 사용, 또한 그 밖에 잘못된 프로그램 작성 등을 간파하는 데에 목적이 있다. 이러한 프로그램 예비조사의 가장 큰 이점은 모든 프로그램들이 더욱더 해독이 가능하게 된다는 것인데, 그 이유는 프로그래머들은 그들의 프로그램들이 동료 프로그래머와 다른 기

술 요원에 의해 검토될 것임을 알고 있기 때문이라는 것이다.

프로그램 리허설은 일반적으로 체제분석가, 프로그래머, 그리고 운영요원과 같은 정보처리 설비 스태프의 구성원들로부터 차출하여 구성된 팀에 의해 실시된다. 그렇지만 사용자들은 이러한 프로그램의 예비조사에는 가담하지 않는데, 그 이유는 현저하게 기여할 만한 기술적 지식을 보유하고 있지 않을 가능성이 많기 때문이다. 이 같은 예비조사 과정에서 전담팀 구성원 중의 한 사람은 그 과정에서 발견된 오류들을 기록·정리하여 프로그래머에게 보고하는 책임을 맡는다. 그런데 그 같은 프로그램상의 모든 오류들을 정정할 책임은 리허설을 실시한 팀에 있는 것이 아니라 프로그래머에게 있다. 프로그램 예비조사에 의해 발견된 오류의 수나 규모에 따라서 정정된 프로그램에 대한 후속적인 예비조사가 이루어질 수 있다.

(2) 정보체제 요원의 훈련 및 교육

모든 체제에서 인적 요소가 가장 중요한 요소 중의 하나인데, 그 이유는 사람이 체제를 설계하고 개발하며, 운영하고 유지 보수하며, 또한 그들이 체제로부터 창출된 산출물을 이용하기 때문이다. 만일 새로운 정보체제가 성공적으로 실행되어야만 하는 경우에 그 체제에 의해 영향을 받는 모든 사람들은 첫째로, 그 정보체제에 대한 그들 각자의 책임을 알아야 하고, 둘째로 정보체제가 자신들에게 제공하는 것이 무엇인지를 알고 있어야 한다. 이 같은 교육 과정을 완수할 책임은 체제분석가에게 있다.

① 훈련 및 교육 범위

새로운 정보체제의 도입에 따른 훈련과 교육을 받아야 할 대상자는 크게 두 가지로 분류된다. 그 하나는 정보 사용자들과 다른 한 부류는 정보체제 운영요원이다.

가) 정보 사용자: 행정조직 체제 하에서 볼 때 일선 행정관료, 하위관리자, 중간관리자 및 최고관리자가 이에 속한다. 이들은 구체적으로 업무 기능별로 세분화될 수 있다. 이들 행정관료들은 정보의 사용자로서 정보체제의 이용에 관련된 교육을 받아야 한다. 그 밖에 행정정보체제의 이용자로서 교육을 받아야 할 대상은 행정정보를 필요로 하여 접근·이용하고자 하는 일반 국민들이다. 행정정보체제가 일반 기업경영 정보체제와 달리 대다수의 국민에게 직접적으로 영향을 미치고, 또한 영향을 받으므로 그들에 대한 정보체제의 이용에 관한 교육이 제대로 실시되지 않아서 행정정보체제를 이용하지 못하게 되면 행정관료들에 의한 정보체제의 독점관리와 정보의 자연적 독점이 불가피해진다.

여기서 정보 사용자들을 '교육'시킨다는 말은 정보체제가 무엇을 요구하고, 무엇을 제공하는지를 그들 사용자들에게 알려 준다는 의미이다. 그런데 이 같은 교육은 이미 사용자들이 자신들의 정보 요구 사항을 식별하는 체제분석 단계에서부터 이루어졌으나, 여기 실행 단계에서의 교육은 이 같은 요구 사항들이 새로이 설계된 정보체제에 의해 어떻게 충족되는지를 설명해 주는 것에 초점을 둔다.

이 같은 교육의 제공을 가끔 간과할 수가 있으며, 때로는 그 가치를 정보체제의 실행 기간에는 과소 평가할 수가 있다. 그것은 체제분석가들이 정보체제의 이용자 중의 대부분은 새로운 정보체제에 대해 깊이 있게 생각해 보는 경우가 상대적으로 드물다는 사실을 깨닫지 못할 뿐만 아니라, 대규모 교육계획을 수립하여 조직관리자에게 제출하는 경우 예산상의 이유로 감소 내지 폐기해 버리는 경우가 있다. 사실상 교육의 효과보다는 그에 따른 비용만 현실적으로 산정되므로 조직관리자의 입장에서는 비용을 초래하는 교육 프로그램을 거절할 수밖에 없다. 그 극복 방안으로는 첫째, 체제분석가가 교육의 필요성을 먼저 인식하고 정보체제 사용자에 대한 교육을 정보체제의 실행 과정의 일부로서 기획하거나 둘째, 사려 깊은 교육계획을 정보체제의 실행 과정에 절대적으로 필수불가결한 것으로 관리자에게 제출하는 것이다.

정보체제에 관해 정보 사용자들에게 교육을 실시할 때 조직계층의 업무나 기능상 특성을 고려하여 상부 계층의 관리자들은 공식적인 교육을 받을 기회가 덜한 만큼 비공식적인 교육이 필요하다. 게다가 대부분의 상부 계층 행정관료들은 정보체제의 설계 단계에도 간여하는 경우가 많으므로 중복을 피하는 범위에서 새로운 정보체제의 기능과 효과 및 이용 절차에 대해 교육을 해야 할 것이다. 이들에 대한 교육은 정보체제의 성공적인 실행을 위해 그들의 지지를 얻어야 하므로 그들의 이해를 돕는 방향으로 이루어져야 한다.

그 반면 조직의 하부 계층의 관리자들이나 일선 행정관료들의 정보 이용 및 정보체제 이용을 위한 교육은 좀 더 공식적으로 그리고 구체적으로 실시되어 정보체제 이용상 오류가 발생하지 않는 방향으로 이루어져야 한다. 또한 이들에 의한 정보체제의 이용률이 상대적으로 크므로 이용에 따른 제반 이용이 절감될 수 있는 방향으로 교육이 이루어져야 한다. 아울러 이들 사용자들의 새로운 정보체제에 대한 적극적인 이용을 권장하기 위해서도 새로운 정보체제의 이용 절차에 관한 교육은 필요하며, 새로운 정보체제의 성공적인 실행을 위해서도 불가피한 요소가 된다.

나) 운영요원: 정보체제의 운영요원의 범주에 속하는 사람들로는 인력을 준비하고,

자료를 처리하며, 정보체제의 논리적 요소와 물리적 요소들을 운영·유지하는 모든 개개인들이다. 또한 이 범주에는 정보체제를 직접적으로 통제하는 책임을 진 사람들도 속한다. 이들에 대한 교육은 흔히 '훈련(training)'이라고 부른다. 운영요원의 훈련은 대체로 두 가지 차원에서 이루어져야 하며, 그 점은 체제분석가에 의해 고려되어야 한다. 첫째, 운영요원은 처음에는 새로운 행정정보체제를 운영하는 방법이나 절차에 관해 훈련을 받아야 한다. 둘째, 그 행정정보체제가 수정됨에 따라서 또는 새로운 운영요원이 요구됨에 따라서 운영요원들에게 훈련의 기회를 지속적으로 제공해야 한다. 특히 두 번째 유형의 훈련은 일종의 계속훈련으로서 외부환경의 영향이나 요구에 따라 민감하게 반응을 보여야 하는 행정정보체제의 성공적인 실행을 위해 필수불가결한 요소가 될 것이다.

② 행정정보체제 요원의 교육 및 훈련접근법

가) 교육 및 훈련접근법의 종류

- 세미나 및 집단지도(group instruction)－이 접근법은 체제분석가로 하여금 일시에 많은 사람들을 교육 내지 훈련시킬 때 사용되는 방법으로서 새로운 행정정보체제의 개관을 발표할 때 특히 유용하다. 이 접근법은 또한 많은 사람들이 같은 업무를 수행하는 대규모 조직에서 교육이나 훈련을 실시할 때 유용하다.
- 절차훈련(procedural training)－이 접근법은 개인에게 일차적인 학습 방법으로서 자신의 활동을 기술한 서면 절차들을 제공하는 것으로서 개개인들에게 집단회기 중에 또는 개별적으로 질문을 하고 문제를 제기할 수 있는 기회를 제공하게 된다. 이 접근법을 확대하면 행정정보체제에 의해 영향을 받는 사용자 각자에게 정보체제에 관한 공식 기록, 특히 행정정보체제의 산출물에 대한 보고서를 제공하게 된다.
- 개별훈련(tutorial training)－이 접근법은 좀 더 사적인 접근법이어서 비용이 많이 드는 반면에 다른 접근법들과 연관시켜서 사용하는 경우 새로운 행정정보체제에 관한 이해의 결여를 해소시켜 줄 수 있다. 특정 업무가 아주 복잡하거나 성공적인 운영에 필수 불가결한 행정정보체제에서의 개별 훈련은 의도했던 결과를 얻는 데 필요하다. 실제로 체제분석가들은 운영요원뿐만 아니라 행정정보체제의 산출물을 사용하는 사람들에게 개별 훈련이나 교육을 제공한다.
- 시뮬레이션(simulation)－특히 행정정보체제와 운영요원에 대한 중요한 훈련기

법 중의 하나는 작업환경을 모의실험하는 것이다. 이 같은 작업환경의 시뮬레이션은 자료와 절차 그리고 그 밖에 요구되는 장비를 재생하고 수락할 만한 성과수준에 이를 때까지 제시된 활동을 개인으로 하여금 수행케 함으로써 가능하게 된다. 비록 이 같은 시뮬레이션 접근법은 비용이 많이 드는 접근법일 수도 있지만, 교육 후에 개인을 실제 운영환경에 배치해 볼 때 시행착오가 적은 것으로 나타난다.

- 현장훈련(on-the-job training)－행정정보체제 요원을 훈련시키는 데 가장 널리 사용되는 접근법은 그들에게 실제로 일을 시켜 보는 방법이다. 이 경우 대체로 개개인에게 간단한 업무를 부과한 후에 무엇을 완수해야 하고 어떻게 그 일을 수행해야 하는지를 구체적으로 명시한 지침을 준다. 이들 초기 업무를 완전히 습득하게 되면 추가 업무를 부과한다. 그런데 이 접근법에 의한 학습곡선(learning curve)은 아주 길어서 많은 경우 즉각적인 결과에 쉽게 현혹될 수도 있다. 더욱이 특정 운영이 매우 복잡하고 습득하기 어려운 경우, 그 업무를 수행하도록 요구된 개인들은 좌절하게 됨에 따라 자신들의 근무처를 옮기기를 희망하게 된다.
- 정보센터(information center)의 이용－정보센터를 이용하는 접근법은 사용자들을 훈련하고 지도하고 후속 조치를 취하며 계속적인 지원을 하는 데에 효과적인 접근법이다. 정보센터의 스태프들이 간단한 초보적인 과정과 장비 또는 응용 시범을 개발하고, 개별적인 훈련을 실시하며, 특정 사업문제의 해결을 위해 특정 소프트웨어 패키지를 사용하는 방법을 지도하고, 행정정보체제의 제반 문제들을 다루는 사례연구를 실시하는 등의 활동을 통해 교육 내지 훈련을 실시한다. 이 같은 정보센터의 목적은 정보 사용자들이 행정정보체제의 이점과 서비스를 확대하고 개발하게 하며, 자신들의 문제들을 행정정보체제를 이용하여 어떻게 해결할 수 있는가를 보여 주게 하는 것이다.

나) 교육 및 훈련접근법의 선택: 이상에서 설명한 행저정보체제에 관한 교육 및 훈련접근법들 중에 어떤 것을 선택할 것이냐는 훈련에 요구되는 것을 결정하는 것과 함께 고려된다. 이 같은 훈련에 요구되는 것과 훈련접근법을 결정하는 데에는 대체로 다음과 같은 두 가지 단계에 따라 이루어진다.

첫 번째 단계는 새로운 행정정보체제에 의해 요구되는 업무 전체와 이들 업무를 수행해 가는 데 필요로 되는 기술들에 관한 목록을 구비한다.

두 번째 단계는 이미 활용 가능한 제반 기술들의 재고 상황을 파악한다. 이들 두

목록 간의 차이에서 훈련을 받아야 할 컴퓨터를 기초로 한 행정정보체제 요원들의 수를 알 수 있게 된다. 또한 훈련이나 교육에 소요되는 총시간 수는 각 업무의 난이도 수준 그리고 복잡성과 관련이 있다. 따라서 상술한 훈련 및 교육 접근법의 선택은 훈련에 이용 가능한 자원과 훈련 및 교육 대상 규모 그리고 수행 업무의 난이도 및 복잡성에 따라 이루어진다.

③ 교육 및 훈련시 일반적 고려 사항

행정정보체제에 관한 교육 및 훈련은 새로운 행정정보체제가 실행될 수 있도록 기존 요원들에게 제공되는 것이 일반적이다. 이 같은 교육이나 훈련을 실시할 때 기본적으로 고려해야 할 사항을 보면 다음과 같다.

가) 교육 및 훈련 계획의 수립: 이는 교육 및 훈련에 관한 세부계획을 수립해야 함을 의미한다. 이러한 계획은 조직구성원의 변동을 감소시키고 조직에서 계속적으로 이용될 수 있는 훈련 메커니즘을 구축할 수 있게 해 준다. 이러한 훈련계획에 관한 충분한 고려가 필요한 이유는 훈련에 따른 조직구성원의 이동이 심한 경우 그에 따른 비용이 클 뿐만 아니라 조직의 전 계층에 영향을 미치기 때문이다.

나) 간접훈련의 필요: 이는 행정정보체제가 일단 실행되면 체제분석가가 체제 운영요원이나 사용자들에게 발생하는 매일매일의 체제상 문제들을 해결하는 데 지원할 수 없으므로 그러한 모든 문제들이 만족스럽게 해결되도록 하기 위해 체제분석가는 초기 훈련 기간 동안에는 직접적인 역할보다는 간접적인 역할을 수행하게 하는 것이 바람직하다. 다시 말하면, 선발된 감독관들을 자료 준비나 운영 분야에서 훈련을 받게 하여 일선 행정관료들과 사용자들에 대해 개별 훈련을 실시하도록 허용하는 것이 더 바람직하다는 것이다.

다) 행정정보체제의 개관에 관한 교육 필요: 이는 교육이나 훈련활동에 관한 것으로서 특히 초기 훈련 단계에서 새로운 행정정보체제에 관한 개관 설명이 필요한데, 이는 사용자나 운영요원 각자에게 요구되는 업무와 활동에 관해 좀 더 잘 이해할 수 있게 한다는 것이다. 상술한 접근법 중에 어느 것을 선택하든지 가장 많은 노력을 기울여야 할 점은 행정정보체제의 개관을 준비하는 일이다.

(3) 행정정보체제의 검증

새로 개발되거나 수정된 행정정보체제에 관한 검증은 행정정보체제 개발에서뿐만 아니라 특히 행정정보체제의 실행에서 가장 중요한 활동이다. 이러한 행정정보체제의 검증 목적은 행정정보체제의 구성 블록들이 원래 의도된 대로 운영되는지를 결정하기 위해 그들 블록들의 논리적 및 물리적 운영을 확인하는 데에 있다. 이 같은 행정정보체제의 검증 대상으로는 다음과 같은 것들이 있다.

① 검증 대상

가) 투입물 검증(test of input): 투입물에 관한 주요 검증은 행정정보체제에 투입될 여러 가지 양식들이 체제설계 규칙들에 부합되고 체제 사용자들에 의해 올바로 작성되었는지를 파악하는 것이다. 이 같은 검증의 대부분은 훈련 기간 동안에 이미 이루어지고 추가적인 검증만이 제반 절차들이 검증받는 동안에 수행된다. 한편 자료가 키보드를 통해 입력되는 경우 입력된 자료가 스크린에 나타나게 되면 스크린 상의 불필요한 자료 등은 식별하여 정정되도록 한다. 또한 자료 입력만을 전담하는 사람들을 고용하는 경우에는 이들에게 자료 입력에 관한 적절한 교육 및 훈련을 받도록 해야 한다.

나) 모형검증(test of models): 컴퓨터를 기초로 한 행정정보체제에서 모형검증은 모형을 나타내는 응용 프로그램과 인적 절차에 관한 검증을 포함한다. 여기서 응용 프로그램 검증의 목적은 응용 프로그램들이 모형들과 같은 기능을 제대로 수행하고 있는지를 확인하는 것이며, 같은 논리가 인적 절차에도 적용된다.

- 프로그램의 검증－대부분의 경우 프로그램이 투입물을 처리해서 타당한 산출물로 보이는 것을 창출해 내기 때문에 그 프로그램은 적절하게 운영되고 있는 것으로 보인다. 그리고 유효한 산출물을 창출해 내지만 추가적인 업무를 무단으로 수행하는 수도 있다. 그런데 이 같은 프로그램의 기능들은 사실상 본래의 부과된 기능이 아닐 수도 있다. 그래서 이에 대한 검증이 필요하다.

  이 같은 프로그램 검증에는 대체로 두 가지 방법이 있다. 그 하나는 검사자가 컴퓨터의 역할을 감당하는 프로그램에 관한 예비조사 방법이다. 다른 한 가지 방법은 특정 프로그램을 컴퓨터에 설치해서 시험용 업무를 수행하게 함으로써 검증을 하는 것이다. 특히 후자는 일상 업무가 많고 다양한 경우에 적절한 검증 방법이다. 이 같은 직접 예비검사와 컴퓨터 검증이 끝나면 그 프로그램의 다양한 기능들을 검증하게 된다.

- 인적 절차의 검증－인적 절차에는 사용자들이 행정정보체제와 상호작용을 하는 모든 것이 포함된다. 여기서 사용자들이란 앞에서 살펴본 바와 같이 일선 행정

관료부터 고위관료까지 아주 다양하다. 일반적으로 훈련의 목적이 체제 사용자와 정보체제 간의 유기적인 관계를 수립하게 하는 것이라면, 검증의 이유는 이런 목적이 충분히 달성되었는지, 아니면 달성되지 않은 경우에 어떤 조치를 취해야 하는지를 간파하는 것이다. 검사자는 크게 다음과 같은 두 가지 면에서 검증을 실시한다.

㉮ 사용자-정보체제 대화 측면－자료 처리체제에는 일괄처리 체제(batch processing systems)와 온라인 정보체제(online information systems)가 있는데, 전자의 경우 사용자는 행정정보체제와 직접적으로 상호작용을 하지 않고 프로그래머와 같은 개인에 의해 체제로부터 정보를 얻는 데 도움을 받는다. 반면에 온라인 체제에서는 사용자가 컴퓨터 체제와 직접적인 대화를 통해 정보를 획득한다. 여기서 대화는 컴퓨터 체제가 사용자를 인도하는 대화로부터 사용자가 컴퓨터 체제에 원하는 바를 말하는 대화까지 다양하다. 이때 두 유형의 사용자들은 컴퓨터 체제가 어떻게 작동하는지를 이해해야 한다. 이러한 대화에 관한 검증은 검사자가 간단히 질문을 던지거나 사용자들이 상호작용하는 방법이나 절차를 관찰함으로써 이루어진다.

㉯ 서면 절차(written procedures) 측면－사용자들이 행정정보체제와 상호작용할 때 안내 절차가 서면으로 이루어져서 소위 절차 또는 사용자 설명서에 철하여 이용된다. 이런 설명서는 주요 교육이나 훈련 보조자료가 되는데, 다른 기록물들과 마찬가지로 검토와 편집을 통해 검증되며, 특히 그 내용이 올바른지 점검한다.

다) 산출물 검증(test of outputs): 행정정보체제의 산출물에 관한 본질적인 검증은 행정정보체제를 이용하여 보고서를 작성해서 사용자에게 전달한 후에 그것인 사용자들의 정보 욕구를 충족시켜 주는지를 보는 것에 지나지 않는다. 일반적으로 특정 산출물의 형식이 이해할 만한지를 결정하기 위한 좋은 방법은 행정정보체제에 관여하지 않은 사람에게 그 산출물을 보여 주고, 그 사람이 보고서를 설명할 수 있으면 그 보고서 양식은 해당 사용자들에게 이해될 수 있는 것으로 보는 것이다. 산출물에 관한 기술적 검증은 제목의 적절성, 편집 정도, 페이지 수, 보고서의 끝 부분에 관한 명확한 표시 및 정확한 날짜 표시 등을 점검하는 일이 포함된다.

라) 기술 검증(test of technology): 행정정보체제와 관련된 기술에 관한 검증은 사실상 컴퓨터 시스템에 관한 기술적 평가에서 어느 정도 이루어진다. 여기서는 특히

컴퓨터 시스템의 각종 작동 수행에 관한 기술적 검증을 취급하는데, 벤치마크 검증(benchmark test)은 이들 컴퓨터 작업들이 얼마나 능률적으로 처리되는지를 파악하기 위해 실시한다. 여기서 벤치마크 검증은 컴퓨터 시스템의 여러 성능을 비교·분석하는 데 일정한 기준에 입각한 검증을 뜻한다. 이러한 검증을 위해서는 다음과 같은 도구들이 이용된다.

- 작업회계 체제(job accounting system) – 이는 설계상 능률성, 용량 기획에서의 도움 여부, 그리고 컴퓨터 프로젝트, 성장 패턴에 관해 검증할 때 사용된다. 예컨대, IBM사의 체제관리 설비(System Management Facilities: SMF)는 컴퓨터 시스템의 운영환경에 관한 유용한 검증 정보를 다량으로 확보하고자 할 때 이용된다. SMF는 누가 얼마 동안 컴퓨터 시스템을 사용했는지 밝혀 줌으로써 자료 저장 용량 중에 사용 가능 정도를 알려 주어 파일 공간의 효율적 활용을 도모하게 한다.
- 하드웨어 모니터(hardware monitor) – 하드웨어 모니터는 컴퓨터의 내장(innards)과 연결된 여러 개의 감지장치로 구성되어 있다. 이들은 CPU 활동, CPU 지체, 디스크 탐지(disk seek), 디스크 자료 변경(disk data transfer), 디스크 설치(disk mount), 테이프 활동, 테이프 되감기, 그리고 내부 기억 시간 및 이용 등을 측정한다. 이들 요소들을 적절히 평가함으로써 행정정보체제 자체의 능률성을 개선할 수 있다. 이같이 컴퓨터 하드웨어 모니터를 이용하는 목적은 컴퓨터 시스템의 '마력(horsepower)', 즉 용량과 행정정보체제에 대한 요구 사항을 일치시키려는 데에 있다.
- 소프트웨어 모니터(software monitor) – 행정정보체제의 전반적인 성과를 평가하기 위해서는 소프트웨어 모니터가 전술한 하드웨어 모니터와 작업회계 체제와 연관시켜 사용될 수 있다. 여기서 소프트웨어 모니터란 검증받을 컴퓨터 시스템의 내부에 설치되어 있는 프로그램을 말한다. 공통적으로 측정될 소프트웨어 구성 요소는 운영 체제, 지원 소프트웨어, 그리고 응용 프로그램들이다.

  운영체제에 관한 척도는 코드의 비능률적인 부문을 밝혀 줌으로써 개선 조치를 취할 수 있게 한다. 지원 소프트웨어는 사용자 프로그램과 운영 체제 사이의 회색지대에 위치해서 사용자 프로그램처럼 체제 내에서 취급되더라도 지원 소프트웨어가 컴퓨터상(vendor)에 의해 작성되어 평범한 사용자들에게는 운용체제의 일부로 보인다. 이러한 지원체제의 예로는 컴파일러(compiler), 즉 부호 번역기, 커뮤니케이션 프로그램, 그리고 부속장치(utilities) 등을 들 수 있다. 컴파일러와 커뮤니케이션 프로그램으로 사용자는 복잡한 프로그램의 코드를 수정하기보다는 자원으로 환산해서 비용이 어느 정도인지를 알고자 할 뿐이다. 따라서 지원 소프트웨어를 검증하는 것은 프로그램의 개선이나 다른 대안적 소프트웨어의 활용 가능성을 조사하려는 데에 목적이 있다.

응용 프로그램이나 사용자 프로그램은 지원의 활용화와 코드의 능률성을 결정하기 위해 측정된다. 이러한 측정은 측정 프로그램이 내부 기억장치, 디스크 그리고 테이프와 같은 자원을 각각 사용하는 데에 소요되는 총시간을 밝혀 줌으로써 좀 더 효율적인 활용 방안을 모색하게 해 준다.

이상과 같은 소프트웨어 구성 요소에 관한 검증 이외에 자원분석의 또 다른 중요한 면은 입·출력(I/O) 활동과 블록 크기의 결정이다.

• 성과효용(performance utilities)－자료 종합 재편자(data set reorganizers)는 디스크 장치 파일 저장의 낭비를 줄여서 자료 접근 시간을 감소시킴으로써 처리량(throughput)을 개선한다. 예컨대, 가상 기억코드 재편자(virtual storage code reorganizers)는 페이지를 매기는 데에 사용되는 자원을 감소시키고, 코드 최적자(code optimizers)는 불필요한 프로그램 언명(statement)을 제거함으로써 자원의 소외를 줄이며 스케줄러(schedulers)는 시간당 요구 사항을 충족시켜 작업간의 균형을 유지하게 한다.

마) 데이터베이스 검증: 조직에서 데이터베이스는 가장 중요한 자원 중의 하나로서 만일 이 데이터베이스가 작동 불능인 경우에는 사업활동이 정체 상태에 이르게 될지도 모른다. 따라서 행정정보체제의 데이터베이스는 안정적이고 정확하며, 대부분 사적인 경우가 많다. 이 같은 데이터베이스의 내용이 사용자들의 조건을 만족시켜 주는지를 결정하는 본질적인 검증은 산출물 체계에 관한 검증이 이루어질 때 수행된다.

그러나 여기서는 데이터베이스가 그것에 대해 제시된 모든 요구 사항들을 충족시켜 주는지를 확인하는 추가적인 검증이 이루어질 수 있다는 것을 의미한다. 그런 검증에는 마스터 파일상의 각종 레코드의 생성과 파일의 잘못된 활용 등에 관한 검증이 포함된다. 특히 각종 파일의 완전성에 관해 검증이 이루어져야 한다.

바) 통제 검증(test of controls): 통제활동을 검증하는 목적은 그들 프로그램들이 제 위치에 설치되어서 의도된 대로 작동을 하고 있는지를 확인하려는 데에 있다. 이를 순응도 검증(compliance testing)이라고 부른다. 이 같은 순응도 검증은 세 단계

로 이루어진다. 첫째, 통제활동을 연구하고 관찰한다. 여기에는 체제 개발 보고서에서 발견되는 문서들을 검토하는 것도 포함되며, 관찰과 예비조사(walk-through)도 통제활동에 관한 현장연구를 위해 필요로 된다. 둘째, 순응도에 관한 실제 검증을 실시한다. 셋째, 이들 통제활동이 얼마나 효과적으로 이상의 순응도 검증을 충족시키는지를 평가한다.

② 검증의 중요성 증가 요인

정보체제의 주요 개발활동으로서 행정정보체제의 검증이 더욱더 중요시되는데, 그 이유로는 다음과 같다.

첫째, 조직 내 행정정보체제의 통합도가 증가 추세에 있으므로 새로운 행정정보체제가 그 자체 목적을 위해서뿐만 아니라 조직 내 다른 체제의 기능을 저하시키는 것을 방지하기 위해서도 초기에 성공적으로 수행할 수 있도록 실행될 것을 요구하기 때문이다.

둘째, 조직 내 전 계층의 사용자들이 의사결정이나 문제 해결에서 컴퓨터에 의해 창출된 정보에의 의존이 증가됨에 따라 조직의 성과가 행정정보체제의 성과와 직접적으로 연관되기 때문이다.

셋째, 컴퓨터를 기초로 한 행정정보체제의 사용과 친밀성이 증가됨에 따라 그 행정정보체제에 대한 사용자들의 기대가 상승되었기 때문이다.

넷째, 다른 개발 활동비용에서 증가 추세를 검증 절차의 개선을 통해 중지시킬 수 있기 때문이다.

다섯째, 행정정보체제의 유지에 필요한 자원에 투자하는 것을 그 체제가 설치되기 전에 검증 절차의 개선을 통해 감소시킬 수 있기 때문이다.

(4) 행정정보체제의 변환

행정정보체제의 실행에서 네 번째 기술적 측면의 활동은 행정정보체제의 변환이다. 이는 새로운 행정정보체제를 작동 체제로 변환함을 의미한다. 이러한 새로운 행정정보체제의 변환을 달성하는 데에는 대체로 직접 변환(direct conversion), 평행 변환(parallel conversion), 모듈러 변환(modular conversion), 그리고 단계별 변환(phase-in conversion) 등 네 가지 기본적인 접근법을 이용한다. 이들을 좀 더 구체적으로 살펴보자.

① 직접 변환

이는 신·구 체제를 곧바로 교체·운영하는 것으로서, 새로운 행정정보체제의 실행과 동시에 기존 행정정보체제의 즉각적인 단속(discontinuance)을 의미한다. 이 변환접근법은 '냉터키 접근법(cold turkey approach)'이라고도 일컬어진다. 이 변환접근법은 다음과 같은 경우에 특히 의미 있다.

첫째, 새로운 행정정보체제를 여타 행정정보체제로는 대체시킬 수 없는 경우

둘째, 기존의 행정정보체제가 절대적으로 무가치한 것으로 판단되는 경우

셋째, 새로운 행정정보체제가 매우 소규모적이거나 단순한 경우

넷째, 새로운 행정정보체제의 설계가 기존 체제와 현저하게 차이를 보여서 양 체제 간의 비교가 무의미한 경우

직접변환접근법의 대표적인 장점은 비용이 상대적으로 저렴하다는 것이며, 대표적인 단점은 실패할 위험 부담이 크다는 것이다. 따라서 이 접근법이 이용되는 경우에 행정정보체제에 관한 검증활동이 그만큼 중요시된다.

② 평행 변환

이는 일정한 기간 동안 새로운 행정정보체제와 기존의 행정정보체제를 함께 운영하는 접근법이다. 이 접근법에서는 양 체제의 산출물을 비교하여 차이점을 완화시킨다. 이 접근법의 대표적인 장점은 새로운 행정정보체제의 실패로 인한 피해로부터 조직을 최대한도로 보호할 수 있다는 것이며, 그 반면에 단점은 양 체제를 운영하는 데 따른 인적·물적 비용의 중복을 감수해야 한다는 점이다. 그럼에도 불구하고 과거에 많은 조직들이 새로운 행정정보체제의 실행에 따른 어려움을 경험했기 때문에 이 접근법이 광범위하게 활용되고 있다. 그렇지만 이 접근법을 활용하는 경우 체제분석가는 새로운 행정정보체제의 성과에 관해 운영요원과 사용자들과 더불어 주기적인 검토를 위한 계획을 수립하고, 기존 체제의 단속과 새로운 정보체제 적용의 적절한 날짜를 지정해 두어야 한다.

이 평행 변환접근법을 사용할 때 유의해야 할 점은 첫째, 새로운 행정정보체제의 완전한 운영과 평행운영(parallel operation)의 중지 시기를 가리키는 목표일을 설정해야 할 것과 둘째, 만일 양 행정정보체제 간의 차이가 발생하는 경우 양 체제에의 투입물이 동일하다는 사실이 입증되어야 한다는 점이다. 여기 두 번째 점에서 만일 투입물이 동일함에도 불구하고 양 체제 간의 차이를 보이는 경우 새로운 체제의 프

로그램이 업무를 적절하게 처리했는지를 검토해 보아야 한다.

③ 모듈러 변환

이는 '파일럿 접근법(pilot approach)'이라고도 불리는 것으로서 특정 행정정보체제를 조직 내에 점진적으로 실행시키는 접근법을 의미한다. 다시 말하면 이는 새로운 행정정보체제가 특정 응용 분야에서 성공적인 경우 조직 내 다른 응용 분야에도 점차적으로 그 행정정보체제의 실행을 확대시켜 가는 것이다.

이 접근법의 장점으로는 첫째, 새로운 행정정보체제의 실패로 인한 위험 부담을 지역화할 수 있고, 둘째, 그 행정정보체제에서 발견된 문제점들은 실행을 확대시키기 전에 바로잡을 수 있으며, 셋째, 다른 운영요원들이 그 행정정보체제가 자신들의 지역에서 실행되기 전에 실제 환경에서 훈련을 받을 수 있다는 것이다. 그 반면에 이 접근법의 단점은 조직의 입장에서 볼 때 행정정보체제의 변화 기간이 엄청나게 길다는 점이며, 무엇보다도 이 접근법이 모든 체제나 조직에서 실행이 불가능하다는 점이다.

④ 단계별 변환

모듈러 변환접근법과 유사하나 조직이 구분되는 것이 아니라 행정정보체제 자체가 구분된다는 점에서 서로 차이를 보인다. 즉, 행정정보체제의 기능을 단계별로 확장시켜 나가는 것을 말한다. 예를 들면, 새로운 자료 수집 활동이 실행되고, 기존 체제와의 인터페이스 메커니즘이 개발된다. 이 인터페이스를 통해 기존 체제가 새로운 입력자료를 활용할 수 있게 된다. 나중에는 새로운 데이터베이스에의 접근, 저장, 그리고 검색활동이 실행된다. 다시 한 번 기존 체제와의 인터페이스 메커니즘이 개발된다. 새로운 행정정보체제의 또 다른 부분이 전 체제가 실행될 때까지 추가된다. 이처럼 이 접근법에 의하면 새로운 부분이 추가될 때마다 기존 체제와의 인터페이스가 개발된다.

이 접근법의 장점은 첫째, 조직상의 변화율이 최소화될 수 있고, 둘째, 자료처리 자원은 상당한 기간에 걸쳐서 점진적으로 구입될 수 있다는 것이다. 그 반면에 단점은 첫째, 기존 체제와의 잠정적인 인터페이스 메커니즘을 개발하는 데에 비용이 많이 들며, 둘째, 응용력에 한계가 있고, 셋째, 완전한 행정정보체제를 구축하지 못한 조직에서는 사기가 저하된 분위기를 겪어야 한다는 점이다.

2) 행태적 측면에서 실행 과정

새로운 행정정보체제의 실행에 관한 행태 논리 접근은 그 행정정보체제의 행태론적 관점을 중시하는 것으로서 조직 내 구성원들이 새로운 행정정보체제를 이용할 때 '사람' 문제가 현저하게 관련되어 있기 마련이라는 입장을 취한다. 이런 면은 특히 행정정보체제의 실행과 관련하여 매우 중요하므로 여기서 별도로 고찰해 볼 필요가 있다.

행태적 차원에서 정보통신 기술을 기초로 한 행정정보체제의 실행은 대체로 3단계로 구성되어 있는 과정임을 알 수 있다. 즉 첫째 단계는 새로운 행정정보체제가 조직 내에 도입되거나 기존 행정정보체제가 변경되는 경우 많은 행태적 문제들이 발생하게 됨을 인지하는 단계이다. 이 단계와 관련하여 발생 가능한 구체적인 유형의 역기능들을 이해하는 것이다. 두 번째 단계는 왜 그런 문제들이 발생하는지를 이해하는 단계로서 본질적으로 진단의 단계에 해당한다. 마지막 세 번째 단계는 두 번째 단계에서 식별된 문제들을 처리하는 단계이다. 이 단계가 행정정보체제의 실행과 관련하여 가장 어려운 작업이다.

(1) 인지 단계

행정정보체제의 실행에서 인지 단계는 먼저 사람과 컴퓨터를 기초로 한 행정정보체제가 상호작용을 할 때 무슨 일이 발생하는지에 주의를 기울이며, 다음으로 식별된 과실로부터 해결책을 깨닫는 과정이다. 그러나 문제는 문제의 해결을 위해 새로운 체제를 설치하는 경우 새로운 과실 등의 문제들을 야기한다는 점이다. 즉 기존의 특정 상황으로부터 일반화하기가 매우 힘들다는 것이다.

그럼에도 불구하고 새로운 행정정보체제의 실행과 관련하여 발생하는 제반 문제들을 열거해 봄으로써 행정정보체제의 행태적 측면에 적절한 관심을 보이지 않을 때 무슨 일이 발생할 수 있는지에 관해 인지하게 된다. 다시 말하면, 행정정보체제의 관리자와 체제개발가, 그리고 행정정보체제에 관련된 사용자들은 행정정보체제의 조직적 이용에 따른 행태적 결과에 관한 징후를 알 필요가 있다는 것이다.

(2) 진단 단계

행정정보체제의 실행 과정에서 두 번째 단계는 왜 실행 문제들이 발생하는지를 이해하는 과정이다. 전술한 바와 같이 실행의 첫 번째 단계가 새로운 행정정보체제의 도입이나 기존의 행정정보체제상의 변화가 요구되는 경우 여러 가지 문제들이, 특히

[그림 5-1] 행정정보체제의 성공적 실행에 영향을 미치는 요인에 관한 루카스모형

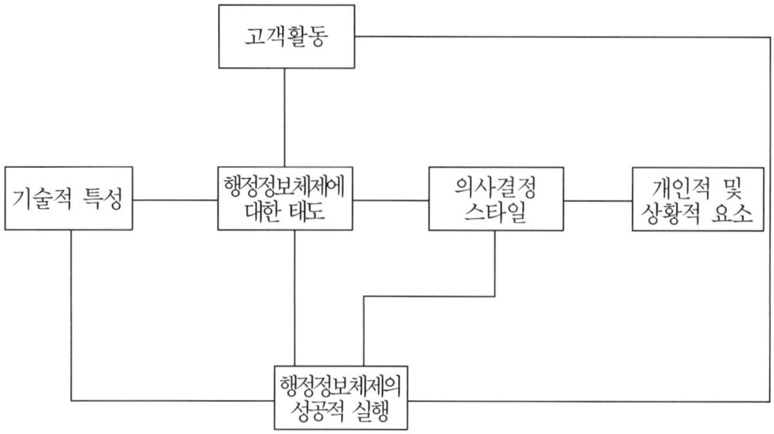

행태적 문제들이 발생할 수 있음과 그 징후를 인식하는 과정인 반면에, 행정정보체제 실행의 두 번째 단계는 왜 그런 문제가 발생할 수밖에 없는지를 파악하는 활동이 된다. 그런데 그런 문제의 원인들이 무수하게 많을 뿐만 아니라 그에 대한 실증적 분석 결과도 또한 상반되는 경우가 없지 않다. 그럼에도 불구하고 [그림 5-1]에서 보는 바와 같이 성공적인 행정정보체제의 실행에 영향을 미치는 요인들에 관한 루카스(H. C. Lucas)의 분석모형(Little, 1970; Radnor & Neal, 1973; Schultz & Sleven(eds.), Roberts, 1977)에 입각하여 주요 영향 요인들을 살펴보고, 그에 따른 진단 방법을 고찰해 보는 것이 의미가 있다.

① 실행 문제에 관련된 요인

실행 문제에 관련된 요인이란 정보체제의 실행과 관련하여 초래된 역기능적 행위의 기본적인 원인이나 그런 행위에 관한 설명을 의미하는 것으로서 행정정보체제가 실행되는 시점에서의 조직 상태나 조직의 조건을 나타낸다. 이들 요인들은 무수하게 많을 수 있으며, 또한 상호 배타적이거나 독립적이지 않다. 주요 요인을 보면 다음과 같다.

가) 기술적인 문제: 행정정보체제의 사용자와 관련된 문제들은 그 체제와 관련된 다양한 기술적인 요인에 의해 초래되거나 확실히 영향을 받게 된다. 이 같은 기술적인 요인들을 대표적인 것만 들어보면 다음과 같다.

- 행정정보체제 사용의 용이성－대체로 사용자들은 새로운 행정정보체제에 대해 친근감을 갖는 정보나 사용상 난이도에 따라 그 체제를 사용함으로써 심리적 부담감을 갖게 된다. 따라서 새로운 행정정보체제의 사용에 따른 예상된 비용이 크면 클수록 그 행정정보체제의 사용에 따른 혜택이 많기를 요구하게 된다.
- 비용과 시간－새로운 행정정보체제가 예산을 초과해서 비용을 초래하거나 또는 약속했던 시기를 넘어 지연되어 개발·실행되는 경우 사용자들은 그 행정정보체제에 대해 부정적 감정을 갖게 된다.
- 행정정보체제의 반응과 신뢰성－새로운 행정정보체제가 사용자들이 필요할 때 너무 천천히 반응을 보이든지, 전혀 이용 가능하지 못한 상황들은 사용자들의 불만을 초래하는 수가 많다.
- 기존 체제에 관한 경험－기존의 행정정보체제에 대한 나쁜 경험은 새로운 행정정보체제에 대해서도 부정적인 태도를 갖게 하는 경우가 있다.
- 자료문제－행정정보체제에 있는 자료들이 부정확하거나 불완전하다고 느끼는 경우에 사용자들은 그 행정정보체제를 사용하지 않는 경향이 있다.

나) 필요성의 인지: 특정 행정정보체제가 성공적으로 사용되기 위해서는 그 행정정보체제를 사용하는 사용자들이 그 행정정보체제에 대한 필요성을 인지해야 한다. 다시 말하면 행정정보체제의 사용자들이 그 행정정보체제가 조직의 운영과 자신들의 업무 수행을 좀 더 능률적이고 효과적으로 추진할 수 있다고 인지하지 못하면 그 행정정보체제는 제대로 실행될 수 없다는 것이다.

새로운 행정정보체제의 성공적인 실행을 위한 또 하나의 필요 요소는 조직의 고위관리자가 그 행정정보체제의 필요성을 인지하고 지원하는 것이다. 비록 사용자들의 새로운 행정정보체제에 대한 필요성이 아무리 크다 할지라도 고위관리자들이 부정적인 태도를 취하거나 적극적으로 지지하지 않는 경우 하위관리자들과 운영요원들은 그 행정정보체제가 불필요한 것으로 판단하고 그에 따라 행동하게 됨으로써 그 행정정보체제는 자연히 실패할 수밖에 없게 된다는 것이다.

그런데 이들 관계자들의 새로운 행정정보체제에 대한 필요성인지는 그 행정정보체제의 실행으로 인한 수익률(rate of return)과도 관련이 있다. 즉 특정 행정정보체제의 필요성은 그 행정정보체제가 실행됨으로써 정(正)의 수익률을 확신할 수 있을 때 행정정보체제 관계자들은 그 행정정보체제가 실행되기를 기대하게 된다. 이때 그 행정정보체제가 사용자나 관리자들에게 중요한지의 여부는 주로 비용/편익분석에 의해

결정하게 된다(Ginzberg, 1975; Alter, 1976; Blanning, 1979). 다만 여기서 주의할 점은 후술하는 행정정보체제의 평가에서도 언급되는 바와 같이 경제적이거나 기술적인 측면에서의 비용/편익분석과 더불어 정치적 측면에서의 비용/편익분석이 요구된다는 것이다.

다) 변화에 대한 통제: 이는 일반적으로 사람들은 변화에 대한 통제가 가능한 만큼 변화에 저항하지 않는다는 가정에 준하는 것으로서(Bennis, Benne, & Chin, 1963; Boss & Leavitt, 1963; Schein, 1969) 새로운 행정정보체제의 실행으로 인한 변화를 촉진하고 또 그 변화에 대한 통제를 어느 정도 허용함으로써 행정정보체제가 성공적으로 실행되도록 사용자 참여전략을 이용하게 되는 이유가 된다. 이러한 가정 하에 변화에 대한 또 다른 통제전략은 새로운 행정정보체제의 개발·실행을 담당할 사람들을 이용하여 참여케 하는 것이다. 게다가 변화에 관한 통제 방법으로서 사용자가 직접 새로운 행정정보체제에 책임을 지게 하는 것도 있다. 결국 새로운 행정정보체제에 대한 통제가 어느 정도 가능한지에 따라 그 행정정보체제를 실행하는 데 성패가 좌우된다.

라) 상호 이해: 행정정보체제의 성공적인 실행과 관련된 또 하나의 요인인 그 행정정보체제와 관련된 관리자와 다른 사용자들의 좌표계(frame of reference), 즉 특수한 뜻을 나타내는 일련의 사실이나 법칙과 대조를 이루는 체제설계자들의 좌표계이다(Churchman, 1964; Doktor & Hamilton, 1973; McKenney & Keen, 1974).

다시 말하면, 체제설계자들은 행정정보체제에 관해 좀 더 분석적인 견해를 갖는 반면에 관리자들은 좀 더 직관적인 견해를 갖는 성향이 있기 때문에 문제 해결에의 접근에서 양자 간에는 불일치를 나타낼 수가 있다. 그 결과 사용자들에게 부적절하게 제대로 사용되지 못하든지 아니면 부적절하게 사용하게 된다.

마) 기대: 기대(expectancies)는 전술한 필요성 인지와 유사하나 반드시 동일한 개념은 아니다. 다만 이 개념은 첫째로, 사용자들이 자신들의 성과에 행정정보체제가 기여할 것으로 기대하는 방식과 둘째로, 행정정보체제의 성과가 자신들이 행정정보체제로부터 받는 보상과 관련이 있다는 신념이 사용자들이 그 체제를 어떻게 도입할 것이냐에 중요한 요소가 된다는 사실을 제시해 준다(Vroom, 1964; Robey, 1979; Zmud, 1979). 사용자의 기대는 의사결정 지원체제(DSS)와 같은 비정형화된 업무를 지원하는 행정정보체제의 이용에 영향을 미치는 데에 특히 중요하다(Desanctis, 1982).

그런데 특정 행정정보체제가 얼마나 중요한지에 관한 기대는 사람들이 그 행정정보체제의 필요성을 어떻게 인지하느냐와 관련이 있다. 즉 새로운 행정정보체제가 사용자들의 업무 수행을 제대로 지원하지 못해 조직의 능률을 기할 수 없을 것으로 기대되는 경우에는 그 행정정보체제의 필요성에 대한 인지도가 자연히 낮을 수밖에 없을 것이다.

이러한 기대는 훈련과 경험, 그리고 다른 사람들의 태도에 의해 영향을 받는 경우가 많아서 행정정보체제의 실행 문제를 해결하기 위해 기대에 영향을 미치는 이들 분야와 관련된 방책을 활용할 가능성이 없지 않다.

바) 권력 및 사회구조 변화: 행정정보체제의 실행과 관련하여 중요한 영향 요인으로 권력과 정치의 역할을 들 수 있다(Pettigrew, 1976). 다시 말하면, 새로운 행정정보체제를 설치하거나 기존의 행정정보체제를 변경한다는 것은 조직의 권력 및(또는) 사회구조를 와해시킬 수 있는 정치 과정을 의미한다. 이를 좀 더 구체적으로 살펴보면, 대체로 다음과 같은 문제 요소들을 표출시킴을 알 수 있다.

- 경쟁과 영역상 위협(rivalries and territorial threats): 행정정보체제의 도입은 조직 내 특정 부서나 집단의 권력과 영향력을 상대적으로 강화시키게 되고, 하위 단위 부서(subunit)들은 전체 조직을 희생해서라도 지역적 관심을 갖게 된다.
- 퇴화의 두려움(fear of obsolescence) – 행정정보체제는 직무상 책임성을 감퇴시키거나 존경심의 상실에 기여할 수 있다.
- 국외자들에 대한 저항을 초래하는 집단 응집력(group cohesiveness) – 체제 전문가와 (또는) 상담가들이 지역집단의 일부가 아니어서 그 일을 제대로 이해하지 못한다는 이유로 배척을 당한다.
- 직업 안정 저해 – 행정정보체제의 도입으로 인해 일자리가 없어지거나 책임업무량이 감소하게 될 것이다.
- 정보 소유 추구 – 행정정보체제의 도입으로 인해 그것을 관리하는 사람들이 주로 정보를 이용하게 될 것이며, 하위관리자들이 의사결정에서 자율권을 잃든지 정보 부족으로 성과가 빈약하게 되었다고 변명하게 될 가능성이 많아진다. 더욱이 자료와 정보를 소유하고 있다는 것은 권력 요소가 되므로 그런 정보를 보호하든지 추구하게 된다.
- 직업 경향 변화 – 행정정보체제는 조직구성원들 간의 의사소통을 변화시키고, 심리적 보상을 주며, 직업집단의 규범에 영향을 미치기도 한다.

이상과 같은 정치 · 사회적 요인들은 소위 행정정보체제의 '반실행 방책(tactics of counterimplementation)'을 초래하게 된다. 즉 우선 관리 수준에서는 행정정보체제의 실행으로부터 자원을 전환하고, 정보체제의 실행 목적을 전향시키며, 행정정보체제의 실행력을 분산시키고, 그리고 행정정보체제가 사라지도록 등한시하는 반실행 방책들을 초래하게 된다. 반면에 운영 수준에서는 고의적으로 오류를 범하고, 의도된 목적이 아닌 다른 목적으로 행정정보체제를 이용하며, 행정정보체제를 이용치 않고, 그리고 가능한 한 기존의 설명서 절차(manual procedures)에 의존하는 방책들을 활용하게 된다.

사) 행정정보체제 조직 및 행정정보체제와 관련된 요인들: 먼저, 행정정보체제 조직과 관련된 요인으로는 행정정보체제 기능의 조직상 위치, 행정정보체제 집단의 영향력, 명성, 행정정보체제 자원의 적합성, 행정정보체제 조직의 규모, 그리고 행정정보체제 스태프의 기술 능력 등이 있다(Radnor & Rubenstein, 1970).

다음으로, 행정정보체제 프로젝트와 관련된 요소로는 행정정보체제 프로젝트 스태프의 교체, 프로젝트 스태프에 대한 분석과 프로그래밍의 통합, 프로젝트 스태프의 경험, 프로젝트를 집행하는 데에 필요한 훈련된 사람들의 이용 가능성, 실행되고 있는 행정정보체제의 복잡성과 크기, 그리고 프로젝트가 조직의 전략과 조직 운영 방식에의 적합한 정도 등을 들 수 있다(Powers & Dickson, 1973).

아) 조직의 분위기: 새로운 행정정보체제의 실행에 영향을 미치는 중요한 요인 중의 하나는 그 체제를 도입하는 조직의 분위기가 긍정적이냐 부정적이냐 하는 것이다. 또한 조직의 분위기가 새로운 행정정보체제의 도입에 대해 호의적인가 아닌가 역시 중요한 영향 요인이 된다. 게다가 조직구성원들 간에 서로의 견해와 가치를 공유하여 조직 내 공개성이 허용되느냐의 여부도 새로운 행정정보체제의 실행에 따른 조직상 변화를 촉진할 수 있는지의 여부에 영향을 미친다(Zmud & Fox, 1979).

② 실행 문제에 관한 공식적 진단

전술한 바와 같이 행정정보체제의 실행에 영향을 미치는 주요 요인에 관한 분석을 위해 어떤 특정 국면에서 정보체제의 실행 문제를 야기하는 상황을 비공식적으로 탐색해 보는 노력도 의미가 있다. 하지만 그 반면에 행정정보체제의 실행 문제의 원인을 좀 더 공식적인 방법으로 조사하는 것이 중요하다. 그 대표적인 것이 앨터(S. L. Alter)의 공식적인 실행위험분석(implementation risk analysis)으로서 그 방법은 대체로 다음과 같다(Alter, 1976). 즉 실행 문제의 잠재적인 원인을 대부분 알고서 새로운 행정정보체제를 이용하여 작업에 착수하기 전에 잠재적으로 위험한 상태가 있는지를 보기 위해 체계적으로 점검한다. 그런 후에 환경적 상태를 고려하여 행정정보체제상의 수정 조치를 취함으로써 좀 더 성공적인 행정정보체제를 설치할 수 있게 된다. 한편 앤더슨(J. C. Anderson)과 나라심한(R. Narasimhan)은 이 같은 공식적인 접근법으로서 차별분석(discriminant analysis)과 같은 통계 절차를 이용해 행정정보체제의 실행 문제를 잠재적으로 초래할 수 있는 환경 요인들에 관한 연구를 했다. 이들은 연구 결과 문제 해결을 위해 사용된 방법의 적절성과 문제 해결에 대한 필요성의 인지, 그리고 최고관리자의 간여 여부 등이 행정정보체제의 성공과 관련된 주요 요인으로 밝혀졌다. 이들은 또한 이러한 요인들을 사용해 특정 행정정보체제의 실행에서 성패를 예측했던 것이다(Anderson & Narasimhan, 1979).

결국, 행정정보체제의 실행 과정에서 진단 단계에서는 새로운 행정정보체제가 도입됨에 따라 무엇이 문제이고 왜 그러한지를 밝히는 과정이며, 그 방법으로는 비공식적인 접근법은 물론 공식적인 접근법이 필요하다.

(3) 처리 단계

행정정보체제의 실행에 따른 문제점들을 극복하기 위해서는 두 가지 수준에서 고찰된다. 첫 번째 수준은 개념적 수준으로서 행정정보체제의 실행이나 변화에 관한 이론적인 측면에서의 해결 방안이며, 두 번째 수준은 개념적 수준에서의 해결 방안을 실제적인 해결책으로 전환하는 단계이다.

① 행정정보체제의 변화에 관한 이론적 접근법

가) 계획된 변화 접근법(planned-change approach): 이 접근법은 레빈(K. Lewin)과 샤인(E. Schein)이 처음으로 주창하여(Lewin, 1952; Schein, 1961) 콜브(D. Kolb)와 프로만(A. L. Frohman)에 의해(Kolb & Frohman, 1970) 발전시킨 접근법으로서 전통적으로 변화를 성공적으로 초래하는 데에는 여러 단계에 걸쳐서 다양한 활동이 이루어져야 한다는 것이다. 이를 좀 더 구체적으로 설명하면, 변화가 이루어짐을 알 수 있다.

• 제1단계—다음과 같은 활동을 한다.

첫째, 목표를 수립하고 변화를 위한 계기를 조성한다.

둘째, 사용자 문제의 본질을 파악한다.

셋째, 변화요원(change agent)으로서 활동할 사람이나 집단이 적당한 기술을 보유하고 있는지를 확인한다.

넷째, 새로운 행정정보체제의 필요성이 있는지를 확인하여 그에 상응하는 조치를 취한다.

다섯째, 고위관리자들이 변화를 지지하는지를 확인하여 이들 집단의 입장에서 그러한 태도를 반영할 필요가 있는 활동을 규정한다.

여섯째, 사용자들이 행정정보체제의 목표와 목적을 이해하고 동의하는지를 확인한다.

일곱째, 설정된 목적들이 충족되고 있는지를 알아볼 수 있는 프로젝트상의 확인지점을 식별한다.

• 제2단계－기술적, 관리적, 그리고 조직적 자원의 동원 및 프로젝트의 실시 단계에서는 주로 다음과 같은 활동을 한다.

첫째, 실제적인 변화가 발생함을 결정한다.

둘째, 사용자가 행정정보체제를 성공적으로 이용할 수 있는 훈련을 받고 있는지를 확인한다.

셋째, 행정정보체제의 실행 목표가 실제로 달성되고 있는지를 측정한다.

넷째, 변화에 저항하는 것들에 대해 반응을 보인다.

다섯째, 변화요원이 사용자들과 개인적 신뢰성을 수립했는지를 확인한다.

• 제3단계－새로운 행정정보체제의 사용자 조직에의 도입 및 실행 단계에서 하는 활동으로는 다음과 같은 것이 있다.

첫째, 새로운 행태적 패턴이 적절히 습득되었는지를 확인한다.

둘째, 사용자 조직이 그 행정정보체제 개발 없이도 이용할 수 있도록 한다.

셋째, 사용자들이 그 행정정보체제를 소유한다는 느낌을 갖게 한다.

넷째, 사용자들이 반드시 새로운 행정정보체제를 이용할 것이라는 약속을 받도록 한다.

이상의 계획된 변화접근법은 체제 개발 과정의 일부로서 간주되는 활동들을 선행하거나 동반하는 한 주기의 단계들임을 알 수 있다. 이 접근법에서는 변화가 실행 과정에서 안내자로서, 활동자는 변화요원의 역할을 수행하는 컨설턴트에 의해 관리될 수 있음이 특징이다.

나) 혁신과정 접근법(innovation-process approach): 변화에 대한 이 접근법은 정치학 분야에서 비롯된 것으로서, 기본 입장은 많은 기술적 변화가 본질상 정치적이라

는 것이다. 따라서 이 접근법을 주장하는 사람들은 혁신을 수용하는 과정, 즉 새로운 행정정보체제를 도입하는 과정에서 요구되는 일련의 절차를 기술한 다양한 모형들을 제시한다. 이런 모형들에는 대체로 문제나 기회가 존재함을 인식하는 단계로 시작해서, 다음으로 잠재적 해결책의 개발을 시도한 후에 이 해결 방안을 실시하여 바람직한 상태에 이를 때까지 수정해 나간다.

혁신과정 접근법의 중요한 일면은 '문지기들(gatekeepers)'의 역할이다. 이들은 신기술의 제공자와 사용자 간의 연락을 담당하는 사람들이나 집단들로서 커뮤니케이션을 촉진하는 비공식 채널을 개발한다. 또 다른 주요 역할은 '조기 채택자들(early adopters)'의 역할이다. 이들은 혁신에 대한 선도자(missionaries)로서 역할을 수행하는 고위의 사회적 또는 정치적 지위에 있는 사람들이다. 이들은 독립적 경향이 심해서 비주류에 속하며 혁신에 의한 성공을 과시함으로써 새로운 행정정보체제의 전반적인 수용을 야기한다. 이 접근법은 변화가 촉진과 관리에 좌우된다고 보고 변화의 필요성 확립과 문지기와 조기 채택자 간의 연락을 이루며, 비공식적인 커뮤니케이션 채널을 강조하는 데에 관심을 집중시킨다. 이 같은 혁신과정 접근법은 경직된 절차를 갖고 있는 공식조직에서 잘 수용되지 않고 주로 소규모 집단에 의해 채택되기 때문에 그에 상응하는 변화 초래 방법을 모색해야 한다. 이런 과정에 고위 및 지역 관리자들의 역할이 아주 중요하다.

다) 사회기술·체제 접근법(sociotechnical-systems approach): 새로운 행정정보체제의 실행을 촉진하는 사회기술·체제 접근법은 앞의 두 접근법처럼 변화를 관리할 필요가 있다는 입장이나 변화의 어떤 면을 관리할 것이냐에 차이를 보인다. 이 접근법에서는 기술 하위 체제와 사회 하위 체제라는 두 가지 하위 체제가 식별된다. 따라서 이 접근법의 기본 입장은 사람이 간여하는 기술체제가 효과적이기 위해서는 이들 두 하위 체제가 성공적으로 관리되어야 한다는 것이다. 이렇게 사람이 관계하는 기술체제가 곧 정보체제이다 (Mumford, Mercer, Mills, & Weir, 1970).

이 같은 사회기술·체제 접근법은 본질상 참여적인데, 그 이유는 아무도 다른 사람의 일을 설계할 권리를 갖지 못하기 때문이다. 따라서 사용자들이 행정정보체제의 설계에 깊이 참여해야만 한다는 것이다. 이 접근법은 업무 설계에서 사용자들을 도와주고 변화 과정을 촉진하는 사회기술·체제 전문가의 활용을 권장한다.

결국 이 접근법은 새로운 행정정보체제와 관련된 업무설계 및 재설계를 주로 고려할 뿐만 아니라 인간 상호 사회체제(interpersonal social system)와 보상체제

(reward system)에도 초점을 맞춘다.

라) 커뮤니케이션·망 접근법(communication-network approach): 이 접근법은 특정 행정정보체제의 효과가 잠재적인 사용자들의 업무활동과 그런 활동을 수행할 때 다른 사람들과의 상호작용상의 측정된 변화라는 전제에 기초한다(Bavelas, 1950; Schein, 1976). 일반적으로 특정한 업무가 주어질 때 업무활동을 수행하고 작업을 능률적이고 욕구가 충족되는 면으로 이루어지도록 커뮤니케이션 구조를 형성함으로써 반응을 보인다.

행정정보체제가 업무활동과 상호작용의 가장 기본적인 패턴에 영향을 미친다고 주장한다. 이 접근법에 따라 행정정보체제를 실행할 때 다음과 같은 점을 고려해야 한다. 즉, 잠재적 사용자들이 실제로 수행하는 구체적인 업무활동과, 사용자들이 업무활동을 수행할 때 하게 되는 상호작용과 커뮤니케이션, 그리고 사용자들이 그 활동과 상호작용 각각에 대해 느끼는 방식 등을 고려해야 한다. 이러한 요소들이 성공적인 행정정보체제의 수립을 촉진하기 위해 변화요원이 사용하는 투입물이 된다.

이상에서 살펴본 여러 가지 이론적 접근법들의 공통적인 주장은 첫째, 성공적인 행정정보체제상의 변화를 위해서는 그런 변화가 관리되어야 하며, 둘째, 그런 변화를 관리할 유능한 변화요원이 필요하다는 것이다.

② 행정정보체제의 실행에 대한 실제적 접근법

전술한 이론적 실행접근법들을 기초로 하여 실제로 새로운 행정정보체제를 실행하는 방법을 고찰할 필요가 있다. 행정정보체제의 실제적 실행에 관한 접근법을 고찰할 때 실행 대상 행정정보체제는 행정정보체제와 같이 대규모의 일상업무 처리체제로서 대규모 조직 내의 관리자뿐만 아니라 일선 행정관료들에게 영향을 미치는 경우와 그 행정정보체제가 고위관리자들에 의해 요구되고 최우선적으로 실행될 것을 가정한다. 이 같은 행정정보체제의 실제적 실행접근법은 대체로 다음과 같은 단계들로 이루어진다.

가) 실행 착수 단계: 이는 주로 행정정보체제에 관한 조직 내 일반적인 분위기를 탐색하는 단계로서 좀 더 구체적으로 살펴보면 다음과 같다.

첫째, 조직의 분위기

둘째, 행정정보체제에 대한 고위 관리자들의 역할

셋째, 새로운 행정정보체제가 조직의 기획 과정에 미칠 것으로 생각되는 효과 정

도와 조직의 자발적 목적 달성의 필요 정도

넷째, 최고 정보책임자의 본질과 역할 등에 관해 사정한다. 여기서 요구되는 정보의 대부분은 면접조사를 통해 수집된다.

다섯째, 이 단계에서는 새로운 행정정보체제의 도입으로 영향을 받게 되는 사람들을 모두 식별해서 그들의 요구 수준과 기대 정도를 파악하여 실행에 옮길 준비를 한다.

나) 변화 조성 단계: 이는 새로운 행정정보체제가 도입됨에 따라 요구되는 행정정보체제의 사용자에 대한 교육 및 훈련, 업무 변화, 그리고 조직 내적 변화 등에 관해 고려하며, 또한 체제설계상 변화에 관한 검증을 수행하는 단계이다. 이 단계에서의 제반 활동을 좀 더 구체적으로 살펴보면 다음과 같다.

첫째, 이 단계에서는 사용자들에 대한 약간의 교육이 필요한데, 주로 컴퓨터 체제에 관한 교육과 새로운 행정정보체제의 이용으로부터 기대되는 것에 관한 정보를 제공하는 것이 효과적이다.

둘째, 교육 과정을 통해 사용자들의 새로운 행정정보체제의 도입에 따른 변화에 동의하도록 할 수 있는데, 이 같은 교육을 실시한 후에 행정정보체제에 관한 사용자들의 기대를 측정하는 것이 도움이 된다.

셋째, 행정정보체제의 실행계획을 수립할 뿐만 아니라 사용자들의 실행팀에의 참여 이상의 관여를 위한 계획과 훈련계획을 수립한다. 여기서 훈련계획은 훈련의 종류와 대상을 명시한다. 그 계획은 또한 새로운 행정정보체제에 관한 훈련 자료의 개발 스케줄도 포함한다.

넷째, 이 단계에서는 조직체계의 설계면에서 사용자들의 우선순위 결정을 허용하며, 새로 도입될 행정정보체제에 관한 영향력이 어떻게 느껴지는지에 관한 환류정보를 사용자들에게 제공해 준다. 이 단계에서는 특히 업무 변화, 권력체제 수정(power system modifications), 그리고 사회체제상의 변화와 같은 비기술적인 문제들에 관한 설계에 신중을 기할 것을 요구한다.

다섯째, 행정정보체제의 하위 체제들에 관한 설계가 완료됨에 따라 사용자 조사를 실시해서 설계의 적합성에 관해 해당 사용자들이 책임을 지게 한다.

여섯째, 하위 체제의 설계가 사용자들에 의해 누락되면, 하위 체제들에 대해 프로그래밍과 업무 단위 검증(unit testing), 체제검증(system testing)을 한다. 그리고 마지막으로 수락검증(acceptance testing)을 실시한다.

다) 행정정보체제의 설치 단계: 새로운 행정정보체제의 실행집단에 의해 관리자

및 사용자들에 의해 수락된 새로운 행정정보체제를 조직 내에 도입·운영하기 시작한 단계를 의미하며, 본격적인 행정정보체제 실행 과정이다. 이 단계에서도 체제설계팀에 간여한 사용자들에 의해 사용자훈련을 추가로 실시한다. 물론 설계팀도 일정한 기간 동안 사용자들과 함께 머무르면서 새로운 행정정보체제가 원활하게 운영되고, 운영요원들이 어떠한 조건에서도 행정정보체제를 제대로 운영하는지를 확인한다.

또한 행정정보체제가 실행됨에 따라 어떤 조직에서는 사용자를 임명하여 설치된 행정정보체제의 이용에 책임을 지게 한다. 즉, 행정정보체제의 목표달성도를 측정하고, 행정정보체제의 수정 및 강화를 제시할 수 있게 행정정보체제를 계속 감독하도록 한다. 아울러 그로 하여금 계속적으로 사용자의 행정정보체제에 대한 반응과 기대를 측정케 한다.

제 2 절 행정정보체제의 실행 후 평가

1 행정정보체제 평가의 의의 및 유형

1) 행정정보체제 평가의 개념 및 중요성

(1) 행정정보체제 평가의 개념

행정정보체제의 평가는 정책평가의 원리에서와 같은 맥락에서 이해될 수 있다(이윤식 외, 1989). 즉 행정정보체제의 평가는 행정정보체제가 특정 목적이나 기대 또는 요구 사항들을 얼마나 잘 충족시켜 주었는지를 파악하는 것이다. 다시 말하면 행정정보체제의 평가는 첫째로, 행정정보체제의 목적들을 식별하고, 둘째로 그 목적들의 달성도를 사정하기 위한 평가 기준을 설정하고, 셋째로 그 기준에 따라 행정정보체제의 성과를 측정하는 것이라고 정의할 수 있다. 그러나 더 넓은 의미에서 행정정보체제의 평가를 행정정보체제의 개발 및 운영, 그리고 정보체제 관련 자원의 관리가 사전에 결정된 목표나 계획대로 이루어졌는지를 분석·확인하는 것으로 보는 견해도 있다(이진주 외, 1989: 511). 그러나 후자의 광의의 개념은 너무 포괄적이어서 행정정보체제 평가를 실행 후 평가활동으로 보는 일반적인 해석과 차이를 보이며, 더욱이 실행 전 단계의 활동들에 관한 평가는 그 단계에서의 검증을 통해 점검되는 것으로 보기 때문에 실행 후 평가활동의 내용에서 제외하여 전자의 협의의 개념으로 이해하는 것이 본질상 더 타당하다.

또한 행정정보체제의 평가는 행정정보체제의 전반적인 성과 중에서 효과성과 능률성에 관한 평가를 주로 함을 유의할 필요가 있다(Murdick & Munson, 1986: 596). 그럼에도 불구하고 행정정보체제 평가의 근본 목적은 행정정보체제의 성과를 분석하여 '이해'하는 것이다. 그리고 행정정보체제 평가의 다른 목적은 행정정보체제의 활동 과정 또는 결과를 파악해서 행정정보체제의 관리자뿐만 아니라 그 행정정보체제가 속해 있는 조직의 관리자에게 환류정보를 제공해 줌으로써 행정정보체제의 통제를 지원한다. 그래서 행정정보체제가 본래의 목적이나 기대를 일탈하여 운영되는 경우 그 활동을 수정할 수 있고, 아울러 그 책임을 묻게 한다.

이러한 환류정보의 제공을 통해 행정정보체제의 평가는 두 가지 대표적인 기능을 수행하게 되는데, 그 하나는 행정정보체제의 활동을 촉진·강화시켜 주는 기능과 다른 하나는 행정정보체제의 활동을 제약하는 기능이다. 이들 두 기능 중에 어느 것에 더 많은 비중을 두느냐에 따라 행정정보체제의 평가에 대한 인식에는 차이가 월등하게 되고, 그에 따라서 평가의 중요성에도 차이가 있게 된다. 즉, 전자의 행정정보체제 활동을 강화하는 기능을 수행하는 평가가 긍정적으로 받아들여져서 행정정보체제 관리자들은 평가의 필요성을 인정하나, 후자의 경우처럼 기존 행정정보체제의 활동을 제약하는 평가는 평가활동 자체를 거부하는 태도를 야기하는 수가 많다. 그러나 행정정보체제의 평가는 행정정보체제적 차원에서의 필요성뿐만 아니라 조직 차원에서의 필요성에 의해 이루어질 수밖에 없다.

(2) 행정정보체제 평가의 중요성

① 행정정보체제 내적인 면에서 중요성

행정정보체제 평가의 두 가지 기능 중에 어느 경우를 막론하고 행정정보체제의 평가는 행정정보체제의 존재 이유를 강화시켜 준다는 면에서 중시되어야 한다. 즉, 행정정보체제 내적인 측면에서 행정정보체제의 평가가 중시되어야 한다는 것이다. 다시 말하면, 행정정보체제 내적인 면의 평가는 행정정보체제 활동의 강화 기능을 통해 행정정보체제의 제반 활동이 본래의 목적에 부합됨을 추인해 줌으로써 그 존재 가치를 강화시켜 주는 것이 된다. 다른 한편으로 평가가 행정정보체제의 활동을 제약하는 기능을 통해 그 행정정보체제가 지정된 활동 영역이나 범위를 벗어나 있음을 인식시켜 줌으로써 기존 활동의 수정을 통한 존재 가치의 유지를 가능하게 해 주기 때문에 행정정보체제의 평가는 필요하다는 것이다.

② 행정정보체제 외적인 면에서 중요성

행정정보체제에 관한 평가의 중요성은 행정정보체제 외적인 면에서도 강조되는데, 여기에는 다시 두 가지 차원에서 고려될 수 있다.

첫째, 행정정보체제를 유지하고 있는 조직적 차원에서 평가의 중요성을 지적할 수 있다. 즉, 행정정보체제의 목적이나 존재 가치는 그 행정정보체제가 자신이 속한 조직의 목표를 달성하는 데에 얼마나 능률적이고 효과적으로 지원해 주고 있는지를 제대로 파악하지 않고서는 행정정보체제의 운영·관리의 필요성을 인식할 수 없게 되기 때문에 행정정보체제의 평가는 중요시된다. 비록 특정 행정정보체제가 기술적인 면에서 능률적이고 효과적으로 운영·관리되더라도 결과적으로 조직의 제반 활동에 기여하지 못하는 경우에는 행정정보체제를 유지할 이유가 없다. 더욱이 행정정보체제가 조직활동에 구체적으로 얼마나 기여하는지를 파악하고 있지 않는 경우에는 행정정보체제의 존폐에 관한 결정을 내릴 수도 없게 된다.

둘째, 행정정보체제를 보유하고 있는 조직 외적 차원에서 평가의 중요성을 지적할 수 있다. 다시 말하면 조직의 외부환경으로부터 행정정보체제에 대해 요구하거나 기대한 사항을 어느 정도로 그 행정정보체제는 능률적이고 효과적으로 충족시켜 주고 있는지를 파악해서 그 결과에 따른 조직적 차원에서의 조치를 취해야 한다는 면에서 행정정보체제에 관한 평가가 필요한 것이다. 이런 경우는 특히 행정정보체제의 평가에 적용될 수 있다. 왜냐하면 행정정보체제는 조직 내적 요구 사항에 관한 충족 정도가 그 존재 가치의 정도를 전적으로 결정해 주는 것이라기보다는 행정정보체제 외적 요인, 특히 조직의 외부환경 요인(이를 원격환경 요소라고도 일컫는다)인 정치적·사회적 요소들에 의해 행정정보체제의 존재 가치가 영향을 받기 때문이다.

2 평가상 제약 요소

행정정보체제를 평가할 때 대체로 다음과 같은 제약 요소들을 적절히 극복해야 한

다.[9)]

(1) 평가 기준으로서 목표의 불명확성

행정정보체제에 관한 평가를 수행할 때 가장 먼저 필요한 것은 행정정보체제의 목표나 목적을 식별하는 것이다. 그러나 행정정보체제의 목표가 체제 개발 초기 단계부터 공식적으로 명확하고 구체적으로 설정되는 경우가 많지 않을 뿐만 아니라, 특히 행정정보체제와 관련된 조직구성원이나 부서들의 내재적인 목표나 의도가 제대로 반영되는 경우가 드물다(Keen & Morton, 1978). 더욱이 행정정보체제의 목표는 단순하지 않기 때문에 식별하기가 용이하지 않다.

(2) 평가 기준의 단편성

행정정보체제의 평가를 위해 선정한 기준들이 체제의 전체적 효과를 평가하기에 적절하지 못하고 그 대신에 계량화가 비교적 용이한 투입 요소 중심의 부분적 평가에 유용한 경우가 많다. 행정정보체제의 효과를 계량화하는 데에도 여러 가지 이유로 한계가 있는데, 평가 기준마저도 계량화된 부분에 관해서만 평가할 수 있는 준거가 된다는 것은 평가 결과의 타당성에 위협적인 요소가 되는 것이다(Ginzberg, 1978: 57-63). 이런 모순을 극복하기 위해 후술하는 바와 같이 질적인 평가를 병행해야 된다는 주장이 있다(Hirschheim & Smithson, 1987: 367-80).

(3) 평가 기준 시점의 결정상 곤란

행정정보체제의 개발과 실행 및 운영의 동태적 특성으로 인해 평가 시점을 결정하기가 어렵다. 다시 말하면 상황의 변화에 따른 행정정보체제에 대한 요구 사항과 그에 따른 체제 목표의 점진적 변화는 행정정보체제에 관한 평가 기준 자체를 유동적으로 만들기 때문에, 어느 시점을 기준으로 행정정보체제의 평가를 수행할 것인지를 결정하기가 용이하지 않다(Hamilton & Chervany, 1981: 55-69).

(4) 평가 대상 항목의 중요도에 관한 견해차

행정정보체제의 실행 및 이용에 관련되는 조직계층별 구성원 및 조직 부서들은 자신들의 업무나 이해관계상의 차이로 인해 행정정보체제의 목표 및 요구 조건에 대한

---

9) 경영정보체제의 평가상의 문제점들에 관해서는 이진구 외, 「경영정보 시스템」(서울 다산출판사, 1989), pp. 513-4를 참조.

견해도 달리하여 자신들이 중요시하는 평가 대상 항목이 서로 다른 경우가 많다. 결과적으로 행정정보체제에 관한 일관성 있는 평가를 내리기가 곤란하게 된다.

(5) 평가자의 주관 개입 가능성

행정정보체제의 객관적이고 양적인 목표가 구체적으로 명시된 경우 그에 대한 평가에는 평가자의 주관이 개입될 가능성이 비록 전무하지 않더라도 비교적 작을 수 있다. 그러나 행정정보체제의 질적인 목표에 관한 평가의 경우 평가자들은 개인별 인지 스타일(cognitive style)의 차이로 인해 선택적 인식을 하게 되어 결과적으로 평가결과가 서로 차이를 나타낼 우려가 있다(Blaylock & Rees, 1984: 74-91).

(6) 타당도가 높고 표준화된 평가지표의 개발 부진

행정정보체제의 평가 대상 항목에 대한 타당도가 높은 평가지표나 척도가 아직 제대로 개발되어 있지 못해 객관적이고 타당한 평가를 내리는 데에는 한계가 있다.

(7) 정치성 개입 가능성

행정정보체제의 평가는 합리적이고 총체적인 분석에 준거하기보다는 점승석이고 상황적응적 분석에 기초하여 이루어질 수밖에 없는데, 그 이유는 행정정보체제가 정치적 영향력의 지배를 탈피할 수 없기 때문이다.

3 평가 유형

행정정보체제에 관한 평가 유형은 그 기준이 무엇이냐에 따라 여러 가지로 분류될 수 있을 것이다. 그러나 그 대표적인 경우만을 살펴보면 다음과 같다.

1) 해밀턴과 셔바니의 평가모형

해밀턴(S. Hamilton)과 셔바니(N. L. Chervany)에 의해 개발된 평가모형으로 행정정보체제의 평가에서 효율성과 효과성이라는 두 가지 기준에 기초하여 측정하는 특징을 가지고 있다(이용규, 1996: 358-9).

[그림 5-2]와 같이 효과 지향적인 시각과 효율 지향적인 시각으로 나뉘며 각각의 수준에 해당하는 단계별 평가가 이루어진다. 하지만 해밀턴과 셔바니의 평가모형처럼

[그림 5-2] 해밀턴과 셔바니의 평가모형

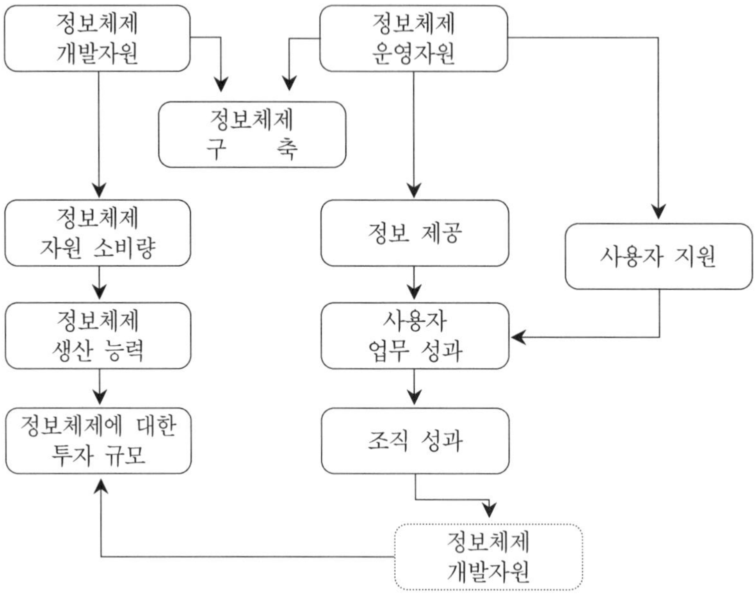

	효율 지향적 시각	효과 지향적 시각
단계별 평가 내용	수준 0: 기술, 통제, 문서화의 질 등 수준 1: 적절한 예산 산정, 사용자의 적극적 참여 수준 2: 사용한 인적 자원 및 시간의 효율적 운영 수준 3: 정보체제 요원의 훈련	수준 1: 정보 내용, 정보 표현 방식, 사용자 자원, 적시성 등이 적절한가 수준 2: 의사결정의 향상 정도, 의사결정 과정의 개선 여부, 자산 증진 정도 수준 3: 재무, 고객관리, 조직의 발전기여도

행정정보체제의 평가는 포괄적인 관점에서 이루어져야 한다. 하지만 실제적으로는 특정한 관점에 맞춘 다양한 방법이 사용되고 있다.

(1) **총괄평가와 과정평가**

이는 행정정보체제의 '무엇을' 평가 대상으로 할 것이냐에 따른 분류로서 총괄평가는 행정정보체제의 실행 및 운영 결과나 성과를 평가 대상으로 한 평가를 말하며, 과정평가는 행정정보체제의 실행 및 운영 과정을 평가 대상으로 한 평가 방법을 의미한다. 이들 두 유형의 평가 방법들은 모두 다 행정정보체제에 관한 평가에서 널리 활용된다.

(2) **내부평가와 외부평가**

이는 행정정보체제를 평가하는 주체가 누구냐에 따라 분류한 것으로서 내부평가는 소위 자체평가라고도 일컫는 것으로서 행정정보체제를 운영·관리하는 부서의 사람이나 조직 내 타부서의 구성원이 일정한 평가 기준에 따라 평가하는 것을 말하며, 외부평가는 행정정보체제의 전담 부서의 구성원이나 조직의 다른 구성원이 아닌 조직 외부의 전문가나 전문기관에 의해 행해지는 평가 형태를 나타낸다.

(3) **양적 평가와 질적 평가**

이는 평가 방법에 따라 분류된 평가 유형으로서 전자의 양적 평가는 가학적 평가라고도 불리며 행정정보체제의 제반 활동에 관한 양적인 자료를 이용하여 좀 더 체계적으로 수행하는 객관적 평가를 나타내는 반면에, 후자의 질적 평가는 현상학적인 입장에서 행정정보체제에 관해 질적인 자료를 기초로 행해지는 비체계적이며 주관적인 평가를 뜻한다.

(4) **평가와 감사**

이는 행정정보체제를 평가할 때 평가의 범위와 시기를 모두 고려하여 그 정도에 따라 구분된 것으로서 대체로 평가는 행정정보체제의 실행 전후에 광범위하게 적용되는 반면에, 감사는 주로 정보체제의 실행 후에 통제를 목적으로 정보체제의 효과성과 능률성을 검증하는 것과 그 정보체제가 원래의 설계 목적을 충족시키고 있는지를 정기적으로나 수시로 검증하는 것을 의미한다(Burch & Grundnitski, 1983: 497-550, 641-7; Hicks, 1987: ch.18).

즉, 행정정보체제 감사란 독립된 행정정보체제의 모든 부문을 검토 대상으로 하여 정보처리의 효과성, 정보체제의 안전성과 효율성 및 이와 관련된 모든 부문에 대한 자료를 체계적으로 수집, 분석, 평가하여 이를 관계자에게 보고하고 조언, 개선을 권고함으로써 행정정보체제의 발전과 폐해를 제거하고자 하는 활동이라고 할 수 있다(박희경, 2004: 5-6).

그러나 경영정보론에서는 평가를 아주 좁은 의미로 실행 전 평가로 보고 주로 컴퓨터 시스템의 도입에 관련하여 극히 기술적인 측면의 평가만을 나타내고 있다. 그 반면 감사는 주로 실행 후 평가를 나타내면서도 특정 유형의 감사(예: 재무감사)를 제외하고는 여전히 컴퓨터 시스템에 관한 기술적인 평가에 주력하고 있다(Burch & Grundnitski, 1983: ch.14, 641-3; Hicks, 1987: 45-7).

이상과 같은 차이점에도 불구하고 실제로는 행정정보체제의 평가와 감사는 서로 교환적으로 사용되며 그 기능도 거의 대동소이하다. 다만 감사가 비교적 객관적이고 통제 지향적인 성향이 강하면서 합규성 확인에 초점을 둔 반면에, 평가는 반드시 객관적일 필요가 없을 뿐만 아니라 효과성과 능률성 등에 기초한 정보 제공 지향적인 성향이 강하다.

4 행정정보체제의 실행과 평가의 관계

행정정보체제의 평가는 행정정보체제의 실행과 관련해서 '실행 전 평가'와 '실행 후 평가'로 대별해서 고찰할 수 있다. 행정정보체제의 실행이 특정 행정정보체제의 조직 내의 도입이라는 개념으로 할 때, 실행 전 평가는 행정정보체제를 도입하기 직전에 주로 컴퓨터 시스템 등 정보통신 기술의 구매 단계에서 컴퓨터 시스템 등 정보통신 기술의 기능과 비용 등의 조건에 관한 평가를 나타낸다. 반면에 실행 후 평가는 행정정보체제가 조직 내에 도입하여 운영한 후에 컴퓨터 시스템 등 정보통신 기술 자체보다도 컴퓨터 시스템 등 정보통신 기술을 기초로 한 행정정보체제 전체의 기능과 성과 등에 관해 검증하는 것을 의미한다. 따라서 행정정보체제의 평가는 양자를 다 포함하면서도 특히 후자인 실행 후 평가에 초점을 두어야 한다. 그 이유는 행정정보체제의 제반 활동이 국가적인 차원에서 이루어져서 행정부뿐만 아니라 국민 전체에 영향을 주고받음으로써 행정정보 관련 체제의 환경적 요소들의 행정정보체제에 대한 '만족도(satisfying level)'가 파악되어야 하기 때문이다.

실행 후 평가에서는 주로 앞에서 설명한 결과나 성과 중심의 총괄평가 방법과 과정 중심의 과정평가 방법이 모두 사용된다. 즉, 총괄평가는 행정정보체제를 개발·활용하고 있는 행정조직의 목표가 행정정보체제의 실행·운영을 통해 얼마나 효과적으로 달성되었는가를 평가하는 주로 효과성 평가를 의미한다. 한편 과정평가는 체제자원적 관점에서 조직의 목표 달성 활동에서 성과를 거둘 수 있도록 행정정보체제의 여러 자원을 얼마나 능률적으로 활용하고 있는지를 파악하는 주로 능률성 평가를 나타낸다(Hamilton & Chervany, 1981a: 55-69, 1981b: 79-86; King & Rodriguez, 1978: 43-51).

5 행정정보체제의 평가 대상 및 기준

1) 행정정보체제의 합리적인 평가

행정정보체제의 평가는 평가 대상을 기준으로 과정 중심의 평가와 결과 중심의 평가로 구분해서 설명될 수 있는데, 이때 가장 중요한 평가 업무 중의 하나는 각각의 평가 대상에 따른 평가 기준과 평가지표 또는 척도를 설정하는 일이다. 여기서는 과정평가를 위한 평가 기준과 지표뿐만 아니라 결과평가, 즉 총괄평가를 위한 평가 기준과 지표를 살펴본다(이진주·김상훈, 1985: 10-25; 이진주 외, 1989: 515-20).

(1) 과정평가의 대상과 기준

행정정보체제의 과정평가는 행정정보체제의 개발과 특히 운영에 관련된 조직 내 제반 자원이 능률적으로 활용되고 있는지를 평가하는 것이다. 이러한 과정평가의 주요 대상과 그에 따른 기준으로는 대체로 다음과 같은 것들이 있다.

① 행정정보체제 요구와의 일치도

과정평가는 첫째, 행정정보체제의 개발과 운영이 본래의 행정정보체제에 대한 요구 사항(systems requirements)에 명시된 대로 수행되고 있는지를 분석·평가하는 것이다. 이를 좀 더 구체적으로 설명하면, 기술적 성능, 제어(즉, 통제), 문서화 수준 등의 체제 요구 사항과 일치된 정도를 평가하는 것을 말한다. 이들 세부평가 대상에 대한 평가지표 내지 기준(또는 척도)의 몇 가지 예를 보면 다음과 같다.

가) 행정정보체제의 기술적 성능의 평가 기준: 프로그램 설계와 데이터베이스 설계, 그리고 검증(test) 등의 체제 개발 표준과의 일치도, 체제 운영의 사용자 요구 사항의 만족도

나) 통제 수준의 평가 기준: 통제 표준의 일치도, 통제의 적합도, 통제의 완전성

다) 체제 문서화 수준의 평가 기준: 문서화 표준의 일치도

② 소요 자원관리의 합리화 정도

과정평가에서는 둘째로 행정정보체제의 개발 및 운영에 소요되는 제반 자원(예: 인적·물적 자원)에 대한 관리가 합리적으로 수행되고 있는지를 평가한다. 여기서 평가 대상에는 예산과 실적의 대비, 개발 일정의 이행도, 가동계획의 이행도, 소요 컴퓨터 자원의 조달 및 비치, 그리고 사용자 참여도가 포함된다. 이들 세부 평가 대상에 대한 평가 기준의 대표적인 것을 보면 다음과 같다.

가) 예산과 실적의 대비에 관한 평가 기준: 행정정보체제 개발에 따른 소요자원의 예산 내 집행도(실적/예산), 행정정보체제 운영에 따른 소요자원의 예산 내 집행도(실적/예산)

나) 행정정보체제의 개발 일정 이행도에 관한 평가 척도: 일정 수준의 정도(실제일정/계획일정)

다) 행정정보체제의 가동계획 이행도에 관한 평가 기준: 목표 대비 가동 실적(실제가동 시간/계획 가동 시간), 재가동률

라) 행정정보체제 소요 컴퓨터 자원의 조달 및 비치에 관한 평가 기준: 장비 조달의 계획 대비 실적, 장비 노후 비율

마) 행정정보체제 사용자의 참여도에 관한 평가 기준: 사용자의 참여 시간, 사용자의 참여 방식

③ 행정정보체제 구성 요소의 성능

과정평가에서는 새로운 행정정보체제의 개발 및 운영에 필요한 인력 및 하드웨어의 가용성, 생산성, 용량 그리고 행정정보체제 개발 및 운영 업무 수행 능력 등이 일정 수준에서 발휘되고 있는지를 평가한다. 이 같은 과정평가의 대상을 세분화하면 행정정보체제의 가용 인시(人時, manhour), 가용 컴퓨터 시스템의 용량, 행정정보체제 구성원의 개발 능력 및 운영 업무 수행 능력이 해당된다.

이들 세부평가 대상에 관한 대표적인 기준으로는 다음과 같은 것들이 있다.

가) 행정정보체제의 가용 시간에 관한 평가 기준: 정상 가동 인시, 생산성, 초과 작업률, 체제정지율

나) 가용 컴퓨터 용량에 관한 평가 기준: 반응 시간, 미처리 작업량, 장비이용률, 업무 동시처리량

다) 행정정보체제 개발 및 운영 업무 수행 능력에 관한 평가 기준: 행정정보체제

부서원의 직무만족도, 행정정보체제 부서원의 직무 성과

④ 투자자원 규모

과정평가의 네 번째 평가 대상으로서의 투자자원 규모에 관한 평가는 새로운 행정정보체제의 개발 및 운영에 필요로 되는 인적·물적 자원 등을 지원하기 위한 투자규모가 적정 수준에 있는지에 관해 평가하는 것을 뜻한다. 이 평가 대상에는 시설 투자 규모와 행정정보체제 부서원의 교육 투자 규모가 포함된다.

이들 세부평가 대상에 관한 대표적인 기준들을 보면 다음과 같다.

가) 행정정보체제 개발 및 운영 관련 시설 투자 규모에 관한 척도: 전산장비시설 투자액

나) 행정정보체제 부서원 교육 투자 규모에 관한 척도: 교육 인시, 교육 내용의 적정도

⑤ 행정정보체제의 정보 제공 및 서비스의 질

이는 과정평가의 마지막 평가 대상으로서 이에 대한 평가는 새로운 행정정보체제가 제공하는 정보의 양, 질, 양식(format), 그리고 적시성 등이 행정정보체제 사용자들의 체제이용률과 만족도를 증가시키는 방향으로 수행되고 있는지를 평가하는 것이다. 이 같은 평가 대상을 세분화하면 정보 제공의 시간 및 속도, 정보의 양, 정보의 질, 제공의 방법 및 양식, 그리고 사용자 지원 및 교육으로 나타낼 수 있다.

이들 각각의 세부평가 대상에 따른 평가 기준을 보면 다음과 같다.

가) 정보 제공의 시간 및 속도에 관한 평가 기준: 자료 제공 속도, 자료처리 지연시간, 반응 시간, 문제 해결 시간

나) 정보의 양에 관한 평가 기준: 새로운 자료 획득 용이도, 일시 정보처리량

다) 정보의 질에 관한 평가 기준: 자료의 질(정확도, 신뢰도, 포괄 범위, 한계 등), 모형의 질(기술적 타당도, 조직관리적 타당도)

라) 정보 제공의 방법 및 양식에 관한 평가 기준: 행정정보체제 접합 방식(유연성, 용이성, 반응성 등), 양식(그래픽 정도, 테이블화 정도, 컬러화 정도 등)

마) 사용자 지원 및 교육에 관한 평가 기준: 사용자 교육 인시, 사용자 교육 내용의 적합도, 사용설명서 정비 정도, 행정정보체제 전담 부서와 사용자 부서 간의 관계 친밀도, 행정정보체제 서비스에 대한 사용자 통제 수준

(2) 총괄평가의 대상 및 기준

여기서 행정정보체제의 총괄평가는 행정정보체제의 결과 중심적 평가로서 행정정보체제를 개발 이용하는 조직 내 부서 및 조직 전체의 목표가 행정정보체제의 실행을 통해 얼마나 효과적으로 달성되었는가를 파악하는 평가 유형이다. 이런 유형의 평가에서 평가 대상으로는 행정정보체제 사용자의 업무 수행 능력 향상도와 조직성과 기여도를 들 수 있다. 이를 좀 더 구체적으로 살펴보면 다음과 같다.

① 행정정보체제 사용자의 업무 수행 능력 향상도

이에 관한 평가는 총괄평가에서 행정정보체제가 운영됨으로써 사용자 및 사용 부서의 의사결정 능력이나 일상 업무 수행 능력이 어느 정도로 향상되었는지, 즉 본래 설정한 목표나 기대에 도달했는지를 파악하는 것이다. 이런 평가 대상을 세분화하면 일상업무 수행 능력 향상도, 의사결정 능력 향상도, 그리고 의사결정 과정의 분리화 정도로 나누어 볼 수 있다.

이들 세부평가 대상에 관한 대표적인 평가 기준들을 보면 다음과 같다.

가) 일상업무 수행 능력의 향상도에 관한 평가 기준: 단순 반복적 업무의 전산자동화율, 업무 절차의 신속화 정도, 기계의 인력대체율, 미처리 일상업무 감소량, 미처리 민원업무 감소율

나) 의사결정 능력의 향상도에 관한 평가 기준: 문제 해결 정도의 향상 정도, 정보 수집 범위, 조직구성원 간의 협조 및 의견 일치 정도, 작업, 행정정보체제, 그리고 의사결정에 관한 태도 변화

다) 의사결정 과정의 합리화 정도에 관한 평가 기준: 목표의 명확화 정도, 제약 조건 및 대안의 고려 정도, 분석의 포괄 범위, 작업 결과의 계량화 정도, 의사결정의 신속도, 조직 성과에의 기여도

② 조직 성과에의 기여도

이에 관한 평가는 결과 중심적 총괄평가에서 행정정보체제를 개발·운영함으로써 조직의 목표 달성에 어느 정도로 기여했는지를 평가하는 것을 말한다. 좀 더 구체적으로 설명해서 이러한 평가 대상에는 조직의 재무적 목표 달성도, 일반관료 및 고객, 즉 주민에 의한 목표 달성도, 그리고 조직 개발 목표 달성도가 포함된다. 이들 각각의 평가 대상에 관한 대표적인 기준을 보면 다음과 같다.

가) 조업의 재무적 지표 달성도에 관한 평가 기준: 이익증가율, 투자회수율, 일반관

리비의 절감액 등

나) 일반관료 및 고객에 대한 목표 달성도에 관한 평가 기준: 일반 공공관료들의 행정정보체제에 관한 만족 정도, 고객, 즉 주민 만족도

다) 조직 개발 목표 달성도에 관한 평가 기준: 조직구성원의 사기 진작 정도, 조직분위기의 개선 정도, 조직구조의 환경 변화 적응도

(3) 평가 척도 계량화의 한계

일반적으로 객관적이고 과학적인 평가를 위해서는 좀 더 객관적인 평가 척도의 사용이 요구되는데, 이는 좀 더 계량화된 척도의 사용을 통해 객관적인 평가를 수행하고자 하기 때문이다.

그러나 행정정보체제의 평가는 행정정보체제의 개발·운영활동을 모두 계량화하기 어렵고, 그에 따라서 본질적으로 행정정보체제 활동을 반드시 과학적이고 객관적으로만 평가될 수 없는 한계점을 안고 있다. 이처럼 객관적인 평가 기준을 확보하기 어려운 구체적인 이유로는 다음과 같은 것들이 있다.

첫째, 행정정보체제의 개발과 운영에 따른 비용과 이익의 무형적인 경우가 많아서 화폐 단위로 계량화하기가 어렵기 때문이다(Ives & Olson, 1984: 586-603). 특히 사용자의 만족 수준 등에 관해서는 더욱 계량화하기 힘들다.

둘째, 행정정보체제를 이용하는 조직구성원들은 계층별로 얻는 혜택의 내용에서 차이가 있게 되는데, 특히 조직의 상부 계층으로 올라갈수록 비정기적이고 비구조화된 업무를 수행하는 구성원들이 행정정보체제의 이용으로 얻는 이득이 정형화된 일상적인 업무를 수행하는 하부 계층의 구성원들이 정보체제의 이용으로 얻는 이득처럼 객관적으로 측정 가능한 경우가 많지 않기 때문이다(Lucas, Jr., 1975).

셋째, 행정정보체제의 질에 관한 측정이 가능한 경우라도 실제로 그에 관한 자료가 활용 가능하지 못하기 때문이다(Ives & Olson, 1984: 586-603).

넷째, 무엇보다도 중요한 이유는 행정정보체제의 활동이 상대적으로 외부환경 영향을 많이 받아서 정치적 성향을 배제할 수 없는데, 그 같은 정치적 성향을 띤 제반 활동을 계량화하기가 어려울 뿐만 아니라, 비록 계량화해서 객관적인 기준을 사용할 수 있다 하더라도 그런 활동의 이면을 파악할 수 있는 주관적인 기준의 사용 없이는 정확한 평가를 수행할 수 없다는 것이다.

2) 행정정보체제의 계층별 성과평가

(1) 협의의 조직적 차원에서 성과평가

협의의 조직적 차원, 즉 전통적 조직의 차원에서의 성과평가는 행정정보체제를 특정 행정조직 내부의 활동들을 지원하는 정보나 정보활동을 통제, 관리하는 체제로 보고 그 성과를 평가하는 방법으로서 표면적으로는 경영정보체제의 성과에 관한 평가 접근법과 대동소이하다. 그러나 실제로는 큰 차이가 있다. 왜냐하면 이 같은 행정정보체제의 성과평가에서는 근접환경 요인은 물론이고 원격 환경 요인, 특히 정치적 환경 요소가 조직 내 전략기획 기능을 수행하는 고위관리자 계층의 정보활동에 미치는 영향을 어느 정도 고려하는 반면에 경영정보체제에서는 대체로 이런 원격환경 요인을 고려하지 않고, 그 대신에 기껏해야 근접환경 요인의 영향을 부분적으로 감안하고 있는 정도이기 때문이다. 이와같이 행정활동이 경영활동과 차이가 있는 만큼 조직적 차원에서의 행정정보 활동 역시 경영정보 활동과 차이가 있기 때문에, 비록 조직계층별 정보체제의 성과에 관한 평가에서도 이 점이 고려되어야 한다.

이 같은 조직적 맥락에서(물론 사기업 조직의 규모나 범위 및 특성면에서 차이가 있는) 행정정보체제를 조직 내 계층별 기능에 따라 전략기획 정보체제, 관리통제 정보체제, 운영통제 정보체제 그리고 일상 업무처리 정보체제라는 하위 정보체제로 구분하여 각 하위 정보체제의 성과에 관해 평가할 수 있다. 이와 같이 이들 각각의 하위 정보체제의 특징을 고려하여 그 성과를 평가하는 것이 행정정보체제의 성과를 총체적으로 평가하는 것보다 더 바람직하다. 이들 각 하위 정보체제를 기능, 체제, 정보면에서 그 성과를 평가하는 데 적합한 평가 기준들을 보면 <표 5-1>과 같다.

표에서 보는 바와 같이 행정정보체제의 성과에 관한 조직적 수준에서의 평가는 비교적 기술적인 특징을 나타내고 있다. 즉, 조직계층별 업무가 확연히 구분될 수 있는 것으로 가정하고 그에 관련된 행정정보체제의 성과를 평가하고 있다. 따라서 조직 내 하위 정보체제의 성과는 행정정보체제가 지원하는 계층별 활동을 어떻게 규명하느냐에 따라 과대 평가되거나 과소 평가될 가능성이 있다. 또한 이러한 계층별 성과에 관한 평가 결과의 합이 행정정보체제 전체의 성과에 관한 평가 결과와 반드시 일치될 수 없음을 감안할 때, 이상의 평가접근법은 행정정보체제의 성과에 관해 판단상 오류를 범하게 할 수도 있다. 무엇보다도 조직계층별 기능에 따른 행정정보체제의 성과평가 방법은 행정활동이 전 사회적 차원이나 전국 자료 차원에서 이루어지는 것과 같

〈표 5-1〉 조직적 차원에서 행정정보체제의 성과에 관한 평가 대상과 기준

조직계층별 활동	행정정보체제의 평가 대상	행정정보체제의 평가 기준
1. 일상업무 처리	기능	• 비용변리 • 업무 수행 능률성
	체제	• 운영 속도 • 경제성
	정보	• 정확성
2. 운영통제	기능	• 운영활동과 자원에 관한 모니터링 및 통제 정도
	체제	• 유지보수성 • 지속성 • 이용가능성 • 민감성
	정보	• 적시성 • 신뢰성
3. 관리통제	기능	• 의사결정의 질 • 기능적 목적
	체제	• 감사성 • 양립성 또는 호환성 • 신축성 • 보안성 • 범위 정도
	정보	• 충분성 • 간명성 • 발견성
4. 전략기획	기능	• 조직적 과업 수행 정도 • 기획가능성 • 의사결정의 결과
	체제	• 사용자의 만족도(접근용이성, 이용 가능 기간, 목적에의 적합성, 개인적 편의성)
	정보	• 확실성

자료: Smith, Jr.(1972); Murdick & Munson(1986: 600).

이 행정정보체제 활동도 같은 맥락에서 평가되어야 함을 비교적 경시하고 있다는 것이다. 이를 극복하기 위해 광의의 조직적 수준, 즉 국가적 차원에서 행정정보체제의 성과를 평가하는 접근법을 이용하는 것이 바람직하다.

(2) 광의의 조직적 차원에서 성과평가

이는 행정정보체제가 특정의 행정조직 내에서 행정활동을 지원하는 차원을 넘어서 사회나 국가적 차원에서 행정활동을 지원하는 정보 및 정보활동을 관리하는 체제로서 간주하여 그 성과를 평가하는 것이다. 이 평가접근법은 행정정보체제가 전술한 바와 같이 일반 사기업조직의 행정정보체제와 아주 다르게 조직외적 환경, 특히 원격환

경(즉 정치적 영향력)에 의해 많은 영향을 받는다는 특징을 감안하고 있다. 예컨대, 행정정보체제의 사용자가 협의의 조직적 차원에서는 행정정보체제를 이용하는 행정관료나 특히 행정조직 내의 부서를 나타내는 반면에, 산업의 조직적 수준에서의 행정정보체제 사용자에는 이들 행정관료나 부서뿐만 아니라 행정정보를 이용하는(또는 하고자) 일반 국민들도 포함되므로 행정정보체제는 이들 국민들의 요구나 기대에 관해서도 고려해야 한다.

이와 같은 평가접근법에서는 평가 대상 수준을 비교적 넓고 포괄적으로 구분한다. 즉 행정정보체제의 운영 수준, 행정정보체제의 관리 수준, 행정정보체제의 환경 수준으로 구분하여 이들 각 수준에서의 성과를 평가하게 된다. 이를 좀 더 구체적으로 살펴보면 다음과 같다(Bozeman & Bretschneider, 1986: 481-2).

① 행정정보의 운영 수준에서 성과평가

행정정보체제 운영 수준에서의 성과는 기술적인 면에서는 주로 컴퓨터 시스템의 하드웨어, 소프트웨어, 그리고 자료에 관련된 것이다. 따라서 행정정보체제의 운영면의 성과는 기본적으로 비용, 능률성, 적시성에 기초하여 평가된다. 이러한 기술적인 측면의 성과평가는 대체로 경영정보체제에서도 마찬가지로 적용될 수 있다. 운영 수준에서의 성과평가 대상이 되는 상술한 컴퓨터 하드웨어, 소프트웨어, 그리고 자료를 어떻게 평가하는지를 역순으로 설명하면 다음과 같다.

가) 자료의 성과평가: 행정정보체제에 의해 수집·저장·분석되는 제반 자료는 자료의 정확성(accuracy), 적시성(timeliness), 중복성(redundancy), 신뢰성(reliability) 등에 의해 평가된다. 따라서 이 같은 척도를 이용하여 행정정보체제가 얼마나 성공적으로 자료를 관리하느냐는 행정정보체제의 자료관리 요소에 관한 성과로 평가할 수 있다. 이들 평가 척도 중에 자료나 정보의 적시성이 기본 요소가 된다. 이 같은 자료관리의 성과가 유의미하지 못하는 경우, 행정정보체제는 다른 면에서 아무리 좋은 성과를 거두고 있다고 하더라도 그릇된 정보를 창출하게 되어 결과적으로 행정 전반에 미치는 역효과는 적지 않을 것이다.

나) 소프트웨어 등 응용체제의 성과평가: 컴퓨터 응용체제, 즉 응용 프로그램으로는 봉급, 인사, 세금 감면, 사회복지 혜택 등에 해당하는 것으로서, 이들에 관한 체제 성과는 단위 비용당 처리량과 회계 마감일의 준수 등과 같이 업무 수행 능률성에 의해 평가된다. 여기서 아울러 평가되어야 할 대상은 업무 처리를 위한 각종 통계모형

과 의사결정 지향모형(decision-oriented model)이다. 이 같은 모형들이 정부의 각급 기관에서 점차 자동화됨에 따라 이들 모형 자체에 관한 평가가 이루어지지 않으면 업무 처리 자체가 근본적으로 잘못될 수가 있다. 이들 모형에 관한 평가는 특정 모형이 정확하게 예측하는지 또는 적기에 유용한 결과를 제공해 주는지를 조사함으로써 이루어질 수 있다.

다) 정보통신 기술을 기초로 한 행정정보체제의 개발과 전달에 관한 성과평가: 행정정보체제의 개발에 관한 성과평가는 그 프로젝트의 마감일과 일정을 감독함으로써 가능하고, 더 나아가서는 특정 행정정보체제의 최종 생산물이 특정 요구 사항이나 최종 사용자의 요구에 얼마나 잘 부응하고 있는지를 측정함으로써 가능하다. 즉 기대보다 행정정보체제의 개발이 너무 지연되는 경우에는 사용자의 요구 사항이나 기대 자체를 변경하게 만들어 급기야는 개발된 행정정보체제에 대한 수용가능성이 그만큼 줄어들게 된다. 이 같은 최종 사용자의 행정정보체제 이용 성과는 사용 수준과 사용 강도, 그리고 사용의 다양성에 따라 좌우된다. 그러나 무엇보다도 이러한 행정정보체제의 성과를 거두는 데 드는 비용면에서의 평가가 불가피해서 비용/편익분석에 의한 비용 절감이나 이익 증가가 나타나는 경우에만 성과를 거둔 것으로 평가하게 된다.

② 행정정보체제 관리 수준에서 성과평가

행정정보체제의 관리면의 성과는 앞의 평가접근법에서 관리・통제 및 정부 기획의 성과에 해당하는 것으로서 주로 실무성(accountability), 이익 유보(benefit savings), 가시성 억제 정도(visibility 'screw up' index)에 의해 평가된다. 이들 평가 척도에 의한 관리 수준의 성과평가를 좀 더 구체적으로 살펴보면 다음과 같다.

가) 실무성에 의한 평가: 행정조직이 일반 사기업조직과 상대적으로 다른 특징 중의 하나는 근접환경의 영향을 더욱더 많이 받는다는 것으로, 이는 행정관리들이 행정조직 외부의 개인들과 집단들에 대해 책임을 지는 정도가 더 심하다는 것을 나타낸다. 따라서 행정정보체제는 예기치 않은 방식으로 자료를 종합하는 특별 요청을 처리하는 능력이나 특별보고서와 분석을 수행하는 능력 등을 기초로 하여 행정정보체제의 책무성을 측정・평가한다. 그런데 이상과 같은 특별한 요구를 처리하는 데에는 처리의 적시성도 행정정보체제의 책무성에 부가되는 평가척도가 된다는 점을 유의할 필요가 있다. 왜냐하면 아무리 일반 국민이나 집단이 특별한 요청을 해서 행정정보체제가 잘 처리한다고 하더라도 필요한 때를 놓쳐서 완수하는 경우에는 성과가 무의미

해지는 수도 있기 때문이다.

나) 이익 유보에 의한 평가: 이는 행정정보체제 관리 수준에서의 성과가 행정정보체제 관리자가 총체적인 면에서 어느 정도로 이익을 확보하는 방향으로 행정정보체제를 관리하느냐에 의해 평가됨을 나타낸다. 다시 말하면, 경영정보체제에서 관리면의 성과는 행정정보체제 활동의 산출면의 결과가 투입면의 비용과 비교해서 어느 정도로 크거나 아니면 비용이 어느 정도로 감소되느냐에 따라서 평가되는 반면에, 행정정보체제의 성과는 투입물로서 일정한 예산 한도 내에서 산출물로서의 이익의 흐름을 어느 정도로 잘 통제함으로써 서비스 전달상의 개선을 이루고 있느냐에 따라서 평가된다는 것이다. 예를 들면 정부 보조를 받는 영세민들 중에서 불법 수혜자를 얼마나 많이 행정정보체제가 식별해 냄으로써 그에 상응한 서비스 사용을 절약하여 궁극적으로 이익 유보를 달성했느냐에 따라서 그 행정정보체제 관리면의 성과가 평가된다.

다) 가관성 억제 정도에 의한 평가: 이는 행정정보체제가 행정활동을 지원할 때 지나치게 가시화되어서 조직구성원은 물론이고 외부의 일반 주민들로부터 부정적인 반응을 야기하는 가능성을 최대한으로 억제시킴으로써 행정정보체제가 본래의 관리 목표를 달성시킨 정도에 따라서 그 관리면의 성과를 평가함을 의미한다. 여기서는 특히 행정정보체제가 관리면에서 조직 외부로부터의 영향을 상대적으로 많이 받고 있음을 전제로 한다.

③ 행정정보체제의 환경 수준에서 성과평가

행정정보체제의 환경면의 성과는 행정정보체제가 본질적으로 갖는 특징에 기초하는 것으로서 주로 일반 국민이나 그 대리인이 행정관료들의 행정정보체제의 최종 산출물(즉, 재화와 서비스)에 대한 만족도, 일반 대중의 기본권 보호와 같은 적법절차의 허용 정도, 그리고 고객에 대한 공평한 대우 정도에 의해 평가된다. 여기서 논하는 환경적 수준은 특히 원격환경 수준으로서 비경제적, 또는 정치적 요인을 고려한 성과평가가 이루어지는 여건을 나타낸다(Hamilton & Chervany, 1981: 55-70). 이들 평가 척도에 관해 좀 더 자세히 설명하면 다음과 같다.

가) 행정정보체제의 최종 산출물에 대한 공공관료(일반 국민의 대리인으로서)의 만족도에 의한 평가: 일반적으로 특수한 경우(예: 시장이나 투자 또는 생산에 관한 연구)를 제외하고는 경영정보체제는 외부환경 요소에 기초하여 평가되는 경우는 드

물다. 그 대신에 행정정보체제의 경우 외부환경 요인을 무시한 채 평가될 수 없다. 왜냐하면 공공재나 공공 서비스의 최종 소비자는 그 생산물과 투입물에 관해 일정한 영향력을 행사하는 일반 대중이기 때문이다. 따라서 이들 대중의 행정정보체제의 산출물에 대한 만족 수준에 따라서 그 성과가 평가된다. 많은 경우에 일반 대중의 직접적인 만족 수준의 측정에 의해서보다는 그들을 대신해서 책임을 지고 있는 일반 공공관료들의 그 산출물들에 대한 만족 수준에 의해 평가된다.

나) 적법절차의 허용 수준에 의한 평가: 이는 행정정보체제가 개발·운영됨에 따라 개인의 프라이버시 침해 등 심지어는 기본권의 침해까지 가능해지는데, 이때 행정정보체제의 활동으로 인한 기본권 침해 등에 대한 보호를 얼마나 합법적으로 보장하고 있느냐에 따라서 행정정보체제의 환경면에서의 성과를 평가하게 됨을 의미한다. 무엇보다도 일반 대중이 그런 적법절차에 대해 어느 정도를 확신하고 있느냐가 중요한 평가 척도가 된다. 이 점이 일반 경영정보체제의 성과를 평가하는 방법과 큰 차이를 보이는 점이다.

다) 고객에 대한 공평한 대우 정도에 의한 평가: 이는 행정정보체제가 그 체제를 상대로 자료나 정보를 요구하는 고객, 즉 상급 정부기관, 동료기관, 일반 시민, 하위부서, 그리고 의회 등에 대해 얼마나 공평하게 대우하여 지원하느냐에 따라서 그 성과를 평가함을 뜻한다. 대체로 일반 사기업조직들은 정보를 정부 규제기관에 보고하는 수도 있으나 한편으로 일정한 대가를 받고 필요로 하는 사람이나 조직에게 넘겨주는 경우—우편명단(mailing lists)—와 같이 불평등 대우를 행한다. 그러나 행정정보체제는 특수한 경우(예: 국가 기밀)를 제외하고는 행정정보의 공개가 원칙적으로 이루어지게 되어 있으므로 그것을 필요로 하는 개인이나 조직은 공평한 대우를 받을 수 있다. 따라서 이 같은 원칙에 행정정보체제가 어느 정도로 부응하느냐에 따라서 그 성과를 평가하게 된다. 행정전산망의 구축으로 자료의 수집, 저장, 이용 등이 조직의 범위를 넘어서 가능해짐에 따라 이 같은 평가 척도에 의한 행정정보체제의 성과에 관한 평가는 더욱 중요시된다. 왜냐하면 이는 정보의 민주화 정도를 나타내 주기 때문이다.

(3) 행정정보체제의 성과평가의 발전 방안

행정정보체제에서 성과평가는 단순한 추진 실적의 점검을 넘어서 목표 달성과 성과에 대한 평가, 관리로 이어져야 한다. 하지만 이것이 원만하게 이루어지지 못할 경우 정보화에 대한 예산의 낭비와, 대국민 서비스의 개선, 조직 생산성의 향상 등 행정정보체제를 통해 이루어야 할 목표의 달성이 어려울 수 있다(윤상오, 2004.).

이러한 성과평가가 정착되기 위해서는 우선적으로 제도를 강화하기 위한 제도적 노력이 필요하다. 특히 평가와 예산의 연계가 중요하다. 정보화 성과평가 결과를 바탕으로 차년도 국가정보화 재정 운용계획을 수립하고 각 부처의 정보화 예산을 심의 배정하는 등의 평가와 예산이 연계되어 성과 평가의 결과가 실질적인 영향력을 가질 수 있어야 한다. 또한 성과평가의 결과를 차년도 계획에 반영하는 평가 결과와 계획 간의 연계가 이루어져야 한다.

또한 평가 간의 연계 역시 강화하여 각 평가 간에 성과 목표 및 지표 체계에 일관성을 가하고, 사업 주관 부처가 작성하여 제출한 성과계획서에 대해 사전평가에서 성과 목표 및 지표 자체의 타당성과 실현가능성을 파악하여 평가하고, 집행점검 평가에서는 성과 목표 및 지표의 달성도를 관리하고 모니터링하며, 사후평가를 통해 성과 목표 및 지표의 달성도를 측정 평가하는 것이 필요하다.

6 행정정보체제의 평가 절차 및 방법

1) 행정정보체제의 평가 절차

행정정보체제에 관한 평가 절차는 정책평가의 절차와 별다른 차이가 없다. 따라서 이에 관해서는 앞의 정책 과정과 행정정보에 관한 장을 참고할 수 있다.[10] 다만 이곳에서는 행정정보체제에 관한 평가 절차에 관해 간단히 살펴보고자 한다.[11]

(1) 평가 목표의 설정

행정정보체제에 관한 평가에서 첫 번째 단계는 평가의 목표를 수립하는 것이다. 이 단계는 후속되는 평가 절차의 방향과 평가 업무의 내용을 결정하게 되므로 어떤 의미에서는 가장 중요한 작업이기도 하다. 여기서 평가의 목적이란 행정정보체제의 어느 면을 평가할 것인가와 구체적으로 어떤 평가 항목을 설정할 것이냐에 관한 것

10) 좀 더 자세한 설명은 이윤식 외, 「정책평가」(서울: 법영사, 1987), 제2판 제4장을 참고.
11) 경영정보체제의 평가 절차에 관해서는 이진주 외, 「경영정보시스템」(서울: 다산출판사, 1989), pp. 522-530을 참조.

으로서 평가 주체에 따라 강조점의 차이를 보일 수 있다.

평가 목표에는 평가 범위 또는 평가 대상 범위가 포함되어야 하는데, 대체로 컴퓨터 자원의 운영, 행정정보체제 프로젝트, 행정정보체제 전담 부서, 조직 수준에서의 행정정보체제, 그리고 국가나 사회 차원에서의 행정정보체제가 해당될 수 있다. 이들 대상에 관한 평가활동으로 평가 업무를 유형화하기로 한다.

이와 같은 평가 대상은 평가 주체가 누구냐에 따라서 다음과 같이 달리 강조되기도 한다(Ibramin, 1978: 34-9; Hamilton & Chervany, 1981: 55-69; Schultz & Slevin, 1975).

첫째, 행정정보체제의 이용자가 평가 주체가 되는 경우에는 행정정보체제가 제공하는 정보의 정확성 및 적시성과 자신의 업무 수행에의 도움 정도 등을 평가 목표로 삼는다.

둘째, 행정정보체제의 전담요원이 평가자가 되는 경우에는 행정정보체제 운영상의 체제자원의 가동률이나 능률성, 그리고 행정정보체제의 개발·운영에 관련된 기술 및 설비 도입에 관한 평가에 중점을 두게 된다.

셋째, 행정정보체제 관리자가 평가하는 경우에 평가 대상은 주로 행정정보체제 개발 프로젝트 관리의 합리화 정도, 행정정보체제 운영비용의 절감, 그리고 문제 해결 시간의 적정화 등이 된다.

넷째, 조직의 고위관리자가 평가자가 되는 경우에 행정정보체제 평가의 주요 대상은 행정정보체제 개발 및 실행과 운영에 따른 비용과 효과분석, 행정정보체제의 안전도, 그리고 조직적 차원에서의 기여도 등이 된다.

다섯째, 감사요원이나 전문평가자 및 기관에 의한 행정정보체제의 평가는 상술한 모든 내용을 평가 대상으로 삼으나, 좀 더 객관적이고 행정정보체제 전반에 걸쳐서, 그리고 국가적 차원에서의 효과성에 관해 더 많은 관심을 두게 된다.

(2) 평가 기준의 개발 및 선정

행정정보체제를 평가할 때 두 번째로 하게 되는 절차는 설정된 평가 목표 또는 평가 대상을 어떤 기준에 의해 평가할 것인지를 정해야 한다. 여기서는 평가지표라고도 하는 평가 척도를 개발해서 가능한 한 객관적이고 총체적인 평가를 할 수 있도록 한다. 그러나 항상 객관적인 평가 자료의 개발이 행정정보 활동에는 불가능하므로 그에 따른 보완 수단으로서 특정 지표나 척도를 개발해야 한다.

(3) 평가설계의 수립

행정정보체제의 평가를 좀 더 분석적이고 과학적으로 하기 위해서는 세 번째 절차로 평가이론에 근거한 평가설계의 수립이 필요하다. 평가설계를 수립할 때 누가 평가할 것이며, 평가에 필요한 제반 재원을 어떻게 확보하고 운영할 것인지도 고려되어야 한다. 즉 평가 목표를 달성하기 위해 어떤 논리적 구조에 입각하여 어떤 평가 방법으로 누가 어떤 재원을 근거로 평가작업을 수행할 것인지를 좀 더 구체적으로 수립해야 한다. 다만 유의할 점은 행정정보체제의 평가설계는 다른 경영정보체제의 평가설계처럼 순수 합리적이고 총체적으로 이루어질 수가 없고, 오히려 점증적이고 상황 적응적으로 이루어지므로 비교적 신축성 있게 수립되어야 할 것이다.

(4) 평가자료의 수집 및 축적

행정정보체제 평가의 네 번째 단계는 평가 대상에 관한 자료를 수집하는 것으로서, 이때 자료는 무엇을 평가할 것이냐 하는 평가 목표에 따라서 달라질 수밖에 없다. 또한 평가자료의 수집 방법은 일반 연구 및 정책평가 방법에서 언급되는 바와 같이 자료 수집 방법을 활용할 수 있다. 그러나 차이점은 행정정보체제에 관한 평가 자료의 수집에서는 컴퓨터 하드웨어 및 소프트웨어 모니터의 설치를 통해 평가지표나 척도에 관한 측정 자료를 자동적으로 수집하는 경우가 많다는 것이다. 그럼에도 불구하고 이 같은 객관적인 자동 자료 수집 방법으로는 가능하지 않은 의사결정 향상도나 사용자 만족도, 조직이나 국가 전체에 행정정보체제의 기여도와 같은 평가지표는 여전히 면담이나 설문지를 통한 자료 수집 방법을 이용해야 한다. 이때는 자료 수집자의 주관적인 판단이 개입될 가능성이 많음을 주의해야 하며 또한 자료는 신뢰도가 높고 평가 척도에 적합해야 함을 유의할 필요가 있다.

그리고 특정 평가를 위해 수집된 자료를 사용한 후에는 추후의 후속적인 평가 등을 위해 축적해 두는 것이 바람직하다. 이는 특정 시점에서의 횡단면적 분석(cross-sectional analysis)을 넘어서 연혁적 분석(longitudinal analysis)과 같은 시계열분석(time-series analysis)을 가능하게 해 주기 때문이다.

(5) 평가 자료의 분석

행정정보체제에 관한 평가의 다섯 번째 절차는 수립된 평가 자료를 앞에서 설정한 평가모형과 평가 방법에 따라 분석하는 것이다. 이는 바로 행정정보체제의 평가 작업 중에 가장 많은 시간과 노력을 요구하는 일이다. 아울러 아무리 적합한 자료를 많이 수집하더라도 어떤 분석 방법을 사용하느냐에 따라서 분석 결과는 전혀 다른 것이 나타날 수가 있기 때문에 평가 목적에 부응한 분석 방법을 사용해야 한다. 더욱이 앞의 정보에 관한 설명에서도 언급했듯이 분석 방법의 원리를 제대로 이해하지 못한 채 기계적인 적용으로 인해 분석상 심각한 오류를 범하는 경우가 많으므로 충분한 이해가 선행되어야 한다.

(6) 분석 결과에 따른 행정정보체제 개선안의 수립

평가 자체는 기존 행정정보체제의 장점 등을 확장하는 것과 행정정보체제의 문제점을 개선·보완하는 시정 조치를 제시하는 것 등 크게 두 가지 기능을 갖는다. 행정정보체제 평가의 여섯 번째 단계는 후자의 기능에 역점을 두는 것으로서 작게는 기술적인 면의 개선 방안에서부터 크게는 행정정보체제가 조직 전체에 주는 병폐나 역기능적인 면의 개선 방안을 포함하게 된다. 아울러 개선 방안으로서 필요한 교육이나 훈련에 관한 문제도 고려되어야 할 것이다. 특히 행정정보체제가 환경의 영향을 받기 때문에 환경 수준에서 개선 방안을 모색하는 것이 필요하다.

(7) 평가 절차에 관한 평가

이는 정책평가에서 메타평가(meta evaluation)라고 일컫는 '평가의 평가(evaluation of an evaluation)'를 의미하는 것으로서 평가 결과에 따른 개선 방안을 실행에 옮기기 전에 지금까지 행한 평가 절차가 제대로 이루어졌는지를 검토해 보는 것이 일곱 번째 평가 절차가 된다. 이 같은 평가 작업 자체에 관한 평가는 평가 결과에 대한 검증 자체보다는 평가 과정상의 인적·물리적 오류를 간파해서 더 큰 피해를 방지하려는 데에 있다. 그러나 실제로는 각 평가 절차에 대한 타당성 검사 등에 주력하여 최종적인 메타평가를 간과하거나 무시하는 경우가 많은데, 평가의 합리화를 위해서도 평가 과정에 관한 평가가 필요하다.

(8) 행정정보체제 개선 방안의 집행

마지막 평가 절차는 사실상 평가 절차라기보다는 행정정보체제의 추가적인 실행에 해당한다. 여기서는 전 단계에서 모든 평가 과정이 타당하고 평가 결과에 따른 행정정보체제 개선 방안이 수용 가능하다고 판단되는 경우에 직접 개선 작업을 수행함을 나타낸다. 따라서 새롭게 개선 조치가 이루어진 행정정보체제를 실행한 후에 다시금 평가 등의 절차를 통해 또 다른 문제점을 발견하여 시정을 요하는 경우에는 이상의

[그림 5-3] 행정정보체제 평가 절차

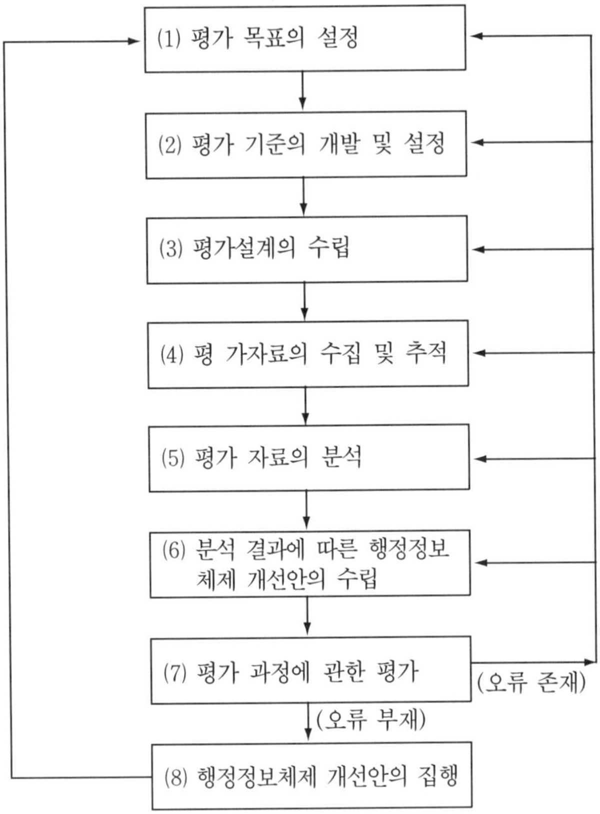

평가 과정을 반복하게 된다. 지금까지의 평가 과정을 도식화하면 [그림 5-3]과 같다.

2) 행정정보체제의 평가 방법

행정정보체제의 평가 방법은 평가 절차 중에 자료분석 단계에서도 언급된 바와 같이 평가 목적과 평가지표가 무엇이냐에 따라 여러 가지 방법을 이용할 수 있다. 다시 말하면 평가설계에 따라서 그 방법도 결정될 수가 있다. 크게는 객관적인 분석을 위해 계량분석에 입각한 평가 방법을 이용하는 것과 계량화된 자료의 미비 등으로 질적 자료를 이용한 분석에 입각한 평가 방법으로 분류할 수 있다.

전자의 계량적, 즉 양적 평가 방법에는 각종 통계분석 방법을 이용할 수가 있다.

다만 평가 목적에 적합한 통계분석 방법을 이용하는 것이 중요하다. 경영정보체제의 평가에서 주로 사용되는 방법으로서 비용/효과분석 방법이나 비용/편익분석 방법 등을 한정적으로 행정정보체제 평가에서도 활용할 수 있다. 그 밖에 양적 평가 자료나 평가지표가 활용 가능한 경우에 관리과학 기법(OR)도 이용할 수 있다. 후자의 질적 평가 방법은 특히 행정정보체제가 환경 요소에 의해 영향을 받으므로 인해 반드시 합리적이고 경제적인 분석에 의해서만 평가될 수 없다. 따라서 주관적인 질적 평가 방법을 이용할 수밖에 없다. 예컨대, 면담이나 설문지를 통한 방법도 포함될 수 있으나 이들은 오히려 양적 평가 방법에 더 많이 이용되고, 반면에 관찰이나 현상학적 접근 방법, 그리고 해석학적 접근 방법을 이용하는 수가 많다. 다만 이들을 이용할 때는 평가자의 주관이 지나치게 개입되어 평가 결과상의 오류를 초래할 위험성이 많다.

결과적으로 평가 방법은 양적인 방법과 질적인 방법을 가능한 한 혼용하는 종합평가 방법(synthesized approach)을 활용하는 것이 바람직하다. 더 나아가 특정 방법에 주력하면서 다른 방법으로 보완하는 전혀 새로운 평가 방법, 즉 통합평가 방법(integrated approach)을 개빌 · 적용함이 필요히디.

(1) 행정정보체제 평가의 예

① IT 거버넌스의 평가 연구 모형

IT 거버넌스는 IT를 연계하여 정치 · 경제 · 사회 · 문화 등 사회구조의 관리를 통해 IT와 관련된 자원, 정보, 조직과 연계하여 국가 경쟁력을 확대하고자 하는 것이다. 협의적 측면에서는 IT 프로젝트의 계획, 구축, IT 업무 분야의 자동화 등을 들 수 있다. 하지만 조직의 목표와 연계하여 관리체제의 구축, 효율적인 IT 자산관리, 위험과 성과에 대한 능동적인 관리 대책, 고부가가치의 IT 체제 구축 등의 조직 전반을 관리하기 위한 핵심 요소로 확대할 수 있다(신영진, 2006).

문헌 고찰을 통해 코빗(Covit)의 영역에서 과정별로 IT 거버넌스 평가 영역을 도출했다(표 5-2).

〈표 5-2〉 IT 거버넌스 평가 영역 도출

영 역	과 정	문헌 자료
계획 및 조직	IT 전략 계획 수립	Stacey Hamaker & Austin Hutton(2004), Tim Jennings(2004), A. S. Sohal & P. Fitzpatrick (2002)

	정보 아키텍처 정의	John F. Rockart(2003), GAO(1997), Richard M. Melnicoff et. al.(2005)
	IT 조직 및 관계의 정의	A. Schwarz & R. Hirschheim(2003), Robert W. Zmud(1968), V. Sambamurthy & Robert W. Zmud(1999), Nada Korac-Kakabadse et al. (2001), Gerald Trites(2004), K. G. Rau(2004), Allen E. Brown & Gerald G. Grant(2005), Amriks. Sohal & Paul Fitzpatrick(2002), Jeanne Ross et al.(2002), Erik Brynjolfsson et al. (2002)
	IT 투자관리	Peter Weill & Jeanne Ross(2005), Peter Weill & Sinan Aral(2003), Gary Hardy(2006)
	경영진의 관리 목표 및 방침 전파	Jeanne Ross & Peter Weill(2002)
	인적 자원관리	A. Schwarz & R. Hirschheim(2003), Ross, Beath & Goodhue(1995), John W. Lainhart IV(2000), Macdonnell Ulsch & Jeffrey Bamberger(2006)
	외부 요구 사항의 준수	Mercury(2005). Macdonnell Ulsch & Jeffrey Bamberger(2006), John D. Hwang(2002), Mercury (2004), Jody Gilbert(2005), Gary Hardy(2006)
	위험평가	George Westernan(2004), Gerald Trites(2004)
	프로젝트 관리	Gary Hardy(2006), GAO(1997), Dom Pancucci (2004), Tony Heywood(2004)
도입 및 구축	솔루션 도출	Mathias Salle(2004), Richard M. Melnicoff et al.(2005), Jeanne Ross et al.(2002)
	응용 소프트웨어 도입 및 유지/보수	John D. Hwang(2002), Brandt R. Allen & Andrew C. Boynton(1991)
	기술 아키텍처 도입 및 유지/보수	Kayworth, T. & V. Sambamurthy(2000), Jeanne Ross & Peter Weill(2002), Peter Weill & Marianne Broadbent(2002)
	IT 절차 개발 및 유지/보수	Mathias Salle(2004), Gary Hardy(2006), Mercury (2005), Mercury(2003)
운영 및 지원	서비스 수준 정의	임금순(2004), Van Grembergen W. et al. (2003), Margo Visitacion et al.(2005)
	외부 업체 서비스 관리	Gerald Trites(2004), Tim Jennings(2004), John Machin(2000)
	서비스의 지속성 확보	Tim Jennings(2004), A. Schwarz & R. Hirschheim(2003), Allen E. Brown & Gerald G. Grant (2005), F. Niessink, et al.(2005), F. Niessink, & H. van Vliet(1998), F. Niessink(2003), Mercury(2004)

	시스템의 보안성 확보	Geraid Trites(2004), Garigue, R. & M. Stefaniu (2003), P. Van Arnum(2004), Q. Ma & J. M. Pearson(2005), ITGI(2001), BS(2002)
	사용자 교육 및 훈련	Peter Weill et al.(2002), Peter Weill(2004), George Westerman(2004)
	IT 고객의 지원 및 지문	Shaun Posthumusa et al.(2005), John D. Hwang(2002)
	문제 및 사고관리	Mathias Salle(2004)
	데이터 관리	Jeanne Ross & Peter Weill(2002), J. Thomas Gormley III & Jeanne W. Ross(2002), Peter Weill et al.(2002), Goodhue et al.(1987)
모니터링	프로세스 모니터링	Tomi Dahlberg & Hannu Kivijarvi(2006), W.Van Grembergen & D.Timmerman(1998), Cyrus F. Gibson(2002), George Westerman(2004), Margo Visitacion et al.(2005)
	내부통제의 적절성 평가	J. L. Colbert & P. L. Bowen(1996), Gerald Trites(2004), Vericept Corporation(2004), Shaun Posthumusa et al.(2005), PCAOB(2004), COSO (1992), Roger S. Debreceny(2006), Gary Hardy (2006), Mercury(2005)
	독립적인 감사 시행	Sarbanes-Oxley Act(2002), Michael Holm Larsen et al.(2006), N. Payne(2003), Z. Rezaee & A. Reinstein(1998), Gerald Trites(2004), M. S. Beasley et al.(2004), Shaun Posthumusa et al.(2005), R. Roussey(2005), PCAOB(2004)

자료: 정세영(2007: 1).

제 3 절 행정정보체제의 운영 평가

1 행정정보체제의 운영

특정 행정정보체제가 일단 개발 실행된 후에 평가된 결과가 조직 차원에서나 국가 차원에서 정식으로 이용 가능한 것으로 밝혀지면 그 정보체제는 운영된다. 이때 정보체제의 운영은 행정정보체제 개발 과정 중에 반복적 원형 주기(iterative prototyping cycle) 단계를 거치면서 조직 차원에서나 국가 차원에서 이용하기에 적절하다고 최종적으로 결정된 것이다. 따라서 이 같은 행정정보체제의 운영 단계를 달리 표현해서 이용 단계라고 할 수 있다.

이 단계에서는 주로 행정정보체제 전담 부서의 조직, 전담 요원의 책임, 행정정보체제의 이용 방법, 그리고 무엇보다도 정보체제의 보안 문제를 취급하게 된다. 다시 말하면, 행정정보체제의 운영은 운영 형태나 절차, 컴퓨터 하드웨어 및 소프트웨어, 그리고 통제체제의 적용 활동이라고 볼 수 있다. 이러한 운영 활동 요소들 중에 대부분은 다른 장에서 설명하기 때문에 여기서는 생략하고 행정정보체제의 보안에 관해서만 간단히 설명하고자 한다. 물론 보안문제 중에서 일부는 컴퓨터 범죄에 관한 설명에서 취급되었다.

1) 행정정보체제 보안의 필요성

행정정보체제는 특히 여러 가지 원인으로 인한 유실, 상해, 파괴 등의 위험을 안고 있다. 이처럼 정보체제가 여러 가지 폐해에 영향을 비교적 쉽게 받을 수밖에 없는 데에는 몇 가지 이유가 있다(Kroeber & Watson, 1984: 468).

첫째, 행정정보체제의 구성 요소들이 상대적으로 부서지기 쉽기 때문이다. 예컨대 컴퓨터 하드웨어는 자동차 수리 도구보다도 더 쉽게 파손될 뿐만 아니라 특히 컴퓨터 자료 파일들은 상대적으로 파손되기 쉽다.

둘째, 행정정보체제는 불만에 찬 조직구성원이나 시위자들 또는 심지어 범법자들의 표적이 되는 경우가 많다.

셋째, 행정정보체제의 설비의 분권화와 자료의 분산 처리 경향으로 정보체제의 보호가 더욱 힘들어지기 때문이다.

2) 행정정보체제 보안상의 위협 요소

행정정보체제의 보안을 유지하기 위해서는 무엇보다도 보안상 위협점의 파악이 필요하다. 이와같이 행정정보체제 보안에 위협적인 요소를 보면 대체로 다음과 같다(Kroeber & Watson, 1984: 469-72).

(1) 자연재해

자연재해에 해당하는 것으로 화재, 홍수, 태풍이나 돌풍, 벼락, 그리고 지진으로 인한 피해로서 인위적으로 완전히 자료나 프로그램 등은 재생 불가능한 경우가 많다. 따라서 백업(backup) 자료나, 백업 소프트웨어 내지 백업 하드웨어를 유지하는 것이 필요하다.

(2) 기능부전

행정정보체제 보안상 위협 요소는 기능부전(malfunction), 즉 기능장애로서 앞의 자연재해보다도 훨씬 자주 발생하는 것으로서 작게는 보수 가능한 것부터 크게는 수리 불가능한 기능장애를 일으키는 수가 있다. 예컨대 컴퓨터 하드웨어상의 기능장애가 여러 요인들 중에 전력 등 동력 공급 상태에 문제가 생겨서 일어나는 수가 많다. 따라서 비상시를 대비한 백업 동력(backup power)을 이용 가능하게 해야 한다. 마찬가지로 컴퓨터 소프트웨어나 자료상의 불비나 훼손으로 정보처리 활동이 불가능한 경우가 발생한다.

(3) 범죄행위

앞의 두 요소가 극히 기술적인 위협 요소라면, 범죄행위는 좀 더 인적인 위협 요소로서 크게 행정정보체제에 대한 범죄와 행정정보체제를 이용한 범죄로 구분된다.

① 행정정보체제에 대한 범죄행위

이는 행정정보체제를 범죄의 대상으로 삼아 피해를 끼치는 범죄행위로서, 다시 파괴(sabotage)와 같은 부당한 행위(malicious acts)와 '자료 편취(data diddling)'와 자료 변경(data alteration)과 같은 유해한 행위(mischievous acts)로 구분된다. 따라서 전자의 컴퓨터 하드웨어의 파괴를 방지하기 위해서는 일상 통행로에서 기계실을 멀리 두는 소극적 방법에서 경호원이나 보안장치(예: 열쇠나 서명대)를 이용한 접근 통제와 같은 적극적 방법을 이용할 수 있다. 반면에 소프트웨어나 자료에 대한 파괴를 방지하기 위해서는 암호 등의 사용을 통한 접근통제 방법을 이용할 수 있다.

② 행정정보체제를 이용한 범죄행위

이는 행정정보체제를 특정 범죄행위의 도구로써 사용하는 행위를 말하며, 사기, 절도, 그리고 스파이 또는 간첩행위 등이 포함된다. 이들에 관한 간파가 어려워서 좀 더 체계적이고 전문적인 방지 대책이 필요하다.

3) 보안 유지 대책: 통합 운영

전술한 행정정보체제 보안상 위협 요소들에 대해 가능한 사전 조치 내지 방지책을 마련해야 하는데, 그것은 운영의 통합화를 기하는 것이다. 이 통합 운영은 특히 자료처리상 오류를 근절하는 데에 목적이 있다. 그 밖의 안전 대책으로 백업 파일의 유지, 컴퓨터 소프트웨어 및 자료에의 접근·이용에 관한 기록(access logs)의 유지 및 검증이나 점검과 같은 오류 간파 수단(error detection measures)을 활용할 수 있다.

2 행정정보체제의 유지 보수

1) 행정정보체제 유지 보수의 주요 활동

행정정보체제의 유지 보수(maintenance)는 운영활동과 더불어 이루어지는 활동으로서 이미 수립·도입된 행정정보체제를 주어진 비용 등 제반 제약 조건 하에서 최상의 효과성과 능률성을 유지하는 계속적인 활동을 말한다. 따라서 이러한 행정정보체제의 유지 보수활동은 설계상 오류를 감소시키며, 환경 변화에 따른 오류를 줄이며, 행정정보체제의 활동 범위와 서비스를 개선하는 방향으로 이루어진다. 이 같은 행정정보체제의 유지 보수 활동은 대체로 다음과 같은 사항들을 대상으로 이루어진다 (Murdick & Munson, 1986: 605-6).

첫째, 조직이나 국가적 차원의 정책 내용에서의 변화

둘째, 관리자들의 인사 이동 후 발생하는 보고서상의 변동 사항

셋째, 각종 정부 양식상의 변화

넷째, 운영 체제상의 변화

다섯째, 절차상의 변화

여섯째, 컴퓨터 하드웨어나 소프트웨어 구성상의 변화

일곱째, 소프트웨어 수정이나 추가

여덟째, 행정정보체제 통제 및 보안의 필요성

아홉째, 환경의 변화, 특히 정치적, 경제적, 그리고 기술적 변화

이상에서 살펴본 행정정보체제의 유지 보수활동은 일차적으로 컴퓨터 프로그램에 관한 활동일 수도 있으나 행정정보체제의 유지 보수활동은 그 이상으로 특히 환경 요

소의 변화에 따른 체제 수정 내지 변화를 도모해야 한다는 점을 유의할 필요가 있다.

2) 행정정보체제 유지 보수활동의 유형

행정정보체제의 유지 보수활동은 대체로 비상보수(emergency maintenance), 일상적 보수(routine maintenance), 특별보고 요청(special reporting requests), 그리고 체제 개선으로 분류된다(Burch & Grundnitski, 1983: 648-9).

(1) 비상보수

이는 갑작스럽게 행정정보체제에 발생된 기능부전이나 컴퓨터 프로그램상 오류(bug)를 해소하려는 활동으로서 즉각적인 반응을 보여야 한다. 대부분의 경우 실행 전 철저한 검증을 통해 기능부전을 예방하나 그렇지 못해 발생하는 경우가 많다. 실제로 완전한 상태로 행정정보체제가 기능하는 기간이 많지 않은 경우가 많다. 이런 경우에는 체제분석가와 프로그래머로 구성된 팀은 그 같은 기능부전이 컴퓨터 프로그램 상에서 발생했는지 아니면 체제 투입에서 발생했는지를 파악해야 하고 이때 신속한 진단이 비상 보수의 경우 생명이 된다.

(2) 일상적 보수

이는 행정정보체제를 조직적 차원에서나 국가적 차원에서 환경을 반영할 수 있도록 유지하는 일이다. 즉 행정정보체제의 성과를 적실성 있게 유지하는 활동을 의미한다. 이 같은 보수활동은 수작업 절차를 개편하고, 교육·훈련을 실시하며, 정보 보고 형식이나 내용을 변경하며, 컴퓨터 프로그램에 대해 새로운 처리 논리(processing logic)를 규명하는 일들을 포함하게 된다. 따라서 일상적인 보수활동을 통해 행정정보체제가 본래의 목적대로 운영되도록 유지해야 하므로 주기적인 점검활동이 필요하다.

(3) 특별보고 요청

이는 주로 중간 및 고위관리층의 요구에 의해 이루어지는 활동으로서 행정정보체제에 대해 일상 업무에 관한 정보보다도 전술적·전략적 정보를 주기적으로(때로는 일회적으로) 요구하는 것을 뜻한다. 이때 체제분석가는 요구의 내용이 무엇이고, 요구된 정보를 창출하는 데 필요한 것이 무엇이며, 활용 가능한 자원을 기초로 그런 정보를 창출하는 데 가장 능률적인 방법은 무엇인지를 규명해야 한다. 그래서 때로는 요구된 정보를 창출하기 위해 정보체제상의 변화나 수정이 불가피하게 되는데, 이때 적시에 적절한 정보를 요구자에게 전달할 수 있도록 행정정보체제를 유지해야 한다.

(4) 체제 개선

대부분의 경우 특정 정보체제가 실행·운영된 후에도 사용자들은 그 행정정보체제에 추가적인 개선이 필요하다고 본다. 즉 여러 가지 이유로 이용자들의 정보 요구 사항들은 급변하게 되어 그에 부응하여 정보체제가 개선되어야 한다. 이런 변화를 수용하기 위해 체제분석가들은 기존의 데이터베이스 등의 행정정보체제로 사용자들의 추가적 요구 사항을 충족시킬 수 있는지 아니면 체제 변경을 해야 하는지를 규명해야 한다. 이때의 체제 개선활동은 체제 개발에서의 경우와 시간적으로 차이가 있을 뿐 같은 접근법을 이용한다.

3) 행정정보체제 유지 보수상의 문제점

(1) 비용

행정정보체제를 유지 보수하는 데에는 막대한 비용이 든다. 특히 체제 변경시에는 비용이 크므로 대체로 행정정보체제 보수를 위해 별도의 예산을 편성하여 운영하는 경우가 많다.

(2) 요원의 사기

행정정보체제에서 일하는 요원, 특히 프로그래머들은 행정정보체제 보수활동만을 담당하기를 꺼려하는 경향이 많다. 이때는 프로젝트별로 일정 기간마다(1~3년 주기로) 윤번 작업토록 하는 것도 바람직하다. 그런 교대 작업은 프로그래머에게 새로운 업무를 부과하는 것이 되고, 행정정보체제 요원의 경험을 늘리며, 행정정보체제 개선에 관한 참신한 아이디어를 제시할 수 있고, 행정정보체제 요원에 관한 평가를 좀 더 공정하게 할 수 있는 이점이 있기 때문이다.

(3) 실패가능성

행정정보체제 보수는 더 큰 피해를 행정정보체제에 초래할 가능성이 많다는 것이다. 그 원인으로는 대체로 보수 프로그래머가 특정 보수문제에 익숙하지 못한 경우와 특정 문제에 대한 문서화가 제대로 되어 있지 못한 경우를 들 수 있다. 이때는 전자의 경우 관련 전문가에게 의뢰하며, 후자의 경우는 모든 프로그램을 적절히 문서화하는 것이 필요하다.

(4) 초과 비용

기존의 프로그래밍 언어나 원시적인 운영체제를 작동하는 응용 체제에 대해 보수작업을 실시하는 경우는 자연히 초과 비용이 들기 마련이다.

(5) 관리 불능 장태

관리자들이 예전에 경험하지 못한 복잡하고 광범위한 문제가 행정정보체제에 발생하는 경우에는 보수작업을 실시하는 데에 많은 어려움이 따른다.

4) 행정정보체제의 정상적인 유지 대책

행정정보체제가 조직 내외적 요구의 변화에 부응하여 효과적이고 능률적으로 운영되도록 하기 위해서는 먼저 변화 적응적 체제설계를 유지하고, 다음으로 행정정보체제 보수를 위한 조직을 설립하며, 끝으로 정보센터(information center)나 컴퓨터센터(computer center)와 같은 정부 내 전산실험소(computing laboratory and experimental station)를 설치하는 것이 바람직하다(Burch & Grundniski, 1983: 651-2).

3 행정정보체제의 운영 및 유지 보수와 평가

행정정보체제의 개발 과정에서 사실상 최종 단계인 체제 운영 및 보수는 그 단계에서 일정한 평가활동이 이루어져서 그 평가 결과를 기초로 행정정보체제를 개선해 나가는 활동이라고 볼 수 있다. 따라서 체제 운영 및 보수 단계에서 이루어지는 평가활동은 실행 후 체제평가와 같은 절차나 방법을 이용하여, 행정정보체제가 도입·운영되는 과정에서 발생하는 문제들을 점검할 뿐만 아니라 체제감사 결과에 관한 평가까지도 수행하게 되므로 좀 더 완전한 평가라고 볼 수 있다. 그러나 문제는 이와 같은 포괄적인 평가를 실제로 실시하지 않은 채 행정정보체제를 운영하면서 부분적인 수리(fix)에 그치므로 일정한 기간이 지나면 사용자나 조직 또는 국가적 차원에서의 요구 변화에 부응하지 못하는 문제가 발생할 수 있다는 것이다.

행정정보체제 평가가 현존하는 행정정보체제의 기능과 역할을 점검해 봄으로써 행정정보체제의 능률성을 제고하는 것이 일차적인 목표라면, 특히 행정정보체제의 행정조직 활동에의 기여 정도를 파악하여 행정정보체제의 효과성을 높이려는 활동이 부수적일 가능성이 높다. 그러나 행정정보체제가 본질상 사기업 경영정보체제와 달리 경제성이나 경제적 능률성의 제고만으로는 존재 가치를 인정받지 못하므로 정치적 능률성이나 효과성의 제고에 더 많은 노력을 기울여야 하고 이에 따라 행정정보체제 평가도 행정정보체제에 관한 효과성 평가에 주력해야 할 것이다. 이는 곧 행정정보체제가 완전히 실행·운영된 후에 유지되는 과정에서 그 효과성을 평가해야 함을 시사한다. 결국 행정정보체제 운영 및 유지 보수 단계에서 또는 그에 따른 체제평가는 매우 중요한 의의를 가지므로 반드시 실시해야 한다.

제 4 절 행정정보체제 평가의 문제점과 개선 방향

1 행정정보체제 평가의 기본 가정과 문제점

행정정보체제 평가를 포함한 정보체제 평가의 대부분은 객관적이고 과학적인 분석을 기초로 하여 이루어진다. 실제로 거의 모든 정보체제에 관한 평가들은 객관적·합리적 근거를 바탕으로 이루어진 것으로 밝혀졌다(Hirschheim & Smithson, 1986). 이 같은 객관주의적 접근법은 대체로 다음과 같은 세 가지의 기본 가정 하에서 이용된다(Gallieas, 1987: 374-80). 각 가정의 내용과 문제점에 관해 고찰해 봄으로써 좀 더 개선된 행정정보체제 평가접근법을 모색해 볼 수 있다.

1) 제1가정: 평가 도구와 기법의 개발에 집중하는 것이 행정정보체제 평가에 관한 지식을 향상시키는 데 기여한다

이는 행정정보체제 평가의 목적과 수단을 전도하여 행정정보체제 평가의 본질을 오도할 가능성이 있다. 행정정보체제를 객관적이고 합리적으로 평가하기 위해 문제의 형식화(formalization) 내지 구조화(structurization)를 통한 계량화(quantification)가 요구된다. 그러나 이러한 평가 수단이나 기법을 개발하는 것이 평가 대상이나 본질에 대한 근본적인 이해를 전제로 해야 한다. 다시 말하면, OR과 같은 관리과학 기법을 행정정보체제 평가에 활용하는 것은 평가하고자 하는 내용의 본질을 정확히 파악하고 그 문제를 정형화할 수 있을 때에만이 가능하고, 바람직함에도 불구하고 비정형화된 정보활동을 계량분석을 통해 평가하려는 시도는 오히려 평가 문제의 본질을 이해하는 데 왜곡시키는 결과를 초래한다는 것이다.

특히 행정정보체제 활동이 좀 더 정치적이고 사회적인 점을 고려해 볼 때, 행정정보체제에 대한 평가를 공식적이고 객관적인 평가 기법을 통해서만 수행한다는 것은 행정정보체제의 성과를 평가하는 데에 한계가 있다. 평가활동 자체가 주관적인 활동일 뿐만 아니라 비구조화된 정보활동에 관한 객관적인 척도가 부재한 경우가 많기 때문에 정형화된 평가접근법을 활용하는 데 제약이 있다. 그러나 이 같은 행정정보체제에 관한 구조화된 평가접근법이 항상 실행 불가능하거나 바람직하지 못하다는 것이 아니라 특히 행정정보체제 평가에서 평가문제의 본질에 대한 이해에 더 중점을 두어야 한다는 것이다.

2) 제2가정: 과학적 접근법이 평가 기법이나 도구를 개발하는 데 기여한다

이는 대부분의 행정정보체제 평가가 좀 너 '과학직'인 접근법을 채택함으로써 더 나은 결과를 얻을 수 있다고 믿는 경향을 말한다. 이를 달리 표현하면, 행정정보체제에 관한 평가가 평가 주제에의 적합성을 고려하지 않고 실증주의(positivism)와 그에 관련된 평가 방법을 채택하는 '과학주의(scientism)'를 지향한다는 것이다(Mc-Carthy, 1985). 이처럼 행정정보체제 평가를 위해 과학적 패러다임에만 전적으로 의존하는 것은 행정정보체제 평가에서 사회적 평가 기준(social criteria)을 대량으로 무시해 버리는 결과가 된다. 그 결과 하나의 대안으로 주관적 자료를 '객관화'해서 객관적 자료에 적합한 평가 기법들을 주관적 자료 분석에 적용하는 경우가 있다. 이 역시 많은 경우 부적절하고, 평가 결과가 의문시된다(Legge, 1984).

행정정보체제 평가에서 과학주의적, 즉 실증주의적 입장의 근본적인 문제는 인식론적이고 본체론적인 것이다. 일반적인 실증주의는 활동의 규칙성과 인과관계를 조사하고 활동 개체들을 결정론자적으로 간주하고 예측 가능하며 단정적인 방법으로 사건에 반응을 보이는 것으로 본다(Morgan & Smircich, 1980). 따라서 실증주의적 접근법이 자유 의지가 없는 연구 대상에 대해 분석하고자 할 때 적절하고 수용 가능하지만, 행정정보체제와 같이 오히려 자유분방한 대상에 관한 분석에는 제약이 있다. 무엇보다도 행정정보체제가 컴퓨터를 기초로 한 인간-기계 통합 체제로서 근본적으로 인간 중심적이고 사회적인 실체이기 때문에 실증주의적 평가접근법은 부적절할 수도 있다(Halfpenny, 1979; Van Maanen, 1979; Lessnoff, 1974; Fay, 1967; Burrell & Morgan, 1979; Reason & Rowan, 1981; Morgan, (ed.), 1983; Mumford, & Hirschheim, 1985). 그래서 그 대안적 정보체제 평가접근법으로서 해석학과 현상학에 기초한 접근법을 활용하기에 이른 것이다(Klein & Hirschheim, 1983; Boland & Day, 1982).

결국 행정정보체제 평가에 실증주의적 입장을 취하는 것은 실증주의적 접근법이 성공적이기보다는 "실제 의사결정에서 합리성이 결여된 것이 이상주의적인 의사결정에 대해 요구되는 책무성(accountability) 및 책임성(responsibility)과 조화를 이룰 수 있는 평가 의식(evaluation ritual)을 위한 수사(rhetoric) 활동"(Legge, 1984: 112)으로서 기능을 수행하기 때문이라는 비판에 유의할 필요가 있다.

다시 말하면 행정정보체제 평가에서 실증주의적 접근법만이 옳다고 맹신함으로써 해석적이고 주관주의적 입장을 간과하여 행정정보체제 평가 자체가 적실성이 결여되었다는 비판을 면할 필요가 있다.

3) 제3가정: 행정정보체제 자체는 본래 객관적이고 합리적이어서 객관적이고 합리적인 기법에 의해 평가될 수 있다

이도 역시 실증주의적 입장에서 행정정보체제의 일면만을 보고 있을 뿐 그 다른 면에 대한 평가접근법을 도외시하고 있는 견해이다. 다시 말하면 이상의 가정은 행정정보체제의 본질이나 본체에 관한 분석적 관점으로서 다른 관점인 해석적 관점을 무

〈표 5-3〉 행정정보체제의 본질에 대한 분석적 평가접근법의 입장과 해석적 평가접근법의 입장 비교

비교 기준	분석적 평가접근법	해석적 평가접근법
조직 기능	대체로 결정론적, 합리적, 공공연한	대체로 비결정론적, 정치적, 숨은(covert)
조직에 대한 은유		동인 또는 문화로서의 조직
조직활동	명백한 행위	사회적 의미
적합한 측정 수단	공식적 평가모형	현상학적 평가연구
평가 패러다임	계량적	질적
평가 초점	분석	이해

자료: Argyris & Schon(1978); Burell & Morgan(1979); Klein & Hirschheim(1985).

시하고 있다. 이 두 접근법은 기본적으로 <표 5-3>과 같이 서로 차이를 보이고 있어서 순전히 합리적·객관적 평가 방법인 분석적 평가접근법만을 고수하는 경우에는 순수한 객관적 분석을 허용하지 않는 복잡하고 사회적이며, 정치적 실체인 행정조직의 일부로서 행정정보체제에 관한 평가를 부분적이거나 심한 경우에는 의도하지 않고 해로운 결과를 초래하게 된다. 따라서 결과적으로 평가의 의의가 없게 된다.

2 행정정보체제 평가의 개선 방향

기존의 행정정보체제 평가는 일반적으로 지나칠 정도로 평가 기법이나 도구의 개발문제에 집착하고, 실증주의적 가치와 신념 및 방법에 의존하며, 조직과 행정정보체제에 관해 객관주의자적·합리적 개념에 근거하고 있다.

그 결과, 행정정보체제 평가에 관해 좀 더 '기술적(technical)' 해석을 하게 된 반면에 행정정보체제의 인적 또는 사회적 측면을 세내로 파악히지 못하는 오류를 범하게 된 것이다(Bjorn-Anderson, 1984). 행정정보체제는 다른 일반 사기업 경영정보체제보다도 더욱 복잡하고 사회적이며 정치적인 면을 지니고 있음을 감안할 때 극히 기술적 평가접근법의 이용에는 신중을 기해야 한다. 결과적으로 행정정보체제 평가에서 개선 방향은 다음과 같다.

첫째, 기술적 평가뿐만 아니라 사회적 평가에 더 큰 비중을 두어야 한다. 이는 달리 표현해서 극히 합리적·객관적 접근법인 분석적 평가 방법과 더불어 해석 자료 또는 현상 자료 평가접근법을 이용해야 한다는 것이다. 어떤 경우에는 후자의 방법에 더 치중할 필요가 있다. 즉 양적인 평가접근법과 함께 질적인 평가접근법을 고려해야 하는데 통합적 접근 방향을 취하는 것이 시간적인 면과 비용 측면에서 바람직하다.

둘째, 행정정보체제를 평가할 때 능률성분석을 주로 하는 과정평가 못지않게 효과성분석을 주로 하는 총괄평가 또는 결과평가를 강조해야 한다. 그 이유는 행정정보체제의 정치적 능률성과 함께 사회적 효과성을 기대로 파악하기 위해서이다.

셋째, 행정정보체제 평가는 지나치게 성과평가 위주에서 영향평가를 강조하는 방향으로 개선되어야 한다. 이는 행정정보체제의 궁극적인 목표가 행정활동의 지원을 통한 국민의 정보 요구 등을 충족시켜 주는 데 있기 때문에 행정정보체제가 국가적·사회적 차원에서 어떤 영향을 미쳤는지를 파악할 필요가 있고, 그 결과 행정정보체제를 좀 더 환경 적응적 체제로 운영되도록 환류정보를 제공하기 위해서이다.

넷째, 행정정보체제에 관한 평가는 행정정보체제에 관련된 사람이나 집단 또는 조직이 다양하고 복잡하므로, 그 평가 주체의 다양성도 보장해서 좀 더 객관적이고 정확한 평가가 이루어지게 해야 한다. 따라서 평가자의 선정 시에 가능한 직접적인 이해당사자가 아니며 전문성을 지닌 비정치적인 사람들로 평가단을 구성하여 주기적으로 그리고 수시로 평가할 수 있도록 제도적 장치를 마련해야 한다.

다섯째, 행정정보체제에 의한 평가는 조직의 상위 계층에 의한 조직 전체적 관점에서의 평가와 조직의 하위 계층에 의한 실무적·응용적 관점에서의 평가가 함께 이루어져야 한다. 또한 행정관료에 의한 정부 관점에서의 평가와 민원인에 의한 고객관점에서 평가가 아울러 이루어져야 한다. 이는 좀 더 균형 있고 객관적이며 발전 지향적인 행정정보체제 평가가 이루어지도록 하기 위한 매우 중요한 방책이다.

제 6 장 컴퓨터 시스템

제 1 절 컴퓨터 시스템의 의의 및 중요성

1 컴퓨터 시스템의 개념

행정정보 관리와 컴퓨터는 불가분의 관계를 갖고 있는데, 먼저 컴퓨터가 무엇인지 알아볼 필요가 있다. 컴퓨터는 여러 가지 종류가 있으며 각각은 그 고유의 특성을 갖고 있기 때문에 많은 경우 컴퓨터의 정의도 여러 가지로 이해되고 있는 경향을 보인다. 그런데 이러한 다양한 유형의 컴퓨터는 그 공통적인 성질과 기능을 고려하여 다음과 같이 정의를 내릴 수 있다. 즉, 컴퓨터란 "자료를 받아들이고, 내부에 저장하며, 지시된 프로그램을 자동적으로 수행하고, 자료에 대한 수학적이고, 논리적이며, 그리고 조작적인 연산을 수행하여, 그 결과들을 보고하는 전자장치(electronic device)"라고 정의될 수 있다(소영일 · 이종민, 1988).

그런데 이와같이 컴퓨터를 하나의 기계나 장치로만 볼 뿐 하나의 시스템으로 이해하고 있지 못하고 있다는 데 컴퓨터에 대한 이해에 한계가 있다. 따라서 컴퓨터가 하나의 시스템으로서 기능을 수행하고 있음에 유의하여 다음과 같이 다시 정의될 수 있을 것이다(소영일 · 이종민, 1987: 99-126; 한국통신학회, 1988: 27-43). 즉, 컴퓨터 시스템은 "특정한 목표를 성취하기 위해 상호작용하는 구성 요소들, 특히 컴퓨터를 포함하는 구성 요소들의 집합체"라고 정의내릴 수 있다. 다시 말하면, 컴퓨터 시스템은 "특정한 목적을 달성하기 위해 입력(input), 처리(processing), 출력(output), 저장(storage) 또는 기억(memory) 그리고 제어(control) 등과 같은 기본적인 시스템 기능을 수행하는 구성 요소들의 상호 관련된 집합체"를 뜻한다(Ahituv & Neumann, 1982: 90-3). 간단히 말해서 컴퓨터는 그 종류를 막론하고 입력, 처리, 출력, 기억 및 제어와 같은 시스템 기능에 따라 편성되어 있는 하드웨어 장치들의 집합을 의미한다.

2 컴퓨터 시스템의 기능

시스템으로서 컴퓨터의 기능을 보면 다음과 같다.

1) 입 력

자료와 프로그램 지시(program instruction)를 컴퓨터에 직접적으로 또는 간접적으로 집어넣는 활동으로서, 컴퓨터 시스템의 입력장치에는 컴퓨터 터미널의 키보드(keyboard), 천공 카드 판독기(punched card reader), 광학적 키보드(optical keyboard), 마우스(mouse), 터치 스크린(touch screen) 등이 있다. 이들 입력장치는 자료를 전자 형태로 변환시킴으로써 컴퓨터에 입력시킨다.

이를 구체적으로 살펴보면 다음과 같다.

가) 키보드(keyboard): CUI(Charater User Interface) 체제에서 가장 많이 사용되며, 자판의 글쇠를 눌러 입력하기 때문에 글자판 또는 글쇠판이라고도 한다.

우리나라의 경우 일반적으로 한글, 영문자, 숫자, 특수문자(비문자)와 12개의 기능 키로 이루어져 있으며, 단독으로 사용할 수 없어 출력장치 중 영상 표시장치와 함께 사용하여 자료를 편집 및 변형할 수 있다.

나) 마우스: GUI(graphics User Interface) 방식의 윈도(window) 운영체제에서 사용되는 표준 입력장치이다. 쥐 모양을 닮은 했다고 해서 마우스라고 불리며, 버튼의 종류에 따라 1~3버튼식, 접속 방법에 따라 시리얼과 PS/2 및 USB식, 동작 방법에 따라 기계식(또는 볼식)·광학식·광학기계식으로 나뉜다.

다) 스캐너(sanner): 그림·이미지·문자 등 인쇄물 또는 쓰여진 데이터를 광학적으로 주사하여 그들을 디지털로 재현하는 입력장치이다.

라) 광학 마크 판독기(OMR: otical mark reader): 인쇄된 특수 양식 위에 연필이나 컴퓨터용 수성 사인펜으로 칠한 표시를 광학적으로 판독하는 장치를 말한다. 많은 자료를 빠른 속도로 처리할 수 있는 장점이 있지만 처음 표시할 때 주의해야 하는 단점이 있다.

마) 자기 잉크 문자판독기(MICR: magnetic ink character reader): 자기 잉크로 인쇄된 문자를 자기적으로 판독하여 그 내용을 컴퓨터에 보내는 입력장치이다. 하지만 모든 문자를 판독할 수 있는 것이 아닌, 특정한 형태의 활자로 특정한 용지에 인쇄되어 있는 것에 한정되어 있다. 주로 용도는 증권이나 수표에 사용되며, 매분 수백장의 속도로 처리할 수 있다.

바) 터치 스크린: 손으로 접촉하면 그 위치를 입력받도록 하는 특수한 입력장치이다. 키보드를 사용하지 않고 화면에 나타난 문자나 특정 위치에 사람의 손 또는 물체가 접촉하면, 그 위치를 파악하여 저장된 소프트웨어에 의해 특정 처리를 할 수 있다.

2) 처 리

이는 입력된 자료를 실제로 계산하든지 필요한 정보로 추출해 내는 기능이다. 컴퓨터 시스템의 가장 중요한 자료의 처리장치는 중앙처리장치(central processing unit: CPU)이다. CPU의 주요 요소 중의 하나인 연산논리장치(arithmatic logic unit)는 컴퓨터 처리 시에 요구되는 연산과 논리 기능을 수행한다. CPU는 대개 연산논리장치, 기억(저장)장치, 제어장치로 구성되어 있다.

3) 기억 또는 저장

이는 자료와 명령을 기억(저장)장치에 내부적으로 보관해 두는 기능을 말한다. 여기서 내부 기억장치(internal storage unit)는 컴퓨터로 하여금 많은 과제들의 상세한 것들을 기억(remember)하도록 해 주며, 또한 자료와 명령을 필요할 때까지 보유할 수 있기 때문에 하나의 과제에서 다른 과제로 자동적으로 나아가도록 해 준다. 이러한 컴퓨터 시스템의 기억(저장) 기능은 CPU의 주기억장치(primary storage unit; main memory; main storage)와 자기 저장장치 · 광학 저장장치 · 고체 저장장치 등과 같은 보조 기억장치(secondary storage device)에서 이루어진다. 모든 자료와 프로그램은 기억장소(storage position; storage location)라고 불리는 많은 작은 부분들로 세분되어 있는 주기억장치에 일단 배치된 후에 처리를 위해 사용할 수 있다. 또한 주기억장치는 처리 도중에나 처리가 완료된 후 출력을 내보내기 전에 자료와 프로그램 명령을 보유하기 위해 사용될 수도 있다. 한편 이러한 자료와 프로그램들이 보조 기억장치에도 저장될 수 있기 때문에 컴퓨터 시스템의 기억 용량이 크게 증가된다. 그러나 이러한 외부의 보조 기억장치는 컴퓨터 시스템의 주기억장치를 지원하는 역할을 할 뿐이다. 왜냐하면 보조 기억장치의 내용이 처리될 수 있기 위해서는 먼저 주기억장치 속으로 들어가지 않으면 안 되기 때문이다. 여기서 한 가지 유의할 점은 자기 디스크와 자기 테이프들은 보조 기억 기능뿐만 아니라 입력 및 출력 기능을 모두 수행한다는 사실이다.

이를 구체적으로 살펴보면 다음과 같다.

가) 자기 저장장치: 자기 디스크(magnetic disk) 및 자기 테이프(magnetic tape) 등과 같이 전자석을 포함한 저장/판독 헤드가 디스크나 테이프의 표면을 닿을 듯이 스쳐 지나가면서 자기장을 생성하고 이 때 발생하는 전류의 방향을 감지하여 수록된 데이터를 쓰고/읽을 수 있는 저장 장치이다. 그 예로 플로피 디스크(floppy disk), 하드 디스크(hard disk), 테이프 드라이브(tape drive) 등이 있다.

나) 광학 저장장치: 데이터를 반사 성질이 있는 면에 저장하여 레이저 빔으로 읽는 저장장치이다. 그러한 예로는 콤팩트 디스크 판독 전용 메모리(CD-ROM: compact disc-read-only memory), 디지털 비디오 디스크 읽기 전용 메모리(DVD: digital video disc-read-only memory) 등이 있다.

다) 고체 저장장치: 자기 저장장치나 광학 저장장치와 같이 헤드나 빔과 같은 움직이는 부품이 필요하지 않는 오늘날의 특별한 저장 장치이다. 이러한 고체 저장장치는 전기가 지속적으로 공급될 때만 기록된 데이터를 유지하는 휘발성 저장장치와 전기가 지속적으로 공급되지 않아도 기록된 데이터를 계속 유지하는 비휘발성 저장장치 두 종류로 나뉘며, 그 예로 플래시 메모리(flash memory), 스마트 카드(smart card), 고체 디스크(solid-state disk: SSD) 등이 있다.

4) 제 어

컴퓨터 시스템의 CPU에 속한 제어장치(control unit)는 컴퓨터 시스템의 제어 기능을 수행하는 요소로서 컴퓨터 프로그램 명령을 해석하고, 컴퓨터의 다른 요소들에 지시를 전달한다. 다시 말하면, 제어장치는 주기억장치로부터 명령을 받아들여서 해석한 다음에 지시 사항을 컴퓨터 시스템의 적절한 구성 요소들에 전송하여 그들로 하여금 요구되는 자료 처리 작업을 수행하도록 한다. 즉, 제어장치는 입력장치와 보조 기억장치에게 어떤 자료와 명령 프로그램을 읽어서 기억할 것인가를 말해 주고, 연산·논리장치에는 처리될 자료를 어느 장소에 기억시킬 것인가를 말해 주며, 더 나아가서 처리된 자료를 사람 혹은 기계가 판독할 수 있는 주력매체로 전환시키도록 출력장치에 명령을 한다.

5) 출 력

컴퓨터 시스템의 출력장치의 기능은 처리된 자료나 정보를 사람이나 기계가 판독할 수 있는 형태로 변환시키는 것이다. 이러한 출력장치에는 인쇄된 보고서를 산출하

[그림 6-1] 컴퓨터 시스템의 개념

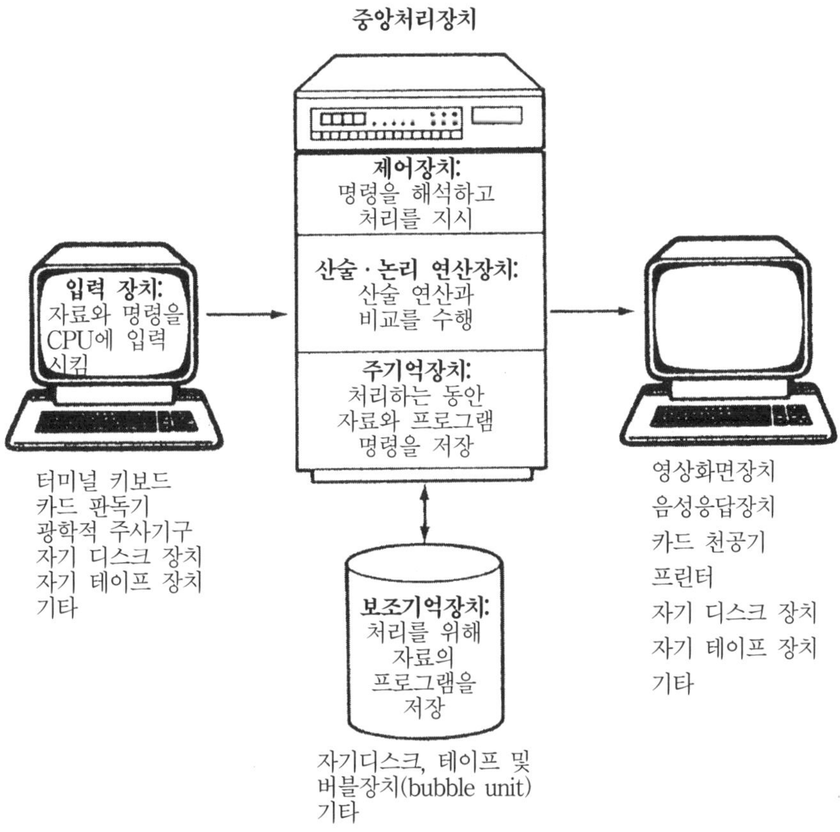

자료: 소영일·이종민(1987: 100).

〈표 6-1〉 컴퓨터 장치의 기능과 종류

컴퓨터 장치		기 능	종 류
입력장치		자료와 프로그램 지시를 컴퓨터에 직접 또는 간접적으로 집어넣는 활동	키보드, 마우스, 스캐너, 광학마크 판독기, 자기 잉크 문자판독기, 터치 스크린 등
기억장치	주기억장치	중앙처리장치 중에서, 프로그램이나 데이터를 기억하는 부분으로 모든 정보는 일단 여기로 들어왔다가 여기서 나감.	RAM(Random Access Memory): 프로그램 명령어나 데이터를 보관하여 컴퓨터가 동작하는 동안 이용하여 작업할 수 있게 함. ROM(read-only-memory): 컴퓨터가 동작하지 않더라도 데이터가 지워지지 않음.
	보조기억장치	외부의 프로그램이나 데이터를 보관하기 위한 기억장치로 속도는 느리지만 많은 자료를 영구적으로 보관 가능	자기 저장 장치: 플로피 디스크, 하드 디스크, 테이프 드라이브 광학 저장 장치: CD, DVD 고체 저장 장치: 플래시 메모리, 스마트 카드, 고체 디스크
처리장치		입력된 자료를 실제로 계산하거나 필요한 정보로 추출해 내는 기능	중앙처리장치(CPU: central processing unit) 명령어의 해석과 자료의 연산, 비교 등의 처리를 제어하는 컴퓨터 시스템의 핵심적인 장치
제어장치		주기억장치로부터 명령을 받아들여서 해석한 다음에 지시 사항을 컴퓨터 시스템의 적절한 구성 요소들에 전송	컴퓨터의 하드웨어 중에서 특정한 제어를 하는 장치: 기억 제어장치, 채널 제어장치, 입출력 제어장치 등
출력장치		처리된 자료나 정보를 사용자에게 제공	인쇄물: 잉크젯 프린터, 레이저 프린터, 플로터 화면: CRT 모니터, LCD, ELD 소리: 스피커처럼 소리를 통해 자료나 정보를 출력할 수 있는 장치

는 프린터(printer), 천공된 카드를 산출하는 카드 천공장치(card-punch unit), 영상화면을 산출하는 비디오 터미널(video terminal), 그리고 청각적 음향언어(audible sound and speech)를 출력으로서 산출하는 음성응답장치(audio response unit) 등이 있다. 덧붙여 출력장치는 인쇄물 · 화면 · 소리 등의 종류로 나누어 볼 수 있다.

가) 인쇄물: 잉크젯 프린터(ink jet printer), 레이저 프린터(laser printer), 사진 프린터(photo printer), 열 왁스 프린터(thermal-wax printer), 염료 승화 프린터(dye-sublimation printer), 플로터(plotter) 등의 장치를 통해 자료나 정보를 출력할

수 있다.

나) 화면: CRT 모니터(cathode ray tube monitor), 액정 디스플레이(LCD: liquid crystal display), 발광 디스플레이(ELD: electroluminescent display) 등의 모니터의 이미지 표현을 통해 처리된 자료나 정보를 출력할 수 있다.

다) 소리: 우퍼 스피커, 중저음 스피커, 서브우퍼 스피커로 구성된 홈 스테레오 시스템과 같이 소리를 통해 자료나 정보를 출력할 수 있다.

이상의 컴퓨터 시스템의 기능을 요약하면 [그림 6-1] 및 <표 6-1>과 같다.

3 컴퓨터 시스템의 구성 요소

컴퓨터 시스템의 구성 요소를 살펴보면 대체로 하드웨어(hardware), 프로그램(program) 또는 협의의 소프트웨어(software), 자료(data), 절차(procedure) 그리고 컴퓨터 요원(computer personnel)이다. 이들을 좀 더 구체적으로 설명하면 다음과 같다.

1) 컴퓨터 하드웨어

컴퓨터 하드웨어는 컴퓨터 시스템을 구성하는 가장 중요한 장치로서 자료매체라고 알려진 기구들의 집합을 말하는데, 키보드와 같은 입력장치(input equipment), 중앙처리장치(Central Processing Unit: CPU)와 같은 처리장치(processing equipment), 프린터와 비디오 스크린 값은 출력장치(output equipment), 그리고 CPU에 있는 주기억장치와 자기디스크 및 테이프와 플로피 디스크, 그리고 CD 등의 보조 기억장치와 같은 기억장치(storage equipment)로 구성되어 있다. 또한 컴퓨터 하드웨어는 컴퓨터 처리기(computer processor), 주변장치(peripheral equipment)와 매체, 그리고 보조장치(auxiliary equipment)와 매체 등 세 가지 중요한 종류로 세분된다. 첫째, 컴퓨터 처리기에는 CPU와 입출력 인터페이스 또는 포트(port)장치(예: 레지스터와 가산기 등), 그리고 전문처리기(specialized processor)(예: CPU의 작업처리를 보조하는 산술 및 입출력 처리기) 등이 포함된다. 둘째, 주변장치와 매체에는 온라인 장치(on line equipment; 중앙처리장치에 전자적으로 연결되어 제어되는 모든 장치), 다양한 입출력장치(VDT: 비디오 디스플레이 터미널 등), 그리고 보조 기억장치(예: 자기 디스크 드라이브 등) 등이 포함된다. 셋째, 보조장치 및 매체에는 각종의 오프라인 장치[offline equipment; 중앙처리장치에서 분리되어 그 제어하에 있지 않은 장치, 예컨대, 오프라인 데이터 엔트리 장치(offline data entry equipment)], 오프라인 출력장치(offline output equipment), 기억장치, 자료처리 소모품(data processing supply) 등이 포함된다.

2) 컴퓨터 소프트웨어

소프트웨어란 컴퓨터 시스템의 처리 과정을 지휘하고 통제하는 모든 유형의 조작지시 또는 운영지침을 말하는데, 소위 프로그램이라고도 한다. 그러나 본래 소프트웨어에는 프로그램 이외에 컴퓨터 시스템을 운영하고 사용할 사람들을 위한 운영지침인 절차도 포함된다. 따라서 컴퓨터 프로그램은 협의의 컴퓨터 소프트웨어로서 명령문들의 연결체를 말한다. 이러한 프로그램은 다양한 프로그래밍 언어로 작성된다. 컴퓨터 프로그램에는 대체로 시스템 프로그램(system programs) 또는 시스템 소프트웨어(system software)와 응용 프로그램(application programs) 또는 응용 소프트웨어(application software)로 대별된다. 전자의 시스템 프로그램은 컴퓨터 시스템을 제어하고 보조하는 프로그램으로서 운영 시스템(operating system), 데이터베이스 관리 시스템(database management system), 통신제어 프로그램(communication control program), 서비스 및 유틸리티 프로그램(service and utility program), 그리고 프로그래밍 언어번역기(programming language translator) 등이 포함된다. 여기서 참고로 마이크로 컴퓨터의 운영 시스템(OS)의 종류를 살펴보면, 대체로 디지털 리서치(Digital Research) 사의 CP/M, CP/M-86 마이크로소프트(Microsoft) 사의 MS-DOS와 XENIX, 그리고 Windows, 애플(Apple) 사의 Apple-DOS, 라디오 새크(Radio Shack) 사의 TRS-DOS 그리고 IBM사의 PCIX 등이 있으며 최근에는 리눅스가 있다. 후자의 응용 프로그램은 컴퓨터의 특수한 사용, 즉 응용처리를 지시하는 프로그램으로서 컴퓨터 사용자의 특성 과제를 수행하는 데 필요한 정보처리 활동을 명시한다. 이 때문에 응용 프로그램을 사용자 프로그램(user program)이라고도 한다. 예컨대, 전자 스프레드시트(electronic spread-sheet) 패키지, 워드프로세싱 패키지, 일반 사업용 패키지 등이 있다.

끝으로 컴퓨터 운영 절차는 주로 컴퓨터 요원들이 컴퓨터 시스템을 어떻게 작동해야 하는지를 지시하는 작동지침으로서 사람들이 어떻게 입력 자료를 준비하고 어떻게 결과물을 산출하고 사용하는지를 설명해 줄 뿐만 아니라 작동상 오류가 발생하거나 정정이 요구될 때 그 대처 방안을 제시해 준다. 그 밖에 컴퓨터의 작동 방법, 수행되는 프로그램의 이름, 그리고 컴퓨터가 작동이 중단될 경우(즉, 시스템 다운[system down]인 경우) 그 조치 사항이 명시되어 있다.

3) 컴퓨터 자료

컴퓨터 자료는 일반 자료와 구별되어 사용되는데, 그것은 컴퓨터 자료가 일반 자료와 달리 컴퓨터에 의해 감지될 수 있는 형태로 기록된 것이기 때문이다. 컴퓨터를 이용하여 행정 업무를 처리하기 위해 관련되는 모든 사실들을 사전에 수집하여 컴퓨터가 감지 가능한 형태로 기록해 놓은 컴퓨터 자료가 완전하고 정확할 때, 컴퓨터 시스템의 운영이 성공적이 될 수 있다. 만약 그렇지 못한 경우에는 "쓰레기를 넣으면 쓰레기가 나온다"는 쓴 경험을 맛보게 된다는 사실을 유념해야 할 것이다. 컴퓨터 자료는 처리하기 위해 컴퓨터에 입력되는 입력자료, CPU 내부에 있는 처리자료, 사람이 알아볼 수 있는 형태를 취하고 있는 출력자료, 그리고 다음에 처리하기 위해 기억장치에 기록되어 있는 저장된 자료로 구별된다. 여기에서의 자료가 정보와 구별되는 것은 앞에서 설명한 바와 같다. 즉, 자료는 기록되어 있는 사실이나 숫자들을 뜻하는 반면에 정보는 자료로부터 끌어 낸 지식을 의미한다.

여기서 참고로 컴퓨터 자료 원소를 살펴보면 다음과 같이 구성되어 있다. 즉 ① 비트(bit)-한 개의 이진 숫자(0 또는 1의 이진값), ② 바이트(byte)-8비트, ③ 단어 또는 '워드(word)'-(ㄱ) 고정 단어 길이(fixed word length) 형식, 즉 고정 레지스터의 크기(자료 경로 또는 자료 버스(data bus)의 용량이나 넓이): 8, 16, 32, 64비트 등, (ㄴ) 가변 단어 길이(variable word length): 1~256바이트, ④ 페이지[가상기억(virtual memory) 장치의 개발에 따라 만들어진 컴퓨터 자료 원소]-2K 또는 4K의 크기 등이다.

4) 컴퓨터 요원

컴퓨터 요원(computer personnel)은 전술한 네 가지 구성 요소들을 통합하여 컴퓨터 시스템을 행정활동에 적용할 수 있게 해 주는 훈련된 요원을 말한다. 여기에는 대체로 시스템 개발요원(system development personnel), 운영요원(operations personnel), 사용자(user), 그리고 시스템 고객(system clientele)이 포함된다.

(1) 시스템 개발요원

컴퓨터 시스템을 설계하고 개발하는 사람으로서 시스템 분석가(system analyst)와 프로그래머(programmer)로 구분된다. 전자의 시스템 분석가는 행정활동의 필요성을 조사하고 요구 사항을 전형화하며, 컴퓨터 시스템의 다섯 가지 구성 요소를 설계한다. 이들은 많은 사람들을 상대로 하기 때문에 훌륭한 의사소통 기술을 갖추고 있어야 한다. 후자의 프로그래머는 시스템 분석가가 제공한 요구 사항에 부응하는 프로그램의 작성 및 시험을 실시한다. 이들은 사람 대신에 주로 기계를 상대로 일을 한다. 만약 이들 두 종류의 기능을 함께 수행하는 경우에는 그를 프로그래머 겸 시스템 분석가(programmer/analyst)라고 부른다.

(2) 운영요원

이는 컴퓨터와 관련 장비들을 작동, 운영하는 사람을 말한다. 운영요원은 컴퓨터 오퍼레이터(computer operator), 자료입력 요원(data entry personnel), 그리고 자료통제 요원(data control personnel)으로 구분된다. 컴퓨터 오퍼레이터는 컴퓨터 작업을 개시·종료시키고, 테이프를 테이프 장치에 걸고, 프린터에 용지 및 '양식이 미리 인쇄된' 종이(즉, 양식지)를 끼우는 작업 등을 수행하는 사람이다. 자료입력 요원은 키펀치(key-punch)나 이와 유사한 장비를 사용하여 컴퓨터가 알아볼 수 있는 형태로 자료를 입력하는 기능을 수행한다. 자료통제 요원은 오퍼레이터와 사용자 사이에서 연락을 담당하는 사람이다. 이들은 사용자로부터 자료를 받아서 완전성을 검토하며, 컴퓨터에 의해 출력된 보고서를 신속하게 사용자에게 전달하는 역할을 담당한다.

(3) 사용자

컴퓨터 시스템을 직접적으로 사용해 작업을 수행하는 사람이다. 그들은 입력 자료를 제공하고, 그들 자신의 업무를 수행하기 위해 컴퓨터가 산출한 정보를 사용한다. 이들의 예로는 대학의 수강신청 담당자, 시청이나 구청의 민원담당자 등을 들 수 있다.

(4) 컴퓨터 시스템의 고객

이들은 컴퓨터 시스템으로부터 편익을 제공받는 사람들을 지칭한다. 여기에 속하는 대상들은 공공기관에 민원을 낸 사람들을 포함해 아주 광범위하다.

결국 이들 컴퓨터 시스템을 구성하고 있는 요소들이 각자 제 기능을 충분히 발휘할 때만이 컴퓨터를 통한 행정관리 업무의 효율화와 효과성을 극대화시킬 수 있다. 만약 이들 중에 어느 한 가지 구성 요소가 부진하거나 결손이 되어 있는 경우에는 컴퓨터 시스템은 제대로 작동하지 못할 것이다.

4 컴퓨터 시스템의 중요성

컴퓨터의 등장은 개인적으로나 조직적으로 또는 사회 전체적인 면에서 상당한 의미를 부여해 준다. 특히 컴퓨터가 행정정보 관리의 측면에서 주는 의미는 여러 가지로 음미해 볼 수 있으나 사회의 분화와 함께 다양화되고 복잡화된 사회구성원들의 정보에 대한 요구의 증대와 그로 인한 행정활동의 신속성과 대응성 제고의 필요성이라는 측면에서 고찰해 볼 필요가 있다.

행정국가화된 오늘날의 국가의 행정 기능은 방대해지고 복잡해짐에 따라 그 기능의 원만한 수행을 위해서는 필요한 정보를 적시에 적절한 형태로 입수·분석·활용해야 하는 상황에 처해 있다. 이러한 국면에 처해 있는 행정기관에 컴퓨터는 다음과 같은 점에서 기여함으로써 컴퓨터가 활용되기 전의 행정정보 관리보다 훨씬 유리한 위치에서 정보관리를 할 수 있게 된 것이다.[1)]

(1) 행정정보 관리의 신속성

컴퓨터는 행정정보 관리 업무를 좀 더 신속하게 처리하도록 도와 준다. 초기의 컴퓨터는 주판(abacus)의 기능을 벗어나게 해 주는 정도였으나 오늘날의 컴퓨터의 정보처리 능력은 천문학적인 수의 정보를 아주 짧은 시간에 처리할 수 있을 정도로 발달하게 됨으로써 행정정보 관리가 신속하게 이루어지게 되었다.

(2) 행정정보 관리의 정확성

행정정보는 이미 암시한 바와 같이 그 양이 많고 다양하기 때문에 수작업을 통해 필요한 정보를 확보하는 데는 어려움이 많다. 수작업을 통해 필요한 정보가 구해졌더라도 그 정보가 정확한지의 여부는 또 다른 문제이다. 그러나 컴퓨터는 복잡하고 반

---

1) 정보처리에 컴퓨터를 사용하는 이유에 관해서는 소영일·이종민, 1988, pp. 96-98을 참고하고, 그 밖에 컴퓨터의 영향에 관해서는 J. Diebold, *Man and the Computer*(New York Praeger, 1961)와 D. R. Daniel, "Management Information Crisis," *Harvard Business Review*(Sept-Oct. 1961)을 참고할 것.

복적인 처리 절차를 통해 많은 양의 행정정보를 비교적 정확하게 처리할 수 있다. 따라서 행정정보를 그만큼 더 정확하게 관리할 수 있게 된다. 물론 나중에 지적되는 바와 같이 컴퓨터가 범하는 오류가 없다는 것이 아니라 사람이 직접 정보를 처리하는 것보다 오류가 훨씬 적다는 것이다.

(3) 행정정보 관리의 신뢰성

컴퓨터는 오랫동안 정확하게 작동하며, 더욱이 컴퓨터의 전자회로는 자체검사 기능을 갖고 있기 때문에 때때로 그릇된 상태를 자동적으로 사전 진단하고 주기적으로 예방점검 활동을 수행함으로써 행정정보 관리의 신뢰성을 보장할 수가 있다는 것이다.

(4) 행정정보 관리의 민주성

컴퓨터를 통한 행정정보 관리는 시간과 장소에 제약 받지 않고 국민의 의사를 반영하여 자유민주주의 사회의 이념인 국민 주권을 구현하는 데 큰 도움을 줄 뿐만 아니라, 수많은 행정정보를 비교적 정확하고 체계적인 분류를 가능하게 하여 국민이 진심으로 원하는 행정을 가능하게 한다.

(5) 행정정보 관리의 경제성

행정정보 관리상 무엇보다 중요한 요소 중의 하나인 경제성을 컴퓨터의 활용을 통

[그림 6-2] 컴퓨터 자료처리 비용의 감소 추세

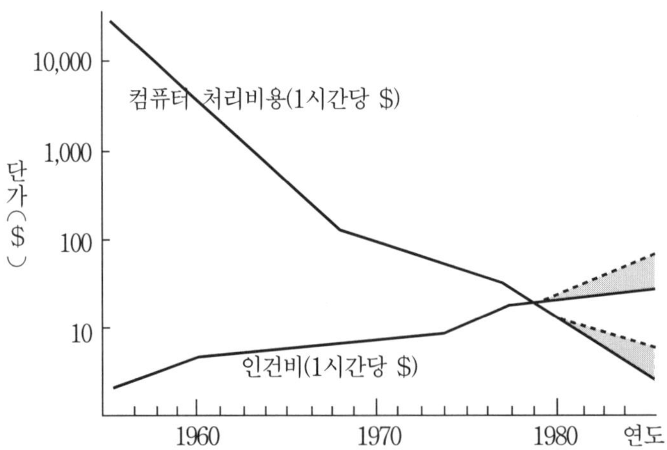

자료: Martin(1982: 3).

해 확보할 수 있다. [그림 6-2]에서 보는 바와 같이 컴퓨터를 이용하여 자료를 처리하는 데 드는 비용이 사람을 직접 처리하는 데 드는 비용보다 최근에는 훨씬 감소함을 알 수 있다. 물론 그림에서 알 수 있는 바와 같이 컴퓨터 시스템이 확보되지 않은 시점에서 컴퓨터를 설치하는 데 드는 비용까지 고려할 때는 컴퓨터의 활용이 상대적으로 덜 경제적일 수도 있다.

제 2 절 컴퓨터 시스템의 발달 과정

1 컴퓨터 시스템의 연원

컴퓨터 시스템의 발달은 컴퓨터가 개발될 수 있는 제반 과학기술의 발달과 그것의 응용에서 비롯되었다. 산술 연산을 수행하기 위한 기계의 사용은 17세기의 덧셈기계와 계산기의 발전에 각각 기여한 프랑스의 파스칼(Blaise Pascal)과 독일의 라이프니츠(Gottfried von Leibnitz)의 힘이 컸다.

18세기 중엽에는 방직기계를 자동적으로 통제하기 위해 천공카드가 재커드(Joseph Jacuard)에 의해 개발되어, 1880년대에 통계학자 홀레리스(Herman Hollerith)에 의해 자료 처리에 사용되기 시작했는데, 그 당시는 자료를 기록하기 위한 천공된 종이 카드, 수동식 카드 천공, 정렬 상자(sorting box), 그리고 도표 작성 장치(tabulator)를 개발하여, 1890년의 미국의 인구조사에 활용되었다. 그 후 1910년의 인구 조사에서 사용된 천공카드 기계가 파워즈(James Powers)에 의해 개발됨으로써 자료 처리의 속도는 빨라지게 된 것이다. 이 같은 초창기의 기계식 천공카드 기계가 전자식으로 개량되어 1930년대 후반부터 기업과 정부에서 널리 사용되다가 전자식 컴퓨터가 등장하기 시작한 1950년대 후반까지 자동식 자료 처리(automatic data processing: ADP)를 위한 수단으로 계속 사용되었다.

이런 상황에서 컴퓨터도 개발되기에 이르렀다. 현대식 컴퓨터의 개념은 영국의 수학자 바비지(Charles Barbbage)에 의해 최초로 제시된 것으로 알려져 있다. 그는 정부의 지원금을 얻어 '차이 엔진(Difference Engine)' 기계라고 불리는 증기로 작동되는 기계식 계산기를 설계하고, 부분적으로 제조하여 1883년 '분석 엔진(Analytical Engine)'을 개발하기 위한 계획과 설계를 제시했다. 이 분석 엔진은 천공카드를 입력시켜 기계적으로 저장된 명령 프로그램의 지시에 의해 산술 연산을 순서에 관계없이 자동적으로 수행하며 아울러 천공카드 및 인쇄물을 생산하도록 되어 있는 계산기계였다.

그러다가 1925년 미국의 매사추세츠 공대(MIT)의 부시(Vannevar Bush)가 대규모의 전자기계식 아날로그 컴퓨터(electro-mechanical analog computer)를 제작하기에 이르렀고, 1941년에 독일의 수세(Konrad Zuse)가 일명 'Z 3'으로 불리는 전자기계식 디지털 컴퓨터(electro-mechanical digital computer)를 제작했는데, 이는 계산을 수행하기 위해 전기 스위치(electrical switches: relays)를 사용했다. 1944년에는 IBM의 후원으로 하버드대학교의 에이큰(Howard Aiken)이 MARK 1이라는 자동식 연속통제계산기(automatic sequence controlled calculator)를 개발했는데, 바비지의 개념들을 실제로 많이 구현했으며, 기계식 기어(mechanical gears) 대신에 전기식 계전기(electrical relays)를 사용한 것으로서 1930년대 IBM의 천공카드 계산기 개념에 상당히 의존했다.

최초의 전자식 디지털 컴퓨터인 ABC(Atanasoff Bery Computer)가 1942년에 아이오와 주립대학교의 아타나소프(John Atanasoff)에 의해 제작되었는데, 이 컴퓨터는 계산을 전기식 계전기 대신에 진공관을 사용하여 수행했다. 최초의 자동식 전자디지털 컴퓨터(operational electronic digital computer)인 ENIAC(Electronic Numerical Integrator and Calculator)은 1946년에 펜실베이니아대학교의 모츨리(John Mauchly)와 에커트(J. P Eckert)에 의해 미군의 포병 탄도표(artillery ballistic tables)를 계산하기 위해 개발·제조되었다. 이 컴퓨터는 MARK 1의 전자기계식 계전기 대신에 18,000개 이상의 진공관을 사용하는 무게 30톤을 넘는 것이었다.

그런데 최초의 저장된 프로그램 전자 컴퓨터(stored-program electronic computer)는 1949년에 영국의 케임브리지대학교의 윌크스(M. V. Wilkes)의 지휘하에 제작된 EDSAC(Electronic Delayed Storage Automatic Computer)이었다. 이 컴퓨터와 1952년에 완성된 최초의 미국제 저장된 프로그램 컴퓨터인 EDVAC(Electronic Discrete Variable Automtaic Computer)은 뉴저지 주의 프린스턴 첨단 과학연구소의 폰 노이만(John von Neumann) 박사가 개발한 개념에 입각하고 있었다. 그의 주장 중에는 컴퓨터의 운영지침, 즉 프로그램이 고속의 내부 저장장치(high-speed internal storage unit 또는 메모리)에 저장되어야 할 것과 자료와 명령어는 기존의 십진법보다 이진법에 의해 내부적으로 표기할 것 등이 있다. 이들 개념들과 그 밖의 설계 개념들이 오늘날의 컴퓨터의 설계에 기여했다. 그런데 정보처리에 상업적으로 활용된 범용의 컴퓨터가 등장하게 된 1950년 이전의 컴퓨터들은 그 적용면에서 제한적이어서 대체로 컴퓨터의 제1세대로 간주되지 못하든지 기껏해야 제1세대 초기로 간주한다.

여기서는 컴퓨터의 상업성과 범용 가능성 여부를 기준으로 컴퓨터의 세대별 변천 과정을 설명하고자 한다(소영일 · 이종민, 1987: 62-7; Benjamin, 1972: 640-3; 한국통신학회 편, 1985: 170-9).

2 범용 전자식 디지털 컴퓨터의 발달 과정

1) 제1세대 컴퓨터

전술한 컴퓨터 시스템 중에 특히 ENIAC(1946), EDSAC(1949), 그리고 EDVAC(1952)은 제1세대 초기의 컴퓨터 범주에 포함시키기도 하지만, 상업적으로 이용 가능한 최초의 범용 전자식 디지털 컴퓨터인 UNIVAC 1(UNIVersal Automatic Computer)이 전자식 컴퓨터의 제1세대의 효시를 이루었다. 최초의 UNIVAC 1은 1951년에 미국의 인구조사국에 설치되었고, 1954년에는 켄터키 주의 루이빌(Louisville)에 있는 제너럴 일렉트릭 제조공장에 설치되면서 일반 기업체에서도 응용된 최초의 컴퓨터가 되었다. UNIVAC 1은 입출력의 매체를 자기 테이프를 사용했다는 점이 혁신적인 것이었다. 또 하나의 제1세대 컴퓨터는 IBM 650인데 이 컴퓨터는 기업체와 학계에서 활용될 수 있도록 설계 · 제작된 중형의 컴퓨터이다. IBM 650 컴퓨터는 자기기억 드럼장치(magnetic drum memory)를 가졌으며 입력과 출력을 위해 천공카드를 사용했다.

이들 제1세대 컴퓨터의 특징은 대체로 다음과 같다.

첫째, 특수 목적을 위해 개발된 단일 기종의 기계로서 규모가 대단히 크고, 진공관을 사용한 관계로 막대한 양의 열을 낸다.

둘째, 이 컴퓨터의 운영을 위해 대규모의 전력과 공기 조절, 유지비 그리고 공간이 필요했다.

셋째, 제1세대의 컴퓨터 언어는 주로 기계어(machine language)로서 명령어들은 컴퓨터의 내부적인 이진 코드를 사용하여 작성되었다. 이들 기계어는 대체로 무엇을 행할 것인가를 명시하는 '연산 코드(operation code)'와 그 연산이 이루어질 자료나 장치의 번지를 나타내는 '오퍼랜드(operand)'로 구성되어 있다.

2) 제2세대 컴퓨터

제2세대 컴퓨터는 1959년에 소개되었는데 대표적으로 IBM 1400시리즈의 컴퓨터가 사용되었다. 그 밖에도 1959년의 GE 201, RCA 501, 1960년의 Control Data, 1964년의 Honeywell 880, IBM 1401 등이 있다. 제2세대 컴퓨터의 주요 특징을 보면 다음과 같다.

첫째, 제2세대 컴퓨터의 회로는 제1세대 컴퓨터의 진공관 회로보다 규모가 훨씬 작고, 열도 적게 발산하며, 값도 싸고, 적은 양의 전력을 필요로 하는 트랜지스터와 그 밖의 다른 고체 상태의 반도체 회로로 대체되었다.

둘째, 따라서 하드웨어가 제1세대 컴퓨터들보다도 현저히 작아진 대신에 자료 처리 속도는 더 빨라졌다.

셋째, 주요 내부 저장매체(primary internal storage media)로서 자기 코어(magnetic cores)를 사용하고 아울러 분리 가능한 자기 디스크팩을 도입한 것이 또 하나의 중요한 하드웨어 발전이었다.

넷째, 제2세대 컴퓨터의 언어는 주로 어셈블러 언어(assembler language)로서 언어 번역 프로그램을 의미하며, '기호언어(symbolic language)'라고도 불린다. 그 이유는 연산 코드와 기억 장소를 나타내기 위해 기호(symbol)가 사용되기 때문이다.

3) 제3세대 컴퓨터

1964년에 등장한 IBM 360/370시리즈의 컴퓨터는 컴퓨터의 제3세대의 도래를 알려 주었다. 그 밖에도 1964년의 RCA 70시리즈, UNIVAC 1110, 1106, 1108, 1100, 그리고 CDC 3000 및 6000시리즈가 개발되었다.

주요 특징을 보면 다음과 같다.

첫째, 제2세대의 트랜지스터화된 회로가 전자회로의 모든 요소들이 실리콘 웨이퍼(silicon wafer)인 칩에 들어 있는 집적회로로 대체되었다. 컴퓨터의 하드웨어의 규모는 더욱더 작아진 반면에 자료 처리의 속도 및 용량, 그리고 기억 유형이 크게 진보했다.

둘째, 컴퓨터 시리즈의 다양한 모델 간의 표준화와 호환성(compatibility)을 가능케 하는 패밀리 또는 시리즈의 개념이 개발되었다.

셋째, 제3세대 컴퓨터들은 시분할(time sharing: 여러 개의 컴퓨터 터미널에서 다수의 사용자들이 동일한 컴퓨터를 동시에 사용할 수 있는 시스템), 데이터 통신의 응용, 그리고 다중 프로그래밍(multiprogramming)을 통해 동시에 여러 가지 프로그램을 처리하는 능력을 갖추고 있다.

넷째, 컴퓨터의 자료 처리를 감독하는 제어 프로그램의 운영 시스템이 개발되었고, 아울러 포트란(FORTRAN)과 코볼(COBOL) 등과 같은 고수준의 프로그래밍 언어(programming language)의 출현은 컴퓨터, 프로그래밍을 매우 단순화시켰다. 이들 고수준의 프로그래밍 언어를 고급언어(high-level language)라고 하며, 컴파일러 언어(compiler language)라고도 불린다.

이러한 고급언어는 절차중심언어(procedure-orientcd languagc)와 문제중심언어(problem-oriented language)로 나뉜다. 전자의 절차중심언어란 자료처리 문제의 '절차'란 논리를 나타내기 위해 설계된 범용언어를 말하는데, 포트란(FORTRAN), 코볼(COBOL), PL/1, 베이직(BASIC), 그리고 파스칼(PASCAL) 등이 이에 속한다. 반면에 문제중심언어란 특정한 문제를 푸는 데 준수해야 할 절차는 명시할 필요가 없이 다만 풀어야 할 문제의 입출력 요구 조건과 그 밖의 다른 패러미터(parameter) 등만 명시하는 프로그래밍 언어를 말한다. 이에는 보고서를 작성하고 또 파일을 갱신하는 RPG, 시뮬레이션 응용에 사용되는 GPSS, 기호자료(symbolic data)의 목록을 처리하는 데 사용되는 LISP, 토목공학 문제를 푸는 데 사용되는 COGO 등이 있다. 그런데 이들 프로그래밍 언어 중에 대표적인 것들의 특징을 고찰하면 <표 6-2>와 같다.

다섯째, 응용 소프트웨어 패키지(application software packages: 사용자들을 위해 미리 작성된 프로그램)가 급속도로 증가했는데, 그것은 1969년에 IBM과 그 밖의 제조업체들이 소프트웨어와 하드웨어를 분리시켰기 때문이다. 최초의 미니컴퓨터(mini-computer)는 1965년에 디지털 이큅먼트 코퍼레이션(Digital Equipment Corporation)에 의해 시판되었는데, 그 계산 능력이 제2세대의 컴퓨터보다 훨씬 우수했다.

〈표 6-2〉 주요 컴퓨터 프로그래밍 언어의 특징

약 호	본 명 칭	특 성
FORTRAN	FORmula TRAnslator	1957년에 개발된 최초의 고급어, 수학 총식을 쉽게 지시할 수 있으며 숫자만을 다룰 때에는 현대에도 가장 널리 사용되고 있는 언어
BASIC	Beginner's All-purpose Symbolic Instruction Code	일반인에게 가장 이해가 되는 간단명료한 언어, 컴퓨터와의 즉석 대화가 가능하므로 터미널의 보급과 더불어 활용성이 점증하고 있으며 과학/사무의 계산 공용
C		벨연구소에서 UNIX 운영 체제의 일부로 개발된 저급의 구조적 언어. 기계에 독립적인 어셈블러 언어와 비슷하며 현재는 시스템 소프트웨어 프로그래밍에 널리 사용됨.
COBOL	Common Business-Oriented Language	영작문의 경우 쉽게 처리할 수 있도록 고안된 언어. 구미국에서 자료 처리에 널리 사용되고 있음.
APL	A Programming Language	특수한 용법 하에서 강한 처리 능력을 발휘하는 일반어. 즉 수식 계산 중심의 대화식 언어
ALGOL	ALGOrithmic Language	유럽에서 발달된 수학 전용 언어. 해답 제시 방법에 특출
PL/1	Programming Language 1	IBM회사에 의해 개발된 범용 언어. COBOL, FORTRAN, ALGOL과 그 밖의 다른 언어들의 특징을 결합하도록 고안됨. 사업, 과학기술, 전문화된 응용에 사용할 수 있는 매우 융통성 있는 '모듈러(modular)' 범용언어
PASCAL	Pascal	알기 쉽고, 강력하고, 능률이 좋은 정형화된 양식(structued format)의 ALGOL 유사언어
GPSS SIMSCRIPT SIMULA	General-Purpose Systems Simulator Simulation Language	OR의 simulation 모형 전용 언어
RPG	Report Program Generator	보고서와 그 밖의 자료처리 과업을 수행하는 프로그램을 만드는 문제 중심적 언어. 보고서 작성, 파일관리, 기타 소형 컴퓨터 시스템의 사업용 자료처리 응용에 널리 쓰이는 언어임.
Assembler		컴퓨터 모형 고유의 반기계/반일반어의 프로그램 방식

자료: 서남원(1985: 170).

4) 제4세대 컴퓨터

제4세대 컴퓨터는 1970년대에 시작하여 현재에도 사용되고 컴퓨터 시스템으로서 Gray XMP와 IBM 4341 등이 이에 속한다. 주요 특징을 보면 다음과 같다.

첫째, 제4세대 컴퓨터는 컴퓨터의 논리와 기억회로의 양자를 위한 고밀도 집적(LSI) 반도체 회로를 사용함으로써 수천 개의 전자부품을 자그마한 실리콘 칩에 집어넣을 수 있게 되었다.

둘째, 1972년의 IBM 370시리즈의 모델들은 주기억장치가 마이크로 전자 반도체 기억장치(microelectronic semiconductor memory)인 LSI반도체 회로로서 이는 완전히 구성된 최초의 전자 컴퓨터였다.

셋째, 제4세대 컴퓨터의 주기억용량(main memory capacity)은 비교가 안 될 정도로 증가했는데, 예를 들면, 중형의 제2세대 컴퓨터 IBM 1401의 기억용량은 4KB (kilobyte) 내지 16KB였는데, 중형의 제4세대 컴퓨터 IBM 4341은 4MB(megabyte) 내지 16MB의 기억 용량을 갖게 되었다[여기서 1바이트(byte)=8비트(bit) (즉 binary digit, 이진법의 수): 1킬로바이트(KB)=2의 10승 바이트임].

넷째, 제4세대 컴퓨터에는 직접적인 입출력장치가 더 많이 사용되었다. 즉, 자료와 명령들은 소형의 컴퓨터 또는 터미널의 키보드를 통해 직접 컴퓨터 시스템으로 입력시키게 되었다. 이와 유사한 직접적인 입력장치로는 라이트 펜(light pens), 터치 스크린, 자료표(data tables), 그리고 광학적 주사봉(optical scanning wands) 등이 있고, 직접적인 출력장치로는 비디오 디스플레이와 음성 응답장치 등이 있다.

다섯째, 제4세대 컴퓨터의 프로그래밍 변환은 좀 더 간편해졌다. 예컨대, 데이터베이스 관리 시스템(database management systems: DBMS)과 자연적 또는 '제4세대 언어(the fourth generation languages: 4CJL)'의 개발로 프로그래머들의 프로그래밍 작업을 훨씬 용이하게 했을 뿐만 아니라 일반 사용자들이 컴퓨터에 절차언어(procedural languages)를 사용하여 작업을 어떻게 수행할 것인가를 지시할 필요없이 비절차언어(nonprocedural languages)를 사용하여 어떤 작업이 완료되기를 바라는지를 표명하기만 하면 되게 되었다. 이런 경향은 전자 스프레드시트(electronic spreadsheet)와 워드프로세싱 프로그램(wordprocessing programs) 등과 같은 마이크로컴퓨터용 소프트웨어 패키지들의 개발로 더욱더 가속화되었다.

여기서 4세대 언어(4GL)란 자연어(natural language), 초고급언어(very high level language: VHLL), 비절차어(nonprocedural language), 그리고 사용자 중심언어(user-oriented language) 등으로도 불리며, 데이터베이스 관리체제에 의해 제공되는 질의어(query language), 보고서 작성기(report generator), 자료조작 언어(data manipulation language) 등이 그 예이다.

여섯째, LSI 기술의 발달로 1971년 인텔 사(Intel Corporation)의 호프(M. Hoff)와 데이터포인트 사(Datapoint Corporation)의 푸어(Victor Poor)가 마이크로프로세서(Microprocessor)를 개발했는데, 이것은 컴퓨터의 주처리장치를 위한 모든 회로들이 하나의 칩에 들어가게 됨을 보며 준 것이다. 그 후 1974년에 인텔 800마이크로프로세서의 개발이 이루어져서 최초로 상업적으로 이용 가능한 마이크로컴퓨터 시스템인 Altari 8800에서 사용되었다. 결국 이러한 발전은 제4세대 컴퓨터의 유용성, 융통성, 그리고 용량을 크게 증가시켰다.

5) 제5세대 컴퓨터

제5세대 컴퓨터는 일본 및 미국에서 개발되어 1990년대부터 이미 활용되기 시작했다. 이러한 5세대 컴퓨터는 어떠한 특징을 가지고 있는지를 보면 다음과 같다.

첫째, 제5세대 컴퓨터는 기존의 컴퓨터들과 아주 다르게 자유롭게 보고, 듣고, 말하고, 생각하는 능력을 지닌 지능 컴퓨터로서 기존의 폰 노이만식 설계와 다른 새로운 병렬처리 컴퓨터 구조를 갖게 된다. 결국 이들 컴퓨터는 인공지능(artificial intelligence)을 가짐으로써 준(準)인간적인 기능을 발휘하게 된다.

둘째, 컴퓨터 하드웨어의 비용과 규모가 계속적으로 하락하게 될 것인데, 그것은 초고밀도 집적(very large-scale integration: VLSI) 기술을 계속 사용함으로써 수십만 내지 수백만의 회로 원소(circuit elements)들을 하나의 마이크로 전자칩에 집어넣을 수가 있기 때문이다.

셋째, 컴퓨터 소프트웨어는 사용자의 편의와 융통성 면에서 계속 발전하여 응용소프트웨어 패키지의 경우 사용자의 다양한 작업을 손쉽게 할 수 있는 통합적인 범용 프로그램으로 발전될 것이다.

넷째, 마이크로컴퓨터와 마이크로프로세서의 사용이 계속적으로 급속히 증가될 것이다.

다섯째, 컴퓨터화된 워드프로세싱과 전자식 자료처리, 그리고 원격통신(telecommunication)의 활용이 더욱더 많아질 것이다.

여섯째, 관리정보체제(management information system: MIS), 의사결정 지원체제(decision support system: DSS), 인공지능에 기초한 전문가 시스템(expert system) 등이 제5세대 컴퓨터의 출현으로 더욱 더 첨단화되어 갈 것이다.

지금까지 살펴본 컴퓨터 시스템의 세대별 주요 특징을 요약하면 <표 6-3>과 같다.

〈표 6-3〉 컴퓨터 시스템의 세대별 특징

세대 구분	제1세대	제2세대	제3세대	제4세대	제5세대
시 기	1946~1957	1957~1964	1964~1975	1975~1990	1990~현대
구성 소자	진공관, 릴레이	트랜지스터, 다이오드	집적회로(IC)	고밀도 집적회로(LSI)	초고밀도 집적회로(VLSI)
계산 속도	mili second(ms) (10-3 sec)	micro second (μs) (10-6 sec)	nano second(ns) (10-9 sec)	pico second(ps) (10-12 sec)	pico second(ps) 이상
구조 성능	수명이 1000~2000 시간으로 신뢰성이 떨어지고 부피가 큼.	소형화 경량화 신뢰성 향상 소비 전력 감소 추세	소형화 연산 속도 기억 용량의 증대	미니화, 대형화	인공지능(AI)을 가진 새로운 병렬처리 구조. 마이크로화
적용면	일상 사무 계산 통계 집계 (통계)	과학기술 계산 생산, 원가관리 등(관리)	과학기술 계산, 예측 의사결정에 이용(경영)	전체 시스템화 인간 보조 기능 (범용성)	텍스트, 음성, 화상, 도형정보처리에 이용, 원격통신을 이용한 각종 정보체제 구축에의 활용 (지식정보처리)
운영 체제	일괄 처리	다중 처리	시분할 방식	가상 운영체제	병렬처리 방식 인공지능형
특 징*	·부피가 큼. ·처리 속도가 느림. ·하드웨어의 개발에 중점을 둠.	·반도체에 사용됨. ·값이 저렴함. ·저전력 소비 ·빠른 처리 속도	·경영정보 시스템의 도입 ·컴퓨터 주변 장치의 발전 ·CRT, OMR, MICR 등 개발	·운영체제의 발달 ·기종의 소형화 ·기억 용량의 대형화 ·분산처리 시스템	·지식정보 시스템 ·자연언어 처리 ·고도의 분산처리 시스템

* 구용완(2007).

자료: 한국통신학회(1988: 25)를 수정·보완함.

6) 컴퓨터 시스템의 발전 동향

컴퓨터 시스템의 성능은 마이크로프로세서의 처리 속도를 나타내는 클럭 수(MHz)와 DRAM과 같은 메모리 속도에 의해 결정된다(배찬권, 2001: 23).

(1) 무어의 법칙

① 무어의 법칙의 개념

1965년 미국 페어차일드반도체의 연구개발 책임자였던 무어(Gordon Moore)는 2년마다 칩 상의 트랜지스터 수가 두 배로 늘어날 것이라고 예측했다. 디지털 혁명을 이끈 일등 공신 무어의 법칙(Moore's Law)으로 불리는 이 원리는 에너지의 효율성과 고도의 성과를 위해 트랜지스터, 즉 컴퓨터의 생각을 담당하는 마이크로프로세서와 기억을 담당하는 메모리에 들어가는 프로세서를 집약하는 기술적 혁명에 급격한 박차를 가하게 했다.

무어의 법칙에 따라 반도체는 진화를 거듭했다. 마치 음악의 템포를 맞추는 메트로놈처럼 무어의 법칙은 반도체의 진화 속도를 규정하는 일종의 '디지털 메트로놈'이었다. 반도체 칩의 집적도가 증가할수록 칩의 크기는 더 작아지고, 가격은 더 내렸으며 생산량은 더 증가했다.

무어의 법칙을 따라 메모리 용량이 급격히 증가한 덕분에 마이크로프로세서도 덩달아 발전했다. 초기 마이크로프로세서는 아주 복잡한 명령어를 수행해야 했기 때문에 구조도 매우 복잡했다. 메모리가 비싸고 용량에도 제약이 심해 메모리에서 프로그램의 크기를 줄이기 위해서는 프로세서에 복잡한 명령어를 넣을 수밖에 없었기 때문이다.

하지만 1980년대 들어 차츰 메모리 용량이 커지고 가격도 내리면서 마이크로프로세서는 프로그램의 크기보다 동작 속도가 중요해졌다. 게다가 C언어처럼 상위 수준의 언어를 사용한 프로그래밍이 대중화되었다. 1980년에는 상위 수준 언어로 작성된 프로그램이 컴파일러를 통해 마이크로프로세서가 수행할 수 있는 하위 수준 프로그램으로 변환됐는데, 컴파일러를 통해 변환된 프로그램이 아주 간단한 명령어를 주로 사용한다는 사실도 밝혀졌다.

간단한 명령어만을 지원하다 보니 마이크로프로세서의 구조도 훨씬 간단해졌고 이로 인해 동작 속도가 빨라졌을 뿐 아니라 반도체에서 차지하는 면적도 작아졌다. 남은 반도체 면적은 마이크로프로세서의 동작 속도를 높이는 데 사용할 수 있기 때문

[그림 6-3] 무어의 법칙

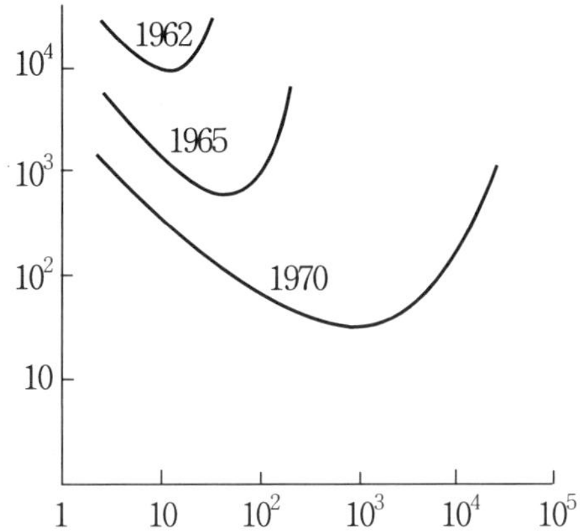

에 파이프라인 같은 고속 기법을 활용하면 초스피드로 동작하는 마이크로프로세서도 만들 수 있다.

여기에 하나 이상의 명령어를 동시에 수행하는 마이크로프로세서의 구조도 개발되어 연산 속도가 동작 주파수의 수배나 되는 것까지 등장했다. 결국 반도체 메모리의 용량이 무어의 법칙을 충실히 따른 결과 마이크로프로세서의 구조가 바뀌었을 뿐 아니라 초고속 마이크로프로세서도 등장할 수 있었다(박인철, 2005: 103-7).

마이크로프로세서는 컴퓨터에서 일어나는 모든 연산과 처리를 담당하는 반도체 칩이다. 인간으로 따지면 두뇌에 해당한다. 1971년 인텔이 최초로 마이크로프로세서 4,004를 개발했을 때 여기에는 2,300개의 트랜지스터가 들어 있었다. 2000년 개발된 펜티엄4에는 약 4,000만 개가 들어 있었다. 집적도가 무려 1만 7,000배 가량 늘었다. 트랜지스터의 집적도가 2년에 2배씩 증가한다는 무어의 법칙을 적용하면 거의 맞아떨어진다.

하지만 그 후 20년간 마이크로프로세서의 연산 단위는 32비트(컴퓨터가 외부 정보를 0과 1로 바꿔서 동시에 처리할 수 있는 단)에 머무르고 있다. 환언하면, 마이크로프로세서의 연산 단위는 1971년 4비트에서 2000년 32비트로 8배밖에 증가하지 않았다는 의미로 해석할 수 있다. 연산 단위에 무어의 법칙을 적용하면 2000년에는 연산 단위가 무려 216비트로 늘었어야 한다. 집적도 증가에 비하면 연산 단위는 제자리걸음한 것이다(김주성·노미진, 2008: 144-5).

오늘날 컴퓨터 시스템의 동향은 이러한 무어의 법칙을 대체하는 '황의 법칙'과 멀티 코어의 개발 등으로 설명될 수 있다.

(2) 황의 법칙

① 제2의 디지털 혁명

제1의 디지털 혁명을 지나 제2의 디지털 혁명이 다가오고 있다. 2002년 반도체 메모리의 용량이 1년에 2배씩 늘어날 것이라는 '황의 법칙'을 개발했다. 무어의 법칙이 컴퓨터 혁명을 이끌었다면 황의 법칙은 새로운 모바일 혁명을 이끌 것이다.

도래하는 디지털은 컴퓨터 대신 모바일을 타고 스피드를 높였다. 제2의 디지털 혁명은 컴퓨터가 아니라 모바일 기기에서 시작될 것이다.

② 황의 법칙의 개념

황의 법칙이란 메모리 반도체의 집적도가 매년 2배로 증가한다는 이론, 즉 '메모리 신성장론'에서 발표한 내용으로 반도체의 집적도가 2배로 증가하는 기간이 1년으로 단축되었으며, 인텔의 창업자 고든 무어가 주장한 '무어의 법칙'을 대체하는 새 이론이다.[2)]

'황의 법칙'은 1년 6개월마다 반도체 칩의 저장 용량이 두 배로 증가한다는 '무어의 법칙'을 깨고 반도체 집적도가 매년 2배 증가한다는 공식을 2000년 이래 8년째 실현해 오고 있다.[3)]

(3) 멀티 코어

10년 정도는 무어의 법칙에 따라 마이크로프로세서의 집적도가 증가할 수 있지만 결국 언젠가는 멈추게 될 것이다. 최근에는 이를 보완하기 위해 무어의 법칙과 무관하게 마이크로프로세서의 성능을 높이기 위한 연구가 계속되고 있다. 예를 들어 여러 개의 마이크로프로세서를 하나의 반도체 칩에 집적할 수 있다.

현재는 대부분 반도체 칩 하나에 하나를 집적하는데 앞으로는 칩 하나에 여러 개를 집적하게 될 것이다. 최근 인텔은 마이크로프로세서 2개를 집적한 '듀얼 코어'를 개발했다(박인철, 2005: 103-7).

---

2) http://word.tta.or.kr/terms/termsView.jsp?gubun=1&terms_num=29263&title=%C8%B2%C0%C7+%B9%FD%C4%A2%7CHwang%27s+Law%7C&title_gubun=kor&gubun2=&terms_num2=&title2=&title2_gubun=kor&gabora_gubun=&popular=true

3) http://www.etnews.co.kr/news/detail.html?id=200806260056

[그림 6-4] 역개발 추진을 위한 원리의 모형

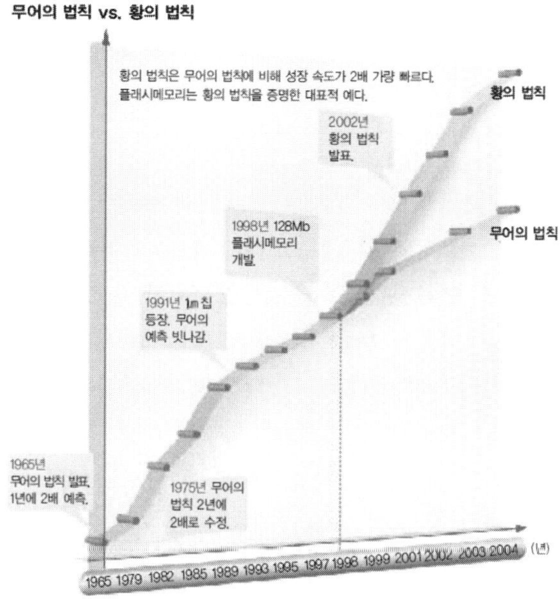

① 기존 프로세서 설계 방식의 한계

반도체 공정기술의 끊임없는 발전으로 인한 트랜지스터 집적도의 증가는 상대적으로 마이크로프로세서 칩 영역이 확장되는 효과를 가져왔다. 확장된 칩 영역의 사용을 최적화하기 위해 이전의 설계자들은 주로 명령어 수준의 병렬성(Instruntion-Level Parallelism: ILP)을 최대한 활용하는 방법을 사용해 왔다(이명호 · 강준석, 2008).

즉, 칩 내부에 여러 기능 유닛들을 추가하거나, 프로세서의 클럭을 높이기 위해 파이프라인을 복잡하게 설계하는 등의 디자인들을 사용하는 한편, DRAM과 프로세서 간의 속도 차이를 줄이기 위한 방법으로 칩 내부에 집적되는 캐시 메모리의 용량 및 단계(hierarchy)를 증가시키는 등의 디자인이 사용되어 왔다.

그러나 이러한 디자인들은 프로세서를 설계하는 데 드는 시간과 비용은 큰 폭으로 증가시킨 반면, 응용 프로그램을 설계된 마이크로프로세서 상에 실행 시 한계적인 성능 향상만 보임으로써 제한적인 성공만을 거두게 되었다.

또한 과거 단일 코어(single-core) 프로세서의 경우, 집적되는 트랜지스터의 수가 빠르게 증가함에도 불구하고 실제 성능상의 향상이 효율적으로 이루어지고 있지 못하며, 이러한 현상은 수확 체감(diminishing return)이란 용어로 표현되고 있다. 수확 체감은 추가되는 비용에 비해 얻는 이득의 비율이 감소하는 것을 의미하는 경제 용어이며, 프로세서 설계에서 추가되는 트랜지스터의 수에 비해 이로 인해 얻는 성능 향상의 폭이 점차 줄어드는 것을 언급할 때 사용한다(이정근, 2008: 11-2). 이는 새로운 프로세서 설계 방식의 필요성을 부각시켰다.

② 멀티 코어 서버의 특성화

최근 마이크로프로세서 설계의 가장 두드러진 추세는 여러 개의 CPU 코어를 같은 칩 안에 집적시키는 멀티 코어 프로세서라고 할 수 있다. 멀티 코어 마이크로프로세서에서는 이전의 디자인에서와는 달리 각각의 코어들을 복잡하게 설계하는 대신, 비교적 단순한 코어 여러 개를 칩 안에 집적시킴으로써 설계에 드는 시간과 비용을 단축할 수 있었다.

대신 이전의 디자인들이 ILP의 극대화를 통해 칩 안에 집적된 코어의 성능을 극대화하는 것을 목표로 삼았던 반면, 멀티 코어 프로세서는 스레드 수준의 병렬성(thread-level parallelism: TLP)을 극대화하는 것을 목표로 함으로써 근본적인 디자인 패러다임의 변화를 가져왔다(이명호·강준석, 2008: 10).

③ 멀티 코어 마이크로세서의 상용화

최초의 상용 멀티 코어 마이크로프로세서는 2004년 선마이크로시스템스 사(Sun Microsystems Inc.)에서 출시된 UltraSPARC Ⅲ-Cu CPU 코어 두 개를 하나의 칩 안에 집적시킨 듀얼(Dual) 코어 제품이었다. 그 이후 인텔(Intel), AMD, IBM, 후지쓰(Fujitsu) 등 거의 모든 마이크로프로세서 제조업체들이 멀티 코어 제품들을 출시해 왔다. 인텔과 AMD는 듀얼 코어를 넘어서 2007년에 quad 코어 제품들을 상용화시켰다. 선의 경우, 2007년에 8개의 코어들이 내장된 UltraSPARC0 T2 마이크로프로세서를 출시한 바 있다. 인텔도 2008년 말까지 6개의 코어가 내장된 제품을 발표할 계획이다.

이러한 단일 코어 프로세서의 비효율성을 해결하고자 멀티 코어 프로세서의 개발은 앞으로도 가속될 전망이며 차세대 제품은 코어의 개수가 현재의 제품에 비해 획기적으로 높아진 다(多)코어(many-core)의 시대를 열 것으로 전망된다.

또한 최근 멀티 코어 프로세서 구조는 에너지와 신뢰성 측면에서 좀 더 효과적인 구조로 인식되고 있다. 반도체 공정기술의 획기적인 발전에 힘입어 마이크로프로세서 시장에서는 인텔 및 AMD, ARM 등 다수 벤더(vendor) 같은 멀티 코어 프로세서 개발이 급속히 진행되고 있다. 향후 이러한 멀티 코어 프로세서 시장의 발전은 더욱 가속될 것으로 예측된다.

특히, 고도로 규모가 축소된 나노미터(nanometer)급 반도체 설계 공정 하에서 단일 코어 프로세서 구조가 갖는 성능상의 한계 및 전력 소모나 신뢰성에 관련된 많은 문제점들이 나타남에 따라, 이러한 문제점들을 해결하는 효율적인 대안으로서 멀티 코어 프로세서의 개발은 지속될 전망이다(이정근, 2008: 11-2).

(4) **차세대** PC

① 차세대 PC의 개념

차세대 PC란 인간 친화적이고 휴대하거나 착용 또는 신체에 내장할 수 있으며, 네트워크를 통해 오감 기반 정보 서비스를 제공할 수 있는 컴퓨팅 기능을 가진 단말기(PC)를 의미한다. 인간 친화적인 제품이란 기능이나 사용자 편리성 등이 차별화 요인으로 강조되는 인간 중심 및 고객 지향형 제품을 의미한다(김주성 · 노미진, 2008: 144-5).

오감 기반 정보 서비스란 시각, 청각, 후각, 미각, 촉각 등의 다섯 가지 감각을 신체에 있는 감각 수용기관으로 정보 서비스를 받는 것을 말한다. 컴퓨팅 기능을 가진 단말기란 프로그래밍이 가능한 장치로서 입력된 자료를 처리하고, 그 정보를 저장하며 사용자가 원하는 결과를 출력하는 장치(input, processing, store, output이 가능한 장치)를 말한다.

② 국내 차세대 PC 산업의 분류

차세대 PC 산업은 크게 휴대용 컴퓨터, 착용형 컴퓨터, 신체 내장형 컴퓨터로 분류할 수 있다. 휴대용 컴퓨터는 가볍고 소형으로 휴대 가능한 차세대 단말기이며, 착용형 컴퓨터는 의복이나 신체에 착용하기에 부담 없는 무게의 착용감 높은 의복용 또는 액세서리형 단말기를 의미한다. 신체 내장형 컴퓨터는 인체에 무해하여 신체 안에 심는 것이 가능하며 사람이 복용 가능한 단말기를 의미하지만, 아직까지 상용화가 이루어지지 않고 있다.

차세대 PC란 정보 이용 환경과 사용 목적에 따라 특화된 기능과 형태를 가지는 네트워크 기반의 차세대 디지털 정보기기로서 인간 친화적인 유비쿼터스 컴퓨팅 환경 제공에 수반되는 차세대 PC 플랫폼, 차세대 PC 시스템 S/W, 웨어러블 네트워크, 오감 정보처리 및 휴먼-컴퓨터 상호작용(HCI) 기술을 대상으로 한다(한국정보통신기술협회, 2006).

제 3 절 컴퓨터 시스템의 분류

컴퓨터 시스템은 과거에 그 규모(size)와 유형(type), 그리고 용도(purpose) 등의 기준에 따라 여러 가지로 분류된다. 그러나 오늘날 이 같은 분류는 더 이상 의미가 없게 되었는데, 그 이유는 특정 분류 기준으로만 특정 컴퓨터 시스템을 평가할 수 없을 정도로 복합적이고 다차원적으로 발달하여 그 성능도 일정하게 규격화되지 않기 때문이다.

1 유형별 분류

컴퓨터의 유형에 따른 분류를 보면, 디지털 컴퓨터(digital computer)와 아날로그 컴퓨터(analog computer), 하이브리드 컴퓨터(hybrid computer)가 있다(소영일 · 이종민, 1987: 160; 한국통신학회, 1988: 25-6).

(1) 디지털 컴퓨터

디지털 컴퓨터는 산술과 논리 연산을 수행할 때에 이산 단위(digital unit, discrete digit)로 수를 센다. 다시 말하면, 수학에 의한 표현을 사용하여 계산하는 계수기, 즉 이상적인 형태로 수치를 계산하는 컴퓨터로서 보통 컴퓨터라고 할 때 이 디지털 컴퓨터를 말한다.

(2) 아날로그 컴퓨터

아날로그 컴퓨터는 전압과 같은 연속적인 물리 현상에 대한 변화의 정도를 처리할 때 그 수치에 해당하는 값을 비례시켜 나타내는 방법으로 산술 연산과 비교 연산 등을 수행한다. 따라서 이 컴퓨터의 입출력은 연속적인 양을 취급하며, 보통 출력장치는 전압계나 전류계로 구성되고 배선체에 의해 제어된다. 이런 형의 컴퓨터로는 미분

방정식을 푼다든지, 자동제어계의 문제해석 등을 손쉽게 해결할 수는 있으나, 그 결과가 대부분 전압계나 전류계에 의해 제시되므로 판독하기 어려울 뿐만 아니라 정확도를 높이는 데 많은 비용이 들기 때문에 그 용도가 제한되고 있다. 즉, 이런 아날로그 컴퓨터는 대개 과학기술 실험과 제조공장, 그리고 군사병기 시스템 등에서 생겨나는 자료를 처리하기 위해 제한된 범위 안에서 사용된다. 이런 컴퓨터를 시뮬레이터(simulator)라고 부르기도 한다.

(3) 하이브리드 컴퓨터

하이브리드 컴퓨터는 디지털 컴퓨터와 아날로그 컴퓨터의 장점만을 이용하여 양쪽 기능을 모두 갖춘 컴퓨터를 말하며, 어떤 종류의 자료라도 취급·처리할 수 있는 것이다. 다시 말하면, 아날로그 자료를 디지털로 변환하는 AD변환기(Analog Digital Converter)와 디지털 자료를 아날로그로 바꾸는 DA변환기(Digital Analog Converter)를 사용함으로써 계측기에서 측정된 연속적인 자료를 디지털 자료로 변환하여 주전산기인 디지털 컴퓨터에 전송하고 다시 디지털 자료를 연속적인 아날로그 자료로 변환하는 특수 공정을 조정할 수 있는 컴퓨터 시스템이다. 이 같은 조정은 단말장치를 이용하여 자동 제어할 수 있도록 되어 있는 경우가 있다.

이러한 아날로그 컴퓨터, 디지털 컴퓨터 및 하이브리드 컴퓨터의 특징을 정리하면 <표 6-4>와 같다.

〈표 6-4〉 아날로그 컴퓨터·디지털 컴퓨터 및 하이브리드 컴퓨터의 특징

구 분	아날로그형	디지털형	하이브리드형
예	측정기, 체중계 계산자	탁상계산기 일반 컴퓨터	산업제어기 전자통신장비
입출력 형식	물리량(길이, 측정값, 도표, 그림 표식)	기계어/일반문자 호환 가능	입력 및 출력 (디지털/아날로그)
정밀도	0.01%	필요 가능 한계	필요 가능 한계
연산 형식	산술 계산, 적분, 미분	산술/논리 계산	산술/논리 계산
처리 대상	특수용 시뮬레이션	일반/특수목적용 (과학 연산)	과학 측정용 통신용
내부 회로	전자회로(증폭기)	논리회로(IC)	혼합형
프로그램	불필요(보존 불가)	필요(보존 가능)	사용 목적에 따라 필요
가격	저가	고가	고가/초고가

2 용도별 분류

컴퓨터 시스템을 그 용도에 따라 분류하면 일반 목적용 컴퓨터(general-purpose computer)와 특수 목적용 컴퓨터(special-purpose computer)로 나뉜다 (소영일 · 이종민, 1987: 160).

(1) 일반 목적용 컴퓨터

일반 목적용 컴퓨터는 정보처리 시 일반적으로 다양한 응용 업무를 처리할 수 있도록 설계된 컴퓨터로서 그 응용의 범위가 과학기술 분석에서부터 사업용 자료 처리에 이르기까지 다양하다. 이렇게 다양한 응용 업무들은 기계에 기억되어 있는 프로그램 명령어를 단순히 변경함으로써 처리된다.

(2) 특수 목적용 컴퓨터

특수 목적용 컴퓨터는 하나 또는 그 이상의 특정한 응용 업무를 처리하기 위해 특별히 설계된 컴퓨터로서 그 일부는 작동명령의 일부 또는 전부가 전자회로에 내장되도록 전문화되어 있다. 이런 컴퓨터는 내장된 마이크로프로세서와 마이크로 전자 기억장치를 사용함으로써 특정 목적에 쉽게 전문화시킬 수 있게 되어 있다. 이 특수 목적용 컴퓨터는 항공기 및 잠수함의 항해와 같은 군사용 응용 업무와 항공사 예약 시스템과 같은 민간용 응용 업무에 모두 활용된다.

3 규모별 분류

컴퓨터 시스템은 그 크기에 따라 마이크로컴퓨터(microcomputer), 미니컴퓨터(minicomputer), 메인프레임 컴퓨터(mainframe computer), 수퍼컴퓨터(supercomputer)가 있다 (소영일 · 이종민, 1987: 129-66). 이를 좀 더 세분하여 마이크로컴퓨터, 수퍼마이크로컴퓨터(supermicrocomputer), 미니컴퓨터, 수퍼미니컴퓨터(superminicomputer), 메인프레임, 수퍼컴퓨터로 분류하기도 한다 (소영일 · 이종민, 1989: 168-71). 한편 마이크로컴퓨터, 미니컴퓨터, 중형 컴퓨터(medium-scale computer),

대형 컴퓨터(large-scale computer), 수퍼컴퓨터로 분류하는 사람도 있다(Davis & Olson, 1985: 62-6).[4] 여기서는 전통적인 개념에 따라 우리나라에서도 일반적으로 사용하고 있는 위의 네 가지 분류 방법에 따라 설명하고자 한다. 그러나 여전히 유의해야 할 점은 컴퓨터의 규모는 작고 가벼워지면서 용량은 기하급수적으로 증가되어 나가고 있는 추세이므로 규모별 분류의 기준이 유동화되고 있다는 것이다.

(1) 마이크로컴퓨터

마이크로컴퓨터는 '초소형 컴퓨터'로서 현재의 컴퓨터 중에 가장 작은 종류의 것으로 일반적으로 마이크로프로세서(microprocessor)나 마이크로 처리장치(microprocessing units: MPU: 칩으로 된 중앙처리장치)와 한 장 또는 그 이상의 회로기판(circuit board) 위에 장착된 제어 회로, 주기억 회로, 입출력 회로 그리고 다양한 입출력 장치와 보조 기억장치들로 구성되어 있다. 기억 용량은 통상 64K로부터 1M(메가바이트)까지 다양하다.

이런 마이크로컴퓨터는 다양한 형태와 크기 및 용도 때문에 여러 가지 이론으로 불린다. 그 대표적인 이름이 퍼스널 컴퓨터(personal computer: PC)이다. 그런데 PC는 그 규모면에서 더욱더 감소하면서도 용량은 배가 되는 등 다양한 형태를 갖게 된다. 이처럼 마이크로컴퓨터는 하나의 컴퓨터 시스템으로서 입력(예: 키보드와 전자마우스), 처리 및 제어(즉, 회로기판 위에 주마이크로 프로세서와 그 밖의 다른 장치들을 포함하고 있는 주시스템 장치), 기억(여기에는 주기억장치, 즉 주시스템 장치 내의 회로기판 위의 임의접근 기억장치[Random Access Memory: RAM]칩과 판독 전용 기억장치[Read Only Memory: ROM]칩과 보조 기억장치, 즉 주시스템 장치의 일부분이거나 외부로 연결된 플로피 디스크 드라이브[floppy disk drive] 또는 하드 디스크가 포함된다), 출력(예: 비디오 디스플레이 모니터와 프린터) 등의 시스템 기능을 수행하기 위해 다양한 장치들을 사용하고 있다. 여기서 RAM과 ROM에 관해 좀 더 자세히 살펴보면 다음과 같다.

RAM은 기억된 내용을 읽어낼 뿐만 아니라 자유로이 변경시킬 수도 있는 기억장치, 즉 '읽기-쓰기 메모리(read/write memory)'라고도 한다. 컴퓨터 주기억장치로 많

4) 또한 서남원(1985: 164)은 마이크로컴퓨터(microcomputer), 미니컴퓨터(minicomputer), 소형 컴퓨터(small computer), 중형 컴퓨터(medium computer), 대형 컴퓨터(large computer), 수퍼 컴퓨터(super computer)로 분류하고 있다.

이 사용되며, 특히 전원을 차단했을 경우 기억소자에 기억된 내용이 소멸되므로 '휘발성 메모리(volatile memory)'라고도 한다. 여기에는 SRAM(Static RAM; 플립플롭(flip-flop: 교호 접속회로)으로 구성되어 있는 RAM)과 DRAM(Dynamic RAM: 플립플롭을 사용하지 않고 축전기에 전하를 충전시켜서 기억시키는 RAM)이 있다.

ROM은 기억된 내용을 읽기만 할 뿐 변경할 수 없는 기억장치로서 전원이 차단되어도 내용이 소멸되지 않는 특성을 지닌 비휘발성 메모리(nonvolatile memory)라고도 한다. 여기에는 PROM(programmable ROM: 1회에 한해 사용자가 프로그래머라고 불리는 장비를 사용하여 ROM 속에 정보를 기억시킬 수도 있으나 다시 변경할 수 없는 ROM), EPROM(Erasable Programmable ROM: 공장에서만 정보를 ROM에 기억시킬 수 있으며, 기억된 내용을 변경하고자 할 때는 자외선을 발생하는 이레이저[Eraser]를 사용하여 기억을 지운 후 프로그래머로 새로운 내용을 기억시킬 수 있는 ROM), EEROM(Electrically Erasable ROM: 사용자가 기억된 내용을 변경할 수 있을 뿐만 아니라 이레이저나 프로그래머를 사용하지 않고 회로 내에서 기억된 내용을 변경시킬 수 있는 ROM)이 있다.

(2) 미니컴퓨터

이는 소위 '소형 컴퓨터'로서 마이프로컴퓨터보다는 그 규모가 더 크고 자료 처리력이 강력하지만 대부분의 메인프레임 컴퓨터 시스템보다는 강력하지 못한 소형의 범용 컴퓨터이다. 그러나 이러한 구분은 약간 모호하다. 왜냐하면 최상급에서 마이크로컴퓨터 시스템 모델은 일부 미니컴퓨터들보다 자료 처리 능력이 더 강력한 반면에, 최상급의 미니컴퓨터 시스템은 일부 소형과 소형 메인프레임 컴퓨터들보다 더 강력하기 때문이다.

미니컴퓨터는 제한된 작업과 제한된 주변 장치들만 만족시킬 수 있도록 설계되었기 때문에 다른 대형 컴퓨터 시스템들보다 크기가 작고 비용도 적게 든다. 표준형의 미니컴퓨터 시스템은 보통 16비트의 단어 길이를 갖고 있지만, 점차 32비트 수퍼미니컴퓨터로 발전해 나가고 있다. 주기억용량도 256K에서부터 몇 메가바이트(M) 반도체 메모리를 갖추고 있다. 일반적으로 키보드 입력과 비디오 디스플레이용으로 CRT(Cathode Ray Tube: 음극선관) 터미널과 종이로 된 하드카피(hardcopy) 출력용으로는 소형 라인 프린터(line printer)가 사용된다. 많은 수의 미니컴퓨터들이 분산처리 네트워크에서 널리 사용되고 있으므로 데이터 통신 기능도 구비하고 있다.

미니컴퓨터를 위한 소프트웨어로는 운영 시스템 소프트웨어와 FORTRAN, COBOL, BASIC 등의 프로그래밍 언어와 응용 소프트웨어 패키지들을 사용할 수 있다. 또한 미니컴퓨터는 현재 분산 처리 네트워크의 지능 터미널과 최종 사용자 컴퓨터 시스템으로 사용되고 있다.

(3) 메인프레임 컴퓨터

메인프레임 컴퓨터는 전술한 컴퓨터 시스템보다 훨씬 더 강력한 자료 처리 능력을 지닌 '대형 컴퓨터' 시스템이다. 메인프레임 컴퓨터는 대개 32비트 이상의 단어 길이와 초당 수백만 지시어(Million Instructions Per Second: MIPS) 이상을 처리할 수 있는 속도를 갖추고 있을 뿐만 아니라 몇 메가바이트(M)의 주기억용량과 1기가바이트(gigabyte: 10억 바이트의 기억 용량) 보조 기억용량의 온라인 자기 디스크와 자기 테이프 기억장치를 구비하고 있다. 더욱이 여러 프로그램을 동시에 실행할 수 있는 다중 프로그램과 다수의 주변장치들, 예컨대 터미널, 디스크와 테이프 드라이브, 그리고 프린터 등을 갖출 수 있다. 여기서 다량처리체(multiprocessor) 배열로 여러 개의 CPU들을 결합하는 경우 메인프레임 컴퓨터는 1M에서 50M에 이르는 기억 용량과 몇몇 나노초 범위의 작동 속도(1나노초=10억분의 1초), 그리고 1MIPS에서 몇 MIPS에 이르는 처리 속도를 갖게 된다.

메인프레임 컴퓨터는 많은 직원들과 고객들을 가지고 있거나 복잡한 계산이 필요한 문제들을 갖고 있는 기업, 정부, 교육기관의 정보처리 요구를 충족시켜 주기 위해 설계된 것이다. 이 컴퓨터 시스템에 사용되는 소프트웨어는 진보된 운영 시스템 소프트웨어, 데이터베이스 관리 시스템, 통신 제어 프로그램, 그리고 수많은 프로그래밍 언어들을 위한 언어 번역 프로그램들이다.

(4) 수퍼컴퓨터

이는 소위 '초대형 컴퓨터' 시스템을 말하는데, 이는 시스템 유형에 따라 그 성능이 약간씩 다르지만 전술한 컴퓨터 시스템과 비교가 안 되는 우수한 기능을 수행한다. 수퍼컴퓨터는 주로 대형의 정부연구기관, 국방기관, 일기예보기관 등에서 설치되어 사용된다. 그 대표적인 기종인 그레이 리서치(Gray Research) 사의 GRAY-1, GRAY-is, CRAY X-MP들은 64비트의 단어의 길이와 9.5에서 12.5나노초 정도의 유효 기계 주기(effective machine cycle)와 기억주기 시간(memory cycle time)을 지니고, 20 MIPS에서 80 MIPS 이상의 동작 속도를 갖추고 있다.

〈표 6-5〉 컴퓨터 시스템의 유형별 특징

특 징	마이크로컴퓨터	미니컴퓨터	메인프레임	수퍼컴퓨터
입출력 능력 (단말기)	한 개	다수	많은 수	가능한 많은 수
전형적인 용도	개인적인 용도. 대규모 회사에서 특별 분석용	소규모 조직, 조직의 지점	중간 규모와 대형 과학연구용	
전형적인 운영자	경영자와 사무직원	특별히 훈련된 사무직원	전문적인 자료 처리 직원	전문적인 자료 처리 직원

자료: 소영일 · 이종민(1989: 168-171)을 수정한 것임.

이상의 컴퓨터 시스템들의 주요 특징을 보면 <표 6-5>와 같다.

제 4 절 컴퓨터 시스템의 기능

행정정보 관리와 컴퓨터의 관계는 두 가지 측면에서 고려될 수 있다. 그 하나는 컴퓨터가 행정정보 관리 수단으로서 관계이고, 다른 하나는 컴퓨터가 행정정보 관리 대상으로서 관계이다. 행정관리의 대상으로서 컴퓨터에 관해서는 이미 앞에서 설명된 바와 같이 행정정보체제의 하위 체제의 활동을 논하면서 다루었으므로 여기서는 행정관리의 수단으로서 관계만을 논하고자 한다.

행정정보 관리의 수단으로서 컴퓨터는 앞에서 고찰된 바와 같이 정보처리 기능상 우수성을 나타냄으로써 컴퓨터를 행정정보 관리에 활용하면 상당한 이득을 보게 될 것으로 인식되는 반면에, 컴퓨터를 아무렇게나 설치 · 운용하면 본래의 기대 효과를 저절로 획득할 수 있는 것은 아니라는 점에 비추어 볼 때, 행정정보 관리 수단으로서 컴퓨터의 손익은 활용상 전제 조건에 의해 좌우됨을 알 수 있다.

여기서는 먼저 행정정보 관리 수단으로서 컴퓨터의 역할이 무엇인지를 살펴보고, 다음 절에서는 컴퓨터의 이런 역할을 제대로 수행하기 위한 제약 조건은 무엇인지를 고찰하고자 한다.

행정정보 관리 수단으로서 컴퓨터의 기능은 대체로 다음과 같이 두 가지로 집약될 수 있다. 즉, 컴퓨터는 첫째, 비용을 절약하고 행정사무 처리를 질적으로 향상시키며,

그에 부수하는 행정조직의 자원들을 좀 더 효과적으로 활용할 수 있도록 해 주고, 더 나아가서 대국민 서비스를 개선하며, 둘째, 행정관리자의 계획 및 통제를 위한 의사결정을 합리화시키는 일 등을 수행한다.[5] 이를 좀 더 구체적으로 고찰해 보자.

1 행정사무 처리의 개선

행정정보 관리 업무 중에 가장 문제가 되는 것 중의 하나가 행정사무(paper-work)의 개선 문제이다. 그 이유는 행정사무 처리에 드는 비용이 엄청나게 크기 때문이다. 따라서 행정사무에 따른 비용이란 행정사무를 취급하는 데 특별히 필요로 하는 요원의 봉급에 지출되는 비용뿐만 아니라 행정사무 처리를 위한 컴퓨터 프로그램을 설계하는 것과 컴퓨터 사용 시간(computer time), 그리고 인쇄기 용량의 증대와 관련된 비용을 포함한다. 일반적으로 특정 서식을 취급하는 데 드는 비용은 용지와 인쇄비의 20배에서 50배에 해당한다(Gottheimer, 1977: 3). 또한 미국의 연방정부 내에서 행정사무와 정보에 관련된 1년 비용은 500억 달러가 넘는 것으로 밝혀졌다(Commission on Federal Paperwork, 1977).

1) 행정사무의 급증 원인

이처럼 많은 비용이 드는 행정사무가 어떤 이유에서 매년 증가하게 되었는가를 잠시 살펴볼 필요가 있다. 행정사무가 급증하게 된 배경적 원인은 다음과 같이 요약할 수 있다(Horton & Marchand, 1982: 30-8).

(1) 정부 부문의 성장

지난 30년 동안 정부는 폭발적인 성장을 해오고 있다. 그런 정부의 성장은 프로그

5) 이 부분은 유완재, "행정을 위한 컴퓨터의 활용 방안과 특성," 「한국행정학보」, 제8호(1974), pp. 53-64; F. W. Horton, Jr., "Computers and Paperwork," *The Bureaucrat*, Vol.6(Fall, 1977), pp. 91-100; J. L. Kish & J. Morris, "Paperwork Management in Transition An Impact of Automatic Data Processing," in American Management Association, *AMA Management Bulletin* 56(1964), pp. 3-15, K. H. Kraemer & J. Leslie King, "Computing and Public Organizations," *Public Administration Review*, Special Issue, 1986, pp. 488-496; K. H. Kraemer & J. N. Danziger, "Computers and Control in the Work Environment," in H. Kraemer, *The Dynamics of Computing*(New York: Columbia University Press, 1985)을 참조.

램, 예산, 고용인, 서비스 등과 같은 다양한 기준(yardstick)에 의해 측정될 수 있다. 행정사무는 국민에게 서비스를 제공하고 국민적 욕구를 충족시켜 주기 위한 정책이나 프로그램의 중심적이고 필수불가결한 요소이다. 따라서 이와 같은 대민 공공정책이나 프로그램의 증가는 행정사무의 양의 증가를 초래하게 된 것이다. 그런데 이러한 국내 서비스 업무의 증가는 행정기관 간의 책임성의 중복이나 다른 자격 기준과 보고 조건 등을 요구하게 되어 행정사무의 복잡성을 격증시키게 된다.

(2) 정부 프로그램(사업)의 중첩

행정 기능의 확대는 곧 정부 프로그램의 증가에서 특징적으로 인식될 수 있으나 이런 프로그램의 증가는 많은 경우에 정부 부처 간의 유사한 프로그램의 개발 및 집행으로 비롯된다. 이런 프로그램의 중첩은 그에 관한 행정사무의 복잡화와 양적 증가를 일으킨다.

(3) 자료의 확산과 분산

국가가 발전함에 따라 행정기능 중에 복지행정 기능이 증대되기 마련인데, 다양한 복지 프로그램은 자료의 확산(proliferation)과 분산(fragmentation)을 초래하는 구체적인 지원서를 요구하게 마련이다. 이처럼 정부의 의사결정자들과 기관들은 결정을 내리거나, 문제를 해결하거나, 기금에 지불될 경비를 추정하기 위해 더 많은 정보를 확보해야 한다. 그러나 문제는 이같이 법, 프로그램, 규정, 규칙, 절차 및 서식 등에 관한 결정들을 내리기 위해 정보를 요구하는 경우, 정보 요구 간의 갈등과 혼란 및 중복을 초래하게 된다는 것이다.

(4) 모호한 정부의 목표와 목적

때때로 정부의 목표(goals)나 목적(objectives) 및 기준과 요구 사항들이 너무 넓어서 모호하다. 예컨대 '빈민촌의 제거', '범죄의 감소', 그리고 '실업자와 불완전 취업자의 훈련' 등과 같은 정부정책의 목표나 목적은 그런 예가 될 것이다. 이러한 정책 목표나 목적의 모호성은 의회에서 인준하거나 예산을 책정하고, 또는 의회에 대(對)행정부 감독청문회 때 필요하다면, 자료의 진위에 관계없이 일부 정부 부처에서는 될 수 있는 한 많은 정보를 수집하고자 하는 유혹을 받게 되므로 행정사무의 양은 그만큼 증가하게 된다.

2) 행정사무 처리의 개선 효과

(1) 행정의 능률화

컴퓨터를 단순 반복적이며 기초적인 행정사무 처리에 이용함으로써 효과를 볼 수 있게 되었으며, 그 효과는 인력 대신에 컴퓨터를 사용하여 비용을 절감하려는 점과 자료나 정보를 빠르고 정확하게 처리함으로써 행정사무를 질적으로 개선하게 된 점에 있다. 그런데 전술한 바와 같이 컴퓨터를 처음에 사용하기 시작할 때와 같이 정보관리 비용의 절감이란 이점만을 기대할 수 없고, 오히려 새로운 기종의 컴퓨터 개발로 컴퓨터 하드웨어 비용 등이 증가함으로써 컴퓨터 시스템의 사용에 따른 행정사무 처리상 비용 절감이란 목표가 그 의미를 상실하게 되었다. 그러나 분명한 것은 기초 행정자료를 컴퓨터가 정확하고 신속하게 처리해 줌으로써 사람들이 시간을 더 유용하게 활용할 수가 있을 뿐만 아니라 정책을 집행하거나 일상적인 업무 처리 과정에서 불필요한 낭비와 손실을 예방하게 함으로써 행정사무를 좀 더 능률적으로 처리할 수 있게 된 점이다. 이러한 컴퓨터의 역할은 행정정보 관리 및 크게는 행정의 능률화를 기함으로써 결과적으로 간접적인 면에서 예산을 절약하고 나아가서는 일반 국민에 대한 행정 서비스를 향상시키는 것을 일차적인 목표로 한다(Dickson, 1968; Rose, 1969: 73-4).

(2) 행정사무 요원의 생산성 향상

행정정보 관리에서 컴퓨터의 활용은 행정사무 요원의 생산성을 제고해 준다는 것이다. 왜냐하면 컴퓨터는 그들로 하여금 활용 가능한 자원으로 개선되고 증가된 행정 서비스를 제공하는 데 중요한 수단이 되기 때문이다.

(3) 행정사무의 안정성 유지

컴퓨터는 사무요원, 운용요원 및 부서 관리자들의 업무를 지속적으로 지원해 줌으로써 행정사무의 안정성을 유지하게 해 준다.

(4) 개인의 사생활 보호 기능

행정정보 관리에서 컴퓨터의 역할은 문제점이 있는 반면에, 또한 국민 개개인의 사생활 보호에 기여하기도 한다. 이러한 개인의 사생활의 보호는 외부로부터의 개인 사생활에 관한 불합리하고 불공정한 침투를 방지시켜 줌으로써 이루어진다.

(5) **행정의 환경적응성 제고(대민봉사 · 민원처리 용이)**

컴퓨터의 역할은 행정정보 관리를 행정환경의 변화에 신속하고 적절하게 적응해 나가는 데 상당히 기여한다. 결국 행정정보 관리에서 컴퓨터의 역할 및 장점은 무엇보다도 사무행정 처리의 능률성, 생산성, 안정성, 사생활 보호 및 환경 대응성의 제고를 통해 사무행정의 질적 개선을 이룰 수 있다는 것이다(Kraemer, Dutton, & Northrop, 1986).

2 행정 의사결정의 합리화

행정정보 관리와 관련된 컴퓨터의 역할 중에 또 하나의 대표적인 것은 의사결정 과정에의 기여이다. 의사결정 과정은 여러 가지로 설명될 수 있으나 대체로 의사결정 규칙(decision rules)과 의사결정에 필요한 정보로 특징지을 수가 있다. 의사결정 과정에서 컴퓨터는 원시 자료를 처리하여 의사결정에 필요한 각종 정보를 산출해 낼 뿐만 아니라 컴퓨터를 이용하는 O.R. 기법들의 발전에 의해 의사결정 규칙 자체를 개선하고 변화시키고 있어서 컴퓨터를 이용하기에 따라 그리고 그 컴퓨터를 어떻게 이용하느냐에 따라 행정관리자가 행정정보 관리상 의사결정을 효과적으로 내리는 데 훌륭한 도구가 된다.

그런데 여기서 문제가 되는 것은 일반행정뿐만 아니라 행정정보 관리상 의사결정을 내리는 데 무엇을 어떻게 기여할 수 있느냐이다. 이 문제는 다음과 같은 두 가지의 세부적인 질문에 대한 해답을 구함으로써 해결될 수 있다. 즉 첫째, 컴퓨터는 의사결정 과정에서 어떤 역할을 수행하는가? 둘째, 컴퓨터는 어떤 종류의 의사결정에 더 큰 효과가 있으며 또 실제로 적용되고 있는가? 이에 대해서는 제8장에서 자세히 설명한다.

3 행정정보 공유와 시스템 연계의 완성

차세대 전자정부 추진계획의 일환인 '지능형 행정 업무 체계 구축'의 중심에는 온나라 시스템 기반의 정부 협업 네트워크 구축, 공간행정 정보와 현장정보의 업무 활용 확대, 행정정보 공유를 통한 기관 간 경계 없는 행정 내부 시스템 고도화가 포함되어 있다. 이들은 새로운 과제가 아니고 지금까지 전자정부 사업이 추구해 왔던 과제의 새로운 또는 고도화된 표현이라고 할 수 있다. 전자정부 사업의 주요 목표로 추진해 왔지만 달성하지 못했던 부분도 있고, 새로운 기술의 발달로 이제 새로이 가능해진 부분도 포함되어 있다.

온나라 시스템을 중심으로 기록관리, 지식관리, 성과관리, 예산회계관리 등의 정부기관 시스템을 엮어 행정 업무를 자동화하고, 이를 통해 단일 부처 중심의 업무 처리에서 탈피하여 기관 간 장벽 없는 협업 서비스를 생산할 뿐만 아니라 중앙정부 주도적인 서비스로부터 자치단체 및 민간단체와 협력하는 통합 서비스를 목표로 수평적인 정보 공유와 업무 통합을 추진하고, 이러한 과정을 거쳐 지금까지 제한적이었던 행정정보 공유를 전면적으로 시행할 수 있는 체계를 구축한다(정국환, 2008: 4).

제 5 절 컴퓨터 시스템의 활용 조건

1 컴퓨터 시스템 활용의 선결 조건

행정정보 관리에서 컴퓨터의 활용은 거의 필수적이고, 그 반대로 행정활동에서 컴퓨터의 활용이 급증함에 따라 행정정보 관리의 필요성이 대두하게 된 점으로 비추어 보아 양자는 상호 불가분의 관계를 유지해 오고 있다. 이 같은 상호 유기적인 관계 때문에 많은 경우에 컴퓨터는 행정정보 관리에 자유자재로 이용되어 소기의 효과를 달성할 수 있는 것으로 착각한다. 그러나 행정정보체제를 유지하는 데에는 제약점이 있고, 더욱이 정보관리·행정정보 관리 목적, 나아가서 행정 목적에 행정정보를 활용하기 위해서는 행정체제상 이미 할 수 있는 여건이 선행 및 병행되어야 한다. 이들 주요 선행 조건들을 보면, 행정조직의 사회·문화적 환경 개선, 컴퓨터 시스템의 개발전략의 개선, 행정조직의 개선, 시스템 관리자의 확보, 컴퓨터 전문요원의 교육 및 확보, 시스템 표준화의 실시 등 이들 선행 조건들에 대해 좀 더 자세히 고찰해 보자(Kraemer, 1969: 389-402; Zan, 1970; 유완재, 1974: 65-71).

1) 행정조직의 사회 · 문화적 환경 개선

대체로 컴퓨터 시스템은 합리적인 것이 최선의 것이고, 모든 정확한 정보와 지식은 반드시 모든 사람들에게 유용하고 이로우며 또한 바라는 것이라는 커다란 가정하에 이용된다. 그래서 합리성을 추구하는 것이 인류 문명의 최고의 목표이며, 관료제 조직과 관리과학 등이 모두 이러한 목표를 성취하기 위한 도구로서 개발된 것으로 간주되나 실제로는 정반대로 합리적인 의사결정을 위해 개발된 새로운 방법들이 스스로를 현실적이고 융통적이며 심지어는 합리적이라고 믿는 많은 사람들의 저항을 받게 된다. 게다가 합리적인 것을 중시한다는 행정조직 내의 관리자들도 새로운 기법이 소개되면, 여러 가지 관료적이고 정치적인 방법으로 이면에선 그들을 공격하고 저항하는 예가 많다. 이것은 관리자들의 어리석음보다도 오랜 조직생활 속에 익숙해진 생존 방법으로서 조직의 병폐 때문이다(Argyris, 1971).

이처럼 행정정보 관리상 합리성의 추구는 하나의 이상일 뿐 많은 비합리적인 요소들이 현실적으로 존재하기 때문에 사람들이 어느 정도로 합리적인 사고방식을 갖고 있으며 합리적으로 행동할 것이냐가 컴퓨터 시스템의 활용상 한계가 된다. 더욱이 컴퓨터를 사용하는 것은 제도적인 면에서도 많은 변화를 요구하여 새로운 제도의 정착을 위해 많은 노력과 시간이 필요하다. 그러나 이런 제도적 변화는 많은 모험을 수반하기 때문에 무사안일한 관료들은 그런 일에 별 관심을 보이지 않기 마련이다.

무엇보다도 공행정 부문은 사기업 조직과 달리 정치적 요소의 개입을 받기 때문에 컴퓨터의 이용을 위한 변화의 시도에는 더 많은 어려움이 있다. 그런 어려움은 행정의 본질과 관련된 것이다. 즉, 행정활동의 목표는 사기업 경영과 같이 기업 이윤의 획득이 목표가 아니라 대국민 서비스의 향상이라는 좀 더 추상적인 목표를 지향하기 때문에 계량적 의사결정을 내리기가 어려워 컴퓨터의 이용상 제약이 있다(Wilkin, 1968: 503-8). 따라서 정부의 행정 목표와 장기계획을 우선적으로 구체화하는 방안과 그 효과를 계량적으로 측정할 수 있는 방법의 개발과 이용이 선행 내지는 병행되어야 할 것이다.

끝으로, 사회환경적인 요소로서 사회 전체의 정직성 문제가 해결되어야 한다. 일반적으로 정직한 사회에서 사람들은 정확한 정보를 더 많이 편리하게 획득함으로써 사회 발전을 기하려고 하는 반면에 정직하지 못한 사회의 사람들은 정보의 왜곡과 공개를 두려워하며 사회를 자신들의 개인적 목적 달성 수단으로 간주하여 컴퓨터의 이용을 저해하는 결과를 초래하거나, 비록 컴퓨터를 이용하여 자료나 정보를 처리한다 하더라도 애초에 왜곡된 자료나 정보를 사용했을 가능성이 크기 때문에 아무 쓸모없거나 오히려 의사결정을 오도하는 폐단을 일으킬 뿐이다.

2) 컴퓨터 시스템 개발전략의 개선

컴퓨터를 행정정보 관리에 이용하게 되면서 당장 대두되는 문제로서 컴퓨터 시스템의 개발 접근법 문제는 컴퓨터 시스템의 계속적인 이용에 상당히 중요한 요소가 된다. 초기의 컴퓨터 활용은 단순한 수작업의 능률성을 제고하기 위한 것이었으나 이제는 컴퓨터 하드웨어의 발달로 그에 맞는 소프트웨어의 개발이 필요한데, 이것은 단순한 프로그램의 개발을 넘어서 '무엇을' 목적으로 개발하고 어떻게 활용할 것인가를 먼저 결정해야 하는 문제가 따른다. 그런데 이런 결정은 컴퓨터 시스템 실무자의 일이 아니라 상부 계층의 관리자가 수련해야 할 내용인 것이다(MacKinseys, 1968: 17-31). 따라서 컴퓨터는 맥나마라(Robert S. McNamara) 전 미국 국방장관의 주장처럼 행정 전체의 관리와 운영의 필요성을 충족시켜 주도록 최대한 활용할 수 있는 시스템 개발과 이를 확보할 수 있는 사람과 기계 관계를 확립할 것을 요구하게 된다.[6] 이는 컴퓨터 시스템 개발전략이 전반적인 계획을 수립하기 위해서는 하향식 결정 방식에 의하고, 그런 계획에 대한 구체적이고 기술적인 문제의 해결을 위해서는 상향식 결정 방식에 의해 쌍방향 커뮤니케이션을 원활히 해야 할 것을 의미한다. 아울러 이런 기본계획을 집행하려면 중앙조정기구를 설치하여 관련 기관과의 협조 관계를 유지하면서 조정과 통제를 해야 할 것이다.

3) 행정조직 구조의 개선

특정 조직이 정보를 조작하고 처리하는 하나의 시스템이라고 본다면, 기존의 행정조직 구조는 이미 사용되고 있는 정보관리 수단을 활용하여 의사결정자에게 필요한 정보를 가장 잘 제공해 줄 수 있도록 형성되어 있다고 볼 수 있다. 왜냐하면 기존의 조직들이 계층제의 원리나 통솔의 범위(span of control) 원리, 그리고 명령통일(unity of command) 원리 등과 같은 조직 원리에 의해 조직 내에서 자료나 정보 처리를 좀 더 효과적으로 수행하여 정보를 잘 활용하는 곳에 의사결정의 권한을 부여

6) Secretary of Defense Memorandum, "Management and Use of the Electronic Computer," July 26, 1966.

함으로써 의사결정을 합리화하려 한 것이기 때문이다. 그러므로 새로운 차원의 정보처리 수단이 제공되는 경우에는 종래의 정보처리 작업구조로부터 야기되는 각종 제약들을 극복하기 위해 의사결정의 주체를 먼저 결정하고 그 의사결정에 필요한 정보가 무슨 정보인가를 결정한 다음에 그 정보의 흐름에 따라 조직을 재편성하는 것이 필요하다.

그러나 이러한 컴퓨터 시스템의 이용을 위한 조직구조의 개편은 희망 사항일 뿐 현실적으로 실현되는 데는 많은 제약이 있다. 즉, 조직구조의 개조는 법적, 정치적 그리고 관료적 문제이므로 이들에 대한 적절한 해결이 먼저 이루어져야 가능하다. 그럼에도 불구하고 이미 지적한 바와 같이 컴퓨터 시스템의 이용을 위한 행정조직 구조의 개선이 선행되지 않고는 컴퓨터 시스템의 정상적인 활용이 불가능하므로 기본적인 제도와 절차의 변경을 완수해야 할 것이다(Fite, 1961: 1-7).

4) 시스템 관리자의 확보

행정정보 관리에서 컴퓨터 시스템의 효과적인 이용에는 그 시스템을 운용할 줄 아는 인적 자원의 확보와 계속적인 개발이 필요하다. 그런데 테일러(F. W. Taylor)의 과학적 관리법이 주로 특정 조직의 하부계층 구성원들에게 영향을 주었던 반면에, 새로운 컴퓨터에 의한 정보처리 기술은 중간관리층 및 최고관리층의 구성원들에게도 영향을 미치기 때문에(Leavitt & Whistler, 1958: 41-5) 이들이 컴퓨터에 대해 정확히 이해를 하고 있어야 비로소 행정조직에서 컴퓨터의 활용에 따른 효과를 극대화할 수 있다. 다시 말하면, 행정조직의 최고관리층 및 중간관리층에 있는 사람들은 첫째, 컴퓨터 시스템인 어떤 용도에 현재 이용되고 있고, 앞으로 어떤 용도에 이용될 것이며, 그에 따른 문제점이 무엇인지를 정확히 이해하고 있어야 하고, 둘째, 컴퓨터 전문기술자와 기술적인 문제를 논의할 수 있을 정도로 컴퓨터에 관해 숙지하고 있어야 하며, 셋째, 컴퓨터 시스템의 필요성 여부를 검토할 때나 시스템을 설계할 때, 그리고 컴퓨터의 기종을 선정할 때 반드시 정식 절차에 따라서 해야 하고, 넷째, 시스템을 도입한 후에도 그것을 효과적으로 사용하고 있는지를 점검하기 위해 그 효과를 계속 측정하고 검토해야 한다(Axelrod, 1962: 139-41).

이는 컴퓨터 시스템을 도입, 설계, 그리고 이용 단계에서도 최고관리자가 항상 주도권을 잡고 이끌고 나가야 함을 시사한다. 컴퓨터는 단순히 사무자동화의 한 수단 이상으로 새로운 행정 방식을 제공해 주고 행정조직 형태와 의사결정 방법을 새롭게 변경시켜 주므로 변화 그 자체로 간주된다(Glaster, 1967: 33-8). 따라서 행정관료가 변화 적응적 자세를 갖추고 변화를 계획하고 예측하는 기능을 발휘하면 컴퓨터의 능력을 효과적으로 활용할 수 있다. 여기서 절실히 요구되는 것은 바로 중간관리층뿐만 아니라 최고관리층이 컴퓨터 지식을 사전에 충분히 갖추도록 하는 것이다.

5) 컴퓨터 전문요원의 교육 및 확보

사용자의 적극적인 참여 여부는 시스템 운영상의 문제를 해결하는 데 중요한 요소가 되는 반면에 컴퓨터 전문요원의 기술적인 능력은 시스템 자체의 수준과 기술적인 성패 여부를 결정짓는 요소가 된다. 이러한 컴퓨터 전문요원이 구비해야 할 지식의 내용이나 수준도 시스템의 목표와 기술적인 세련도에 따라 달라질 수밖에 없다. 예를 들면, 컴퓨터 전문요원이 가장 기초적으로 갖추어야 할 지식은 컴퓨터를 사용하여 풀 수 있는 프로그램 기법들에 대한 것이고, 그 다음 단계로 전문요원들에게 필요한 것은 컴퓨터 시스템을 능률적으로 개발하기 위한 시스템 분석 및 설계 기법이며, 마지막으로 조직의 정보문제를 분석하는 수준에서 전문요원들은 시스템을 개발할 때 실무 부서에 종사하는 사람들과 특히 중간관리층이나 최고관리층에 있는 행정관료들과 대화를 나눌 수 있는 자질을 겸비해야 한다.

이 같은 다양한 지식과 능력을 함양시키기 위해서는 컴퓨터 전문요원들에 대해 전문적이고 수준 높은 교육을 시킬 필요가 있으며, 아울러 행정조직은 이러한 컴퓨터 전문요원들을 확보하고 있어야 한다. 이 같은 전문요원을 충원하여 전문요원에 대한 대우를 충분히 해 줌으로써 전통적인, 즉 획일적인 봉급 체제와 관료적인 업무 분위기에서 초래되는 전문요원 충원상의 문제점을 극복할 수 있도록 관련 제도의 개선이 요구된다.

6) 시스템의 표준화

전술한 다섯 가지 전제 조건들이 충족되는 경우 마지막으로 확보되어야 할 사항은 행정 업무를 컴퓨터로 처리할 수 있도록 정부 내 컴퓨터 시스템을 표준화하는 것이다. 이러한 목적을 달성하기 위해 행정의 전산망사업을 추진하고 있고, 프로젝트별로 컴퓨터 시스템을 개발하여 상호 유기적으로 정보를 교환하여 각종 행정 업무를 능률적으로 처리할 수 있는 법적·제도적 조치를 취해 오고 있다(행정전산망조정위원회, 1988). 그런데 이러한 컴퓨터 시스템의 표준화에 대한 행정적 또는 입법적인 조치를 취할 때 다음과 같은 사항을 고려해야 할 것이다(Axerlod, 1962: 139-41).

첫째, 정부는 어떤 업무를, 언제, 어느 정도로, 컴퓨터화할 것인지에 대해 각 부서 간의 균형을 유지하도록 정책적 조정 기능을 확보해야 한다. 우리나라의 경우 이를 위해 행정전산망조정위원회가 설치되어 있다.

둘째, 부서 간의 정보 교환을 용이하게 할 수 있도록 각종 기관 코드와 행정서식 등을 통일하고, 아울러 각종 통계자료의 개념을 통일시켜야 할 것이다. 우리나라에서는 공업진흥청의 KS기관 코드가 특정 업무만을 위해 수립되어 부분적으로밖에 사용하고 있지 않아 이를 시정하고 정부관료의 인사관리 및 업무관리를 주목적으로 총무처 주관으로 새로운 정부조직 코드(안)을 정부조직법 및 관련 법규에 근거하여 현재 수립 중에 있다.

셋째, 컴퓨터 시스템을 개발하여 이행하는 과정에서 여러 가지 기술적인 문제들, 예컨대 언어 시스템 분석 설계 방법, 문서화 방법, 기계 상호간의 호환성 문제 등을 표준화해야 한다. 표준화 문제와 관련해서 심각하게 고려되어야 할 점은 행정기관이나 각종 업무 코드를 표준화하는 데 관료제의 병폐인 할거주의식 처리 방식은 결코 행정의 능률화나 합리화를 기하기보다도 행정 업무의 복잡화와 호환 불능을 초래하므로 지양되어야 한다는 것이다.

2 컴퓨터 시스템 활용 시 고려 사항

지금까지 컴퓨터 시스템을 행정정보 관리를 포함하여 행정활동 전반에 걸쳐서 적용하는 경우에, 성공적인 사용을 위해 컴퓨터 시스템의 활용상 선행 조건에 관해 고찰해 보았다. 이러한 조건들이 충족되어 컴퓨터 시스템을 사용하는 경우에 고려해야 할 사항들을 보면 다음과 같다.

1) 관계자 협조 체제의 구축

행정 업무 처리에 컴퓨터 시스템을 도입한 후 이 시스템과 관련된 사람들이 상호 협조 체제를 이루어 컴퓨터 시스템을 잘 이용해야 하는데, 그런 제반 활동이 조직이나 사회가 요구하는 행동양식과 일치되어야 한다는 것이다. 왜냐하면 행정활동에서 컴퓨터 시스템의 적용이 조직이나 사회구성원에게 오히려 불이익이나 불편을 주는 경우 그 시스템의 개발 및 운영에 지장을 주기 때문이다.

2) 컴퓨터 시스템 성과의 주기적인 분석 및 평가

모든 컴퓨터 시스템의 효과성을 일정한 시기마다 철저하게 분석·평가하여 그 기능과 역할을 원래의 계획대로 잘 발휘하고 있는지를 파악하여 컴퓨터 시스템을 행정 업무의 변화에 따라 최신화해야 한다. 때때로 행정활동의 복잡화와 과중화에 컴퓨터 시스템의 용량이 부응하지 못해 시스템 자체가 작동 불능에 처하는 경우가 많다. 그런데 여기서 주의해야 할 점은 컴퓨터 시스템과 효과는 시스템의 효과가 높을수록 더욱더 간접적으로 인지되므로 그 효과성을 측정하는 방법을 새롭게 개발하여 시스템에 적용해야 한다는 것이다. 결국 행정활동에 컴퓨터 시스템을 도입하여 적용하게 됨에 따라 컴퓨터 시스템이 가져다 줄 수 있는 역기능적인 현상을 최소화하면서 행정정보 관리의 통제 지향적인 경향에서 미래 계획 지향적인 성향으로 전환할 수 있게 된 것이다(Hattery, 1962: 129-30).

제 7 장 정보통신망체제

제 1 절 LAN · VAN · ISDN

1 정보통신망의 개념 및 이점

1) 정보통신망의 개념

일반적으로 컴퓨터에 통신 회선을 연결하여 원격지로부터 컴퓨터를 이용하는 방식을 온라인(online) 방식이라고 하며, 이 같은 온라인 방식에 프로그램을 스스로 작성하는 사용자뿐만 아니라 일반 국민에 의해서도 사용되고 있다. 이러한 온라인 방식은 2대 이상의 컴퓨터와 컴퓨터가 서로 통신 회선으로 연결되어 컴퓨터끼리 정보를 교환할 수 있는 컴퓨터는 통신망(computer network)이라는 정보통신망으로 발전하게 된 것이다.

2) 정보통신망의 이점

컴퓨터 통신망 또는 정보통신망의 이점은 다음과 같다.

첫째, 프로그램 및 자료 등의 정보 교환이 가능하다.

둘째, 한쪽의 컴퓨터 시스템이 운행 중지되어도 다른 쪽의 컴퓨터로서 어느 정도 대치될 수 있다.

셋째, 규모가 큰 업무인 경우 분담·처리가 가능하여 빠른 시간에 결과를 얻을 수 있다.

넷째, 한 장소에만 있는 특수한 하드웨어 및 소프트웨어, 데이터베이스 등을 모두가 공유할 수 있다.

이 같은 이점을 향유하기 위해 개발된 최초의 컴퓨터 통신망은 1969년 미국 국방성에 의해 개발된 ARPA(Advanced Research Project Agency)망이며, 그 밖에 하와이 대학을 중심으로 한 ALOHA 시스템 등이 있다. 이들 컴퓨터 통신망 또는 정보통신망의 구성 방법(topology)은 여러 가지가 있으나 비교적 활용이 많은 일반적인 정보통신망체제만을 고찰해 본다.

2 근거리통신망(LAN)

1) 근거리통신망의 정의 및 특징

(1) 근거리통신망의 정의

근거리통신망(Local Area Network: LAN)은 사무실, 빌딩, 공장 등과 같이 제한된 지역 내에서 대형 컴퓨터, 개인용 컴퓨터, 워크스테이션, 프린터 및 기타 주변기기를 연결하여 고속의 통신 채널을 제공하는 컴퓨터 통신망 또는 정보통신망이다(한국통신학회, 1988: 122). 또는 근거리통신망은 다수의 독립적인 컴퓨터 기기들이 상호간에 통신이 가능하도록 하는 데이터 통신 시스템을 의미한다(김문일, 1989: 120). 이 같은 근거리통신망은 [그림 7-1]에서와 같이 최근 사무자동화, 공장자동화 및 데이터 통신 서비스로서 이용이 급속히 늘고 있다. 이 같은 근거리통신망은 지역 내 정보통신망 또는 협력정보 통신망으로도 불린다.

(2) 근거리통신망의 특징

근거리통신망은 대체로 다음과 같은 특징과 장점을 갖는다(한국통신학회, 1988: 123; 김문일, 1989: 120; 대한전자공학회, 1988: 8).

① 한정된 지역 내의 통신

무엇보다도 큰 특징은 근거리통신망이 가까운 지역 내 또는 한정된 지역 내에서의

[그림 7-1] 근거리통신망의 활용 분야

자료: 한국통신학회(1988: 122).

통신망이라는 점이다. 일반적으로 통신이 해결해야 할 특수적인 제약은 대역폭(bandwiths)과 전송 지연 그리고 스위칭 기술과 신뢰성 등인데, 특히 대역폭은 통신 채널의 용량을 결정짓는 요인으로서 전송 거리가 멀 경우 통신비용 중 가장 큰 부분을 차지하게 된다. 그런데 근거리통신망에서는 전송 거리가 짧으므로 적은 비용으로 대역폭이 넓은 방송매체를 확보할 수 있을 뿐만 아니라 S/N(Signal/Noise)비(比)를 향상시킬 수 있다.

② 통신의 신뢰성 확보

비교적 짧은 거리의 전송으로 전송 지연에 따른 문제가 장거리 전송에 비해 아주 적을 뿐만 아니라 채널의 물리적 성질에 의해 아주 적은 오류율(error rate)을 보이므로 통신의 신뢰성이 제고된다.

③ 통신 속도의 증가

근거리통신망은 장거리 통신의 경우와 달리 통신에서 해결해야 할 기술적인 제약 중에서 전술한 대역폭의 확보가 가능하여 고속 전송이 가능해진다.

④ 정보통신 주변기기 및 소프트웨어의 공유

통신망을 통해 컴퓨터 및 그 주변기기 간에 연결이 가능하여 고가의 디스크나 프린터 등의 주변기기와 소프트웨어를 서로 공유할 수 있게 된다.

⑤ 통신망체제 전체의 성능 향상

근거리통신망을 통해 분산 처리가 이루어져서 각 분야별로 전문 처리가 가능해진다. 그 결과 통신망체제 전체의 성능이 향상된다.

⑥ 통신망 시스템 확장 용역

한정된 지역 내에 통신망체제를 설치하게 되므로 초기에는 투자가 적게 들고 나중에는 통신망체제의 확장이 비교적 쉽다.

⑦ 자료의 통일된 관리 가능

모든 데이터 파일(data file)이 공유 가능하므로 자료의 관리가 통일적으로 이루어질 수 있다.

2) 근거리통신망의 분류

근거리통신망은 통신망의 형상(topology)이나 접속 방식, 액세스(access) 방식, 그리고 전송매체에 따라 여러 가지로 분류될 수 있으나, 여기서는 접속 방식 또는 형상에 따른 분류를 고찰한다. 여기서 통신망 형상은 통신망을 구성하는 링크(link)와 노드(node)의 상호 연결된 패턴을 말하며, 노드의 지역적인 배열과 그 통신망을 제어하는 방식(중앙제어 혹은 분산제어)에 의해 결정된다. 이에 따라 대체로 다음과 같은 세 가지 유형의 근거리통신망으로 분류할 수 있다(Scott, 1986: 285-91; 한국통신학회, 1988: 123-4; 대한전자공학회, 1988: 8-14).

(1) 스타(star)형 근거리통신망

① 특징

이는 '성형(星型)' 통신망이라고도 부르며, 초기의 통신망 형태에서 가장 널리 사용된 것으로서 중앙에 위치한 노드가 주변 노드를 제어하는 통신망 체계이다. 다시 말하면, 모든 노드들이 하나의 중앙 스위칭 노드(switching node)를 중심으로 별 모양의 회선으로 구성된 통신망 접속법이다. 이 형태는 본래 교환기를 중심으로 한 일반적인 전화망에서 유래된 것으로 중앙의 제어점인 스위칭 노드로부터 지점 간 접속(point to point) 방식으로 연결되어 있다. 아울러 이 방식은 중앙 노드가 시분할(TDM) 호스트의 기능을 가지는 시분할 응용에 자주 이용되며 성형 와이어링(star wiring)의 형태가 그 예이다. 또한 이 방식은 PBE(Private Branch Exchange) 전화망과 워드프로세싱과 같은 소규모 집단화된 통신망에서 가장 많이 사용된다.

② 장점

간단한 프로토콜 및 기술적으로 실현 용이, 낮은 추가시설 비용, 통신망 감시 및 제어 용이, 고장의 수리 용이 등이 장점이다.

③ 단점

높은 초기 설치 비용, 낮은 신뢰도, 즉 중앙 제어점인 스위칭 노드의 고장은 일시에 운영 불능을 초래할 가능성이 있고 배선이 복잡한 것이 단점이다.

(2) 링(ring)형 근거리통신망

① 특징

'루프(loop)형' 통신망이라고도 부르며 폐쇄 통신망에서 각 노드를 연결하여 모든 메시지를 한 방향으로 노드와 노드를 거쳐서 전송하는 방식이다. 다시 말하면, 여러 개의 노드가 루프상에 접속되어 자료의 전송이 노드 단위로 이동하는 방식이다. 이 접속 방식은 송신 측을 제외한 각 노드에 항상 메시지를 통과시키고 있기 때문에 경로 지정이 필요없다. 그래서 각 노드는 루프상에 축적된 메시지를 확보할 수 있고, 수신정보를 검사할 수 있는 우수한 기능을 갖고 있다. 즉 메시지의 비트(bit)에 대한 보수를 수신시에 받도록 해서 검사를 한다. 이러한 형의 통신망에서는 메시지가 최종적으로 송신 장소로 되돌아오기 때문에 그 비트 상태를 검사함으로써 수신 상태를 확인할 수 있다. 그리고 메시지의 CRC(Cyclic Redundancy Check: 주기적 중복검사)를 통해 전송이 오류인지를 확인할 수 있다.

② 장점

간단한 프로토콜의 필요, 광섬유(optic fiber) 전송매체에 최적, 분산 제어와 점검 기능 및 회복 기능이 가능한 것이 장점이다.

③ 단점

각 노드마다 능동 탭(active tap)이 필요하다. 즉 노드의 변경이나 추가가 비교적 곤란하며, 노드 고장에의 대처 곤란으로 인한 낮은 신뢰도, 즉 기초의 링 방식은 링 상의 전체 노드가 정상적으로 기능을 하지 못하면 통신망 전체가 올바른 기능을 수행하지 못하기 때문이다(단, 릴레이를 통한 장애 노드의 바이패스 가능, 또는 바이패스 릴레이[bypass relay]를 사용하여 그런 문제를 극복할 수 있음), 전송매체에의 의존성이 높은 것이 단점이다.

(3) 버스(bus)형 근거리통신망

① 특징

여러 개의 노드가 하나의 버스(bus; CPU 또는 마이크로프로세서의 다양한 구성요소들을 서로 연결시켜 주는 경로들의 집합으로서 통로 또는 전송로를 뜻한다)를 공유하는 형태의 통신망으로서 통신망의 구조가 마치 컴퓨터 내부구조를 그대로 통신 시스템으로 옮겨 놓은 것과 같은 형태를 갖고 있다. 즉, 모든 노드들이 상호 지점간 접속 방식으로 연결된 통신망 형태이다. 다시 말하면, 버스형 근거리통신망은 공통의 전송 선로상에 단순하게 접속하는 형태로서 양방향으로 신호 전송을 행하는 통신매체를 필요로 한다. 이 형태의 가장 큰 특징은 버스에 설치되어 있는 노드 모두는 그 버스가 광대역통신(broadcast) 매체이기 때문에 동시에 전송 신호를 수신할 수 있어서 통상의 경로 지정 및 메시지의 진행 등에 관해서는 일체 아무 일도 하지 않는다는 것이다.

또한 이 유형의 통신망은 대부분의 경우 매체의 사용에 대해 통신 선로를 서로 공유하고 있으므로 노드 간 서로 불가피한 충돌이 발생하게 되므로 매체를 분산 제어함으로써 각 노드가 분산 처리되도록 구성된다.

② 장점

재구성 용이, 즉 간선과 단말장치와의 접속이 한층 간단하여 접속장치를 추가하는 것이 용이하다. 더욱이 통신망 전체 비용과 단말기의 비용과는 거의 비례 관계가 되어 소규모에서 대규모까지의 시스템이 경제적으로 구성 가능하다. 높은 신뢰도, 즉 경로 지정 기능이라든지 집중 제어 기능을 갖지 않기 때문에 통신망 접속의 신뢰성을 높일 수 있고, 전송매체로부터 독립성도 높일 수 있다.

③ 단점

복잡한 프로토콜, 즉 노드와 버스 사이를 연결해 주는 탭(인출구)과 탭 사이의 간격이 너무 가까이 설치되면 신호의 반사가 일어나서 전송 자료에 간섭을 유발하게 되므로 이 버스 방식에는 보통 탭과 탭 사이의 전송 자료에 서로 간섭하지 않는 최소거리를 정해 설치하도록 되어 있다. 복잡한 액세스 제어, 통신망 감시의 어려움, 즉

보통 버스형 통신망은 중계(repeater)를 삽입함으로써 세그먼트(segment)로 구분되고 고장 요소를 버스로부터 격리하여 보수하지만 이는 상대적으로 다른 유형의 통신망의 경우보다 매우 어려운 작업이다.

(4) 근거리통신망의 유형별 특성 비교

이상에서 설명된 세 가지 유형의 근거리통신망을 도식화하면 [그림 7-2]와 같다. 이들 세 유형이 근거리통신망에 많이 이용되었으나 최근에는 링형과 버스형을 변형한 형태인 트리(tree)형(또는 樹型)과 이중 링형 등을 이용하는 경향이 있다. 이들 유형들 간의 특성을 신뢰도, 인터페이스 복잡성, 융통성(신축성 또는 유연성), 그리고 가격에 따라 비교하면 <표 7-1>과 같다.

[그림 7-2] 근거리통신망의 유형

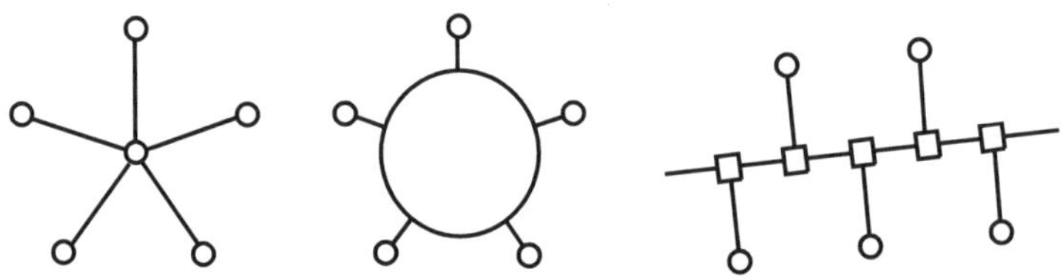

〈표 7-1〉 근거리통신망의 유형별 특성 비교

기준 / 유형	신 뢰 도	인터페이스 복잡도	융통성	가 격
스타형	열 등	간 단	열 등	높 은
링 형	중 간	간 단	중 간	중 간
버스형	우 수	중 간	우 수	낮 음
트리형	우 수	중 간	우 수	낮 음

자료: 한국통신학회(1988: 124).

3) 근거리통신망의 전송매체 및 전송 방식

근거리통신망의 전송매체와 전송 방식은 근거리통신망의 성능에 영향을 미치는 중요한 요소이다. 가장 일반적인 전송매체와 전송 방식으로는 어떤 것들이 있는지를 살펴볼 필요가 있다. 대표적인 전송매체로는 트위스티드 페어(twisted pair), 동축 케이블(coaxial cable), 광섬유 등이 있고, 대표적인 전송 방식으로는 베이스밴드(base-band) 방식과 브로드밴드(broadband, 광대역) 방식이 있다. 이들을 좀더 구체적으로 설명하면 다음과 같다(정진욱, 1988: 71-2).

(1) 근거리통신망의 전송 매체

① 트위스티드 페어

비교적 저속도, 저가격의 근거리통신망으로 PC용 통신망에 주로 이용된다. 잡음(noise)의 영향을 받기 쉽고 거리와 속도에 제약이 있다.

② 동축 케이블

근거리통신망용으로서 현재 가장 일반적인 매체이다. 수Mbps에서부터 수십Mbps 정도까지의 시스템이 실용화되어 있다. 고속이고 원거리까지 이용 가능하며, 잡음에 대해서도 잘 이겨낸다. 그러나 설치할 때 공간적으로 많은 면적을 차지하는 문제가 있다.

③ 광섬유

장기적으로는 가장 효용도가 높은 전송매체로서 비용 저렴화가 가능하고, 경향성 및 고속통신성(수십~수백Mbps까지)을 보장하며, 굵기가 가는 점 등의 이점을 갖고 있다. 다만 현 상태에서는 비싼 가격과 표준화가 제대로 되지 않은 점 등의 문제가 있다. 그럼에도 불구하고 공장자동화 등의 분야에서 이미 응용이 시작되고 있다.

(2) 근거리통신망의 전송 방식

① 베이스밴드 방식

이는 디지털 신호 형태로 전송하는 방식으로서 본래의 신호를 다른 주파수 대역으로 변조하지 않고 전송함으로써 현재 사용 가능한 가장 간단한 방식이다. 선로상에서는 전압 펄스(pulse) 열로서 나타난다. 하나의 신호를 전송하기 위해 매체의 전 주파수 스펙트럼이 이용되므로 주파수 다중화(Frequency Division Multiplexing: FDM) 기술은 사용 불가능하다. 또한 보통 광대역(broadband) 전송 방식보다 거리에 많은 제약을 받기 때문에 중계 없이 사용 가능한 거리가 1~2km 정도이다. 따라서 이 범위를 넘어서 사용할 때는 중계를 이용해야 한다. 결국 이 베이스밴드 전송 방식에서는 전송로를 물리적인 전송 특성의 한계까지 이용하기보다는 시스템으로서의 경제적인 범위 내에서 이용할 수 있는 기술이다.

② 브로드밴드(광대역) 방식

이 방식에는 RF(Radio Frequency) 범위의 아날로그 신호 형태로 동축 케이블이 적용된다. 이 방식은 기본적으로 주파수 다중화(FDM) 방식으로서 여러 사용자를 한 케이블에 할당함으로써 실제적으로는 여러 개의 통신 채널이 생성되는 것이다. 케이블의 주파수 스펙트럼은 여러 대역폭을 가진 채널로 나뉠 것이며, 각각의 별도 채널들은 자료 소통(data traffic), TV 또는 무선통신 등을 지원할 수 있다. 따라서 사무자동화를 이용하는 근거리통신망은 브로드밴드 전송 기술을 이용하는 경우가 많다.

4) 근거리통신망의 액세스 제어 방식

(1) 회선 교환 방식과 패킷 교환 방식에서 매체 액세스 제어

액세스 제어(access control) 방식이란 여러 노드에 의해 공유되는 전송매체 또는 통신 채널을 주어진 제약에 따라 각 노드에 할당하는 것을 뜻한다. 이 같은 전송매체에의 액세스는 대체로 두 가지 정보(자료) 교환 방식, 즉 회선교환(circuit switching) 방식과 패킷 교환(packet switching) 방식에 따라 차이가 있다(대한전자공학회, 1988: 16-7).

① 회선 교환 방식에 의한 액세스 제어

회선 교환 방식에 의해 전송매체에 액세스하는 경우, 호출을 시작할 때 먼저 메시지에 대한 주소 정보를 보내고, 그 다음에 자신의 주소를 감지한 피호출 측과 연결되면 메시지 교신이 이루어지게 된다. 이 같은 최신 교환 방식에서는 회선 제어에 필요한 제어 관계, 즉 공유 논리(shared logic)라는 장치가 교환국 측에 집단으로 설치되어 있는 것이 일반적이다.

② 패킷 교환 방식에 의한 액세스 제어

패킷 교환 방식에서는 먼저, 메시지가 정해진 패킷 단위로 분할되고, 그 다음에 각 전송 패킷, 특히 매체(채널)가 액세스된다. 이 같은 패킷 교환 방식에는 하나의 메시지가 여러 개의 패킷으로 분리되어 전송됨으로써 매체를 빈번하게 액세스하게 되기 때문에 신속하고도 간단한 액세스 방식이 중시된다. 또한 패킷 교환 방식에서는 매체 액세스 제어 논리 및 주소 장치가 각국마다 설치되어 있다. 그러므로 액세스 제어의 복잡성이 시스템 가격에 영향을 주는 요인이 된다.

결과적으로 근거리통신망의 액세스 제어 방식은 패킷 교환 방식의 장점을 유지하면서 아울러 신속성과 간편성이 확보되고, 그리고 각국에서 전송매체 액세스 논리(즉, 장치) 등이 저렴해지록 고려되어야 할 것이다.

다음에는 근거리통신망 중에 특정 유형의 통신망에서 자주 사용되는 대표적인 액세스 제어 방식을 살펴본다.

(2) 전송매체 액세스 제어 방식의 유형

전송매체 액세스 제어 방식 중 대표적인 것으로 다음과 같은 방식들이 있다(대한전자공학회, 1988: 16-23).

① 폴링(polling) 방식

분산 분리 회선(multidrop) 형식으로 통신선을 공유하고 있는 각 단말기로부터 송신을 제어하기 위한 방식을 폴링이라고 하며, 주국(主局)이 각 종국(從局)에게 송신할 정보를 갖고 있는지의 여부를, 즉 폴링 요구가 있는지를 조회하는 방식이나.

이 방식의 장점은 모든 종국이 평등한 액세스를 받게 된다는 것이다. 또한 우선 순위를 미리 부여하여 그 국에 대해서는 좀 더 신속하게 폴링되도록 할 수 있으므로 정보 전송이 복잡한 경우가 많은 곳, 고가인 것, 그리고 보수의 필요성 등이 한 장소(즉, 주국 측)에서 요구되는 경우에 이 방식이 유리하다. 게다가 이 방식은 폴링 응답대기 시간을 자료 전송 지연 시간에 맞추어 조정할 수가 있기 때문에 장거리에서도 잘 작동하는 이점이 있다.

단점으로는 이 방식에 의하면 흐르는 메시지의 상당 부분이 주국으로부터 폴링 요구 메시지에 의해 사용되어 버리기 때문에 많은 시간을 낭비하게 된다는 것이다.

② 토큰 링(token ring) 방식

이는 폴링 방식의 효율을 높이기 위해 개량된 방법으로, 전송로의 구조가 링일 때 주로 사용되는 방식이다. 좀 더 구체적으로, 이 토큰 링 방식은 토큰이라는 특정 비트 패턴을 링 주위에 순차적으로 순회하도록 하는 방식으로서, 만약 노드가 전송정보를 갖고 있지 않을 경우에는 토큰을 통과하고, 노드가 전송정보를 갖고 있을 경우에는 토큰을 확보하여 그 토큰의 전단에 메시지를 실어 순회시켜 옮기는 링 액세스 기법이다.

이 방식의 장점은 토큰이 때때로 주국으로부터 전송되는 것이 아니고 항상 순회하면서 계속 이어지기 때문에 이것을 공평하게 하여 폴링 방식이 지닌 거리에 대한 유리한 면을 유지하면서 전송매체를 좀 더 효율적으로 사용할 수 있다는 것이다.

반면에 단점으로는 노드에 장애가 발생하는 경우에는 토큰을 잃어버리게 되어 통신망 이용자가 불편을 느끼게 된다는 것이다. 따라서 그 개선 방법을 모색해야 되는데 버스형과 조합된 방식이 주목을 받는다.

③ 토큰 버스(token bus) 방식

토큰 버스는 물리적으로는 버스 구조를 이루지만, 토큰을 버스상의 각 노드로 주고받는 논리적 기능은 링 형태의 동작 특성을 갖는다. 다시 말하면, 토큰을 확보한 노드만이 즉시 자료를 전송해야 된다는 것을 나타내기 때문에 링 형태의 동작 특성을 지닌 것으로 본다.

그런데 토큰이 노드 간에 이동하는 상태가 그때마다 다른데, 토큰이 순회하는 순서가 링 방식처럼 전송을 완료한 노드에서 다음에 인접한 노드로 이동하는 것이 아니라, 버스 방식의 토큰은 주소(address) 계산 알고리즘이란 관점, 즉 다음의 낮은 주소를 갖고 있는 노드로 토큰이 이동하도록 되어 있다. 그런데 다음의 주소가 전송정보를 갖고 있지 않은 경우에는 그곳에 도달한 토큰은 다음 낮은 주소의 노드로 이동하게 된다.

이처럼 토큰 버스 방식은 모든 점에서 토큰 링 방식과 그 동작이 유사하나 수신 상태의 모니터 방식 및 시스템 종합검사 등에서는 큰 차이가 있다. 즉, 토큰 버스 방식에서는 토큰이 전자 송출된 직후에 다음의 노드가 토큰을 확보해서 자료 전송의 시작 여부를 확인한다는 것이다.

④ CSMA와 CSMA/CD 액세스 방식

CSMA(Carrier Sense Multiple Access: 반송자 감지 다중 액세스) 방식은 각 노드가 정보를 전송하기 전에 매체상의 반송자를 먼저 검사하고, 만약 반송자가 없으면, 즉 매체가 비어 있으면 전송을 개시하며, 반송자가 있으면 매체가 비어 있을 때까지 기다리다 전송하는 방식이다. 그런데 이 액세스 제어 방식은 노드 간 자료 전송시 충돌 가능성을 배제하지 못하는 단점이 있다.

한편 CSMA/CD(Carrier Sense Multiple Access with Collision Detection: 충돌 검출부 반송자 감지 다중 액세스)는 CSMA 방식에다 충돌 검출 기능을 추가시킨 전송

매체 액세스 제어 방식이다. 여기서 충돌 검출은 전송 자료와 수신 자료를 비교하는 것으로서 매체상에 있는 메시지와 전송 중의 메시지가 일치되는지 또는 전자적으로 직접 전송 상태를 감지하는 방식이다.

토큰 버스 및 토큰 링 방식에서의 제어권이 노드 측에 분산되어 있는 CSMA/CD 방식은 모든 면에서 유리하고 게다가 버스형에서 노드가 매체의 일부로 되지 않기 때문에 고신뢰성을 유지할 수 있는 가능성이 있다.

그러나 두 노드가 동시에 전송을 개시하는 경우, 신호가 한쪽 노드에서 다른 쪽 노드로 도달할 때까지 걸리는 전파 시간(약 5ns/m)의 문제로 원하지 않은 충돌이 감지되는 경우가 있다. 또한 통신매체에의 액세스가 성공할 때까지 시간이 변동하기 쉽다는 단점이 있다.

5) 근거리통신망의 발전 과제

근거리통신망을 계속 발전시켜 나가는 데에 해결해야 할 과제들 중에 대표적인 것을 보면 다음과 같다(징진욱, 1988: 77).

(1) 컴퓨터 통신망으로의 확대

근거리통신망을 도입하는 데에 커다란 계기가 된 것은 대량의 자료를 고속으로 전송할 수 있는 컴퓨터 간 통신 때문이라고 할 수 있다. 따라서 파일의 전송, 잡(job) 전송과 같은 컴퓨터 통신화를 위한 프로토콜을 근거리통신망에서도 실현시켜야 할 과제이다.

(2) 통신 처리 서비스의 확대

전자우편 통신회의(teleconference), 프로토콜 변환, 매체 변환, 속도 변환 등의 통신처리 서비스를 통일된 프로토콜에 의거하여 근거리통신망에서 그리고 근거리통신망들 간에 효율적인 통신 시스템을 수립할 것이 요망되며, 이것은 고위 서비스 프로토콜의 규정이 해결해야 할 과제이다.

(3) 광역망(Wide Area Network: WAN)과의 접속

한정된 지역 내에서 사용되는 근거리통신망은 통신량의 증대, 이용 형태의 다양화 및 고도화에 부응한 광역망 등에의 접속이 요구된다. 근거리통신망의 특성을 고려하여 결합 가능한 광역망을 선택할 수 있도록 해 주는 강력한 게이트웨이(gateway) 장치가 요망된다. 이러한 과제가 해결될 때 근거리통신망의 활용 범위는 더 넓어질 것이다.

(4) 음성, 화상통신으로의 전개

근거리통신망은 코드 이외에 음성과 화상을 포함하는 복합매체의 통신을 가능하게 한다. 다시 말하면, 근거리통신망은 주로 코드 주체로 발전하지만 문서의 음성 코맨드, 코드와 화상의 혼합된 문서, 공유 화면을 사용한 통신회의 등 복합매체 서비스의 보급도 두드러진다. 이런 이유로 패킷 교환 방식과 회선 교환 방식을 통합한 형태의 근거리통신망 개발이 또 하나의 과제가 될 것이다. 아울러 그런 사업의 일환으로 복합매체 인터페이스의 통일이 요구된다.

6) 근거리통신망의 새로운 동향

(1) WPAN

WPAN(Wireless Personal Area Network)은 근거리 무선통신 기술로 WLAN(Wireless Local Area Network)보다도 짧은 거리에서 정보를 전달하는 것을 목적으로 개발되었다. 이러한 WPAN은 인터넷 사용자가 급증하면서 데이터 전송을 통해 기기 간의 정보 공유를 가능하게 하기 위한 도구이면서 유선을 대체하기 위한 수단으로 발전되고 있다.

1935년에 모스(S. F. B. Morse)가 전신기를 발명한 이래로 전기 에너지를 전파하는 전기통신은 음성과 데이터 정보를 주고받는 이동통 신기술로 발전되어 왔다.

근래에는 인터넷과 디지털 가전기술의 발전으로 인한 랩탑의 대중화 및 성장으로 WLAN 액세스 기술과 WPAN(Wireless Personal Area Network) 기술이 유비쿼터스 정보통신 인프라의 근간을 이루는 무선 통신 핵심 기술들 중 하나로 주목받고 있다.

이에 세계 여러 나라의 다국적 기업들은 성공적인 초기 시장 진입을 위해 앞다투어 근거리 무선 통신기술 분야에 매진하고 있으며, 동시에 관련 핵심 기술을 사실상(*de-facto*) 국제 표준화하여 상품화하는 데 노력하고 있다. 이는 최근에 등장한 기술 집약형 모바일 휴대폰, PDA(Personal Digital Assistane), MP3(MPEG Audio Layer-3), 정보통신 가전 등과 같이 인터넷 연결이 가능한 작고 값싼 장치들의 급속한 성장에 기인한 것이라 할 수 있다.

만약 이처럼 작고 값싼 장치간 혹은 다른 장치와 통신하는 것이 가능하다면, 이는 기존의 단순 통화만을 제공하는 통신의 기본 역할에서 벗어나 상당히 확대된 개념의 통신 시스템 기술로의 진화로 볼 수 있다. 그러나 이같이 좁은 범위 안에서 장치 간 연결 문제는 단순히 특정 목적의 전용 케이블들을 사용하여 해결할 수 있는데, 대부분의 사용자들은 케이블이 장치 이동에서 제한될 뿐만 아니라 자유로운 모바일 환경 관점에서 볼 때 방해가 된다. 그러므로 케이블을 대신할 수 있는 새로운 무선 케이블과 같은 장치가 필요하게 되었으며, 이 연결 기술을 통상 무선 근거리 무선통신 기술, WPAN이라 부른다.

앞으로의 통신 소비자 시장은 쉽게 네트워크에 연결될 수 있도록 수많은 WPAN 장치들이 사무실, 가정, 컨벤션센터, 쇼핑몰, 공항 등과 같은 여러 장소에 골고루 퍼지게 된다. 또한 소비자들이 장치의 존재를 인지하지 못하도록 설치되는 동시에 각 개인에게 알맞은 서비스를 제공하여, 다양한 비즈니스 솔루션으로 주목받게 될 것이다.

(2) 블루투스

휴대 정보기기를 중심으로 이종 무선망 기술 간의 복합화·융합화가 가속화되고 있으며, 사용자의 편의성을 증대시키기 위한 무선 네트워크 부품이 확산 추세이다. 일반적으로 무선 네트워크 기술은 인식 거리에 따라 크게 WPAN, WLAN 그리고 WWAN(Wireless Wide Area Network)으로 구분된다.

WPAN 기술은 개인 휴대기기에 초점을 두고 반경 10m 내외에서 각종 기기 간의 무선 접속이 가능한 기술로 블루투스(Bluetooth)가 대표적이다.

블루투스란 이동 가능한 소형 장치들(예를 들어, 이동전화, PDA, 노트북 등) 간의 양방향 근거리 통신을 가능하게 해주는 근거리 무선통신 기술이다.

(3) 지그비

한국전자통신연구원(Electronics and Telecommunications Research Institute: ETRI)은 정보통신부의 "고속전송 WPAN 기반 초고속 무선 홈 네트워킹 기술 개발" 사업의 일환으로 2004년부터 저속 WPAN을 위한 지그비(ZigBee) 칩은 근거리 무선통신을 위해 현재 많은 분야에서 이용되는 블루투스를 대체할 만한 경쟁적인 무선통신 기술을 개발하고 있다(정보통신연구진흥원, 2008).

저속의 전송 속도로 원거리 전송이 가능해 홈 오토메이션 및 센서 네트워크용으로 널리 사용되는 지그비는 250kbps의 전송 속도로 50m까지 전송이 가능해 홈 오토메이션 및 센서 네트워크용 기술로서 무인 철책감시, 산불감시, 환경오염, 엔터테인먼트 및 침입 감시 등 무선통신에 널리 사용된다.

단일 네트워크에 접속 가능한 단말 장치의 수요 측면에서 지그비가 블루투스보다 월등히 많기 때문에 센서 정보 검출 및 각종 제어 용도의 산업 활용도가 매우 높으며, 간단히 음성 메시지 전송 등의 부가적인 응용이 활성화되면 향후 유비쿼터스 네트워킹에 대한 파급 효과는 매우 클 것으로 기대된다(박광로, 2006).

3 부가가치통신망(VAN)

1) 부가가치통신망의 정의 및 특징

(1) 부가가치 통신망의 정의

부가가치통신망(Value Added Network: VAN)의 정의는 간단하지 않고 시대나 국가에 따라 차이가 있다. 예컨대 1970년대 미국에서 비롯된 부가가치통신망은 단순히 부가가치가 있는 통신 서비스라는 의미가 아니고, 다음과 같은 성격을 가진 통신 제도상의 서비스 명(名)이었다(아오이 고오야, 1986: 17).

첫째, 부가가치통신망은 통신 회선의 재판매사업이며 ATT(American Telephone and Telegraph Corp) 등의 1차 캐리어 회선을 임대하여 서비스를 제공할 뿐 자체는 회선 설비를 가질 수 없다.

둘째, 회선 재판매 시에는 부가가치가 없으면 안 된다. 따라서 단순한 전신, 전화 서비스 제공은 불가능하다.

셋째, 부가가치통신망 사업자에게 정보처리 서비스를 제공하는 일이 금지되었다.

넷째, 부가가치통신망은 불특정 다수를 대상으로 하는 서비스이며, 공중 통신사업으로서 자리를 굳혔다. 따라서 이 통신망에서는 다수의 호스트 컴퓨터나 단말이 접속되어 이용자는 마음대로 상대와 통신할 수 있다.

그러나 한편 일본에서는 부가가치통신망을 '컴퓨터나 단말기를 연결할 부가가치가 있는 통신 서비스'라는 뜻과 아울러 민간의 메시지 교환 서비스라는 의미 등으로 나타낸다. 그러나 후자의 메시지 교환 서비스로서 부가가치통신망 개념은 부가가치 통신망에 대한 일종의 응용체제에 관한 정의에 지나지 않는다. 원래 부가가치통신망은 이런 응용이 다수, 다중화되어 처리된 통신망 서비스를 나타낼 뿐 개별적인 응용을 의미하지 않는다고 본다(아오이 고오야, 1986: 19).

따라서 부가가치통신망은 상술한 정의들을 종합해서 다음과 같이 정의를 내릴 수 있다. 즉 부가가치통신망이란 "컴퓨터 언어로 가공된 정보를 하나의 통신망을 통해 여러 이용자들이 한꺼번에 이용하게 함으로써 통신의 부가가치를 높이는 시스템"이다(김문일, 1989: 119). 달리 표현하면, 부가가치통신망은 공중 전기통신 사업자(예: 한국통신)로부터 통신 회선을 빌려 컴퓨터와 접속하여 통신처리 통신망 서비스를 제공하는 것, 즉 빌린 통신 회선상에 어떠한 부가가치를 붙여서 이용자에게 다시 판매하는 고도의 통신 서비스를 말한다.

(2) 부가가치통신망의 특징

부가가치통신망은 그 개념적 정의가 약간씩 차이를 보여도 대체로 다음과 같은 특징을 지닌다(아오이 고오야, 1986: 19; 한국통신학회, 1988: 223; 김문일, 1989: 120).

첫째, 불특정 다수를 대상으로 하는 통신 서비스이며, 이기종(異機種) 간의 통신을 실현시키기 위해 필요에 따라 프로토콜 변환 등의 부가가치를 발생하는 기능을 갖추고 있다.

둘째, 단순히 컴퓨터의 고도 이용 추진에 있는 것이 아니라 그것에서부터 사회에 다각적인 정보 활용의 수단을 제공하고 있는 점이다. 그 결과 금융, 제조, 매스컴, 각종 기업 그룹에 커다란 영향을 미친다.

셋째, 통신망 결합의 다방향성으로 인해 프로토콜 변환(protocol conversion: 통신절차에 관한 규약의 변환, 즉 다른 언어로 말하는 컴퓨터 간의 통신을 가능케 하는 것) 및 하드웨어적 결합(hand shaking), 코드 변환(code conversion), 양식 변환(format conversion), 축적 교환(time sliced queuing), 그리고 패킷 교환(packet switching) 등의 근본적인 기술이 선결되어야 가능하다.

2) 부가가치통신망의 등장 배경 및 발전 과정

(1) 부가가치통신망의 등장 배경

부가가치통신망이 관심거리로 등장하게 된 배경적 요인을 보면 대체로 다음과 같다(한국통신학회, 1989: 233).

첫째, 사무자동화의 고도화
둘째, VLSI, 광섬유 광전소자, 통신위성 등의 첨단기술과 관련된 기술의 발달
셋째, 정보처리 산업의 발달
넷째, 컴퓨터 이용 기술의 발달
다섯째, 통신기기와 같이 자료 및 정보를 전달하는 수단의 급속한 발달
여섯째, 자료 통신을 위한 공중 통신 회선의 개방에 관련하여 국가의 제도적 장치의 구비

(2) 부가가치통신망의 발전 과정

부가가치통신망의 발전 과정 또는 형성 과정을 조명하려면 일반적인 컴퓨터 통신망의 발달 과정 또는 형성 과정을 고찰해 볼 필요가 있다. 왜냐하면 부가가치통신망의 발달도 일반 컴퓨터 통신망의 발달에 기초하고 있기 때문이다. 일반적인 컴퓨터 통신망 또는 정보통신망의 형성 과정은 대체로 다음과 같이 4단계로 이루어진다(한국통신학회, 1988: 233-5).

① 제1단계

컴퓨터(CPU) 1대에 여러 대의 단말(Terminal, T)과 워크스테이션이 직접 또는 회선 제어장치(Remote Line Controller: RLC)를 통해 접속되어 있는 컴퓨터 통신망을 이루고 있는 단계이다.

② 제2단계

이 단계의 컴퓨터 통신망은 여러 컴퓨터가 통신 회선에 직접 접속되어 있는 형태이다. 그러나 정보처리용 컴퓨터가 정보처리는 물론 통신 제어를 행하기 때문에 정보처리 효율이 낮다.

③ 제3단계

이 단계의 컴퓨터 통신망에는 정보처리용 컴퓨터 이외에 통신 제어를 메시지로 하는 교환용 통신 제어 프로세서(즉, 통신 프로세서)를 통신망 가운데에 가지고 있다. 그래서 컴퓨터 수가 증가하면 통신망이 광범위하게 확대된다. 그 결과 외견상 전화망과 유사한 형태를 갖게 된다.

④ 제4단계

컴퓨터 통신망 형성 과정의 마지막 단계에 이르면 통신망이 매우 확대되어 그 내

[그림 7-3] 컴퓨터 통신망의 형성 과정

과정	내 용	개 념
제 1 단 계	CPU 하나에 여러 단말이 RLC를 통해 연결 DEMOS, DRESS 등이 있다.	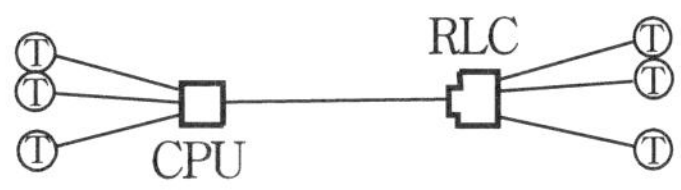
제 2 단 계	복수의 시스템으로 구성된 네트워크, 각 CPU가 직접 다른 시스템의 CPU와 연결된다.	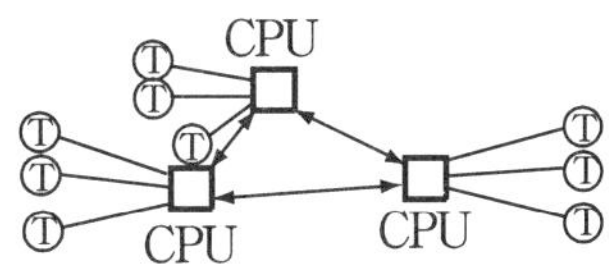
제 3 단 계	제2단계에서는 CPU가 교환 및 통신제어를 모두 수행하지만 제3단계에서는 통신 프로세서가 별도로 있어서 CPU의 효율을 증대시킨다. 전화망과 유사한 형태	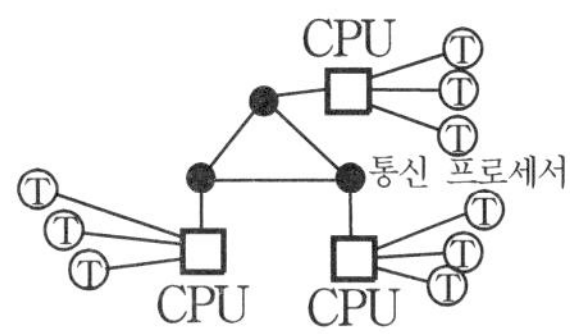
제 4 단 계	CPU의 수가 증가해서 광범위한 분야에서 융통성, 통신시설의 확충, 효과적 이용을 위한 네트워크 방식이다. 데이터 교환망의 단축 다이얼 기능, 핫라인 접속의 회선 교환 방식에 의해 네트워크의 유연성, 융통성이 향상된다.	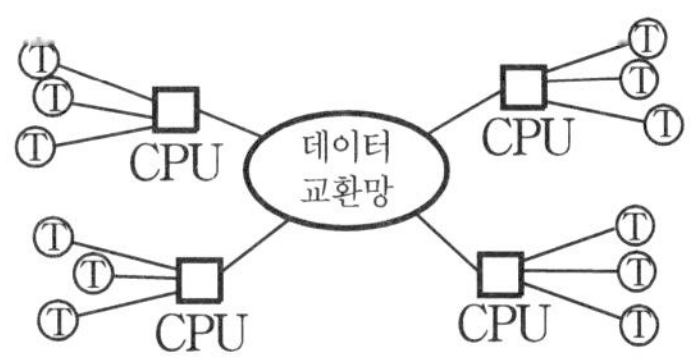

자료: 한국통신학회(1988: 234).

용도 고도화된다. 자료 교환망의 단축 다이얼 기능, 핫라인(hot-line) 접속의 회선 교환 방식, 패킷 교환 방식 등을 이용함으로써 좀 더 유연하고 융통성 있는 통신망을 형성하게 된다.

이상에서 살펴본 컴퓨터 통신망의 발달 과정 또는 형성 과정을 특징별로 도식화한 것이 [그림 7-3]이다.

부가가치통신망이 그림의 제2단계 컴퓨터 통신망의 형태를 근간으로 하여 형성·발달되어 온 것이다.

3) 부가가치통신망의 기능

부가가치통신망은 광의로 보아 통신 기능, 통신처리 기능, 정보처리 기능을 수행한

[그림 7-4] VAN의 기능 구성도

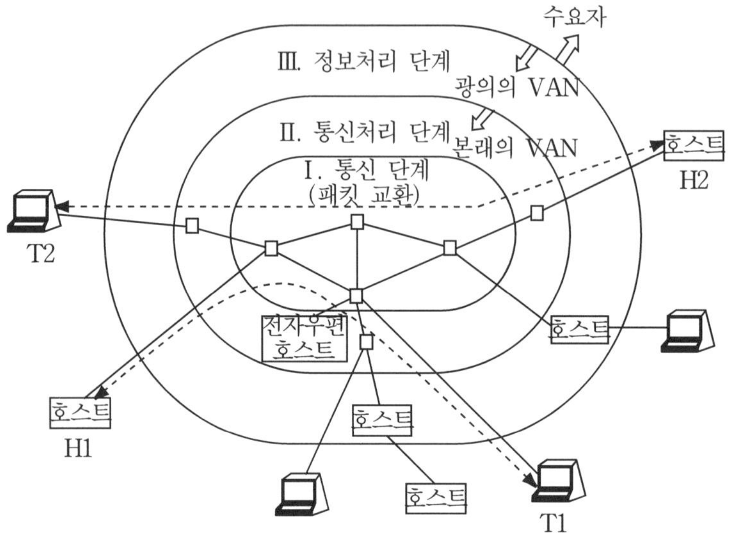

자료: 아오이 고오야(1986: 13).

다. 이들 세 기능은 [그림 7-4]에서 보는 바와 같이 세 단계의 과정으로 이루어지면서도 상호작용적임을 알 수 있다. 이들 각 기능을 좀 더 자세히 고찰하면 다음과 같다(아오이 고오야, 1986: 11-7).

[그림 7-5] 패킷 교환에 의한 통신의 효율화

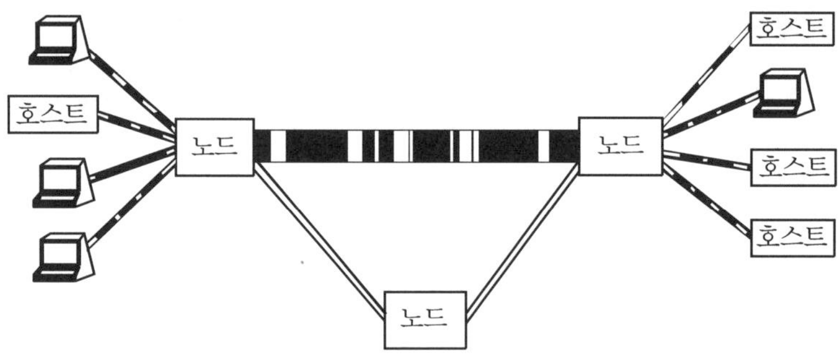

자료: 아오이 고오야(1986: 14).

(1) 통신 기능

부가가치통신망의 기본적인 기능은 통신 기능으로서 일반적으로 패킷 교환이라는 통신 방식으로 이루어진다. 부가가치통신망의 가장 기본적인 부가가치는 다른 단말에서 나온 정보를 [그림 7-5]와 같이 패킷(소포) 단위에 중점을 두고 통신의 효율을 높이는 것이다. 따라서 패킷의 통신 인터페이스를 가진 단말이나 호스트(주) 컴퓨터는 이런 단계(layer)를 이용하여 상호 통신을 할 수 있다. 부가가치통신망의 통신 기능을 [그림 7-4]에서의 H1과 T1 간의 관계로 나타내고 있는데, 이들은 부가가치통신망의 통신 기능만을 이용하는 형태로 접속되어 있다.

(2) 통신처리 기능

부가가치통신망의 두 번째 기능은 통신처리 기능으로서 [그림 7-6]에서 통신 기능 밖의 단계에 위치한다. 여기서 통신처리 기능은 통신 과정에서의 컴퓨터 처리를 의미하나 정보처리와는 달리 내용의 실질적인 변경을 수반하지 않는 것을 말한다.

[그림 7-6]과 [그림 7-7]은 대표적인 통신처리 기능을 보여 주는데, 이들 각 하위 통신 처리 기능을 살펴보면 다음과 같다.

① 축적 교환

이는 메시지를 상대의 단말이나 컴퓨터에 직접 출력하는 대신에 통신망 내부에 있는 컴퓨터 우편 박스에 일단 축적하고 수신자가 필요할 때 이를 빼내는 통신 방식이다.

② 동보(同報)통신

이는 같은 메시지를 부스(booth)의 상대에게 전하는 것을 뜻한다.

③ 속도 변환

이는 통신망 내부에서 통신 속도를 변환하여 속도가 다른 단말 간의 통신을 가능하게 만드는 것을 뜻한다. 이 경우는 1대 1의 경우와 1대 N의 경우가 있다.

④ 매체 변환

이는 다른 종류의 단말 간 신호 변환을 의미한다. 예컨대, 전화의 음성으로 입력한 자료를 알파벳의 코드로 변환하거나 호스트 컴퓨터에서 발신한 문자 코드를 영상 신호로 변환해서 팩시밀리로 출력할 수 있는 것을 말한다.

[그림 7-6] VAN의 통신처리 기능(1)

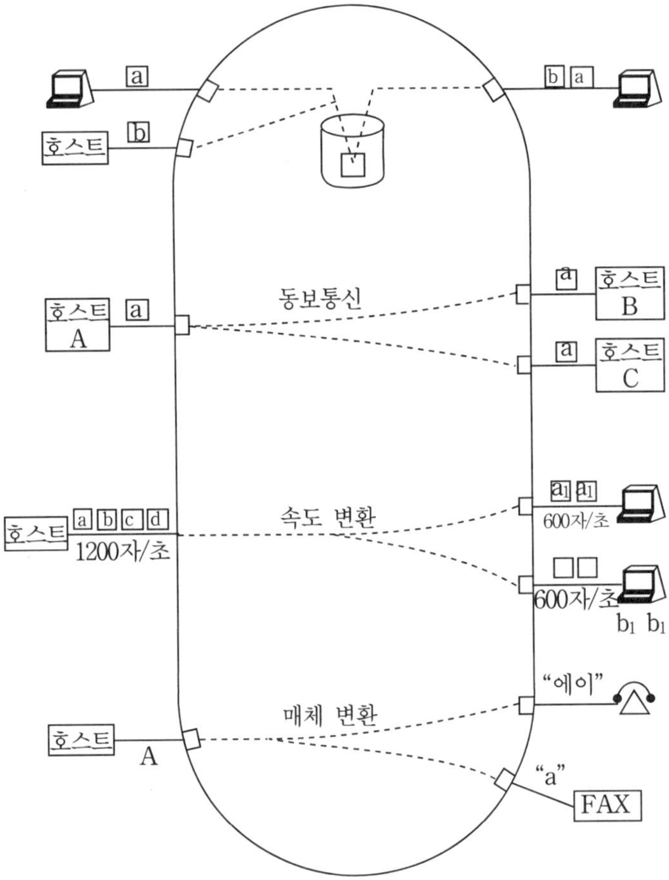

자료: 아오이 고오야(1986: 15).

⑤ 프로토콜 변환

컴퓨터나 단말기가 자료를 전송할 경우 프로토콜(protocol)이라는 통신사 절차의 약정에 따라 이루어지는데 여기서 프로토콜이란 인간 세계에서 말하자면 언어라든지 인사 방식에 해당하는 것으로서 이 프로토콜이 달라지면 통신이 불가능하게 된다. 실제로 컴퓨터의 제조 회사에 따라 기종이 달라 이기종(異機種) 간의 통신이 어려운 점이 바로 그 예가 된다. 이처럼 프로토콜이 다른 컴퓨터 간의 통신을 할 때는 프로토콜을 변환해야 하는데, 이 같은 프로토콜 변환은 인간 세계에서의 동시 통역과 같은 것으로 다른 언어로 말하는 컴퓨터 간의 통신을 가능하게 하는 것을 뜻한다.

⑥ 양식 변환

양식(format)이란 컴퓨터의 자료 순서나 문자 수 등의 약속을 말한다. 즉, 날짜를 서기(西紀)나 국가 고유 연대로 쓰느냐, 수신의 주소 및 성명을 먼저 쓰느냐, 아니면 품명을 먼저 하느냐 따위에 관한 약속 등을 의미한다. 이 같은 약속을 준수하지 않고는 정보통신이 불가능해진다. 다시 말하면, 자료의 양식이 달라질 경우에는 부가가치 통신망에 의해 변환시킴으로써 통신이 이루어지게 된다. [그림 7-7]은 상술한 프로토콜과 여기서 설명한 양식 변환을 양식적으로 나타낸 것이고, [그림 7-4]에서 H2, T2

[그림 7-7] VAN의 통신처리 기능(2)

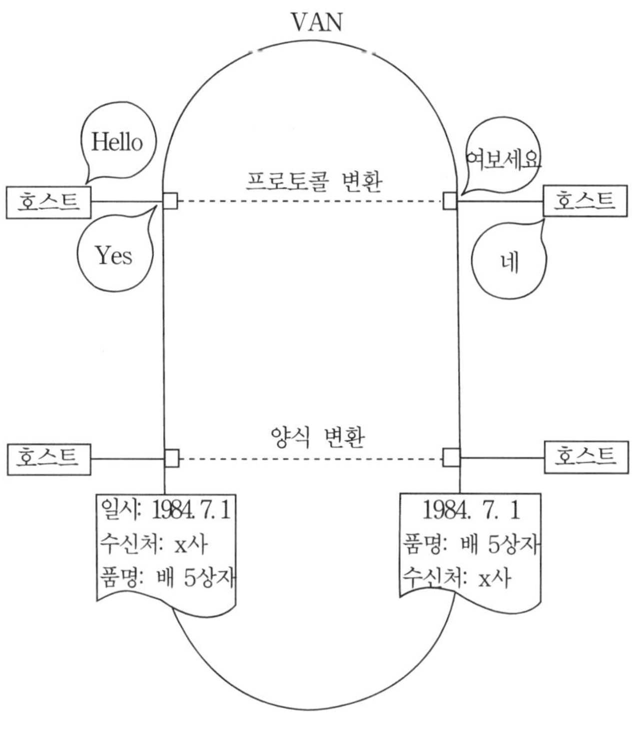

자료: 아오이 고오야(1986: 16).

는 이 같은 부가가치통신망의 통신처리 기능을 이용하는 형태로 접속되어 있음을 예시한 것이다.

(3) 정보처리 기능

부가가치통신망의 세 번째 기능은 정보처리 기능으로서 [그림 7-4]에서 세 번째 단계에 표시된 것이다. 이 기능은 급여 계산, 재고관리 등의 응용 처리를 위해 연산이나 정보의 검색을 실시하는 것을 의미한다. 일본에서는 이 기능이 부가가치통신망 서비스와 어울려 제공받으나 미국에서는 부가가치통신망에 의해 정보처리 서비스 제공을 금지한 적이 있다. 사실상 정보처리 기능은 통신망의 기능이라기보다는 컴퓨터 고유의 기능으로서 통신망에 컴퓨터 기능이 접속되어 있음을 전제로 한다.

4) 부가가치통신망의 분류

부가가치통신망은 그 기능 수준에 따라 크게 기본 기능을 부가한 VAN, 전용 업무 기능을 부가한 VAN, 그리고 복합 업무 기능을 부가한 VAN으로 분류할 수 있다.

(1) 기본 기능을 부가한 VAN

이는 TELENET과 TSMNET과 같이 프로토콜 변환에 의해 기본적인 기능이 부과된 부가가치통신망 서비스를 의미한다. 이 같은 패킷 통신업에서의 통신망 서비스 이외에도 팩시밀리에 의한 전자우편을 수행하는 GRAPH NET가 포함되며, 일본에서 사용되는 전선공사의 패킷 교환(DDX)이 이에 해당된다.

(2) 전용 업무 기능을 부가한 VAN

이는 보통 '특화 VAN'이라고도 일컬어지는 VAN의 유형으로서 특정 업종이나 업무로 특수화한 통신망 서비스를 의미한다. 여기에는 대체로 일본의 전은(電銀) 시스템, 좌석 예약 시스템, 무역 시스템, 소매업 시스템, 그리고 증권업 시스템과 같은 통신망 시스템이 속한다.

(3) 복합 업무 기능을 부가한 VAN

이 유형의 부가가치통신망은 운수업 시스템과 데이터베이스 시스템들과 같이 어떤 특종 업무와 업종 간에 균형 있게 복합화·통합화한 VAN을 의미한다. 여기서 고려되는 VAN 중에서는 응용 시스템이 최고로 광범위하게 큰 VAN을 나타낸다. 특히 운수업 통신망 체제에서는 운수회사, 창고회사, 판매회사, 은행 등 물건을 통해 결제까지 관계한 전체 업종을 포함한 전 세계적 규모의 통합적 VAN이 고려되고 있다.

5) 부가가치통신망의 사회적 영향

부가가치통신망이 계속 발전함에 따라 특히 사회경제에 미치는 영향은 크게 더욱 더 커질 것이다. 어떤 면에 어떤 영향을 미칠 것인지를 살펴보자. 대표적인 면만을 고찰하면 다음과 같다(아오이 고오야, 1986: 169-75).

(1) 산업계에의 영향

지금까지 대부분의 상품이나 서비스는 원칙적으로 한 기업에 의해 제공되었으며 그 내용은 업종마다 차이가 있었다. 그러나 VAN 등을 이용한 기업 간 정보 유통에 따라 다른 업종 간의 협력이 활발하게 이루어지게 된다. 이로 인해 복잡하고 고품질의 상품이나 서비스가 출현하게 될 것이다. 또 정보를 활용해서 각 기업이 서비스 종류를 확대시키기 위해 다른 업종 간의 협력이나 경합이 심화되기 마련이다. 대체로 일부 업종에서는 업무 내용이 변화되고, 또 VAN의 정보 유통 기능을 이용한 새로운 사업이나 이를 수행하는 기업이 생겨날 것이다. 결국 VAN의 제공뿐만 아니라 VAN의 활용을 통해 새로운 사업 기회가 점차 많이 포착될 것이다.

(2) 통신산업의 발흥

부가가치통신망의 개방으로 통신이라는 새로운 산업 분야가 출현하게 된다. 지금까지 공중통신이 전기통신공사의 공익사업이었던 것이 하나의 산업으로서 일반 기업의 참여가 늘어나고 있다. 그 결과 다양하고 저렴한 VAN 서비스가 등장하게 된 것이다. 그럼에도 불구하고 VAN은 일반 상품과 다른 다음과 같은 특징을 갖는다.

첫째, VAN은 처음으로 본격적인 서비스 산업이라는 것이다. 그 결과 VAN, 특히 기간 VAN에서는 사업의 성격상 개별적인 기업이 상당한 규모로 발전한다.

둘째, VAN은 전력, 가스, 철도와 같이 사회의 하부구조(infrastructure)로서 성격이 강한 산업이란 점이다. 그런데 수요자는 각 기업의 정보체제를 구축하기 위해 VAN을 사용하기 때문에 VAN에 장애가 자주 발생하거나 VAN 서비스 기업이 도산하는 경우 사회적인 혼란을 초래하게 된다. 또한 통신의 비밀이 유지되도록 대책이 마련되지 않으면 국민의 기본권이 침해될 가능성도 있다. 따라서 국가와 국민의 이해를 증진하기 위해 VAN 서비스에는 어느 정도의 질서가 요구된다. 그렇지만 동시에 자유경쟁에 따른 활력소가 중요하다는 등 질서와 자유 경쟁의 균형이 필요한 산업 분야이다.

셋째, VAN은 창의에 따라 여러 형태로 발전시킬 수 있는 사업이란 점이다. 즉 VAN은 그 부가가치를 깊이 연구해서 유익한 VAN 서비스를 제공할 수 있다. 또한 VAN을 사용한 새로운 사업을 일으킬 수 있다.

(3) 국제적 정보 유통

부가가치통신망이 여타 정보통신망처럼 국제적으로 상호 접촉을 증가시키면서 정보의 국제적 유통을 촉진하게 된다. 그 결과 국경을 초월한 정보 유통이 가능해졌다. 그러나 TDF(Transborder Data Flow: 국경 간 자료 유통)와 같이 국경을 초월한 자료나 정보 유통이 불균형 발전을 하게 되면 국제적인 문제를 불러일으킬 수 있다. 즉 한 나라의 데이터베이스를 활용함으로써 다른 나라는 그 나라의 사정을 앉아서 알 수 있게 된다. 이는 국제화가 진전됨에 따라 바람직한 일이기도 하겠지만 비밀로 해두고 싶은 국가나 기업의 정보마저 해외로 유출될 우려가 있어서 적절히 대처해야 할 과제이다. 더욱이 국가의 힘으로 데이터베이스를 구축한 나라도 있고 그렇지 못한 나라도 있어서 데이터베이스 구축이 늦어진 나라에 관한 정보를 다른 나라가 입수하기 어려운 정보 유통상 불균형 현상도 발생하고 있다.

(4) 가정생활에의 영향

새로운 정보매체의 보급으로 가정생활에도 변화가 일어나게 되는데, 이런 매체들 중에 가정생활에 가장 큰 영향을 미치는 것은 CATV라고 말한다. 왜냐하면 특히 쌍방향 CATV의 보급은 집안에 앉아 쇼핑을 하거나 각종 예약을 할 수 있게 해 주기 때문이다. 그러나 CATV가 전국적으로 보급되기까지는 상당한 시일이 걸리며, 또 현 수준의 쌍방향 CATV로는 1대 N의 대화 방식이 주류를 이루고 있어서 1대 1의 통신 방식이 보급되어야 비로소 가능한 홈 쇼핑이나 각종 예약 또는 데이터베이스 검색 등이 현실적으로 곤란한 상황이다. 따라서 당분간 이 같은 목적에 비디오텍스와 함께 VAN을 사용하게 될 것이므로 가정생활의 변화가 불가피하게 일어나게 된다는 것이다.

4 종합정보통신망(ISDN)

1) 종합정보통신망의 정의

종합정보통신망(Integrated Services Digital Network: ISDN)은 영어 의미 그대로 '종합 서비스 디지털 통신망'이라고도 불리며, 일반적으로 장차 보급될 것으로 예상되는 여러 가지 다양한 통신 서비스를 하나의 통일된 통신망을 통해 경제적으로 제공할 수 있는 통신망 시스템을 의미한다.

그런데 종합통신망의 개념적 구성 요소를 분석·고찰하면, 통신망, 디지털, 서비스, 그리고 종합이란 용어로 구성되어 있음을 알 수 있다. 따라서 종합정보통신망의 특징은 이들 각 요소를 고찰해 봄으로써 이해할 수가 있다. 이들 각각의 개념적 구성 요소를 살펴보면 다음과 같다(한국통신학회, 1988: 173-6).

(1) 통신망

종합정보통신망은 먼저 정보가 전달되는 경로, 즉 두 개 이상의 지점 사이에서 전기통신을 수행하도록 연결을 제공하는 노드(node)와 링크(link)의 집합인 통신망 개념으로 구성되어 있음을 나타낸다. 여기서 링크는 전송 선로를 나타내며 동선 및 광섬유 무선 전송로 또는 두 지점 간의 정보를 전달하는 다른 전송매체 중의 하나를 의미한다. 그리고 노드는 두 링크가 만나 다시 다른 링크로 통하는 교차점으로서 그 점에서 스위칭이 수행되는 점을 의미한다.

(2) 디지털

종합정보통신망의 두 번째 개념적 요소는 디지털 개념으로서 전기 통신신호의 한 유형을 의미한다. 정보가 전기통신망을 통해 전달되기 위해서는 정보가 전기 신호로 변환되어야 하고 다시 그 전기 신호가 본래의 정보 형태로 환원되어야 한다. 이때 전기 신호는 아날로그 신호와 디지털 신호로 구분되는데, 아날로그 신호는 시간에 따라 신호의 레벨이 연속적으로 변하는 형태를 가지는 전기 신호를 뜻하며, 디지털 신호는 불연속적인 시간에서 고정된 신호 레벨로 표현된 전기 신호를 의미한다.

디지털 신호를 전기통신에 이용하는 경우에는 신호를 처리하는 데 컴퓨터 시스템을 그대로 이용할 수 있고, 신호 재생이 용이하며, 잡음에 대한 특성이 개선되고, 전기통신 장치를 좀 더 효율적으로 이용할 수 있는 장점이 있다.

(3) 서비스

종합정보통신망의 세 번째 개념적 구성 요소는 서비스 개념으로서 기존의 전화, 전신, 팩시밀리, 텔렉스 등이 그 예가 된다. 그러한 서비스에 대한 법규는 일반적으로 독점 운용되거나 정부에 의해 주도되었다. 그러나 스피드 다이얼링(Speed Dialing), 음성우편(Voice Mail)과 같은 부가적인 선택 서비스가 추가되면서 법규 운용의 형태가 된 것이다. 소위 부가가치 기업의 업자가 독점 운영되는 통신 선로를 임대하되 새로운 서비스를 첨가하여 만든 부가가치통신망을 다시 일반 이용자에게 임대하게 된다. 즉 진보된 디지털 통신망 환경에서 통신망 내부와 외부에 있는 요구에 따라 개별적으로 충족시킬 수 있게 된 것이다. 그런데 종합정보통신망을 추진하는 입장은 서비스의 본질에 관해서보다도 서비스의 속성에 더 초점을 두고 있는 점을 유의할 필요가 있다. 이 같은 ISDN은 모든 서비스를 제공해야 하기 때문에 어떤 서비스를 누가 어떻게 제공하느냐와 같은 문제들을 해결해야 한다.

(4) 종합

종합정보통신망의 네 번째 개념적 구성 요소는 종합(integrated) 개념으로서 대체로 두 개의 다른 디지털 통신망 속성을 표현할 때 이용되고 있다. 처음에는 디지털 통신망들을 하나의 통신망과 같이 동작하도록 물리적으로 연결하는 의미로 사용되었다. 즉 기능적으로 통합되도록 디지털 통신망을 서로 연결하는 경우를 나타내는 의미였다.

이러한 종합이라는 용어를 전화, 자료 등과 같은 다양한 서비스를 제공하는 하나의 통신망을 나타내는 데에 사용한다. 그러나 ISDN을 중점적으로 연구하고 있는 CCITT(The Consultative Committee on International Telegraph and Telephone)에 따르면, 종합이란 뜻은 디지털 통신망 또는 종합 디지털 통신망(즉, 두 개 이상의 정의된 지점 사이에서 디지털 연결을 제공하기 위해 종합 전송과 스위칭을 이용하는 디지털 노드와 링크의 집합)과 종합 서비스 통신망(즉, 다른 전기통신 서비스를 제공하거나 유지하는 통신망)의 개념을 모두 포함하는 의미라는 것이다.

결국 CCITT가 정의한 바와 같이 종합정보통신망은 이용자-통신망 인터페이스 사이에서 디지털 연결을 제공하는 종합 서비스 통신망을 의미한다.

2) 종합정보통신망의 등장 배경

통신 신호와 통신 시스템은 음성을 전송하는 경우와 같이 아날로그(Analog, A) 신호일 수도 있고 전신과 같이 디지털(Digital, D) 신호를 이용하는 경우도 있다. 일찍부터 전화는 아날로그 시스템을 통해 아날로그 음성 신호를 전달했다. 그러나 최근에는 컴퓨터 단말에서 사용되는 것과 같이 디지털 정보를 전송하려는 요구가 증가하게 되었다. 이 경우 전화망을 통해 디지털 정보를 전송하기 위해서는 디지털 신호를 아날로그 신호로 변화하는 모뎀(MODEM, Modulator-Demodulator: 변복조기기)이 필요하게 되었다 (한국통신학회, 1988: 176-7).

1960년대 디지털 기술이 진보함에 따라 디지털 전송 방식과 디지털 스위치 방식이 음성전화망에 적용되었다. 이러한 디지털 전송과 스위칭 방식이 디지털 형태로 적용되면 A/D(Analog/Digital)이나 D/A(Digital/Analog) 변환을 하지 않고도 디지털 신호가 그대로 전송되고 스위칭되기 때문에 경제성이 훨씬 높아지게 된다. 그러므로 현재의 아날로그 전화망에 디지털 스위칭 및 전송 방식이 도입되고 있는데 그 형태를 종합디지털통신망(IDN)이라고 한다.

대체로 전화망은 기존의 두 단계를 거쳐 세 번째 단계인 종합디지털통신망으로 발전하고 있다. 그 첫 번째 단계는 전송과 스위칭 방식이 완전히 아날로그 형태인 시기이며, 두 번째 단계는 디지털 전송과 스위칭 방식이 도입되는 과정인 시기이고, 세 번째 단계는 단말과 단말 사이(end-to-end)가 디지털로 완전히 연결되는 시기로서 음성과 자료 서비스 등이 동일한 전송장치와 스위칭을 통해 제공된다. 이 세 번째 단계에서는 서비스는 물론 전송과 스위칭 기술이 통합하는 시기이며, 이때 통합된 서비스는 음성, 자료, 영상 서비스는 물론 회선 교환과 패킷 교환망까지를 조합한 것이다. 바로 이 세 번째 과정이 종합정보통신망 또는 종합정보처리망의 등장 단계이다.

그런데 이 같은 종합정보통신망의 개발을 촉진시킨 배경적 요인으로는 다음과 같은 것을 들 수 있다.

첫째, 새롭고 확장된 서비스 제공에 대한 요구

둘째, 디지털 통신망의 특성으로 인한 경제적인 서비스 제공

셋째, 통합된 서비스를 제공해 주는 새로운 기술의 개발

결국 종합정보통신망은 기존의 전화망을 근간으로 하여 개발되는 통신망으로 기술 차원보다는 시장성 차원으로 계속 발전해 갈 것으로 전망된다.

3) 종합정보통신망의 원칙

종합정보통신망은 다음과 같은 원칙에 입각하여 수립된 통신망이다(통신개발연구원, 1988: 11).

첫째, 종합정보통신망의 특징은 음성 및 비음성의 각종 통신 서비스를 동일한 통신망을 통해 제공하는 서비스 종합에 있다. 이러한 서비스 종합을 실현하는 열쇠는 각종 서비스에서 공용하는 표준화된 이용자-통신망 인터페이스이다.

둘째, 종합정보통신망은 교환 접속 및 고정 접속의 두 접속 방식을 제공한다. 교환 접속으로는 회선 교환 방식과 패킷 교환 방식 등 두 가지 방식을 제공한다.

셋째, 종합정보통신망에서 제공되는 서비스는 64kbps 교환 접속과 병존·양립하는 형태로 제공된다.

넷째, 종합정보통신망은 서비스의 제공이나 유지·보수를 위한 고도의 제어 기능(intelligence)을 갖는다. 서비스에 따라서는 통신망 내의 이용자 통신기기 제어를 필요로 한다.

다섯째, 종합정보통신망의 액세스를 규정하는 프로토콜은 계층적으로 구성된다.

4) 종합정보통신망의 기능

종합정보통신망에 의한 서비스를 실현하고 이용자-통신망 인터페이스를 세계 공통으로 이용될 수 있게 하기 위해서는 통신망이 갖추어야 할 기본적인 기능들이 있다. 다시 말하면, 종합정보통신망은 그 서비스 기능을 극대화하기 위해서는 [그림 7-8]에서 보는 바와 같이 적어도 다음과 같은 기능을 갖추고 있어야 한다(통신개발연구원, 1988: 45-9).

(1) 가입자 구간에서 서비스 종합 기능

통신망은 크게 이용자의 주택이나 사업소에 설치된 단말기에서부터 각 지역마다 배치된 전화국까지의 사이를 잇는 구간인 가입자 구간과 상대방 단말기와 전화국 사이의 구간인 중계 구간으로 대별된다.

종합정보통신망은 서비스가 종합된 디지털 통신망이며 한 줄의 가입자 선상에서, 즉 하나의 번호가 부여된 단말에서 모든 서비스를 이용자가 자유롭게 이용할 수 있다는 특징을 갖고 있다. 따라서 가입자 구간에서는 여러 가지 서비스가 골고루 동일한 가입자선으로 제공될 수 있다. 다시 말하면, 가입자 구간에서는 서비스 종합 기능

[그림 7-14] ISDN의 구조모형

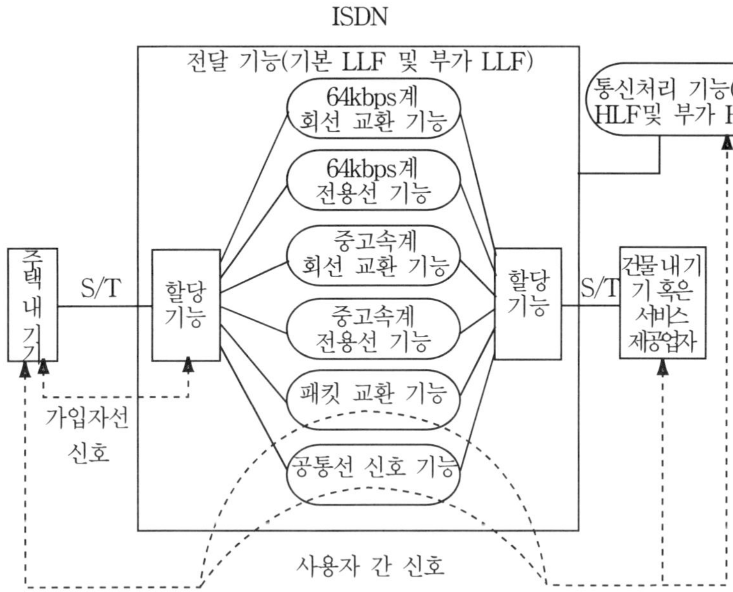

자료: 통신개발연구원(1988: 46).

이 필수적이다. 이 서비스 종합화된 정보를 효율적이고 경제적으로 멀리 떨어진 지점까지 전달하기 위해서는 중계 구간에 제공하는 서비스에 따라 이들의 기능을 구분해서 사용해야 한다. 이것이 [그림 7-8]의 할당 기능 또는 배분 기능이다.

(2) 회선 교환 기능

회선 교환 기능은 단말기 간에 통신을 할 때 입력된 호출 설정 정보(예: 상대방 주소, 서비스 급수[class] 등)에 따라 통신망 내의 교환기가 단말기 상호간에 통신 패스(pass)를 설정하여, 통신이 해제될 때까지 이 통신 패스를 단말기 상호간에 점유시키는 통신 기능을 의미한다. 따라서 통신 패스가 설정되어 있는 동안은 마치 단말 상호간에 고정적으로 선을 연결하는 것과 같이 단말기 상호간에 자유롭게 정보 전송을 할 수 있고 교환기는 아무런 관여도 하지 않는다. 기존 통신망에서 회선 교환 기능에 의해 제공되는 서비스로는 아날로그 전환 교환망을 이용한 전화, 팩시밀리 서비스 및

DDX 자료 회선 교환 서비스 등이 있다. 종합정보통신망에서 회선 교환 기능이 갖는 전달 속도는 음성 전달에 필요한 64kbps를 기본으로 한다.

(3) 패킷 교환 기능

패킷 교환 기능은 단말기로부터의 정보마다 수신처나 자료 순서를 붙이고 이것을 통신망의 교환기가 번역하여 비어 있는 통신 패스를 경유하여 상대방 단말기까지 정보를 전달하는 기능을 말한다.

이때 회선 교환과는 달리 호출이 설정된 후에도 정보가 흐를 때만 통신 패스를 점유하고 단말기 상호간에 고정 통신 패스를 설정하지 않는다. 이것은 자료 단말기에서 사람이 조작하면서 작업을 실행하는 경우 등 호출이 설정되어 있는 시간에 비해 전송되는 정보량이 적은 경우에 유효한 방식이라고 간주된다. 또한 사용 요금도 정보량에 비례하여 설정할 수 있기 때문에 OA나 PC 통신 등이 보급됨에 따라 증가할 것으로 보인다.

기존의 통신망에서 패킷 교환 기능을 사용하여 제공되고 있는 서비스로는 DDX 패킷 교환망을 사용하는 서비스가 있다. 종합정보통신망에서는 하나의 단말기가 같은 인터페이스에서 회선 교환 기능과 패킷 교환 기능의 양자의 특징을 살린 서비스를 선택할 수 있도록 하고 있다.

(4) 공통선 신호 기능

공통선 신호 기능은 회선 교환망에서의 통신 회선을 설정하는 데 필요한 제어정보(이것을 신호라고 하고, 예컨대 상대방 단말기의 주소, 통신의 설정, 해제의 통지, 서비스 내용 등이 있음)를 교환기들 사이에 전송하는 기능이다. 이 기능은 회선 교환 기능에서는 필수적인 것이며 통상의 접속 서비스뿐만 아니라 부가 서비스의 다양화를 실현하기 위해 필수적인 기능이다. 또한 공통선 신호에 의한 정보 전송은 패킷 교환 기능과 비슷한 방식을 사용하는데, 종합정보통신망에서는 제어정보의 전송 이외에도 회선 접속에 부수된 단말기 간의 이용자 정보의 전송에 대한 사용도 검토되고 있다.

(5) 전용선 기능

이 기능은 통신망 내의 교환 기능에 의존하지 않고 단말기 상호간에 고정적이거나 반고정적인 회선을 설정하는 기능을 말한다. 기존의 디지털 전용선 서비스로는 모뎀에 상당하는 부호 품목 이외의 고속계의 64kbps-6Mbps 전용선 서비스가 있으며, ISDN에도 포함된다.

(6) 통신처리 기능

이 기능은 단말기로부터의 정보를 일단 통신망 내의 통신처리 노드의 기억에 축적되거나 정보 전달 속도를 변환하거나 또는 다른 매체로 변환하는 기능을 의미한다. 기존의 통신처리 서비스로는 팩시밀리 통신망 서비스와 비디오텍스 통신망 서비스가 있다. 그리고 이러한 종합정보통신망에서 통신처리 기능은 ISDN 내에서 실현하는 경우, ISDN의 이용자-통신망 인터페이스나 통신망 간 인터페이스의 외부에 통신처리센터로서 집중시키는 경우, 그리고 단말기 자체가 갖는 경우로 대별된다.

5) 종합정보통신망의 기술과 서비스

(1) 종합정보통신망의 기술

종합정보통신망의 호환성과 상호 연결성의 관점에서 가장 관심을 끄는 기술적인 면은 ISDN 기준 모형, ISDN 채널 형태, ISDN 액세스 속도와 인터페이스, 물리 계층의 상세(specification), 전송률 변환 방식 등이다. 이 중에서 특히 ISDN 모형과 인터페이스, ISDN 액세스 채널, ISDN 인터페이스 채널만을 고찰해 본다(한국통신학회, 1988: 179-83).

① ISDN 모형과 인터페이스

ISDN에 의해 각종 서비스를 종합적으로 제공하기 위해 요구되는 것은 이용자와 통신망 인터페이스 단계를 제한하여 이용하는 것이며, 또한 여러 종류의 ISDN 서비스를 제공할 수 있는 연결 형태를 제한하여 이용하는 것이다.

여기서 인터페이스의 수를 제한하는 이유는 이용자에게 융통성을 최대로 제공하고 균일하게 이용자가 통신망을 접속할 수 있게 해 주며, 경제적인 비용을 절감케 하는 효과를 주기 때문이다. 인터페이스에서의 융통성은 계층적 인터페이스와 프로토콜을 이용하여 실현한다.

② ISDN 액세스 채널

채널이란 인터페이스 간의 정보를 전달할 수 있는 용량을 의미한다. 채널 형태는 대체로 다음과 같은 것들이 있다.

가) B 채널: 이는 타이밍(timing)이 동반된 64kbps 채널로 다양한 이용자 정보를 전달한다. 이 채널은 ISDN에서 회선 교환인 경우 신호처리 정보를 전달하지 않는 대신에 D 채널이 전달한다. 또한 B 채널은 ISDN 내에서 회선 교환, 패킷 교환, 그리고 반영구적 연결을 갖는 선로 등에 액세스를 제공하는 데 사용된다. B 채널이 전달하는 이용자 정보는 64kbps로 부호화된 음성 및 광대역 음성, 64kbps 이하의 자료정보, 64kpbs 이하로 부호화된 음성 또는 다른 디지털 정보와 음성이 혼합된 이용자 정보 등이 있다.

나) D 채널: 이는 원래 ISDN에서 회선 교환용 신호처리 정보를 전달하는 데 이용된다. 그러나 D 채널은 신호처리 채널로 호출 제어, 가입자 대 가입자 신호 처리, 패킷 자료에 대한 계층, 그리고 프로토콜을 지원해 주기 위한 것으로 OAM(Operation Administration Maintenance; 운영 · 관리 · 유지 보수) 메시지 전송에도 이용될 수 있다. 이 D 채널은 인터페이스 형태에 따라 16kbps 또는 64kbps의 용량을 갖는다.

다) H 채널: 이 채널은 타이밍을 포함한 전송 속도를 갖는다(HD 채널 384kbps, HI 채널 1536kbps(HI1)과 1920kbps(HI2)).

H 채널은 다양한 이용자 정보를 전달하기 위한 것으로 ISDN에 의해 회선 교환되는 신호 처리정보는 전달하지 않는다. 이 채널을 통해 전달되는 이용자 정보 형태는 고속 팩시밀리, 화상회의용 영상, 고속 자료, 고품위 음성, 패킷 교환용 정보, E 채널 등이 있다.

이 채널은 64kbps 채널로서 ISDN에 의해 회선 교환되는 경우에 신호 처리 정보를 전달하는 데 사용된다. 이용자-통신망 인터페이스에서는 1차 비율(primary rate)로 다중화된 채널 구조에서만 이용된다.

③ ISDN 인터페이스 채널

가입자와 통신망 간의 인터페이스 채널은 기본율 인터페이스(Basic Rate Interface: BRI)와 1차 비율 인터페이스(Primary Rate Interface: PRI)로 대별되며, 서비스와 독립적으로 그리고 음성과 자료를 동시에 다룰 수 있게 되어 있다.

가) 기본율 인터페이스(BRI): 이 인터페이스는 물리적으로 ISDN의 기준점 S와 T에서 발생한다. 여기서 S 기준점은 1개 이상의 TE1(Terminal Equipment 1)과 NT2(Network Termination 2) 사이의 완전한 디지털 인터페이스를 말하며 2선 또는 4선식 선로를 이용한다. 그리고 그 선로는 두 개의 이용자 채널과 하나의 신호처

리 채널로 이루어졌다. 한편 T 기준점은 NT2와 NT1 사이의 또는 TE1 및 TA(Terminal Adaptor)와 NT1 사이의 인터페이스를 말한다.

BRI는 두 개의 B 채널과 하나의 D 채널인 2B+D 형태로 구성된다. 이 경우 D 채널의 용량은 16kbps가 되어 전체 인터페이스 용량은 144kbps가 된다.

나) 1차 비율 인터페이스(PRI): 이 인터페이스는 ISDN의 기준점 S와 T에서 물리적으로 발생한다. PRI 채널 구조는 북미의 경우 23B+D(B=64kbps, D=64kbps)이며, 주로 디지털 PBX(Private Branch Exchange), LAN, 호스트 컴퓨터 같은 주요 통화원 용도의 채널이다. 유럽의 경우 PRI 구조는 32채널로 구성되고 최대 정보전송률은 1.92Mbps 164kbps X30이며, 나머지 중 한 채널은 구조(framing)와 제1계층(layer 1) 기능을 위해 사용되고 다른 하나의 채널은 D 채널용이다.

(2) 종합정보통신망의 서비스

종합정보통신망(ISDN)의 서비스는 이용자-통신망 인터페이스 및 통신망 간 인터페이스에 관한 접속 조건을 규정한 OSI 7계층 모형(7 Layered Model for Open System Interconnection)의 각 계층 프로토콜의 표준화 정도와 단말 기능의 유무에 따라 베어러 서비스(bearer service)와 텔레서비스(teleservice)로 구분된다(통신개발연구원, 1988: 30-41, 49-52).

① 베어러 서비스

가) 의미: 베어러 서비스는 [그림 7-8]에서와 같이 OSI 계층모형의 하위 계층(계층 1~3)만 프로토콜이 표준화되어 있고 단말 기능이나 상위 계층(계층 4~7)은 프로토콜 표준화의 대상 밖에 있는 서비스를 말한다. 베어러 서비스를 기존의 아날로그 전화 서비스의 예를 들어 설명하면, 서로의 키보드(단자판) 간을 연결한 상태까지의 서비스로서 이 상태에서는 단말기를 규정하고 있지 않으므로 전화 서비스라는 의미에서의 상호 통신은 보증되지 않는다. 따라서 이 상태에서 음파 전기를 변환하는 회로를 단말 기능으로 추가하게 되면 비로소 완결된 전달 서비스가 제공되는 것이다.

한편, 베어러 서비스를 ISDN의 계층적 기능과 결부시켜 설명해 보면, [그림 7-9]에서 보는 바와 같이 베어러 서비스는 하위 계층 기능과 운영·관리 기능에 의해 제공됨을 알 수 있다. 여기서 하위 계층 기능은 발착 단말기 간의 통신 패스를 설정하여 올바른 정보를 상대방 단말기에 전달하는 기능으로서 회선 교환 기능과 패킷 교환 기능이 이에 해당한다.

[그림 7-9] ISDN에 관한 OSI 7 계층모형

분류	레이어번호 레이어명	주요 내용	각 레이어의 이미지
텔레서비스(통신 서비스)와 관련되는 기능	7. 응용	통신자가 목적으로 하는 서비스(의 제공)	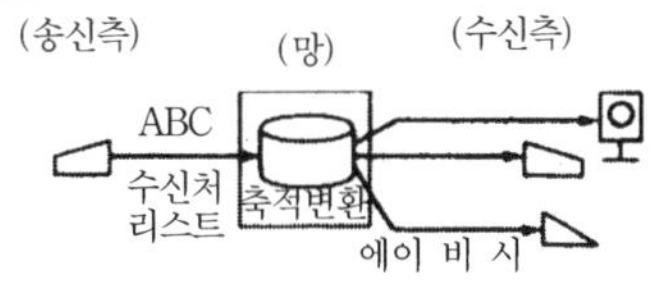
	6. 프레젠테이션	통신하는 정보의 코드화, 암호화 등	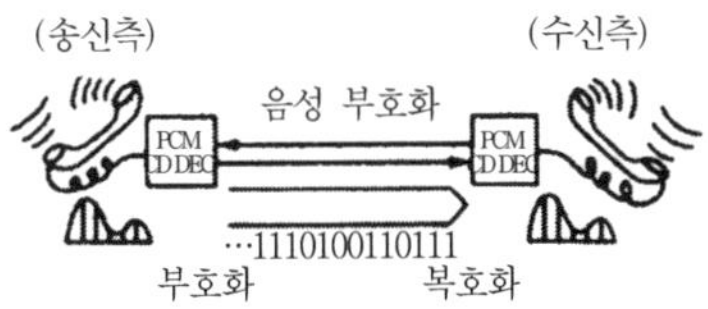
	5. 세션	송신하는 권리의 제어(송신 요구의 가로채기 접수 등)	
	4. 트랜스포트	송신측-수신측 간 정보 도달의 확인	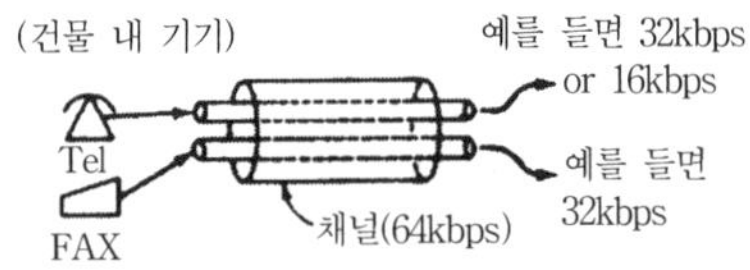
베어러 서비스(전달 서비스)와 관련되는 기능	3. 네트워크	통신로의 선택, 설정, 해방	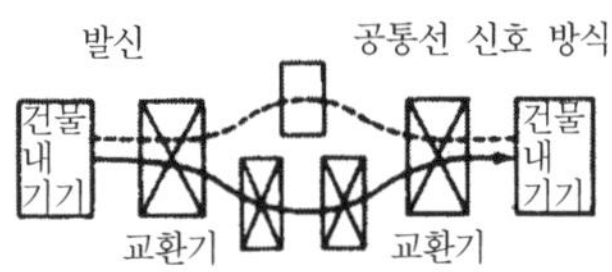
	2. 데이터 링크	통신로 중의 1구간에서의 오류 검출	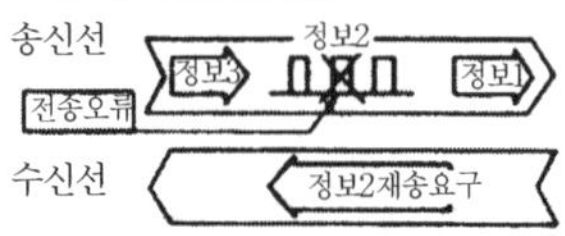
	1. 물리	통신의 속도, 전압, 소켓의 핀 수 등	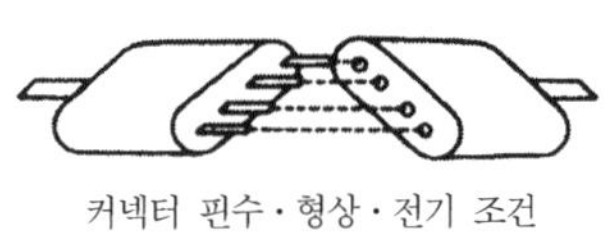

자료: 통신개발연구원(1988: 22).

[그림 7-10] ISDN의 계층별 기능과 서비스

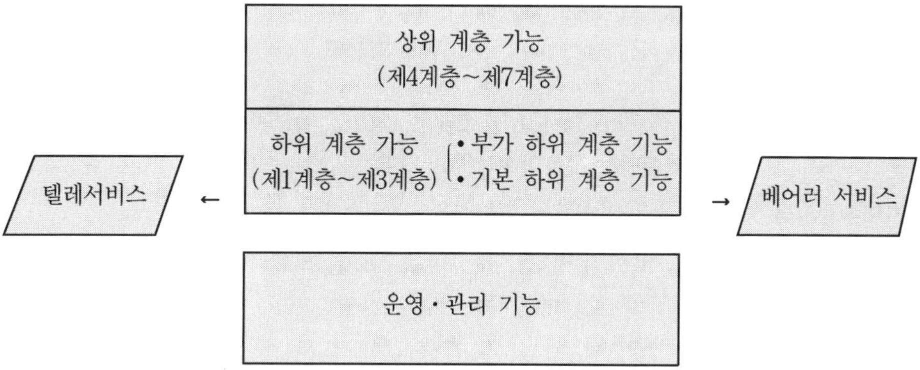

자료: 통신개발연구원(1988: 50).

이 하위 계층은 다시 기본 하위 계층 기능과 부가 하위 계층 기능으로 분류되고, 전자의 기본 하위 계층 기능은 다시 제1계층 기능(즉, 단말기 간에 물리적인 통신로[예: 동 및 광케이블]를 거쳐 전기적 접속을 하는 기능), 제2계층 기능(즉, 단말기 간에 정보를 신속하게 송수신하기 위한 전송 절차 기능), 그리고 제3계층 기능(즉, 요구된 통신 상대까지의 통신 패스의 설정이나 해제, 서비스 내용의 해석, 통화 패스의 시험과 같은 통신망 연결 제어나 관리 기능)으로 구성되어 있다. 후자의 부가 하위 계층 기능은 기존의 전화망이나 패킷 교환망에서 통신 패스를 설정하는 시점에서 여러 가지 기능을 이용자에게 제공해 주는 기능이다. 즉, 이 같은 통신 패스의 설정에 부수한 서비스를 제공해 주는 기능을 말한다.

나) 특징 및 속성: 베어러 서비스는 먼저 다음과 같은 특징을 갖는다.

첫째, 상위 계층에는 아무런 규정도 되어 있지 않으므로 이용자가 자유롭게 계층을 이용하여 통신할 수 있다.

둘째, 그 반대로 서로 통신하는 이용자 간에 미리 상위 계층을 정해 둘 필요가 있기 때문에 통신 상대의 범위가 한정된다.

다음으로, 베어러 서비스는 다음과 같은 속성을 지닌다.

첫째, 액세스 속성(access attribute): 이용자-통신망 인터페이스상에서의 채널이나 프로토콜 등의 속성을 갖는다.

둘째, 정보전달 속성(information transmission attribute): 발신자와 수신자의 서비스 액세스 점을 연결하는 단말기와 단말기 간의 정보 전달 속도나 통신망에서의 변환 유무 등을 규정하는 속성을 갖는다.

② 텔레서비스

하위 계층은 물론 상위 계층까지가 표준화된 서비스를 의미한다. 이 텔레서비스는 주로 단말기 상호간에서의 정보 교환을 하는 경우의 서비스를 의미하나 다음과 같이 통신망 내에서 제공되는 서비스도 포함된다.

첫째, 통신망 내에서 축적이나 변환을 하는 상위 계층 기능(HLF, High Layer Function)을 두고 텔레서비스를 제공하는 경우도 있다.

둘째, 발신 단말기와 수신 단말기가 동일한 텔레서비스의 단말기인 경우, 서로 통신할 수 있는지 어떤지를 점검하기 위한 정보(이것을 상위 계층 정확성 확인정보라고 함)를 통신 확립시에 발신 단말기에서 수신 단말기로 보내는 상태의 서비스도 포함된다.

이 같은 텔레서비스는 [그림 7-16]에서 보는 바와 같이 하위 계층 기능과 상위 계층 기능을 비롯하여 운영·관리 기능과 결합하여 제공됨을 알 수 있다. 여기서 상위 계층은 단말기 간의 통신 절차와 정보의 축적 및 변환 등의 기능뿐만 아니라 통신망 중에서도 통신 처리 기능이 이에 해당된다. 이 텔레서비스의 예를 들면, 통상의 전화나 팩시밀리는 하위 계층 기능에 의해 설정된 통신 패스를 거쳐 각자의 단말기가 갖는 상위 계층 기능에 의해 통신이 이루어지는 경우로서 이때는 통신망이 상위 계층에는 관여하지 않는다. 다른 예는 팩시밀리 통신망 서비스에서는 통신망 내에 팩시밀리용 축적·변환 기능을 두고 이것을 매개로 단말기 간의 통신을 하고 있는 경우로서, 이때는 통신망이 하위 계층 및 상위 계층 모두에 관여한다.

6) 종합정보통신망의 기대 효과

종합정보통신망이 대두된 배경에서 설명된 바와 같이 여러 가지 이유로 종합정보통신망의 개발·운영을 추진하게 되었다. 그러나 초기의 종합정보통신망의 단계를 벗어나서 정보기술의 계속적인 발전과 함께 종합정보통신망도 좀 더 고도화된 기능을 갖추게 될 것으로 전망된다. 이처럼 종합정보통신망을 계속 발전시키는 이유는 어떤 기대 효과 때문인가? 그 대표적인 것만을 보면 대체로 다음과 같은 기대 효과를 생각해 볼 수 있다(통신개발연구원, 1988: 8-10).

(1) 간편성

종합정보통신망의 기대 효과로는 ISDN의 이용자 측면에서의 효과로서 이용의 간편성을 들 수 있다. 기존의 개별 통신망에서는 서비스마다 개별의 계약, 개별의 요금, 개별의 번호, 개별의 가입자 순으로 이루어져 있기 때문에 이용자에게는 번잡할 뿐만 아니라 전화 통화를 하면서 동시에 팩시밀리로 문서를 교환한다든지 패킷 방식으로 퍼스널 컴퓨터를 이용한 통신을 하는 등 한 줄의 통신 회선을 사용하여 통신매체들을 자유롭게 활용한다는 것은 불가능한 일이다. 더욱이 호환이 불가능한 통신망이나 통신매체들인 경우는 서비스의 제공을 제대로 기대할 수 없다. 그러나 ISDN은 하나의 사용자–통신망 인터페이스를 이용하여 각종 서비스를 종합적으로 제공할 수 있게 해 주기 때문에 이용자들의 통신망 이용에 따른 번거로움이나 불편함이 최소화될 수 있다.

(2) 경제성

종합정보통신망의 기대 효과로는 통신망의 이용 측면뿐만 아니라 유지・보수 측면에서의 경제성을 들 수 있다. 비전화계의 서비스에 대해 각각 다른 개별 통신망을 구축하는 경우 비용이 엄청나게 많이 들 뿐만 아니라 통신망 이용률이 낮아진다. 더욱이 통신망 비용의 태반을 차지하는 가입자선을 서비스마다 개별적으로 가입자 집안까지 가설하는 것은 낭비적이다. 게다가 서비스가 종합화되지 않고 개별적으로 이루어지는 경우, 개별 통신망의 여건에 따라 이용자 부담에 차이가 있을 수가 있으며, 그 결과 이용자의 입장에서는 더 많은 비용 부담을 해야 할 경우도 발생하게 된다. 따라서 특히 가입자선에 대해서는 각종 서비스를 종합적으로 이용할 수 있는 서비스 종합(service integration)화를 통해 비용 절감을 도모할 수 있다.

같은 맥락에서 ISDN의 발전은 통신망의 유지・보수면에서도 비용 효과적인 결과를 기대할 수 있다. 서비스의 종류만큼이나 다양하고 많은 개별 통신망을 유지하고 보수하는 데 드는 비용은 ISDN을 유지・보수하는 경우보다 더 많을 수 있다.

게다가 LSI 기술, 광섬유 전송 기술이 급속하게 진보함에 따라서 음성의 전달도 이미 통신망 내에서는 아날로그 방식에 의하기보다 디지털 방식에 의해 이루어지는 디지털 통신망(digital network)이 좀 더 경제적이라는 것이다.

(3) 효율성

종합정보통신망을 구축・발전시켜 나갈 때 기대되는 효과는 통신망의 운영 관리면에서 효율적이라는 것이다. 현재 이용되고 있는 전화망은 음성을 전달하는 데 가장 적합한 아날로그 기술을 기초로 구성되어 있다. 그러나 앞으로는 자료나 팩시밀리 등과 같은 비전화계의 서비스가 등장하게 됨에 따라 디지털 방식의 정보통신이 증가하게 되어 현재의 아날로그 통신 방식에서는 모뎀을 사용하지 않고는 디지털 방식의 전송을 할 수 없다.

그런데 이 모뎀은 음성 주파수대에서는 기껏해야 10Kbps 정도밖에 디지털 전송을 할 수 없으므로 고속으로 정보나 자료를 전송할 수 없다. 따라서 더 많은 정보를 전송하거나 고속으로 일정량의 정보를 전송하고자 하는 경우에는 더 넓은 주파수 대역을 확보해야 한다. 결과적으로 기존의 전화통신망으로는 정보통신의 효율화를 기할 수가 없고 대신에 서비스를 종합하고 디지털 통신 방식을 이용하는 ISDN의 발전이 요구된다.

7) 종합정보통신망 추진시 고려 사항

종합정보통신망을 추진하는 데에 심사숙고해야 할 고려 사항 중에 기본적인 내용만을 살펴보면 다음과 같다.

(1) 목표

ISDN을 추진할 때 기본적으로 달성하고자 하는 목표가 좀 더 명확하게 설정되어야 한다. 이는 곧 종합정보통신망의 추진 이유가 된다. 다시 말하면 ISDN을 구축함으로써 누릴 수 있는 혜택이나 이점이 무엇인지가 좀 더 구체적으로 규명되어야 한다는 것이다. 이는 목적이나 기대 효과가 무엇이며, 어떻게 인식되느냐에 따라 추진 방향이나 나아가서 그 결과에 차이가 있기 때문이다.

(2) 시기

ISDN의 추진 시기를 언제로 하는 것이 가장 바람직한지를 파악해야 된다. 실제로 ISDN의 확립 시기를 예측하는 것은 쉽지 않지만 그것을 추진하는 시기는 추진 주체의 여건에 따라 차이가 있음은 자명하다. 그런데 ISDN은 대체로 국제 표준에 따라 구축되는 새롭고 좀 더 강력한 통신망으로서 이용자에게 더 많은 가치를 전달하게 된다고 볼 때 ISDN의 운용 시기는 서비스 및 장비의 공급자와 이용자 간의 협동 여하에 따라 결정될 것으로 보인다.

(3) 유형

ISDN의 개발을 추진할 때 또 하나의 고려 사항은 어느 나라에서 개발되고 있는 어떤 유형의 ISDN을 모델로 삼을 것이냐이다. 대체로 전기통신 서비스와 기술이 북미보다 뒤떨어진 유럽 국가들에서 ISDN은 좀 더 진보된 디지털 통신을 이용하여 도약하고, 아울러 기술과 서비스 질 면에서는 미국과 캐나다와 동등한 위치에 이르는 도구로서 활용되고 있다. 더욱이 미국보다는 유럽에서 ISDN의 요구가 절실하여 프랑스, 독일, 이탈리아, 스웨덴, 그리고 영국에서 ISDN 계획사업이 추진되었다.

한편 미국에서는 다른 방면으로 ISDN이 발전하고 있다. 즉, 단일 디지털 통신망에서 서비스를 종합하는 것보다 오히려 다중 통신망에의 액세스 종합이라는 면에 중점을 두고 있다. 다시 말하면 위성통신에서 제공되는 광대역 서비스는 물론 부가가치망의 서비스로부터 ISDN을 발전시켜 나가고 있다. 따라서 어느 유형의 ISDN이 더 바람직할 것인지는 좀 더 깊이있는 종합적 분석이 없이는 규명하기 어렵다.

(4) 추진 정도

마지막으로 ISDN의 개발·진보는 과연 어느 정도로 추진되어야 하는지를 고려해야 한다. 대체로 ISDN은 그것의 시장성을 중심으로 추진이 진행되리라고 보고 있지만 아직도 통신망과 스위치를 디지털로 운용되도록 변환하는 데에 ISDN 설치가 진행되고 있다. 이것은 아직도 운용되고 있는 기존의 아날로그 장비를 대체해야 함을 의미한다. 게다가 많은 이용자들도 기존의 장비와 시스템을 대체해서 ISDN에 적응해야 함을 나타내기 때문에 새로운 투자를 해야 한다.

그러나 ISDN의 이용자는 아직 소수인데다가 소규모적이기 때문에 기존의 통신 시스템과 장비를 ISDN으로 변환하는 데 드는 비용이 상대적으로 그들 이용자에게 큰 반면에 ISDN의 이용으로부터 받는 혜택은 적다. 따라서 모든 이용자가 ISDN 환경에 적응해 나가는 것은 ISDN이 기존의 아날로그 통신망에서 어떠한 형태로 발전해 나가느냐와 함께 어느 정도로 변환하게 될 것이냐에 달려 있다.

제 2 절 한국의 행정전산망과 초고속 정보통신망

1 행정전산망의 추진 배경 및 의의

1) 행정전산망의 추진 배경

한국에서 행정전산망(PMIS Network)[1)]의 구축을 위한 노력은 1967년에 경제기획원 조사통계국에서 조사통계 업무의 전산 처리를 위해 IBM 1401-C6(14KB) 컴퓨터 시스템을 도입한 이래로 계속되어 온 행정전산화사업에 그 뿌리를 두고 있다. 행정전산화사업은 1970년 4월 과학기술처 내에 중앙전자계산소(NCC)를 대통령령 4859호에 의거하여 설치하면서 기초를 마련하게 되었다. 이 중앙전자계산소는 1974년 5월 총무처로 이관한 후 1975년 1월 정부전자계산소(GCC)로 개칭하여 오늘에 이른다.

1975년 8월 행정전산화 추진위원회가 대통령령 7224호에 의거하여 구성되고, 1978년 2월 제1차 '행정전산화 기본계획'(1978~1982)이라는 장기계획이 수립·추진되면서 행정전산화사업은 본격적인 궤도에 오르게 되었다. 이 기간 동안 행정전산화의 기반을 조성하는 데에 주력했고, 그 결과 1980년 초까지 대부분의 정부 각 부처는 자체 전산 시스템을 거의 확보하여 주요 정보를 컴퓨터 시스템에 입력·활용하는 상태에 이르게 되었다. 특히 주목할 사항은 행정전산망 개념의 기초가 된 행정정보체제(Administrative Information System: AIS)의 구성 방안에 관한 연구가 1982년 6월에 실시된 점이다.

행정전산화사업은 그 후 1982년 12월에 제2차 '행정전산화 기본계획'(1983~1986)을 수립하여 1983년 2월 동 계획을 시행함으로써 좀 더 의욕적으로 추진하게 되었다. 그런데 이 당시까지만 해도 정부 부처나 기관별 행정 업무 전산화에 주력함으로써 사실상 자료의 공동 활용 등의 유기적인 협력 체제를 이루고 있지 못했다. 더욱이 행정 업무만의 전산화가 국가 전체의 입장에서 보아 일부에 지나지 않는다고 볼 때, 총

1) 이 부분은 주로 전산조정위원회, 국가기간전산망 기본계획(1989. 1)과 국가사회전산화 중장기계획(안)(1988. 5)을 참조.

체적인 국정활동에의 기여도는 낮을 수밖에 없었다. 이 같은 문제들의 해결을 위한 노력은 1984년 3월에 '국가기간전산망 조정위원회'가 구성됨으로써 본격화되었다. 즉, 국가 전체의 기간전산망의 구축을 통해 국정의 효율화를 기하기 위해 전산화정책의 전환을 시도한 것이다. 이러한 시도는 1985년 5월 '행정전산망 추진계획'이 국가기간전산망 조정위원회에 의해 확정됨에 따라 구체화되었고, 행정전산화사업이 각 부처의 전산 시스템을 통신망을 이용해 연결함으로써 자료 및 정보의 공유를 도모하려는 행정전산망사업으로 확장되었다. 여기서 아울러 주목되어야 할 점은 행정전산망사업이 국가기간전산망사업의 일환으로 추진되기 시작했다는 점이다.

그 후 1986년 5월 '전산망 보급 확장 및 이용 촉진에 관한 법률'(법률 제3845호)을 제정하고, 동년 9월에 동법 시행령을 대통령령 제12049호로 발표함으로써 전산망사업 추진의 법적 근거를 마련했고, 행정전산망사업의 좀 더 안정적인 추진을 기할 수 있게 되었다. 그 결과 1987년 4월에 기존의 '행정전산화 기본계획'과 1985년의 '행정전산망사업계획'을 통합·일원화하여 정부 차원의 종합적인 전산망 구성계획인 '제1차 행정전산망 기본계획'(1987~1991)을 수립하게 되었다. 그리고 동년 5월에 기존의 국가기간전산망 조정위원회를 '전산망조정위원회'로 개칭, 발족시켰다.

이러한 행정전산망 종합계획은, 전산망조정위원회에 의해 1988년 1월에 '국가기간전산망 기본계획'이 수립된 후 동년 5월 '국가사회 전산화 중장기계획(안)'의 수립을 통해 각계의 의견을 수렴하여 동년 11월에 수정·보완해서 1989년 1월에 확정을 본 기본계획의 일부로서 추진되었다(김길조, 1987: 169-94).

국가기간전산망은 행정전산망 이외에 금융전산망, 교육·연구전산망, 국방전산망, 그리고 공안전산망의 5대 전산망으로 구성되어 있다. 그 중 하나의 전산망인 행정전산망의 구축 목표는 크게 국민 편의 위주의 '작은 정부 구현' 촉진과 '선진 화합 경제사회 실현' 지원이다. 이를 좀 더 구체적으로 설명하면, 제1차(1978~1982) 및 제2차(1983~1986) 행정전산화 기본계획의 추진을 통해 조성된 행정전산망 기반을 토대로 제6차 경제사회발전 5개년계획(1987~1991) 기간 중에는 전국적 단일 행정권화를 위한 행정전산망사업을 추진함으로써 다음과 같은 목표를 달성한다는 것이다.

첫째, 주요 행정정보의 공동활용 체제 구축을 통한 정책결정의 합리성 및 능률성 제고

둘째, 전국적 종합전산망 구축을 통한 신속·정확한 대민 행정 서비스 제공

셋째, 인건비, 사무비 등 행정경비의 절감을 통한 작고 능률적인 정부 구현

넷째, 국내 정보산업 시장의 수요 창출을 통한 국내 정보산업 육성 지원

2) 행정전산망의 의의

한국에서 행정전산망 개념은 단순히 행정 업무 처리를 위한 컴퓨터 통신망을 의미하지 않는다. 즉, 행정전산망이란 행정 부처별 그리고 지역별로 흩어져 있는 행정 업무를 종합적으로 전산화하고, 전국을 하나의 통신망으로 연결하여 각기 보유한 자료 및 정보를 서로 교환할 수 있도록 형성된 단일 행정정보권으로서 행정정보체제 자체를 의미한다(김태겸, 1987: 22). 이는 전산망 개념이 '전산망 보급 확장 및 이용 촉진에 관한 법률' 제2조(정의)에 따르면 "전기통신 설비와 전자계산 조직 및 전자계산 조직의 이용 기술을 활용하여 정보를 처리·보관하거나 전송하는 조직망"이라고 정의되고 있는 것을 통해서도 충분히 이해될 수 있다. 비록 행정전산망이 행정정보체제 자체를 뜻하지 않더라도 그 지향 목표가 행정정보체제의 형성에 있음을 알 수 있다. 여하튼 행정전산망의 구축은 사회의 고도화 및 다양화로 행정 기능 및 역할 또한 그에 부응해야 됨에 따라 행정의 상황 적응적 자세를 유지하기 위해 필요하게 된 것이다. 다시 말하면, 행정환경의 변화에 따른 정확한 상황 판단과 합리적인 정책 결정에 필요한 여러 가지 정보의 효율적인 수집·처리·활용을 위해 행정전산망 시스템의 도입이 불가결해진 것이다.

이 같은 행정전산망은 몇 가지 측면에서 그 의의를 찾아볼 수 있다.

첫째, 행정적인 측면에서 행정전산망은 행정 부처별로 독립적인 전산체제 하에 수행하고 있는 업무체제를 국가적인 차원에서 통합화를 이루어 능률적이고 효과적인 행정체제를 구축할 수 있게 한다는 점이다. 이는 또한 두 가지 차원에서 설명될 수 있다. 그 하나는 광역행정의 효율화 및 생산성 향상을 의미하며, 다른 하나는 중앙과 지방 간의 행정 업무의 효율화 및 생산성 향상에 기여함을 의미한다.

둘째, 사회적인 측면에서 행정전산망은 정보화사회의 도래에 대응하여 각종 사회적 욕구, 특히 행정정보 서비스에 대한 욕구를 신속하고 정확하게 충족시켜 줄 수 있다는 것이다. 더욱이 일반 국민의 행정전산망 이용은 행정정보에 접근·이용을 증가시켜서 행정활동에 대한 이해를 제고시켜 준다. 그 결과 행정과 국민 간의 거리가 좁혀질 수가 있으며, 간접적이지만 사회적 통합을 이루는 데 기여하게 된다는 것이다.

셋째, 정치적인 측면에서는 행정전산망의 구축과 그에 대한 국민의 이용이 허용되면 국민의 대행정 통제력이 강화될 수 있다는 것이다. 통상 반대적인 면만 보고 행정

에 의한 국민 통제력이 강화될 것이라고 주장하지만, 그와 더불어 국민의 행정활동에 대한 정보력이 커지고 그에 따라 거리에 관계없이 영향력을 행사할 수도 있음을 간과하지 말아야 할 것이다.

넷째, 경제적인 면에서 행정전산망은 정보산업, 특히 통신산업의 발달을 촉진하게 하며, 그에 따라 국민경제에도 순기능적인 영향을 미친다는 것이다.

다섯째, 문화적인 측면에서 행정전산망의 의의는 행정전산망의 구축은 궁극적으로 국민의 정보 마인드(information mind)를 고양시키며, 정보화사회 구성원으로서의 가치관 정립에 기여하게 된다는 것이다. 왜냐하면 행정전산망의 구축은 사회 각 조직의 통신망(예: VAN 등)의 구축을 촉진하며, 가정의 자동화와도 상호작용적이 되어 국민 개개인은 정보화사회의 문화적인 속성에 훨씬 더 익숙해지기 때문이다. 결국 행정전산망은 각종 자료와 정보를 효율적으로 통합 관리하는 종합적인 행정정보 관리체제를 이루어 행정의 불확실성 상황에 합리적으로 대처할 수 있게 해 준다는 데에 무엇보다 큰 의의가 있다.

2 행정전산망 추진전략 및 추진 체계

1) 행정전산망 추진전략

행정전산망 추진 목표를 달성하기 위한 기본적인 추진전략은 [그림 7-11]에서 보는 바와 같이 크게 4단계로 구성되어 있다.

(1) 제1단계 추진전략

이미 제1·2차 행정전산화사업의 추진 등을 통해 진행 중에 있는 행정전산화 여건의 개선을 달성한다는 것이다. 여기의 대표적인 추진전략으로 관련 표준화사업을 추진하고, 우수 전산요원을 확보하며, 그리고 전산교육을 체계적으로 실시한다는 것을 들고 있다.

(2) 제2단계 추진전략

국가 기본 업무의 우선 개발과 부처별 단위 업무의 전산화 촉진으로 구성되어 있다. 구체적으로 전자의 국가 기본 업무의 우선 개발전략에는 주민, 부동산, 자동차,

[그림 7-11] 행정전산망 추진 과정도

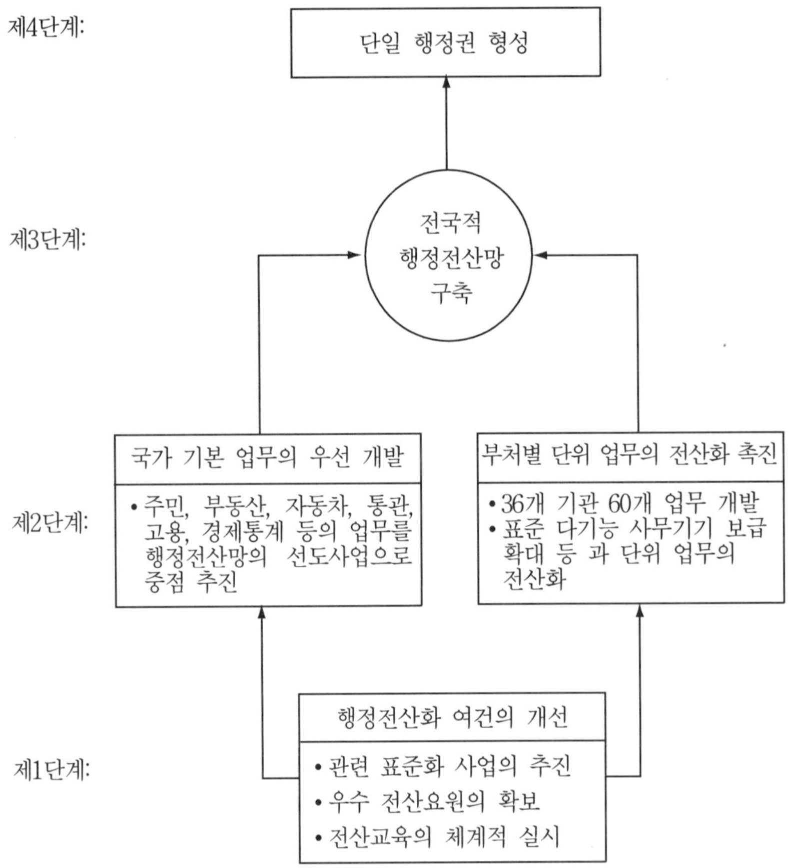

자료: 전산망조정위원회(1989: 114).

통관, 고용, 경제통계 등의 업무를 행정전산망의 선도사업으로 중점 추진한다는 전략을 세우고 있고, 후자의 전략에는 36개 기관의 60개 업무를 개발하며, 표준 다기능 기기의 보급을 확대한다는 것으로서 과 단위 업무의 전산화에 중점을 둔다는 것이다.

(3) 제3단계 추진전략

전국적 행정전산망을 구축하여 행정활동의 거리감을 없애고 정보의 시분할 공유 및 실시간 처리를 기한다는 것이다.

(4) 제4단계 추진전략

행정전산망 추진의 궁극적인 목표인 단일 행정권을 형성하여 선진 행정체제를 이룩한다는 것이다. 따라서 현재의 행정전산망 추진 단계는 제2단계 전략의 실현을 완성해 가고 있는 과정이라고 볼 수 있다.

2) 행정전산망 추진 체제

국가기간 전산망 구축의 일환으로 추진하고 있는 행정전산망사업의 추진 체제는 [그림 7-12(a)]와 [그림 7-12(b)]에서 보는 바와 같이 행정전산망을 포함한 5대 전산망, 즉 국가적인 전산망사업과 관련된 제반 업무를 심의・조정하는 전산망조정위원회를 정점으로 각종 전산망사업의 감리기관인 한국전산원, 행정전산망사업의 추진만을 전담하는 행정전산망추진위원회, 행정전산망사업 등을 총괄하는 총괄기관(당시 총무처), 주관기관과 사용 기관으로 구성되어 있는 이용기관, 그리고 행정전산망사업의 추진을 전담하는 전담사업자(즉, DACOM)로 구성되어 있다. 그리고 전산망조정

[그림 7-12(a)] 행정전산망 추진 체제의 구성(Ⅰ)

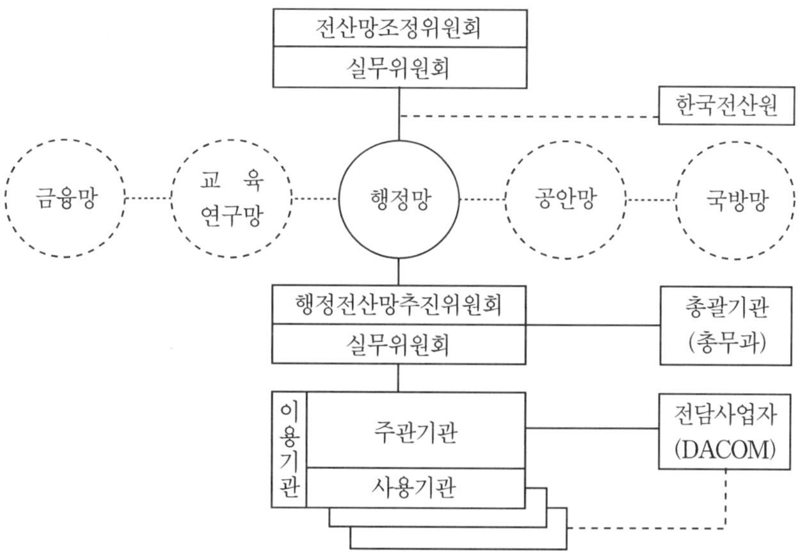

자료: 전산망조정위원회(1989: 115).

[그림 7-12(b)] 행정전산망 추진 체제의 구성(Ⅱ)

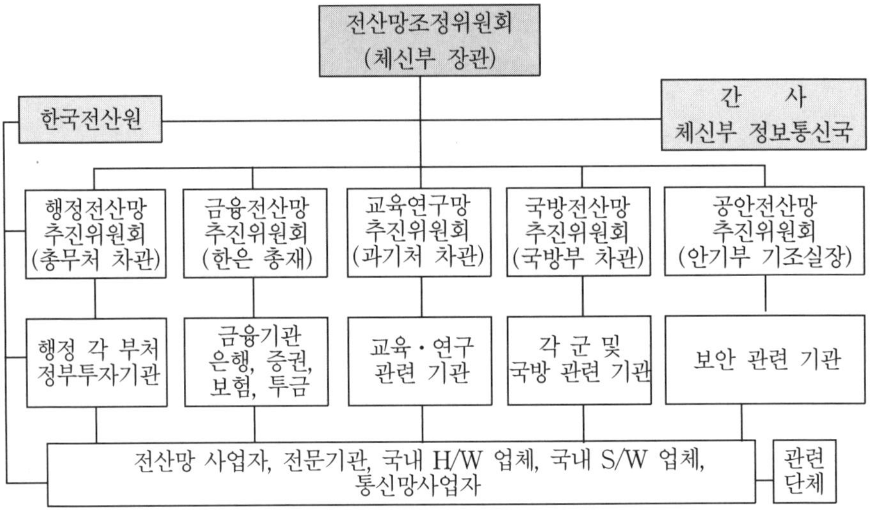

자료: 전자신문사(1993: 129).

〈표 7-2〉 행정전산망 추진 체제의 기능

구 분	기 능
전산망조정위원회	• 국가 전산화 기본 정책 심의・조정 • 자금 조달 및 상환, 관련 기술 및 기기 도입 심의 조정
실무위원회	• 전산망 조정위원회 회부 안건의 사전 검토
행정전산망 추진위원회	• 행정 전산망 사업계획 심의・조정 • 전산망 조정위원회 위임 사항의 심의・조정
실무위원회	• 행정 전산망 추진위원회 회부 안건의 사전 검토
총괄기관	• 관계 기관 간 협조 등 총괄 업무 수행
이용기관(주관기관)	• 대상 업무별 소요 제기 및 업무 개발 내용 검토・확인
한국전산원	• 전산망 사업에 대한 타당성 검토 및 기술・회계감리 • 전산망 관련 기술의 표준화
전담사업자	• 우선 업무의 개발 및 행정전산망의 구축

자료: 전산망조정위원회(1989: 115).

위원회와 행정전산망추진위원회는 그 안에 각각 실무위원회를 둘 수 있다. 이들 각 구성 기관들은 <표 7-2>에서 요약된 바와 같은 기능을 수행한다. 이들 각 구성기관들에 관해 좀 더 자세히 고찰하면 다음과 같다.

3 행정전산망사업의 평가

1) 제1단계 행정전산망사업의 추진 성과와 과제

국가기간전산망사업 중 행정전산망사업의 제1단계 추진 성과 및 추후 개선 과제는 대체로 다음과 같다(전산망조정위원회, 1989: 48; 이윤식, 1991).

(1) 추진 성과

첫째, 6개 우선 업무 분야에서 대국민 종합 서비스 제공이 실현되었다. 다시 말하면, 진국 통신밍 구축·운영으로 단일 행정권의 기반을 조성하여 신속·정확한 민원처리로 국민 편익 증진을 도모하게 되었다. 이를 좀 더 구체적으로 살펴보면 <표 7-3>과 같다.

둘째, 행정업무 수행의 효율성이 제고되었다. 즉, 행정정보의 범정부적 공동활용 기반을 구축하고 공무원의 전산 처리 능력의 확충으로 사무자동화 기반이 조성되어 행정업무 처리의 효율화를 기하게 되었다.

셋째, 국내 정보산업의 육성 및 정보화사회의 조기 실현에 기여하게 되었다. 대표적인 예로 행정전산망용 주전산기(I, II)와 다기능 사무기기의 국산화를 이루어 보급하게 되었으며, 대규모 프로젝트 개발 경험을 획득하고 민간 기술인력을 양성하게 된 것을 들 수 있다.

(2) 개선 과제

첫째, 표준 프로젝트 관리 기법의 활용이 미비한 것으로 나타났다. 다시 말하면, 표준화된 개발 기법 부재로 프로젝트의 효율적인 관리 및 통제에 한계를 드러냈으며, 내부감리를 통한 품질관리제도가 미비한 것으로 밝혀졌다.

둘째, 시스템의 안전성, 신뢰성 확보가 미흡했다. 그로 인한 시스템의 장애로 대민 서비스 제공에 차질을 초래할 우려가 있었는데 그에 대한 감사제도가 미비했으며, 개

〈표 7-3〉 행정전산망사업 자원 투입 현황 및 추진 실적

구 분	주전산기	다기능 사무기기	통신회선	개발 업무	서비스 지역	소요자금
주민등록관리	76	11,227	4,381	제증명 발급 등 243종	3,700여 전국 읍·면·동사무소에서 거주지 단위 온라인 실시(1991. 1)	577
부동산관리	39	776	598	토지대장 발급 등 47종	274개 시·군·구에서 전국 온라인 실시(1991. 2)	236
고용관리	5	182	63	취업 알선, 사업장관리 등 59종	49개 노동사무소에서 온라인 실시(1991. 1)	46
자동차관리	24	371	174	자동차 신규등록 등 89종	시·도 등 133개 기관에서 온라인 실시(1989. 9)	166
통관관리	13	474	237	수출입신고 등 44종	김포·서울지역 109개 기관에서 온라인 실시(1990. 4)	94
경제통계관리	1	76	8	국민경제, 인구 등 20개 분야 105종	36개의 중앙 및 지방행정기관을 대상으로 20개 분야 26만 항목 온라인 실시(1991. 1)	5
공통	2	153	21	-	-	355
계	160	13,259	5,482			1,479

자료: 전자신문사(1993: 129).

인 정보의 유용 및 유출에 의한 사생활 침해 보호 대책이 미비한 것으로 드러났다.

셋째, 업무 개발기관과 주관기관의 원활한 협조가 결여된 것으로 나타났다. 예를 들면, 업무 개발 과정에서 주관기관의 적극적인 참여가 부족하며 업무 개발 결과에 대한 의견 대립이 팽배하여 개발 일정이 지연되는 사례가 많았다.

2) 제2단계 행정전산망사업의 추진 성과

(1) 제1단계 행정전산망사업과의 추진상 차이점

제2단계 행정전산망사업은 제1단계 행정전산망사업과 비교해 볼 때 추진상 다음과 같은 차이점을 갖는다(김용우, 1992: 25-6).

첫째, 제1단계 행정전산망사업은 1인의 전담 사업자를 활용하여 6개 우선 업무의 개발·운영에 필요한 일체의 S/W 개발 및 H/W 투입을 전담하도록 했으나, 제2단계 행정전산망사업에서는 각각 우선 업무별로 주관기관이 독립된 전담 사업자를 선정하

여 활용하되, 업무별 전담 사업자의 지정도 여러 전산망 사업자 중에서 경쟁 원리에 의해 선정하도록 했으며, 또한 지정 사업자의 업무 개발 범위도 S/W만을 전담하도록 했다.

둘째, 제1단계 행정전산망사업이 6개 우선 업무 개발을 위한 사업비를 조달할 때 선투자 후정산이라는 독특한 방법을 채택, 추진했던 것에 반해, 제2단계 행정 전산망 사업은 정부 예산의 범위 내에서 업무 운영 주관기관과 업무 개발 전담 사업자 간의 고정액 용역계약 체결 방식으로 추진하도록 했다.

셋째, 제1단계 행정전산망사업 추진 기간 동안 표준화된 업무 개발 방법론이 없었기 때문에 체계화된 계획 수립, 효율적인 업무 개발 수행, 조직적인 순기(循期) 관리 및 품질 보장과 해석상의 개념 통일 등이 이루어지지 않음으로써, 사업의 요청 기관이나 전담 사업자에게 시행상 혼란을 초래케 했다. 한편, 제2단계 행정전산망사업 추진 기간 동안에는 미국 앤더슨 컨설팅 사에서 완성하고 한국전산원에서 한글화한 '관리 기법'을 지속적으로 보완·발전시켜 시험 적용 후 표준 개발방법론으로 선정·보급하도록 했다.

(2) 추진 성과 및 과제

① 추진 실적

제2단계 행정전산망사업(1992~1996)의 추진 실적을 약술하면 다음과 같다(정국환, 1997: 39-46; 김경섭, 1997). 정부는 2단계 행정전산망사업 기간 동안 1단계에서 개발된 주민등록관리, 부동산관리, 고용관리, 자동차관리, 통관관리, 경제통계관리의 6개 업무를 보완·연계하여 발전시키는 동시에 국민 편의를 증진시키는 우체국 종합서비스, 국민복지 업무, EDI형 통관 자동화, 산업재산권 정보관리, 기상정보관리, 물품목록관리, 어선관리의 7개 업무를 중점적으로 개발했다. 또한 1994년 5월에는 기본계획을 수정하여 우루과이 라운드(UR) 협상 타결 등 행정환경의 변화와 국제화 개방화 시대의 국가경쟁력을 강화하기 위해 경제 통상 업무, 농업기술 정보관리, 환경보전관리, 국세종합관리의 4대 중점 지원 업무를 추가 개발했다. 이 밖에도 정부는 관세정책 업무, 공공행정 관리, 고용보험 관리 등 각 부처의 고유 기능 업무를 개발하는 27개 기관 204개 계획 업무 중 172개 업무가 정상 추진되었고, 15.7%에 해당하는 32개 업무는 지연 또는 변경되었다. 그리고 1단계에서 개발 완료된 주민등록관리, 인사행정관리, 예산관리 등 30개 기관 302개 업무가 주관기관 책임하에 운영·유지·보수되었으며, 새롭게 행정정보 공동 활용 업무가 추진되었다.

제2단계 행정전산망사업의 가장 큰 목적이자 특징은 1단계 행정전산망사업시 구축된 주민관리, 토지관리 등 6개와 컴퓨터 통신망을 바탕으로 행정정보의 전 부처 간 공동활용 체제를 구축하는 것이었다. 이를 위해 구체적인 추진체계를 명시하고 있는데, 즉 총괄 및 조정 기능을 당시 총무처 능률국에서, 행정정보의 공동활용 방안 강구 및 구체적인 시행은 중앙전산본부의 역할을 수행하고 있는 정부전산정보관리소(당시 정부전자계산소)에서 담당하도록 했다. 또한 업무별 행정정보의 유지·관리는 업무별 전산본부의 역할을 수행하는 업무 주관기관에서 추진하도록 했다. 따라서 정부전산정보관리소(행정정보유통센터)가 통신망을 통해 범정부적 공동활용 체제인 행정종합정보 서비스(National Administration Total Information Service: NATIS)라는 행정종합정보 시스템을 1993년 이후 구축·운영해 오고 있다. 아울러 1996년 9월 이후 초고속 정부행정 종합정보망인 정부고속망을 구축 시범 운영한 후 1997년 6월부터 개통하여 정상적으로 운영하여 국정보고 유통 시스템, 열린 정부 서비스, 정부 대표 홈페이지와 인터넷 등 망 연동 서비스를 제공하고 있다. 여기서 특히 국정보고 유통 시스템은 정부 사무관리의 근간인 공문서와 보고사무 처리 과정을 체계화한 정부표준 전자문서 시스템으로, 정부 고속정보 통신망을 기반으로 정부기관 내, 정부기관 간 전자결재·전자문서 교환 및 정기·수시보고를 보고 체계에 따라 자동 보고할 수 있도록 구현한 통합 사무자동화 시스템이다.

제2단계 행정전산망사업의 표준화 사업에서 특기 사항은 전자문서 관리체제의 확립이며, 이를 위해 당시 재정경제원 등 17개 부처에 전자결재 시스템을 도입하고, 정부 제1, 2청사에 국정보고 유통 시스템을 개발 운영했다는 점이다. 전자문서 관리체제 확립을 위한 표준화 활동으로는 사무관리규정에 의한 전자문서의 법적 효력 인정(1996. 5), 전자문서 시스템 규격 제정(1996. 11) 등을 들 수 있다. 게다가 1996년에 국내의 표준화와 관련된 체제가 대폭적으로 변화했다. 국가표준(KS)을 주관하던 공업진흥청이 해체되어 국립기술품질원에서 그 기능을 이어받았고, 정보화촉진법에 의한 정보화촉진 기본계획에 따라 정보통신 분야의 표준화 체제의 정리가 이루어지고 있다. 기존에 전기통신 및 무선통신 관련 표준은 한국통신기술협회(TTA)에서 KCS(Korea Communication Standards)라는 이름으로, 국가기간전산망 관련 표준은 한국전산원(KCA)에서 KIS(Korea Information Standards)이라는 이름으로 발표하던 이원화 체제를 단일화하고, 한국통신기술협회는 한국정보통신기술협회로 명칭을 변경, 전기통신과 무선통신 그리고 정보기술 분야의 국가 표준을 일괄 제정했다(한국전산원, 1997: 685).

국가기간전산망 관련 법·제도 개선 측면을 살펴보면, 2단계 행정전산망 사업 기간 정부는 개인 정보의 부당 사용 및 유출을 방지하여 국민의 사생활을 보호하고, 열람 및 정정 청구 등을 통해 본인의 정보에 대한 개인의 권리를 보장할 '공공기관의 개인 정보 보호에 관한 법률(이하 개인정보보호법)'(1994. 1)을 제정 공포하고, 1년간의 준비 기간을 거쳐 1995년 1월 8일부터 시행에 들어갔으며 현재 29,000여 기관에 대해 적용하고 있다. 또한 공공기관이 보유 관리하는 정보의 공개 의무 및 국민의 정보공개 청구에 관해 규정한 '공공기관의 정보공개에 관한 법률(이하 정보공개법)'은 1996년 12월 31일 법률 제5245호로 공포되었다. 이 법은 공포 후 1년이 경과한 날부터 시행하도록 했으므로 시행령 등 하위 법령을 제정한 후 1998년 1월 1일부터 시행되었다.

게다가 사무관리규정 개정령은 정부기관이 처리하는 공문서뿐만 아니라 각종 민원문서에 대해서도 전산망을 통해서 업무를 처리할 수 있도록 하고, 특히 민원문서를 전산망을 통해서 접수·처리한 경우에는 '당해 민원 사항을 규정한 법령에서 정한 절차에 따라 접수·처리된 것으로 본다'라는 규정을 신설하여 정부기관과의 업무 처리를 위한 전반적인 전자문서에 대해 포괄적인 법적 효력을 부여할 수 있는 근거를 갖추었다.

전산자료의 유출이나 파괴를 방지하고 전산시설 및 기기에 대한 안정성과 신뢰성을 확보하여 전산 자료의 효율적인 권리와 운용을 도모하기 위해 1단계 기간인 1991년 10월 '행정전산망 안전관리지침'을 제정하여 시행한 바 있고, 이후 정보기술의 발달과 그에 따른 국가정보 유출 사례의 지능화·고도화에 대비하여 두 차례(1994. 9, 1995. 3)에 걸쳐 지침을 개정하여 각급 행정기관에 시달했다. 이 밖에도 행정전산망을 통한 전산정보 확인으로 민원 제증명서류를 제출하도록 하는 '행정규제 및 민원사무기본법'(1994. 1. 7), 컴퓨터 통신에 의한 의견 제출, 행정 예고제 등을 도입한 '행정절차법'(1996. 12. 31), 공무원의 전산 이용 능력 향상을 위해 전산자격증에 대한 가산점을 부여할 수 있도록 하는 '공무원임용시험시행규칙'과 '공무원평정규칙'을 1996년 6월 17일에 모두 개정했다.

2단계 행정전산망 사업 기간 중 전산 예산의 총액은 약 7,142억 원으로 1단계 사업에 사용된 2,451억 원에 비해 4,691억 원이 증가했다. 이미 개발된 행정정보체제를 운영하기 위해 설치된 전산기기는 1996년 말 현재 790대(지방 341대 포함)로 이는 제1단계 사업이 종료된 1991년 말과 비교하여 424대 증가된 수치이다. 개인용 PC의 경우도 1996년 말 현재 58,184대가 중앙행정기관에 보급되어 1991년 말과 비교해 볼 때 29,403대가 증가하여 중앙행정기관의 공무원 1.5인당 PC 1대를 사용하고 있는 것으로 나타났다. 끝으로 전산 업무를 담당하는 공무원도 1991년에 3,227명에서 1996년에 7,191명으로 증가했다.

② 추진 성과와 향후 과제

제2단계 행정전산망사업의 성과를 요약해 보면 다음과 같다(정국환, 1997: 77-9; 김경섭, 1997).

첫째, 행정정보를 신속하고 적시적으로 활용하게 됨에 따라 행정업무 수행의 효율성과 함께 국민 편익이 제고되었다. 또한 행정정보의 공동활용으로 정책결정의 합리성을 높이고, 금융 및 부동산실명제 실시에 따른 기초자료 제공으로 행정의 생산성과 투명성을 높였다.

둘째, 국산 주전산기 총 558대를 개발 보급하고, S/W 개발에 민간 전문업체를 활용함으로써 국내 정보산업 발전에 직·간접적으로 기여했다.

셋째, 개인 정보 보호제도가 정착되었다. 개인정보보호법 시행 후 개인 정보 담당자에 대한 교육 및 홍보를 통해 공공기관에서의 개인 정보 불법 유출이 감소되어 국민의 사생활 보호에 기여했으며, 개인 정보에 대한 열람 정정 청구 등으로 개인의 권리 보장이 강화되었다.

넷째, 정보화의 효과가 업무 처리 과정에서 나타남에 따라 공무원뿐만 아니라 일반 국민들도 직접 체험하게 되어 정보화에 대한 인식 제고와 확산이 이루어졌다. 게다가 행정정보화 기반이 구축됨에 따라 우리나라도 선진국과 같은 정보화사회로 나아갈 수 있다는 자신감을 갖게 된 데에서 그 성과를 찾을 수 있다.

한편 행정정보의 공동 이용 활성화 측면에서 행정전산망사업의 향후 과제는 다음과 같다.

첫째, 기존의 행정전산망사업이 대(對)국민 서비스의 향상보다도 여전히 행정기관의 편의 제고에 중점이 주어졌기 때문에 추후 정보화계획은 정보의 공동활용 제고에 초점을 맞추어 수립 추진되어야 한다.

둘째, 각 기관의 정보 공동 이용에 필수적인 서식, 처리 절차의 개선 등이 법적·

제도적 · 관행적으로 인정되도록 관련 법령, 법시행령, 시행규칙 등이 적극적으로 개편되어야 한다.

셋째, 현행 부처 위주의 예산편성 방식에서 프로젝트별 예산편성 방식으로 전환할 수 있도록 예산회계법상의 개선이 요구된다.

넷째, 정보 제공 기관의 정보 제공에 따른 법적 보안 책임이 경감되어야 하고, 개인 정보 등 제반 정부기관이 보유하고 있는 정보의 보안을 위해서는 교환되는 데이터의 변형이 바람직하며, 시스템 사용자의 사용 내역이 기록 · 관리되어야 한다. 동시에 정보 제공을 받은 수혜기관이 정보의 오용으로 인한 법적 책임을 지도록 제도 개선이 이루어져야 한다.

다섯째, 공동활용을 위한 정보 제공기관의 조직 및 인사상 불이익 없다는 신뢰감을 심어 줄 뿐만 아니라 정보의 공동활용에 기여한 사람이나 조직에 대해서는 포상 등의 인센티브를 주고, 모범 사례는 언론매체나 관보 등을 통해 적극 홍보하여 정보마인드 확산에 기여하도록 해야 한다.

4 초고속 정보통신망

1) 추진 배경과 의미

최근에 미국, 일본, 유럽 등 주요 선진국들은 무한경쟁 시대에 자국의 국가경쟁력을 높이기 위한 기반으로서 초고속 정보통신망(Information Super-Highway) 구축을 추진하게 되었고, 우리나라도 이 같은 추세에 발맞추어 경쟁적 우위를 점하기 위해 1994년부터 초고속통신망사업을 기초로 한 초고속 정보통신 기반((Information Super-Highway Infrastructure) 또는 KII(Korea Information Infrastructure)를 추진하게 되었다.

이런 배경에서 시작된 초고속 정보통신망 기반(KII)은 크게 초고속 국가정보통신망과 초고속 공중정보통신망으로 구성되고, 초고속통신망 기반은 "음성, 문자, 영상 등 여러 유형의 필요한 정보를 동시에 빠른 속도로 언제 어디서나 누구하고도 저렴하고 편리하게 주고받을 수 있는 물리적인 통신망"(즉, 초고속 정보통신망), 그뿐만 아니라 "정보기기 및 소프트웨어 그리고 주변 환경인 사회, 제도, 문화, 이용 관습 등을 포함하는 새로운 사회간접자본"을 의미한다.

이러한 초고속 정보통신 기반의 총괄적인 목표는 21세기에 대비한 선행적인 국가기반구조 확충을 위해 음성, 데이터, 영상 등의 정보가 융합되어 나타나는 멀티미디어 정보에 이르는 다양한 형태의 정보를 신속하게 전송할 수 있는 '초고속 정보통신망'을 2010년까지 구축하여 NII(National Information Infrastructure)와 '신사회자본'을 각각 구축하고 있는 미국과 일본에 이은 제2의 선두 그룹으로 부상한다는 것이다. 이러한 총괄적인 목표를 구체적으로 달성하기 위해 국가경쟁력 강화라는 대표적인 목표와 국민의 삶의 질 향상을 추구하고 있다.

2) 초고속 정보통신망의 특징

초고속 통신망의 특징은 다음과 같이 요약될 수 있다(정보통신부, 1995; 초고속정보통신기반연구반, 1994: 52-5).

첫째, 초고속 통신망을 '언제, 어디서라도' 이용하게 됨으로써 시간적·공간적 제약을 극복한 정보활동을 영위할 수 있다는 것이다. 이 같은 기능은 특히 무선 및 위성통신 기술의 확충에 의해 가능하게 됨을 시사한다.

둘째, 초고속 통신망은 '누구하고도' 정보 교환이 가능하다. 이는 정보활동의 주체가 개인이든 아니면 집단이나 조직이든 간에 서로간의 의사 전달이 가능하게 된다. 즉 정보통신 기반은 정보통신망 구축을 가능하게 해 주는 네트워크의 네크워크(network of network)의 역할을 수행하게 된다.

셋째, 초고속 정보통신 기반이 구축되면 필요한 정보를 대용량으로 그리고 초고속으로 주고받을 수 있게 된다. 이는 정보의 형태나 속성 및 내용의 차별을 불문하고 전달이 가능하게 됨을 의미한다.

넷째, 초고속 정보통신 기반의 구축은 정보통신을 '저렴하고, 편리하게' 수행할 수 있게 해 준다는 것이다. 이는 물리적인 빈부 격차가 정보활동에 커다란 제약이 되지 못한다는 것과 초고속 정보통신망에 기초한 정보 이용 활동은 전문적인 지식이 필요없이 이용자의 욕구를 충족시켜 주는 방향으로 이루어짐을 시사해 준다. 결과적으로 필요한 정보에의 보편적인 접근이 가능하게 되어 삶의 질 향상에 실질적으로 기여하게 된다.

다섯째, 초고속 통신기반은 정보를 '서로 주고받을 수 있는' 정보환경을 조성해 준다는 것이다. 이는 정보 전달이 과거와는 판이하게 쌍방향성을 지니게 됨을 의미한다. 이러한 쌍방향성의 정보통신은 통신기술과 방송기술의 융합에 따른 결과로서 나타나게 된다.

3) 추진 목표 및 체계

(1) 기본 목표

첫째, 국가사회 운영 메커니즘의 효율적 작동 및 사회 구성 요소 전반의 연계·통합을 위한 네트워킹 촉진에 핵심 역할을 수행하는 정보통신 인프라의 확충 및 고도화를 추진한다.

둘째, 초고속 정보통신 기간 전송망의 구축과 가입자망, 기존의 기본 통신망, 국제 통신망, 이동통신망을 구축해 나가고, CATV망과 자가통신 설비를 고속 정보통신 용도로 활용하도록 한다.

(2) 추진 체계

초고속 통신기반 구축사업은 '초고속정보화추진위원회규정'(대통령령 제14275호(1994. 5. 30)에 따라 설치된 초고속정보화추진위원회와 초고속정보통신망구축기획단 그리고 각 세부사업을 실질적으로 전담하는 기관에 의해 추진되고 있다(한국정보통신진흥협회, 1995: 8-9; 천조운, 1994: 20).

초고속정보화추진위원회는 주로 초고속 정보통신 기반 구축과 관련된 주요 정책 및 기본계획과 소요 재원의 조달 그리고 관련 법령의 제정 및 개정과 제도의 개선 등의 사항을 심의한다. 그리고 초고속정보화추진위원회의 업무를 실질적으로 수행하도록 하기 위해 정보통신부 내에 초고속정보통신망구축기획단을 두고 있으며, 관련 부처에는 금융, 국방, 교육 등 분야별 전담반이 구성, 운영되고 있다. 이 초고속정보통신망구축기획단은 초고속 정보통신망 구축 및 운용과 관련한 종합계획의 수립, 연차별 소요 재원 및 조달 방안, 관련 기술 개발에 관한 사항 등의 업무를 수행하는 등 초고속 정보통신 기반 구축의 실질적인 총괄 기능을 수행하도록 되어 있다.

4) 주요 선진국의 사례

(1) 미국

미국의 클린턴 정부는 출범 직후 '미국 경제 성장을 위한 기술: 경제력 건설을 위한 새로운 방향'에서 NII 구축을 통한 기술 능력 확보를 경제력 건설에 가장 중요한 수단으로 인식하고, 산업 부활을 위한 핵심 정책으로 선정했다(송희준, 1997b).

이런 배경에서 추진된 미국의 NII는 전자정보를 광범위하게 접근하고 이용할 수 있게 할 고속의 전기통신 네크워크와 데이터베이스 그리고 첨단 컴퓨터 시스템으로 구성된 정보 시스템을 의미하는 것으로서 인터넷과 공중 교환 네트워크(public switched network)와 케이블 및 무선과 위성통신은 물론 멀티미디어에 공공 네트워크뿐만 아니라 사설 네트워크까지 포함한다.

NII는 또한 '정보고속도로(Information Super-Highway)'를 기초로 한 국가정보 활동 체계로서 고성능 컴퓨터 통신망의 개발과 그 응용 분야에서 미국이 기수적 리더십을 가지도록 지원하고, 개발 확보된 기술의 경쟁력 확대를 강화하며, 국가안보, 교육, 보건의료, 환경 등 전 분야로의 광범위한 확산과 이용을 촉진함과 동시에 새로운 국가정보 하부구조의 기초를 형성하여 선택적으로 가능한 기술과 서비스를 적용함으로써 미래를 대비한다는 목적으로 '1991년도 고성능 컴퓨터통신망법(National High Performance Computing Act of 1991)'을 제정하여 추진하게 된 '고성능 컴퓨터 통신망 프로그램(High Performance Computing & Communication Program: HPCCP)'을 출발로 구체화되었다.

고성능 컴퓨터 통신망 프로그램은 본래 과학과 기술, 경제, 기술 이전 등에 관한 요구를 충족시키기 위해 시작되었는데, 결과적으로 국가정보 기반의 기술적·정책적 기초를 제공하게 되었으며, 더욱이 국가정보 기반의 효과성과 이용성에 대한 시험장으로서 기능을 수행하게 된 것이 주목할 점이다(한국전산원, 1994: 55).

(2) 일본

일본의 JII(Japan Information Infrastructure)는 미국에 경제적 주도권을 놓쳤다는 위기 의식에서 관료제 및 기업집단의 의제로서 추진된 사업으로, 가정통신망 연계의 개념을 중시하여 경제적인 목표보다는 사회적인 목표에 더 중점을 둔 사업이다. 이는 우정성의 전기통신심의회가 ""2010년까지 국내 전 가정을 광섬유로 연결함으로써 123조 엔의 멀티미디어 시장이 창출된다"는 보고서의 발표로 인해 정보 수퍼하이웨이의 필요성이 강조되기 시작한 것으로서도 알 수 있다.

'신사회자본계획'으로서 JII 사업은 인프라 수준에서 통신회사와 CATV사 사이의 경쟁 지지, 개인의 투자비 감소를 위한 재정 인센티브 및 지원, 지중 케이블의 설치, 공공 부문의 선도 어플리케이션 개발 및 도입, 대학과 연구소를 통한 파일럿 시범사업 진흥, 통신과 방송의 융합에 따른 규제를 개편, 보편적 서비스의 재정 및 요금 체제의 개편 등을 목표로 하고 있다(송희준, 1997a).

(3) 유럽연합(EU)

유럽연합은 미국과 일본에 비해 상대적으로 뒤떨어진 경제적 취약성을 극복하여 '옛 영광을 되찾자'는 기치를 내걸고 여러 난제를 해결하는 데 머리를 맞대고 있다. 즉, 유럽연합은 단일시장의 완성과 연합 내 경제·사회적 결속 강화, 환경정책, 교육훈련정책 등 공동체 공동의 관심 사항 관련 의사결정 지원을 위해 국가간 초고속 정보통신망(TEN: Trans-European Network) 구축을 추진하고 있다.

유럽연합은 각국 간 전산화 수준의 차이로 인해 독자적으로 구축된 통신망 간 호환성을 확보할 수 있는 수단을 마련하고, 전자우편이나 파일 전송 또는 데이터베이스에의 접근을 용이하게 하기 위한 작업을 포괄적으로 추진하고 있으며, 공공 어플리케이션 개발을 위한 7개 과제 수행을 1988년부터 추진해 오고 있다. 또한 1994년 7월 1일부터 프랑스 텔레콤(France Telecom), 도이치 텔레콤(Deutsche Telekom) 등 유럽 18개국의 국영 통신회사는 전 유럽을 묶는 ATM 교환 시범망 구축을 추진해 오고 있다. EU는 수요에 기반한 과제 개발, 각 국가 내의 시스템을 전제로 하고 이를 통합하는 중첩망 구축, 표준화, 시스템 개발에 민간기업의 광범위한 참여를 추진전략으로 삼고 있다(초고속정보통신기반연구반, 1994).

5) 추진 과제

초고속 정보통신망 사업의 추진 과제로는 다음과 같은 것을 들 수 있다(정보통신부, 1997).

(1) 초고속 정보통신 기간 전송망 구축

초고속 정보통신 전용의 전국적 기간 전송망을 구축하여 차세대 인터넷과 첨단산업 분야의 고속 교환 회선 수요에 대비하고, ATM 교환망을 이용한 초고속 가상 전용 회선 서비스와 이용자가 요구하는 다양한 초고속 전송 서비스를 제공해야 한다. 또한 전국 어디에서나 수요 발생 즉시 서비스 제공이 가능하도록 가입자망을 고도화하고, 별도의 PC통신 및 인터넷 전용 기간망을 구축해야 한다.

(2) 초고속 가입자망의 구축

초고속 수요처인 대형 건물, 산업체, 교육·연구기관 등의 가입자까지 전국의 모든 지역에 광케이블 가입자 간선망(Feeder망)을 수요 밀집지역으로부터 연차적으로 사전에 설치해야 한다. 그리고 유선망 확충이 곤란하거나 비경제적인 지역을 대상으로 광대역 무선 가입자망 구축을 추진해야 한다.

(3) CATV망과 자가 통신설비의 초고속 정보통신 활용

케이블 모뎀 등 관련 장비의 보급 확산을 통해 고속 인터넷 등 멀티미디어 콘텐트 서비스 위주의 가입자 전송망으로 활용할 수 있도록 기존 CATV 전송망을 정비하여 초고속 정보통신망의 가입자망으로 활용하도록 한다.

(4) 기존 기본 통신망의 기간 전송망 고속 · 고도화

기간 전송망의 완전 광케이블화를 조기에 달성하고 고속 전송이 가능하도록 용량을 확충하고, 비동기식 광전송 위주의 시내국 간 및 시외국 간 중계 회선 설비를 망 관리가 용이하고 신뢰성이 높은 동기식 광전송 시스템으로 전환하여 인터넷 수요 급증과 멀티미디어의 진전에 대비해야 한다.

(5) 국제 통신망의 확충

2000년대 이후 정보 전송용 회선 수요가 음성 전화용을 초과할 것으로 전망되므로 초고속 · 대용량 위성망과 해저 광케이블망 건설을 위주로 추진하여 인터넷 확산 및 멀티미디어 서비스의 세계화 추세에 대비하여 국제 통신망을 확보해야 한다.

(6) 이동통신망의 품질 향상 및 서비스 다양화

디지털 이동통신 기술의 상용화로 서비스 고도화의 기반이 마련되어 통신 품질 향상 및 서비스를 다양화할 필요가 있다. 또한 전자 음영 지역 해소를 위한 설비 확충과 이동 데이터 서비스, 글로벌 로밍 등 다양한 부가 서비스의 개발이 필요하다.

(7) 정보통신망 고도화 여건 조성 및 환경 정비

각종 정보 및 콘텐트 제공과 관련된 사전 규제를 지양하고, 재택근무의 제도화 등 정보화에 따른 근로 형태의 변화에 상응한 제도적 보완과 고도 정보통신 수요 확대를 추구해야 한다. 그리고 정보통신망 고도화 추진과 관련된 각종 제도들을 개선해야 한다.

6) 문제점과 개선 방향

(1) 문제점

첫째, 초고속 정보통신 기반 전송망과 가입자망의 구축에서, IMF로 인한 사회문제의 해결을 위해 많은 세원이 지출되고 있기 때문에 재원 조달이 가장 큰 문제라고 할 수 있다.

둘째, CATV망과 자가 통신설비의 초고속 정보통신을 활용하도록 한다고 하는데, 이러한 자가 통신망 설비 보유자의 CATV 프로그램 분배망에 대한 예외적 진출 허용 및 통신사업(기간/부가통신)에 대한 사업독점권 유발에 따른 신규 사업자의 진입 저해 등의 문제는 경쟁정책에 모순된다고 할 수 있다.

셋째, 국제통신망의 확충과 정보통신망 고도화 여건 조성 및 환경 정비에서, 국제통신망의 정보 전송과 관련한 관세의 부과, 음란물의 제한, 개인 정보 보호 등의 법적인 규제에 대한 국제적인 논의가 이루어지고 있지 않고, 근로 형태의 변화에 상응한 제도를 보안할 구체적인 방안도 논의되고 있지 않다.

(2) 개선 방향

첫째, 계획의 유연성을 확보해야 한다. 초고속 정보통신망 사업의 계획의 유연성을 확보하여 기술의 변화에 따른 적응성을 높이고(예: 무선 및 위성통신망 기술 발달에 따른 초고속 통신망사업의 조정 등), 재원 조달의 어려움을 극복하고 사업의 시행에서 재원의 낭비를 막아야 한다.

둘째, 초고속 정보통신망 사업의 범위를 명확하게 규정해야 한다. 사업의 범위를 명확히 규정하여 광범위한 규제를 피하고, 민간사업의 참가가 용이하도록 해야 한다.

셋째, 국가기관 및 사업 주체의 연계성을 높여야 한다. 이는 개인 정보 보호나 음란물에 대한 규제 등의 법적 제도가 실제적으로 보완될 수 있도록, 국가기관과 사업의 주체가 하나가 되어야 한다. 또한 둘 간의 연계성을 높임으로써, 정책 참여자의 갈등을 줄일 수 있어 사업 성공 가능성을 높일 수 있다.

제 3 절 정보통신망체제의 새로운 동향

1 유비쿼터스 네트워크(Ubiquitous Network)

2010년까지 향후 등장하게 될 다양한 단말기와 센서들을 하나의 네트워크에 연결하는 것과 이와 같은 네트워크를 통해 얻게 될 방대한 양의 정보를 효과적으로 활용하는 방안이 주요한 이슈가 될 것이다. 2000년대 초에는 유비쿼터스 네트워크를 위한 인프라가 구축되고 고속 대용량 회선 중심의 기술 분야에서의 진전이 이루어졌으며, 향후 2010년까지는 단말기와 센서들의 연결 및 정보 활용이 주요 이슈이다. 2005년까지는 초고속통신망 관련 기술이 정보통신 기술 분야의 전반적인 발전을 이끌어 왔으나, 향후 단계에서는 이들 기술이 유비쿼터스 네트워크 구현에 실질적으로 적용될 것이다.

유비쿼터스(Ubiquitous)는 라틴어로 '편재하다(보편적으로 존재하다)'라는 의미이다. 모든 곳에 존재하는 네트워크라는 것은 지금처럼 책상 위 PC의 네트워크화뿐만 아니라 휴대전화, TV, 게임기, 휴대용 단말기, 카 내비게이터, 센서 등 PC가 아닌 모든 비(非) PC 기기가 네트워크화되어 언제, 어디서나, 누구나 대용량의 통신망을 사용할 수 있고, 저(低) 요금으로 커뮤니케이션할 수 있는 것을 가리킨다. 유비쿼터스는 정보통신 관점에서 모든 사회 분야에 대한 새로운 패러다임을 창조하는 것이다. 따라서 모든 것은 유비쿼터스적인 관점에서 새롭게 해석되어야 한다. 해당 분야는 특정 분야가 아니며 기존 사회에 구성되어 있는 모든 분야를 포함한다. 컴퓨터가 있을 때와 모든 분야에서 컴퓨터가 적용될 때를 생각하면 비슷할 것이다. 우리나라에 소개는 2002년 4월경 전자신문을 통해 소개되었다. 그러나 그 최초는 1989년 마크 와이저(Mark Weiser)의 논문에 의해 발표되었다. 1984년에 일본의 사카무라 겐(坂村建) 박사가 이미 그 개념을 만들어 일본 사람들은 자신들이 최초라고 이야기한다. IBM에서도 비슷한 개념으로 퍼베이시브 컴퓨팅(pervasive computing)을 만들어 가고 있다. 이러한 유비쿼터스 개념은 이제 막 학문적 체계를 갖추어 나아가면서 모든 IT, BT, NT산업의 궁극적인 지향점으로 보고 적극적으로 발전시켜 나가고 있다.

유비쿼터스 컴퓨팅 및 네트워킹 기술이 초래하는 일종의 IT 혁명은 조용하게 추진되는 혁명일지는 모르나 그것이 가져올 파급 효과는 엄청날 것으로 예측된다. 유비쿼터스 컴퓨팅 혁명은 새로운 지식정보국가 건설과 자국의 정보산업 경쟁력 강화를 위한 핵심 패러다임이라는 인식 하에 미국, 일본, 유럽의 정부뿐만 아니라 이들 국가의 기업과 주요 연구소들이 유비쿼터스 관련 기술을 앞다투어 개발하고 있다. 미국은 일상생활 공간과 컴퓨터 간의 자연스러운 통합이 가능한 HCI(Human Computer Interaction) 기술과 표준 개발을 핵심 요소로 인식하고 있다. 일본은 유비쿼터스 네트워크 사회의 실현이 새로운 산업 및 비즈니스 시장의 창출과, 편리하고 풍요로운 라이프 스타일의 실현, 그리고 일본이 직면하고 있는 고령화 문제, 교통 혼잡, 지진, 환경관리 등을 해결하는 데 기여할 수 있다는 것이다. 미국과 일본은 유비쿼터스 컴퓨팅 및 네트워킹 기술 개발 방향과 전략에서 약간의 차이를 보이고 있다. 미국은 기술적 비전 제시와 필요한 부문에서 조기 응용을 강조하는 반면에, 일본은 국가 차원의 정책적 추진에 비중을 두고 있다(http://www.digitalpavilion.co.kr/it/ubiquitous.jsp).

2 광대역통합망(BcN)

1) 광대역통합망의 유래

IT산업 및 정보화의 주요 흐름은 IT의 발전을 토대로 한 디지털 경제를 출현시켜 기존의 기업 및 산업구조를 변화시키고, 주요 선진국의 경제 성장 중심으로 자리 잡고 있다. 망을 통한 정보화는 사회 생산성을 획기적으로 증가시켰으며, 국가경쟁력 향상의 원동력이 되고 있다.

하지만 기존의 유·무선·방송 사업자별 망 진화 전략으로는 유사한 망의 중복 투자와 망 간의 연동 문제 및 서비스 영역의 제도적 제약으로 이용자에게 편리하고 저렴한 복합 서비스 제공이 어렵다. 따라서 세계적인 통신망 진화 방향은 통합, 개방의 추세로 요약할 수 있고, 이는 초고속 정보통신망의 고도화를 위한 광대역통합망(BcN: Broadband convergence Network)을 탄생시켰다.

이러한 광대역통합망의 도입은 현재 전자정부 및 e-커머스 등의 한정된 패러다임에서 탈피하여 모바일 전자정부, 방송/통신의 융합을 통한 멀티미디어 서비스 확산,

T-커머스 등 폭넓은 영역의 서비스 혁신을 가능케 한다(정희창 · 이숭희, 2003: 44-59).

2) 광대역통합망의 정의 및 특징

(1) 광대역통합망의 정의

광대역통합망은 학자들마다 조금씩 상이하게 정의하고 있다. 안근영(2006)은 광대역통합망이란 "통신 · 방송 · 인터넷이 융합된 품질 보장형 광대역 멀티미디어 서비스를 언제 어디서나 끊임없이 안전하게 광대역으로 이용할 수 있는 차세대 통합 네트워크"라고 정의한다.

정희창 · 이숭희(2003)는 광대역통합망이란 "유선 · 무선, 방송 · 통신이 융합된 복합 서비스를 멀티미디어 통신 단말기와 정보가전 기반 디지털 홈 등 다양한 환경에서 언제 어디서나 안전하고 일관성 있게 이용할 수 있는 것"이라고 정의한다.

이상의 학자들마다 다양한 광대역통합망의 정의를 이 책에서는 "통신 · 방송 · 인

[그림 7-13] 광대역통합망의 기능

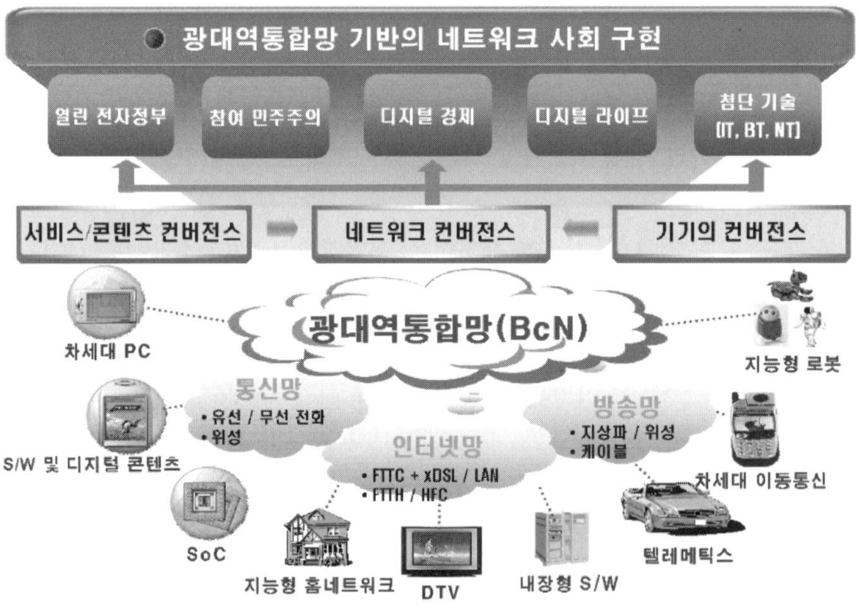

자료: 정보통신부(2006: 2).

터넷 등을 통합한 광대역 멀티미디어 서비스를 안전하게 제공할 수 있는 품질 보장형 통합 네트워크"로 정의하겠다(그림 7-13 참조).

(2) 광대역통합망의 특징

광대역통합망(BcN)은 유무선 및 방송의 다양한 접속 환경에서 고품질의 음성, 데이터 및 방송이 융합된 광대역 멀티미디어 서비스를 언제 어디서나 이용할 수 있도록 하는 광대역 통합 네트워크로서 다음과 같은 특징을 갖고 있다(신용식 · 방용길 · 정원석 · 이주식, 2004: 910).

첫째, 음성과 데이터 통합이다. 광대역통합망은 IP 기반으로 유선전화 또는 그 이상의 품질 수준을 가진 음성 서비스 및 멀티미디어 서비스를 경제적으로 제공한다.

둘째, 유선과 무선의 통합이다. 광대역통합망은 단일 식별 번호, 인증 및 통합 단말기 등을 통해 유선 및 무선망 간 최적의 접속 조건으로 끊김 없는 광대역 멀티미디어 서비스의 제공이 가능하다.

셋째, 통신과 방송 융합이다. 광대역통합망은 차세대 광대역 통신망(FTTH, beyond 3G 등)을 기반으로 개인화 및 주문화된 고품질 양방향 방송 서비스를 제공할 수 있다.

넷째, 홈 네트워크 및 유비쿼터스 환경이 네크워크 인프라를 통해 통합된다.

다섯째, 유무선의 다양한 접속 환경에서 끊김 없이 네트워크에 접속이 가능하고, 홈 네트워크의 디바이스 제어 등 기능을 함께 갖는 다기능 통합 단말이 제공된다.

여섯째, 홈 네트워크, 정보가전 등의 광범위한 IP 주소 수요를 충족하기 위해 가입자 이용 환경부터 통합 전달망까지 전체 네트워크에 IPv6가 적용된다.

3) 광대역통합망의 추진 배경 및 과제

(1) 광대역통합망의 추진 배경

1995년부터 추진해 온 초고속 정보통신망 구축 계획은 이미 세계 최고 수준의 인프라를 조기 구축하여 사실상 당초 목표 달성했다. 따라서 기존의 초고속 정보통신망은 통신 · 방송 · 인터넷이 대통합되는 차세대 정보 인프라로서는 한계를 가지고 있어 새로운 정보 인프라의 도입이 절실했다.

이에 초고속 정보통신망 고도화계획은 2003년 말로 종료하고 '광대역통합망(BcN) 구축 기본계획'이 추진되었다.

(2) 광대역통합망의 과제

광대역통합망의 과제는 3단계(2004~2010)로 진행되었다. 제1단계는 2004년부터 2005년으로 유·무선 연동 및 통신·방송 초기 융합 서비스 제공을 목표로 했고, 제2단계는 2006년부터 2007년까지로 유·무선 통합 및 통신·방송 융합 서비스를 본격적으로 제공하는 것을, 제3단계는 2008년부터 2010년까지로 광대역 통신·방송·인터넷 통합망의 완성을 목표로 했다(표 7-4 참조).

〈표 7-4〉 단계별 광대역통합망 구축 목표

	1단계: 2004~2005	2단계: 2006~2007	3단계: 2008~2010
가입자망	□유선 256만, 무선 56만 - VDSL, LAN - WLAN 등 중심	□유선 570만, 무선 250만 - FTTH, DOCSOS3.0 도입 - Wibro, HSDPA 도입	□유선 1,000만, 무선 1,000만 - u-City 등과 연계한 본격적인 가입자망 고도화
전달망	□수백Gbps급 백본망 시범 구축 □보안 모니터링 체계 시범 구축	□대도시 중심 수Tbps급 백본망 구축 □통합 보안/ 인증 체계 구축 □QoS, IPv6 본격 적용	□전국 규모 수백 Tbps급 백본망 구축 □통합 보안/인증 체계 고도화 □QoS, IPv6 전면 지원
서비스 및 제어망	□음성 데이터 통합 제어 플랫폼 개발 □유무선 통합 개방형 서비스 기술 개발	□유무선 통합 제어 플랫폼 개발 □통신방송 융합 개방형 서비스 기술 개발	□통신 방송 융합 제어 플랫폼 개발 □USN 등 유비쿼터스 기반 개방형 서비스 기술 개발

자료: 정보통신부(2006).

이상의 광대역통합망 구축은 세계 최초로 국가 사회 전반의 정보화 추진을 통해 IT 신산업의 수요 및 공급 기반을 마련하고, 관련 제품의 경쟁력을 강화함으로써 IT 산업 발전의 선순환 구조를 지속·유지할 수 있게 했다.

4) 광대역통합망의 효과

광대역통합망의 효과는 다음과 같이 네 가지 측면에서 살펴볼 수 있다(정보통신부, 2006: 3-5).

첫째, 국민에게 다가가는 정부 구현에 적합하다. 광대역통합망의 구축은 지능형 정부를 가능하게 하는데 이는 M-Gov, T-Gov, u-Gov 등 다양한 형태의 전자정부 서비스를 제공함으로써 대국민 행정 서비스 혁신 및 효율성과 투명성을 획기적으로 향상시킨다. 또한 시·공간상의 제약 없이 서비스가 가능한 유·무선·방송 통합 기반의 전자정부 서비스를 가능하게 함으로써 대부분의 민원이 온라인상에서 처리되는 안방 민원 시대를 구현할 수 있게 한다.

둘째, 디지털 경제의 확산이다. 광대역통합망은 산업 분야 전반에 디지털화를 확산시켜 국가산업의 경쟁력을 제고한다. 즉 섬유, 전자, 건설, 금융, 의료, 유통 등 산업의 전 분야에 정보화가 촉진되어 국가 산업경쟁력을 향상시킨다. 또한 유비쿼터스 사회를 위협하는 정보화 역기능과 이에 대한 정확한 예측 및 신속한 대응체계 마련을 가능하게 함으로써 안전하고 신뢰할 수 있는 전자상거래 환경을 조성할 수 있다.

셋째, 개인 삶의 질을 획기적으로 향상시킨다. 광대역통합망은 장소 및 시간에 제약이 없는 u-Work 및 u-Life 시대를 구현할 수 있다. 즉 광대역통합망을 통해 온라인 근무, 이동 근무환경이 조성되기 때문이다. 또한 의료, 문화 등 국민복지와 관련된 분야에 광대역통합망을 활용한 u-Healthcare, u-Culture 등의 서비스를 구현할 수 있게 됨으로써 원격 검진, 원격 수술, 원격 처치 등 고품질 의료 서비스를 확산시킨다.

[그림 7-14] 광대역통합망의 효과

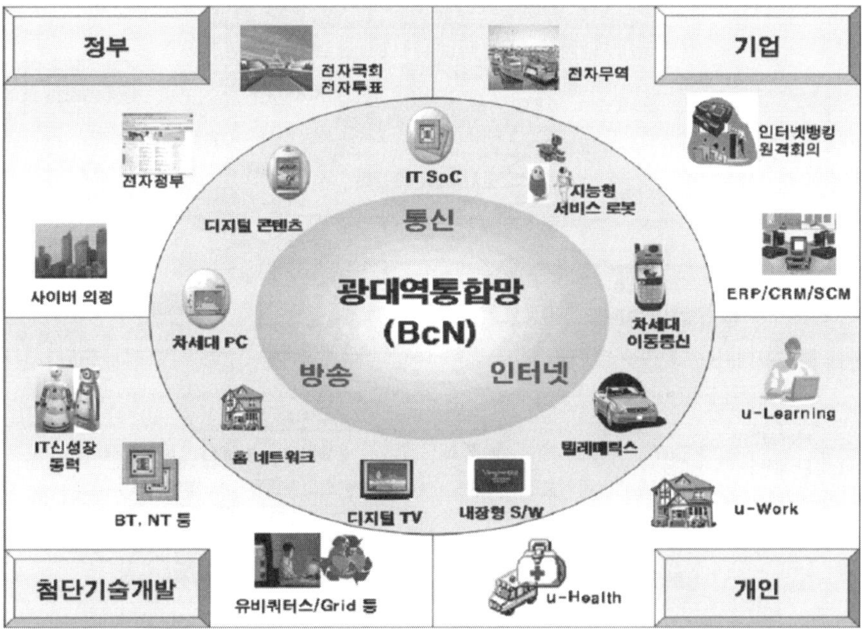

자료: 정보통신부(2006: 5).

넷째, IT 신성장 동력 등 첨단기술 개발의 핵심 기반을 제공한다. 광대역통합망은 홈 네트워크, 지능형 서비스 로봇 등 IT 신성장 동력과 BT, NT 등 첨단기술 개발의 핵심 인프라를 제공함으로써 미래 국가 전략산업의 육성에 기여한다.

이상의 네 가지 효과를 간단히 표현하면 [그림 7-14]와 같다.

5) 광대역통합망과 u-City

광대역통합망의 구축은 국민에게 다가가는 정부 구현을 통해 M-Gov, T-Gov, u-Gov 등 다양한 형태의 전자정부 서비스를 가능하게 할 뿐만 아니라, u-City를 구현하여 국민의 삶의 질을 향상시킬 수 있다.

(1) u-City의 의의

u-City(Ubiquitous City)란 첨단 IT 인프라와 유비쿼터스 정보 서비스를 도시공간에 융합하여 도시의 제반 기능을 혁신시킴으로써 주민의 편의·복지·안전 등의

[그림 7-15] u-City의 개념도

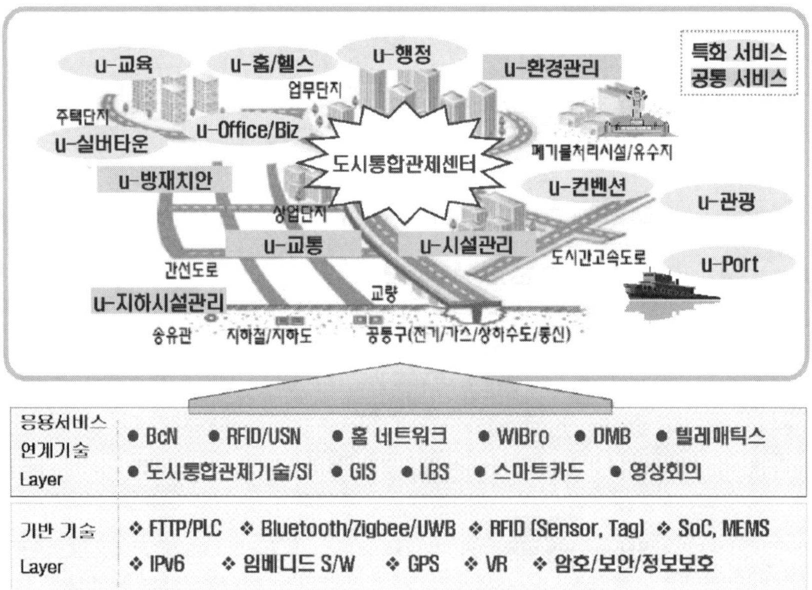

자료: 정보통신부(2006).

제고를 통한 삶의 질 향상과 신산업 창출 등이 가능한 미래형 도시를 말한다. 여기에서 도시란 작게는 지역 단위를, 넓게는 전 국토를 포함하는 것으로 지리적인 도시뿐만 아니라, 지역의 한계를 초월하는 기능 중심의 개념이다.

이러한 u-City의 개념도를 정리하면 [그림 7-15]와 같다.

(2) u-City의 추진 일정

광대역통합망과의 유기적 상호 협력을 통한 u-City 구축 추진 일정은 [그림 7-16]과 같다.

(3) u-City에서 광대역통합망의 필요성

u-City는 다음과 같이 세 가지 측면에서 그 필요성을 찾아볼 수 있다.

첫째, 지속적으로 증가하는 국민의 욕구 만족이다. 국민들의 삶의 질 향상 추구 및 도시의 경쟁력 향상 욕구의 증대는 광대역통합망을 활용한 교육, 의료, 재해 방지 등의 획기적인 개선과, 도시 유형별 특성화된 발전 즉 u-City를 요구하고 있다.

[그림 7-16] u-City의 추진 일정

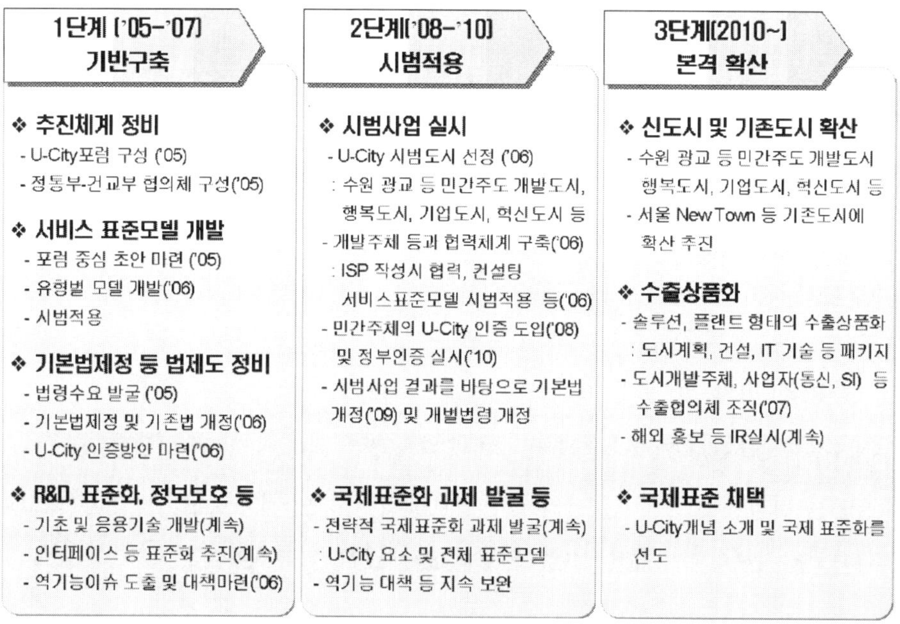

자료: 정보통신부(2006).

둘째, 지역 균형 발전 등 국가의 정책적 요구이다. 광대역통합망을 활용한 u-City를 건설함으로써 수도권 중심의 불균형 발전에서, 공공기관 지방 이전 및 지방자치단체 중심의 u-City 건설을 통해 지역 균형 발전을 구현할 수 있다.

셋째, 유기적인 협력의 u-City 건설이다. 현재까지는 유비쿼터스 기술 및 서비스에 대한 명확한 이해가 없이 단순히 u-City를 표방하고 있었다. 그러나 이제는 광대역통합망의 구축을 통해 중앙부처 간 및 자자체 등 도시개발 주체와의 유기적인 협력을 바탕으로 체계적이고 단계적인 u-City의 구축이 필요하다.

3 RFID(Radio Frequency IDentification)

1) RFID의 유래

RFID(Radio Frequency IDentification)의 시작은 1946년 소련(소비에트연방)의 첩보전을 위한 장비 생산에서 찾아볼 수 있다. 이 장비는 공기 중의 전파를 변조하여 정보를 송신하는 장치로, 음파가 진동판을 진동시키면 그 떨림이 공명기를 변화시켜 전파를 변조한다. 비록 정보 인식 및 저장 기능은 없지만, 전파 변조를 통한 정보 전달을 할 수 있다는 점에서 RFID의 시초라고 볼 수 있다. 추후 1960년대 도난 방지 목적으로 개발된 전자상품 감시 시스템(Electronic Item Surveilance), 1970년대의 로스 알라모스 과학연구소의 현대적인 RFID 시스템 개발을 거쳐, 1990년대에 가축 개체관리, 부품관리 등의 영역 확대를 지나 오늘날 건설관리, 범죄 감시, 지폐 및 유가증권 위조 방지, 문화재 보호 등 우리 삶의 모든 분야에서 사용되고 있으며, 지금 이 순간에도 지속적으로 발전하고 있다.

2) RFID의 정의 및 특징

(1) RFID의 정의

RFID는 전파를 이용해 먼 거리에서 정보를 인식하는 것으로 RFID Tag(태그)[2]와 Reader(판독기)가 필요하다. 이때 태그는 안테나와 집적회로로 이루어지는데, 집적

2) 일반적으로 전자태그로 불리며, Tag(태그)는 안테나를 통해 고유한 정보를 담은 신호를 발생하고, Reader(판독기)는 수신된 신호를 분석하여 정보를 얻는 원리로 되어 있다.

회로 안에 정보를 기록하고 안테나를 통해 판독기에게 정보를 송신한다. 이처럼 RFID는 바코드와 비슷한 기능을 하지만 바코드는 빛을 이용해 판독하는 반면에, RFID는 전파를 이용하여 판독하기 때문에 바코드 판독기처럼 가까이에서만 작동하는 것이 아니라, 먼 거리에서도 판독이 가능할 뿐 아니라, 물체를 통과해서 정보를 판독할 수도 있다.

요약하자면, RFID 시스템은 태그와 판독기를 이용해 비접촉 상태에서도 데이터 전달을 좀 더 실용적으로 할 수 있는 무선 인식 기술을 말한다. 덧붙여 RFID 시스템과 다른 인식 시스템과의 차이를 좀 더 자세히 고찰하면 <표 7-5>와 같다.

〈표 7-5〉 RFID 시스템과 다른 인식 시스템의 비교

시스템 항목	RFID 시스템	바코드	OCR	음성 인식	생체 인식	스마트 카드
전형적인 데이터 크기(byte)	16-64k	1-100	1-100	—	—	16-64k
데이터 밀도	매우 높음	낮음	낮음	높음	높음	매우 높음
기계적인 인식률	좋음	좋음	좋음	낮음	낮음	좋음
사람에 의한 인식	불가능	제한적	간단함	간단함	어려움	접촉식의 경우 가능함
시야 가림에 대한 영향	영향 없음	완전 차단	완전 차단	—	가능	
방향과 위치에 의한 영향	영향 없음	낮음	낮음	—	—	단방향성
마모성	중간	제한적	제한적	—	—	접촉에 의함
가격	없음	매우 낮음	중간	매우 높음	매우 높음	낮음
비인가 복사/수정 가능성	불가능	약간	약간	가능(오디오 테이프)	불가능	불가능
인식 속도 (데이터 운반 포함)	매우 빠름~0.5초	낮음~4초	낮음~3초	매우 낮음>5초	매우 낮음>5~10초	낮음~4초
최대 인식 거리	0~5m 마이크로파	0~50cm	<1cm 스캐너	0~50cm	직접 접촉	직접 접촉

자료: 남상엽 외(2006: 15)를 수정 작성함.

(2) RFID의 특징

RFID는 대체로 다음과 같은 특징을 갖는다.

① 유비쿼터스[3] 시대의 핵심 기술

RFID의 무엇보다도 큰 특징은 사용자가 네트워크나 컴퓨터를 의식하지 않고 시간과 장소에 상관없이 자유롭게 네트워크에 접속할 수 있는 유비쿼터스 시대에 판매유통 분야에서는 제품의 자동인식 및 현황 파악을, 의료 분야에서는 고령자의 원격 건강관리 시스템을, 교육 분야에서는 도서관 관리 및 문화재 보호 등 IT 이용의 고도화를 도모할 수 있는 핵심 기술이다.

② 업무의 효율성 증진

RFID 기술은 비접촉형 인식, 다른 통신망과의 연계 및 통신 가능성이라는 장점을 통해 다음과 같은 효율성 증진을 구현한다.

첫째, 유통 및 물류 분야의 효율성 증진이다. RFID는 상품 재고를 실시간으로 파악하여 판매량에 따른 최적의 재고 수준을 유지할 수 있게 하여, 생산비용을 절감시킬 뿐 아니라, 물품의 도난 및 상품 손실 시에 상품의 실시간 파악을 통해 도난 및 손실을 예방할 수 있다. 또한 반품 및 AS의 경우에도 실시간 처리 현황을 파악할 수 있어 고객 만족도를 향상시킬 수 있다.

둘째, 의료 분야에서는 의료 서비스 증진이다. RFID는 원격지에서도 환자 진찰, 상담, 치료를 가능하게 할 뿐 아니라, 고령화사회[4]를 지나 고령사회로 진입하고 있는 우리나라에서도 고령층 환자들의 건강관리 서비스 효율성을 최적화할 수 있다. 그 밖에도 환자의 병력이 입력된 태그와 의약품 정보 대조를 통한 환자의 효율적 병력 관리를 가능하게 한다.

셋째, 농축산업 분야의 안전성 확보이다. RFID는 농축산물의 생산 시점부터 판매되는 시점까지 모든 과정을 파악할 수 있게 할 뿐 아니라, 농축산물의 생명인 신선도

3) '어디든지(everywhere)'라는 뜻의 라틴어 '유비크(ubique)'에서 나온 신조어. 사용자가 장소와 시간, 네트워크나 컴퓨터의 종류에 구애받지 않고 자유롭게 인터넷에 접속할 수 있는 환경을 말한다.

4) 우리나라의 고령화 현상은 외국에 비해 매우 빠르게 진행되어 2019년에는 노인 인구 비율이 14.4%에 달하는 고령사회(aged society)로 진입할 것으로 예상된다는 것이다. 특히, 우리나라의 경우 고령화의 진전 속도가 세계 최단 기간이라는 전망 속에 고령화가 경제, 금융, 재정, 복지, 보건, 의료, 문화, 노동 등에 미칠 영향과 그 대책들이 활발하게 진행되고 있다(청와대 인구 및 미래사회위원회, 2004; 장지연, 2002; 장지연 외, 2003; 보건사회연구원, 2003; 노동부, 2004).

유지에 문제가 발생하면 유통 과정을 역추적하여 제품의 안정성을 확보할 수 있다. 덧붙여 RFID 태그에 제품의 정보를 입력하여, 식중독 및 광우병과 같은 문제점이 발생했을 때 신속한 추적과 회수를 통해 문제의 확산을 방지 및 예방할 수 있다.

3) RFID의 동작 원리와 계층구조

(1) 동작 원리

RFID의 동작 원리는 [그림 7-17]과 같다.

첫째, RFID는 태그 안테나와 리더 안테나 간 자유 공간을 통해 무선 주파수를 이용한 통신 방식으로 데이터를 주고받는다.

둘째, RFID 태그 안테나는 리더의 안테나로부터 전파를 수신한다. RFID 태그 안에 내장된 IC칩이 기동하여 칩 안의 정보를 신호화하여 태그의 안테나 측으로 신호를 발신한다.

셋째, 리더의 안테나는 태그로부터 발송된 정보를 수신한 후, 수신된 정보는 유무선 통신 방식으로 서버로 전달한다.

(2) 계층구조

RFID 시스템은 다음과 같이 4계층의 구조를 갖는다(최창선, 2008: 676).

첫째, 디바이스 계층은 태그와 리더로 구성된다. 태그는 데이터 수집 기능을 가지며, 리더는 태그와 무선을 통해 태그의 정보를 판독 및 해독하는 기능을 한다.

둘째, 센서 네트워크 계층은 태그, 리더, 센서, 서버들 간의 효율적인 통신을 제공하는 네트워크 기술이다.

[그림 7-17] RFID의 시스템 구조

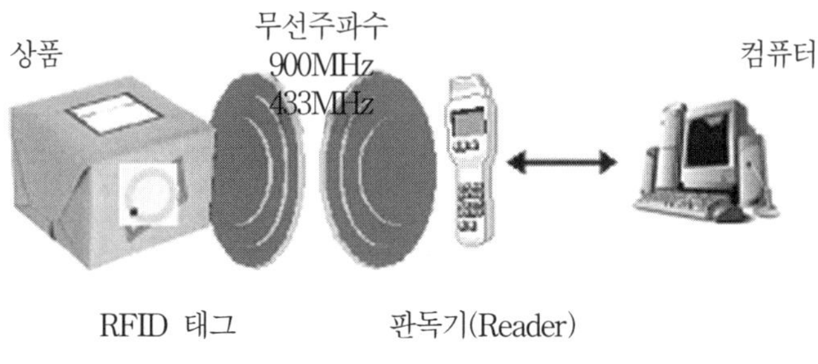

자료: 정보통신부(2006).

셋째, 미들웨어 계층은 디바이스 계층으로부터 수집된 객체 코드 정보를 어플리케이션 계층에서 효과적으로 사용할 수 있도록 데이터의 전 처리, 실시간 데이터 환경에서의 실시간 데이터 지원 등과 같은 서비스를 제공한다.

넷째, 어플리케이션 계층은 물류, 공급망 관리, 의료, 국방, 제조, 서비스 등과 같은 다양한 응용 솔루션을 제공하는 기술로 구성된다.

4) RFID의 기술

(1) RFID의 태그

RFID의 태그는 앞에서 안테나와 집적회로로 이루어지며, 집적회로 안에 정보를 기록하고 안테나를 통해 판독기에게 정보를 송신하는 장치라 정의했다. 이와 같은 RFID는 능동형과 수동형으로 나누어 살펴볼 수 있다.

① 능동형 태그와 수동형 태그

RFID 능동형 태그는 태그 내부에 2년 이상 사용할 수 있는 전원 또는 전지를 사용할 수 있기 때문에 장거리 전송 및 인식이 용이하다. 하지만 배터리 가격으로 인해 가격이 비싸다는 단점이 있다. 반면에 수동형 태그는 판독기로부터 전원이 공급되기 때문에 능동형 태그보다 상대적으로 작고 가벼우며 가격도 저렴하다. 하지만 단거리 전송 및 인식이 가능하여 데이터 전송 시간 및 거리에 제한이 따른다. 이를 요약하면 <표 7-6>과 같다.

〈표 7-6〉 능동형 RFID 시스템과 수동형 RFID 시스템

구분 / 기능	능동형 RFID 시스템	수동형 RFID 시스템
기능	- 태그 내부에 전원 또는 전지 포함 - 장거리 전송 및 인식 가능 - 배터리에 따른 가격 변동 - 동작 수명이 제한적	- 리더로부터 전원 및 전력을 공급 - 간단한 구조 - 비용이 저렴함. - 단거리 전송 및 인식 가능

이러한 RFID의 특징과 용도에 따라 ECP 글로벌에서는 <표 7-7>과 같이 구분하고 있다.

(2) RFID의 판독기

RFID의 판독기는 태그로부터 송신된 정보를 수신 및 판독하여 소프트웨어로 송신

〈표 7-7〉 ECP 글로벌의 RFID 태그 분류

<table>
<tr><th></th><th>Class 0</th><th>Class 1</th><th>Class 2</th><th>Class 3</th><th>Class 4</th><th>Class 5</th></tr>
<tr><th>개요</th><td>제조사 입력/읽기 전용</td><td>사용자 입력/읽기 전용</td><td>동형/수동형 읽기쓰기 가능</td><td>반수동형/읽기쓰기 가능</td><td>능동형/읽기쓰기 가능</td><td>능동형/독립형/읽기쓰기 가능</td></tr>
<tr><th>능동형/수동형</th><td colspan="3">수동형</td><td>반수동형</td><td colspan="2">능동형</td></tr>
<tr><th>읽기/쓰기</th><td colspan="2">읽기 전용</td><td colspan="4">읽기/쓰기 가능</td></tr>
<tr><th>전송 성공률</th><td colspan="3">낮다</td><td colspan="3">높다</td></tr>
<tr><th>배터리</th><td colspan="3">없음</td><td colspan="2">리튬/마그네슘 전지</td><td>전원 확장 용이</td></tr>
<tr><th>수명</th><td colspan="2">길다</td><td>짧다</td><td colspan="3">길다</td></tr>
<tr><th>도달 거리</th><td colspan="2">짧다</td><td>길다</td><td>중간</td><td colspan="2">길다</td></tr>
<tr><th>무선망 네트워크</th><td colspan="5">기능 없음</td><td>네트워크 구성 가능</td></tr>
</table>

자료: Forrester Research(2004. 3).

하고 동시에 소프트웨어로부터 각종 명령을 RFID 태그로 송신하는 장치이다. 이러한 RFID Reader기는 교통카드 요금을 내는 카드기, 도서관 도난 방지기 등 특정한 위치에 고정되어 있는 것과 PDA 등과 같이 자체적으로 소프트웨어를 탑재하여 유동이 가능한 것이 있다.

(3) RFID의 주파수별 특징 및 응용

RFID는 태그와 판독기를 이용해 비접촉 상태에서도 데이터 전달을 좀 더 실용적으로 할 수 있는 무선 인식 기술이기 때문에 시스템의 주파수에 따라 다르게 사용되고 있다.

먼저 1980년대부터 쓰이기 시작해 현재 널리 사용되고 있는 저주파(LF: 135kHz 이하)는 10cm 정도의 거리에서 인식이 가능하기 때문에 동물 식별 및 출입관리 등의 분야에서 사용되고 있다.

둘째, 고주파(HF: 13.56MHz)는 1990년대부터 쓰이기 시작해 인식 거리가 1m로 저주파보다 길지만, 금속 주위에서 성능이 좋지 않다. 그렇기 때문에 결제 카드 및 포인트 카드, 사람 식별 및 모니터링과 같은 분야에서 사용되고 있다.

〈표 7-8〉 RFID 시스템의 주파수별 특징

주파수	주요 특징	사용 분야
저주파(LF) 135MHz 이하	·1980년대부터 쓰이기 시작해 현재 널리 사용 ·금속과 액체 주위에서도 인식률이 매우 높다. ·데이터 전송 속도가 느리다. ·10cm 정도의 인식 거리	·동물 식별 ·출입관리
고주파(HF) 13.56MHz	·1990년대부터 쓰이기 시작해 현재 널리 사용 ·세계 표준 ·LF보다 긴 인식 거리(1m 이상) ·LF 태그에 비해 태그 가격이 싸다.	·결제 카드 및 포인트 카드 ·출입관리 ·위변조 방지 ·사람 식별 및 모니터링
극초단파 (UHF) 433MHz, 860~930MHz	·1990년대 후반부터 사용되었다. ·HF보다 긴 인식 거리(3m 이상) ·능동형 433MHz 시스템의 데이터 전송 거리는 수십 m가 넘는다. ·태그 가격이 가장 저렴할 것으로 예상된다. ·액체와 금속으로 인한 간섭 가능성이 높다.	·공급망과 물류 분야 -재고관리 -창고관리 -자산 추적
마이크로파 2.45~5.8MHz	·빠른 데이터 전송 속도 ·일반적으로 능동형 또는 반능동형이다. ·인식 거리는 UHF와 유사하다.	·출입관리 ·전자 통행료 징수

자료: 남상엽 외(2006: 23)를 수정 작성함.

셋째, 극초단파(UHF: 433MHz, 860~930MHz)는 1990년 사용하기 시작했는데, 인식 거리가 3m 이상으로 고주파보다 길며, 능동형 433MHz 시스템의 데이터 전송 거리는 수십 m가 넘는다. 그렇기 때문에 재고관리, 창고관리 등의 공급망 및 물류 분야에서 사용되고 있다.

끝으로 마이크로파(2.45~5.8GHz)는 빠른 데이터 전송 속도를 가지고 있어 출입관리 및 전자 통행료 징수 등의 분야에서 널리 사용되고 있다.

이를 요약하면 <표 7-8>과 같다.

5) RFID의 응용

(1) 생활 속의 RFID

RFID는 우리 생활 속의 다양한 분야에 적용이 가능하며, 실제로도 다양한 분야에 활용되어 업무의 효율성 증진, 삶의 안정성 확보, 생활의 편리성 증진 등 궁극적으로

〈표 7-9〉 생활 속의 RFID 활용

주파수	활용 분야	구체적인 활용 방법
125kHz	동물관리	출생 내력 등 식별 정보가 입력된 칩을 동물에 이식하여 혈통관리 및 위치 파악에 활용
133kHz	스키장 입장관리	스키장 통로에 수직 게이트형 안테나를 설치해 스키어들의 입장 확인
133kHz	운동선수 기록관리	가벼운 무선태그가 선수 운동화에 부착되며 루프 안테나가 마라톤 주행 도로의 출발선, 중간 반환점, 결승선 등에 설치되어 선수의 기록을 관리
13.56kHz	교통카드	카드를 리더에 가까이 대면 카드에 내장된 RFID 칩이 리더와 무선으로 교신하여 자동으로 요금 징수
13.56kHz	주차관리	태그가 부착된 차량이 접근하면 자동으로 출입통제 장치가 개폐
13.56kHz	도서관리	도서에 RFID 칩을 삽입하여 도서 부당 반출 시 경보음 울림
13.56kHz	출입통제	신원정보가 입력된 칩이 내장된 카드를 판독기에 가까이 대면 출입 자격 여부를 조회하여 출입문 개폐
UHF	물류창고 관리	팔레트/박스 단위로 태그를 부착해 자동 입출고 처리 및 공급 체인을 경유하는 상품의 실시간 위치 추적 및 재고관리
UHF	농산물 이력관리	RFID 태그에 농산물의 원산지와 생산자에 대한 정보를 입력하여 농산물의 이력 추적 및 관리
UHF	요금관리	고속도로 톨게이트에 태그가 부착된 차량이 접근하면 자동으로 요금에 징수되는 시스템
900MHz/ 2.45GHz	타이어 이력관리	타이어에 RFID 태그를 부착해 생산 공정에서 생산/품질 이력 정보를 기록하고, 불량품을 자동적으로 선별하며 개별 타이어에 대한 재고 상황 관리
2.45GHz	항공화물 처리	항공 수화물의 좀 더 신속·정확한 판독과 분류, 위험 물품 재검사
]2.45GHz	의약품 위·변조 방지	의약품 생산 과정에서 RFID를 부착하여 생산 공정관리에 활용하고, 제품이 판매된 후에도 RFID 추적 시스템을 통해 유통 경로를 투명화하고 해당 제품의 진품 여부를 판단

자료: 남상엽 외(2006: 33)를 수정 작성함.

삶의 질을 향상시키는 데 크게 기여하고 있으며, 앞으로도 크게 이바지할 것으로 예상된다. 이러한 RFID의 생활 속 적용 분야를 구체적으로 살펴보면 <표 7-9>와 같다.

4 u-센서 네트워크(Ubiquitous Sensor Network)

1) u-센서 네트워크의 의의

u-센서 네트워크란 필요한 모든 사람·사물 및 환경에 전자 태그를 부착하고 이를 통해 사물·사람 및 환경의 정보 실시간으로 탐지하여, 네트워크에 연결 및 정보를 관리하는 기술이다.

즉 u-센서 네트워크는 다양한 위치에 설치된 태그 및 센서 노드를 통해 사람·사물 및 환경정보를 인식하고, 인식된 정보를 통합 및 가공하여 언제 어디서나, 안전하고 자유롭게 이용할 수 있게 하는 정보 서비스 인프라를 말한다(한국정보사회진흥원, 2008: 246).

궁극적으로 u-센서 네트워크는 모든 사물이 정보를 저장 처리 제어하는 컴퓨팅 기능과 처리된 정보를 전달하는 통신 기능을 갖추어 언제, 어디서 어느 것으로나 통신이 가능한 환경을 구현할 수 있다.

2) u-센서 네트워크의 발달

u-센서 네트워크는 사물의 식별 부호 및 정보를 수동적으로 인식하는 고정 객체 인식을 시작으로 주변 상황 정보를 인지하는 단계를 거쳐 객체 간 통신이 가능한 유비쿼터스 환경으로 발전할 것이다.

[그림 7-18] u-센서 네트워크의 발전 흐름

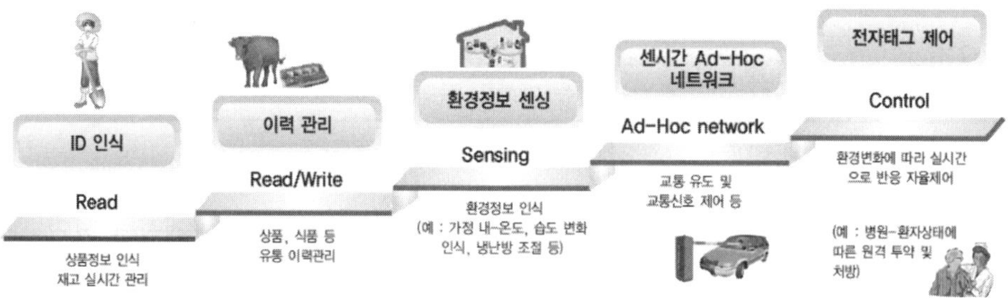

자료: 한국정보사회진흥원(2008: 247).

따라서 처음에는 수동적으로 정보를 수집하다가 주변 상황정보를 감지하여 능동적으로 정보를 처리하는 지능형 네트워크 센서로 발전했으나, 추후에는 처리 결과를 자동화, 융합화, 지능화하는 방향으로 발전할 것이다.

즉 u-센서 네트워크는 RFID 기반의 단순한 개체 식별 단계에서 점차 다양한 센싱(sensing) 기능이 추가되고, 향후 주변 환경에 대한 자율적 상황 인지 및 통제가 가능한 센서 네트워크로 진화하고 있다(그림 7-18 참조).

3) u-센서 네트워크의 인프라

현재의 u-센서 네트워크는 센서에서 취득된 정보를 서버로 전송하기 위해 인터넷망과 연동하는데, 이때 인터넷과 연동하는 데 유선 방식과 무선 방식의 인프라가 요구된다.

유선망의 경우 초고속 인터넷, 전용선 등이 활용되며, 무선망의 경우 무선 랜과 HSDPA가 많이 사용되고 있다(그림 7-19 참조).

하지만 u-센서 네트워크는 그 특성상 산, 바나, 강, 도로, 교량 등 옥외에 설치되는 경우가 많다. 이때 유선망을 사용할 경우 설치비 및 공사 기간이 많이 소요되기 때문

[그림 7-19] u-센서 네트워크의 인프라

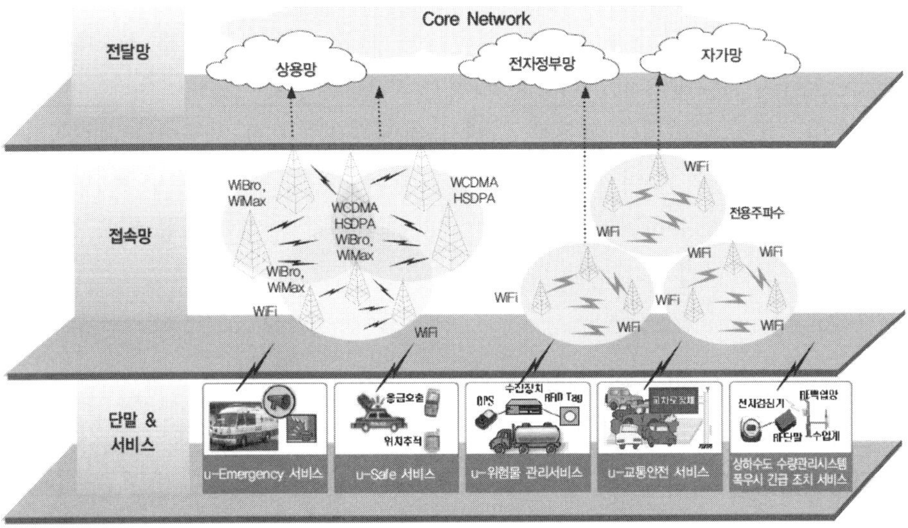

자료: 한국정보사회진흥원(2008: 250).

에 무선망이 선호된다. 따라서 WiFi Mesh와 WiBro의 사용 증가가 예상된다(한국정보사회진흥원, 2008: 250-1).

4) u-센서 네트워크의 전망

u-센서 네트워크는 정부의 시범 및 확산사업을 통해 다양한 서비스 모델이 발굴 및 보급되고 있다. 특히 국방, 조달 등 공공 분야에서는 u-센서 네트워크가 각 부처의 실제 업무에 사용되고 있다. 그 결과 각 부처를 중심으로 u-센서 네트워크에 대한 수요가 늘어나기 시작했고, 특히 RFID 분야는 확산에 필요한 시장 여건이 조성되었다(한국정보사회진흥원, 2008: 252). 이러한 u-센서 네트워크의 새로운 접근 방법으로 축소판 빅 브라더스(Little Big Brothers)가 있다. 이 축소판 빅브라더스는 물리적 세계와 가상적인 세계를 연결하는 새로운 전자식 감각기관으로 주목받고 있다.

하지만 본격적인 확산을 위해 보완해야 할 것은 여전히 산재해 있다. 특히 수요자들이 아직 도입 효과에 대한 확신이 없고, 높은 초기 투자비용으로 인해 확산이 어려운 실정이다. 또한 u-센서 네트워크에 사용되는 RFID의 태그 및 u-센서 네트워크의 센서 비용이 너무 비싸 민간 부문에 도입이 지연되고 있다.

그러므로 u-센서 네트워크의 확산을 위해서는 공공 부문과 민간의 상호 협력을 근간으로, 정부의 지원 및 기술 개발을 통해 u-센서 네트워크를 사용할 때 비용의 부담을 해소하고, 무엇보다 소비자들에게 u-센서 네트워크의 효과를 인식시켜야 할 것이다. 즉 민간 확산의 핵심이 되는 기관 및 기업을 먼저 선정하고 경쟁 환경을 조성하는 방법으로 u-센서 네트워크 시장을 넓혀가야 할 것이다.

요컨대 유·무선 인터넷을 활용한 u-센서 네트워크는 모든 사물이나 사람들을 연결하는 네트워크로, 언제 어디서나 모든 사물과 사람들이 실시간으로 통신을 할 수 있다. 즉 인간 중심의 유비쿼터스 패러다임을 확대시키는 인간의 삶을 질을 향상시키는 기술로 발전해 나가야 할 것이다.

5 위성통신망(Satellite Communication Network)

1) 위성통신망의 의의

위성통신이란 인공위성이 중계소 역할을 하는 장거리 통신 방법으로, 대기권 밖의 상공에 쏘아 올린 인공위성으로 하여금 통신을 중계하게 하는 통신 방법이다. 이러한 위성통신의 네트워크화를 구성한 위성통신망은 하나의 위성과 협력 지구국들로 이루어진 위성통신 네트워크 시스템이라고 할 수 있다.

위성통신망을 사용하면 통신 가능 구역이 넓어지고 고주파수대의 전파를 이용한 초고속 전송이 가능해진다. 인공위성 중에는 지구의 자전 시간과 같은 속도로 지구를 공전하여 마치 지구 궤도 위에 정지해 있는 것처럼 보이는 정지위성이 있는데, 위성통신망은 주로 이 정지위성을 이용한다.

위성통신이 본격적으로 시작된 것은 1964년 8월에 발사된 최초의 정지위성 신콤(Syncom) 2호를 통해 1964년 도쿄올림픽 생중계가 이루어진 뒤부터이다.

2) 위성통신망의 특징

위성통신망은 마이크로파를 사용하기 때문에 고속 대용량 통신이 가능하고, 넓은 지역(특정 국가 전역 등)을 통신권역으로 할 수 있다. 또 지형에 관계 없이 고른 통신이 가능하고 재해가 발생해도 통신의 세약을 받지 않는 장점이 있다.

그러나 전파의 왕복 시간(약 0.24초)이 걸려 음성통신을 할 때 전파가 지연되고, 정보의 보안성이 없다는 단점이 있다. 또 전력원으로 태양전지를 쓰기 때문에 위성이 지구의 그늘에 있거나 폭우가 쏟아질 때는 순간적인 통신 두절 현상이 나타날 수도 있다.

3) 위성통신망의 활용

위성통신망의 활용 분야는 광대역 전송을 이용한 국제전화 중계망, 원격진료 등을 비롯하여 이동통신 분야의 개인휴대통신 · 항공이동통신 · 해사통신 등이 있으며, 원격감시와 제어 기능을 이용한 홍수통제 및 예보, 하천 감시, 기상 관측과 대기환경 측정 등이 있다.

한국에서는 통신위성으로 무궁화 1호와 2호를 발사했으며, 1999년 9월 5일 발사한 무궁화 3호가 2014년까지 방송과 통신 서비스 활동을 하게 된다. 아울러 지속적인 인공위성 통신 역량 확보를 위해 2009년 8월 25일 과학 관측 목적용 과학기술 위성 2호가 실린 국내 최초 우주 발사체 나로호(KSLV-1: Korea Space Launch Vehicle-1)를 쏘아올리는 데 성공했으나 목표 궤도 진입에는 실패했다.

4) 위성통신망의 발전 과제

위성통신망은 다음과 같은 노력을 통해 개발 및 발전해 나가고 있다.

첫째, 위성통신 핵심 기술 개발 및 산업 기반 마련이다. 정부는 위성통신 관련 핵심 기술을 체계적으로 개발하여 관련 산업의 세계시장 진출을 도모하고 국가 위상을 제고해 나갈 계획이다. 따라서 이동형 광대역 위성전송 핵심 기술의 확보를 통해 고속이동 중에도 위성방송 및 초고속 무선 인터넷을 사용할 수 있는 능동형 하드웨어와 소프트웨어 개발에 집중하고 있다.

둘째, 우주 전파자원 확보이다. 최근 위성망이 세계 각국의 중요 통신망으로 부상하면서 우주전파 자원 확보를 위한 국가 간의 경쟁도 치열해지고 있다. 따라서 중·장기적인 위성망 수요에 대비하고 위성산업의 발전을 도모하기 위해 우주 전파자원의 전략적인 확보가 선행되어야 한다. 아울러 국내 위성망의 혼신 조정을 위해 위성감시센터를 통해 혼신 조정에 필요한 외국 위성 현황을 조사하고, 이들 국가와의 조정회의도 동반되어야 한다.

제 8 장 의사결정과 행정정보 지원체제

제 1 절 의사결정 과정과 행정정보체제의 역할

1 의사결정의 개념

의사결정(decision making)은 "여러 대안들 중에 선택하는 것"으로 정의를 내림으로써 "더 이상의 고려를 하지 않는 것"으로 간주된다. 이러한 활동은 크게 두 가지 행위를 내포하고 있는데, 첫째는 대안적인 활동노선을 평가하는 것과 둘째로 그들 행동노선 중 하나의 노선을 선택하는 것이다(Murdick & Munson, 1986: 378).

그런데 여기서 주의해야 할 점은 의사결정을 하나의 단편적인 행위로만 볼 것이냐이다. 일반적으로 의사결정은 대안들 중에 최선의 대안을 선택하는 '과정'으로 인식하고 있다. 게다가 비록 의사결정을 대안 선택 과정으로 보더라도, 여전히 의사결정 행위를 충분히 설명하고 있지 못하다는 지탄을 면치 못한다. 그래서 페이욜(Henri Fayol)과 어윅(Lyndall F. Urwick)은 의사결정 과정을 의사결정이 위임과 권위에 영향을 미치는 정도와 관련하여 이해하려 했으며(Luthans, 1985: 588), 바너드(Chester Barnard)도 의사결정 과정을 크게 보아서 선택의 폭을 좁히는 기법이라고 봄으로써 그 개념을 구체화시켰다(Barnard, 1938: 14).

한편, 듀이(John Dewey)는 이 같은 의사결정 과정을 이해하는 데에 유용한 판단 단계를 제시하고 있는데, 그것은 첫째로 동일한 대상 국면에 관해 상반된 주장을 하는 논란이 있어야 하고, 둘째로 이들 주장에 대해 정의를 내리고 심사숙고하는 과정이 있어야 되며, 끝으로 논란이 되고 있는 문제를 종식시켜서 장래의 규칙이나 원리로서 소용될 수 있는 결정을 내리는 과정을 거친다는 것이다 (Dewey, 1933: 120). 이런 판단 단계를 의사결정 과정에 적용해 볼 때, 의사결정은 공통적으로 다음과 같은 중요한 요소를 갖고 있음을 알 수 있다. 첫째, 의사결정자는 자기가 취할 조치에 대해 여러 개의 대안적 선택을 해야 할 입장에 있고, 둘째, 결과들이 어떤 조치를 취하느냐에 따라 다양하게 초래될 것이며, 셋째, 각각의 결과가 초래될 가능성이나 기회가 어느 정도 있는데, 그 가능성들이 반드시 동일하지 않고, 넷째, 의사결정자는 각각의 조치와 결과의 조합들에 대한 가치, 효용, 또는 중요성을 결정해야 한다는 것이다 (Szilabyi, Jr. & Wallace, Jr., 1980: 402).

이로써 의사결정에 대한 정의는 다음과 같이 내릴 수가 있다. 즉, "의사결정자가 특정한 사건이나 상황에 관해 취할 수 있는 논란이 되고 경쟁적 관계에 있는 여러 대안적 조치 중의 하나를 일정한 결정 원리나 규칙에 따라 선택하는 과정으로서 그런 선택활동의 결과가 문제의 사건이나 상황 및 환경 등에 일정한 영향을 미치는 일련의 행위"라고 볼 수 있다. 따라서 의사결정에는 활용 가능한 조치와 그 조치의 결과 그리고 그런 결과를 초래할 확률에 관한 일정량의 정보가 확보되어야 하고, 대안적 조치에 관한 선호도, 교환 관계 및 목표에 대한 가치를 산정할 수 있어야 되며, 선택을 위한 일정한 규칙이 선행적으로 구비되어 있어야 함을 시사한다.

2 의사결정 과정

의사결정 과정은 여러 단계로 이루어지는데, 그 단계는 반드시 일정하지 않고 의사결정 과정을 어떻게 이해하느냐에 따라 차이를 보이나 가장 기본적인 모형으로 사이먼(Herbert A. Simon)의 3단계 의사결정 과정을 들고 있다. 따라서 여기서도 이를 기초로 하여 살펴보고자 한다 (Simon, 1960: 54).

의사결정 과정은 [그림 8-1]에서 보는 바와 같이 정보(intelligence) 단계, 설계(design) 단계, 선택(choice) 단계로 구성되어 있다. 정보 단계는 문제 식별과 자료수집 단계로서 의사결정에 요구되는 조건들을 위한 환경을 탐색하고, 문제들과 기회

[그림 8-1] 의사결정 과정

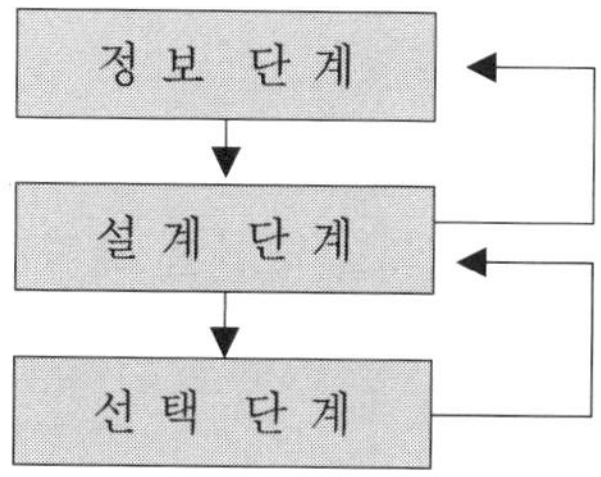

를 식별할 수 있는 단서를 찾기 위해 필요한 자료를 획득하고 처리하여 조사하는 과정이다. 설계 단계는 대안적 해결책을 위한 기획 단계로서 가능한 활동 노선을 창안하고 개발하며 분석활동을 벌인다. 이 단계에서는 문제를 이해하고, 해결책을 모색하며, 그 해결책의 활용 가능성을 검증하는 과정이다. 그리고 선택 단계는 해결책을 선택하여 그 과정을 모니터하는 단계이다. 즉, 활용 가능한 여러 대안들 중에서 하나의 대안이나 활동 노선을 선택하여 집행하는 과정이다.

이들 단계를 좀 더 구체적으로 살펴보면 다음과 같다(Ahituv & Neumann, 1986: 29-31).

(1) **정보 단계**

의사결정을 내리기 전에 의사결정자는 의사결정의 필요성을 알아야 되는데, 여기서는 대체로 다음과 같은 두 가지 이유에서 의사결정을 할 필요성을 갖게 된다. 그것은 문제 간파(problem detection)와 기회 포착(opportunity seeking)이다.

먼저, 문제 간파는 조직 내에서 궤도를 일탈한 것은 없는지를 간파하는 것을 뜻한다. 다시 말하면, 문제의 간파는 예정된 계획이나 조직의 규범, 또는 기준과 어긋난 것들은 없는지를 알아보는 일이다.

다음으로 기회 포착은 의사결정자에게 자신에게 유리한 기회를 줄 몇 가지 약정된 상황을 탐색하는 것으로서 조직 차원에서 의사결정자가 특정한 문제에 대해 결정을 내릴 때 그것이 가져올 결과적인 대가가 조직뿐만 아니라 의사결정자 본인에게 이득이 될 수 있는 여건인지를 강구하려는 활동을 말한다.

의사결정 과정이 어떤 계기로 시작되든지, 그 첫 번째 절차인 정보 단계는 의사결정 과정의 후속 단계를 위한 정보 근거를 확보하는 데 필요한 자료의 수집, 분류, 처리 및 제시를 포괄한다.

(2) 설계 단계

의사결정 과정의 설계 단계에서 의사결정자는 지원 스태프들의 도움을 얻어 가능한 대안적 해결 방안을 모색해야 하는데, 대안적 해결 방안에는 일련의 활동들로 구성되어 있는 경우가 많다. 그러한 활동으로는 관리과학이나 체제분석에서 흔히 있는 계량분석 기법과 통계적 모형이나 기타 모형을 사용하여 각 대안에 대한 가능한 결과들을 예측하는 것이다.

각 대안적 해결책은 주로 다음과 같은 기준에 의해 심사되는데, 즉 그 대안은 기술적으로 그리고 경제적으로 활용 가능한가, 그것은 예산과 통상 실행에 일치하는가, 그것은 예산과 시간적 제약을 감수하고 있는가, 그 결과는 무엇인가, 그리고 그 대안에 의해 영향을 받는 조직 단위는 그것을 채택하여 집행할 준비가 되어 있는가에 따라 분석한다. 그리고 나서 의사결정자들은 해결책들에 대해 하나씩 선호 여부를 결정해야 한다.

이런 과정에서 의사결정자는 활용 가능한 자료가 불충분한 경우에 의사결정 과정의 다음 단계로 나아가기 전에 전 단계인 정보 단계로 회귀할 수 있기 때문에 이 설계 단계에서는 최종 결정이나 결과론적인 조치를 취하지 않는다. 이 때문에 의사결정 과정을 연속적인 과정(sequential process)이라기보다 반복적인 과정(iterative process)이라고 한다.

(3) 선택 단계

의사결정 과정의 선택 단계에서 의사결정자는 여러 가지 대안을 접하게 되어 그 중 하나를 선택해야 한다. 선택활동을 통해 비로소 공식적인 결정을 이루게 되고 결과적으로 취해질 조치를 발동하게 된다. 그런데 이 같은 대안의 최종 선택이 용이하지 않은데, 그것은 다음과 같은 이유 때문이다.

첫째, 다량선호(multipreference)가 최종 대안의 선택을 어렵게 만든다. 왜냐하면 많은 경우에 특정 대안의 결과는 단일의 변수에 의해 측정되기보다 여러 변수들에 의해 측정되고 그들 모두가 항상 독립적이지는 않기 때문이다. 특히 의사결정자 간의 거래(trade-offs)가 항상 금전적 가치로 측정 가능하지 못한 것도 중요한 장애가 된다.

둘째, 결과에 관한 불확실성(uncertainty)이 대안 선택을 어렵게 만든다. 대안의 결과에 관한 정보가 부재한 경우는 가능성을 기초로 한 확률을 계산하여 비교 분석한 후 선택을 결정할 수 있으나, 이 또한 쉬운 일이 아닌 경우가 많다.

셋째, 이해 갈등(conflicting interest)이 대안의 선택을 어렵게 한다. 대개 조직은 각기 다른 선호와 야망 그리고 기대를 가진 개인들과 집단들로 구성되어 있어서, 어떠한 결정도 그들의 선호의 일부만 충족할 뿐이다. 따라서 의사결정자는 구성원 간에 단기적인 이해관계보다 장기적인 결과까지도 평가에 고려함으로써 선택을 결정해야 할 것이다.

넷째, 선택 결과에 관한 통제(control) 여부가 선택 과정에 장애가 되기도 한다. 이는 특정 대안이 선택된 경우, 그에 관련된 정책의 관리성(manageability)이 부재할 때는 선택 자체에 지장을 준다. 따라서 선택 단계에서 의사결정자는 신계획에 대해 후속 조치 및 감독을 할 수 있는 정보는 충분한가, 선택한 대안이 실패할 경우 대처할 자원은 충분히 확보되어 있는가, 선택한 대안이 불충분한 경우 지원할 대안은 있는가, 그리고 그 결정은 수정 가능한가 등을 검토해 보아야 한다.

다섯째, 팀 의사결정(team decision making)을 어려움으로 들 수 있다. 조직에서 대부분의 결정은 개인적으로보다도 팀 단위로 이루어지는 경우가 많기 때문에, 참가한 팀 전원에게 만족을 주는 대안 선택은 사실상 불가능하고 오히려 복잡해짐에 따라 최종 대안의 선택은 그만큼 어려워진다.

결국 대안 선택 단계 역시 사소한 과정이 아님을 시사하고, 아울러 많은 경우 미결정 상태에서 전 단계인 설계 과정으로 되돌아가 대안적 해결책에 대해 조사를 다시 해야 하는 반복적 의사결정 과정을 겪어야 한다.

3 의사결정 과정과 행정정보체제의 역할

의사결정 과정의 각 단계는 상이한 특징을 나타내고 있는데, 이는 본질면에서 의사결정 활동이 차이를 보임을 뜻하며, 아울러 그에 필요한 정보나 정보 지원 및 관리체제가 다름을 시사한다. 따라서 여기서는 단기적인 측면에서나 장기적인 면에서 의사결정 과정의 각 단계별로 어떠한 행정정보체제, 즉 행정정보체제의 어떤 역할이 요구되는지를 고찰하고자 한다(Ahituv & Neumann, 1986: 29-31).

1) 정보 단계와 행정정보체제

정보 단계의 기본적인 목적은 의사결정 환경에서 내부의 또는 환경에서 어떤 일이 일어나고 있는지에 관한 지식을 습득하는 데에 있다. 왜냐하면, 그런 지식을 통해 의사결정이 요구되는 문제를 간파하거나 기회를 포착할지 모르기 때문이다. 이 단계에서 행정정보체제는 의사결정자에게 통합되어 잘 분석되고 형식화된 자료를 제공해 주어야 할 것이다. 그렇지만 행정정보체제가 정교한 예측을 수행하거나 더욱이 고급의 계량적 모형을 활용할 것으로 기대하지 않는다. 다만, 그것은 자료를 조사해서 주의를 요하는 환경을 지적하며, 문제가 해당 조직계층에 전달되도록 커뮤니케이션 채널(communication channel)을 제공해 줄 뿐이다.

기본적으로 이 단계에서 행정정보체제는 다음과 같은 두 가지 도구를 활용한다. 첫 번째 도구는 사전에 정해진 일상적인(그리고 주기적인) 보고이며, 두 번째 도구는 특별한 탐구(*ad hoc* queries)를 수행하는 것이다. 여기서 일상적인 보고서들은 조직의 현존 상태를 묘사하고, 추세를 추적하고, 예외적인 것을 제시해 준다. 그러나 누구도 매 상황에 관해 요구되는 정보 모두를 예측할 수는 없다. 그래서 의사결정자는 그런 일상적인 보고서들이 자신의 요구에 부응하지 못한 경우, 특별한 목적(*ad hoc* purposes)을 위해 자료를 검색할 수 있는 수단을 제공하는 컴퓨터 정보체제를 활용하게 된다.

그런데 탐색을 위해 행정정보체제에 요구되는 것은 전술한 바와 같이 기회와 문제를 위한 데이터베이스를 탐색하는 능력인데, 이런 탐색 과정은 앞의 두 가지 요소(즉, 일상적으로 계속적인 탐색과 특별한 목적에서 임시로 행하는 탐색)와 그런 탐색을 정형화할 수 있는지의 여부에 따라 다음과 같이 세 가지 유형으로 구분되어 그에 따라 행정정보체제의 역할이 달리 나타난다(Davis & Olson, 1985: 378).

(1) 정형화된 계속적 탐색

어떤 문제의 영역은 비교적 정형화되어 정규적으로 조사될 수 있다. 이 경우에는 문제 해결을 위한 조건에 관한 자료를 제공하는 주기적인 보고 체제가 이런 유형의 탐색을 지원한다. 여기서 행정정보체제는 정보 산출의 범위 및 도수를 통해 잠정적 문제나 기회의 이미 알려진 모든 지표들을 탐색할 수 있게 해 준다. 한 가지 주의할 점은 정보 산출은 주기적으로 또는 문제나 기회가 간파될 때마다 이루어진다. 따라서 자료분석체제와 제안체제들이 이런 유형의 탐색을 지원할 수 있다.

(2) 정형화된 특별 탐색

많은 문제나 기회가 정규적인 탐색으로 처리될 만큼 충분하게 자주 발생하는 것은 아니지만, 그 탐색 과정은 구조화될 수 있는 경우가 있다. 이 경우의 정보 지원체제는 정보연산 방식(intelligence algorithms: 주사나 탐색을 위한 사전에 수립된 논리)과 대표모형(representation models)이 이용되기도 한다.

(3) 비정형화된 탐색

많은 경우 정보연산 방식은 구체적으로 규명될 수가 없어서 결국에 행정정보체제는 의사결정자로 하여금 과업에 이미 수립된 고정된 논리적 절차에 의해서보다도 시행착오를 통해 교시적으로(heuristically) 접근하도록 할 수밖에 없다. 이런 비정형화된 탐색을 위한 행정정보체제의 지원은 데이터베이스에의 신축성 있는 접근을 기초로 하고 있어서, 의사결정자는 종전에 정의되지 않은 새로운 관계와 결론들을 발견하기 위해 자료의 검색, 제시, 주사, 분석 및 비교와 같은 기능을 수행할 수 있게 된다. 결국 정보의 상호작용 체제(interactive system)가 의사결정자로 하여금 본질적인 문제의 패러미터를 변경하여 그 효과를 금방 볼 수 있게 함으로써 비구조적 탐색의 성과를 강화시켜 준다.

2) 설계 단계와 행정정보체제

의사결정 과정의 설계 단계는 가능한 행동 노선을 창출하고, 개발하며, 분석하는 과정임을 이미 언급했다. 이 단계에서는 모든 관련된 그리고 접근 가능한 자료들이 후속 분석을 위해 이미 활용 가능함을 가정한다. 따라서 이 단계에 대한 행정정보체제는 모형의 기획과 예측을 혼합해야 한다. 즉, 관리과학의 전문가와 행정정보체제 전문가들의 공동 노력으로 이루어진 일련의 프로그램된 모형과 분석기법들을 통해 미래의 다양한 시나리오를 스케치하고 가능한 결과를 예측하고 사정할 수 있게 된다. 이 설계 단계에 대한 전형적인 행정정보체제에는 선형 프로그래밍과 네트워크와 같은 운영연구모형(operations research models)과 회귀분석 및 변량분석과 같은 통계모형이 포함된다.

그런데 여기서 주의할 점은 설계 지원체제가 결코 인간의 의사결정을 대치할 수는 없다는 것이다. 그래서 이런 행정정보체제를 행정을 위한 의사결정 지원체제(decision support system: DSS)라고 일컫는다. 이 설계 단계를 위한 의사결정 지원체제는 대안들을 고려할 때 요구되는 반복적 절차를 제공하는데, 그 전형적인 절차는 다음과 같다(Davis & Olson, 1985: 380-1).

첫째, 행정정보체제는 문제를 이해하는 데 지원을 한다. 여기서는 올바른 상황모형을 적용하거나 새로 수립할 필요가 있고, 그 모형의 가정을 검증한다.

둘째, 행정정보체제는 해결 방안을 모색하는 데 지원한다. 가능한 행동 노선의 모색은 모형 자체의 도움을 받는다. 즉, 모형의 조작을 통해 빈번히 해결 방안을 모색할 수 있는 통찰력을 제공한다. 가능한 행동 노선의 모색은 데이터베이스 검색 체제의 지원을 받는데, 그런 검색 능력은 해결 방안을 모색하는 데 유용한 자료를 산출한다. 많은 경우에 의사결정모형은 제안된 해결 방안을 제공하게 되는데, 이때 정보 지원체제는 의사결정자로 하여금 해결을 위한 합리적인 탐구를 하게 한다. 예컨대, 문제 해결을 위한 탐색 절차는 공통적인 해결 방안과 관련된 일련의 질문으로부터 시작하게 되는데, 이때 이들 질문은 의사결정자로 하여금 모든 대안을 고려하도록 하는 일련의 질문을 수반하게 된다. 그래서 정형화된 접근법의 장점은 그 접근법들이 통상의 의사 영역을 체계적으로 탐구하는 것을 지원한다는 것이며, 그 불리점은 그 접근법이 통상 결정 영역 밖의 탐색을 억압하는 경향이 있다는 점이다.

셋째, 행정정보체제는 중시된 해결 방안들에 관한 실행가능성을 검증하는 것을 지원한다. 특정 해결 방안의 실행가능성에 관한 검증은 그 방안이 해결 방법에 영향을 미치는 환경, 예컨대 문제 분야, 전(全) 조직, 경쟁자 및 사회와 같은 요소에 의해 분석함으로써 이루어진다. 이 분석은 이들 환경에 관한 폭넓은 조치에 대해 판단적으로 수행하는 경우가 많다. 또 하나의 접근법은 다른 환경모형을 사용해서 제안된 해결책을 분석하는 것이다. 이들 모형은 일반적으로 컴퓨터 프로그램과 데이터베이스에 기초하여 작성된다. 종합적인 정보체제에서 모형 베이스는 해결 방안들을 검증하는 데에 사용 가능한 여러 개의 모형을 갖추고 있다. 따라서 의사결정 과정에서 요구 조건은 다양한 모형에 의해 충족될 수 있다.

3) 선택 단계와 행정정보체제

대안 선택 절차의 적용과 선택된 대안의 집행을 요하는 의사결정 과정의 선택 단계에 이르면 의사결정자는 행정정보체제로 하여금 다음과 같은 세 가지 모형의 정보를 제공해 줄 것을 기대한다. 즉, 첫째로 여러 가지 제안된 해결 방안에 대한 중요 부분, 둘째로 여러 행동 노선을 취함으로써 초래될 수 있는 가능한 시나리오와 결과,

그리고 셋째로 선택된 결정의 집행을 모니터하기 위한 환류 자료(feedback data)를 행정정보체제가 제공해 줄 것으로 본다.

첫 번째 유형의 정보는 주요 가정, 분석, 그리고 각각의 대안에 대한 결과를 요약한 일련의 잘 기안된 보고서들이다. 의사결정자들에게는 가장 의미심장한 정보만을 발표용으로 잘 선별해 내는 것이 아주 중요하다.

두 번째 유형의 정보는 모호하고 비정형화된 정보이다. 이상적으로 의사결정자는 "만약에 ~라면 어찌될 것인가(what~if)"라는 질문에 대해 해답을 주는 신의 계시와 같은 것을 갖고 싶어한다. 그러나 현실적으로 어느 행정정보체제도 이런 유형의 질문에 대해 해답을 제공할 수 없다. 그럼에도 불구하고 만약에 정보체제에서 시뮬레이션 기법을 채택하여 사용자들에게 단말기와 인터랙티브 소프트웨어(interactive software)에 의해 인터페이스로 접속하게 되면 그런 질문에 대한 부분적인 해답을 얻을 수 있게 된다. 물론 행정정보체제의 이 분야는 아직도 개발 과정에 있다.

끝으로, 집행된 결정들을 모니터하고 통제하는 데 필요한 세 번째 유형의 정보는 의사결정자들로 하여금 좀 더 확고한 위치에 머무르게 한다. 이 같은 환류와 통제는 의사결정자에게 의미 있는 정보를 제공해 주기 위해 세부적인 자료를 수집하고, 그 자료들을 처리한 후 종합해서 선별함으로써 이루어진다. 여기서 다만 어떤 자료가 중요하고 언제 그런지를 결정한 후 그 정보를 의사결정자들에게 적기에 전달할 수 있

[그림 8-2] 의사결정 과정과 정보 유형

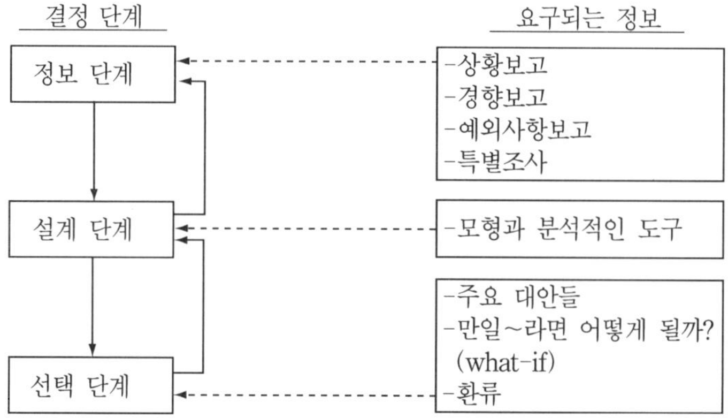

는 믿을 만한 채널을 채택해야 한다.

지금까지 살펴본 의사결정 과정의 각 단계별로 요구되는 행정정보체제의 내용과 특징이 상이함을 알 수 있다. 어떤 단계에서는 요구되는 정보가 잘 정리되어 있고 정형화되어 있는가 하면, 반면에 다른 단계에서는 필요한 정보가 모호할 뿐만 아니라 비정형화되어 있다. 이를 정리하면 [그림 8-2]와 같다.

제 2 절 의사결정 계층과 행정정보체제의 역할

특정 의사결정자의 입장에서 특정한 문제나 이슈에 대해 내리는 의사결정 과정, 즉 의사결정 단계에 따라 조금씩 달리 나타나고 있는 것처럼 의사결정 계층에 따라 다른 정보를 제공해 줌을 알 수 있다. 여기서 의사결정 계층은 경영정보론의 측면에서 경영관리자의 분할 및 통제활동만을 나타내고 경영관리자 입장의 계층적 의사결정을 의미하지 않고, 조직 내 각 계층의 구성원들을 해당 계층의 의사결정자로 본다. 따라서 이들 구성원들이 조직활동에서 내리는 의사결정에 행정정보체제가 어떠한 역할을 하는지를 고찰해 볼 필요가 있다. 즉 이 절에서는 각 계층의 의사결정자들에게 어떤 정보를 제공해 주는지를 살펴보고자 한다.

조직에서 의사결정 계층은 공공조직에서는 다음과 같은 4계층이 있다. 즉, 첫째, 최고관리층 또는 정책결정자들의 전략적 정책기획 및 의사결정, 둘째, 중간관리층의 전술적 정책기획 및 의사결정, 또는 관리통제적 의사결정, 셋째, 하위관리층의 운영기획 및 통제적 의사결정, 넷째, 하급조직 구성원들의 일상업무 처리 결정이 있다. 이들 각 계층별 의사결정의 역할과 그에 따른 행정정보체제의 역할 및 제공하는 정보에 관해 고찰해 보자.[5]

5) 대부분의 연구는 관리자 활동(managerial activities)을 중심으로 설명하고 있을 뿐이다. 예컨대, Robert N. Anthony, *Planning and Control Systems: A Framework for Analysis*(Cambridge, Mass.: Harvard University Graduate School of Business Administration, 1965); Davis & Olson, 1985, pp. 33-41 참조.

1 최고관리층의 전략적 의사결정과 행정정보체제의 역할

조직에서 최상부 계층인 최고관리층의 주요 기능은 조직이 그 목적을 달성할 수 있는 전략을 개발하는 극히 비정형화된 의사결정으로서 그런 전략적 기획을 위한 시계(視界)는 매우 길어서 조직에서 근본적인 변화를 초래하게 될 수도 있다. 이 같은 전략적 기획의 일부는 해마다 다루어져서 예산주기에 맞추게 되는 것도 있을 수 있으나, 대개의 경우는 비정기적이거나 불규칙적으로 이루어진다. 이런 활동에 필요한 자료는 다양한 출처로부터 처리되어 요약될 자료들이다. 이 중에는 상당한 정도의 외부 자료(external data)가 포함되어 있다. 예컨대 경제적인 전망과 정치적 환경 변수에 대한 정보나 자료가 적시에 충분한 양으로 활용 가능해야 한다. 이러한 환경 요소는 특히 행정조직의 경우 원격환경 요소들이 된다. 물론 조직 자체의 전도 유망한 활동 방년 등에 관한 자료의 확보는 재론의 여지가 없다.

그런데 이상에서 언급한 자료나 정보들은 실제 사실들에 관한 것으로서 데이터베이스에 내재해 있을 수도 있겠지만, 많은 경우 의사결정자의 판단에 의존해 결정을 내린다. 이 계층의 의사결정자들에게 필요한 자료 중 많은 부분은 정기적으로 수립될 수가 없을 뿐만 아니라 미리 완전하게 명세될 수가 없다. 이 때문에 조직의 최고관리층의 전략적 기획활동을 위한 행정정보체제를 구비할 수 없다는 주장이 나오게 된다. 그런 주장의 근거는 조직의 추후 활동 방향이나 전망 등에 관한 평가에 활용될 수 있는 각종 소문이나 사실들을 효율적으로 코딩하고, 저장하며, 필요한 경우 검색하는데 어려움이 있다는 점이다. 그럼에도 불구하고 행정정보체제 중에 의사결정 지원체제(decision support system: DSS) 같은 행정정보체제는 다른 계층의 의사결정자들의 활동에 대한 행정정보체제만큼 완전하게 정보를 지원하지는 못하지만 최고관리층의 전략적 기획 과정에 중요한 보조적 정보를 제공해 줌을 부인할 수 없다.

2 중간관리층의 관리통제적 의사결정과 행정정보체제의 역할

조직에서 중간관리층의 의사결정자는 어떤 의미에서 아주 폭넓게 분포되어 있어서 정확하게 어디서부터 어디까지가 이 계층에 속하는지에 관한 합의된 견해는 없다. 그러나 이들의 주요 임무는 전술적 정책기획과 함께 관리통제적 의사결정임을 알 수 있다. 이런 활동에 필요한 정보들을 좀 더 구체적으로 살펴보면 부서장들이 조직 업적을 측정하고, 통제활동에 관해 결정을 내리고, 하위 계층의 운영요원들이 준수해야 할 새로운 의사결정 규칙을 마련하며, 조직의 재원을 배분하는 데에 소용되는 정보들이다. 이들 중간관리층의 의사결정이 비교적 덜 정형화되어 있을 뿐만 아니라 아직 완전하게 프로그램화되어 있는 것이 아니다. 그러나 각종 추세를 파악하고, 업적의 다양성에 대한 원인을 이해하며, 그 해결 방안을 제시해 줄 수 있도록 처리되어 요약·정리된 정보가 중간계층의 의사결정자들에게 필요하다.

따라서 이러한 관리통제를 위한 데이터베이스와 두 가지 주요 요소로 구성되어 있다. 첫째, 운영활동에 의해 제공된 데이터베이스와 둘째, 성과에 관한 관리자의 기대를 나타낸 계획안과 기준 및 예산 등에 관한 자료들이다. 물론 중간관리층의 의사결정자들에게도 조직 간의 활동 비교와 비용 지수와 같은 근접환경(proximate environment)에 관한 자료나 정보가 필요하다.

중간관리층의 관리통제 활동을 지원하는 정보를 처리하는 데 필요한 프로그램으로는 대체로 다음과 같은 것들이 있다. 즉 첫째, 중간관리자들이 제시할 때 발생하는 문제를 식별하고 계획과 예산을 준비하고 수정하는 데에 지원하는 기획 및 예산모형, 둘째, 다른 경쟁자의 성과와 같은 다른 기준이나 계획된 성과와의 차이와 실제 성과를 나타내는 예정된 보고서들을 처리하는 변화 보고 프로그램(variance reporting programs), 셋째, 의사결정에 필요한 정보를 제공하기 위해 자료를 분석하는 문제분석모형, 넷째, 문제 상황을 분석해서 경영평가에 해결 방안을 제공해 주는 의사결정모형, 다섯째, 문의에 응하는 데에 지원하는 조사모형(inquiry models) 등이다. 따라서 이 같은 중간관리자들의 관리통제 정보체제의 산출물은 계획과 예산, 예정된 보고서, 특별보고서, 문제 상황의 분석·검토를 위한 결정, 그리고 문의에 대한 답변 내용들이다.

3 하위관리층의 운영통제적 의사결정과 행정정보체제의 역할

조직에서 하위관리층의 운영통제적 의사결정은 운영활동이 효과적이고 능률적으로 수행되도록 보장하는 과정으로서 기존의 또는 사전에 수립된 절차와 의사결정 규칙들을 이용한다. 이들 하위관리층이 내리는 의사결정의 대부분은 프로그램화할 수 있는 정형화된 것들이다. 이들의 의사결정상 준거 절차는 일반적으로 아주 안정적일 뿐만 아니라, 그들의 운영상 내리는 결정과 결과적으로 초래된 조치는 대체로 짧은 기간을 포괄한다. 또한 조직의 활동 중에 개별적인 활동(예: 거래나 특정 사업활동)도 중시되어 운영관리체제는 그들 각각의 활동과 그들 활동의 개요에 대해 반응을 보일 수 있어야만 한다.

이 같은 하위관리층의 운영통제를 위한 처리 지원은 경영 분야에서는 거래 처리(transaction processing), 보고 처리 및 문의 처리(inquiry processing)로 구성되어 있다. 이들 세 가지 유형의 정보처리는 사전에 상술된 의사결정 규칙을 집행하거나 책임진 의사결정자가 무시하지 않는 한 취해질 의사결정은 기술한 산출물을 제공하는 다양한 의사결정 루틴(즉 완성된 프로그램)을 내포하고 있다.

운영통제와 운영에 관한 의사결정을 위한 데이터베이스는 주로 일상적인 조직활동 중에 발생된 내부 자료들을 포함하고 있다. 이들 자료 항목들은 일반적으로 아주 최근의 것이다. 그리고 조직운영 활동 중에 기록된 자료들을 해석할 때는 주의를 기울여야 하는데, 그 이유는 자료 처리 순서가 가끔 중요하기 때문이다. 결국, 하위 계층의 의사결정자들은 조직의 목표를 좀 더 효과적이고 능률적으로 달성하는 데 필수불가결하게 요구되는 모든 운영활동을 관장함으로써 조직의 성과에 직접적인 영향을 미치는 사람들로서, 그들의 활동에 필요한 정보는 비교적 잘 규정되어 있고, 좁은 범위의 것이며, 구체적으로 명시가 되어 있는 것이어서 행정정보체제의 지원이 절대적으로 중요함을 시사한다.

4 하위조직 구성원의 일상업무 처리 결정과 행정정보체제의 역할

대부분의 경영정보관리론에서는 하위조직 구성원의 일상업무 처리활동을 관리층의 운영통제 활동 속에 포함시켜서 보든지, 아니면 전혀 고려하지 않는 경향이 있다. 그 이유는 그런 연구들의 주관심사는 관리자의 의사결정 계층이지 조직 내의 의사결정 계층이 아니기 때문인 것 같다. 그러나 조직의 의사결정 계층상 행정정보체제가 어떤 정보 기능을 하는지를 고찰하고자 하기 때문에 하위관리층의 의사결정과 분리해서 설명한다.

하위조직 구성원들의 조직 내 기본 임무는 정해진 업무를 정해진 규칙대로 수행하는 것이기 때문에 특별한 의사결정을 필요로 하지 않는다고 보게 되면 행정정보체제는 별다른 정보 지원을 하지 않는 것으로 본다. 그러나 광의의 의사결정의 입장에서 하위조직 구성원은 그들의 개별 활동에 대해 수많은 결정을 내림으로써 그 업무를 수행해 나간다고 볼 때, 행정정보체제의 정보 역할은 오히려 그들에게는 더 필수적이고 중요하다고 할 것이다. 다시 말하면, 하위조직 구성원의 일상적인 업무를 제대로 수행하기 위해서는 매 업무활동마다 필요한 정보가 구비되어 있어야 한다. 그런 정보는 프로그램된 그리고 정형화된 정보로서 운영통제 정보보다 훨씬 더 구체적이고 요약·정리된 것이다. 이처럼 이들 하위조직 구성원이 처리하는 업무는 극히 일상적인 것이므로 사전에 정해져서 하달된 규칙이나 지시에 의해 수행할 뿐 독립적인 수정이나 보완 내지 거부는 허용되지 않는다. 따라서 그들의 업무활동을 지원하는 행정정보체제는 그들의 의사결정 내용과 형식에 관해 비교적 비신축적인 구조화된 의사결정체제로서 주로 의사결정 규칙과 예외 사항들을 제공해 준다. 그 결과 이 계층의 의사결정은 정보통신 기술이 발달함에 따라 컴퓨터 프로그램에 의해 대체될 가능성이 높다.

5 종합적 분석

지금까지 조직활동에서 요구되는 정보가 행정정보체제가 지원하는 의사결정 계층에 따라 다르다는 것을 알게 되었다. 그런데 여기서 주의해야 할 점은 의사결정 계층은 일정하게 구분될 수 있지만, 이를 지원하는 행정정보체제의 정보 지원 내용은 반드시 확고부동하게 구별되는 것이 아니라 연속체(continuum)로서 특징적 내용에 따라 편의상 임의로 분류된 것이라는 점이다.

이런 맥락에서 의사결정 계층을 고찰해 볼 때, 중하위 계층으로 내려갈수록 정형화된 의사결정이 이루어지고, 이들에게는 명확하게 규정되어 있고, 명백하게 지정된 정보가 필요하다. 그러한 행정정보체제를 설계하기란 비교적 용이하고, 컴퓨터 프로그램이 실제로 사람들의 결정을 대신하는 경우가 많다.

그 반면에 조직의 중상위 계층으로 올라갈수록 의사결정은 비교적 더 신축적이고 비프로그램화되어 있어서, 컴퓨터 프로그램이 이러한 비정형화된 의사결정을 대체할 수 없다. 단지 행정정보체제, 특히 컴퓨터 프로그램은 이들 의사결정 계층의 비구조적인 결정을 지원하기 위해 의사결정자에게 더 많은 자료를 제공해 주고, 대안적 시나리오를 심사하며, 불확실성의 정도를 감소시킨다. 결국 행정정보체제가 제대로 기능을 발휘하지 못하는 일이 발생하게 되는데, 그것은 사람들이 이상에서 밝힌 의사결정의 생리를 제대로 이해하지 못한 채 특정한 의사결정 상황들에 부적합하고 고도로 형식적인 행정정보체제에 지나치게 의존하려고 시도한 데에 기인한다.

제 3 절 의사결정 지원체제

의사결정 과정이나 의사결정 계층에서 정보통신 기술에 기초한 행정정보체제의 역할에 관해 앞에서 설명하는 가운데, 의사결정 지원체제(DSS)에 관해서도 약간은 언급되었기 때문에 중복되는 감이 있으나, 하나의 전체적인 정보관리체제(MIS) 속에 가장 중요한 하부 시스템 중의 하나인 의사결정 지원체제의 본질에 관해서는 좀 더 구체적으로 고찰해 볼 필요가 있다. 여기서 한 가지 미리 유의해야 할 점은 많은 기존의 경영정보관리 연구에서는 MIS와 DSS 간의 위상에 관한 합의를 보지 못하고 있어서 연구자들 간에 때로는 DSS가 MIS를 포함하는 개념으로 설명하여 독자로 하여금 정보관리체제 전체를 이해하는 데 어려움을 초래한다는 것이다. 그러나 개중에는 MIS가 DSS를 포함하는 상위 개념으로 이해하고 있는데[6] 이들의 논리가 실질적인 의미에서뿐만 아니라 규범적인 측면에서 설득력이 있으므로, 이 책에서도 DSS를 MIS의 일부로 간주하여 설명하고자 한다. 다만 DSS의 기능면에서 전통적인 접근방법인 조직의 최고 의사결정자의 기획활동만을 지원하는 견해에서 벗어나 의사결정 과정의 각 단계뿐만 아니라 의사결정 계층의 각 계층에서 행하는 의사결정 활동을 지원하는 시스템으로 본다. 그럼에도 불구하고 DSS의 초점은 비정형화된 의사결정

6) 예컨대, Ralpy H. Sprague, Jr., "A Framework for the Development of Decision Support System," *MIS Quarterly*, Vol. 4, No. 4(December 1980), pp. 1-26; 서남원, 「경영정보론」(서울: 무역경영사, 1985), pp. 217-218; 이영환, 「시스템 분석과 설계」(서울: 법영사, 1989), pp. 43-44.

활동에의 지원 기능에 있다는 것이다.

1 의사결정 지원체제의 역사

의사결정 지원체제(DSS)의 역사는 그다지 오래되지 않는다. 초창기 의사결정 지원체제는 체제의 의미나 기능을 맞추기보다는 일종의 기술(technology)로 불렸다. 1958년 의사결정 지원체제를 나타내는 말로 '정보기술(information technology)'을 사용한 것이 DSS에 관한 논의의 시초였다. 다시 리비트(H. J. Leavitt)와 휘슬러(T. L. Whisler)는 정보기술의 구성 요소로, 첫째, 대규모 컴퓨터를 이용한 대량의 자료를 신속하게 처리할 수 있는 능력, 둘째, 모형과 통계 방법으로 자료 처리를 통합하는 역량(capability), 셋째, 인간의 의사결정을 하기 위해 컴퓨터를 사용할 수 있는 이점을 들었다(Leavitt & Whisler, 1958: 81-97).

그 후 10여 년이 지난 뒤에야 비로소 관리자들이 사용하는 선형 프로그래밍(linear programming)과 같은 모형기법 또는 상호작용 기법(interactive tools)과 같은 시뮬레이션을 컴퓨터 처리에 통합시키는 것이 중요하다는 견해가 문헌들에서 많은 지지를 받게 된 것이다(Dickson, 1968: 17-26). 이때 다음과 같은 체제계층(systems hierarchy)의 개념이 소개되었다. 첫 번째 계층에는 컴퓨터가 사람의 수처리(manual processing)를 대신하는 것에 지나지 않는 사무적이거나 거래 처리 시스템인 고전적인 자료처리체제(classic data processing systems)가 있었고, 두 번째 계층에는 처리자의 의사결정에 사용될 정보를 제공해 주기 위해 컴퓨터를 사용하는 통제 시스템(control systems) 정보체제가 위치했다. 그리고 세 번째와 네 번째 계층은 DSS와 관련된 것인데, 세 번째 계층은 의사결정 체제(decision systems)로서 그 체제의 목적이 의사결정이 이루어지는 과정을 지원하는 것들을 나타냈다. 여기서 모형 작성(modeling), 분석, 그리고 시뮬레이션에 중요한 도구로서 간주되었다. 끝으로 네 번째 계층은 체제가 실제로 결정을 내리고, 그것은 거의 프로그램이 되지 않은 시스템인 상황을 나타냈다.

그런데 의사결정 활동이 문제해결 체제(problem-solving system)에서 사람과 기계로 분리되어 있는 사람-기계 상호작용 체제(human-machine interactive system)라는 생각이 강조되었다. 그런 생각은 의사결정체제의 각 요소가 각각 가장 잘 어울리는 부분의 일을 하기 위해 문제 해결 과정, 즉 의사결정 과정에서 이용되는 교호적인 대화(interactive dialog)를 하게 됨을 의미한다.

이 같은 의사결정에 대한 지원의 개념을 하나의 공식적인 개념으로 사용되게 된 것은 1970년대 모튼(M. S. Scott Morton)과 게리티(T. P. Gerrity)의 저술들에서였는데, 모튼의 연구보고서와 게리티의 박사학위 논문 제목이 오늘날 DSS의 개념을 밝혀 주게 된 것이다(Morton, 1971; Gerrity, 1974: 59-75). 그 후 DSS에 관한 연구나 인기가 1977년 DSS에 관한 학술회의가 캘리포니아 산호세에서 개최될 때까지 잠잠하다가(Carlson, 1977) 1978년 킨(P. G. W. Keen)과 모튼의 저서인 『의사결정 지원체제: 조직적 전망(*Decision Support Systems: An Organizational Perspective*)』

〈표 8-1〉 의사결정 프로세스에 관한 주요 연구

연도	저자	내　용	단　계
1977	Simon	의사결정과 관련된 여러 연구들의 중요성 출발점	1) intelligence→2) design→3) choice의 3단계 프로세스 개발
1980	Brightman	Enciched rational model 개발, CPS(Creative Problem Solving) 개발 적용	1) problem awareness → 2) problem diagnosis → 3) problem decision objectives → 4) design lternative actions → 5) predict consequences of actions on dicision objecives → 6) problem decision objectives → 7) acceptable soution preimplementation phase → 8) implement action → monitor goals attainment → 10) goal attained → 11) institute corrective actions or redefine the problem의 11단계 프로세스 개발
1986	Humphrey	각 단계별로 필요한 의사결정 기법들을 매칭	1) setting boundaries → 2) choice of frames → 3) problem structuring within frame → 4) interpreting structure → 5) assigning referents의 5단계 프로세스 개발
1987	Van Gundy	브라이트맨의 CPS 적용	사이먼의 3단계 프로세스를 다시 세분화하여 9단계로 확장
2006	김상수	사이먼의 3단계 프로세스를 세분하여 9단계로 확장, 각 단계를 순차적이 아닌 반복적이고 피드백이 가능한 구성으로 개발	1) 문제의 탐색 → 2) 문제의 분석 → 문제의 정의 → 4) 대안의 평가 기준 결정 → 5) 대안의 개발 → 6) 대안 결과의 측정 → 7) 대안의 비교평가 → 8) 대안의 결정 → 9) 대안의 추진전략 수립 등 9단계 프로세스 개발

자료: 김상수 외(2007: 48)의 자료를 수정한 것임.

(1978)이 발간됨을 계기로 다시 활발해졌다. 그 후 DSS에 관한 관심과 연구가 많아짐에 따라 1981년 DSS에 관한 전문가회의가 조지아 주 애틀랜타에서 개최된 이래 그 인기도가 상승하여 연례적으로 DSS총회를 개최하고(Young & Keen, 1981; Dickson, 1982), 나아가서 유럽에까지 DSS에 관한 총회를 개최하게 되어(Fick & Sprague, Jr., 1980; Sol, 1982), DSS의 개념이 정보관리체제의 관리자들에게 많은 관심의 대상이 된 것이다.

그리고 DSS가 성립하게 된 또 다른 배경으로는 정보기술의 발달을 들 수 있다. 하드웨어의 소형화가 이루어지고 PC가 발달됨에 따라서 대화식 컴퓨터의 사용이 보편화되고, 제4세대 언어가 등장했으며, DB 및 네트워크 기술이 발전되어 최종 사용자 중심의 시스템이 개발될 수 있는 여건이 갖추어진 것이다.

의사결정을 위한 문제 해결 기법은 철학 및 심리학, 정치학, 경제학, 경영학, 행정학, 수학 및 통계학 등 여러 학문 분야에서 발전되어 오고 있다. 의사결정 프로세스에 관한 주요 연구들은 다음과 같다(김상수 외, 2007: 45-65; Fick & Sprague, Jr, 1980; Sol, 1982).

2 의사결정 지원체제의 개념 및 범위

의사결정 지원체제(DSS)의 개념은 전술한 바와 같이 모튼의 관리자 의사결정 체제(management decision systems) 개념 하에 정의되었는데(Morton, 1971), 앨터(S. L. Alter)는 의사결정 지원체제를 의사결정 과정을 지원하는 체계들 중의 한 계층으로 봄으로써, 의사결정을 지원하는 체제임을 강조하고 있으나 DSS의 본질을 현실적이고 구체적으로 언급하지 않은 아주 개괄적인 개념이다(Alter, 1980: 1). 또한 스프라그(Sprague, 1980: 2) 및 스프라그와 칼슨(Sprague & Carlson, 1982: 4)은 다음과 같이 정의를 내리고 있다. 즉 의사결정 지원체제(DSS)란 "의사결정자들로 하여금 비정형적 문제들을 해결하기 위해 자료와 모형을 활용하도록 도와 주는 상호작용적인 컴퓨터를 기초로 한 체제"이다. 그러나 이 정의는 비교적 고전적인 의미로서 오늘날의 DSS 성격을 제대로 반영하고 있지 못하다. 위의 정의는 이미 언급한 바와 같이, DSS는 반드시 조직의 상부 계층의 의사결정자만이 의존하는 정보 지원체제라기보다는 전체 의사결정자들에게 어느 정도는 필요한, 컴퓨터를 기초로 한 정보관리체제라는 점이 등한시되고 있다. 또한 위의 DSS 개념은 비정형화된 의사결정만을 지원하는 체제만을 DSS로 보고 있는데, 사실은 완전히 정형화된 의사결정을 제외한 기타 모든 의사결정 유형에 DSS가 적용됨을 알 수 있다.

한편, 크뢰버와 왓슨(Kroeber & Watson, 1984: 328)은 DSS를 다음과 같이 정의하고 있다. 즉 "의사결정 지원체제는 사용자에게 준(準)정형화되고 비(非)정형화된 의사결정 과업을 지원하기 위해 의사결정모형과 자료에 용이하게 접근하게 해 주는 상호작용 체제"라고 보고 있다. 그런데 이 개념은 의사결정 지원체제가 반드시 컴퓨터에 의해 이루어져야 함을 분명히 명시하고 있지 않다.

따라서 이상의 문제점을 고려하여 우리는 다음과 같이 DSS의 개념을 정의할 수 있겠다. 즉 의사결정 지원체제는 "조직에서 의사결정자, 즉 관리자나 사용자가 비정형화된 의사결정과 또는 준정형화된 의사결정시 의사결정모형과 자료를 용이하게 활용할 수 있도록 지원하는 컴퓨터를 기초로 한 상호작용 체제"를 의미한다.

의사결정 지원체제의 활동은 정보통신 기술의 고도화로 인해 언제 어디서나 시간과 상소의 구애없이 시식정보 활동이 가능한 유비쿼터스 시대를 맞아 유비쿼터스 컴퓨팅 시스템이 구현된 특성 서비스 지역 내에서 이루어지며, 그에 따라 개인화(personalization) 서비스, 수동적 상황 인지(passive context-aware) 서비스, 능동적 상황 인지(active context-aware) 서비스 등 세 가지 범위로 의사결정 지원체제의 서비스 범위가 제공된다(Barkhuus & Dey, 2003; 권오병 외, 2005: 202).

유비쿼터스로 인한 의사결정 지원체제 서비스를 좀 더 상세히 살펴보면, 먼저 개인화 서비스로 사용자가 직접 시스템에 사용자 프로필(profile), 선호 정보, 상황 데이터를 입력하여 현재 자신이 원하는 정보를 휴대 기기를 이용하도록 해 자신의 수요에 맞는 서비스를 제공받는 것이며, 직접 자신의 상황 데이터를 입력해야 하는 번거로움이 있을 수 있다. 다음으로는 수동적 상황 인지 서비스로, 이는 분산 설치되어 있는 센서를 통해 사용자의 상황 데이터를 자동적으로 파악하는 것이나 특정한 조건, 즉 사용자에 의해 선택된 기능에 따라 사용자의 상황 데이터를 수집하고, 해당 선호 데이터를 추출해 내므로 개인화 서비스에 비해 사용상의 번거로움을 감소시킬 수 있는 장점을 가지고 있으나, 특정 사건을 사용자가 입력해야 하는 점에서 번거로움을 느낄 수 있다. 마지막으로 능동적 상황인지 서비스는 어플리케이션이 상황에 적합하도록 자신의 콘텐트를 자동으로 변화시키며, 선응적 서비스를 제공하기 위해 자동적으로 상황 데이터를 파악하게 되어 사용자는 서비스 사용을 위해 특정한 작업을 하

〈표 8-2〉 의사결정 과정에 관한 주요 연구

<table>
<tr><th colspan="2">구 분</th><th>기능성</th><th>구성 요소</th></tr>
<tr><td colspan="2">수동적 의사결정 지원체제</td><td>-현존 의사결정 지원체제
-생성된 지식을 이용한 개인화된 의사결정 지원
-상황 고려 없음, 정적인 사용자 선호도</td><td>-데이터 웨어하우스, OLAP(Online Analytical Processing)
-규칙 베이스</td></tr>
<tr><td colspan="2">능동적 의사결정 지원체제</td><td>-현존 의사결정 지원체제 + 검색 및 인지
-학습을 통한 개인화된 의사결정 지원
-상황 고려 없음, 정적인 사용자 선호도</td><td>-에이전트, 기계학습(machine learning)</td></tr>
<tr><td rowspan="3">선응적 ubiDSS</td><td>Pull 기반 선응적 ubiDSS</td><td>-현존 의사결정 지원체제 + 검색 및 인지 + 수동적 상황 인지
-수동적 상황 인지를 통한 의사결정 지원
-수동적 다이내믹 상황, 정적인 사용자 선호도</td><td>-상황 인지 컴퓨팅
-센싱 기술</td></tr>
<tr><td>Push 기반 선응적 ubiDSS</td><td>-현존 의사결정 지원체제 + 검색 및 인지 + 능동적 상황 인지
-상황 인지를 통한 자발적인 의사결정 지원
-능동적 다이내믹 상황, 정적인 사용자 선호도</td><td>-상황 인지 컴퓨팅
-자동화된 센싱 기술</td></tr>
<tr><td>Push 기반 자동화 ubiDSS</td><td>-현존 의사결정 지원체제 + 검색 및 인지 + 능동적 상황 인지
-상황 인지 및 사용자 선호도 추론을 통한 자발적 의사결정 지원
-능동적 다이내믹 상황, 능동적 사용자 선호도</td><td>-상황 인지 컴퓨팅
-요구 사항 추출, 데이터마이닝</td></tr>
</table>

자료: 권오병 외(2005: 205).

지 않아도 되기 때문에 이용하기에 편리하다. 이러한 능동적 상황인지 서비스를 브라운과 존스(Brown & Jones, 2001)는 선응적 서비스라고 하고, 셰비스트(Chevist, 2001) 등은 이러한 선응적 서비스를 푸시(push) 방식, 개인화 및 수동적 상황 인지 서비스를 풀(pull) 방식이라고도 구분하고 있다(권오병 외, 2005: 203-5).

이상에서 설명하고 있는 유비쿼터스에서의 의사결정 지원체제의 범위를 정리하면 <표 8-2>와 같다.

3 의사결정 지원체제의 특성

의사결정 지원체제는 여러 가지 특징적 성질을 지니나, 대체로 다음과 같은 특성을 갖고 있다(Sprague, Jr., 1981; Dickson & Wetherbe, 1985: 223-230; Davis & Olson, 1985: 368-9).

첫째, 의사결정 지원체제는 의사결정, 특히 준정형적이거나 비정형적인 의사결정에 대해 지원해야 한다.

둘째, 의사결정 지원체제는 의사결정 계층 간의 통합을 적절할 때마다 도와 주면서 모든 계층의 의사결정자들의 의사결정을 지원해야 한다.

셋째, 의사결정 지원체제는 의사결정 과정의 모든 단계를 지원해야 한다.

넷째, 의사결정 지원체제는 어느 특정 유형의 의사결정 과정만을 지원하지 않고 다양한 유형의 의사결정 과정을 지원해야 한다.

다섯째, 의사결정 지원체제는 서로 독립적인 의사결정뿐만 아니라 상호 의존적인 의사결정을 지원해야 한다.

여섯째, 의사결정 지원체제는 의사결정자들이 의사결정에 필요한 의사결정모형이나 자료를 활용할 수 있도록 지원해야 한다.

일곱째, 의사결정 지원체제는 의사결정자, 즉 관리자나 사용자가 쉽게 접근해서 이용할 수 있어야 한다.

여덟째, 의사결정 지원체제는 상호작용 체제여야 한다.

(1) 준정형화된 의사결정이나 비정형화된 의사결정 지원

의사결정 지원체제는 보통 조직의 고위층에서 발생하는 제반 문제를 해결하는 것을 도와 주며, 이들 문제는 그 해결책에 대해 일정하게 알려진 절차가 부재한다는 면에서 비정형화된 것들이다. 이 같은 비정형화된 의사결정은 반복적이고 일상적인 정형화된 결정 등과 달리 새롭고 중대한 것들로 의사결정에서 틀에 박힌 방법이 없다. 그 이유는 비정형화된 의사결정이 새로운 경우가 많을 뿐더러, 그 결정 내용이나 구조가 추상적이거나 복잡하기 때문인데다가, 대부분의 경우 그런 결정은 특별한 취급을 받아야 하기 때문이다(Simon, 1960: 56).

또한 의사결정 지원체제는 주로 비정형화된 업무 및 준정형화된 업무를 지원하도록 설계되어 있다. 여기서 주목해야 할 말은 '지원하도록'이다. 의사결정 지원체제가 의사결정자의 비정형화 내지 준정형화된 업무를 의사결정자를 대신하여 해결해 줌을 의미하지 않는다. 다시 말하면, 비정형화된 의사결정이나 준정형화된 의사결정은 일차적으로 컴퓨터 지원체제가 아닌 풍부한 과거의 경험과 훌륭한 배경 지식을 갖춘

'전문가(experts)'에 의해서만이 훌륭하게 이루어진다는 것이다. 이때 의사결정자의 판단과 훈련 및 경험이 그런 의사결정 업무를 훌륭하게 수행하는 데 필요한 중요 조건이다.

이같이 비정형화되거나 준정형화된 의사결정에는 수많은 교환이 이루어지면서 성공에 필요한 다수의 평가 기준이 활용된다. 그러한 의사결정상의 교환들을 분석하는 일이 반복적으로 이루어지는데, 이런 반복적인 분석 과정을 통해 문제의 해결점을 찾고, 그 결과를 평가하며, 필요한 경우 수정을 가해 적당하다고 판단되는 수준에서 결정을 내리게 된다. 이것이 정형화된 문제 해결 방법과 다른 점이다.

끝으로, 의사결정 지원체제가 비정형화되거나 준정형화된 의사결정 업무를 일차적으로 지원한다는 것은 정형화된 업무에 대한 지원 가능성을 완전 배제한 것은 아니다. 다만 정형화된 의사결정 업무에는 자료처리체제나 정보처리체제가 일차적으로 지원해서 해결되는 경우가 많기 때문에 의사결정 지원체제의 역할이 없게 될 뿐이다.

(2) 조직의 모든 계층에서 의사결정 지원

처음에는 의사결정 지원체제가 특정 조직계층에서 한정된 수의 의사결정 업무만을 지원하는 정도였으나, 의사결정 지원체제가 발전하면서 모든 관리계층에서 비구조화된 의사결정을 지원하게 된 것이다. 따라서 의사결정 지원체제는 조직의 여러 계층의 비구조화된 의사결정 과업을 지원하여 궁극적으로는 계층 간의 의사결정을 통합하는 메커니즘으로서 역할도 감당한다. 예컨대, 은행의 경우 최고경영층이 요구불 및 일시불 예금으로부터 은행이 활용 가능한 자금의 총계를 예측하는 데에 DSS의 지원을 받게 된다. 이런 최고경영층의 예측이 중간관리층에 의해 DSS의 지원을 받아 은행의 자금을 어떻게 투자할 것인지를 결정하는 데 준용된다. 끝으로, 은행의 하위관리층에서는 중간관리층의 결과에 따라 개인 대출의 한도를 정하는 데에 필요한 신용성적모형(credit scoring model)을 수립하게 된다. 이때 하위관리층의 의사결정자는 DSS의 지원을 받게 된다.

(3) 의사결정 과정 모든 단계의 지원

의사결정 지원체제는 의사결정 과정의 모든 단계, 즉 정보 단계, 설계 단계, 선택 단계에 걸쳐서 의사결정을 지원하게 된다. 물론 설계 단계에서 대안을 모색하는 데 어려움이 있음을 부인하는 것은 아니다.

(4) 다양한 유형의 의사결정 과정 지원

대체로 관리자들은 그들이 결정에 도달하는 과정에 관해 차이를 보인다. 어떤 관리자들은 고도로 논리적인 경향을 띠어서, 그들이 내리는 모든 결정은 논리적 합리성에 근거를 두게 된다. 이들이 취급하는 문제들은 단도직입적이고 체계적인 방식으로 분석되기 때문에, 구조적 분류 방법이 선호된다.

반면에 어떤 관리자는 직관적인 의사결정자가 되어 다른 유형의 의사결정 과정을 따르는 경향이 있다. 이때 그들은 그들의 의사결정을 개인적인 고려 사항, 즉 특정한 상황에 대한 그들의 감정에 기초하여 하게 된다. 그러다 보니 직관적인 의사결정자들은 그들이 미처 식별하지 못한 문제의 실마리가 감지됨에 따라 한 가지 접근 방법에서 다른 접근 방법으로 옮겨다니는 경우가 많다. 따라서 그들은 많은 경우 비교적 덜 구조적이고 좀 더 신축적인 분석 방법을 선호한다.

이같이 직관적인 의사결정자들에게는 의사결정 과정 자체의 좋고 나쁨은 문제시되지 않고, 다만 가장 좋은 의사결정 과정이나 의사결정 과정들의 결합은 의사결정자 자신과 의사결정 과업에 달려 있다. 따라서 DSS에는 의사결정 과정상의 차이가 고려되어야 하고, 의사결정모형의 개발 방식은 DSS에 의해 지배되기보다 사용자의 통제하에 있어야 한다. 예를 들어 신축성 있는 DSS가 초보적인 합리적 사용자 메뉴를 제시해 주면, 사용자는 주어진 메뉴에서 선택하게 된다. 그런데 반면에 경험이 있고 직관적인 사용자는 DSS를 좀 더 신축적인 방식으로 운영하기 위해 명령어(command language)를 도입하게 될 것이다. 다시 말하면, 직관적인 사용자들은 DSS를 자신의 경험과 자신이 선호하는 사용 방법을 반영하도록 운영한다는 것이다.

(5) 독립적이거나 상호의존적인 의사결정 지원

대부분의 조직에서 의사결정은 독립적으로 또는 별개로 이루어지지 않는다. 즉 조직에서 의사결정은 특정한 의사결정자에 의해 고립된 상태에서 내려지는 것이 아니라는 것이다. 오히려 조직에서 의사결정이 조직의 다른 결정들과 상호 의존적으로 이루어진다는 것이다.

어떤 의사결정은 연속적인 상호 의존적인 것으로 기술될 수 있다. 즉 특정 의사결정자가 부분적인 결정을 내린 후 다른 의사결정자들에게 전해서 나머지 부분에 대한 결정을 내리게 한다. 이런 유형의 의사결정의 예로는 생산기획 및 스케줄의 수립을 들 수 있다.

그 밖의 다른 의사결정 상황은 공동적으로 상호 의존적인 것으로 기술될 수 있다. 이런 경우 의사결정은 의사결정 집단 내의 타협과 상호작용에 의해 이루어지는데, 예산에 관한 결정이 그 예가 될 것이다.

(6) 의사결정 지원체제의 사용상 용이성

의사결정 지원체제 접근법의 초석은 그 시스템을 사용자가 이용하는 데 얼마나 용이한가 하는 것이다. 전통적인 자료처리체제는 프로그래머에게 사용자를 위해 그 시스템으로부터 정보를 확보하도록 요구하는 반면에, DSS는 그렇지 못하다. 사용자나 사용자 대표가 DSS로부터 정보를 얻고자 하는 경우에는 영어식 진술이나 소위 '질의어(query language)' 또는 '보고서 생성 프로그램(report generator)'을 사용한다.

COBOL, PL/1, 또는 FORTRAN과 같은 절차 중심 언어들(procedure-oriented languages)과 대조적으로 의사결정 지원체제는 본질상 고급 언어인 4세대 언어에 입각하고 있다. 이들 4세대 언어 중의 한 마디의 말이 절차어 중의 어느 하나의 경우 여러 마디의 말에서부터 수백 개의 진술에 해당한다. 게다가 DSS는 기술적 초보자에게까지도 DSS의 사용을 용이하도록 시스템 프롬프트(system prompts: 즉각적인 대답을 주는 체제의 기능)와 '도움(help)' 명령어(프로그램 운영상 질문이나 의문이 있는 경우 컴퓨터 시스템에게 도움을 요청할 수 있는 명령어)로 갖추어져 있다. 따라서 주로 재량적인 사용자들을 지원하는 DSS가 그 사용자들에게 사용상 친절하고 간편하지 못하면, DSS의 이용이 없어져서 유명무실해진다.

(7) 자료와 모형의 사용 가능성

의사결정 과업을 완수하기 위해 DSS는 자료에의 접근 이용이 가능해야 하고, 의사결정자를 지원하기 위해 연산 능력(algorithms)과 과정을 내포하고 있어야 한다. 어떤 경우에 DSS 하위 체제는 서로 독립적으로 활동하는가 하면, 다른 때는 통합적으로 활동한다.

이 같은 DSS의 자료 하위 체제는 자료들을 유지하여 사용자들로 하여금 그 자료를 쉽게 접근 이용할 수 있도록 제공해 주어야 한다. 여기서 자료는 단순한 상태를 파악하는 데 필요한 것부터, 복잡한 현상을 파악하기 위한 것까지 다양하여 의사결정자들을 지원하는 DSS 속에서 자유롭게 활용 가능해야 한다.

또한 DSS의 모형작업 하위 체제는 주로 분석적인 기능을 수행하며, 정교한 수학적 프로그래밍 연산모형과 같은 공식적인 통계적 분석모형들을 이용한다. 그런데 여기서 주의해야 할 점은 수학적 분석모형을 수립할 때 DSS가 자료를 이용한 계량적 모형을 자동적으로 수립해 주는 것이 아니라, 전문가의 지식과 경험 등을 바탕으로 먼저 이루어진다는 것이다. 예를 들면, DSS의 일종인 '전문가' 시스템이 전문적인 지식과 경험을 요하는 특정의 의사결정 문제(예: 은행의 대출 문제)를 해결하는 데에 이용된다. 또 하나 주의해야 할 점은 전술한 바와 같이 앞의 자료와 모형 작성 하위체제가 별도로 이용되기보다 실제로는 빈번히 통합되어 사용된다는 것이다.

(8) 의사결정 지원체제의 상호작용성

의사결정 지원체제가 취급하는 문제의 본질상 상호작용 체제(interactive system)가 요구된다. DSS는 문제 탐구 과정을 촉진시킴으로써 의사결정자를 지원한다.

이 같은 기능은, 많은 경우 의사결정자에게 해결책을 제시하는 DSS의 해결책을 수락할 때 초래되는 결과에 관한 정보를 풍부하게 제공해 줌으로써 수행된다. 이런 식으로 의사결정자가 특정한 행동 노선을 취한 결과를 평가할 수 있게 되고, 만약 거기에 결점이 발견되면 해결 방안을 수정하여 시도하게 된다. 이와같이 DSS는 의사결정자가 한번의 시도로 해결하고자 하는 문제가 제대로 해결되지 않고 또는 기대밖의 결과가 나타나는 경우 또 다른 시정을 위한 조치를 취하기 전에 어떻게 해야 할지를 제시해 주게 된다. 의사결정자와 DSS 간에 이상과 같은 상호작용 과정은 만족할 만한 해결 방안이 나타날 때까지 반복된다.

4 의사결정 지원체제와 다른 하위 정보체제와의 비교

의사결정 지원체제(DSS)의 특징을 잘 이해하기 위해서는 그 기능면에서 정보관리체제의 여타 하위 체제와 어떠한 차이를 보이는지 고찰해 볼 필요가 있다. 광의의 정보관리체제(MIS)가 자료처리체제(DPS) 또는 전자자료 처리체제(EDP)와 정보처리체제(IPS) 또는 협의의 정보관리체제(MIS) 그리고 의사결정 지원체제(DSS)의 하위체제로 구분하는 경우, 이들 간의 차이점을 보면 다음과 같다(Sprague, Jr., 1980: 3-5).

먼저, 자료처리체제는 첫째, 조직의 하위 계층인 운영에서 자료 자체와 자료 저장 및 처리에 초점을 두어 서류작업의 자동화를 꾀하는 데 목적을 두고 있고, 둘째, 효

〈표 8-3〉 DSS의 DPS 및 IPS와 비교

하위 정보관리 체제 기준	자료처리체제(DPS) 또는 EDP	정보처리체제(IPS) 또는 협의의 MIS	의사결정 지원체제 (DSS)
조직 계통	운영계층	중간관리계층	최고관리계층
주요 분석 초점	자료의 저장, 처리 및 유통	정형화된 정보 유통	의사결정
처리 특성	능률적인 거래 처리	기능별 자료 처리의 통합	신축성, 적응성 및 신속한 대응성
목적	컴퓨터 활용의 계획화 및 최적화	경영 기능 정보의 산출	사용자 주도 및 통제하의 정보 산출
자료 구조	관련된 업무 파일의 통합	질의 응답 및 보고서 자료 베이스	개인적 의사결정 스타일에 적합한 정보체제
출력 특성	관리자에게 보고서 작성	예외 관리 가능	결정자의 선택

자료: 서남원(1985: 332).

율적인 거래 처리, 셋째, 계획적이고 최적화된 컴퓨터 활용, 넷째, 관련된 업무에 대한 통합 파일 유지, 그리고 다섯째, 관리층을 위한 요약 보고서 작성을 주로 하고 있다.

다음으로, 정보처리체제는 정보체제 기능의 통합과 기획을 강조하며 첫째, 중간관리층을 위한 정보처리에 초점을 두고, 둘째, 정형화된 정보의 유통을 가능케 하고, 셋째, 경영 기능에 따른 EDP 업무의 통합을 추진하고, 넷째, 대체로 데이터베이스를 이용하여 질의와 응답보고서를 작성하며, 다섯째, 예외 관리를 가능케 하는 기능을 수정한다.

끝으로, 의사결정 지원체제는 첫째, 최고경영자와 집행부 의사결정자들의 의사결정을 지원함을 초점으로 하고, 둘째, 신축성, 적응성 및 신속한 대응성을 강조하며, 셋째, 사용자가 주도하고 통제하고, 넷째, 관리자 개개인의 개인적 의사결정에 맞게 지원하며, 다섯째, 의사결정자의 자의에 의한 선택을 가능케 하는 역할을 담당한다.

이러한 하위 정보관리체제 간의 특징에 관한 비교는 <표 8-3>과 같이 요약될 수 있다.

5 의사결정 지원체제의 수준

의사결정 지원체제는 다음과 같은 세 가지 다른 기술적 수준으로 구성되어 있다.

이들은 각각 나름대로의 중요한 역할을 수행한다(Soragyem Jr., 1980: 6-7).

(1) 특정 의사결정 지원체제

'특정 의사결정 지원체제(Specific DSS)'는 실제로 작업을 수행하는 체제로서 전형적인 자료처리 응용(data-processing application)과 아주 큰 차이를 보이는 특성을 지닌 정보체제 '응용'(information systems 'application')이다. 이 체제는 특정의 의사결정자나 그들 집단으로 하여금 특정한 조합의 관련된 문제를 취급하도록 하는 하드웨어-소프트웨어이다. 달리 말하면, 이 특정의 의사결정 지원체제는 특정 조합의 의사결정 과업을 지원하는 데 사용되는 하드웨어와 소프트웨어 체제를 말한다. 한 가지 예로 캘리포니아 산호세 시당국에 의해 실험 기준으로 사용된 경찰의 순찰구역 할당제(police beat allocation system)를 들 수 있다(Carlson & Sutton, 1974). 이 제도는 경찰로 하여금 약도를 그려서 순찰 요구 횟수, 활동 수준, 순찰 시간 등을 나타내는 지리적인 구역에 따라 자료를 수집하도록 해 준다. 이 제도의 상호작용적인 그래프 역량은 경찰로 하여금 다양한 경찰순찰 대안들을 신속하고 용이하게 시도하도록 지도, 구역 및 자료들을 조작할 수 있게 했다. 사실상 이 제도는 경찰이 관리자적 판단을 확대시키는 도구를 제공했던 것이다. 이 제도에서는 우연히도 선형 프로그래밍 모형을 문제에 적용했으나 그 결과는 예상만큼 만족스럽지 못했다.

(2) 의사결정 지원체제 생성 프로그램

의사결정 지원체제의 두 번째 기술적 수준은 의사결정 지원체제 생성 프로그램(DSS Generator)인데, 이는 특정 DSS를 개발하는 데 사용될 수 있는 하드웨어와 소프트웨어 '패키지'를 말한다. 다시 말하면, DSS 생성 프로그램은 특정 DSS를 신속하고 용이하게 수립할 수 있는 일정한 역량을 제공하는 서로 관련된 하드웨어와 소프트웨어 패키지를 의미한다. 예를 들면, 미국 보잉 컴퓨터 사(Boeing Computer Services)에 의해 시판된 '집행정보체제(Executive Information system: EIS)'가 바로 DSS 생성 프로그램이다(Sprague, Jr., 1980: 6). 이 EIS는 보고서 작성, 조사 능력, 모형 작성 언어(modeling language), 그래프 디스플레이 명령어(graphic display commands), 그리고 일련의 재정적·통계적 분석 서브루틴(subroutines, 즉 특정 또는 다수의 프로그램 중에서 반복 사용할 수 있는 독립된 명령군)을 포함한 통합된 역량 조합이다. 이들 역량들을 어떤 때는 개별적으로 이용 가능한데, 대부분 보통의 자료 조합에 근거하여 작동하는 보통의 명령어에 의해 이용된다. 이처럼 EIS는 DSS

생성 프로그램으로서 사용되는데, 특히 특정 DSS는 재정적 의사결정을 내리는 데 도움을 준다. 결국 DSS 생성 프로그램으로서 사용되는 대부분의 소프트웨어 체제는 강화된 기획언어나 모형 작성 언어로부터 보고서 작성과 그래프 디스플레이 역량이 추가되어 발전된 것임을 유의할 필요가 있다.

(3) 의사결정 지원체제의 도구

의사결정 지원체제의 도구(DSS Tools)는 DSS의 건축자재와 같은 것으로서 특정 DSS를 생성하는 데 사용되거나 DSS 생성 프로그램에 짜 넣어진다. 다시 말하면, DSS 도구는 특정 DSS나 DSS 생성 프로그램의 개발을 촉진하는 하드웨어나 소프트웨어 요소들을 말한다. 예컨대 시뮬레이션 모형에서 불러낼 수 있는 서브루틴이나 DSS 생성 프로그램에서 재무분석 능력을 생각할 수 있다. 그 밖의 예로는 채색 그래픽(color graphics), 몽테카를로 표본 루틴(Monte Carlo sampling routines), 데이터베이스 질의 능력(data base inquiry capabilities), 그리고 선형 프로그래밍 패키지(linear programming package)를 들 수 있다.

(4) DSS 수준 간의 관계

상술한 DSS의 세 가지 기술적인 수준들 간의 관계를 보면 [그림 8-3]과 같다. 특정 DSS가 가장 높은 수준에 위치하여 최하단에 위치한 DSS 도구나 중간 단계에 위치한 DSS 생성 프로그램으로부터 생성된다. 즉, DSS 생성 프로그램은 DSS 도구의 패키지이고, 최하위 수준의 DSS 도구는 특정 DSS나 DSS 생성 프로그램을 수립하

[그림 8-3] DSS의 기술적 수준 간의 관계

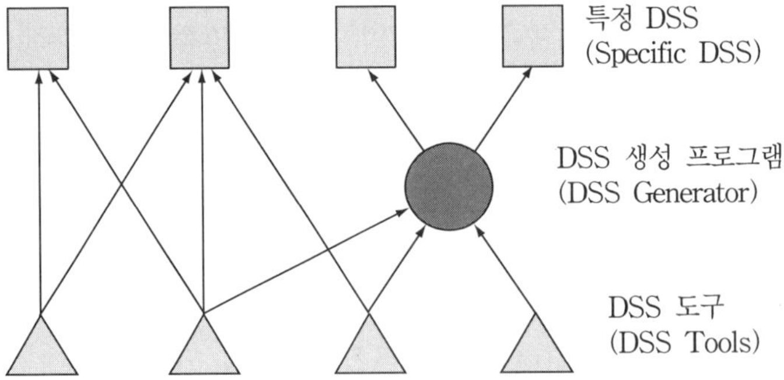

자료: Sprague, Jr.(1980: 8).

〈표 8-4〉 DSS 수준의 예

특정 DSS	DSS 생성 프로그램	DSS 도구
포트폴리오 관리(portfolio management)	IFPS	위험분석(risk analysis)
용량기획(capacity planning)	SYSTEM W	채색 그래픽(color graphics)
모험분석(venture analysis)	EMPIRE	경향분석(trend analysis)

는 데 사용된다. 이들 세 종류의 DSS 수준의 예를 보면 <표 8-4>와 같다.

6 의사결정 지원체제의 개발

(1) DSS 개발을 위한 조직요원의 역할

DSS를 개발하는 과정에 간여하는 조직요원들은 다음과 같은 역할을 수행한다. 다시 말하면, DSS를 만들어 내는 데는 조직 내에 다음과 같은 역할을 하는 요원들이 필요하다(Sprague, Jr., 1980: 4).

첫째, 관리자나 사용자가 있어야 하는데, 이들은 문제나 결정에 직면해 있는 사람으로서 조치를 취하고 그 결과에 대해 책임을 지는 사람이다.

둘째, 필요한 요원은 중개자(intermediary)로서 사용자를 돕는 사람을 말하는데, 이들은 단말기를 이용하여 키펀치를 하는 단순한 사무보조원(clerical assistant)이지만 상호작용을 해서 제안들을 하는 좀 더 중요한 참모보조원(staff assistant)일 수도 있다.

셋째, DSS 설계자(builder)인데, 이들은 사용자나 중개인이 직접적으로 상호작용을 하는 특정 DSS를 생성하기 위해 DSS 도구나 DSS 생성 프로그램으로부터 필요한 역량을 조합하는 일을 한다. 이들은 문제 영역에 어느 정도의 친밀감을 갖고 있어야 하고, 정보체제 기술 요소 및 역량(capabilities)에 거부감이 없어야 한다.

넷째, 기술후원자(technical supporter)로서 DSS 개발 시 더욱 요구되는 전문지식을 추가로 제공하는 역할을 담당한다. 이들은 조직의 컴퓨터에 새로 도입한 DSS 생성 프로그램을 집어넣는 시스템 프로그래머(system programmer)인 내부고용인(in-house employee)일 수도 있고 그렇지 않을 수도 있다.

다섯째, DSS 개발에 필요한 조직요원은 도구개발가(tool smith)이다. 이들은 신기

[그림 8-4] DSS 역할과 기술 수준 간의 관계

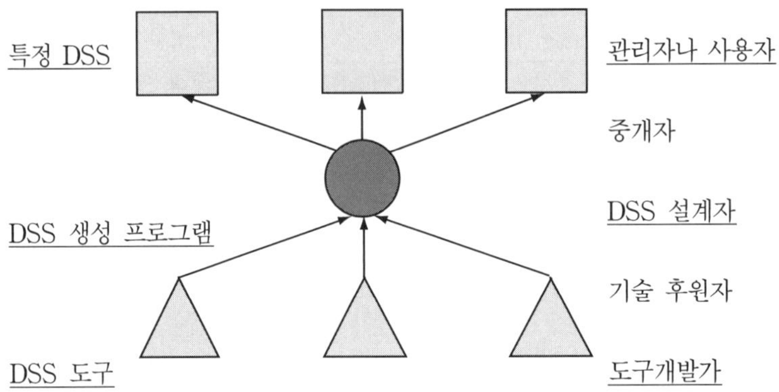

자료: Sprague, Jr.(1980: 4).

술과 새로운 프로그래밍 언어, 새로운 하드웨어와 소프트웨어를 개발하는 사람들로서 하위 체제 간 연결의 능률성을 개선하는 역할을 수행한다.

그런데 이상의 역할들을 논할 때에는 다음과 같은 몇 가지 점에 유의할 필요가 있다. 첫째, 개인은 대개 하나 이상의 역할을 한다는 것이다. 어떤 사용자는 그들이 DSS의 설계자이며 운영자가 되기도 한다. 게다가 관리자가 기술적으로 유능해지고 DSS 생성 프로그램이 점차 사용자에게 친밀해짐에 따라 사용자, 중개자, 설계자의 역할을 의사결정자가 점차 더 많이 맡게 될 것이다. 둘째, 둘 이상의 사람들이 한 가지 역할에 간여하게 된다는 것이다. 예컨대, 의사결정은 집단으로 이루어지거나 DSS를 수립하는 데 여러 명의 모델 수립자들이 간여하게 된다는 것이다. 셋째, 이상의 모든 역할들이 요구되지 않는다는 것이다.

이들 다섯 가지 DSS의 역할과 세 가지 DSS 수준과의 관계를 보면 [그림 8-4]와 같다. 그림에서 보는 바와 같이 관리자는 특정 DSS를 인용하고, 중개자는 사용자를 위한 '운전수(Chauffeur)'로서 역할을 담당한다. 그리고 DSS 설계자는 DSS 생성 프로그램을 가지고 작업하고, 기술적 지원자는 DSS 생성 프로그램과 DSS 도구 간에 연결부(link)를 제공한다. 끝으로 도구개발가는 DSS 도구를 개발한다.

(2) DSS 개발 과정

먼저, 조직에서 컴퓨터 시스템을 개발하는 경우 관리층의 지지와 사용자의 간여가 필요하다는 것은 잘 알려져 있다. 이 같은 현상은 의사결정 지원체제의 경우에 특히 그렇다. DSS가 준구조적 의사결정이나 비구조적 의사결정을 지원하도록 설계된 것이기 때문에, 사용자는 DSS의 특성과 능력을 상술하는 데에 활동적인 역할을 해야 한다. 어떤 유형의 의사결정 지원이 필요한지를 진실로 이해하는 사람은 의사결정자 밖에 없음을 흔히 본다. 최소한 사용자는 개발팀의 활동적인 멤버가 되어야 한다. 그렇지 않을 경우 사용자는 중개자와 개발가의 역할을 감당하게 된다.

다음으로 DSS 개발에서 중요한 사실은 비록 전형적인 개발 과정이 분석, 설계, 수립, 집행의 단계를 거치는 것일지라도 DSS 개발 과정이 점증적이고 반복적이어야 한다는 것이다. 의사결정 지원 형태가 초창기에는 의사결정자에게마저도 불확실하기 때문에, 처음에는 조금씩 잠정적인 체제를 수립하는 것이 상책이다. 사용자의 요구가 사용자와 체제 수립자 모두에게 더 잘 알려지게 됨에 따라 그런 체제는 쉽고, 신속하며, 비용을 크게 들이지 않고 수정될 수가 있다. 즉 이런 체제가 의사결정 환경상 갑작스러운 변화에 대응하게 된다. DSS 생성 프로그램의 이용 가능성이 이 같은 개발 접근법을 가능케 한다. 이 같은 개발 유형을 도식화하면 [그림 8-5]와 같다. 그림에서 보는 바와 같이, 잠정적인 DSS가 사용자의 욕구를 충족시켜 주지 못한 경우 점증적이고 반복적인 DSS 개발 과정의 본질을 주목할 필요가 있다. 시간이 지남에 따라 그 체제는 그 특징과 역량면에서 진화되어 그 가치의 중요성이 입증된다. 여기서 주지해

[그림 8-5] DSS 개발 과정

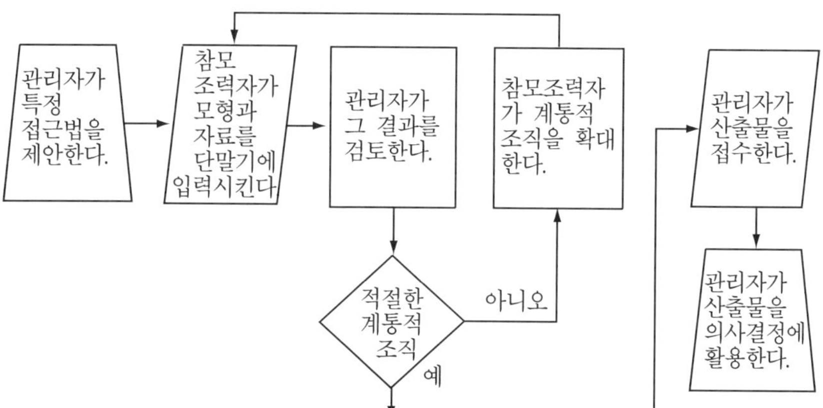

자료: Wagner(1979: 13).

야 할 점은 다른 조직들에서는 위의 진화론적 개발 방식과 다른 DSS 개발접근법이 필요할 수 있다는 것이다.

7 의사결정 지원체제의 분석모형

앞에서는 의사결정 지원체제의 개발전략에 관해 살펴보았는데, 이러한 DSS의 개발을 위해서는 DSS가 무엇을 수행해야 하며, 어떠한 기술적 능력이나 특성을 갖추어야 하는지를 먼저 분석해야 한다. 다시 말하면, DSS가 좀 더 능률적이고 효과적인 시스템으로서 역할을 수행하기 위해서는 수행 목적이 무엇이고, 기술적 능력이 어떠해야 하며, 그런 목적과 능력의 제고를 위해 어떠한 기초적인 기술을 갖추어야 하는지를 먼저 분석할 수 있어야 한다. 이런 분석을 위한 불가피하게 각기 다른 기능을 감당하고 있는 DSS의 세 가지 기술적 차원에서 DSS를 다음과 같이 고찰해 보아야 한다.

먼저, 문제 해결과 의사결정 및 조직환경 문제에 초점을 둔 특정 DSS 수준은 관리자나 사용자의 관심사로서 DSS가 어떤 수행 목적을 가져야 되는지를 분석한다. 다음으로, 관리자의 요구에 부응한 특정 DSS를 수립하기 위해 DSS 생성 프로그램의 능력을 사용해야만 하는 DSS 수립자 또는 설계자의 관점에서 DSS는 어떤 기술적 능력을 가져야 하는지를 분석한다. 끝으로, 기술적인 기본 요소를 개발하고 필요한 기술 능력을 갖춘 DSS 생성 프로그램을 마련하기 위해 이들 개발된 기술적 요소를 어떻게 통합해야 하는가에 관심을 갖고 있는 도구개발가의 관점에서 DSS가 어떤 기본적인 기술을 갖추어야 하는지를 분석한다. 다음에는 이들을 차례로 간단히 고찰한다(Sprague, Jr., 1980: 1-26).

1) DSS의 수행 목적

DSS의 수행 목적은 의사결정을 수행하는 관리자의 관점에서 특정 DSS의 수준이 충족시켜야 할 당위적인 수행 과제를 말한다. DSS의 수행 목적으로는 대체로 다음과 같은 여섯 가지가 있는데, 앞의 세 가지 수행 목적은 의사결정 과업의 유형에 관한 것이고, 뒤의 세 가지는 요구되는 지원 유형에 관한 것이다. 이들은 모두 앞에서 이미 설명된 DSS의 기본적인 특성과도 일치한다.

첫째, DSS는 의사결정을 지원해야 하는데, 특히 준구조적이고 비구조적 의사결정을 주로 지원해야 한다.

둘째, DSS는 기존의 역할과 달리 모든 계층의 관리자들의 의사결정을 지원해야 하며, 필요시 계층 간 통합을 지원해야 한다.

셋째, DSS는 독립적인 의사결정뿐만 아니라 상호 의존적인 의사결정도 지원해야 한다.

넷째, DSS는 의사결정 과정의 모든 단계를 지원해야 한다.

다섯째, DSS는 다양한 의사결정 과정을 지원해야 하며, 어느 한 가지 유형의 의사결정 과정에만 지원하는 일이 없어야 한다.

여섯째, DSS는 이용이 용이해야 한다.

2) DSS의 기술적 능력

DSS의 기술적 능력은 관리자에게 요구되는 의사결정 지원을 제공하기 위해 DSS

[그림 8-6] 총체적인 DSS 모형

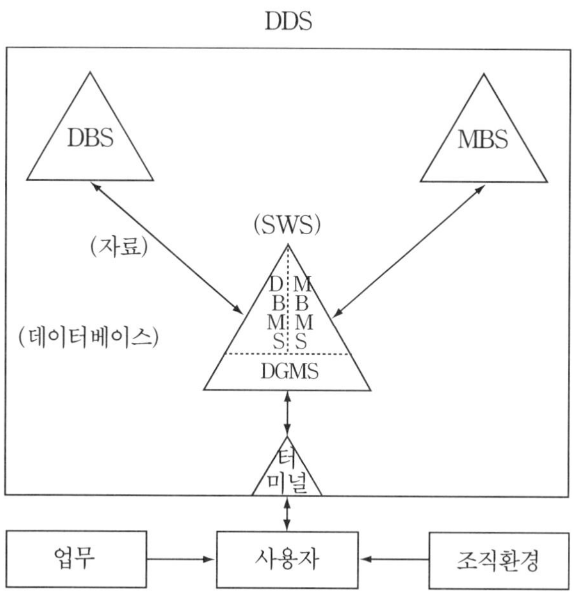

자료: Sprague, Jr.(1980: 22).

생성 프로그램을 사용하는 DSS 설계자의 입장에서, 관리자의 요구 사항, 환경, 과업, 그리고 사고 접근 방법상 변화에 대응하여 특정 DSS를 신속하고 용이하게 파악하고 개조할 수 있도록 촉진시켜 주는 일련의 능력을 뜻한다. 이런 DSS의 능력을 조직하는 데에 개념적 모형을 사용하는데 DSS의 총체적인 모형은 [그림 8-6]과 같이, 첫째로 DSS의 사용자, 둘째로 사용자의 업무 및 조직환경, 셋째로 DSS로 구성되어 있는데 여기서 DSS 자체는 첫째로 데이터베이스 하위 시스템(database subsystem: DBS), 둘째로 모델 베이스 하위 시스템(model base subsystem: MBS), 셋째로 소프트웨어 시스템(software system: SWS)으로 이루어져 있으며, 마지막 소프트웨어 시스템을 좀 더 세부적으로 보면 첫째, 데이터베이스 관리 소프트웨어(database management software: DBMS), 둘째, 모델 베이스 관리 소프트웨어(model base management software: MBMS), 그리고 셋째, 사용자와 시스템 간의 인터페이스, 즉 접속장치 관리 소프트웨어인 문답 생성 및 관리 소프트웨어(dialog generation and management software: DGMS)로 구성되어 있다.

다음에는 이들 각각의 DSS 구성 요소들이 갖추어야 할 기술적 능력을 고찰해 보자.

(1) 데이터베이스 하위 시스템

데이터베이스 하위 시스템(DSS)은 데이터베이스와 그 관리에 관련된 기술의 급속한 발전으로 상당한 정도의 기술 능력을 갖추고 있는데, [그림 8-7]에서 보는 바와 같이 기존의 데이터베이스나 데이터 커뮤니케이션 접근법과는 판이하게 풍부한 자료원을 확보하고 있어야 하며, 아울러 그런 풍부한 자료원으로부터 자료를 획득하고 추출하는 과정이 중시됨을 알 수 있다.

이상의 DSS의 데이터베이스 하위 시스템은 대체로 다음과 같은 능력을 구비하고 있어야 한다.

첫째, 자료 포착과 추출 과정을 통해 다양한 자료원들을 결합할 수 있어야 한다.

둘째, 자료원을 신속하고 용이하게 추가하고 삭제할 수 있어야 한다.

셋째, 사용자가 이용 가능한 것이 무엇인가를 이해하여 필요한 것을 추가하고 불필요한 것을 삭제할 수 있도록 논리적인 자료구조를 사용자 언어로 나타낼 수 있어야 한다.

넷째, 사용자로 하여금 자신의 판단에 기초하여 대안들을 실험할 수 있도록 개인

[그림 8-7] 데이터베이스 하위 시스템의 특성

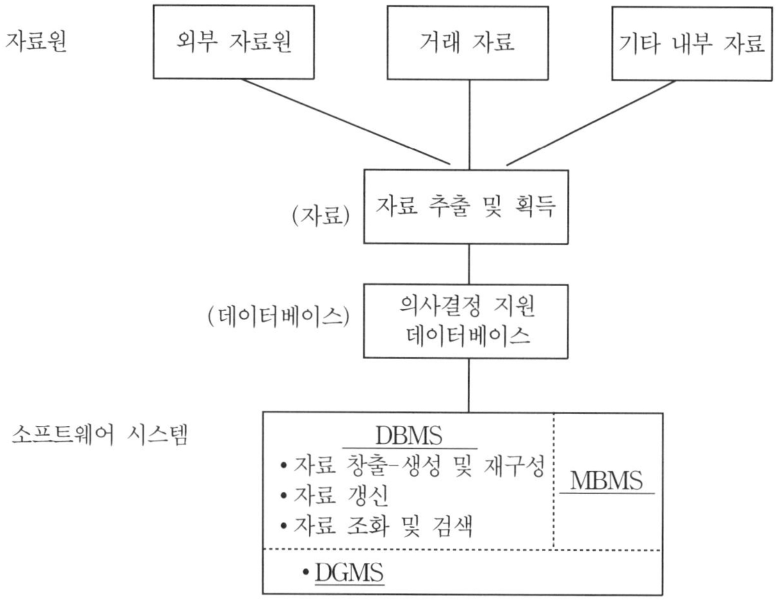

적이고 비공식적인 자료를 취급할 수 있어야 한다.

다섯째, 폭넓은 여러 가지 자료를 자료관리 기능을 완전 가동하여 관리할 수 있어야 한다.

(2) 모델 베이스 하위 시스템

DSS의 가장 중요한 특징 중의 하나는 DSS가 자료 접근 이용과 의사결정모형을 통합할 수 있는 능력을 갖추고 있는 점이다. 이러한 능력은 의사결정모형을 그들 간의 통합과 커뮤니케이션 메커니즘으로서 데이터베이스를 사용하는 정보체제를 내장시킴으로써 발휘된다. 이 같은 모델 베이스 하위 시스템은 의사결정 모형을 창출하고, 유지하며, 조작하는 특성을 가지며, 아울러 좀더 능률적인 DSS의 기능 수행을 위해, 모델 베이스 하위 시스템은 다음과 같은 능력을 가져야 한다.

첫째, 새로운 의사결정모형들을 신속하고 쉽게 창출할 수 있어야 한다.

둘째, 모든 계층의 관리자를 지원하면서 광범위한 모형들의 목록을 작성하여 유지해야 한다.

셋째, 이들 모형들은 데이터베이스를 통해 적절한 접속장치와 관계를 유지하고 있어야 한다.

넷째, 모형 '수립 블록(model 'building blocks')'을 접근 이용해서 통합시킬 수 있어야 한다.

다섯째, 데이터베이스 관리와 유사한 관리 기능을 모델 베이스에 의해 관리할 수 있어야 한다(Will, 1975: 467-83).

(3) 인터페이스 하위 시스템

DSS가 누리는 시스템 능력과 신축성 및 이용성은 사용자-시스템 인터페이스 하위 시스템의 능력에서 비롯된다. 이 같은 인터페이스 하위 시스템은 문답 생성 및 관리 소프트웨어(DGMS)에 의해 통제된다. 또한 이 인터페이스 하위 시스템은 [그림 8-6]에서 보는 바와 같이 대체로 사용자, 터미널, 그리고 소프트웨어 시스템(SWS)으로 구성되어 있다(Bennett, 1977: 3-11).

인터페이스 하위 시스템은 다음과 같이 세 가지 기능을 수행한다.

첫째, 인터페이스 하위 시스템이 작동언어(action language)를 사용함으로써 이는 사용자가 시스템과 의사소통을 하는 데 조치를 취할 수 있다. 여기에는 보통의 키보드의 이용 가능성, 기능키, 터치판(touch panels), 수동제어장치(joy stick), 그리고 음성명령어(voice command)가 포함된다.

둘째, 표시(display)나 표현(presentation) 언어를 활용한다. 이는 사용자가 본 것을 관리하는 것으로서 라인 프린터(line printer), 디스플레이 스크린(display screen), 그래픽, 컬러, 점인쇄기(plotters), 그리고 오디오 산출물(audio output)이 포함된다.

셋째, 지식 베이스(knowledge base)의 기능을 수행하는데, 이는 사용자가 알고 있어야만 하는 것을 구비하는 것이다. 이 지식 베이스는 사용자가 이 지식 베이스를 효과적으로 사용하기 위해 시스템과의 상호작용을 할 때 제시할 필요가 있는 것들로 구성된다. 이런 지식은 사용자의 머리 속이나, 참고카드(reference cards)나 지시서(instruction sheet)에 있고, 또는 사용자 편람(user's manual)이나 일련의 '도움(help)' 명령어들 속에 들어 있을 수 있다.

이 같은 인터페이스 하위 시스템의 풍부한 능력은 이들 각 구성 부분의 능력에 달려 있다. 그래서 사용자-시스템 인터페이스 하위 시스템이 갖추어야 할 기술 능력은 다음과 같다.

첫째, 인터페이스 하위 시스템이 다양한 문답 스타일(dialog styles)을 취급할 수 있어야 하며, 동시에 사용자가 임의로 이들 문답 스타일을 바꿀 수 있게 되어야 한다.

둘째, 인터페이스 하위 시스템은 사용자의 작동들을 다양한 매체에 수용할 수 있어야 한다.

셋째, 인터페이스 하위 시스템은 다양한 양식과 매체로 자료를 제시할 수 있어야 한다.

넷째, 인터페이스 하위 시스템은 사용자의 지식 베이스를 신축성 있게 지원할 수 있어야 한다.

3) DSS의 기초적 기술

DSS의 기초적 기술에 관한 논의는 DSS의 도구개발가의 입장에서 DSS를 지원하는 정보기술과 기본적인 도구를 통일된 시스템에 결합시키는 구조를 창출하는 과학에 관한 것으로서 DSS 설계자의 입장에서 본 세 가지 DSS 하위 시스템 모형을 활용하여 설명될 수 있다. 따라서 중복을 피하기 위해 생략한다. 다만 주의할 점은 DSS의 생성 프로그램의 수준에서 이용되는 자료와 모형 및 문답의 관리를 위한 기술이 여전히 개발되고 있기 때문에, DSS의 기능과 역할은 훨씬 더 정교해지고 중요시될 것이라는 것이다.

8 의사결정 지원체제의 유형별 특성

의사결정 지원체제(DSS)는 그 관점에 따라 여러 가지로 분류될 수 있으나, 앨터(S. V. Alter)의 경험적인 분석에 따르면 다음과 같이 일곱 가지 유형으로 분류할 수 있다. 그는 조직들에 의해 사용되고 있는 56개 DSS를 조사하여 'DSS 산출물의 조치 암시 정도(degree of action implication of system outputs)', 즉 DSS 산출물이 의사결정에 직접적으로 결정적인 영향력을 미칠 수 있는 정도에 따라 분류했다(Alter, 1980: 2). 이러한 DSS는 먼저 자료 중심적 시스템과 정보 중심적 시스템으로 분류된다. 전자에는 파일 작성 시스템, 자료분석 시스템, 그리고 정보분석 시스템이 속하고, 후자에는 회계모형, 기술모형, 최적화모형, 그리고 제안모형이 포함된다(Alter, 1977: 92).

1) 자료 중심적 시스템

(1) 파일 작성 시스템(file drawer systems)

이는 자료 항목에 즉각적인 접근 이용을 허용하는 시스템이다. 이 시스템은 기본적으로 수동식 서류철 시스템을 온라인 기계화한 것이다. 이 시스템은 주로 조직의 일선 근무자들이 활용하는 단순작업 지원 체제이다. 예를 들면 재고정보에 관한 문의나 비행기 예약 청구 등과 같은 자료 탐색 활동에 이용된다.

(2) 자료분석 시스템(data analysis systems)

이는 특정 업무나 환경에 적합한 분석 절차나 일반적인 분석 절차에 의해 자료를 조작할 수 있게 되어 있는 시스템으로서, 전형적인 최근 자료나 과거 자료를 수록하고 있는 파일을 분석하고자 하는 경영자가 아닌 사람들에 의해 이용된다. 예컨대, 대안적 투자 기회를 분석하기 위한 예산분석 시스템과 재무 시스템이 이 유형에 속한다.

(3) 정보분석 시스템(information analysis systems)

이는 일련의 자료 베이스와 소규모의 정보모형에 접근 활용하게 된 시스템으로서, 특별보고서나 소형의 의사결정모형을 개발하기 위해 스태프 분석가들에 의해 비정규적으로 활용된다. 예를 들면, 외부 데이터베이스에의 접근·활용과 내부의 판매 자료 및 판촉과 가격에 관한 자료를 갖고 있는 마케팅 의사결정 지원체제를 들 수 있다.

2) 정보 중심적 시스템

(1) 회계모형(accounting models)

이는 회계이론에 기초하여 계획된 활동 결과를 계산할 수 있게 하는 모형이다. 이 모형은 전형적으로 정의된 공식에 대한 투입 가치상의 변량을 토대로 소득이나 대차대조표를 산정할 수 있게 한다. 예를 들면, 운영에 관련된 의사결정과 단기 재정기획을 위한 월별 예산 시스템이 있다. 이는 주로 분석가나 관리자에 의해 활용된다.

(2) 설명모형(representationed models)

이는 발생 확률과 같은 어떤 정의를 내릴 수 없는 시스템의 특성을 나타내는 모형에 기초하여 활동 결과를 추정하게 한다. 이러한 모형으로는 회계상 정의를 내릴 수 없는 요소를 포함하는 모든 시뮬레이션 모형을 들 수 있다. 이 모형은 주로 기획이나 예산 업무를 수행할 때 스태프 분석가에 의해 사용된다. 예로서 주요 요소들 각각에 대한 추정 확률분포를 이용하는 위험도 분석모형(risk analysis model)을 들 수 있다.

(3) **최적화모형**(optimization models)

이 모형은 일련의 제약 조건들과 일치하는 최적의 해결 방안을 모색함으로써 활동 지침을 제공해 준다. 이 모형은 수학적으로 묘사될 수 있는 반복적인 의사결정과 비용 최소화와 같은 구체적인 목적이 목표로 되어 있는 곳에서 스태프 분석가들에 의해 사용된다. 예를 들면, 여러 가지 복잡한 제약 조건하에 훈련학급 계획을 위한 시스템과 물자 사용 최적화 시스템이 이에 속한다.

〈표 8-5〉 DSS의 유형별 특징

지향 내용	시스템 유형	운영 양태	업무 형태	사용자	사용 패턴	시간 구조
자료 중심적 시스템	파일 작성 시스템	• 자료 항목에의 접근 이용 및 탐색	운영적	비관리자층의 계선 근무자	• 간단한 문의	불규칙적
	자료분석 시스템	• 자료 파일의 특별분석	운영적, 분석적	스태프 분석자 또는 관리자층의 계선근무자	• 자료 조작 및 제시	불규칙적 또는 주기적
	정보분석 시스템	• 다양한 데이터 베이스와 소형 모형을 이용한 특별분석	분석적, 계획적	스태프 분석자	• 특별보고서의 프로그래밍 및 소형 모형 개발	불규칙적, 요청에 의해
모형 중심적 시스템	회계모형	• 회계 원리에 기초한 미래 결과를 예측하는 표준계산 또는 시뮬레이션	계획적, 예산 작성	분석자, 관리자	• 활동의 추정치를 입력하여 금전 가치로 나타낸 추정 결과를 출력	주기적
	설명모형	• 특별활동 결과의 추정 및 시뮬레이션	계획적, 자율분배	스태프 분석자	• 가능한 결정을 입력하고 추정 결과를 출력	주기적, 불규칙적 (특별분석)
	최적화모형	• 순열 조합적인 문제의 최적 해결 방안의 모색 및 제안	운영적	스태프 분석자	• 제약 조건과 목적 함수를 투입하고 해결 방안을 구함	주기적, 불규칙적 (특별분석)
	제안모형	• 제안된 결정에 관한 계산 수행		비관리자층의 계선 근무자	• 구조화된 의사 결정 사항 기술을 입력하고 제안된 의사결정을 출력	매일 또는 주기적

자료: Alter(1980: 90-1).

(4) **제안모형**(suggestion models)

이 모형은 아주 정형화되어 있고 반복적으로 이루어지는 의사결정에 대해 구체적으로 제안된 의사결정 방안을 모색하고자 할 때 사용된다. 이런 모형 수립의 목적은 그러한 제안을 모색하는 과정에서 여타의 비능률적인 절차를 생략하는 데 있다. 이러한 절차는 극히 기계적인 작업으로서 비경영 계선 근무자들에 의해 이용된다. 예를 들면, 보험재개율 계산 시스템(insurance renewal rate calculation system)이 이런 유형의 의사결정 지원체제에 속한다.

이상의 DSS의 유형의 특성을 요약하면 <표 8-5>와 같다.

제 4 절 집단의사결정 지원체제

1 집단의사결정의 개념

집단의사결정(Group Decision: GD)은 여러 사람이 참여해 협의회 과정을 거쳐 의사결정을 하는 것을 말한다. 이러한 집단의사결정은 일반적으로 문제 해결에 필요한 정보가 풍부해지기 때문에 더 높은 질의 의사결정을 가능하게 하며, 이는 합리성·창의성·결정 사항의 수용도 측면에서 매우 효과적이다. 그러나 의사결정에 이르기까지 시간과 비용이 많이 드는 단점이 있으며, 개인의 의사결정이 보통 능력 집단의 집단의사결정보다 나은 결과를 가져올 수도 있는 경우를 배제할 수 없다. 즉 집단의사결정의 부작용 가운데 하나인 집단사고(groupthink)[7]가 나타날 수 있다.

하지만 무엇보다 집단의사결정은 다수의 의사결정자가 의사결정 과정에 참여하기 때문에 발생하는 의사소통 문제와 문제 합의 도출 방법과 같은 구조적 장애로 인해 최적의 의사결정에 도달하지 못하는 경우가 빈번하다.

7) 집단사고란 응집력이 높은 세력집단(ingroup)에 구성원들이 깊게 관여하게 될 경우 다른 대안들을 실질적으로 검토하기보다는 만장일치를 추구하는 사고방식을 갖게 되는 현상을 말한다. 즉 집단구성원들이 대안에 대한 충분한 분석 및 토론이 없이 쉽게 합의한 대안이 최선이라고 믿고 합리화하려고 하는 '집단착각 현상'을 말한다.

2 집단의사결정 자원체제의 개념과 특징

집단의사결정 자원체제(Group Decision Support System: GDSS)는 집단의 의사결정 과정에서 개인별 의사결정을 지원하여 최적의 집단의사결정을 유도하도록 지원하는 종합전산 시스템이라고도 정의하며, 또는 의사결정 지원체제에서 파생된 하나의 연구 분야로 정의하기도 한다.

즉 GDSS는 집단 의사소통 및 집단 의사결정을 좀 더 효과적으로 지원하기 위해 구축되는 시스템을 말한다. 이러한 GDSS는 과거와 달리 경영환경이 좀 더 복잡해지는 상황 속에서 기업의 업무와 관련된 의사결정을 체제 효과적으로 지원할 필요성이 대두되면서 생겨난 의사결정 지원체제이다.

이러한 GDSS와 DSS의 특성을 비교하면 <표 8-6>과 같다.

〈표 8-6〉 GDSS와 DSS의 비교

하위 정보관리체제 / 기준	집단의사결정 지원체제 (GDSS)	의사결정 지원체제 (DSS)
(1) 조직 계통	이사회 계층	최고관리계층
(2) 주요 분석 초점	집단의사결정	의사결정
(3) 처리 특성	멀티미디어	신축성, 적응성 및 신속한 대응성
(4) 목적	사용자들 상호간 정보 공유와 이용 촉진	사용자 주도 및 통제하의 정보 산출
(5) 자료 구조	집단적 의사결정 스타일에 적합한 정보체제	개인적 의사결정 스타일에 적합한 정보체제
(6) 출력 특성	협상	결정자의 선택

자료: 주원식(1992: 27)의 <표 3-1>을 수정·보완함.

3 집단의사결정 지원체제의 발달

GDSS는 의사결정 지원체제(DSS)의 세부 분야로 1980년대에 시작하여, 1980년대 중반 이후부터 확대되었다. 이러한 GDSS의 발전을 연대적으로 살펴보면 <표 8-7>

〈표 8-7〉 GDSS의 발전 과정

연 대	연구자	연구 내용
1981~1983	Gray et al., 1981; Huber, 1982; Konsynski & Nunamaker, 1982	집단의사결정을 도와 주는 시스템을 설명
1982~1985	Kraemer et al., 1983; Huber, 1094; DeSanctis & Gallupe, 1985	조사 논문과 연구 협의 사항
1982~1986	Kull, 1982; Gray, 1983; Lewis, 1983; Gallupe, 1986	첫 실험과 실험의 결과들
1086~	Gray & Borcvits, 1986; DeSanctis & Gallupe, 1987; Stefit, 1987; Manteii, 1988; Nunamaker et al., 1988	앞선 시설들의 설치

자료: 주원식(1992).

〈표 8-8〉 GDSS의 연구 주제별 발전 과정

연구 주제	연구 대상	연구 내용
GDSS 환경연구	개인, 조직, 집단, 과업, 기술	집단구조변수(Group Structure), 과업특성변수(Task Characteristics), 조직환경변수, 개인환경변수, 기술변수
GDSS 기법연구	설계, 관리, 집단의사결정 과정	설계 방법, 집단의사결정 과정, GDSS 이행 및 관리
GDSS 성과연구	과업 성과, 집단성과	GDSS 수준에 따른 성과평가 연구 GDSS 성과분석 방법에 따른 성과평가 연구
다차원 인과관계 연구	GDSS 환경연구, 기법연구, 성과연구를 조합한 종합적 연구	개별적 측면의 GDSS 연구들을 조합하여 통합 GDSS 모형을 수립하고 연구 변수들의 종합 상호작용 하에서 GDSS를 분석하는 연구

자료: 안홍복, 권혁대(1994: 9-20). GDSS의 연구 주제별 발전 과정을 요약했음.

과 같고, GDSS의 발전을 연구 주제별로 분류하면 <표 8-8>과 같다.

4 집단의사결정 지원체제의 구조

집단 의사소통 및 집단의사결정을 좀 더 효과적으로 지원하기 위해 구축되는 시스템인 GDSS는 다음과 같이 개념적 차원, 의사결정 지원 차원, 기술적 차원 등 세 가지 차원으로 그 구조를 이루고 있다. 이를 구체적으로 살펴보면 다음과 같다(그림

[그림 8-10] GDSS의 구조

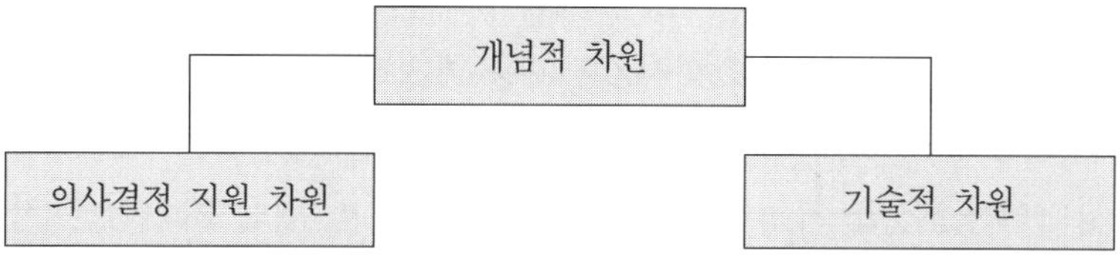

8-10 참조).

1) 개념적 차원

GDSS의 연구는 매우 실용적이고 실천적인 분야이기 때문에 비용과 효용이 조직측면에서 매우 크게 나타난다. 따라서 GDSS의 연구는 임의적 또는 추측에 의해 수행될 수 없고, 개념적 구조를 바탕으로 한 정밀한 연구가 요구된다. 이러한 개념적 차원의 예로는 상황접근적 이론, 인간의 의사소통, 의사결정 등이 있다.

2) 의사결정 지원 차원

앞서 <표 8-6>에서 살펴본 것처럼, GDSS는 개인 의사결정 과정과 비교하여 여러 가지 특징의 차이가 존재한다. 따라서 기존의 DSS의 의사결정 지원 툴(tools)과는 상이한 GDSS만의 의사결정 지원 툴이 요구된다.

이러한 GDSS의 의사결정 지원 툴에는 대표적으로 집단의사결정 도출 기법과 집단의사결정 지원 장치가 있다.

좀 더 구체적으로 말해 먼저, 집단의사결정 도출 기법은 집단의사결정 과정에서 각 개인별 의사, 견해 및 합의 도출과 같은 문제를 체계적으로 처리하는 데 사용된다. 이러한 집단의사결정 도출 기법의 예로는 브레인스토밍 기법(brainstorming technique), 명목집단 기법(nominal group technique), 델파이 기법(Delphi technique) 등이 있다.

다음으로 집단의사결정 지원 장치는 의사결정 과정에서 개인 및 집단의 의사결정을 직접적 또는 간접적으로 지원해 주는 지원장치를 말하는데, 이러한 집단의사결정 지원 장치의 예로는 투사기(projector), 백색판(white board), 조정장치(facilitator console), 전산요원(facilitor) 등이 있다.

3) 기술적 차원

GDSS는 기존의 DSS 분야와 기술적 차원에서 큰 차이점을 가지고 있다. 즉 기존 DSS 분야의 기술적 차원은 단일 의사결정자를 가정하여 개발되어, 주로 PC 또는 미니컴퓨터와 같은 하드웨어와 의사결정 지원 프로그램이 주를 이루었다. 하지만, GDSS는 집단의사결정을 가정하고 있기 때문에 다음과 같은 차이점을 지닌다.

첫째, 하드웨어 분야에서의 차이이다. GDSS는 기존의 DSS가 단순히 PC 또는 미니컴퓨터와 같은 하드웨어를 사용한 것과 달리 집단의사결정룸(workstations), 집단공동화면(public screen) 등의 하드웨어 장치를 활용해야 가능하다.

둘째, 소프트웨어적 차이이다. GDSS는 집단의사결정에서 참가자들의 최적 집단의사결정 수렴을 도출하기 위해 구축된 프로그램 집합으로 구성되어 있다. 이러한 GDSS의 대표적인 소프트웨어로는 Electronic Brainstorming, Issue Analyzer, Topic Commenter, Policy Formation 등이 있다.

셋째, 커뮤니케이션(communication)의 차이이다. GDSS는 다수의 의사결정 참여자들의 의사소통 문제를 해결하여 최적의 집단의사결정을 유도하려는 시스템이기 때문에, 의사결정 참여자 간의 의사소통을 지원하는 커뮤니케이션 요소를 매우 중요시한다. 이러한 커뮤니케이션 요소의 예로는 E-mail, V-mail, LAN, 장거리 통신망 등이 있다.

5 집단의사결정 지원체제의 미래

GDSS는 과거 DSS의 문제점과 대부분의 실제 의사결정 과정이 집단으로 이루어지는 현실 상황을 극복하고자 발전된 의사결정 지원체제이다. 특히 GDSS는 변화하는 환경 속에 기업이 효과적으로 대응하는 데 크게 기여하고 있다. 왜냐하면 급격히 변화하는 환경에 적응하는 능력은 한 개인에 의해서보다는 다양한 기술과 경험을 가지고 있는 구성원 간의 협동 속에서 더 효과적이기 때문이다.

오늘날 GDSS는 집단의사결정 지원체제의 환경, 과정, 성과, 관련 변수 등 많은 부분에서 지속적으로 연구되고, 이는 조직 측면에 중요한 성과를 제공하고 있음에 틀림없다. 하지만 GDSS가 좀 더 고차원적인 수준의 정보 시스템으로 적극적으로 활용되

〈표 8-9〉 GDSS와 ES의 비교

구 분	GDSS	ES
목적	집단의사결정 지원	인간 전문가를 복사
지원 속성	집단의사결정	개인과 소규모 집단
권고 및 의사결정자	집단	시스템
문제 영역의 특성	복잡·광범위·비구조적	협의·구조적
문제의 속성	특수·임시적	반복적
데이터베이스 및 지식 베이스	사실적 지식	사실적 절차와 지식
추론 능력	없음	있음
설명 능력	없음	있음

자료: 안홍복·권혁대(1994: 89) 표를 수정·보완함.

기 위해서는 새로운 관점에서 연구들이 수행되어야 한다.

즉 GDSS의 문제점을 전문가 시스템(ES)의 장점인 지식 베이스와 전문가의 자문 활동과 같은 요소들을 GDSS에 통합시키는 연구가 필요하다(표 8-9 참조).

따라서 다음 제5절에서는 전문가 시스템에 대해 구체적으로 설명하고자 한다.

제 5 절 전문가 시스템

1 전문가 시스템의 개념과 논리적 구성 요소

전문가 시스템(Expert System: ES)은 대체로 경험과 전문기술과 같은 전문지식을 요구하는 덜 구조화된 업무의 수행을 안내하는 일종의 컴퓨터 응용 시스템이다. 전문가 시스템을 이용하면, 비전문가도 특정 문제 영역에서 전문가에 버금가는 성과를 달성할 수 있다(Nau, 1983). 이 같은 전문가 시스템은 DSS의 일례로 간주될 수 있다. 전문가 시스템의 독특한 특징은 지식 베이스를 구비하고 있는 점인데, 이 지식 베이스는 전문지식을 나타내는 자료와 의사결정 규칙을 의미한다. 좀 더 구체적으로 설명하면, 전문가 시스템은 대체로 다음과 같은 사항에 관한 지식을 이용하여 설계된다(Hurley & Wallace, 1986: 564).

첫째, 문제 영역에 관한 사실

둘째, 엄격하게 수립되어 있는 규칙이나 절차

셋째, 문제의 국면 및 잠정적 해결 방안

넷째, 일반적인 전략

다섯째, 문제 영역에 관한 개념적 모형

앞서 설명한 것처럼, 전문가 시스템은 한 특정 분야의 전문가를 대신해 해당되는 특정한 문제를 해결하는 시스템이며, 그 구성 요소는 다음과 같이 여섯 가지로 구축된다.

첫째, 전문가 시스템은 우선 여러 종류의 지식을 쉽게 표현하고 사용할 수 있도록 지식 베이스를 생성한다.

둘째, 해당 분야 관련 데이터베이스의 정보를 호출할 수 있도록 데이터베이스를 이용·관리하게 된다.

셋째, 추론 시스템을 구축하는데, 이러한 추론 시스템의 주요 구성 요소는 추론 엔진으로 전방 추론(forward chaining)과 후방 추론(backward chaining)이 있다. 이러한 추론 방식은 사용자가 선택 가능하며, 단, 후방 추론일 경우에는 사용자가 반드시 가정을 설정해야 한다.

넷째, 지식 베이스에 저장된 규칙은 지식 컴파일러에 의해 네트워크 방식으로 표현된다. 특히 추론 도중 가능성이 있는 규칙만을 탐색하여 추론 엔진의 추론 속도를 증가시키는 데 목적이 있으며, 하나의 규칙과 이 규칙을 연결하는 정보를 포함하는 네트워크로 표현함으로써 최대한 활용 가능한 규칙들을 이끌어내는 데 유용하다. 따라서 지식은 오류를 점검하는 과정을 거쳐 오류가 없으면 네트워크 구조에 추가되며 최종적으로 지식 베이스에 저장된다.

다섯째, 지식관리 시스템은 새로운 지식을 지식 베이스에 추가하기 전에 지식의 정확성과 일관성 등을 검증하고, 오류가 있을 경우 전문가는 오류를 수정하여 지식으로 추가하게 된다.

마지막으로, 사용자 인터페이스가 구축되는데, 이를 통해 사용자는 전문가 시스템을 쉽게 이용할 수 있게 된다(서의현, 2003: 51-54).

2 전문가 시스템의 필요성

이런 전문가 시스템은 왜 필요한가? 다시 말하면 전문가 시스템의 개발이 왜 필요하게 되는가? 여러 가지 이유가 있을 수 있으나 몇 가지 대표적인 이유로는 다음과 같은 것들이 있다(Newquist, 1983: 173).

첫째, 전문가 시스템의 개발은 특정 조직에서 특정 분야에 이미 인정받은 전문가가 정년퇴직이나 사임 등으로 인해 잃을 가능성이 있는 전문지식을 보존하기 위해 필요하다.

둘째, 전문가 시스템은 전문지식이 유포될 수 있도록 전문가를 기계적으로 생성시키기 위해 개발된다.

셋째, 정보를 교과서나 편람(manual)처럼 수동적인 형태보다도 지식 베이스와 같은 능률적인 형태로 저장해 누기 위해 필요하다.

넷째, 초보자들에게 경험이 많은 전문가들 이상으로 생각을 해 낼 수 있도록 도와주기 위해 이루어진다.

다섯째, 피로감과 같은 인간적인 감정 등에 좌우되지 않는 메커니즘을 창출하여 정보가 지속적으로 유동되도록 하기 위해 전문가 시스템이 개발된다.

3 전문가 시스템의 개발 루트

전문가 시스템은 다음과 같은 세 가지 루트(route)를 통해 개발된다(Newquist, 1989: 175-6).

(1) 고객개발 루트(custom-development route)

이는 조직이 처음부터 조직의 특정한 욕구에 맞는 시스템을 수립하기 위해 인공지능(AI) 개발언어와 고도로 숙련된 인공지능 전문가를 이용하는 방법이다.

(2) 반(半)고객 개발 루트(semi-custom-development route)

이는 조직이 처음에는 기존에 이용 가능한 상업적인 전문가 시스템의 구조를 갖고 시작해서 그 주변에 지식 베이스를 구축함으로써 조직의 특정한 욕구에 그 포괄적인 프로그램을 맞추는 방법이다.

(3) **패키지로 된 루트**(packaged route)

이는 조직이 사전에 작성된 응용 프로그램을 설치해서 조직의 욕구에 꼭 맞도록 소규모로 조정해 나가는 방법이다.

4 전문가 시스템의 성공적 구축 요건

전문가 시스템의 이용을 확신하고자 할 때는 시스템의 선택, 개발, 구현 및 그 사용에 관해 많은 연구를 통해 밝혀진 사실들을 주의깊게 검토해야 한다. 많은 연구에서 확인된 전문가 시스템의 성공적 구축을 위한 요건을 보면 다음과 같다(전기정·박홍국, 2004: 322).

첫째, 경영관리자와 전문가의 적극적인 참여

둘째, 높은 수익이 기대되는 응용 분야의 선정

셋째, 직원, 고객, 공급자 및 지역사회로부터의 수용 가능성

넷째, 필요한 때마다 전문가 시스템을 개선하여 안정적인 지식 베이스를 유지

5 전문가 시스템의 기능

일례를 들어 지금까지 설명한 전문가 시스템의 기능을 살펴보자. 의료 진단 전문가 시스템을 이용하는 사용자가 이 시스템에 특정한 증후들을 제공하면, 관련 프로그램은 그런 증상에 관한 시스템의 지식 베이스를 탐색하여 가능한 원인들을 찾아낸다. 즉, 시스템 프로그램은 더 많은 정보를 이끌어내거나 좀 더 구체적인 검진전략을 제안하기 위해 사용자와 교호적 대화(interactive dialog)를 시작한다. 그런데 해결하고자 하는 문제는 관련 정보가 불완전하고 부정확한 경우에 구조화되지 않는다(Davis, 1977: 58-72). 전문가 시스템의 지식 베이스를 탐색하고 개조하기 위한 다양한 전략이 집행되고 있다. 이러한 전문가 시스템에 관한 연구는 종종 인공지능(AI) 분야와 관련되어 있다. 즉 인공지능에 관한 연구가 대체로 세 가지로 분류되는데, 첫째가 전

술한 전문가 시스템(ES) 분야이고, 둘째가 사람들이 보통 사용하는 언어로 운영되는 컴퓨터 프로그램(natural language processing program) 분야, 그리고 셋째가 기능을 가진 로봇에 관한 연구(robotics)이다(Harmon, & King, 1985: 2-4).

6 전문가 시스템의 문제점과 활용 사례

전문가 시스템에는 많은 문제가 있는데, 특히 가장 중요한 문제 중의 하나는 전문가 시스템을 개발하는 데 비용이 많이 든다는 점이다. 예를 들면, 어떤 대규모 실험 시스템을 개발하는 데는 무려 10년에서 25년의 작업 노력과 수백만 달러의 비용이 요구된다. 또한 전문가 시스템에 집어넣기 위해 전문가로부터 지식을 끄집어 내는 것도 비용이 많이 들고 어렵다. 그런 이유 중의 하나는 전문가들은 자신의 지식 범위 내로 문제의 영역을 축소시키고자 자기학습 방식(heuristic)을 수립하여 문제 해결을 위한 탐색에 활용하기 때문이다. 따라서 가끔 전문가들에게 어떻게 그런 생각을 하게 되었느냐를 단순히 물어보는 것은 적절하지 못하며, 대신에 그들에게 자신들이 특정 문제 상황에 대응하는 것처럼 말해 보도록 요청하는 것이 유익할지 모르지만, 그 결과는 완전히 만족할 만한지에 관해서는 확실치 않다.

이상의 전문가 시스템의 개발과 관련된 또 하나의 대표적인 문제는 비전문가적 사용자와의 단순하지만 신축성 있는 사용자 인터페이스가 필요하다는 것이다. 이러한 사용자 인터페이스의 설계를 위해서는, 첫째로 무관한 정보로부터 지장을 받지 않는 훌륭한 스크린 설계(screen design)를 마련해야 하고, 둘째로 환류와 지원 기능을 강화해야 하며, 셋째로 사용자를 포함한 사람들의 오류를 최소화하는 오류 통제 기능을 고려해야 하고, 넷째로 사용자의 명령 입력과 시스템의 반응 간의 반응 시간을 가능한 단축시켜야 하며, 다섯째로 워크스테이션(특정 업무 수행에 적합한 이용자 지향적 단말장치, 즉 입출력 및 표시장치가 하나의 조합으로 되어 있는 단말장치)의 설계를 좀 더 능률적으로 개선하는 등의 문제를 의미한다(Davis & Olson, 1985: 534-43).

이러한 전문가 시스템은 지능을 기반으로 한 기술을 활용해 문제 해결을 하려는 컴퓨터 과학의 일종인 인공지능 분야 내에서 기원하고 있다고 볼 수 있다. 최초의 전문가 시스템은 1960년대 후반, 유기체의 분자구조를 설명하려는 유기화학자를 지원하기 위해 개발되었다(Buchanan & Schortliffe, 1984). 이후 응용 분야는 자연과학,

공학, 의학 분야에서 개발되었다. 이러한 전문가 시스템은 오늘날 많은 분야 중에서 로봇의 동작 진단, 대여 작용의 측정, 의학적 진단과 처치를 제안하기 위해 제조업, 회계, 의학 분야에서 일상적으로 사용되고 있다(Waterman, 1986).

전문가 시스템의 기술은 최근까지 휴먼 서비스 영역에는 응용되지 못했고, 의료 분야에서는 쇠약한 환자를 위한 치료법(Mulsant & Servan-Schreiber, 1984), 성 기능 장애자를 위한 치료법(Binik, Servan-Schreiber, Friewald, & Hall, 1988), 원거리 지역의 정서적 응급처치 제공(Hedlund, Vieweg, & Cho, 1987) 등으로 활용된 바 있으며, 교육 분야에서는 학습 무능학생 분류(Ferrara, Parry, & Lubke, 1985), 교실에서의 행위적 개입전략 제안(Serna, Baer, & Ferrara, 1986) 등을 위해 개발되어 왔다.[8)]

앞서 살펴본 전문가 시스템을 개발하는 데 따르는 문제에도 불구하고 전문가 시스템의 연구가 활발해지고 실용화된 예를 보면 <표 8-10>과 같다.

〈표 8-10〉 전문가 시스템의 실례

업무 분석	전문가 시스템
질량분광기로부터 분자구조에 대한 가설 유도	DENDRAL
석유 탐사	DIPMETER ADVISOR
의료상담	CADEUCIUS과 MYCIN
광물 탐사	PROSPECTOR
컴퓨터 유형(computer configuration)	R1

자료: Davis & Olson(1985: 376).

8) NASW(National Association of Social Workers; 미국 사회복지사협회), 사회복지대백과사전 중 전문가 시스템(Expert Systems) (http://krpia.co.kr/pContent/?svcid=KR& proid=82).

제 9 장 정책 과정과 행정정보체제

제 1 절 정책 과정의 개관

정책 과정(policy process)에 관한 견해는 정책 과정상 무엇을 중시하느냐 또는 무엇에 더 많은 관심을 두느냐에 따라 달리 표명된다. 그럼에도 불구하고 공통된 특징은 정책활동을 과정 중심으로 고찰하고 있다는 점이다. 따라서 정책 과정의 내용을 중요한 정책활동 및 그 지원활동을 중심으로 정리하면 [그림 9-1]과 같이 나타낼 수 있다.

정책과정은 정책의제를 설정하고, 정책을 결정하여 집행한 후 평가하는 반복적인

[그림 9-1] 정책 과정의 구성

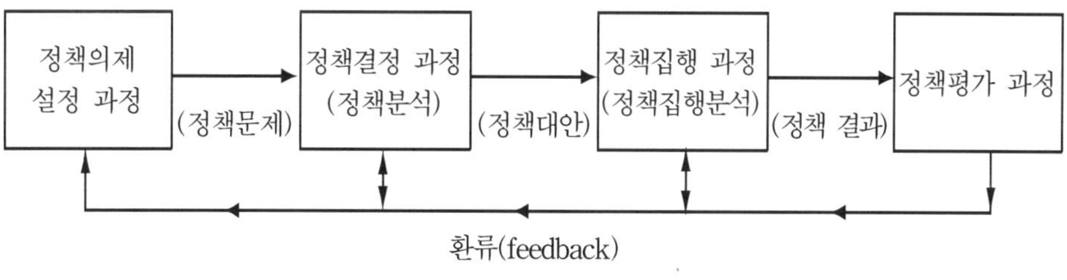

자료: 정정길(1989: 15-8, 127-138).

과정으로서 그림에서 보는 바와 같이 대체로 네 가지 하위 정책 과정으로 구성되어 있다. 이는 정책 과정이 각 단계마다 하나의 정책활동으로 끝나는 일련의 정책활동 과정이 아니라, 매 정책활동 단계마다 여러 단계의 하위 정책활동 단계로 형성되어 있는 반복적이고 복합적인 그리고 역동적인 정책활동 과정임을 제시하고 있다. 이들 각 하위 정책 과정에 관한 개념적 정의를 고찰해 보면 다음과 같다.

1 정책의제 설정 과정

정책 과정의 첫 단계로서 정책의제 설정 과정은 산재한 제반 사회문제 가운데 특정한 문제를 정부가 정책적 차원에서 검토하기로 결정하는 과정을 뜻한다. 다시 말해 정책의제 설정은 정책문제의 채택이라고도 불리며, 여러 가지 사회문제 가운데 특정 문제를 정책문제로 선정하는 활동을 말한다. 여기서 정책문제(policy problem or policy issue)란 "정부가 그 해결을 위해 심각하게 검토하기로 결정한 문제"를 뜻한다.

2 정책결정 과정

정책과정의 두 번째 단계는 정책결정 과정으로서 채택된 정책문제를 해결하기 위해 달성할 정책 목표를 설정하고, 이 목표를 달성하는 데 필요한 여러 가지 행동 노선이나 정책대안을 개발하고 검토하여 그 중에 하나를 채택하는 과정을 의미한다. 이러한 정책결정 과정의 결과인 산출물이 정책 또는 정책대안이다. 그런데 여기서 주의해야 할 점은 최종적으로 선택한 정책이나 정책대안이 어느 정도로 실현 가능하고 아울러 제기된 문제를 해결하는 데 적합한지를 사전에 파악해야 그 대안이 최선의 것으로서 용납된다는 것이다. 여기서 좀 더 바람직하고 능률적인 정책결정을 수행하는 데 필요한 제반 정보를 제공해 주는 활동이 정책분석이다. 따라서 정책분석은 정책결정 과정에서 반드시 수행되는 활동이라기보다 바람직한 정책활동을 위해 마땅히 취해야만 될 당위론적인 활동이다.

3 정책집행 과정

정책 과정에서 세 번째로 행해지는 정책활동은 결정된 정책을 구체화하고 현실적으로 실현하는 활동인 정책집행 과정이다. 정책집행 활동은 정책결정자의 정책문제 해결을 위한 목표의 실현 또는 구현 과정으로서 가능한 한 그 정책 목표를 구체적으로 정형화하고 그것을 실현하는 노력이 집행관에 의해 이루어지는 단계이다. 이러한 정책집행 과정에서 집행활동 과정과 그 결과가 다음 단계의 정책활동인 정책평가의 대상이 된다. 여기서 전자의 집행활동이나 집행 과정 상황을 분석하여 좀 더 바람직하고 미래의 정책 목표에 부응하는 정책집행을 할 수 있도록 정책집행 전략상 정보 또는 지식을 제공해 주는 정책집행 분석이라는 일종의 '과정평가'를 수행하기도 하며, 이러한 정책집행 과정분석의 방법으로는 주로 모니터링(monitoring)을 활용한다. 이러한 정책집행 과정에서 산출된 정책집행의 결과를 정책 결과(policy outcome)라고 한다.

4 정책평가 과정

정책 과정의 마지막 단계는 정책평가 과정으로 정책집행 과정에서 초래된 정책 결과를 기초로 하여 정책 효과를 점검하고 그 영향을 분석하는 활동이다. 여기서는 정책평가 기준을 설정하여 그에 따라 정책활동 결과를 평가하게 되는데, 이런 정책평가 과정을 통해 정책의 종결이나 수정・보완 등을 결정하게 된다. 따라서 정책평가는 궁극적으로 바람직한 정책 수립에 필요한 지식이나 정보를 제공하는 지적 작업으로서 정책 과정의 필수적인 구성 요소는 아닐 수도 있으나, 정책활동의 목적이 바로 '바람직한 정책'의 수립과 집행이라고 볼 때, 그 바람직한 정책 수립과 집행을 위해 정책평가 활동은 반드시 있어야 할 하위 정책 과정이다(Wholey, et al., 1970: 19). 다만 바람직한 정책이 극히 주관적인 면에서 강조되고 정책활동의 공개를 주저하는 독재주의적 성향을 드러내는 정부의 정책 과정에는 정책평가 과정이 포함될 리가 없다. 정책평가 과정과 관련하여 한 가지 주목해야 할 것은 이미 언급했듯이 정책평가 결과는 특정 정책의 종결이나 또는 수정에 관한 정보를 제공해 줌으로써, 어떤 정책은 그 정책의 집행 후 마치 일몰법(sunset law)과 같이 종결되어 없어져 버리는 것이 있는가 하면, 또 다른 정책은 부분적 수정이나 보완을 받고 그와 유사한 정책으로 변신하여 재집행되는 경우도 있고, 또 다른 경우에는 정책이 평가를 받은 후 전혀 새로운 정책으로 재립안이 되어 집행되는 경우도 있다는 것이다. 이 마지막 경우에서처럼 비록 새로운 정책이 수립된 경우일지라도 그에 필요한 정보는 기존의 정책을 평가한 결과에서 얻는다. 이러한 경우들로써 알 수 있듯이 정책 과정은 하위 정책활동 간의 역동적인 순환 과정이다.

제 2 절 정책의제 설정 과정과 행정정보체제

1 정책의제 설정 과정의 의미

정책의제 설정 과정(agenda setting process or agenda process)이란 정부가 정책적 해결을 이루기 위해 사회문제, 좀 더 구체적으로 사회적 이슈를 정책문제로 채택하는 과정, 즉 사회문제가 정책문제로 전환되는 과정을 뜻한다. 이때 정책문제는 정부 당국이 그 해결을 위해 신중하게 검토할 것을 결정한 문제를 의미한다. 따라서 정책의제 설정 과정은 "정부가 특정 사회문제를 정책적인 차원에서 해결하기 위해 신중하게 검토하기로 결정을 내리는 과정"이라고도 설명될 수 있다. 이는 곧 의회에서 토의될 안건을 상정하는 것과도 같다(정정길, 1989: 215).

2 정책의제 설정 과정

정책의제 설정 과정은 대체로 다음과 같은 세 단계로 이루어진다(Cobb & Elder, 1972: 82-9; 정정길, 1989: 215-9).

(1) 사회적 이슈의 대두 단계

사회적 이슈(social issue)는 사회적 쟁점으로서 특정한 문제의 성격이나 문제의 해결 방법에 대해 집단 간에 의견의 일치를 보기 힘든 사회문제를 뜻한다(Exestone, 1978: 2). 이 같은 사회문제는 특정 사회 내 관련 집단들 간의 논쟁의 대상이 되는데, 그 이유는 사회문제를 해결하고자 하는 경우, 그 결과 사회 내 계층이나 집단 간에 서로 다른 영향을 미치기 때문이다. 이는 달리 표현하면, 사회문제의 해결은 특정 집단에 유익을 주는 반면 여타 집단에 불이익을 초래하는 경우가 많다는 것이다. 따라서 사회문제의 핵심에 대한 정의가 문제 해결 방법을 결정하고, 문제 해결 방법은 해결에 따른 사회 내 집단들 간의 영향을 결정하게 되므로, 집단 간에 문제 정의와 해결 방안에 대한 견해차가 있기 마련이다. 이러한 견해차가 심한 논쟁을 불러일으키는 경우 사회적 관심사로서 부각되는데, 이때의 문제가 사회적 이슈이다. 그런데 특정 사회문제가 하나의 사회적 이슈나 쟁점으로 부각되기 위해서는 사회문제를 쟁점화하려는 주도자의 점화장치(triggering device)가 있어야 하는데, 이 점화장치가 일반 사람들의 관심을 집중시킬 만한 계기가 되는 사건을 나타낸다.

(2) 공중의제로서 대두 단계

공중의제(public agenda)는 콥(R. W. Cobb)과 엘더(C. D. Elder)가 주장한 정치적 논제 중에 체제의제(systemic agenda)에 해당하는 것으로서 일반 대중의 관심을 끌 가치가 있으며, 정부 당국이 해결을 내리는 것이 타당한 것으로 간주되는 사회문제를 의미한다(Anderson, 1979: 36). 여기서 주의할 점은 정부가 그 사회문제를 해결할 수 있는 역량이 있는 것으로 믿고 있는 점이다. 다시 말하면, 사회적 이슈가 공중의제로 인정받는 데에는 해당 사회문제에 관해 많은 사람들이 관심을 갖고, 어떤 방식으로든지 정부가 해결 조치를 취할 필요가 있다고 믿는 사람이 많아야 하는 것 이외에도 사회 이슈는 정부가 충분히 해결할 만한 고려 대상이며, 그 해결 권한이 정부에 있다고 믿어야 한다는 것이다.

(3) 정책문제로서 설정 단계

정책의제 설정 과정의 마지막 단계는 공중의제로부터 정책문제로 전환하는 단계로서, 정부의제(governmental agenda) 또는 제도적 의제(institutional agenda)라고도 불린다. 정책문제는 정부의 공식적인 의사결정에 의해 그 해결을 내리고자 신중하게 고려할 것으로 결정된 문제를 말한다. 이 정책문제가 곧 정책의제 설정 과정의 산출물이 됨을 이미 밝혔다. 따라서 공중의제가 정부의제로 전환하는 과정이 바로 정책의제 설정이론의 대상이 된다. 왜냐하면 이 단계에서 어떤 공중의제는 정부의제로서 공식적인 정부기관의 내부에서 결정되고, 정책문제로 결정되기 직전까지는 공식적인 정부기관 밖에서 전개되는 과정들이기 때문이다.

3 정책의제 설정 과정에 관한 모형

의제설정 과정은 대체로 사회문제가 사회 쟁점화됨으로써 공중의제로 부상되어, 급기야는 정부조직 내의 정책문제로 채택되는 절차를 거치게 되는데, 여기서 핵심적인 영향 요인은 각 단계마다 문제화를 누가 주도하느냐에 따라 차이를 보이게 된다. 그런 차이는 다음과 같이 세 가지 유형으로 모형화된다(Cobb, Ross, & Ross, 1976: 126-8; 정정길, 1989: 222-5).

(1) 외부 주도모형

정책의제 설정 과정에 관한 외부 주도모형(outside initiative model)은 정부 외부에 있는 사회집단이 자신들에게 불이익을 초래하는 특정 사회문제를 정부가 해결해 줄 것을 요구하여, 이를 사회 쟁점화하고 나아가서 공중의제로 전환시킴으로써 정부로 하여금 정책문제로서 채택하게 하는 정책의제 설정 과정이다. 이는 곧 '강요된 정책문제'에 해당한다(Hirshman, 1975: 388-91).

이 모형에 입각한 정책의제 설정 과정은 정부에 대해 압력을 가할 수 있는 이익집단이 발달하고, 정부가 환경의 요구에 민감하게 대응하는 정치체제, 즉 다원화되고 민주화된 선진국 정치체제에서 흔히 볼 수 있다.

(2) 동원모형

동원모형(mobilization model)은 정부 내 정책결정자, 특히 정치지도자들의 지시에 따라 사회문제가 곧바로 정부의제, 즉 정책문제로 채택된 후 정책의 성공적인 집행을 위해 일반 대중의 지지를 얻고자 PR 활동을 하는 과정을 의미한다. 여기서 특징적인 내용은 정부가 어떤 이유에서 특정 사회문제를 해결할 것을 내적으로 먼저 결정짓고, 집행에 필요한 일반 대중의 지지와 순응(compliance)을 확보하기 위해 채택된 정부의제가 거꾸로 공중의제로 전환되는 과정이라는 것이다.

이런 모형에 적합한 정책의제 설정 과정은 정부의 영향력이 강하고 일반 이익집단의 영향력이 미약한 후진국 정치체제에서 흔히 볼 수 있다. 그런데 이 모형에서 간과되지 말아야 할 것은 비록 정치지도자에 의한 정부의제 또는 정책문제가 채택되고 정책의 기본 방침이 결정되어, 구체적인 정책 내용을 결정하기 위해 공동 의제화하는 과정에서 여론을 반영한다면, 이는 곧 외부 주도모형적 정책의제 결정이라고 볼 수 있다는 점이다. 그러나 문제는 공중의제화 과정이 극히 요식적이거나 의례적인 경향이 많은 데에 후진국형 정책의제 설정 과정의 특징이 있다는 것이다.

(3) 내부 접근모형

정책의제 설정 과정에 관한 내부 접근모형(inside access model)은 정부기관 내의 관료집단이나 정책결정자에게 쉽게 접근할 수 있는 외부 집단이 주도적으로 최고 정책결정자에게 접근하여 특정 사회문제를 곧바로 정책의제화하는 과정을 뜻한다. 이 모형의 특징은 사회 이슈의 공중의제화가 제약을 받는다는 점이다. 그 이유는 주도집단이 정책의 내용을 정부로 하여금 미리 결정하게 하고 그 결정된 내용대로 집행되도록 하기 때문에, 집행에 꼭 필요한 집단에게만 내용을 알릴 뿐 불필요한 집단이나 일반 대중에게는 정책문제 자체를 알리지 않기 때문이다. 이 모형은 재력과 권력 등이 집중되어 있는 나라의 정치체제에서 흔히 나타난다.

4 정책의제 설정상 문제점

정책의제 설정은 합리적인 상황에서는 사회문제의 중대성과 시급성, 즉 그 해결의 적시성을 고려하여 가장 중대하고 때맞추어 해결할 필요가 있는 사회문제를 정부의제 또는 정책문제로 전환함을 뜻하겠으나, 실제로는 그렇지 못한데 그 이유는 다음과 같다(정정길, 1989: 251-2).

첫째, 정책결정자가 문제의 인지와 파악에서 오류를 범하기 때문이다. 이는 정책결정자들이 문제의 중요성이나 시급성을 통계지표에 기초하여 판단하는 경우가 많은데(Kingdon, 1984: 95-9), 그런 통계표가 문제의 실체를 정확히 나타내지 못하는 데서 그에 바탕을 둔 의제 설정 결정은 그릇될 수가 있다는 것이다(Sharkansky & Edwards Ⅲ, 1978). 게다가 문제 해결의 적기를 놓치지 않기 위해 문제 발생의 초기부터 세심한 관심을 나타내야 하는데도, 대개의 경우 초기의 문제 정황이 그들의 주목을 끌지 못해 지나쳐 버리게 되는 수도 있다(Hogwood & Gunn, 1984: 70).

둘째, 첫 번째 이유와 관련된 것으로 정책결정자들이 장래 문제보다도 눈앞의 문제에 더 관심을 기울이는 성향과 함께 제도적 장애 요인이 문제의 적시적 해결을 막기 때문이다.

셋째, 정책의제 설정의 정치성을 들 수 있다. 이는 정치적 자원을 많이 보유하고, 영향력을 행사하는 집단과 직접적으로 관련된 문제들은, 다음과 같은 두 가지 경우를 제외하고는 대체로 그 문제의 중대성이나 시급성과는 무관하게 우선적으로 집단에 유리한 방향으로 취급된다는 것을 의미한다. 여기서 두 가지 예외적인 경우는 정치적 자원을 많이 갖고 영향력을 행사하는 특정 압력보다 우선되는 사회 전체의 분위기와, 정치지도자를 포함한 정책결정자들의 정치적 이념이 반대되는 경우를 말한다. 이들 두 요소와 배치되는 문제들은 정부의제나 정책문제로 채택되기 어렵다.

넷째, 정부의제로 설정되지 않는 이유는 위의 요인 이외에 좀 더 복합적인 요소들의 영향으로 문제 해결의 적기를 놓치게 되는 경우이다.

5 정책의제 설정과 행정정보체제의 기능

정책의제 설정 과정은 앞으로 이어지는 정책 과정의 다른 하위 과정들의 방향과 내용을 결정하는 중요한 절차이다. 그러나 정책의제 설정이 반드시 바람직한 방향으로만 이루어지지 않음을 알 수 있다. 그리고 그런 이유가 무엇인지도 앞에서 밝힐 수 있었다. 따라서 원만한 정책의제 설정을 하기 위해서는 결과적으로 적극적인 정책문제의 탐색활동을 벌여야 한다(정정길, 1989: 252-3). 그런데 이 또한 크게는 분석의 부담 과중과 함께 정치적 부담 과중으로 그 한계성을 드러낸다.

이러한 실태는 행정정보체제가 정책의제 설정 과정에서 어떠한 기능을 수행할 수 있는가를 제시해 준다. 그것은 대체로 다음과 같은 두 가지 기능을 수행함으로써 정책의제 설정 과정의 중요성을 제고해 준다.

(1) 정치적 상태 파악 지원 기능

행정정보체제의 첫 번째 기능은 행정정보체제가 정책의제 설정 과정 안팎에서 전개되는 상황, 특히 정치적 상황을 파악하는 데 지원한다는 것이다. 정책의제 설정 과정의 첫 단계인 사회문제나 사회 이슈의 대두 단계에서 행정정보체제은 일반 정보를 제공하는 기능을 수행한다. 즉, 이들 단계에서는 비록 행정정보체제가 정책결정자들에게 정책문제의 채택에 필요한 정책정보를 제공해 줄 수도 있지만, 대개의 경우는 일반 대중매체나 비공식적 사회집단, 나아가서는 공식적 사회집단으로부터 공식적 또는 비공식적 통로를 통해 접수되는 정보를 제공해 줌으로써 정책문제, 즉 정책의제 설정에 참고가 될 수 있을지언정 결정적 역할을 하기에는 미약하다는 것이다.

정책의제로서 채택하는 데 행정정보체제가 상당한 영향력을 발휘할 수 있는 단계는 공중의제로서 대두된 후부터라고 할 수 있다. 그 이유는 공중의제의 대두 단계에서 구체적으로 사회의 어느 집단이 특정한 사회문제에 대해 정부가 해결하고자 관여하는 경우 이득을 보고, 어느 집단이 피해를 보는지가 밝혀지게 되는데, 이때에 행정정보체제는 이들 집단의 성격이나 구성원의 특징, 그들이 추진했고, 추진하며, 추진할 사업활동 등에 대해 좀 더 상세히 파악할 수 있는 정보를 정책결정자들에게 제공하기 때문이다.

무엇보다도 이 단계에서 정책결정자들에게 중요하고 필요한 것은 특정한 사회 이슈에 대한 일반 대중의 태도와 특정 이해관계를 갖고 있는 대립 집단들의 정치적 성향 등에 관한 정보일 것이다. 이들에 대한 정보는 대부분의 경우 정형화되지 못하기 때문에 전략정보로서 기능을 수행한다. 따라서 이상의 정보들에 대해 충분히 제공받게 되는 경우 정책결정자들은 정부의제 또는 정책의제를 설정할 때 가능한 한 대립된 집단 간의 갈등을 사전에 최소화하는 방향으로 추진할 수가 있어서 좀 더 바람직한 정책의제 설정을 기할 수가 있다.

(2) 문제분석 능력 제고 기능

정책의제 설정 과정에서 기대되는 행정정보체제의 두 번째 기능은 문제분석 능력의 제고이다. 이미 지적한 바와 같이 정책의제가 문제의 중대성이나 시급성에 비추어 의도하지 않은 방향으로 이루어지는 주된 이유 중의 하나는, 정책결정자들의 사회문제 대두 단계에서 정책문제의 채택 단계에 이르기까지 본질적인 문제에 대한 파악을 제대로 수행하지 못한 데에 있다. 적극적인 문제 탐색을 하기 위해서는 무엇보다도 고도의 분석적 노력이 필요한데, 분석에 필요한 각종 정보가 선행되어야 한다. 그러나 실제로는 여러 가지 문제들 중에서 그 심각도나 시급성을 좀 더 과학적인 분석을 통해 결정하기에는 충분한 정보를 제공하고 있지 못하다는 것이다. 따라서 많은 경우

직관이나 주관에 의해 개인적인 의사결정을 내리듯이 정부의제 결정을 하게 된다.

정책문제에 관한 분석은 기존의 각종 문제들 간의 비교·평가를 위한 지식과 기법이 숙지되고 활용 가능해야 하며, 더욱이 새로운 문제를 탐색한 후 그 문제들 간의 비교·분석과 대안의 선택을 위해서는 각 문제들에 관한 정보뿐만 아니라 탐색 절차 및 방법, 대안의 비교 및 평가에 관한 정보가 아울러 확보되어야 한다. 이를 위해 정책정보는 좀 더 광범위하고 체계적으로 축적·관리되어야 한다. 이 같은 문제의 분석을 위한 정책정보는 정치성 파악을 위한 정책정보와 달리 비교적 관리적이거나 운영통제적 정보의 기능을 수행하는 것이라야 할 것이다. 따라서 의제설정 과정에서 정책문제의 분석을 위한 정보는 시스템화하여 보존·관리되고 활용될 수 있다.

끝으로, 정책의제 설정 과정은 많은 경우 정책 과정의 다른 하위 과정인 정책결정 과정에서 취급되는 경향이 있기 때문에 정책의제 설정 과정 속에서의 정책정보 기능은 정책결정 과정에서의 그것과 동일시될 수 있다. 그러나 분명히 구별되어야 할 점은 정책의제 설정 과정이 정책결정 과정의 선행 단계인 만큼 정책의제 설정 과정에서 필요한 정책정보의 내용과 성격은 달라서 좀 더 광범위하고 포괄적인 것이다. 아울러 강조되어야 할 점은 정책의제 설정이 누구에 의해 주도되느냐에 따라 달라지는데, 이것은 정책의제 결정자들이 정책의제 설정을 이들 주도집단에 의해 제공된 정보나 이들에게 유리한 정보에 주로 의존하여 결정하기 때문이다. 이는 곧 정책의제 설정에 필요한 정보원의 다양화 및 다원화와 아울러 공개관리가 정책의제 설정 과정에서 절대로 요구됨을 시사한다.

제 3 절 정책결정 과정과 행정정보체제

1 정책결정 과정에서 행정정보체제의 기능

정책결정 과정은 정책의제 설정 과정의 후속 단계로서 정책의제 설정 단계에서 채택된 정책문제(정부의제)를 하나의 완성된 정책으로 전환하는 과정이라고 볼 수 있다. 좀 더 구체적으로 보면, 정책결정 과정은 정책문제를 해결해서 달성할 정책 목표를 설정하고, 이 목표를 달성할 수 있는 여러 가지 대안을 개발하고 검토하여 하나의 정책대안을 '정책'으로서 채택하는 과정을 뜻한다. 이때 좀 더 바람직한 정책결정을 수행하는 데 필요한 지적 작업이 정책분석이다. 이런 정책결정 과정에는 전 과정을 통해 적절한 정보가 필요하다. 그런데 여기서 고찰하는 정책결정 과정에서 정책정보의 기능은 정책결정 모형별 정보활동과 의사결정 단계별 정보의 역할과 달리 일반적인 국가정책 결정 과정 경우만을 나타낸다. 또한 정책결정이 '바람직한' 정책을 창출하는 과정으로 그 기능을 수행하는 데 불가결하게 요구되는 지적 활동으로서 대책분석을 고려할 때, 정책결정 과정에서 정보의 기능은 곧 정책분석 과정에서 정보의 기능을 의미함을 알 수 있다. 다만 정책분석은 대안의 비교·분석에 더 초점을 둔 정책결정 과정의 일부라는 것을 주의할 필요가 있다. 일반적인 의미에서 정책결정 과정에서 행정정보체제가 수행하는 기능은 대체로 다음과 같다(최봉기, 1981: 161-2).

(1) 정책결정 상황분석 기능

정책정보의 상황분석 기능은 정책 과정의 전 단계인 정책의제 설정 과정에서 정책문제의 설정과 관련하여 이미 정치·상황을 파악했으므로 불필요하다고 볼 수도 있다. 그러나 정책문제를 구체적인 정책으로 전환하는 과정인 정책결정 과정에서, 정책의제 설정 단계에서 채택된 정책문제 자체에 관한 좀 더 철저한 분석과 그 과정을 통한 정책 목표의 식별 등을 위해 이들 문제와 목표가 처해 있는 제반 상황을 분석할 필요가 있다. 이러한 분석활동을 행정정보체제가 지원해 주어야 한다.

물론 정책결정이 결과적으로 정책결정자 특히 최종 또는 최고 정책결정자의 가치판단에 의해 좌우되겠지만, 여기서 우리는 최고 정책결정자를 포함하여 모든 정책결정자가 합리적인 의사결정자로서 활동한다는 가정하에 정보가 최선의 정책결정을 내릴 수 있도록 함으로써 정책결정이 가치중립적이 되도록 하려는 것이다.

정책결정 과정에서 무엇보다 중요한 것은 정책문제에 관한 인지와 이를 해결하려는 정책 목표의 파악이다. 이는 정책문제 자체의 성격이나 내용 및 영향뿐만 아니라 그 문제를 해결하기 위한 목표의 설정과 설정 결과로 초래될 효과의 범위 등에 관해 정확한 지식이나 정보를 사전에 확보할 수 있을 때 비로소 원만히 수행하게 된다. 더욱이 이러한 정책문제와 그 해결 방향과 정도를 나타내는 정책 목표가 처해 있는 상황을 정확히 분석하기 위해서는 사회환경, 체제구조, 인적·물적 자원의 활용 가능성 등에 관한 정보가 정책결정자들에게 충분히 제공되어야 한다.

(2) 정책대안의 개발 기능

정책대안의 개발은 정책 목표를 달성하기 위해 정책문제를 해결할 수 있는 방안을 강구함을 의미한다. 이는 곧 정책문제의 해결에 가장 적합하고 효과적인 방도를 모색할 수 있도록 되어야 함을 암시한다. 만약 수많은 정책대안들이 특정 정책문제의 해결을 위해 제시된다 하더라도 그 문제의 해결에 반드시 필요할 뿐만 아니라 최적의 대안이 빠진 것들이라면 이후에 계속되는 정책결정 절차 자체가 무의미하고 낭비적이 될 수밖에 없다.

따라서 특정한 정책문제에 가장 적합하고 효과적인 정책대안을 창안하기 위해서는 그 문제에 관련된 정보와 지식이 충분히 제공되어야 할 뿐만 아니라 그에 대한 인지가 필요하다. 더 나아가서 이 단계에서 무엇보다도 중요한 정책대안을 개발하는 일을 담당한 사람의 자세가 좀 더 미래 지향적인 가치관을 바탕으로 한 창의성과 쇄신성을 지녀야 한다(박동서, 1978: 114-46). 왜냐하면 아무리 최적의 정책대안의 개발에 필요한 정보를 그 담당자에게 제공한다고 하더라도 담당자가 무관심하거나 고의로 배척한다면 행정정보체제의 기능 밖의 일이 되어 문제 해결은 근본적으로 왜곡되기 쉽기 때문이다.

(3) 비교분석과 미래예측 기능

행정정보체제가 정책결정 과정에서 수행하는 아주 중요한 역할 중의 하나는 대안간 비교분석과 각 대안의 미래 효과에 대한 예측 기능이다. 여기서 말한 정책대안들을 비교 분석하기 위해서는 먼저 각 대안의 장단점, 특정 대안의 채택으로 인한 문제해결 정도와 정책 목표 달성 정도 등과 더 나아가서 제시된 각 대안의 경제적 합리성 및 정치적 합리성 그리고 집행 가능성도 파악해야 한다(박동서, 1978: 133-8; 유종렬, 1977: 239-57). 제시된 정책대안들에 관한 이 같은 요소의 파악뿐 아니라 이들을 가능한 한 계량화하여 객관적이고 과학적으로 분석하는 데 더 어려움이 있다. 이러한 요소들을 파악하는 데는 그들에 관한 정보가 절대적으로 필요하다. 그런데 정책대안 자체에 관한 비교분석이 정책분석 기법 등에 의해 과학적으로 가능하나 각 정책대안의 경제적 합리성이나 정치적 합리성 그리고 그 집행 가능성에 관해서는 객관적인 정책분석 기법에 의해 계량적으로 분석 가능하지 못하기 때문에 앞의 경우와 같이 정책분석 기법에 관한 지식이나 정보만을 요구하기보다 훨씬 많고 복잡한 정보를 확보하지 않으면 제시된 정책대안들 간의 비교분석과 최적대안의 선택은 불가능하다.

또한 제시된 정책대안들 간에 비교분석을 위해 그들 각 대안이 선택되는 경우 초래할 수 있는 결과와 그 효과에 대해서도 정확하게 분석하고 있어야 한다. 이를 위해 정책정보가 충분히 제공되어야만 한다. 특히 정책정보가 그 기능을 강화해야 할 부분이 전술한 각 대안의 정치적 합리성과 집행 가능성에 관한 부분이다(강신택, 1973: 243).

그런데 여기서 혼동하지 말아야 할 점은 정책분석이 정책대안들의 비교분석에서 통계적이고 수학적인 분석만을 의미한다고는 보지 말아야 한다는 것이다. 이는 협의의 정치분석 또는 정책분석의 일부일 뿐, 정책분석이 '바람직한' 정책의 수립 또는 '바람직한' 정책결정을 위한 지적 작업 내지 활동이라고 본다면, 그리고 각 대안의 경제적 합리성뿐만 아니라 정치적 합리성과 아울러 그 집행 가능성 및 특정 대안의 선택으로 인한 효과 등을 좀 더 정확하게 파악해야만 대안들 간의 정확한 비교·분석이 가능함을 볼 때, 정책분석은 제시된 대안들의 모든 면에 관해 충분히 파악하는 일임을 알 수 있다. 따라서 정책결정 과정에서 핵심적인 활동은 정책분석 활동으로서 이에 필요한 정보의 제공은 곧 정책분석의 성패뿐만 아니라 바람직한 정책결정의 성패를 결정지어 준다.

이렇게 중요한 정책분석은 정보면에서 두 가지 제약점으로 인해 언제나 불완전하게 종결되는 수가 많다.

첫째, 정책분석에 필요한 정책정보를 충분히 확보하기가 어렵다는 것이다. 여기에는 크게 두 가지 이유가 있다(Downs, 1967: 112-31). 우선 정책정보의 확보에는 많은 비용을 지불해야 하기 때문이다. 이는 많은 물적 자원뿐만 아니라 인적 자원과 시간을 필요로 함을 뜻한다. 특히 정책분석의 대상이 경제적인 합리성의 파악인 경우에는 물론 비용이 들겠지만 그보다도 정치적 합리성과 집행가능성 등 미래의 불확실성에 대한 파악 문제인 경우에는 비용이 상대적으로 더 클 수밖에 없다. 왜냐하면 현실적으로 구할 수 없는 정보도 필요로 할 것이기 때문이다. 그리고 정보 획득에 필요한 시간과 능력을 정책결정자들은 충분히 갖추고 있지 못한 경우가 많다는 것이다. 이는 곧 정책결정자의 정보 획득에 필요한 능력뿐만 아니라 정보분석 능력도 부진한 경우가 많음을 내포한다. 그래서 많은 경우 정책결정자와 정책분석가는 구분되어 전자가 후자의 지원을 받는다. 물론 이에 따른 문제도 많다(구광모, 1986: 399-406).

둘째, 정책분석에 사용되는 정보의 신빙성의 문제이다. 많은 경우 정책분석에는 회고 지향적인 정보(retrospectively gathered information)를 활용하는데, 이는 특정 사실을 보고 그에 따라 선별적으로 정보를 회고해서 사용하기 때문에 어떤 정보는 매우 중요한 것으로 간주하고 다른 것은 그렇지 않게 간주하게 된다. 그런데 이때 많은 사람들은 그들의 관념과 후속되는 사건에 의해 그런 판단을 흐리게 하는 경향이 있다. 이것이 만일 정치적 상황에 관한 정보의 경우는 더욱더 그럴 것이다. 그래서 많은 경우 회고 지향적 정보 수집이나 분석은 처음엔 인상을 강화시키는 방향으로 이루어진다.[1] 이런 경우 정책분석에 사용되는 정보는 신빙성을 잃게 된다.

정책분석에 사용되는 정보의 신빙성 문제는 미래 지향적으로 수집된 정보인 경우 더 많은 편견을 내포하고 있다(Bobrow, 1976: 25-9; Kahneman, 1974: 1124-31). 가장 중요한 편견 중의 하나는 미래 지향적인 정보를 이용한 정책분석은 사용자로 하여금 사건을 통제하고 조작하며, 그들이 할 수 있는 것처럼 계획할 수 있는 능력에 대해 과장하도록 만든다는 것이다(Bobrow, 1974: 7; Langer, 1975: 311-28). 게다가 이 같은 미래 지향적으로 수집된 정보는 정책분석에서 훨씬 더 신축성을 초래하기도 한다. 왜냐하면 이와같이 수집되어 창출된 정보 중에 어떤 것은 사용자들이 수집할 당시 기대하지 않았던 방향에서 유용한 경우도 있기 때문이다. 이같이 미래 예측을 위한 정보는 결국 그 정보의 사용에 제약을 주게 되고, 기껏해야 그런 정보의 사용은 특정한 관심사에 유리한 반면에 다른 관심사에는 희생을 요구하게 된다. 요약하면, 정책분석에 필요한 정책정보의 신빙성 문제는 그 정보가 수집될 때의 목적이나 관심사와 그것을 사용할 때의 차이뿐만 아니라 얼마나 정확하게 특정 사건이나 사실을 나타낼 수 있도록 수집·처리되었느냐에 달려 있다. 그런데 여기에는 항상 편견이 있기 마련으로 그만큼 그 정보에 대한 신빙성이 떨어지게 된다는 것이다.

2 정책결정모형별 행정정보체제의 기능

정책 목표를 명확하게 규명하고 그러한 목표를 달성하는 데 가장 적합하다고 판단되는 정책대안을 모색하는 정책분석의 이론틀인 정책결정모형들에 관한 설명은 이미 앞장에서 의사결정모형들에 관해 한 설명으로 대치하고 여기서는 그곳에서 취급하지

1) 이런 예는 Roberta Wohlster, *Pearl Harbor: Warning and Decision*(Stanford, CAL.: Standford University Press, 1962), ch. 7 참조.

않은 각 모형별 정책정보의 특징적 기능만을 고찰한다. 설명을 간결하게 하기 위해 정책결정모형 각각에 관해 별도로 고찰하기보다 합리모형과 그에 대한 수정모형으로 나눠 살펴보기로 한다(강신택, 1985: 214-8).

(1) 합리모형과 행정정보체제

정책결정 또는 정책분석의 합리적인 절차는 첫째, 정책문제와 이를 해결하기 위한 정책 목표를 명확하게 규명하고, 둘째, 이런 정책문제를 해결하고, 정책 목표를 달성할 수 있는 여러 가지 정책 대안들을 광범위하게 탐색하며, 셋째, 이들 대안들이 집행되는 경우, 초래될 수 있는 결과들을 예측 검토하고, 넷째, 이들 대안들의 결과들을 정책 목표와 비교하며 그들 간의 우선순위를 결정한 후, 다섯째로 정책문제의 해결이나 정책 목표의 달성에 가장 적합하고 최선의 대안을 선택하여 집행하도록 추진한다(정정길, 1989: 338-89; Lindblom, 1968: 13).

이러한 합리모형에는 적어도 다음과 같은 정보가 필요한 것으로 이미 앞장에서도 언급되었다.

첫째, 해결해야 할 정책문제와 정책 목표에 관련되어 있는 가치와 내용이 필요하다.

둘째, 정책문제의 해결이나 정책 목표의 실현에 필요한 모든 정책대안들의 목록이다.

셋째, 제시된 대안들 각각이 초래할 수 있는 결과에 관한 정보이다.

이 중에 특히 첫 번째의 정책 목표에 관한 정보는 추구하는 정책 목표나 가치가 '바람직한' 상태의 구현이라고 볼 때, 특정 사건이나 사물의 상태에 관한 정보와 그런 사건이나 사물에 대한 정책결정자의 가치 부여에 관계되는 주관적인 평가정보로 구성된다. 물론 전자의 객관적 사실로서 사건이나 사물의 상태에 관한 정보도 사물이나 사건의 수나 성향 및 관계 등에 따라 정보가 다양하다.

또한 두 번째와 세 번째 정보인 대안의 목록과 대안이 초래할 수 있는 결과에 관한 정보는 사물이나 사건 간의 인과관계에 관한 지식으로서 단순히 미래 예측 이외에 여러 가지 변인 간의 관계를 추정한 것일 수도 있다. 이런 유형의 정보는 정보물의 정도에 국한하지 않고 인과관계의 규명에 어느 정도로 유익하느냐에 그 가치가 달려 있다. 이런 변인 간의 인과관계에 관한 정보에는 크게 어떤 정책대안이 정책 목표를 좀 더 효과적이고 능률적으로 있다. 이런 기여하느냐를 밝혀 줄 수 있는 기술정보와 그런 정책대안들을 집행할 때 초래될 비용과 편익 간의 관계를 밝혀 주는 비용/편익 정보로 나눌 수 있다.

(2) 수정모형과 행정정보체제

합리모형의 제약점은 합리적 정책분석과 정책결정에 필요한 정보를 수집하거나 분석할 때의 제약에서 비롯된다. 따라서 합리모형의 어느 면을 수정 · 보완하느냐에 따라 여러 가지 다른 분석모형이 제시된다.

① 만족모형과 행정정보체제

사이먼의 만족모형(satisfying model)은 기본적으로 합리모형의 일부로서 정책결정 기준이 되는 합리성 정도에서 차이가 있을 뿐이다. 이 모형은 정책결정자가 행하는 정책결정의 측면 중 심리적 측면, 특히 정책결정의 인지 과정(cognitive process)을 연구 대상으로 하여 정책결정자가 최적의 대안(optimal alternative)을 선택하는 것이 아니라 만족할 만한 대안(satisfying alternative)을 선택하는 것으로 본다. 이 모형에서 전제로 하는 것은 정책결정자는 인식력의 한계성을 가진 행정인(administrative man)이라는 것이다. 즉, 정책결정자는 합리모형에서 전제하고 있는 포괄적 합리성(comprehensive rationality)을 지닌 경제인(economic man)으로서 정책결정자가 아니라 제한적 합리성(bounded rationality)을 가졌다는 것이다. 따라서 만족모형에서 정책정보의 기능은 정책결정자 자신이 불확실성이나 불충분한 정보나 자료 때문에 제시된 대안들의 결과를 정확하게 예측할 수 없음을 이미 알고 복잡한 상황을 단순화시키고 또 그가 가장 적절하고 중요하다고 판단되는 요소들만을 고려하여 대안의 결과를 예측함으로써 정책분석을 수행하기 때문에 정책결정자들이 각 대안에 관해 만족할 만할 수준이 어떤 것인지를 알려 주는 것이 가장 중요하다. 그러나 정책결정자들의 만족 수준은 그들의 기대 수준에 좌우되기 때문에 만족 수준에 관한 정보는 복잡 다양할 수밖에 없어서 정책분석이 바람직하지 못할 수도 있다(Simon, 1976; March & Simon, 1968: 139-41; 정정길, 1989: 398-9).

② 점증모형과 행정정보체제

린드블롬(C. E. Lindblom)의 점증모형(incremental model)은 정책결정에서 다원적인 정책결정자를 전제로 하여 정책 목표나 가치와 수단을 부분적으로만 상호 조절해 나감으로써 불충분한 정보에 대처해 나갈 수 있다고 본다. 다시 말하면, 과거의 정책이나 다른 정책결정자의 정책대안에 비해 부분적으로 차이가 있는 영역에 관해서만 주의를 기울일 때, 정책결정을 위해 필요한 정책정보의 양도 상대적으로 감소하여 정책결정자가 현실적으로 원만한 정책결정 행위를 수행할 수 있다는 것이다 (Lindblom, 1968: 81-100).

③ 혼합탐사모형과 행정정보체제

에치오니(A. Etzioni)의 혼합탐사모형(mixed scanning model)은 우선 사회체제 수준에서는 일반 행위자를 전제로 하여 집합체로서의 사회가 능동적으로 사회문제를 처리할 수 있게 하기 위해서는 어떤 요건을 충족시켜야 되는가라는 견지에서 정책결정을 바라본다. 그래서 사회 전체적으로 또는 장기적으로 정책 대안을 결정할 때 다소 부정확하더라도 전반적이고 종합적인 정보를 사용하고 그렇게 하여 결정된 테두리 안에서는 부분적으로 세밀하고도 구체적인 정보를 사용해야 된다는 것이다 (Etzioni, 1967: 385-92; 1968: 249-309). 따라서 혼합탐사모형(또는 혼합주사모형)에서 정책정보의 역할은 이 모형이 중시하는 두 가지 유형의 결정, 즉 근본적인 결정(fundamental decision) 또는 맥락적인 결정(contextual decision)과 세부적인 결정(bit decision) 또는 세목적인 결정(item decision)에 필요한 정보를 충분히 정책결정자에게 제공하는 것이다. 그러나 혼동하지 말아야 할 것은 전자의 근본적인 결정은 세부적 결정이 이루어질 테두리나 맥락을 결정하는 것으로서 합리모형의 포괄적 합리성을 전제로 하고 있고, 후자의 세부적 결정은 근본적인 결정이 설정한 맥락 속에서 점증적으로 결정하는 것으로 성질상 근본적인 결정의 구체화 내지 집행에 해당되는 것으로 점증모형의 가정을 전제로 하고 있기 때문에 실제의 정책결정에서는 합리모형이나 점증모형이 갖는 정보 수집·분석상의 어려움을 동시에 겪게 될 수도 있다는 점이다.

④ 최적모형과 행정정보체제

드로(Y. Dror)의 최적모형(optimal model)은 정책분석을 거시적인 입장에서 접근하기 때문에 협의의 과학적 절차만으로 정책대안과 그 결과 간의 인과관계를 설정하는 것이 아니고 초합리적인 지식까지도 수용한다고 본다. 그래서 이 모형에 의하면 최적모형에 입각한 분석 결과는 적극적으로 추진되어야 한다고 주장한다. 따라서 이 모형에서는 정책을 실질적 정책(substantive policy), 결합정책(mega-policy), 그리고 정책결정 체제에 관한 기본 정책(meta-policy)으로 구분하여 마지막의 정책결정

체제에 관한 기본 정책을 위한 정보가 가장 중요한 것으로 인식하고 있다(Dror, 1968: 129-213; 1971). 그런데 이 모형에서 요구되는 지적인 측면은 경제적 합리성(economic rationality)과 초합리성(extra-rationality)으로서 행정정보체제가 정책결정자들에게 제공할 수 있는 정보 분야는 합리적 결정의 효과가 합리적 결정의 비용 이상인 경우에만 정책결정에서 합리성을 인정하는 경제적 합리성을 위한 지원 분야일 뿐 개인적인 직관과 판단과 같은 초합리성을 위해서는 비정형화된 행정정보체제를 갖추기 전에는 큰 역할을 할 수 없게 될 가능성도 있다.

3 정책결정을 위한 행정정보체제의 설계

지금까지 정책결정 과정과 정책분석모형별 정책정보의 기능에 관해 살펴보았는데, 이를 종합하여 하나의 정책결정을 위한 정보체제를 구축하자면 어떤 접근 방법이 있는지를 고찰할 필요가 있다. 여기서는 정책정보 활동의 단계를 감안하여 이들 중 어느 단계까지를 정책결정을 위한 행정정보체제에 포함시키느냐에 따라 대체로 다음과 같은 네 가지 유형의 행정정보체제를 설계해 볼 수 있다(강신택, 1985: 218-20; 노화준, 1985: 240-43; Mason, Jr., 1975: 2-16; Davis, 1974: 191-228).

(1) **데이터 뱅크 체제**(data bank system)

이는 정책정보 활동 단계 중에서 특정 정책에 관련된 활동과 대상들로 구성되어 있는 자료원(data source)으로부터 필요한 자료를 수집, 선별, 분류, 측정, 기록을 함으로써 정책결정을 지원한다는 것이다. 다시 말하면, 행정정보체제는 정책결정자의 요청에 따라 요구된 자료만을 제공할 뿐 그 자료를 기초로 한 어떠한 추론이나 그에 따른 정책대안들 간의 가치 비교·평가와 최종적 선택은 정책결정 체제에 달려 있다.

(2) **예측정보체제**(predictive information system)

두 번째 유형의 행정정보체제는 자료원(출처)으로부터 정책결정에 필요한 자료의 수집·분석 그리고 정보분석으로 인한 정책과 결과 간의 인과관계에 관한 예측과 예정까지를 행정정보체제가 수행하는 것으로 보는 것이다. 이때의 인과관계는 자료의 항목 간이나 정책결정 체제의 현재와 미래 간의 인과관계를 의미하기도 한다. 이런 행정정보체제 하에서 정책결정자는 행정정보체제가 제시한 정책결정에 관한 예측과 추론을 토대로 최종적인 대안을 선택하게 된다.

(3) **의사결정정보체제**(decision-making information system)

이는 정책결정에 필요한 자료와 정보를 자료원으로부터 확보하여, 이를 분석하여 정책결정에 관한 예측과 추론을 하며, 조직의 가치체계와 선택 기준까지도 제공해 주는 행정정보체제를 의미한다. 즉, 이런 유형의 행정정보체제 구축은 정책결정에 적절한 가치와 목적 및 선택을 위한 평가 기준 등을 정책결정자에게 제공해 줄 수 있게 됨으로써 정책결정 체제의 개선을 이룰 수 있다고 보는 것이다. 따라서 이러한 정책결정 정보체제 하에서는 정책대안의 가치를 단일 차원의 척도에 따라 그 우열을 비교·분석할 수 있음을 전제로 한다. 다시 말하면, 정책결정을 위한 행정정보체제는 단일 차원의 척도에 의해 측정하여 선택 기준에 적합한지의 여부를 결정하여 제시함으로써 정책결정자로 하여금 정책대안들 중에 어느 것이 상대적으로 우수한지를 쉽게 파악하여 대안에 대한 최종 결정을 내릴 수 있게 한다는 것이다.

(4) **행동정보체제**(action-taking information system)

이는 행정정보체제 자체가 정책결정에 필요한 활동들을 직접적으로 취하는 정책정보체제를 의미한다. 이 같은 행정정보체제 하에서는 정책결정 단계마다 스스로 정책대안의 선택에 필요한 행동 노선을 정책정보체제 자체가 취할 수 있고, 그 결과에 대한 환류정보(feedback information)까지도 포함되어 있음을 가정한다. 만일 환류정보가 없는 경우에는 상기의 각 단계마다 설정해 놓은 가정에 대한 확신을 전제로 한다. 그런데 여기서 주의해야 할 점은 '행동정보체제'가 정책결정 과정에서 요구되는 정보활동을 자체적으로 수행함을 의미할 뿐, 후술하는 정책집행을 위한 행정정보체제에서처럼 결정된 정책들을 집행하는 데에 이용되는 행정정보체제를 뜻하지 않는다는 것이다. 지금까지 설명한 행정정보체제들을 정리하면 [그림 9-2]와 같다.

끝으로, 정부 수준에서의 정책결정은 비교적 거시적이고, 더욱이 전략적인 경우가 많음을 고려할 때, 진정한 의미의 정책정보체제는 이러한 전략적 정책결정이나 기획에 유용한 정책결정을 위한 행정정보체제나 '행동정보체제'가 되어야 할 것이다(Mitroff, Nelson, & Mason, 1974: 371-80; de Fourvenel, 1968: 134). 그럼에도 불구하고 정책결정에서 '데이터 뱅크 체제'와 '예측정보체제'는 기본적으로 필요하고 실제적으로 많이 활용되고 있다.

[그림 9-2] 정책정보체제의 유형

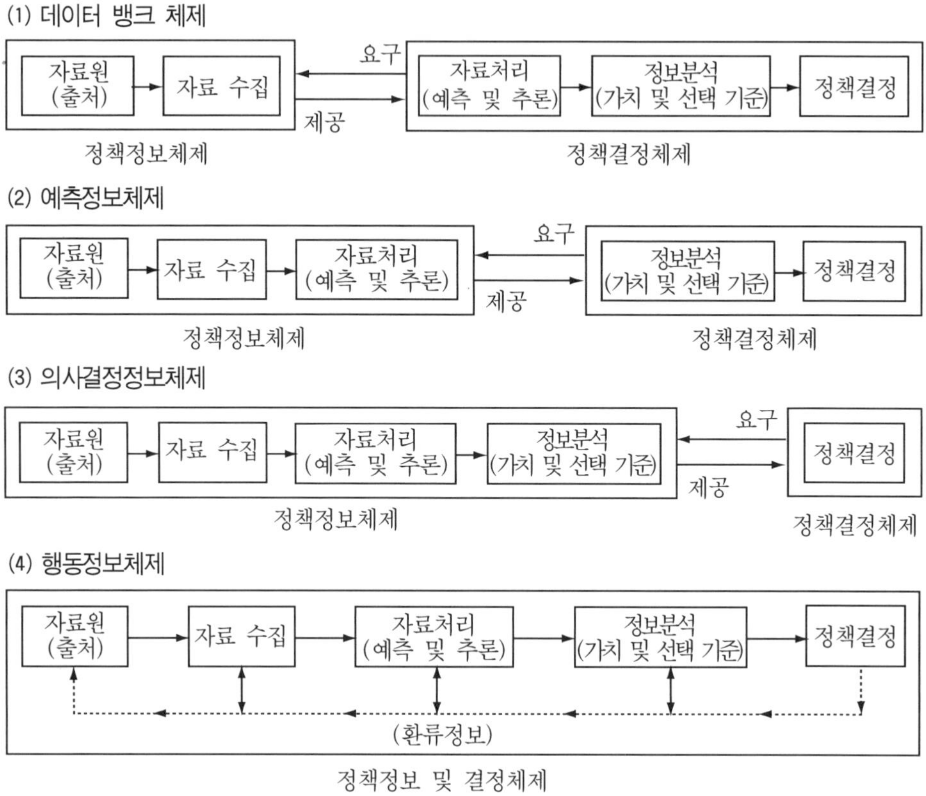

자료: 노화준(1985: 242)을 수정・보완한 것임.

제 4 절 정책집행 과정과 행정정보체제

정책집행 과정은 정책결정 과정에서 채택된 정책을 정책 목표 달성을 위해서나 정책문제의 해결을 위해 좀 더 구체화하여 현실적으로 실현하는 과정을 의미한다. 그런데 문제는 정책결정자의 목표나 의도와 정책집행자의 정책에 대한 이해는 항상 거리가 있어서 정책집행 결과는 정책결정 결과와 차이가 있게 된다는 것이다. 다시 말하면, 대부분의 경우 정책결정자가 이루어 놓은 정책이 의미하는 내용이 포괄적이고 추상적인 경우가 많아 다양하게 해석될 수밖에 없어 정책집행관의 자유재량의 폭이 그만큼 확대된다. 따라서 정책집행자의 정책에 대한 해석 여하에 따라 본래의 정책 목표나 의도와 엄청나게 차이가 있는 결과를 초래할 가능성이 많으므로 정책집행 과정에 관한 통제가 요구된다. 즉 정책집행 과정에서 정책 내용 등에 관한 분석·평가와 수정 보완이 필요하다(이윤식 외, 1987: 250-9; 김광웅, 1976: 45). 아울러 성공적인 정책집행을 위해서는 집행 과정에 필요한 정보가 정책집행자에게 제공되어야 한다. 결국, 정책집행 과정에서 정책정보는 대체로 정책집행의 수정·보완 기능과 통제·관리 지원 기능을 수행한다. 여기서 필요한 정보는 주로 정책집행 방법과 절차에 관한 정보와 정책 대상의 반응에 관한 정보 등으로 정책집행에 막대한 영향을 미친다(Edward Ⅲ, 1980; 103-6; 민진, 1985: 252). 이들 정보를 제공하는 정보체제의 역할을 정책집행 단계별로 고찰해 보자. 정책집행 단계는 학자들마다 달리 구분하고 있는데, 레인(M. Rein), 라비노비츠(F. F. Rabinovitz)와 와인버그(M. W. Weinberg)의 구분에 따라 검토한다(Rein, Rabinovitz, & Weinberg, 1978: 308-15; 정정길, 1989: 509-17).

1 정책지침 작성 단계와 행정정보체제

정책지침(policy guidelines or directives)은 정책집행자가 준수해야 할 것과 정책집행 과정에서 필요한 사항 등에 대해 규정한 것으로 법률이나 지침서(hand-book) 또는 구두 형식을 취한다. 다시 말하면, 정책 내용을 현실적으로 실행 가능한 내용으로 구체화시켜 집행 담당자들이 구체적인 활동을 할 때 준수할 수 있도록 세밀하게 지시한 것을 의미한다. 이의 개발 및 작성은 기본적으로 정책결정 활동과 본질상 같다. 이런 정책지침은 집행자가 '무엇을' 해야 하는가와 '어떻게' 해야 하는지를 제시하는 기능을 한다. 이러한 정책지침의 구체화 작업의 하나가 집행기획으로서 PERT (Program Evaluation and Review Technique: 사업평가 및 심사기법)와 CPM (Critical Path Method: 주공정 분석 방법) 등의 논리를 사용한다. 이처럼 정책지침의 작성 단계에는 이의 구체화 과정에 필요한 모든 분석기법과 표준운영절차(SOP: Standard Operation Procedure) 작성에 관한 지식 등이 필요하며, 정보체제는 이러한 정보를 정책집행자에게 제공해 줌으로써 정책집행의 수정·보완 기능을 수행하게 된다.

2 자료의 수집 및 배분 단계와 행정정보체제

정책집행이 정책을 구체화하여 현실적으로 실현하는 활동이라면 정책집행에는 자원의 확보와 관리가 절실히 요구된다. 따라서 정책집행에는 어떻게 얼마나 많은 자원을 확보하고 그 자원을 어떻게 관리할 것이냐가 문제가 된다. 환언하면, 자원의 질과 양 그리고 그 관리가 정책집행의 성공 여부와 우수성을 결정하게 된다는 것이다. 즉, 자원의 양은 정책집행의 성공 여부에 영향을 미치게 되고, 자원의 질적인 문제는 정책집행의 우수성에 영향을 미친다. 그리고 자원에 대한 관리는 곧 정책집행 때 필요한 자원이 대부분의 경우 충분하지 않으므로 이를 어떻게 효율적으로 동원하고 배분하느냐의 문제로서 정책집행 자체의 존폐를 결정하는 요인이 된다.

정책집행에 소요되는 자원은 크게 인적 자원, 물적 자원, 정보 그리고 권한으로 분리·설명될 수 있다(안해균, 1986: 453-8). 대부분의 경우 정책집행에 필요한 인적·물적 자원문제는 정책결정 과정이나 정책의 합법화 과정에서 충분히 고려되지만, 정책집행의 성공적 완수를 위해서는 정책집행 과정에서 인적·물적 자원의 동원 여부가 계속 확인되어야 한다. 왜냐하면 정책집행과 관련된 변수의 작용으로 인적·물적 자원의 동원에 차질이 생길 가능성은 상존하기 때문이다. 이같이 정책집행에 절대로 요구되는 인적·물적 자원의 동원과 관련된 문제를 효율적으로 해결하기 위해 관련 정보의 수집·활용이 필수불가결하게 요구된다. 더욱이 정책집행 조직, 기구의 성격이나 본질 또는 기능 등에 관한 정보를 사전에 충분히 수집·분석하여 인지하고 있지 않으면 정책집행 때 절실히 요구되는 관계 기관과의 협조체제가 원활히 이루어지지 못하게 된다. 또한 정책집행 때 정책집행자는 정책집행 환경에 관한 충분한 인지가 있어야 한다. 정책 내용에 따라 정책집행 과정에 영향을 미치는 각종 요인들에 관한 정보를 사전에 입수하여 파악하고 있어야 하고, 집행 과정에도 이런 작업은 필요하다. 예컨대, 특정 정책이 특정 집단이나 국가 또는 사회에 영향을 주는 것인 경우에는 관련 집단이나 국가들이 정책의 집행에 영향력을 행사하는 수가 많은데, 이들 집단이나 조직에 대한 정보의 수집과 분석을 통한 대처 방안을 사전에 강구하지 않고는 성공적인 정책집행을 기할 수 없다.

3 실현 활동 단계와 행정정보체제

정책집행의 세 번째 단계는 실현 활동 단계로서 정책 내용을 물리적으로 실행해 나가는 단계이다. 즉, 정책이나 정책지침 속에 밝혀진 정책 내용을 현장에서 적용하는 단계이며, 아울러 정책 대상자에게 재화와 서비스를 직접 제공하든지 그들의 행동을 직접 규제하는 활동인 것이다. 여기서 정책집행자에게 요구되는 정책정보는 정책지침의 구체적인 이해와 정책 대상자에 관한 사항 그리고 집행할 내용물, 즉 재화와 서비스에 관한 정보들이다. 행정정보체제가 최소한 이러한 기본적인 정보를 제공하지 못할 경우 정책집행이 그 목표로부터 일탈될 수밖에 없다.

4 감독 및 통제 단계와 행정정보체제

감독 및 통제 단계에서는 정책 실현 활동의 과정이나 종료 후에 실현 활동이 본래의 목표대로 또한 설계대로 지침의 내용을 충실히 수행했는지를 점검하고 평가하게 된다. 여기서 두 가지 주요 기능은 모니터링을 통한 정책집행 과정 분석 및 정책과 집행 결과 간의 인과관계 분석을 주로 한 과정평가이다. 이런 정책집행 활동에 관한 끊임없는 점검을 통해 집행자의 집행관리나 리더십 행사에 필요한 정보를 제공하게 된다. 정책집행에 관한 과정적 점검이나 결과적 점검 모두는 정책집행 과정에서 발생하는 각종 변수들의 상호작용에 대한 정보를 수집·분석하여 정책집행 체제의 구성요소들에 환류시켜 정책의 기본 목표와 집행 방향 간의 간격을 최소화함으로써 궁극적으로 정책집행 과정을 감독·통제하게 된다. 여기서 행정정보체제는 앞으로 중요한 지원 역할을 담당한다.

이상에서 보는 바와 같이 정책집행의 능률성과 효과성을 극대화하기 위해서는 정책집행에 필요한 정보를 통합 관리 및 지원하는 시스템으로서 정책집행 정보체제(Policy Implementation Information System: PIIS)가 수립·유지·활용될 필요가 있다. 그런데 PIIS는 정책결정을 위한 행정정보체제에서처럼 그 본래의 기능을 잘 수행하기 위해서는 대체로 다음과 같은 요소를 갖추어야 한다(김형렬, 1985: 176; 김문성, 1987: 402).

첫째, 정책집행자가 어떤 정보를 필요로 하는지를 결정하는 요소
둘째, 정책집행에 관련된 정보지식의 동원
셋째, 정보원으로부터 정보의 수집 처리
넷째, 정책집행자의 요구에 따른 필요한 정보의 적시 전달
다섯째, 정보의 수령과 사용 및 저장 요소들

제 5 절 정책평가 과정과 행정정보체제

1 정책평가 종류별 행정정보체제의 기능

정책평가는 집행된 정책에 관한 평가 기준에 의해 분석함을 의미하나 이는 극히 단순한 정의이다. 좀더 세부적으로 고찰하면, 정책활동의 과정과 결과 중 어느 것에 관한 평가인지에 따라 각각 과정평가와 총괄평가로 구분되고 그 기능과 의미도 달라진다. 또한 평가 시기를 기준으로 사전평가·사후평가·과정평가로도 분리된다. 게다가 평가 주체에 따라 내부평가와 외부평가로 구분되기도 한다. 더욱 포괄적으로는 예비평가와 본평가로 구분하여 예비평가에는 평가성평가와 욕구평가를, 그리고 본평가에는 총괄평가, 과정평가, 통합평가, 그리고 메타평가를 포함시켜 설명되기도 한다. 여러 가지 분류 방법에도 불구하고 정책평가의 본질은 주로 사후 평가로서 총괄평가와 정책집행 과정에 관한 과정평가의 내용을 벗어나지 않기 때문에, 총괄평가 유형과 과정평가 유형으로 분리·설명되는 것이 일반적이다(이윤식 외, 1987: ch. 5, 7).

(1) 총괄평가와 행정정보체제

총괄평가는 특정 정책이 집행되고 난 후에 그 정책이 사회에 미친 효과나 영향을 분석하는 활동이다. 좀 더 구체적으로 설명하면, 총괄평가는 특정한 정책이 본래의 목적을 어느 정도로 달성했는지 또는 특정 정책이 본래의 목표를 달성하는 데 효과적이었는지 그리고 부수적인 효과는 없었는지를 분석하는 것으로서 새로운 또는 후

속되는 정책을 결정하고 집행하는 데에 필요한 정보를 제공하는 역할을 수행한다.

이러한 총괄평가는 정책평가의 목적에 따라 여러 가지 평가 기준이 활용되는데, 이들은 곧 총괄평가의 종류를 결정한다. 그런데 이러한 총괄평가에는 각종 계량분석 기법이 활용된다. 따라서 총괄평가 유형에서 행정정보체제는 평가에 필요한 평가 기준에 관한 정보와 각종 분석기법에 관한 정보를 제공해 주게 된다.

(2) **과정평가와 행정정보체제**

두 번째 유형의 평가인 과정평가는 정책이 집행되는 과정에서 집행활동에 관한 모니터링과 그 인과관계의 분석을 통해 좀 더 능률적이고 효과적인 정책집행 전략을 수립하거나 정책 내용을 수정·변경하게 함으로써 정책의 유지, 중단, 축소, 또는 확대 여부를 결정하게 하는 분석활동을 말한다. 이런 과정평가에는 크게 두 가지가 있는데, 정책집행 활동 과정을 분석하는 집행 과정평가와 협의의 과정평가이다. 전자는 주로 시범 프로젝트(demonstration project)에 의한 평가와 모니터링 방법을 주로 이용하는 반면에, 후자의 협의의 과정평가는 정책집행 결과와 수단 간의 인과구조를 매개 경로의 분석을 통해 규명함으로써, 총괄평가에서 밝히지 못하는 정책집행의 성패 원인을 파악하게 한다. 따라서 이 협의의 과정평가에는 좀 더 계량적이고 과학적인 분석 절차와 기법을 필요로 한다.

이러한 과정평가를 위해 행정정보체제는 정책집행 활동 상황에 관한 정보, 정책 결과와 수단에 관한 정보, 그리고 정책결정과 집행활동의 참여자 및 환경에 관한 정보들을 구체적으로 풍부하게 지원해 주어야만 한다.

2 정책평가 단계별 행정정보체제의 기능

정책평가의 절차는 학자마다 약간씩 다른 입장을 보이나 대체로 다음과 같이 6단계로 이루어진다. 이들 평가 단계별 행정정보체제는 어떤 역할을 하는가를 살펴볼 필요가 있다(이윤식 외, 1987: ch. 5).

(1) **정책 목표의 식별 단계와 행정정보체제**

정책평가에서 정책 목표의 식별은 가장 중요한 절차 중의 하나이다. 특히 정책평가가 효과성평가나 영향평가인 경우에는 더욱 그렇다. 왜냐하면 본래의 정책 목표를 어떻게 인지하느냐에 따라 특정 정책의 의의 및 가치가 달리 평가되기 때문이다. 이러한 정책 목표의 식별을 위해서는 정책결정자의 의도와 집행자들의 이해 내지 인지, 그리고 정책평가자의 목적 사이에 서로 거리가 없어야 비로소 합치된 목적을 파악하게 된다. 여기서 행정정보체제의 지원은 불가결하다. 이들 정책활동 주체들의 입장과 주장 등에 관한 정보를 수집·분석하지 않고는 정확한 정책 목표의 식별은 불가능하기 때문이다.

(2) 평가모형의 작성 단계와 행정정보체제

정책평가의 두 번째 절차는 평가이론에 입각하여 특정 정책을 평가하기 위한 분석틀을 작성하는 것이다. 여기서 필요한 정보는 정책평가이론에 따라 어떤 유형의 평가를 할 것이냐에 관한 것과 수립된 평가모형의 타당성을 검증할 수 있는 기준이 되는 정보 등이다. 이는 고도의 전문적인 평가 지식과 판단력이 요구되는 과정이므로 행정정보체제의 지원은 주로 본질적인 면에서 이루어져야 한다.

(3) 평가 기준의 설정 단계와 행정정보체제

이 단계에서는 정책평가의 목적이나 내용에 따라 평가 기준을 설정하게 되는데, 거의 대부분 평가 목적이나 방향이 평가 시작 전에 결정되기 때문에 별 어려움 없이 설정된다. 다만 채택된 평가 기준을 과학적인 분석을 위해 계량화해야 하기 때문에 평가 기준을 정확히 수치로 표현할 수 있느냐의 문제가 있다. 더욱이 이렇게 설정된 평가 기준이 정책의 본래 목적을 파악하는 데 어느 정도로 기여할 수 있느냐도 문제이다. 이런 문제들을 해결하는 데 행정정보체제는 많은 도움을 주게 된다.

(4) 평가설계의 수립 단계와 행정정보체제

정책평가의 설계는 주로 정책 목표와 결과 간의 관계나 정책집행 결과와 수단 간의 관계에 관한 모형에 필요한 변수들을 설정하고, 구체적인 평가 방법을 결정하는 것이다. 따라서 이제까지 단계에서 아무리 훌륭한 평가모형과 평가 기준을 설정했다 하더라도 관계를 설명하는 데 수단이 되는 변수들을 제대로 설정하지 못하고 적합한 방법을 활용하지 못하면 그 평가 자체는 그릇될 수밖에 없다. 예를 들어, 무엇을 결과 변수 내지 목적 변수로 할 것이며, 어떻게 측정하고, 또 독립 변수는 정책평가에서 필요한 것인지 아닌지 등에 관해 정확한 정보를 확보하여 분석·이해하고 있지 않으면 안 된다. 행정정보체제는 이런 면에서 정책평가자에게 도움이 된다.

(5) 자료의 수집 및 분석 단계와 행정정보체제

정책평가의 다섯째 단계는 각각 정책평가에 필요한 자료의 수집과 분석 단계로서 새로운 정책정보뿐만 아니라 기존의 정책정보가 필요한 과정이다. 즉, 자료의 수집 및 분석 단계는 우선 정책평가에 필요로 되는 자료를 어디서, 어떻게, 그리고 얼마나 수집해야 하는지를 정책평가자는 알아야 한다는 것이다. 게다가 각종 분석 기법은 물론이고, 자료 수집 방법 및 절차에 관한 지식도 숙지하고 있어야 한다.

따라서 이 단계에서 행정정보체제가 이러한 자료 수집 방법 및 절차와 분석 기법의 내용과 장·단점에 대한 정보를 제공하게 될 때, 비로소 정확한 정책평가를 기대할 수 있다.

(6) 평가 결과의 보고 및 정책적 제언 단계와 행정정보체제

이 단계에서는 정책 내용에 관한 새로운 정보를 얻게 되고 후속되는 새로운 정책결정이나 집행뿐만 아니라 집행 중인 정책에도 중요한 정보를 제공하게 되는 정보산출 과정의 역할을 한다. 따라서 이때의 정보체제는 새로운 정책정보의 수용과 저장기능을 맡아 후에 필요할 때 활용할 수 있도록 유지·관리하게 된다.

지금까지 고찰한 바와 같이 정책평가 유형은 물론 단계마다 행정정보체제의 기능과 역할이 지대함을 알 수 있다. 그러나 한 가지 유의해야 할 점은 아직 정책평가 정보체제(Policy Evaluation Information System: PEIS)가 구축되어 있지 않은만큼 모든 정책평가에 필요한 정보를 적시에 제공하고, 불필요한 정보의 폐기와 새로운 정보의 수용·관리에서 통합화가 이루어지지 않고 있다는 것이다. 따라서 앞으로 이러한 하위 행정정보체제의 고안·수립에 관해 더 많은 노력이 이루어져야 할 것이다.

제 10 장 지방행정정보체제

지방의회의 구성과 함께 지방자치제가 시행됨에 따라 중앙정부와 지방정부의 역할 분담이 이루어지게 되면서, 자치체(自治體)로서 지방정부의 역할과 책임의 중요성이 크게 증대되고 있다. 또한 지식정보화 사회의 도래와 함께 지역 주민의 대정부(對政府) 정보 요구가 점증하고 있으며, 지방행정의 효율성을 위한 전산화 및 정보화사업도 함께 추진되어야 할 과제로 대두되고 있다. 따라서 지방행정정보체제의 구축을 통한 지역정보화의 필요성도 그만큼 커지고 있다. 이에 이 장에서는 지방자치에 따른 지방화와 지방정부 차원의 지방행정정보체제 구축을 통한 지역정보화 간의 관계를 고찰하고자 한다.

제 1 절 지방화의 의미 및 특성

1 지방화의 의미

우리나라에서는 지방자치제가 실시됨에 따라 지방행정 및 지역이 발전되고 더 나아가서는 지역 주민의 복지가 향상될 것이라는 기대와 열망이 고조되어 있다. 또한 지방화 시대에 부응하는 지역문화 및 지역경제 그리고 지역산업 등에 관한 발전전략이 지방정부 단위로 구상되고, 부분적이지만 집행되고 있음을 볼 때 지방화 시대가 본격적으로 도래되고 있음을 알 수 있다. 그런데 이 같은 '지방화(地方化)'는 과연 무엇을 의미하는가?

지방화란 정치 · 경제 · 사회 · 문화 · 교육 등의 기능이 특정 국가 내에서 중앙으로 집중되지 않거나 전국적이 아닌 지역이나 지방으로 분산되어 활성화됨을 의미한다. 이러한 지방화 개념 속에는 기능적인 차원의 의미와 공간적인 차원의 의미가 모두 포함되어 있다. 전자의 기능적인 의미는 국가 및 사회의 기능이 적어도 비중앙(非中央)으로 분산되어 있음을 나타내는 반면에, 후자의 공간적인 의미는 전체적인 차원의 전국과 구별되는 지역 또는 지방을 지칭한다는 것이다. 따라서 전자의 기능적 분산을 강화하는 대표적인 방안이 지방자치제의 실시이며, 후자의 공간적 의미는 국가 전체가 아닌 특정 지역을 나타내는 상대적 개념임을 알 수 있다.

그런데 지방자치가 일정한 지역을 기초로 하는 단체가 자기의 사무, 즉 지역의 행정을 그 지역 주민의 의사에 따라서 자기의 기관과 재원에 의해 독립적으로 수행하는 행위(손재식, 1991: 35)임을 비추어 볼 때, 지방자치제는 다분히 정치 · 행정적인 측면의 기능만을 강조한 것으로 볼 수 있다. 그러나 지방자치제가 본격적으로 실시됨에 따라 나타나는 지역경제 및 지역문화 등의 활성화는 정치 · 행정적인 측면의 지방화 의미를 훨씬 뛰어넘어 최근에 대두되고 있는 좀 더 포괄적인 의미의 지방화를 상정하게 된다. 이러한 포괄적인 의미의 지방화는 그 동안 국가가 지방에 대한 철저한 인식 없이 추진한 정치, 행정, 경제, 문화 등 국면에서 발전정책의 한계를 절감하면서 강조되었다고 볼 수 있다. 즉, 정치 및 행정적인 차원에서 균형 발전뿐만 아니라 경제와 사회 그리고 문화적인 차원에서 지역적 균형 발전이 보장되지 않은 국가 발전은 지역 주민의 입장에서 볼 때, 별 의미가 없는 것으로 보이는 것이다. 다시 말하면, 지역 간의 경제적인 균형 성장이 도모되고, 문화적 혜택이 지역적으로 골고루 보급되며, 지방의 특성이 제대로 구현됨과 동시에 전국적인 조화를 추구하는 국가 발전이 좀 더 바람직한 것으로 인식되었는데 이는 지방자치제의 실시를 통해 가능하리라고 본 것이다.

한편, 공간적 의미의 지방이란 말은 엄밀한 의미에서 '전국'에 대한 지방의 개념을 의미하는 것으로서 정치 · 행정적인 측면에서 '중앙'에 대한 지방 및 문화적 동질성이나 귀속 의식에 따른 '정의적(情誼的) 개념으로서 지역주의적' 지방과는 구별될 수 있다(최상철, 1985: 11-2).[1] 그럼에도 불구하고 '지방화'에서 의미하는 지방이란 개념 속에는 이상의 세 가지 의미를 모두 포괄하고 있음을 유의할 필요가 있다.

게다가 '지역(地域)'의 의미는 상당히 모호한 개념으로서 명백하게 규명하기 어렵다. 다만 필요나 목적에 따라 전국을 여러 개의 면적으로 확정하여 그 일부를 지역의 개념으로 표현하는 경우가 있으나[2] 대개는 서울 또는 중앙과 대칭되는 의미에서 지역과, 국가보다 작은 범위의 단위 구분을 의미하는 개념으로 사용된다(오석홍, 1991: 130). 이러한 의미는 특정 지역 주민의 복지 향상 및 사회·문화·경제 등 모든 영역의 발전을 도모하기 위해 추진되는 지역개발 분야에서 나타나고 있다. 결과적으로 지방화라는 의미에 내포되어 있는 '지방'의 개념은 '지역'이라는 개념과 상호 교환적으로 사용됨을 알 수 있다. 따라서 지방화란 지방자치제가 실시됨에 따라 정치, 경제, 사회, 문화, 교육 등 제반 활동이 지방이나 지역 단위로 과거보다 더 활성화됨을 의미한다.

2 지방화의 특성

1) 정치·행정면의 특성

(1) 통치구조의 분권화

지방화가 진전됨에 따라 정치·행정면에서 나타나는 가장 큰 특징 중의 하나는 통치구조가 분권화되는 경향이 많다는 것이다. 그런데 이 같은 통치구조의 분권화 또는 집권화 문제는 중앙정부와 지방정부와의 관계에서 설명될 수 있다.

중앙정부와 지방정부는 시대의 변화에 따라 집권과 분권이라는 차원에서 상호 보완적 내지는 대립적 관계를 유지해 왔다. 이 같은 관계는 산업사회의 특징이라 할 수 있는 중앙집권적 사회조직과 제도에 대항해서 새로이 등장한 분권 세력들에 의해 신지방분권화 경향을 초래하고 있는 데에서 찾아볼 수 있다(Naisbitt, 1982).

중앙집권과 지방분권은 상대적 개념으로서, 하나의 통치체제가 중앙정부에 의해 완전하게 집권화되거나 또는 지방정부에 의해 분권화되기 어렵다. 현실적으로 나타

---

1) 여기서 지방은 정치행정적 개념의 의미를 강하게 지니는 반면, 지역은 기능적·정책적 의미를 지니고 있다고 보아 각각의 개념 구분을 하고 있다.

2) 예를 들면, 보건복지부·교육부·정보통신부·건설교통부 등의 행정기관이 행정업무의 수행을 위해 각기 상이한 사업구역을 확정하고 있다.

나는 양상은 중앙과 지방의 의사결정 권한이 균형을 유지하거나 또는 한쪽에 치중해서 나타나는 양상을 보이게 된다.[3] 기존의 중앙집권이 모든 사회 세력과 지역 세력의 성장 속에서 국가체제를 보호하기 위한 강력한 통치체제의 수단이었다면, 지방분권은 민주주의와 관련하여 시민의 참여를 통한 참여민주주의의 가치를 추구하려는 시대적인 요구에 의해 대두되었다고 볼 수 있다. 집권과 분권의 개념은 두 개의 서로 다른 권력의 배분 원리를 통해 설명될 수 있는데, 즉 권력의 형평에 의한 균형 관계가 형성되는가 또는 그렇지 않은가에 따라 중앙집권화와 지방분권화의 관계가 형성된다.[4]

그러나 20세기로 들어오면서 새롭게 중앙집권화와 지방분권화가 논의되고 있는데, 근대화의 진행이 교통, 통신 수단의 발달과 함께 빠르게 진행이 이루어지면서 국제환경의 질서 체제가 변함에 따라 집권의 성향이 강하게 대두되기 시작했다. 그 반면에, 신지방분권화는[5] 미국을 중심으로 대두되고 있으며, 이는 기존의 중앙집권체제에 대한 저항의 의미로서 분권화라기보다는 국가사업의 좀 더 효율적인 추구를 위한 분권화라는 기능적인 의미가 내포되어 있다.

이와같이 통치 권력의 중앙집권성과 지방분권성은 국가의 역사나 영토의 크기에 따라 좌우되기도 하나, 일반적으로 지방분권적인 성향이 큰 국가일수록 지방자치단체의 역할과 기능이 확대되어 온 것을 알 수 있다. 또한 국가의 통치구조가 국민의 자치에 의해 통제되는 민주적 체제인가 아니면 권위주의적인 통제체제인가, 또는 정치체제가 사회에 깊이 관여할 수 있도록 능력과 전문화된 구조를 지니고 있는가에 따라 지방자치행정의 역할과 그 범위가 결정된다. 즉, 통치체제가 민주적이면 민주적일수록 국민과 지방자치단체의 선택과 참여의 폭이 넓어지게 된다는 것을 의미한다(김종표, 1991: 46).

---

3) 권력이라는 개념 자체가 복잡한 현상이라 집권과 분권의 정도를 정확하게 측정할 수 없다는 문제점을 안고 있다(안병만, 1965: 536-7; Ik-Sik Kim, 1980).

4) 리그스(Fred Riggs)는 이를 권력의 딜레마(dilemmas of power)라는 차원에서 논의하고 있는데 한 사회체제 내에서 상대적인 두 세력, 즉 구심 세력(centripetal force)과 원심 세력(centrifugal force)이 있어 이 두 세력의 형평이 어느 쪽에서 이루어지느냐에 따라 집권화 혹은 분권화가 나타난다고 보고 있다(Riggs, 1973: 10-7).

5) 나이스빗(John Naisbitt)은 중앙집권화의 추세는 기존의 분권 체제에 대한 위협으로 받아들여져 이에 대한 저항과 반동이 동시에 나타나고 있으며, 최근에는 재분권화를 시도하기 위한 분권 세력의 노력이 늘어나 이미 신지방분권화 현상이 일어나고 있다고 했다(Naisbitt, 1982: 97-130). 최근에 프랑스의 경우도 중앙집권화에서 지방분권화를 추구하는 성향을 보여 주고 있다.

(2) 참여적인 정치 · 행정문화의 특성

정치 · 행정면에서 나타나는 지방화 현상의 또 하나의 특징은 지역 및 지방 차원에서 참여적인 정치 · 행정문화가 형성되어 가고 있다는 것이다. 산업사회는 규모의 경제라는 가치 추구에 맞추어 대규모 조직에 의한 소품종 대량 생산 방식을 취함으로써 집권화를 지향해 왔으나 지방화를 촉진하는 지식정보화 사회에서는 다시 분권화의 추세를 보이고 있다. 이 같은 신지방분권화는 국가 경영의 효율성을 기하려는 노력과 함께 참여민주주의의 강력한 요구에 의해 촉진되고 있다.

그런데 정보통신 매체가 집중되어 있는 수도권과 그렇지 못한 지방 간에 심화되어 온 정보 격차를 해소할 때 비로소 독자적인 지역문화를 형성하게 되고, 자립적인 지역사회를 구성하게 되며, 분권화된 행정뿐만 아니라 주민이나 시민의 자발적인 참여민주주의를 창출할 수 있을 것이다. 이는 궁극적으로 국가 간의 정보 불평등을 해소하는 데 기여할 뿐만 아니라 세계질서 체제의 긍정적인 방향으로의 변화에도 기여할 것으로 보고 있다.[6]

참여민주주의가 중심이 되는 지식정보화 사회의 정치(Toffler, 1982)는 의회민주주의와는 달리 일반 시민들이 지방정부나 국가의 정책을 결정하는 데 직접적으로 참여하게 됨을 의미한다. 마스다(Yoneji Masuda)는 이와 관련하여 첫째로 정보화사회의 특징인 자기실현 욕구에 의해 행동하게 됨에 따라 정보의 획득을 통해 사회활동에 적극 참여하려는 성향을 보이게 되며, 둘째로 국가 권력과 기업의 팽창에 따른 거대조직의 정책결정은 모든 사람들의 생활에 중대한 영향을 미치게 되고, 셋째로 한 사회의 당면 문제는[7] 특정 국가의 영역을 넘어서 전 세계적 차원으로 확산되기 때문에 시민의 광범한 동의와 참여가 정치체제 내에서 이루어지게 될 것이라고 주장한다(Masuda, 1980: 101-3).

정보의 확산과 활용 그리고 지방자치제의 활성화는 중앙집권에서 볼 수 있었던 강화된 국가 주권을 다소 약화시키는 반면, 지방 및 지역의 중요성을 증대시키게 된다. 이처럼 정보화의 진전과 지방자치제의 실시에 따라 강화되고 있는 지방화 경향 속에는 참여민주주의 또는 참여적 정치 · 행정문화의 구현 노력이 내면화되어 있음을 알 수 있다.

6) 이와같이 정보화사회를 낙관적으로 보는 학자로는 Daniel Bell, *The Coming of the Post-industrial Society*(N. Y.: Basic Books, 1973). Wilson P. Dizard, *The Coming Information Age*(N. Y. Longman, 1984). John Naisbitt, *Megatrends*(N. Y.: Warner Books Inc., 1982) 등이 있다.

7) 예를 들면, 인구문제, 자원 고갈의 문제 및 환경문제가 새롭게 제기되고 있다.

2) 경제면의 특성

(1) 지역 및 지방경제의 활성화

지방화가 진전됨에 따라 나타나는 경제면의 특성은 지역 및 지방경제가 좀 더 활성화된다는 것이다. 다시 말하면, 지방화는 곧 경제적인 측면에서 지역 내지 지방 단위로 활발하게 전개됨을 의미한다. 이처럼 지역경제가 활성화되는 데에는 경제의 연성화, 즉 경제의 서비스화가 전제된다.

일반적으로 GNP에서 차지하는 공업의 비중이 증가하는 과정을 공업화(industrialization)라고 하며, 공업화가 일정 수준에 도달하고 나면, 경제 성장은 주로 비공업 부문의 성장에 의해 이루어지게 되는데 이를 '초산업화' 또는 '정보화 단계'라고 한다. 이 단계에서의 경제 성장은 공업이 아닌 서비스업에 의해 이루어지게 되며, 서비스의 비중이 점차 증가하게 되는 '경제의 서비스화'로서 탈산업화 단계라고도 일컬어진다(송병락, 1986: 16-7). 공업화를 추구하던 단계에서 경제정책은 중앙정부의 전유물로서 지방이나 지역의 경제정책까지도 기획 및 관리하는 방향으로 이루어졌었다. 그러나 지방자치제의 실시와 함께 지방화가 촉진되면서, 지역문제의 자결 원칙에 입각한 지역경제의 활성화가 가장 중요한 문제 중의 하나로 부각되었다. 즉, 중앙으로부터 이관되고 있는 모든 권한을 토대로 지역이나 지방은 자생경영 형태로 발전하게 되며, 지역이나 지방정부의 책임 하에 지역의 모든 문제를 해결해 나가야 할 형편에 처하게 된 것이다(홍기용, 1991: 25).

그런데 이 같은 지역경제는 어느 하나의 국가경제를 형성하면서 지역적으로 분할된 단위로 존재하는 공간적 의미의 경제로서 지방재정에 미치는 영향이 지대하다. 예컨대, 지역재정 수입원의 신장, 가용재원의 기간시설에의 투자로 인한 지역 생산력의 제고와 고용 증대, 주민의 소득 향상, 그리고 지방기업의 생산성 향상 등이 지역경제의 활성화를 통해 이루어진다는 것이다. 결과적으로 지방화가 진전된다는 것은 경제적인 측면에서 볼 때 지방경제나 지역경제가 좀 더 활성화되는 것을 의미한다.

(2) 지방정부의 지역경제정책 수립 활동의 강화

경제면에서 지방화의 또 다른 특성은 과거에 중앙정부가 독점했던 지역경제정책 수립 활동을 담당하게 되었다는 것이다. 지역 특성을 고려하여 적합한 경제정책을 지방정부 차원에서 수립 집행하는 것이 당연함에도 종래에는 중앙정부가 전담함으로써 중앙집권적 경향을 띠었으나, 점차 지방화가 진전됨에 따라 지역경제와 관련된 정책을 지방정부가 수립·집행하는 분권적 경향이 농후해지게 되었다(김종표, 1991: 55).

그런데 지역 경제정책은 때때로 시장의 실패 및 기업의 영리성 시정을 목적으로 하지만 아울러 지역경제와 관련해서 자치단체의 계획상 오류, 집행의 비효율 등을 시정하기 위해 수립되기도 한다. 그리고 지방행정 면에서 지방화의 핵심은 중앙에 속해 있는 권한, 재원, 사무 등을 지방으로 이양하여 지방정부를 강화하는 것일 수 있다. 그러나 그 기본적인 발상은 지방이 원천적으로 향유해야 할 권리, 재원 및 창조적 에너지 등을 지방 단위 또는 지역 단위로 주민 자치에 의해 충분히 향유케 하는 데에 있다(김종표, 1991: 58). 이처럼 확대된 의사결정 권한을 바탕으로 지방정부는 지역 소득의 증대, 고용 창출, 그리고 지역 주민 생활의 질적 향상을 위해 많은 노력을 기울이게 된다(홍기용, 1991: 34).

그런데 지역경제의 활성화 문제는 지역의 자율 및 자립 그리고 중앙정부의 경제정책 간에 조화를 이루는 방향으로 해결되어야 할 것이다. 먼저 지역경제의 활성화 문제가 기존의 중앙집권 체제에서 나타났던 지역 격차 문제를 해결하는 것을 목표로 한다고 볼 때 지역 발전과 직결되어 있음을 알 수 있다. 그럼에도 불구하고 지역경제의 강화는 오히려 다음과 같은 또 다른 문제점을 야기할 수 있다는 점을 유의할 필요가 있다. 즉, 지역산업의 열악한 생산 기반과 저조한 생산성에 입각한 경쟁력 그리고 특정 지역으로 편중된 공간적 분포가 궁극적으로 국가경쟁력을 약화시킬 뿐만 아니라 지역 간 불균형 성장을 심화시킬 수 있다는 것이다. 다시 말하면, 지역산업의 구조적 측면에서 볼 때, 지방기업의 변화는 중앙에 소재한 기업에 비해 상대적으로 빠르게 진행되지 못함에 따라 경쟁력을 상실하게 된다. 또한 생산 체제 및 유통 구조면에서도 전통적인 체제를 벗어나지 못해 지역경제는 저(低)생산성과 저(低)수익의 악순환을 되풀이하는 구조적 취약성을 내포하고 있다. 따라서 지방정부는 이러한 구조적 문제점을 개선하는 데 중점을 두고 지역경제의 활성화를 위한 지역 경제정책을 수립해야 할 것이다. 이처럼 지방정부가 과거에 비해 지역 경제정책 수립에 적극성을 갖게 되는 경향이 곧 지방화 현상의 한 특징이다.

3) 사회·문화면의 특성

(1) 도시화의 촉진

지방화가 촉진된다는 것은 지역이나 지방이 도시화됨을 의미한다고 해도 지나치지 않을 정도로 양자간에 밀접한 관계를 유지하고 있다. 이는 사회적인 측면에서 볼 때

도시화는 지방화의 대표적인 특성 중의 하나임을 아울러 웅변해 주는 것이다. 이러한 도시화는 어느 의미에서 각종 도시문제의 수반을 전제로 한다.

우리나라 도시문제는 크게 대도시의 과잉 팽창과 지방 중소도시의 기본 시설 미비 및 낙후로 대별해 볼 수 있다. 대도시의 팽창은 정부의 정책적 요인이 우선적이었다고 볼 수 있는데, 이는 자원의 효율적 활용을 극대화하기 위해 1960년대 중반부터 특정 지역을 집중 개발하는 거점개발전략에 따른 것이다. 그 결과 대도시의 과잉 비대에 따른 비효율과 공해, 교통문제, 도시환경의 악화 및 지방 중심도시의 개발 소외와 낙후 등의 심각한 부작용을 초래했다.

대도시의 비대화는 또한 인구의 과잉에서 비롯되는데 이는 사회병리 현상을 유발하며, 환경오염과 교통 체증의 문제점까지도 유발시키게 되었다. 또한 규모의 불경제 문제로서 추가적 인구 증가에 따른 도로, 상하수도, 전력 등의 사회간접자본의 추가 비용이 급격히 증가하여 행정의 비효율성을 초래하게 된 것이다.

한편, 지방도 도시화가 추진되면서 기존의 지방 도시들이 안고 있는 기본 문화생활시설의 결여, 교육제도의 낙후, 고용 기회의 부족 등의 문제들로 인해 인구 유출 현상의 심화와 그에 따른 지방도시의 쇠퇴 현상에 직면하게 된다. 이는 궁극적으로 지역 간 불균형 개발을 초래하여 국토의 효율적 활동을 저해하며, 지역 감정 등 정치 · 사회적인 문제까지도 야기하게 된다(김종기 · 황일청, 1987).

결국, 지방자치제의 도입 · 실시를 통한 지방화가 진전되면서 이러한 지역적 불균형 문제를 시정하기 위한 노력이 지방정부 단위로 전개되고 있는데, 이는 인구와 산업의 분산 및 국토의 균형 발전을 도모할 수 있는 계기가 될 수 있다. 그런데 이러한 지역문제는 그 지역 주민들을 중심으로 해결해야 하므로, 그 주민의 적극적인 참여가 요구된다. 같은 맥락에서 지방정부는 지역 특성에 맞는 도시[8]로 성장하기 위해 지역 문화사업을 실시 또는 유치하려는 활동을 적극적으로 전개하게 될 것이다. 그러나 다른 한편으로는 지역 간 과다 경쟁으로 인한 부정적 측면으로서 지역 개발사업의 중복 투자에 따르는 비용 손실과 재정 자립의 확충을 위한 세율 인상 또는 새로운 세원 도입 그리고 중앙정부정책과 상반되는 지역정책 등으로 인한 행정의 비효율성 등의 문제가 제기될 수 있다.

8) 예를 들면 전원도시, 교육도시, 관광도시 등의 특정 도시화를 도모하게 될 것이다.

(2) 지역문화 수준의 향상

지방화 시대 또 하나의 특징은 지역별 또는 지방별로 다양한 문화활동이 전개되면서 지역 주민의 문화생활의 양적 성장뿐만 아니라 질적 향상을 초래하게 된다는 것이다. 지방화가 진전됨은 지역 주민의 문화가 중앙이나 수도권 중심적이거나 특정 계층 지향적인 성향에서 다양한 지역 주민의 기호에 부응한 문화활동의 전개로 내용의 다양성과 함께 지방 주민 지향적인 문화활동으로 전환하게 됨을 의미한다. 따라서 지방화의 문화 측면에서의 특성은 지방문화 또는 지역문화의 활성화로 인한 지역 주민의 문화 수준 향상을 들 수 있다(한국정보문화센터, 1992: 14).

제 2 절 지역정보화의 의미와 필요성

1 지역정보화의 개념

지방화는 정보화가 진전됨에 따라 더욱더 활성화되는데, 이는 정보화의 핵심이 되는 정보통신의 영향이라고 볼 수 있다. 이 같은 정보통신의 역할은 중앙에서뿐만 아니라 지방 또는 지역에서도 마찬가지로 발휘되는 데 기인한다. 즉, 첫째로 정보통신은 경제사회의 하부구조를 이루어 경제 및 사회활동의 효율성을 제고하며, 둘째로 정보통신 부문 자체가 고부가가치 산업으로 생산, 고용, 수출면에서 성장 주도 산업으로 등장하여 경제 발전을 가속화하고, 셋째로 전략정보체계의 구축을 통해 국가나 산업 단위의 경쟁력 향상을 위한 구조적 해결책을 제공함과 동시에 신산업의 기회를 제공하며, 넷째로 정보의 원활한 수집 및 활용이 경쟁 우위의 핵심 요소로 등장하고 정보통신이 전략 수단으로 등장함으로써 정보화를 통한 지방화가 가일층 활성화되고 있다.

이처럼 지방 또는 지역에서 이루어지는 정보화를 지방정보화 또는 지역정보화라고 일컫는데 이는 서구에서보다도 주로 일본에서 1980년대 중반부터 균형적 발전을 위한 지역 개발전략으로서 추진되어 온 것을 우리나라에서도 1980년대 후반에 들어와 정보화사회 기반 구축을 위한 국가기간전산망사업을 추진하면서 정부가 관심을 보여 오다가 1990년대에 들어와서야 비로소 일본에서처럼 지역적 균형 발전을 위한 개발 전략으로서 본격적으로 추진함으로써 일반의 관심과 학문적 연구가 본격화되었다. 그로 인해 지방정보화 또는 지역정보화에 대한 통일된 개념적 정의가 부재하고 다만 보는 시각과 사용 목적에 따라 그 의미를 달리하고 있다(김영미, 1992: 55-6). 즉, 지역정보화는 공간적 관점과 추진 주체 및 방식에 따라 분류해 보면 다음과 같다. 먼저, 공간적인 관점에서 지역정보화는 분야별 정보화에 관련시켜, 이의 지역적인 확대를 유도하는 것으로 볼 수 있다. 이는 전국의 모든 지역에 정보통신망, 정보통신기기, 정보통신 관련 인력 등 다양한 정보통신 기반을 확충·정비하는 것으로서 국가정보화의 달성 수단으로서 의미가 크다고 볼 수 있다(남궁근 외, 1992: 24-5). 또한 중앙집중적인 정보화를 방지하기 위한 분산화된 정보화를 추진하는 노력의 일환으로서 지역 단위의 정보화를 의미하기도 한다. 이는 우리의 경우 국가기간전산망사업으로서 분야별 정보화사업을 추진하는 것을 말한다. 즉, 행정전산망, 금융전산망, 교육·연구전산망, 국방전산망, 공안전산망 등으로 구성되는 국가기간전산망은 그 전개 과정이 네트워크를 통한 지역적 확산이라는 의미에서 특정 부문 내 정보화를 수직적으로 연계시킨 것을 지역정보화 노력의 일환으로 볼 수 있다.

다음으로 추진 주체 및 방식과 관련하여, 중앙에서 제공되는 정보화와는 달리 지역에 필요한 특수한 지역 정보를 데이터베이스화하여 이를 해당 지역 주민들은 물론 다른 지역 주민들에게도 제공할 수 있도록 하는 지역정보화를 들 수 있다.

이처럼 지역정보화는 단순히 일정 지역의 정보화를 의미할 뿐만 아니라 이러한 정보화가 해당 지역의 특성과 목적에 부합되게 추진됨으로써 지역의 발전을 도모하려는 것으로서 지역 내 정보화 기지의 건설과 지역 수준의 정보통신 네트워크를 통한 정보화의 추구를 포함시키기도 한다.

한편, 지역정보화를 "고도정보화의 선행적 시책으로서 지역 간 균등한 정보접근성의 보장, 지역 특성에 맞는 정보 시스템의 구축과 뉴 미디어 보급의 촉진 등을 통해 지방경제의 활성화, 지방 주민 생활의 질 고양, 지방문화 육성 등을 도모함으로써 지역 주민의 정주성을 제고하고, 지역 간의 활발한 교류를 촉진하기 위한 정책적 개념"으로 정의되기도 한다(체신부, 1988: 476). 그런데 이러한 개념을 "전국 어느 곳에서든 정보에 대한 균등한 접근을 보장하여 지역 간 정보 격차를 완화하고 지역의 여건과 특성에 적합한 정보통신 시스템을 구축함으로써 지역경제를 활성화하고 지역사회의 정주환경을 개선하여 지역 간 균형 발전과 국가사회 전반에 활력을 불어넣기 위한 공간적 차원의 정보화 정책"으로 재정립했다(체신부, 1993: 5). 또한 지역정보화를 "중앙과 지방의 정보 이용 기술, 즉 소프트웨어의 공급력 격차를 시정하는 것으로서 그 목적은 지역 간의 경제 격차의 해소"에 있다고 정의하기도 한다(방석현, 1989: 629). 더욱이 지역정보화를 "정보화를 통해 그 지역의 산업, 행정, 생활, 문화 등 분야에서의 발전을 도모하고 궁극적으로 중앙과 지방의 정보 격차를 해소하는 것으로서 공간적 정보화(spatial informatization) 정책, 지방 혹은 낙후지역의 정보화, 지역 단위의 종합적 정보화, 지역별로 특성 있는 정보화"를 포괄하는 것으로 정의되기도 한다(이수성 · 황주성, 1991). 그뿐만 아니라 지역정보화를 "지역산업의 정보화, 지역생활의 정보화, 행정사무 및 행정 서비스의 정보화를 포괄하는 것"으로 보는 사람도 있다(송인성, 1990: 154). 게다가 "국가 내 단위 지역의 발전과 생활 향상을 도모하고, 나아가서 국토의 균형 발전을 이루기 위해 단위 지역을 중심으로 전개되는 정보화 활동"으로 정의하기도 한다(조영호, 1991). 더 나아가서 지역정보화를 지역화(regionalization)와 정보화(informatization)를 동시에 추구하는 것으로서 "국가 내 단위 지역의 특성과 요구에 맞는 정보활동의 총체로 지역 내 정보통신 하부구조의 구축과 정보통신 서비스의 보급 및 정보문화의 정립을 통한 지역 발전전략으로서 '지역정보의 산업화,' '지역산업의 정보화,' '지역사회 및 생활의 정보화'를 포괄하는 개념"으로 정의하기도 한다(한국정보문화센터, 1962: 19).[9)]

이들 정의를 종합해 보면, 지역정보화(regional informatization) 또는 지방정보화(local informatization)란 "국가나 지방정부가 일차적으로 정치 · 행정 · 경제 · 사회 · 문화 · 교육 등의 측면에서 지역 및 지방 간 또는 중앙과 지방 간 격차를 해소하여 균형 발전을 도모할 뿐만 아니라 지역과 외국 간의 격차도 해소함으로써 궁극적으로 국가 사회 전반의 균형적 발전을 이룩할 목적으로 지역 특성에 적합한 전기통신시스템(telecommunication system) 및 정보기반시설(information infrastructure)을 구축 · 이용케 하는 정책적 활동"을 의미한다. 결과적으로 지역정보화는 "지역 및 지방행정의 정보화, 지역 및 지방산업의 정보화, 지역 및 지방사회의 정보화, 지역 및 지방정보의 산업화 등을 통해 지역 및 지방 간, 지방과 중앙 간, 그리고 지역 및 외국 간의 정보 격차를 해소할 뿐만 아니라 제반 환경의 격차도 해소하여 국가 사회 발전

9) 그런데 이 정의는 일본의 후지테크시스템의 『지역개발과 정보화사전』(1988)에서 정의된 개념에 기초한 것이다.

을 적극적으로 유도하려는 정책적 활동"임을 나타내 준다(이윤식, 1994: 14-5).

그러나 이 같은 정의는 지역개발에 초점을 둔 것으로서 오늘날 지식정보화 사회로 가는 상황에서 적합하지 하지 않아 좀 더 넓은 의미로 이해되고 있음을 유의할 필요가 있다. 즉, 지역정보화란 중앙부처 또는 지방자치단체가 단일 또는 복수의 지역에 지역문제 해결과 지역 발전을 위해 행정·생활·산업·도시 기반 분야별로 정보기반 및 정보 응용 서비스를 제공하는 일련의 정책적 활동을 말한다. 즉, 지역정보화의 추진 주체는 중앙부처 또는 지방자치단체로서 단일 또는 복수 지역의 지역문제 해결과 지역 발전 기회 제공(행정효율화, 대민 서비스 제고 등)을 목적으로 주민 생활, 지역산업, 지역행정, 도시기반 등을 대상으로 정보 기반(물리적 인프라, 법제도) 및 정보 응용 서비스를 제공하는 것을 의미한다. 정보화촉진기본법에서는 지역정보화를 문화, 생활 등 여타 다른 분야와 구별되는 별도의 개념으로 정의하고 있으며, 지방자치단체의 장에게 해당 지역사회의 특성에 적합한 지역정보화 사업을 추진하도록 함으로써 IT를 통한 지역 고유의 특화 서비스, 해당 지역생활권 중심의 정보화가 우선적으로 추진될 수 있는 근거 규정을 마련하고 있다. 특히 최근 기존 행정, 민원 중심의 정보화에서 생활권 중심의 주민 밀착형 서비스가 강조됨에 따라 지역정보화에 그 관심이 증대되고 있으며, 또한 중앙부처가 개별적으로 개발·보급한 국가 표준 시스템의 데이터·서비스를 통합·연계하고, 응용 시스템 간 통폐합을 통한 지역정보 자원의 효율적 관리와 운용이라는 차원에서 지역정보화 추진에서 새로운 전략 수립이 요청되고 있다(한국정보사회진흥원, 2008: 72).

2 지역정보화 패러다임의 변화

1991년 6월 정보문화의 달을 기점으로 추진된 지역정보화는 민간 간(C2C) 공유 및 교류 정보에서 출발했다. 그러던 것이 1997년 행정자치부로 추진체계가 이관되어 지역정보화사업에 대한 지원 방안을 검토하고, 이듬해 지방자치단체가 정보화 촉진 조례를 제정하여 지역정보화의 전면에 나서면서 추진 주체가 민간에서 자치단체로 전환되었다(최준영, 2006: 1-7).

따라서 1998년 이후부터는 행정기관과 민간(G2C, G2B)의 연결축을 중심으로 정보화가 추진되면서 지역정보 개념에서 분리되어 있던 행정정보가 지역정보의 중요 요소로 편입되었다(국가정보화백서, 2005). 하지만 유비쿼터스 정보기술의 발전에 따라 지역정보화는 패러다임의 전기를 맞게 된다. 즉, 유비쿼터스 패러다임은 보편적 정보 접근 기회를 제공하고 전자공간과 물리공간의 연계 발전을 통해 정보 격차를 해소하며, 주민 삶의 질을 향상시킬 수 있는 기회를 제공하게 되었다.

3 지역정보화의 필요성

정보화를 통한 집중 및 분산 또는 지역 간 균형과 불균형의 논거는 지역정보화의 추진 이유와 밀접한 관련을 갖고 있다. 지역 간의 불균형 발전은 모든 국가에서 보편적으로 나타나는 현상이며, 특히 산업화의 초기 단계에서 두드러지게 나타나는 현상이었다. 그러나 정보화의 물결 속에서 지역 간 균형 개발의 문제도 지역정보화를 통해 좀 더 효율적으로 접근할 수 있을 것이라는 긍정적인 견해가 나오게 되었다. 이는 중앙집중형 사회로부터 지방분산형 사회로의 전이(轉移)를 통해 지역 간 균형 발전을 이룰 수 있다. 즉, 정보의 지역적 분산은 인적·물적 자원의 지역적 분산을 촉진시키는 효과를 가져와 궁극적으로는 지방분산형 사회를 구현할 수 있다는 것이다.

지방분산형 사회의 구현을 가능케 하는 지역정보화의 기대 효과를 좀 더 구체적으로 살펴보면, 먼저 순기능적인 효과로 첫째, 정치·행정적인 측면에서 지역 주민의 정치·행정참여 기회 확대, 지역 환경의 정비, 지역행정 전산화 및 공공 부문 정보화로 행정 서비스의 개선, 그리고 민주화의 지향을 들 수 있다.

둘째, 사회·경제적 측면에서는 계층 및 지역 간의 갈등 완화, 산업활동의 효율성, 지역산업의 강화, 지역 간 경제 격차의 감소, 지역의 정주환경의 개선 및 생활의 질 향상, 바람직한 국토 활용 및 종합적인 환경 개선, 그리고 나아가서 지역 간 균형 발전을 도모할 수 있게 된다는 것이다.

셋째, 문화·교육적 측면에서는 문화활동의 지역화, 지역방송 통신교육의 활성화, 각종 출판의 지역적 격차 해소, 그리고 지역 간 균등한 정보 획득 및 정보 교류의 원활화를 통한 지역 주민의 정보활동 향상을 도모할 수 있다는 것이다.

넷째, 지역정보화의 역기능적인 효과로는 정보화의 수도권 집중, 특정 지역의 혜택, 기존의 사회·경제적 격차의 심화 우려, 그리고 지역 간 정보통신망의 격차 심화를 예상할 수 있다.

또한 최근 들어 정보기술은 여러 측면에서 조직의 작업환경과 구조에 많은 영향을 미쳐 왔다. 조직에서 정보기술이 창출하는 영향력의 본질을 이해하기 위해 많은 연구자들은 정보 시스템의 연구 흐름에 초점을 맞추어 왔다(Kling & Scacchi, 1982; Kraut, Dumais, & Koch, 1989; Agarwal & Tanniru, 1992; DeTienne, 1994; Lucas & Baroudi, 1994; Ryker & Nath, 1995). 특히 지방정부에서 행정정보의 질이 높을수록 구성원들의 역할모호성은 낮아지고 구성원들의 직무만족도 또한 높다는 연구도 있다(김대원・김석용, 2005: 87-9).

이 같은 기대 효과 중에 지역정보화는 그 역기능적인 효과를 최소화하면서 순기능적인 효과를 극대화할 수 있을 것으로 기대됨에 따라 정책적 차원에서 추진되고 있으며, 특히 지방자치제의 실시와 함께 도래한 지방화 시대에 지역 발전의 전략적 수단으로서 지역정보화의 필요성이 크게 부각되고 있다. 더욱이 지역 간 정보화 불균형 또는 정보화 격차의 가장 중요한 요인 중의 하나로 지역개발정책의 불균형이 지적되고 있음을 볼 때, 산업사회에서 이루어진 지역 간 불균형 개발정책을 보완할 수 있는 지역정보화의 추진은 그만큼 절실하게 요구된다. 더 나아가서 지역정보화를 통해 지방자치단체는 물론 지역 주민의 의사결정의 합리화와 제반 업무활동의 효율화를 도모할 수 있게 되어 지역 주민의 삶의 질을 향상시킬 수 있다는 데 그 필요성을 찾아볼 수 있다.

제 3 절 우리나라의 지역정보화정책

1 지역정보화정책 추진 현황

1) 정책 목표 및 추진 방향

(1) 정책 목표

우리나라의 지역정보화정책의 기본 목표는 세 가지로 요약될 수 있는데(행정자치부, 1998: 1-2), 지역경제의 활성화, 주민의 삶의 질 향상, 그리고 행정의 효율성 강화가 그것이다. 다시 말하자면, 수도권과 지방 간 정보화의 불균형 해소로 균형 있는 지역 발전을 유도하고, 도시, 농어촌, 소외계층 간의 정보 교류와 지역 중소기업에 대해 정보화 지원으로 지역경제를 활성화하는 것이 첫 번째 목표이며, 지역사회 네트워크 구축으로 다양한 정보 교류 활동을 지원하고 생활과 밀접한 의료·환경·교육·문화 등 수준 높은 정보문화 환경 조성으로 지역 주민의 삶의 질을 향상시키는 것이 두 번째 목표이다. 또한 지역정보체제 구축에 의해 기관과 주민, 주민과 주민 사이의 정보 교류 촉진 및 지역사회 참여를 촉진하고, 원스톱(one-stop), 논스톱(non-stop) 행정 서비스 제공으로 지역 주민의 사회 비용을 줄여 주고 창조적인 여가활동의 시간을 부여하여 대민 서비스를 개선하고 행정 능률을 제고하는 것이 세 번째 목표이다.

이러한 기본 목표들은 다시 단계별 목표로 세분화하여 추진되고 있다. 제1단계(1996~2000년)는 지역정보화 기반을 조성하는 것으로 지역정보화 추진 체제를 정비하고 지역 단위 종합정보센터 기반 구축 등 지역사회 각 분야에서 정보 활용을 위한 기반을 구축하는 단계이다. 제2단계(2001~2005년)에서는 고도 정보화사회 이행을 위한 지역정보화 시책 추진, 민간의 활력과 창의를 통한 기본 정보의 보편적 서비스 실현, 주민에 대한 행정 서비스의 원스톱화 등을 통해 지역정보화를 확산시키는 단계이며, 제3단계(2006~2010년)는 언제, 어디서나, 누구나 필요한 정보를 편리하게 생산·유통 사용할 수 있는 지역정보화의 고도화 단계이다. 즉 주민에 대한 정보 서비스의 원스톱, 논스톱화로 지역사회 각 부문의 완전한 멀티미디어 서비스를 제공하는 단계이다.

(2) 추진 방향

위의 지역정보화·정책 목표를 달성하기 위해 정부는 그 추진 방향을 다음과 같이 설정하고 있다(내무부, 1997: 16-7).

첫째, 자치단체 각 분야에서 정보화를 추진할 수 있는 기반을 조성한다. 시·군·구의 지역정보화 기본계획의 수립을 본격 추진하고 지역정보화 촉진조례, 협의회, 전담조직 등 추진체계를 정비하여 정보사회 실현을 위한 시·군·구의 정보통신 인프라를 구축한다.

둘째, 지역정보화를 통한 지역경제 활성화 및 성장 기반을 확충한다. 지역경제 활성화를 통한 지역 주민의 삶의 질을 향상시키고 지역정보화 추진시 지역개발정책 및 지역산업계획과 연계시킨다.

셋째, 지역정보화 지원사업에 지역경제의 주체인 기업의 적극적인 참여를 유도하고 지원한다. 지방자치단체가 지역경제의 주체인 기업들이 지역정보화 추진에 참여할 수 있는 여건을 조성 지원 체계를 구축하고 기업들이 활용할 수 있는 관련 DB를 구축, 지역정보화를 통한 지역산업 활성화 정책을 발굴한다.

넷째, 지원사업 추진시에 지역산업 촉진과 연계시킨다. 지역정보화 추진시 산업활동 촉진을 지원할 수 있는 제도 및 지원체제를 정비하여 지방자치단체가 지역 고유의 산업정보화 과제를 발굴하도록 하며, 자치단체별로 기업과 연계하여 공동 네트워크를 구축 운영한다.

다섯째, 지역정보화 지원사업의 성공적 추진을 위해 행정안전부가 주도적으로 참여하고 잠재력과 경쟁력이 우위에 있는 지역과 대상사업을 선정 지원한다. 고객 중심의 정보 서비스가 직접 실현되는 방향으로 추진하고 지원사업에 대한 추진체계 개선 및 엄정한 평가와 지속적인 보완 후에 확산시킨다.

여섯째, 시·군·구 중심의 행정종합정보체제 구축과 정보 연계 통합 체계 확립으로 행정 효율의 극대화 및 행정의 투명성을 확보한다. 행정전산망 시스템을 시·군·구를 중심으로 개선·보완하여 발전시키고 주민, 부동산, 자동차의 통합 시스템을 구축하여 1개의 단말기에서 원스톱으로 민원을 처리하고 제도 개선(BPR) 및 표준화 작업을 선행한 후 시스템을 개발한다.

일곱째, 지역정보센터는 지역정보 거점(정보이용센터)으로 육성하여 누구나 쉽고 편리하게 이용할 수 있는 장소로 육성·지원한다. 지역의 공공시설을 지정, 지역정보 거점센터로 육성하고, 정보 이용 교육, 정보 마인드 확산을 위한 시민공간으로 발전시킨다.

여덟째, 지역 주민과 지방공무원에 대한 지속적인 정보 이용 능력의 향상을 도모한다. 지방공무원 1인 1 PC 조기 보급 및 전자문서 관리체제를 도입하고 정보화 교육시설의 개선 및 이용자의 교육 과정을 확대하며 관·학 협약 및 자원봉사자를 활용한 정보화 교육을 활성화한다.

2) 추진체계

지역정보화는 그 동안 정보통신부, 산업자원부, 과학기술부, 농림부 등 각 중앙부처별로 관련 정책과 사업을 추진해 왔으나, 그 중 국가정보화 주무부처인 정보통신부가 국가정보화사업과 관련하여 가장 활발하게 추진해 온 것으로 평가된다(한국전산

[그림 10-1] 지역정보화 추진체계

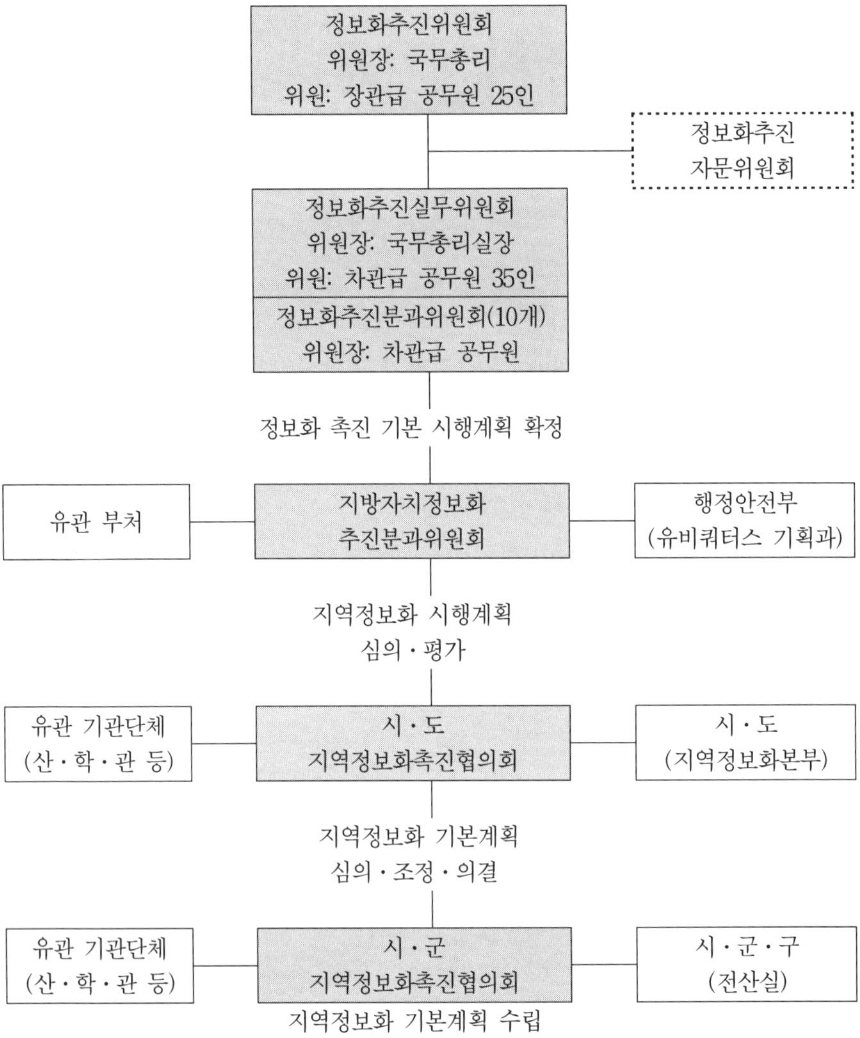

자료: 행정자치부 계획서 중 추진체계를 재정리한 것임.

원, 1997: 387). 정보통신부의 지역정보화 추진체계는 정보문화 확산 및 정보통신 인력 양성을 위한 '한국정보문화센터'와 1991년 6월에 8개 지방 체신청 소재 지역별로 구성한 '지역정보화추진협의회'로 이원화되어 있었다. 그러나 1995년 8월 4일 정보화촉진기본법, 1995년 12월 29일 정보화촉진기본법 시행령 제정 이후 지방자치단체와 가장 업무 연관성이 많은 행정자치부가 1997년 2월 지방자치단체의 지역정보화촉진 시행계획을 수립·시행함에 따라 지역정보화의 주무부처의 역할을 맡아 오고 있었다. 2009년 2월 현재 행정안전부로 명칭이 바뀌었으며, 행정안전부의 '유비쿼터스 기획과'를 중심으로 유비쿼터스 지역정보화 및 u-City 구축 등 유비쿼터스 사회 기반 구현을 위한 노력이 이루어지고 있다(행정안전부 홈페이지, 2008). 이러한 지역정보화 추진체계는 [그림 10-1]과 같다.

그림을 통해 각 추진체계의 기능을 보면, 정보화추진위원회는 정보화촉진기본법 제8조에 따라 국무총리 소속하에 정보화추진위원회를 두고 있다. 정보화추진위원회의 위원장은 국무총리이며 장관급 공무원 25인의 위원으로 구성되며, 국가 전체의 정보화 촉진을 위한 기본 및 시행계획을 결정하고 정책사업 추진에 관한 심의·조정·의결하는 기능을 가진다. 정보화추진위원회 아래에는 위원회의 효율적인 운영을 위해 정보화추진실무위원회를 두고 있으며, 정보화를 효율적으로 추진하기 위해 분야별로 정보화추진분과위원회를 설치·운영하고 있다. 정보화추진실무위원회 위원장은 국무조정실장이다. 현재 정보화추진분과위원회는 전자정부추진분과위원회, 경제산업정보화추진분과위원회, 교육문화정보화추진분과위원회, 사회복지정보화추진분과위원회, 국가안보정보화추진분과위원회, 형사법제정보화추진분과위원회, 정보통신인프라추진분과위원회, 정보보안추진분과위원회, 입법정보화추진분과위원회, 사법정보화추진분과위원회의 10개 분과로 구성되어 있다(정보화추진위원회 홈페이지, 2008). 그리고 행정안전부가 맡고 있는 지방자치정보화 추진 분과위원회는 지역정보화 시행계획을 수립하고 지침을 개발·시달할 뿐만 아니라 지방자치단체의 정보화 기본계획을 심의 및 평가하며 시·도 및 시·군·구 지역정보화추진협의회에서는 당해 지역의 정보화 기본계획을 심의·조정·의결하며, 협의회는 조례에 의해 산·관·학 등 관련 분야의 전문가로 구성된다.

3) 관련 부처의 지역정보화사업 추진 현황

우리나라의 지역정보화는 국가 전체의 정보화를 주관하는 정보통신부에서 주로 맡아 오다가 현재는 지방자치단체 업무와 가장 연관이 많은 행정안전부에서 주도하는 추세이다. 이 밖에도 다른 중앙부처에서도 자체 업무와 관련된 지역정보화 사업을 꾸준히 추진하고 있다. 여기에서는 최근 추진되고 있는 지역정보화사업을 각 중앙부처별로 간략히 살펴보겠다.

(1) 기획재정부

기획재정부는 국가재정을 종합적이고 체계적으로 관리할 수 있도록 재정활동 전 과정에 대한 업무를 정보화함으로써 재정의 효율성・생산성・투명성을 향상시키는 목표 아래 지역정보화사업을 추진했다.

이러한 기획재정부의 대표적인 지역정보화사업은 '지역특화 농업기술 정보화 인력 지원', '지역 한우 개량 정보화 지원', '농업인 e-비즈니스 활성화 지원' 그리고 '정보화 선도 농업기술센터 육성' 등이 있다. 이 중 '정보화 선도 농업기술센터 육성' 지역정보화 추진 사업의 주요 내용은 첫째, 지역 단위 농업정보화 시범 모델로 역할할 수 있는 선도 농업기술센터를 육성한다. 둘째, 읍・면 단위 영농상담소를 현대화 및 정보화하여 각종 데이터를 기반으로 한 농업인 육성이다.

(2) 교육과학기술부

교육과학기술부는 국가경쟁력 강화를 통한 신교육 체계 구축이라는 목표 아래, 교육을 수월성 강화, 고등교육 및 평생교육 지원 강화, 교육복지의 확산, 글로벌 리더십의 구현을 통해 지역정보화를 추진하고 있다.

교육과학기술부의 대표적인 지역정보화사업은 '사이버 가정학습 및 가정교사 지원 체제 구축'으로, 그 추진 내용은 다음과 같다. 첫째, 사교육비 증가, 지역 간의 교육격차 심화로 공교육의 내실화에 기여하기 위한 e-러닝 체제의 구축이다. 둘째, 학교 교육과 연계한 다양한 자율학습 콘텐트를 제공하여 무료 보충학습 기회를 확대함으로써 사교육비 경감시키고, 지역 격차를 해소하고자 한다. 셋째, 학습자 중심의 자율적・선택적 맞춤형 학습 체제가 요구됨에 따라 새로운 교육혁신을 위한 e-러닝 학습 체제를 구축하기로 하고, 그 일환으로 사이버 가정학습을 추진한다.

(3) 보건복지가족부

보건복지가족부는 국민 모두가 혜택받는 사회 실현을 위한 보건복지 서비스 체계를 구축하여 세계 최고 수준의 열린 전자정부를 구현한다는 목표 아래, 사회복지 분야 서비스 혁신, 정보 취약 계층의 정보접근성 제고 및 복지 업무의 생산성 향상을 통해 지역정보화를 추진하고 있다.

보건복지가족부의 대표적인 지역정보화사업으로는 '공공보건 정보 시스템 운영', '공공보건 정보 시스템 재난복구', '공공보건정책 마이닝'이 있다. 그 중에서도 공공보건 정보 시스템 운영' 사업의 구체적인 내용은 첫째, 보건의료 서비스 개선으로 대

(對)국민 건강관리 능력을 향상시키고자 한다. 둘째, 유관 기관과의 연계 강화 및 공공보건정책의 선진화를 추구한다. 셋째, 보건기관 업무의 전자동화로 업무 수행의 질을 향상시키고자 한다.

(4) 국토해양부

국토해양부는 경제 위기 조기 극복, 물과 함께하는 국토 재창조, 녹색성장 신성장 동력 확충, 이상의 3대 핵심 정책과제를 실현시키고자 노력하고 있다. 이러한 국토해양부의 대표적인 지역정보화사업으로는 '해양수산행정정보화'가 있다. '해양수산행정정보화' 사업이란 모든 행정업무의 전자화 및 정보 공유 확대, 고객 중심의 대민 서비스 혁신을 목표를 달성하기 위해 해양수산 업무 지원 정보 시스템의 유사 사업 통합 및 연계, 수요자 중심의 맞춤형 교육과 고객 만족도를 제고할 수 있는 교육환경 조성, 그리고 정부통합전산센터로의 정보자원 이전을 지원하고 콘텐트 및 프로그램을 개발 및 관리하는 사업이다.

(5) 행정안전부

행정안전부는 세계 최고 수준의 디지털 정부를 구현한다는 목표 아래, 선진 정보사회 구현, 일 잘하는 행정업무 체계 구축, 고객 중심의 실용 서비스 촉진 및 강화를 통해 지역정보화를 추진하고 있다.

행정안전부의 대표적인 지역정보화사업은 'u-City 구축 기반 조성' 사업이다. u-City 구축 기반사업은 u-City 서비스 제공을 위해 필요한 IT 인프라와 응용기술에 대한 현장 검증 및 표준화 추진으로 u-City 확산 기반을 마련하는 사업이다. 이러한 u-City 구축 기반 조성사업의 추진 내용은 다음과 같다. 첫째, u-City 간 서비스 상호 운용성을 확보하고 서비스 개발비용의 최소화를 위한 서비스 표준 모델을 개발한다. 둘째, u-City 모델의 경제성과 호환성 확보를 위해 구축 세부지침의 시범 적용, 장비 및 서비스 모델을 시험한다. 셋째, 관련 법제도 정비 및 정책적 지원 방안을 도출하고 국제행사 개최 등 u-City 저변 확산 기회를 마련한다.

① 행정안전부의 u-City

가) u-City의 개념: u-City의 개념은 전 세계 어느 나라에서 전례를 찾아볼 수 없는 도시의 새로운 패러다임으로, 그 기원은 우리나라에서 찾을 수 있다. 사실 u-City에 대한 정의는 무엇이 옳고 그르다는 명백한 기준이 없다. 따라서 u-City의 개념을

[그림 10-2] u-City의 개념도

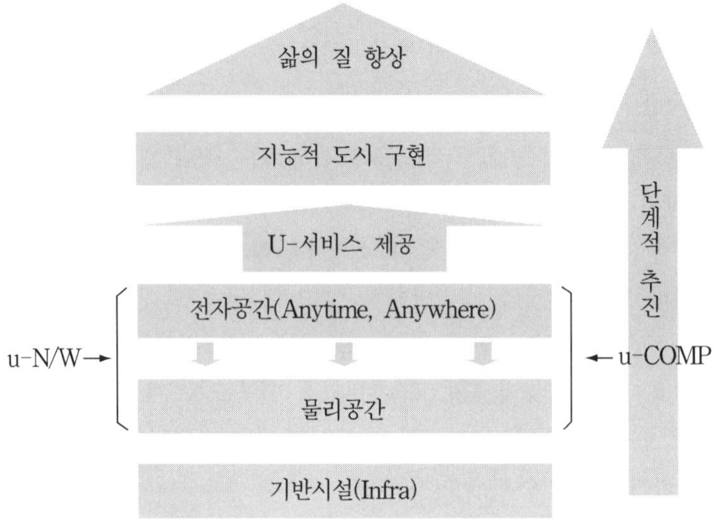

다음과 같이 정의할 수 있다.

u-City란 "첨단 IT 인프라와 유비쿼터스 정보 서비스를 도시 공간에 융합하여 생활의 편의 증대와 삶의 질 향상, 체계적 도시관리에 의한 안전 보장과 시민 복지 향상, 신산업 창출 등 도시의 제반 기능을 혁신시키는 차세대 정보화 도시"를 말한다. 즉 u-City는 궁극적으로 "언제, 어디서나 유비쿼터스 서비스를 제공하여 해당 지역 주민의 삶의 질 제고와 지능적인 도시의 구현을 목표로 하는 물리적 공간과 전자공간을 접목시킨 지능형 도시"를 말한다(그림 10-2 참조).

〈표 10-1〉 기존 도시와 u-City의 비교

기존 도시	u-City
거리 중심의 도시	정보 중심의 도시
인구, 교통, 업무의 집중화	인구, 교통, 업무의 분권화
환경오염, 에너지 문제 유발	자급자족의 친환경 도시
시간적·공간적 제약	언제 어디서나 정보 접근 용이
생산자 중심 의제한된 시장구조	소비자 중심의 뉴 비즈니스 창출

자료: 윤영삼(2007: 3).

〈표 10-2〉 중앙부처의 지역정보화 관련 사업

수행 기관	업무명	추진 내용
기획 재정부	지역특화 농업기술 정보화 인력 지원	- 지방농촌진흥기관의 정보화사업 추진에 필요한 정보화 보조인력 지원
	지역 한우 개량 정보화 지원	- 지역 한우 개량에 필요한 개체 능력검정 자료 조사·수집 및 분석 서비스 - 보유 한우 선발·도태, 사양관리 개선, 계획 교배 등 농가 의사결정 지원에 필요한 종합적인 분석정보 제공
	농업인 e-비즈니스 활성화 지원	- 농업인 e-비즈니스 활성화를 위한 지역별 멘토링 교육(멘토 양성)
	정보화 선도 농업 기술센터 육성(디지털 영농상담소 구축	- 지역단위 농업정보화 시범모델로 역할할 수 있는 선도 농업 기술센터 육성 사업 - 읍·면 단위 영농상담소를 현대화(정보화)하여 각종 데이터를 기반으로 한 농업인 - 상담 서비스 기반 조성
교육과학 기술부	사이버 가정학습 및 가정교사 지원체제 구축	- 사이버 가정학습중앙센터 운영
보건복지 가족부	공공보건 정보 시스템 운영	- 정보 시스템 운영 환경 구축
	공공보건 정보 시스템 재난 복구	- 장애 발생 대비 재난복구 시스템 구축
	공공보건정책 마이닝	- 정책통계 생산 등 정보 지식화
국토 해양부	해양수산행정정보화	- 해양수산 업무 지원 정보 시스템의 유사 사업 통합 및 연계 - 수요자 중심의 맞춤형 교육과 고객 만족도 제고
행정 안전부	u-City 구축 기반 조성	- u-City 서비스 모델 발굴, 타당성 검증 및 표준화 - IT 인프라 구축 가이드라인 마련 - IT 인프라 및 기술 측면에서 u-City 중장기 종합 계획 수립 - 상호 운용성 확보를 위한 도시정보 통합·연계 체계 개발

자료: 한국정보사회진흥원, 「2008 국가정보화 백서」, p. 76을 수정 및 보완함.

나) u-City의 특징: u-City는 다음과 같이 기존의 도시와 다른 특징을 가지고 있다.

첫째, 기존 도시는 거리 중심의 도시였지만, u-City는 정보 중심의 도시이다.

둘째, 기존 도시는 인구, 교통, 업무의 집중화를 강조했지만, u-City는 인구, 교통, 업무의 분산화를 강조한다.

셋째, 기존 도시는 환경오염과 에너지 문제를 초래했지만, u-City는 자급자족의 친환경 도시이다.

넷째, 기존 도시는 시간적 · 공간적 제약을 받지만, u-City는 언제, 어디서나 정보의 접근이 용이하다.

다섯째, 기존 도시는 생산자 중심 의제한된 시장구조이지만, u-City는 소비자 중심의 뉴 비즈니스(new-business)를 창출한다.

이상의 u-City의 특징을 표로 정리하면 <표 10-1>과 같다.

지금까지 살펴본 각 부처별 주요 지역정보화 사업의 추진 내용은 <표 10-2>와 같이 정리할 수 있다.

2 지역정보화정책의 추진상 문제점과 개선 방향

1) 문제점

정부의 지역정보화정책은 현실적으로 다음과 같은 문제점을 해결하는 방향으로 추진되고 있지 않다. 이러한 문제점들은 지난 30여 년간 경제 성장을 위한 성장거점 개발정책에 치중해 온 기존의 정책적 성향에서 기인한 것으로 볼 수도 있으나, 대부분 지역정보화를 본격적으로 추진하는 오늘날 새롭게 대두되고 있는 문제들이라는 데 주의를 요한다.

(1) 지역정보화에 대한 낮은 인식

전반적인 현상이지만 특히 지방에서는 '정보' 또는 '정보화사회'에 대한 인식이 여전히 지극히 낮다. 아직도 대부분 전통적인 사고방식에 젖어 있는데, 이것은 일반 국민뿐만 아니라 사회의 지도적 위치에 있는 지식인, 행정책임자, 중소기업의 기업주들도 마찬가지이다.

(2) 정보통신 기반의 불균형적 분포

정보화의 핵심인 정보통신 기반이 서울과 지방 간에 매우 심한 격차를 보이고 있다. 거의 모든 정보통신체제가 서울에 집중되어 있으며, 생활정보에서부터 기술정보에 이르기까지 서울을 중심으로 운영되고 있다.

(3) 지역 통계정보의 미비

지역 통계정보의 미비로 지역정보의 구축을 위한 기초자료가 거의 없다. 지역 주민에게 가장 시급하게 필요한 정보란 지역에 관한 각종 통계정보이다. 이것은 가장 현실적인 지역정보화의 기반이라 할 수 있다.

(4) H/W의 높은 가격과 S/W의 미개발

H/W 분야인 컴퓨터, 팩시밀리 등 뉴 미디어를 일반 서민들이 손쉽게 구입하기에는 가격면에서 많은 제약을 받고 있다. 또한, 지역 실정에 알맞은 S/W 및 이에 대한 개발활동이 거의 없는 실정이다.

(5) 높은 수준의 정보통신 사용료

각종 정보통신 사용료가 선진국에 비해 과중한 편이다. 전화이용료나 전화세, 설비비, 데이터 통신의 접속 및 이용료, 팩시밀리 설치 및 사용료는 중산층에게도 큰 부담이 되는 가격으로, 정보화 촉진에 큰 장애 요인이 되고 있다.

(6) 전문인력의 부족

지역정보화를 이끌어 갈 유능한 전문인력의 부족이다. 현재 전문인력을 교육시키는 곳은 대학의 관련 학과와 사설학원, 정보에서 운영 중인 소수의 전문교육기관 등이 있을 뿐이다. 또한 지방대학에는 관련 학과가 적을 뿐만 아니라, 사설학원의 교육의 질도 좋지 않아 훌륭한 전문인력의 양성도 한계가 있으며, 양성된 인력마저도 서울 등 대도시의 직장을 선호하는 경향이 있어 지역정보화를 위한 견인차가 존재하지 않게 되어 결국 지역정보화의 시행을 어렵게 하고 있다.

(7) 지역 특성을 무시한 정보화사업 추진

지역정보화의 목표는 정보화의 확산을 통해 지역경제와 문화를 활성화하고 지역주민의 생활의 질을 향상시키며, 나아가 지역 간 교류를 확대하여 국토의 균형 발전을 도모하는 데 있다. 따라서 지역 특성에 맞는 정보화사업을 추진하기 위해서는 초기에는 공공 부문을 중심으로 수행하지만 점차로 민간 부문의 참여를 유도하고 지방자치단체의 주도하에 계획 및 시행되어야 하는데, 이에 관한 대책은 아직도 매우 미비한 상태이다.

(8) 지역정보화 추진 세력의 분산

지역정보화가 부처별로 내용과 지역별로 독립적으로 추진되고 있어서 상호 연계성이 결여되고 지역의 제반 활동에 유기적으로 순기능적인 작용을 하지 못하고 있다.

예컨대, 중앙정보화에서 나타나는 부처 간 정보화사업의 상호 연계성 및 기능의 호환성이 결여되어 오히려 지역에서의 이용에 비능률을 초래할 가능성이 높다. 특히, 지역정보화를 통해 부처 및 지역 간의 특성을 살리고, 해당 부처 및 지역 간 갈등 해결과 조정자로서 역할을 담당해야 할 행정안전부의 독주에 의해 지역정보화가 추진되고 있는 실정이다.

(9) **지방자치 발전에 대한 지역정보화의 역할 미비**

지역정보화가 지방자치의 활성화에 기여하는 방향으로 이루어져야 함에도 불구하고 아직까지 지방행정의 정보화조차도 미흡한 실정이다. 더욱이 행정 분야가 아닌 여타 사회 기능의 정보화를 지역적으로 차별을 두어 추진함에 따라 이미 지역정보화를 추진하는 과정에서 특정 지역의 주민은 지역정보화의 혜택을 누리지 못하는 소외감을 경험하고 있다.

2) 개선 방향

지역정보화의 기본 목표도 일반 정보화의 목표와 마찬가지로 지역정보체제의 종합화·지역화·효율화에 있는 바, 정보화정책의 추진 과정에서 나타난 문제점들은 그와 같은 방향으로 해결되어야 할 것이다. 이런 관점에서 지역정보화정책의 문제점을 해결하기 위한 정책적 과제를 살펴보면 다음과 같다(이수성, 1990; 채원호, 1990: 209-32; 최홍석, 1997).

(1) **지역 내 정보자원의 효과적인 활용**

지역 내 정보자원(예: 지역정보, 컴퓨터 하드웨어 및 소프트웨어, 각종 통신시설, 인적 자원 등)의 효과적인 활용이 도모되어야 한다. 즉, 정보기술, 기기, 설비, 서비스 등의 질적 우수성이 제고될 수 있도록 수요 증대에 힘써야 한다. 이를 위해서는 홍보 및 교육과 함께 정보기술, 기기, 서비스 등이 수용되었을 때의 파급 효과를 연구·분석하여 충분히 이해시켜야 하며, EC의 STAR 계획이나 일본의 지역정보화에서처럼 지역정보화 추진기구와는 별도로 이를 담당할 연구기관이나 연구회를 설립하는 것이 바람직하다.

(2) **지역 특성을 고려한 지역정보화 추진**

지역문제의 해결 과제 및 개발 분야에서 효과적인 분야를 우선적으로 고려하여 정보 시스템의 구축이 이루어져야 한다. 그 중에서도 지역 주민의 균등한 정보 접근 이용을 보장할 수 있을 뿐만 아니라 여타 사회 분야의 정보화를 선도할 수 있는 지방행정정보체제가 우선적으로 구축되어야 할 것이다. 왜냐하면 지방행정정보체제의 구축을 통한 지방행정의 정보화는 지역적 특성을 고려하면서 아울러 지역적 격차를 여타 분야의 정보화 추진에서보다 덜 심화시킬 뿐만 아니라 여타 분야의 지역정보화를 선도할 수 있기 때문이다. 그런데 지역 주민이 직접적으로 필요로 하는 점을 고려하여 지역 실태에 맞는 정보 시스템의 도입과 함께 자주적이고도 자율성이 확보되는 지역정보화가 추진되어야 한다.

또한 지역 내의 이들 정보 시스템은 종합성과 더불어 통합성이 확보되어야 한다. 실질적으로 중앙정부기관에 의해 주도되는 지역정보체제는 각 기관별 특성이 우선시되는 경향이 있어 지역 특성이 부각되지 못할 수 있다. 따라서 각 지역 단위에서 종합화가 도모되어야 할 것이다. 아울러 어느 정도 통합성이 확보되어 상호 교환적 기능이 확보되어야 할 것이다.

(3) 정보화에 따른 세제 및 금융 혜택의 제공

정보화에 대한 이해가 높아졌다고 하더라도 실제로 정보화를 추진하기에는 많은 재원이 소요되므로 적어도 초기 단계에서는 세제 및 금융의 혜택을 제공하는 것이 바람직할 것이다. 특히 지방정부가 지역정보화를 주도하는 경우 우리나라 지방정부의 경우 재정자립도가 극히 저조한 점을 고려할 때 국가의 재정적·금융적 지원은 불가피하다.

(4) 통신의 공공성 확보와 보편적 서비스의 의무화

시장경제에서는 수요가 있는 곳에는 공급이 따라가는 경향이 있으므로 지역 간 수요의 격차로 인한 서비스 가격의 차이가 지역 간 발전 격차를 더욱 커지게 하는 일이 발생해서는 안 될 것이며, 이를 위해 통신의 공공성을 강조하여 부분적으로나마 보편적 서비스를 의무화하고 어느 정도의 가격통제도 고려해 보도록 해야 한다.

(5) 정보통신 기반의 구축 및 확대

정보를 원활히 교환하고 이용하기 위해서는 정보통신 기반시설이 무엇보다 먼저 마련되어야 하나 여기에는 상당한 재원이 소요되므로 국가는 이들을 사회 기반시설의 일부로 간주하여 지역 간 격차 없이 전국적으로 균등한 접근이 가능하도록 정보통신 기반의 구축 및 확대에 적극적으로 힘써야 할 것이다. 아울러 지역 차원에서도 지역 내 각종 정보 보유기관 및 사용기관이 정보 교류를 원활하게 할 수 있도록 지역 정보망을 구축해야 한다.

(6) 정보 기반 구축에 따른 지역 산업과의 연계성 확보

정보통신 시스템이 구축됨으로써 주변 지역이 오히려 중심에 더욱 종속될 가능성이 있다는 점을 고려하여 각 지역이 고유의 기능을 갖도록 하는 것이 무엇보다 필요하다. 특히, 낙후된 지역이지만 국내외적 환경 변화에 따라 정보통신 부문에서 새로운 역할을 담당할 수 있을 것으로 보이는 지역에 대해서는 정보통신에 많이 의존하는 산업과 연계하여 개발계획을 세우고, 정보통신시설에 대해 집중 투자하여 그 지역의 발전을 도모하는 것이 필요하다.

(7) 인적 자원의 확보

지역정보화가 원활히 추진되기 위해서는 무엇보다도 충분한 양질의 인력 공급이 뒷받침되어야 한다. 이때 특히 지역의 사정을 잘 아는 해당 지역 출신의 전문인력이 원활하게 공급될 수 있다면 가장 바람직할 것이다. 그러나 우리의 현실은 국가 전체는 물론이고 양질의 인력이 집중되고 있는 서울에서도 인력이 부족한 실정이어서 그 대안이 조속히 마련되어야 한다.

(8) 정보화에 대한 교육 및 홍보 강화

정보화에 대한 교육·홍보가 필요하다. 이것은 결국 각종 기존 정보 서비스의 수요 확대를 가져와 정보 서비스에 대한 투자 의욕을 높여 줄 뿐 아니라 새로운 정보 서비스에 대한 수요를 창출시켜 더 높은 질의 서비스를 공급하도록 자극하는 일이 된다. 그러나 그 같은 홍보는 수요자로 하여금 각종 정보 서비스의 내용 등에 관해 만족할 수 있도록 질적 우수성의 확보를 전제로 한다.

(9) 상·하향식 정보화전략의 추진

지역정보화의 추진 방식은 하향식과 상향식이 복합된 혼합형이 바람직할 것으로 보인다. 우리나라에는 국가기간전산망사업을 비롯해 국가정보화를 위한 여러 구상들이 설계·실행되고 있으나, 이들은 대개 중앙에서 주도하는 하향식 추진 방식을 택하고 있어 각 지역의 의견과 지역 주민의 광범위한 참여를 유도해 내기가 어려울 뿐만 아니라 지방자치제에도 부응하기 어렵기 때문에 아래로부터의 상향식 정보화전략이 요구된다. 특히 정보통신 부문은 막대한 투자가 소요될 뿐 아니라, 공공성의 성격이 짙고 정보화가 국가 부문에 미칠 영향이 지대하기 때문에 총체적 계획의 필요성은 어느 것보다 높다고 하겠다.

이러한 점을 고려할 때 먼저 중앙에서는 국가의 정보화를 위한 총체적인 계획에 근거하여 각 지역의 정보화를 위한 방향을 설정하고 각종의 시범사업을 전개하여 각 지역은 지방자치단체를 중심으로 설계 단계에서부터 민간 부문의 참여를 유도하여 자발적인 지역정보화를 추진하도록 한다.

(10) 지역정보화의 계층적 구성

지역정보화는 지역 단위로 추진하되 전체가 하나의 시스템으로 기능할 수 있도록 계층적으로 구성되는 것이 바람직하다. 최근 들어 일본이 목표로 하고 있는 '중층 정보사회(Multi-layered Information Society)'의 개념도 이러한 계층적 구조를 바탕으로 하고 있으며, 세계, 국가, 지역의 3단계에서 단계 내의 친밀한 연계와 단계 간의 원활한 연결을 추구하고 있다.

이러한 계층적 지역정보화를 위해 우리는 우선 시·도를 1차 단위로 하고 그 하부 도시를 2차 단위로 하여 추진하며, 필요에 따라서는 공단지역 등 특수 지역 단위를 별도로 2차 단위 혹은 3차 단위로 두도록 한다.

(11) 정보화에 따른 법·제도적 정비 및 개선

프라이버시 보호 및 보안에 대한 대책을 마련해야 할 뿐만 아니라 정보의 독점이나 컴퓨터 범죄 또는 정보 공개 등 지역정보화와 관련된 문제들에 대한 법적·제도적 정비 및 개선이 요구된다. 이는 중앙과 지방 간 또는 지역과 지역 간의 문제뿐만 아니라 국가 전체에 걸쳐서 영향을 미치는 문제이므로 통합적인 시각에서 대처해야 할 필요가 있다.

(12) 지역정보화에 따른 장·단기적 인력 수급계획 수립

지역정보화로 인한 산업구조 및 취업구조의 변화에 미리 대비해야 할 것이다. 이미 세계적으로 산업 분류의 조정이 이루어지고 있는 상황에서 급속하게 진전되는 지역정보화와 함께 변화되는 산업구조와 그에 따른 취업구조에 부응하는 장단기적인 인력 수급계획의 수립 등은 시급히 이루어져야 할 정책적 과제이다.

(13) 지역정보화의 통합 · 조정 기능 강화

지역정보화를 추진하는 데에는 할거주의적 성향을 지양할 수 있는 통합 · 조정 기능의 강화가 요구되며, 이를 위해 지역정보화의 통합적 추진을 위한 통합기구나 조직이 수립 · 운영되어야 할 것이다. 이는 지역정보화에 관한 종합적인 청사진을 제시하여 일관성 있고 통일적으로 추진할 수 있게 됨으로써 지역정보화를 추진하는 과정에서 초래될 수 있는 각종 비능률적인 요인을 최소화하는 데 기여하게 될 것이다.

제 4 절 지방행정정보체제

지역정보 활용의 효과를 높이기 위해서는 지역사회의 중요한 정보 제공 원인인 지방행정의 정보화가 우선적으로 이루어져야 할 것이다. 행정사무의 처리나 행정 서비스 과정의 정보화는 사무의 효율화 및 대민 서비스의 향상에 도움이 될 뿐만 아니라 지방재정 기반을 튼튼히 하고, 또한 고도정보화 사회를 향해 유연한 행정 대응 능력을 그 내부에서 함양하게 됨으로써 지역정보화를 가속케 한다.

지역정보화를 능률적이고 효과적으로 추진하기 위해서는 지방자치단체의 적극적인 참여와 중앙정부의 실질적인 지원이 필수불가결하다. 이 중에서 지방정부가 주도적으로 지역정보화를 추진하기 위해서는 지방정부 자체가 먼저 정보화되어야 하며, 이 같은 지방정부의 정보화는 지방행정의 정보화, 즉 지방행정정보체제의 구축으로 가능하게 될 것이다(채원호, 1990: 216). 이런 관점에서 지역정보화의 성공적인 실현을 위해 어떻게 지방행정정보체제를 구축해야 할 것인가를 고찰해 볼 필요가 있다.

1 지방행정정보체제의 개념 및 특성

(1) 지방행정정보체제의 개념

지방행정정보체제(Public Management Infomation System for Local Government)는 지방자치단체 및 지방공공기관의 구성원과 지역 주민이 지방행정 활동 및 정책활동을 효율적으로 수행할 수 있도록 지원해 주는 인간-기계 상호작용 체제이다. 지방정부 차원에서 지방공무원뿐만 아니라 지역 주민이 효율적인 행정활동과 합리적인 정책활동을 수행할 수 있도록 필요한 정보를 제공해 주는 인공적으로 설계·제작된 사용자·기계 체제를 의미한다. 이 같은 지방행정정보체제는 일반행정 정보체제와 마찬가지로 컴퓨터와 통신설비, 통합처리 메커니즘, 처리모형, 데이터베이스, 그리고 전문인력으로 구성된다.

(2) 지방행정정보체제의 특성

지방행정정보체제는 일반적인 행정정보체제의 특성을 가지면서도 특히 중앙의 행정정보체제와 비교해 볼 때 대체로 다음과 같은 특성을 지닌다(최수만, 1990: 233-7).

첫째, 지방행정정보체제는 공공성을 갖는다. 지방행정이 지역 주민의 복리 증진을 최우선 목적으로 하는 한, 이 같은 지방행정 활동을 지원하는 지방행정정보체제도 공적 기능을 수행하는 것으로 보는 것은 당연하다.

둘째, 지방행정정보체제의 가장 두드러진 특성 중의 하나는 지역성이다. 지방행정이란 본질적으로 '일정 지역 내'의 주민을 대상으로 일상생활에 직결되는 업무와 주민 복지 증진에 관한 업무를 처리하는 생활행정을 뜻하는 바와 같이 지방행정정보체제도 일정 지역의 행정활동을 지원해 주는 것을 목적으로 한다. 중앙정부의 행정정보체제가 전국적인 행정활동에 주로 이용되는 반면에 지방행정정보체제는 지역적 특성에 맞는 다양한 정보체제를 운영함으로써 그 지역의 행정 업무 활동을 주로 지원해 주는 것이 다르다.

셋째, 지방행정정보체제는 광역성을 아울러 지닌다. 이는 기초행정정보체제와 달리 광역행정정보체제의 경우 광범위한 지역에 걸쳐서 정보 서비스를 제공해 주는데, 특히 광역자치단체가 광역적 업무, 통일적 업무, 공동적 업무 등을 수행하는 것을 지원하기 때문에 갖게 되는 특성이다.

넷째, 지방행정정보체제는 종합성을 지닌다. 이는 지방행정이 단순 반복적인 업무를 주로 하지만 업무의 내용이 복잡함을 고려하여 중앙정부의 행정정보체제처럼 계층별로 전문화된 정보체제이기보다는 종합행정정보체제로서의 기능을 수행하게 된다는 것이다. 즉, 지방정부가 상·하수도, 보건, 위생, 상공, 농·수산 관련 업무 등 매우 복잡다기한 행정사무를 처리하는 데 필요한 정보를 지원하기 위해서는 종합정보체제의 역할을 수행할 수밖에 없다.

다섯째, 지방행정정보체제는 민원 업무성을 갖는다. 이는 지방행정정보체제는 중앙의 행정정보체제보다는 주민 생활의 편의 도모, 행정 서비스의 제고, 시민의 기본적 수요 충족, 복지 증진과 같이 비권력적 행정 분야가 대부분으로서 민원 업무를 지원해 주는 성격이 강함을 의미한다.

여섯째, 지방행정정보체제는 다양성을 특징으로 한다. 지방정부가 지역적으로 획일적인 조직이나 기능을 갖고 있지 않고, 지역적 특성이 반영되어 다양한 업무를 지방정부별로 수행하고 있기 때문에 지방행정정보체제도 그만큼 다양한 모형으로 구축되게 마련이다. 따라서 지방행정정보체제는 절대로 획일적인 유형으로 구축되어서는 안 될 것이다.

일곱째, 지방행정정보체제는 기능상 구조화된 업무 지향성을 지닌다. 지방행정정보체제는 각종 계획 수립 및 모델 베이스의 활용이 요구되는 전략적 정책 기능을 지원할 수도 있으나, 중앙정부의 행정정보체제와 비교해 볼 때 대체로 기록·대조·정보 검색·증명서 발급 등과 같은 정형화된 일상적인 행정 업무를 주로 지원하는 경향이 많다. 왜냐하면 지방정부의 대다수가 오히려 구조화된 장부관리 업무이기 때문이다.

[그림 10-3] 지방행정정보체제의 기본 모형(예)

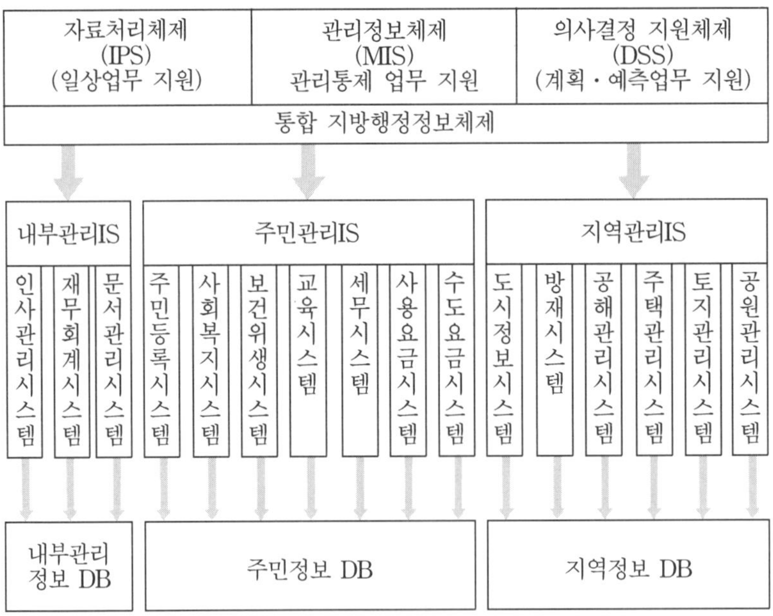

2 기본 모형

지방행정정보체제는 지역별로 다양한 모형으로 수립될 수 있으나, 공통적으로 적용 가능한 기본적인 모형을 개념적으로 구상하면 [그림 10-3]과 같다.[10]

지방행정정보체제는 광의의 지역정보체제의 하위 체제로서 개념화된다. 그로 인해 지역정보체제가 일반적으로 지역의 서비스 대상이나 이용 분야에 의해 분류되는 경우 산업 시스템(즉, 산업 분야를 서비스 대상으로 하는 정보 시스템)과 사회 시스템(즉, 사회 분야를 서비스 대상으로 하는 정보 시스템)으로 구분되는데 후자의 사회 시스템을 통합한 것이 바로 지방행정정보체제가 됨을 알 수 있다. 이러한 관점에서 지방행정정보체제는 대체로 3단계 구축 과정을 거쳐서 비로소 온전한 종합정보 시스템으로 발전하게 된다.

첫 번째 단계는 그림에서 보는 바와 같이 개별 데이터 처리 시스템의 구축 단계로서 지방정부 내부관리에 필요한 정보를 구비한 내부관리 데이터베이스와 주민 정보로 이루어진 주민정보 데이터베이스 그리고 지역정보를 담고 있는 지역정보 데이터베이스를 기초로 하여 구축된다. 이 단계에서는 개별 응용 정보 시스템이 각각의 데이터베이스에 기초하여 구축되어 각자 독립적으로 기능하기 때문에 업무상 공조 체제를 구축하여 원활한 지방행정 활동을 펼 수가 없다.

두 번째 단계는 개별 정보 시스템을 통합화하여 유기적인 정보 지원 활동을 수행하는 부분별 통합정보 시스템을 구축하는 단계이다. 여기서는 세 가지 유형의 데이터베이스에 기초한 개별 정보 시스템 간의 통합이 이루어진 관계로 부문별 행정활동의 원활화는 가능하지만 전체적인 통합화가 아직 달성되지 않아서 여전히 온전한 지역 분산 처리가 가능하지 못하다.

세 번째 단계에서는 개별 정보체제 전체를 통합화하여 완전한 지역 분산 처리를 이룩하게 된다. 그렇지만 이 단계에서는 조직 계층별 또는 업무 구조화 수준에 따라 다른 행정활동을 지원해 줄 수 있는 정보체제를 구축해야 한다. 이때부터는 데이터베

10) 최수만, 1990, pp. 244-9: 이은재, 지방자치단체의 정보체계에 관한 연구. 한국지방행정연구원, 「지방행정연구」, 제7권, 제1호(1992. 2), pp. 1-11: 한국지방행정연구원, 「지방정부의 지역정보관리체계의 확립 방안」(1989. 2)을 참조하여 독자적으로 개발한 것임.

이스뿐만 아니라 각종 의사결정을 위한 처리모형을 담은 모델 베이스를 구축해야 하며, 아울러 통합처리 메커니즘의 형성도 요구된다. 이들 정보체제 요소들은 모두 컴퓨터 시스템과 통신설비에 기초하여 활용하게 되며, 그 같은 작업을 수행할 수 있는 전문인력도 지방정부 차원에서 확보되어야만 비로소 정상적인 지방행정정보체제가 구축·운영될 수 있음을 알 수 있다.

통합적인 지방행정정보체제는 기초지방자치단체 내에 구축하는 경우와 광역지방자치단체 내에 구축하는 경우가 서로 다르겠지만 기본적인 구상은 서로 원용할 수 있을 것이다. 다만 어느 경우이든지 상호간의 접속을 위한 통신망의 구축이 요구된다. 이는 통합적인 광역 정보체제의 구축을 가능하게 하며, 더 나아가서 중앙정부의 행정정보체제와 국가기간전산망에 의해 접속시킴으로써 국가정보체제의 구축도 실현시킬 수 있게 된다. 게다가 해외 통신망에 의한 외국 정보체제의 접속·운영은 국제 행정정보체제의 구축까지도 가능하게 함을 알 수 있다.

3 구축 절차

행정정보체제의 구축 절차에 관해서는 학자들마다 다양하게 주장하고 있는데, 예컨대 문제 정의, 체제 목표의 설정, 정보 유통체계의 확립, 정보 요구의 파악, 정보원의 파악, 총체적 설계대안의 개발과 선택으로 보거나 또는 필요성의 인식 및 준비 단계, 설계 단계, 평가 단계로 구분하기도 한다(한국지방행정연구원, 1988: 60-3). 혹자는 설계전략 단계, 준비 단계, 설계 단계, 평가 단계로 나누기도 하고(국토개발연구원, 1985: 107-15), 심지어 정보 요구의 파악과 우선순위 결정, 정보의 분류 및 구체화, 정보 수집을 위한 전략 수립, 수집된 정보의 분석 및 보고로 구분하기도 한다(엄서호, 1988: 5-20).

한편 지역정보 시스템의 구축 절차를 시스템의 청사진 작성 단계(시스템의 설계단계), 시스템 설계에서 구축까지의 단계, 시스템의 운영 단계로 분류하는데(방석현, 1989: 649~56: 이수성·황주성, 1991: 541-8) 이는 일반정보체제의 구축 단계와 구태여 구별되어야 할 이유가 없다고 보여지므로 정보체제의 기획 단계, 정보체제의 개발 단계, 정보체제의 운영·평가 단계로 구분하는 것이 더 바람직할 것이다.

따라서 제1단계에서는 지방행정정보체제에 관한 기본 구상을 작성하여 관련 당사자들을 대상으로 한 정보 요구분석(information requirements)을 실시하며, 더 나아가서 구상한 정보체제에 관한 타당성조사 등 실행 가능성분석을 실시한다, 제2단계는 정보체제의 분석에서부터 정보체제의 실행까지의 단계로서 루빈(B. M. Rubin)의 반복적 체제개발 주기접근법(Iterative Systems Development Cycle: ISDC)을 취한다(Rubin, 1986: 541-8). 그래서 이 단계에서는 예비적 체제분석, 예비적 체제설계, 초기 원형 체제의 실행, 반복적 원형 수립주기의 단계를 거치게 된다. 특히 마지막의 반복적 원형 수립 주기 단계는 원형 체제의 평가 · 분석 · 설계 · 실행의 과정을 반복적으로 거치면서 최종적인 정보체제를 구축하게 된다. 그리고 제3단계인 정보체제의 운영 · 평가 단계에서는 실행된 지방행정정보체제를 운영하면서 필요한 유지 보수를 실시한다. 아울러 실행된 정보체제의 채산성, 기술적 성능평가, 관리 · 운영면의 평가, 이용자의 만족도 평가 등을 실시하여 정보체제의 변환 여부를 결정해 나간다.

4 지방행정정보체제 구축 시 고려 사항 및 정책적 과제

지방행정정보체제를 구축할 때 기본적으로 고려되어야 할 사항을 보면 대체로 다음과 같다(안문석, 1990: 138-40; 이달곤, 1990: 159-61).

(1) 지역 주민의 관점에서 구축

지방행정정보체제는 지역 주민의 관점에서 구축되어야 한다. 이는 첫째로 지방행정정보체제가 지역 주민과 관청 출입시 발생하는 대기 비용을 감소시키는 방향으로 설계되어야 하며, 둘째로 컴퓨터를 기초로 한 지방행정정보체제가 프라이버시 침해와 같은 지역 주민이 불이익을 당하는 것을 사전에 방지할 수 있는 방향으로 설계되어야 함을 포함하고 있다. 게다가 지방행정정보체제가 제공할 정보 서비스의 내용 및 규모 그리고 기대 효과 등에 관해 사전에 고려해야 한다.

(2) 경제성에 입각한 구축

지방행정정보체제는 철저하게 경제성에 입각하여 구축되어야 한다. 이는 정보체제의 중심이 컴퓨터 하드웨어 및 소프트웨어 등의 도입시 경제성에 바탕을 두어 검토되어야 함을 뜻한다. 아울러 이 같은 경제성에 기초한 검토 기법의 개발이 요구된다.

(3) 책임 소재에 대한 조정 및 확립

지방행정정보체제의 이용에 따른 기관 간의 비용 충당에 관한 책임 소재가 사전에 조정·확립되어 있어야 한다. 이는 정보체제가 구축되기 전에 지방정부 간의 경제적 비용 부담이 고려되지 않은 채 이루어졌던 각종 민원서류의 수·발신과 같은 행정업무를 지방행정정보체제에 의해 처리하는 경우에는 일정한 비용 부담 원칙에 의해 상호 업무 협조에 따른 비용문제를 해결할 수 있도록 해야 한다.

(4) 절차상의 민주성 확보

지방행정정보체제의 구축시 절차상의 민주성이 충족되도록 해야 한다. 이는 정보체제 설계 단계에서부터 관련자가 가능한 많이 참여하여 요구 사항이 제대로 반영될 수 있도록 해야 한다는 것이다.

(5) 점증적인 설계와 구축

지방행정정보체제는 점증적인 방법으로 설계되고 구축되어야 한다. 이는 정보체제를 지방정부 차원에 도입함에 따른 업무환경 변화 등의 영향을 객관적이고 정확하게 평가할 수 있는 방법과 제도를 사전에 마련하고, 전면적이고 획일적인 구축을 피해 지역 특성에 맞는 다양한 정보체제의 도입이 가능하도록 지역적·단계적으로 확산시켜 나가는 것이 더 바람직할 것이다.

(6) 체계적인 구축의 필요

지방행정정보체제는 광역지방자치단체를 중심으로 한 광역 행정정보체제와 기초지방자치단체를 중심으로 한 기초 행정정보체제로 체계화시켜 개발·구축하는 것이 필요하다. 다만 제1단계로 각각의 행정정보체제는 내부관리의 효율화를 도모하는 방향으로 구축한 후, 제2단계에서 기초 행정정보체제와 광역 행정정보체제 간의 상호 접속 및 호환이 원활하게 이루어지도록 설계되어야 한다. 그리고 제3단계에서는 지역 주민 여타 지역정보체제와의 접속이 가능하도록 구축한다. 따라서 제1단계에서 LAN을 구축하고, 제2단계에서는 WAN을 구축하며, 제3단계에서는 ISDN을 구축할 것이 요구된다. 다른 한편으로 점차 더 급속하게 확산되어 가고 있는 인터넷을 이용한 지방행정정보체제의 구축이 좀 더 용이하게 추진될 수 있을 것이다.

(7) 행정정보의 상호 교류 활성화

지방행정정보체제는 국가기간전산망사업의 일환으로 추진하여 중앙정부의 행정정보체제와의 체계화를 기할 수 있도록 설계·구축되어야 한다. 이는 중앙과 지방의 행정정보의 상호 교류를 원활히 하여 지방정부들로 하여금 분산 처리가 가능하도록 하는 방향으로 구축되어야 함을 의미한다.

(8) 잠재적 성능까지도 고려한 개발 및 구축

지방행정정보체제가 자료처리 체제(IPS)의 수준에 한정되어 구축되기보다는 관리정보체제(MIS)의 수준과 의사결정 지원체제(DSS)의 수준까지 격상시켜 지방정부의 정책정보체제로서 기능을 수행할 수 있는 잠재적 성능을 고려하여 개발·구축하는 것이 요구된다.

(9) 전문인력 양성과 기구의 설치

지방행정정보체제의 관리·운영을 전담하는 전문인력의 양성과 기구의 설치가 요구된다. 이는 새로운 지방행정체제 하에서 지방행정 정보활동과 관련된 정보관리행정체제의 구축이 요구됨을 의미한다. 따라서 지방행정정보체제를 구축할 때 중앙정부에서처럼 지방정부 차원에서도 정보활동 관련 지원행정, 규제행정, 보호행정, 그리고 서비스 행정 등을 전담할 전문인력과 조직이 요구됨을 감안하여 추진하는 것이 바람직하다.

(10) 국제 정보체제와의 연계성 확보

지방행정정보체제는 광역 행정정보체제를 포함한 지역 정보체제뿐만 아니라 해외 정보체제와도 접속이 가능하도록 구축하는 것이 필요하다. 이제 민주화와 더불어 지방화의 시기가 도래했을 뿐만 아니라 개방화와 지구촌과의 추세에서 국제문제의 국내화 또는 국내문제의 국제화 현상이 두드러지고 있기 때문에 지역 주민의 제반 활동의 효율화를 위해 국제 정보체제와의 연계는 불가피하다. 이는 지방정부가 중앙정부를 통해 해외 정보체제와 접속하는 방법도 있을 수 있으나 지방화와 분산 처리 체제를 구축하는 상황에 지방정부가 독립적으로 해외 정보망에 직접 접속·활용할 수 있도록 지방행정정보체제가 구축되어야 할 것이다.

제 11 장 민주화와 행정정보체제

제 1 절 정보화사회에서 민주주의

토플러(Alvin Toffler)가 『제3의 물결(*The Third Wave*)』(1982)이라고 일컫는 제3의 정보통신혁명[1]의 시기가 다가오고 있다. 여기서 말하는 제3의 물결이나 제3의 정보통신혁명은 벨(Daniel Bell)이 언급한 '후기산업사회(post-industrial society)'인 정보화사회(information society)를 뜻한다(Bell, 1973).

정보화사회의 도래가 민주주의에 미치는 영향에 관해서는 대체로 두 가지 상반된 견해가 있다. 그 하나는 낙관론자들의 견해로서, 그 주장의 요지는 과거 20여 년 동안 다양한 정보통신 기술의 획기적인 발달과 확산은 전 세계적으로 민주화를 가속화시켜 줄 것이라는 것이다(Naisbitt, 1982). 비관론자들의 견해는 독점자본의 전 세계적인 확장 속에 정보의 상품화와 사유화를 증가시키고, 급기야는 정보의 독점으로 전체주의 체제로의 강화를 초래할 수도 있다는 것이다.[2] 이상의 극단적인 두 견해를

1) 제1의 정보통신혁명은 인쇄술의 발명에서 비롯된 것으로 그 결과 출판, 신문, 우편 등의 정보체제를 등장시켰다. 제2의 정보통신혁명은 1837년 모스가 전신을 발명함으로써 시작된 전기통신, 즉 텔레커뮤니케이션 기술로 비롯되었다. 제3의 정보통신혁명은 앞으로 다가오는 고도 정보화사회를 지칭한다. 여기서 정보통신이란 정보를 생산, 축적, 가공, 유통 또는 공급하는 활동을 말한다(안청시, 1987: 109-222).

2) 특히, 갤브레이스(J. Galbraith)는 국민의 자발성과 참여를 위축시킨다고 주장한다. 즉, 그는 정보화사회는 커뮤니케이션과 통제의 틀에 박힌 체제, 혁신과 생산, 결정의 기술적 요소로의 환원, 결정 권

수용하는 제3의 주장이 있는데 그것은 테흐라니언(Majid Tehranian)이 말하는 '공동체학파(communtarian)'의 견해로서 정보화사회의 도래는 개인의 자유, 사회적 정보상의 평등, 그리고 문화의 자율성과 주체성 등에 대한 위협과 더불어 참여민주주의의 수준을 증가시킬 새로운 가능성의 선구자로 보았다(Tehranian, 1987: 87).

이러한 절충주의적 신중론에도 불구하고 일반적인 분위기는 낙관론적인 견해에 더 많은 관심을 갖는 것 같다. 즉, 사람들은 정보화사회가 도래하면 고도로 발달된 정보기술은 사회를 다양화, 분권화, 소규모화되도록 하며, 이는 다수의 횡포로 소수의 취향과 약자의 권리를 마음대로 억압할 수 없는 체제를 가능케 하고, 분권화와 직접 참여를 더 쉽게 보장해 준다고 믿는다(Masuda, 1981: 101-3). 그러나 이 장에서는 공동체학파의 견해에 유의하여 정보화의 도래에 따른 민주주의로 인한 국가의 감시 능력의 강화, 정보의 소유와 비소유 간의 격차 심화, 그리고 인간 갈등 문제의 해결을 위한 정보기술에의 지나친 의존 등은 새로운 전체주의적 헤게모니를 쟁취하기 위한 도구의 기능을 감당할 수밖에 없는 상황을 최소화할 수 있는 방안은 무엇인가를 고찰하고자 한다. 좀 더 구체적으로 말하면 1987년 '6·29 민주화 선언' 이후로 민주화운동의 열풍 속에 휩싸인 채 정보화사회의 도래에 직면해 있는 한국에서 정보화사회의 가장 중요한 하부구조들 중의 하나인 행정정보체제가 어느 정도로 민주화에 부응하고 있는지, 만약 그렇지 못하고 있다면 무엇이 문제인지, 그리고 그에 대한 해결방안은 무엇인지를 고찰해 보는 것은 상당히 의미 있는 일일 것이다.

제2절 민주화 모형

1 민주주의와 민주화

(1) 민주주의의 일반이론

민주화를 논할 때 대개 민주주의를 전제 조건 또는 가정으로 설정해 놓기 마련이

력의 기술관료 엘리트에로의 분산과 위임에 의해 자발성과 참여를 스스로 위축시키고 있다고 주장한다(Galbraith, 1978; Kumar, 1978; Ellul, 1980).

다. 그래서 민주주의란 그것을 논하는 사람들이 합의적 인지를 하고 있는 것으로 간주하고, 현재의 정치·사회 등 모든 체제가 민주적 상태에 어느 정도 도달했는지에 관한 것으로 이해되고 있다. 이처럼 민주주의는 특정한 통치 상태를 가리키는 반면에, 민주화는 그런 상태에 이르는 과정을 나타내는 동적인 통치 상태를 뜻한다. 이런 접근은 민주주의에 대한 이해나 합의의 정도에 따라 민주화의 정도가 결정됨을 시사한다. 아울러 넓은 의미에서 민주주의에 대한 공감대를 형성하고 있어서 마치 민주주의가 획일적인 통치 상태인 것처럼 보이나, 실제로는 국가나 민족 또는 문화에 따라 다양한 특성을 나타낸다.

민주주의의 일반이론은 특정한 나라가 자국민으로 하여금 그 나라의 정부를 이루고 발전할 수 있는 권한을 부여하면서, 언론·표현의 자유 및 시민으로서의 평등성을 보장하는 정치 형태를 민주주의라고 말한다(Appleby, 1965: 333-4). 이런 민주주의에 관한 일반이론을 좀 더 자세히 고찰해 보면, 권한이나 자유 또는 평등의 문제에 대한 국민적 합의와 국민과 통치자 또는 치자와 피치자 간의 합의가 최상의 상태에 이르지 못할 때의 통치 상태는 민주주의 정부가 존재한다고 볼 수 없다. 이는 엄밀한 의미에서 민주화는 존재할 수 있으나 민주주의는 존재하지도 존재할 수도 없다는 민주주의에 대한 실상과 허상을 구별하는 척도를 제공해 준다.

민주주의 또는 민주적 통치라면 서구식 민주주의, 특히 미국식 민주주의를 연상한다. 그런데 여기서도 마찬가지로 개념상 문제가 발생한다. 무엇이 서구식 민주주의이고, 무엇이 미국식 민주주의인지를 분명하고 단정적으로 제시해 주고 있지 않기 때문이다. 이들 민주주의 형태는 오히려 전술한 바와 같이 민주주의 또는 민주정치적 형태의 다양함을 제시해 줄 뿐이다. 다만 그런 가운데 서구식 민주주의 또는 미국식 민주주의란 말은 그들의 통치나 정부 형태가 비교적 타국의 통치 형태보다는 민주주의 본질에 비추어 덜 퇴색되어 있다는 사실을 암시해 준다. 그러나, 한 가지 주의해야 할 점은 서구식 민주주의나 미국식 민주주의도 여전히 변화일로에 있는 민주화의 과정일 뿐 완성된 민주화의 최종 단계에 있지 못하다는 사실이다.

예컨대, 우리에게 익숙해 있는 미국식 민주주의라는 통치 형태를 역사적으로 거슬러 올라가면 역시 우리나라와 같이 '덜된' 민주정부 형태 속에서 노예를 두고, 인종차별뿐만 아니라 남녀 간의 심한 차별까지도 용인되었다. 좀 더 구체적으로 비민주적인 요소들 중에 몇 가지 대표적인 예를 고찰해 보자. 미국 여성의 투표권 부여는 1920년 미 연방헌법 제19번째 개정 조항(the Nineteenth Amendment to the U.S.

Constitution)이 통과됨으로써 여성 투표권 쟁취운동을 전개한 지 72년 만에 이루어졌다.

미국 내 원주민인 인디언들에게는 투표권이 1924년에 주어졌다. 더욱이 미국 흑인들에게는 1965년 킹(Martin Luther King Jr.) 목사가 앨라배마 주 셀마(Selma)에서 주 수도 몽고메리(Montgomery)까지 50마일을 투표권 획득을 위해 흑인 대행진을 주도하고 있을 때 존슨(L. B. Johnson) 대통령이 특별 연설을 통해 투표권법(Voting Rights Act of 1965)을 통과시킬 것을 주장하여 성공함에 따라 비로소 주어졌고, 이어서 1970년, 1975년 그리고 1982년에 각각 동 투표법의 효력을 연장시켰다(Schmidt, Shelley, & Bardes, 1985).

그런데, 위에 열거한 소수민족 및 여성들의 투표권의 제한이 가해진 것은 헌법상의 투표권 허용 규정이 그전에 부재해서라기보다도 구체적인 시행령의 미비와 더불어 여러 가지 금지장치(devices to prevent)로 인해 혜택을 못 보았던 것이다. 예컨대, 1870년 2월 3일에 인준된 미 헌법 14번째 개정 조항 및 15번째 개정 조항(the Fourteenth and Fifteenth Amendments)은 미국 시민의 투표권은 연방 및 주에서 인종, 피부색 또는 이전의 노예 조건 등에 의해 부인되거나 박탈당하지 않는다고 규정하고 있다. 그럼에도 불구하고 흑인들에게는 '대부(代父) 조항(godfather clause)'이나 '선거제(poll tax)' 또는 '문맹 테스트(literacy test)' 등을 통해 제도적으로 거부되어 왔던 것이다(Schmidt, Shelley, & Bardes, 1985: 137-8).

이처럼 개인의 자유나 권리라는 측면에서만 보아도 민주주의는 온전한 상태로 있지 못하고 계속 발전해 가고 있음을 증명해 준다. 그러나, 먼저 분명히 해야 할 점은 무엇이 '온전한' 또한 '최상의' 민주주의냐는 것이다. 앞에서 언급한 민주주의의 일반 이론을 좀더 구체적으로 개념화한 것이 미국독립전쟁 당시 링컨(A. Lincoln) 대통령이 게티스버그에서 행한 연설문에 나타난 구절일 것이다. 즉, 온전한 민주주의 또는 온전한 민주정치란 '국민의, 국민에 의한, 국민을 위한 통치(government of the people, by the people, and for the people)'라고 정의내릴 수 있다.

(2) 민주주의와 분권화

이 개념을 행정 현상에 적용하여 행정의 민주화 또는 민주행정을 정의해 보면 분권화(decentralization)로 개념화할 수 있다. 행정의 민주화 또는 민주행정에 대한 이 같은 개념적 접근은 상당한 설득력을 갖는다. 왜냐하면 프레드릭슨(H. George

Fredrickson)이 지적한 대로 민주정치 형태를 갖고 있는 나라도 사실상 행정의 분권화가 말뿐이지 실제는 집권화가 이루어져 있는데 그 대표적인 이유가 권력의 이양과 함께 하부구조의 자율권(autonomy)을 허용하지 않는 기존 권력의 계층구조를 뒤바꾸는 데 어려움이 있기 때문이다(Frederickson, 1980: 77).[3] 다시 말하면, 행정민주화의 본질인 행정의 책임성의 확보, 민의에 대한 반응, 그리고 대표성의 문제가 분권화에 의해 좀 더 확실히 해결될 수 있기 때문이다.

(3) 민주주의와 민주화

다음으로 만약 민주주의 또는 민주정치가 하나의 목적 개념이고, 현실이 과정으로 존재한다면 과연 어느 정도의 민주화 또는 분권화가 바람직한가? 이는 가치중립적이기보다 가치지향적인 판단을 요구하기 때문에 국가나 국민 또는 문화적인 요소 등에 따라 천차만별일 수밖에 없다. 그러나, 한 가지 주의해야 할 점은 그런 민주화 또는 분권화의 바람직한 상태를 제시해서 국민적 합의를 구할 수 있는 수단이 무엇인가를 밝혀 주는 것이 더 중요하다는 사실이다. 환언하면, 바람직한 행정민주화의 정도를 파악할 수 있는 설득력 있고 국민적 공감대를 이룰 수 있는 합리적인 척도는 무엇이냐는 것이다. 이러한 문제들을 해결하기 위해 민주화, 특히 행정의 민주화 또는 민주행정의 정도를 측정할 수 있는 분권적인 틀로서 민주화 모형을 수립할 필요성이 있다. 민주화 모형은 행정의 민주화 정도를 결정짓는 세 가지 중요한 개념적 요소로 구성된다.

2 민주화 모형의 구성 요소

1) 행정의 책임성

민주화 모형을 구성하고 있는 첫 번째 중요한 요소는 행정의 책임성(administrative

3) 더욱이 민주적 행정을 포함한 다원론적 민주주의 모형(model of pluralist democracy)이 행정의 분권화의 특징을 그 내용으로 하고 있기 때문에 행정의 민주화를 행정의 분권화로 간주했다(Douglas Yates, *Bureaucratic Democracy,* Cambridge, Mass.: Harvard Univ. Press, 1982, pp. 10-14). 이처럼 민주주의를 분권화의 개념으로 단순화한 것은 전통적으로 민주주의를 '시민 간의 권력의 공유'로 간주해 왔기 때문이다. 물론 민주주의를 다수의 지배나 참여 등의 과정으로 간주하기도 하지만, 결과에 관한 통제가 민주주의의 중심사상이 되었기 때문이다(Lasswell & Kaplan, 1958: 227; Mill, 1962: 57; Dahl & Lindblom, 1953: 41).

responsibility)이다. 행정에서 책임성의 문제를 제기한 것은 행정이 정치 과정의 일부인 정책결정의 기능을 하고 있음을 인식하여 정치·행정 일원론적 견해를 펼 때부터 시작되어 1960년대 말 신행정학이 대두되면서 더욱더 강조되었다고 볼 수 있다(Frederickson, 1980: 77-8).

(1) 책임성의 본질

행정의 책임성은 정치적 책임성의 본질에 좀 더 가까운 개념으로 대개 다음과 같은 세 가지 의미로 통용된다. 첫째, 행정의 책임성이란 말은 행정이 국민의 요구와 여론의 흐름에 대응하는 통치제도를 묘사할 때 사용된다. 그런데 이 행정의 대응성은 별도로 취급하는 경향이 적지 않으므로 책임성의 문제에서는 제외하는 것이 바람직하여 후에 따로 설명하고자 한다. 둘째, 행정의 책임성은 행정의 임무와 도덕적 책임성을 나타내어 좀 더 신중하고 상호 일관성이 있는 정책의 추구를 의미한다. 사실상 행정의 책임성 문제는 이 두 번째 개념으로 통용되는 것이 일반적이다. 그런데 문제는 위의 첫 번째 개념과 두 번째 개념이 반드시 양립하는 것은 아니라는 것이다. 다만, 그런 갈등 관계가 있는 경우 행정부는 그 같은 갈등 관계에 있는 국민의 요구를 취합하여 타협을 이루게 하고 국가나 국민 전체에 유익하다고 판단되는 정책을 받아들이는 데 얼마나 성의 있는 노력을 경주하느냐가 문제이다. 셋째, 책임성 문제는 의원내각제의 정부 형태에서처럼 행정부가 국민의 대표기관인 의회의 행정행위에 대한 책무(accountability)를 지느냐를 나타낼 때 대두된다(Birch, 1969: 17-21).

(2) 해답성과 납득성

한편, 위의 두 번째 개념과 관련하여 페녹(J. R. Pennock)은 행정의 책임성을 행정의 해답성(answerability)과 납득성(explicability)으로 설명하고 있는데, 전자는 행정 활동이 문제를 해결할 수 있어야 행정이 책임성이 있다고 보는 것이며, 그렇지 못한 경우는 후자의 개념처럼 국민이 충분히 납득할 수 있어야만 행정은 책임성이 있다고 본 것이다(Pennock, 1952: 797). 애플비(P. H. Appleby)는 행정의 책임성에 관해 좀 더 구체적으로 설명하고 있는데, 그는 행정의 책임성을 국민의 요구에 부응하여 정책을 수립하여 실시하는 경우, 책임을 지게 할 수 있는 관료를 지정하고 식별하는 것이라고 봄으로써 정책의 집행 차원뿐만 아니라 정책 입안의 차원에서도 국민의 요구에 대해 책임을 져야 한다고 본 것이다(Appleby, 1965: 339). 그는 심지어 '행정 책임성의 제도화(the institutionalization of administrative responsibility)'까지 주장한다

(Appleby, 1945, 1949, 1952, 1962). 이런 그의 주장은 다분히 행정의 도덕적 책임성을 강조했다고 볼 수 있다.

특정한 정책이나 사업을 추진한다고 할 때 그 정책이나 사업이 대상이 되는 국민의 바람이나 요구에 부응하여 추진되지 않고 최고 정책결정자의 정치적 의도나 다른 목적에서 정책이 추진되고 집행되는 경우, 또는 비록 국민의 요구에 완전히 일치하지는 않더라도 도덕적 책임을 지고 특정 정책을 국민에게 유익하도록 일관성 있게 추진해야 함에도 불구하고 그렇지 못한 경우 행정활동은 무책임하다고 보이는 것이다. 더 나아가서 행정의 책임성 문제는 애플비가 주장한 것처럼, 정책의 수립과 집행의 측면에서만 제기되어서는 안 되고, 실시된 정책의 결과가 어느 정도로 국민의 요구에 부응했느냐 하는 것을 파악하여 필요한 경우 후속 조치를 취해서라도 국민적 만족을 창출할 수 있는 행정활동을 견지하도록 해야 한다. 이는 또한 행정의 계속성을 확보하기 위한 국민의 지지를 받기 위해서도 필요하다.

(3) 종합

결국, 행정의 책임성은 국민의 의향에 배치되어 정책이 입안되었든지 안 되었든지 간에, 입안되어 정책이 제대로 집행되었든지 못 되었든지 간에 또는 정책이 제대로 실시되었어도 국민의 요구에 부응했든지 안 했든지 간에, 결과적으로 그런 모든 행정행위가 국민에게 총체적으로 불이익을 초래한 경우에는 관련 관료에게 책임을 묻는 것은 바로 관료가 국민의 공복(公僕, public servant)이라는 민주행정 체제하의 당연한 제재 조치임을 입증해 주는 행정의 민주화 정도에 대한 척도가 된다. 왜냐하면, 행정의 책임성은 국민의 이해관계와 불가분의 관계를 갖고 있기 때문이다. 더욱이 행정의 책임성 확보는 '국민을 위한 행정(administration for the people)'을 구현하는 데 필수적인 요소라는 점에서 행정의 책임성은 민주행정의 정도를 제고하는 데 중요한 결정 요소이다.

2) 행정의 대응성

(1) 대응성의 정의

행정의 민주화 또는 민주행정의 정도를 결정짓는 민주화 모형의 두 번째 요소는 행정의 반응성 또는 대응성(administrative responsiveness)이다. 행정활동은 정치에서와 마찬가지로 국민의 요구 사항을 직·간접으로 들어 주는 데에 일차적인 목적이 있다. 그런데, 여기서 언급한 '일차적인 목적'이란 말에 유념할 필요가 있다. 현대 국가에서 행정의 궁극적인 목적이 여러 가지 측면에서 국민의 복리 증진에 있다고 할 때, 그 목적 달성의 여부는 국민의 복리가 향상된 정도를 통해 측정될 것이다. 그럼에도 불구하고 그 일차적인 목적이 국민의 복리 향상을 위한 특정한 정부정책의 실시 결과로 초래되었든지 않았든지 간에 일단은 국민의 의사에 부합한 정책을 수립하여 실시하는 태도를 보여 주는 것이다. 이를 국민의 관심사에 반응을 보이는 행정행위라고 한다.

(2) 대응성의 본질

행정의 민주화 정도를 파악하기 위한 개념적인 척도로서 행정의 대응성을 좀 더 구체적으로 설명하면, 먼저 특정한 혼란이나 모순에 대한 국민의 감정을 간파하고, 다음으로 민주사회에서 표출되는 다양한 국민적 욕구를 질서정연하게 조화를 이루어 분화(differentiate)시키는 행정행위를 행정의 반응성이라고 한다(Appleby, 1965: 340). 페녹은 정치적 대응성(political responsiveness)을 영향력의 상대로 보고 영향력을 행사하는 사람이나 집단을 영향력이 있다고 하고, 그런 영향력을 받은 사람이나 집단은 대응적이라고 설명하면서 반응성 또는 대응성을 "국민의 의지를 반영하고 표명하는 것"이라고 정의했다. 그러나 그가 지적한대로 이 개념을 그대로 적용하는 데에는 무리가 있다. 왜냐하면 무엇이 국민의 의지이며 또는 여론인지 불분명하기 때문이다. 그래서 그는 좀 더 구체적으로 대응성이란 "어느 또는 모든 요구에 쉽게 반응하는 것"이라고 정의를 내리고 있다(Pennock, 1952: 790-1).

그런데, 페녹의 대응성에 대한 정의는 그가 이미 암시하고 있는 바와 같이 여전히 미흡하다. 그 이유는 비록 특정한 요구가 대중의 요구라고 해도 그 요구를 주장하는 집단이 둘 이상일 경우 행정부는 어느 하나에 대표적인 반응을 보이기보다 둘 다에게 보일 것이고, 더욱이 두 집단 간에 요구의 강도에 의해 반응성은 좌우될 것이기 때문이다. 그럼에도 불구하고 페녹이 주장하는 바와 같이, 광의의 철학적인 정향에서 정부가 명백하고도 지속적인 표현에 반응을 보이는 것이 민주정부의 당위적 행위임은 분명하다는 것이다. 모셔(Frederick C. Mosher)도 행정기관의 정치적 감응성을 민주주의의 중요한 가치 중의 하나로 간주했다(Mosher, 1968: 1-23; Wilson, 1968: 26-34). 같은 맥락에서 대응성 또는 반응성에 관해서도 이해할 수가 있겠다. 즉, 행정은 주장이 더 분명하고 지속성을 갖는 여론에 그 대소를 막론하고 성실한 반응을 보여야 하며, 이때 행정은 대응성이 있다고 할 것이다.

(3) 종합

결국, 행정의 민주화 또는 민주행정의 정도를 결정하는 행정의 대응성은 반응의 결과가 반응의 대상 모두에게 전적으로 만족을 줄 것인지의 여부뿐만 아니라 그에 대한 관심의 표명과 필요한 조치를 취하는 것이라고 정의내릴 수 있다. 또한 행정의 대응성의 확보가 곧 '국민의 행정(administration of the people)'을 가능하게 해 주기 때문에 행정의 반응성은 행정의 민주화를 좌우하는 중요한 결정 요소임을 알 수 있다.

3) 행정의 대표성

(1) 대표성의 정의

행정의 민주화 정도를 결정하는 세 번째 요소는 행정의 대표성(administration representativeness)이다. 고대 도시국가 정치 형태인 폴리티(polity)에서 볼 수 있는 직접민주주의가 아닌 현대의 간접민주주의의 정치 형태에서는 민주정치란 곧 대의민주주의(representative democracy) 통치 형태를 의미하게 되어 민주성은 대표성이라고 간주할 정도로 대표성의 문제가 중시되고 있다. 예컨대 모셔는 민주주의를 자치(self-government) 또는 대의정치(representative government)로 파악하고 대의민주정치의 가장 중요한 가치 요소 중의 하나로 대표성을 들었다. 그는 이 개념을 통해 행정기관은 혜택을 주든지 또는 규제하는 대상인 고객(clients)을 반드시 대표해야 한다고 주장한다. 그는 그런 행정의 대표성이 대체로 행정가가 그들의 고객 문제를 자신들의 입장에서 보는 감정이입(empathy) 비례대표(proportional representation)의 형태를 띠게 된다고 주장한다(Mosher, 1968: 1-23).

(2) 대표성의 본질

애플비도 민주적 행정은 대표성이 있어야 하는데, 참으로 대표성이 있는 행정관료제란 특별한 기능과 이해관계를 다양하게 대변하면서 또한 일반 대중 모두를 고도로 대변해 주는 부서를 지닌 데 있다고 주장한다. 그에 의하면 정부는 개개인의 사적 이해관계를 모두 대변할 수 없으나, 일반 대중의 이해관계나 그 유사한 것으로 개개인의 이해관계를 화합하고 반영하여, 승화시키는 가운데 그들의 개인적 이해관계를 확정하고 경의를 표해야 한다는 것이다. 그는 어느 정도의 완전한 대표성을 확보하기 위해서는 폭넓은 모집을 통한 행정요원의 채용과 배정에서의 융통성, 다양한 기능 역량을 대변하는 인적·조직적 개체, 그리고 대중통제 지향적 조정에 효과적인 구조와 관리 상태를 갖춘 조직 등이 필요하다고 주장한다(Appleby, 1965: 340).

커클린스키(James H. Kuklinski)는 대표성의 문제를 국회의원의 투표 결정이나 그 밖의 정치행위가 그가 대표하는 지역 구민의 선호도와의 합의에 도달하는 정도로 파악하고(Kuklinski, 1978: 165-77), 버치(A. H. Birch)는 대표성을 정치가가 그를 선출한 선거 구민의 대행자(agent) 또는 대리인(delegate)의 역할을 수행하는 정도로 분석했다(Birch, 1969: 13-7). 이상의 견해들로부터 행정의 대표성 문제를 재조명해 볼 때, 행정의 대표성이란 행정이 일반 국민의 여망에 어느 정도로 합치되어 그 활동을 전개했느냐를 나타낸다. 환언하면, 행정의 대표성은 행정부가 실시한 모든 행정활동을 누가 책임지든, 어떻게 반응을 보이든, 국민 전체의 요구와 주장에 부응하는 정도라고 정의내릴 수 있다. 이처럼 대표성의 문제는 행정부가 국민이나 대중의 절대다수의 의견을 수렴하여 들어 주는 방향으로 활동을 해야 한다는 면에서 어떻게 잘, 그리고 얼마나 성의 있고 진실되게 국민 절대 다수의 견해를 파악하느냐가 대표성의 확보를 통한 민주화의 정도를 제고하는 관건이 된다.

(3) 종합

결국, 행정의 대표성은 민주행정의 핵심적인 요체로서 행정이 특정 계층이나 소수집단의 주장이나 요구를 들어 주는 활동이 아니라, 특정한 문제에 관련된 국민 절대다수의 견해를 올바로 수렴하여 대변해 주는 활동을 지속적으로 유지해 나갈 때 비로소 행정의 민주화를 이루었다고 볼 수 있다. 이처럼 행정의 대표성은 행정을 수행하는 관료의 주관적인 소신에 바탕을 둔 책임성이 있는 행정이며, 또한 주장하는 집단의 크고 작음을 불문하고 그 가시도가 높은 요구에 편중하는 반응성이 있는 행정보다는 국민 절대 다수가 바라는 바를 실현하는 것이라는 점에서 앞에서 설명한 행정민주화의 두 요소의 기능과 구별된다. 이런 행정의 민주화를 확보함으로써 '국민에 의한 행정'을 실현할 수 있다는 데에 행정의 대표성에 대한 의의가 있다.

3 구성 요소의 우선순위

요약하면, 민주주의 또는 민주정치는 상대적인 가치 지향적 목적 상태로서 완전한 실현은 불가능하고 그런 최적의 통치 상태로 이루는 과정으로서의 민주화만이 성취 가능하며, 그 본질을 편의상 분권화로 개념화해 볼 때 행정민주화 내지 분권화의 정도를 결정짓는 세 가지 중요한 요소는 행정의 책임성, 행정의 반응성, 그리고 행정의 대표성이라고 할 수 있다. 이들 세 요소의 결합 상태에 따라 민주화모형은 다양해질 수밖에 없다. 다만, 이상적인 최적의 민주화모형은 행정의 대표성이 가장 우선시되고, 다음으로 행정의 반응성이 중시되며, 그 다음으로 행정의 책임성이 강조되는 행정활동이 보장되는 행정체제라고 할 수 있다. 그러므로, 이미 언급한 바와 같이 현실적으로 최선의 행정민주화 모형은 특정 국가와 국민이 처한 상황에 비추어 변형된 상태로 존재할 수밖에 없음을 주지할 필요가 있다.

끝으로 행정의 민주화 정도에 관한 경험적인 분석을 위한 측정 가능한 조작적 정의로 나타내면, '국민을 위한' 행정의 여부를 나타내는 행정의 책임성을 측정할 수 있는 행정정보 공개성의 정도, '국민의' 행정을 구현하고 있는가의 여부를 나타내는 반응성을 측정할 수 있는 국민의 대(對)행정부 활동의 적극성의 정도, '국민에 의한' 행정의 여부를 나타내는 행정의 대표성을 파악할 수 있는 대중매체의 순기능적 활동의 정도로 표현할 수 있을 것이다. 또한 이들 세 변수들을 기준으로 행정정보 관리의 민주화의 정도를 평가할 수 있을 것이다.[4] 다음은 행정정보체제의 본질에 관해 체제접근법적 고찰을 시도해 보려고 한다.

제 3 절 행정정보체제의 문제점

1 문제의 정의

행정정보체제의 문제점은 행정정보체제가 행정민주화의 경향에 어느 정도로 부합 또는 부응하는가의 문제일 뿐 행정정보체제 자체의 능률성이나 효과성에 관한 문제

4) 다만 이곳에서는 결정적 자료분석은 피하고 이미 언급한 바와 같이 비교적 이론적인 고찰에 국한하고자 한다.

는 아니다. 물론 행정정보체제의 능률성이나 효과성이 광의에서 행정정보체제의 민주성에 영향을 미칠 수 있다. 왜냐하면 행정정보체제가 국민 권익의 증진을 궁극적인 목적으로 하는 경우, 행정정보체제의 민주성과 직결되고 결과적으로 행정의 민주화에도 기여하게 되기 때문이다. 따라서, 행정정보체제의 문제점은 행정정보체제의 민주성과 행정의 민주화와의 상호 연계성 정도로 정의될 수 있다.

2 문제의 본질 및 체제접근법적 고찰

1) 문제의 본질

(1) 책임성

행정정보체제의 책임성의 문제는 행정정보체제의 공개성의 문제와 일맥상통한다. 행정정보체제 공개성은 행정정보의 사용자인 일반 국민이 행정정보에 대해 접근이나 사용의 폭이 넓어짐을 의미한다. 행정정보체제의 공개성은 또한 행정정보체제가 개방 체제임을 나타내는 환경, 즉 국민의 기대나 요구 등에 적응 내지 순응함을 시사한다. 그런데 그렇게 환경에 대처하는 것은 곧 조직의 생존 본능이라고 할 수 있다. 달리 표현하면, 조직의 생존 본능은 조직이 개방 체제 하에서는 환경 또는 국민에 대해 책임을 지며, 국민의 '알 권리'를 충족시켜 주는 데 전력함으로써 발휘된다는 것이다. 행정정보체제가 국민을 포함한 조직 외적 환경에 책임을 진다는 것은 위에서 언급한 바와 같이 환경에 순응하는 활동을 의미할 때, 그것은 국민이 행정정보체제에 대해 기대 또는 요구하는 바의 내용을 알고 난 이후에 그에 따른 활동을 하는 경우를 지적할 수 있겠으나, 다음과 같은 경우를 제외하고는 그런 행정정보 활동은 행정정보체제의 대응성 문제에 더 가깝다. 즉, 행정정보체제가 국민의 요구 사항이 정확히 무엇이든 간에 국민적 입장에서 현저한 편의나 혜택을 주도록 정보활동을 하는 것이 바로 국민이 원하는 바의 내용과 일치할 때 행정정보체제의 책임성에 관한 문제가 될 수 있다.

원칙적으로 행정정보체제의 책임성은 국민의 요구나 주장의 유무 내지 강도와는 별개로 국민의 권익 증진에 기여하는 방향으로 행정정보체제가 운영됨을 의미한다. 이런 관점에서 행정정보체제의 구성원들인 관료들은 행정정보의 생산자이며 아울러 사용자로서 행정정보 활동 속에서의 책임은 매우 중요하다. 그들의 행정정보 활동이 국민적 이해관계와 배치되는 경우에는 그 책임성을 물을 수밖에 없는 것이다.

행정정보체제의 공개성이나 책임성의 문제와 관련된 구체적인 예를 살펴보자. 지적도(地籍圖)의 열람 조건이나 절차 등이 아주 까다롭고 복잡하거나 열람이 아주 제한되어 있는 경우에 일반 국민의 지적도 열람은 그만큼 줄어들고 지적도 작성이나 설계상의 문제 등의 유무에 대해 알 수도 없을 뿐만 아니라 행정정보체제의 책임을 물을 수도 없게 된다. 더욱이 주민등록 사무에 흔히 발견되는 현상으로서 행정정보체제가 특정 개인의 신상에 관한 정보를 당사자의 사전 동의나 허락도 없이 공개하는 경우, 행정정보체제는 정보를 무단 전재 내지 공개를 한 것에 대한 책임뿐만 아니라 공개로 초래될 수 있는 당사자에 대한 불이익에 관해 책임을 져야 하는 것이다. 결국 '책임 있는' 행정정보체제의 확립의 정도는 행정민주화 또는 민주행정의 실현에 중요한 결정 요인이라고 할 수 있다.

(2) 대표성

행정정보체제의 대표성 전제는 행정정보체제가 '국민이 원하는 방향'으로 행정정보를 관리하는지 여부의 문제로서 대중매체의 순기능적 역할에 의해 제고된다. 즉, 정보를 전달하는 대중매체의 역할이 행정정보체제의 대표성을 좌우한다는 것이다. 예를 들면, 행정활동에 대한 대중매체의 정도가 극히 편파적이거나 왜곡되는 경우 그 방송매체는 국민의 기대나 '알 권리', 즉 '진실을 알 권리'를 충족시켜 주지 못할 뿐만 아니라 국민이 원하는 바에 배치되므로 행정정보체제가 그 대표성을 상실하게 되는 것이다. 만일 그 방송매체가 공영 또는 국영방송인 경우에 이런 문제는 더욱 심각하게 대두된다.

행정기관이 행정정보를 전달・분산하면서 국민의 기대에 배치되게 집행했다면, 비록 결과가 종국에 가서 국민의 권익을 높여 주었다고 하더라도 그런 행위를 한 행정정보체제는 대표성을 상실한 것으로, 결국에는 행정민주화를 저해하는 행위로 간주될 수밖에 없다. 여기서 주의해야 할 점은 행정정보체제의 대표성은 책임성의 문제에서처럼 국민이 어떻게 생각하고 있든지 간에 행정기관이 합리적으로 판단해서 특정한 행정정보 활동이 궁극적으로 국민의 권익 보호나 증진에 기여하는 방향으로 추진되는 정도를 뜻하지 않고, 행정정보 활동의 결과가 국민이 원하고 기대하는 바와 얼마나 일치하는지의 문제인 것이다. 다시 말하면, 행정정보체제의 대표성의 확보에 관한 문제이다. 아울러 여기서 고려되어야 할 점은 대응성의 문제와 구별되는 특징으로서 대표성의 문제는 행정정보 활동의 결과가 국민이 원하고 요구하는 바와 차이가 크면 클수록 그만큼 심각하다는 것이다.

(3) **대응성**

행정정보체제의 대응성 또는 감응성의 문제는 행정정보체제가 국민의 요구나 욕구를 얼마나 충실하게 '들어 주느냐'의 문제이다. 행정의 감응성은 주로 행정이 체제 외적 환경에 어느 정도 발전적으로 대처해 나가느냐의 문제인데, 이와 유사하게 행정정보체제가 그 근접환경인 국민이 원하는 바에 대응해 나가는 정도를 행정정보체제의 감응성으로 보는 것이다. 여기서 주의를 기울일 말은 '들어 준다'는 말이다. 그것은 행정기관이 적극적으로 국민의 요구대로 실천에 옮겨서 그 결과가 국민의 기대나 원하는 정도와 일치하려는 대표성의 문제와 달리 행정기관이 행하는 정보활동이 얼마나 긍정적인 태도로 국민의 기대에 순응하는 자세를 견지하느냐를 뜻한다. 따라서 일단 국민의 기대나 주장을 들어 행하는 데에서는 그 결과가 국민을 어느 정도로 만족시켜 주느냐, 또는 잘못되는 경우에 책임을 물을 것이냐와 같은 문제는 관심사가 되지 못한다.

이런 행정정보체제의 대응성은 행정기관의 정보활동에 대한 국민의 적극적인 통제활동에 의해 좌우된다. 정치에서처럼 행정이 처리해야 할 사무량의 과다 및 행정의 본질상 자발적이고 능동적으로 국민의 요구나 원하는 바를 물어서 들어 주는 경우는 극히 드물다. 대신에 문제나 이슈의 부각 정도(saliency)에 따라 대응하는 것이 보통이다. 이는 국민이 행정정보 활동에서 더 높은 적극성(aggressiveness)과 강렬함(intensity)을 보일 때, 행정정보체제의 대응성 또는 감응성은 그만큼 높아지고 그로 인해 행정정보체제의 민주화 내지 분권화의 정도가 높아진다. 행정정보체제의 대응성 문제와 국민의 적극적인 대응행정 활동에 관한 실례로서 'KBS 시청료 거부 범국민운동'과 그에 따른 행정정보체제의 대책을 들 수 있겠다.

다음에는 이들 문제들의 본질에 입각하여 행정정보체제의 문제점에 관해 체제접근법적 고찰을 하고자 한다. 이는 이들 접근 체제의 문제점을 상기 문제의 본질에 준거하여 하위 체제 내에서 분석할 수 있음을 시사한다. 아울러 주목되어야 할 점은 이상에서 살펴본 행정정보체제에서 있을 수 있는 민주화에 반하는 문제의 본질은 체제상 발생할 수 있는 갈등 관계는 해소되어야 하는가이다. 다시 말하면, 어느 문제를 더 중하게 여기고 어느 문제에는 우선순위를 주지 말 것이냐에 관한 문제를 해결할 것이냐이다. 비록 그 해결책이 단순하지만은 않더라도 한 가지 분명한 것은 이들 세 가지 문제의 본질들은 서로 대치 관계에 있지 않고 상호 보완 관계에 있기 때문에 상쇄효과를 방지하고 전체적인 효과의 극대화를 도모하는 방향으로 해결책을 모색해야 한다는 점이다. 그 밖의 일반적인 관점은 후술하는 바와 같다.

2) 문제의 체제접근법적 고찰

여기서는 앞에서 간단히 언급한 행정정보체제의 민주화에 부응하지 못하는 문제점들을 이미 세분화한 하위 행정정보체제와 관련시켜 고찰하고자 한다. 즉, 하위 행정정보체제의 민주화 정도를 전술한 '민주화 모형'에 준거하여 평가하고자 한다.

(1) 행정정보 투입체제의 분석

① 책임성 문제

행정정보 투입체제에서 책임성의 문제는 가장 중요하다. 왜냐하면, 행정활동의 결과에 대해 활동 주체에게 사법적인 책임까지 물을 수 있기 때문이다. 행정정보 투입체제가 정책결정이나 일상 행정 업무를 지원하기 위한 정보를 산출하고자 적절한 자료나 정보원을 선별하는 과정이라고 2장에서 설명했는데 여기서 어떠한 자료나 정보원을 투입하느냐에 따라 모든 결과는 크게 달라진다. 환언하면, 정보원이나 자료의 타당성이나 신뢰성의 문제를 우선적으로 해결해야 한다는 것이다. 이 같은 자료의 신뢰성이나 타당성의 확보는 자료의 수집을 전담하는 행정관료, 즉 행정정보 투입체제의 책임성이 정착되지 않고는 기대하기 어려운 일일 것이다. 예를 들면, 이러한 문제가 1970년대에 특히 극성스럽게 주장되어 온 것은 행정부가 발표한 각종 통계자료에 대해 신빙성을 기대할 수 없어서 심지어는 그런 통계자료를 바탕으로 하는 분석까지도 기피하는 현상이 일어났다는 점이다. 특히, 경제통계 중에서도 농업통계를 산출하는 데 활용된 통계자료 자체가 신빙성이 없음을 지적하고 있다(정영일, 1984: 286-92).

이 같은 부실한 농업 통계의 산출 배경을 좀 더 구체적으로 살펴볼 필요가 있다. 농업통계는 일반적으로 광의의 조사통계(즉, 통계 작성을 일차 목적으로 하여 자료에 근거해서 작성되는 통계)와 사무통계(즉, 수출입 통계와 같은 별도의 조사를 통하지 않고 일상적인 사무처리의 결과를 얻는 통계)로 크게 나뉘고, 전자의 광의의 조사통계는 다시 협의의 조사통계(즉, 과학적 통계이론을 바탕으로 통계 전담기구에 의해 표본조사 방식[센서스는 제외됨]에 따라 실시 조사된 통계)와 행정통계(즉, 이장-읍, 면-시, 군-도-중앙으로 연결되는 일반 행정기관을 통해 수집되는 통계)로 구분된다 (정영일, 1984: 287).

대부분의 중요 통계가 과학적 조사통계 방법으로 대체되고 있는 반면에, 여전히 상당수의 통계가 '행정통계' 방식(예: 농기구 보유량, 특용작물 생산량, 과실류 생산량 등)으로 이루어지고 있어서 통계자료의 부실을 초래하고 있음을 나타낸다. 구체적인 사례를 보면, 주요 작물 식수 면적 조사가 표본조사 방식으로 대체되기 이전, 즉 1974년 이전의 농업통계는 행정통계로서 일선 이장에 의해 보고된 통계였는데, 이는 신속하며 경제적이었을지 몰라도 통계에 관한 전문지식의 결여, 업무 과중으로 인한 실제 조사 불능에 따른 탁상보고, 그리고 조사 결과의 인위적 조작 가능성 등 자료의 타당성 및 신뢰성에 치명적인 문제점을 일으켰다. 심지어 어떤 경우에는 외국 원조나 과세와 같은 이해관계에 따라 생산량을 적게 보고하기도 하고, 행정 실적을 올리기 위해 과대 보고하는 예가 일상화되었던 것이다(정영일, 1984: 289). 이러한 통계자료를 기초로 정보를 산출하여 농업정책이나 농업 업무의 정보를 산출한다 해도 그 결과는 엄청난 피해를 국민들에게 줄 수밖에 없다. 그런 결과는 제3~4공화국 시기에는 현실에 맞지도 않고 집행되지도 않은 경제계획안이나 기타 정책들을 빈번히 낳아 행정통계에 대한 불신감만 고조시켰고, 그 영향은 지금도 적지 않게 남아 있다.

그런데, 통계자료의 타당성이나 신뢰성의 문제는 '행정통계'에만 국한된 것이 아니다. 통계이론에 입각한 '과학적 통계'의 경우도 마찬가지로 신빙성의 문제를 안고 있다. 그것은 대개 통계 기준의 타당성이나 일관성이 결여된 경우이다. 그 대표적인 예로 1974년 후반의 쌀 통계이다. 1979년도 미곡의 경우, 국내 생산(1978 추곡 생산) 4천 25만 8천 섬과 수입 3백 48만 6천 섬을 합한 총 공급량이 약 4천 3백 74만 섬인데 비해, 총 소비량은 3천 5백 64만 4천 섬으로 추정됨으로써 잉여량이 약 8백 9만 섬에 달하는 반면에, 재고의 일부인 정부 재고는 전년도의 5백 39만 3천 섬으로부터 2백 56만 6천 섬으로 크게 감소하는 현상이 나타나는데, 이들 통계자료가 정확할 경우 재고의 다른 일부인 민간 재고가 전년도 1백 44만 2천 섬으로부터 1979년도의 5백 52만 4천 섬으로 거의 500% 급증을 해야 한다는 터무니없는 숫자가 나오게 된다. 이런 현상의 원인은 생산 통계 측의 비현실적인 기준 적용, 즉 미곡 생산량 추정의 기준이 되는 제현율(製玄率), 수분 함시(水分函是), 현미율(玄米率) 등을 비현실적으로 책정한 데서 기인한 것이다. 그 결과, 생산통계의 과대 평가와 수급 차질 등을 초래함으로써 농업통계에 대한 불신의 근거가 되었고, 더 나아가서 농업정책의 신뢰성 및 정확성을 저해하게 된 것이다(정영일, 1984: 200).

더욱이 과학적 조사통계를 위한 표본 추출 때 표본 농가 모집단에 비해 상층농, 즉 대규모 농가 쪽으로 편중되는 경향을 보임으로써 모집단의 특성을 적절하게 반영하지 못하는 농업통계를 낳게 되는데 특정한 정보를 산출하기 위해 이들에 대한 엄밀한 조사나 심의 없이 통계분석 등에 사용하는 경우에 농민의 실태나 권익에 배치되는 농업정책을 수립하게 하는 것이다. 이런 문제는 농업통계 이외에 다른 통계조사자료 등에서 얼마든지 발견될 수 있다. 따라서, 행정정보 투입체제의 책임성의 확보가 절실히 요구된다.

② 대표성 문제

다음으로, 행정정보 투입체제의 대표성에 대해 고찰해 보고자 한다. 행정정보 투입체제의 대표성은 책임성 문제만큼 크게 대두되지는 않지만 여전히 중요한 문제이다. 행정정보의 수집 방법은 경영정보의 수집 방법과 달리 소극적 또는 강제적 정보 채취 방법을 취하는데 그것은 법이나 규정에 따라 필요한 자료를 행정기관에 강제로 제공하도록 되어 있는 방법이다(안문석, 1988: 9-10). 그런 예는 출생신고, 거주 이전신고, 결혼신고, 부동산 거래신고, 수상한 사람신고, 민방위(예비군) 신고 등인데, 때로는 국민의 의사와 무관하게 요구하고 있어서 행정정보 투입 또는 행정자료 수집상 대표성의 문제가 대두된다. 즉, 신고의 내용이나 사항 또는 종류 등이 국민의 의사 및 기대와 전혀 달리 행정의 능률성 차원에서 강요되는 경우가 많다고 할 수 있으며, 이는 행정정보 투입체제의 대표성 문제를 거론하게 되고 그 결과 행정정보체제는 특히 개인적 자료 수집의 제한과 자료 수집 목적의 공시 등을 요구하게 된다.

③ 대응성 문제

끝으로, 행정정보 투입체제의 대응성 또는 감응성의 문제를 살펴보자. 대응성 문제는 대표성과 함께 거론될 수 있으나 세분화해서 다루는 이유는 행정정보 투입체제의 감응성이 행정정보 투입체제의 대표성의 문제에 대한 시정 여부를 나타내 주기 때문이다. 즉, 전체 행정정보체제에서 환류 기능의 결과를 바로 행정정보 투입체제의 대응성 문제로 보는 것이다. 이런 대응성 문제의 대표적인 예로 행정의 간소화를 들 수 있다. 행정의 간소화는 행정의 능률성 제고를 위해 이루어지고, 아울러 국민의 편의와 권익을 증진하고자 하는데서 자발적으로 이루어지는 경우도 있겠으나 국민의 불만 표시, 즉 국민의 직접적인 또는 간접적인 요구에 대응한 시정 조치의 일환으로 이루어지는 경우가 많은데 이것이 바로 행정정보 투입체제의 반응성 문제이다.

과거에 일선 행정기관에서 '급행료'라는 비리가 횡행했는데, 이것은 행정사무가 지나치게 절차적이고 과다하여 시간 낭비가 많은 관계로 일선 행정기관에서 사례비를 받고 행정사무를 선별적으로 처리해 주는 경우를 뜻한다. 이런 부조리에 대한 국민의 원성이 높아지면서 행정기관은 전산화를 통한 행정의 간소화와 함께 행정기관에 제출해야 되는 각종 서류(즉, 행정정보 투입)의 내용 및 종류를 대폭 감소할 뿐 아니라 행정처리 절차도 간소화함으로써 행정의 간소화를 추진해 오게 된 것은 행정정보 투입체제의 대응성을 제고시킨 예가 될 것이다. 또 다른 예로, 정부에 제출하는 각종 신상기록부에 '본적란'을 없애게 한 것은 이것이 지역 감정을 조장하는 한 요인으로 작용해 왔고, 더욱이 제3·4공화국에서 정치적 목적으로 요구되어 왔다는 데에 대한 국민적 불만을 완화시키고자 하는 정부의 대응성 있는 조치라고 할 수 있다. 이런 문제섬들은 모두 행정정보 투입체제의 대응성 내지 감응성의 문제들로서 행정의 민주화를 위해 해결되어야 할 과제들인 것이다.

(2) 행정정보 처리체제의 분석

① 책임성 문제

행정정보 처리체제의 민주화의 정도에 관해 살펴보면, 대표성이나 감응성 문제보다도(물론 전혀 없을 수는 없지만) 책임성 문제가 핵심이 된다. 왜냐하면, 행정정보 처리는 매우 기술적인 작업활동이므로 이에 대한 관리는 사전에 책임성을 기술적으로 확보하지 못하는 한 관리의 무용론에 봉착하게 된다. 본질적으로 행정정보 처리는 전술한 바와 같이 사람과 정보원 또는 자료 간의 상호작용이기 때문에, 행정정보 처리 관계는 주로 처리자의 행위를 관리하는 것이 된다. 그래서 처리자가 투입된 자료를 올바로 처리하는지의 여부가 관건인데, 처리자들로 인해 처리될 수 있는 정보처리상의 문제를 어떻게 예방 내지 극소화하느냐의 문제이다.

요즘에는 '컴퓨터 바이러스'라는 프로그램 자주 등장하여 컴퓨터의 기억 능력이나 저장된 각종 정보를 파괴하는 사건이 발생하는 데 대한 공포 속에 있으며, 이에 대한 '면역 프로그램'이나 '항체 프로그램' 개발에 힘쓰고 있다. 이런 사건들은 예전에는 주로 실직된 컴퓨터 전문가들이 '컴퓨터 바이러스'라는 프로그램을 개발하여 복수를 하기 위해 또는 장난삼아 특정한 컴퓨터에 직접 투입하거나 통신으로 투입하는 경우가 많았으나 오늘날에는 인터넷의 이용 증가와 개인 컴퓨터의 보급 증가로 인해 개인의 컴퓨터 운용 능력이 증가됨으로써 '컴퓨터 바이러스' 프로그램을 전문적으로 개발하는 사람들까지 등장하고 있다. 이런 '컴퓨터 바이러스' 프로그램은 일단 감염되면 기존 컴퓨터의 기억 능력을 저해하고 저장된 정보들을 파괴하며 심하면 감염된 컴퓨터를 복구할 수 없는 지경에까지 이르게 한다. 이런 종류의 사건들을 통칭하여, '컴퓨터 범죄'라고 하는데, 컴퓨터 소프트웨어나 기술을 통해 정보를 파괴, 도용, 변질 또는 조작하는 행위를 말하며, 이런 범죄행위가 바로 정보처리 관계자들(즉, 프로그래머 및 사용자, 관리자)에 의해 야기된다.

우리나라의 경우에도 컴퓨터의 보급 및 통신기술의 향상으로 이런 '컴퓨터 범죄'가 증가일로에 있다. 그 대표적인 범죄 유형은 프로그램 조작, 허위 자료 입력, 자료 조작 등이다. 프로그램 조작의 구체적인 예를 보면, 서울 반포 AID아파트 입주자 추첨을 의뢰받은 전산요원이 프로그램을 조작하여 동료 6명 등 9명을 부정 당첨시켰다. 이 사건은 1973년 10월에 일어났다. 또한 1981년 9월에는 K은행 전산 프로그래머가 예금이자 결산 때 자신의 저축예금 이자 계산 프로그램을 조작하여 3회에 걸쳐 723만 원을 부정 인출했다(한국일보, 1988. 2. 4: 6). 이 밖에 허위 자료 입력 및 자료 조작 사례가 특히 은행 계통에서 많이 발생한 것으로 보도되었는데, 행정전산 처리요원의 범죄는 철저히 은폐될 소지가 크기 때문에 폭로의 문제가 축소될 가능성이 높다는 점을 고려해 볼 때, 자료 처리에 대한 관리 감독이 매우 중요시된다.

요즘에는 바이러스 이외에도 스파이웨어라는 어떤 사람이나 조직에 관한 정보를 수집하는 데 광고나 마케팅의 측면에서 도움을 주는 기술이 악용되어 최근에는 다른 사람의 컴퓨터에 몰래 숨어 들어가 있다가 중요한 개인 정보를 빼가는 프로그램으로 변질되었다. 최근에는 사용자 이름은 물론 IP주소와 즐겨 찾는 URL, 개인 아이디와 패스워드까지 알아낼 수 있게 발전되어 악의적으로 사용되고 있다.[5]

특히, 정보처리가 전문직원들을 통제 관리하는 최고관리층(대부분의 경우 정치적으로 재임된 관료들)의 정치적 목적으로 이용되는 경우에는 온전한 자료나 정보원을 투입하여 처리해도 해석이나 분석상의 조작이 야기될 수밖에 없다. 이를 전국적인 수준에서 고찰해 보면, 각급 지방행정기관을 통해 전달된 자료들이 아무리 신뢰성이 높은 것이라 할지라도 이를 바탕으로 분석 처리된 결과를 원안대로 해석하는 경우 정

5) 네이버, 두산백과사전 http://100.naver.com/100.nhn?docid=770172 2009.04.29

책결정자의 입장에서 받아들일 수 없을 때 처리상 조작은 불가피하게 일어날 수밖에 없다는 데에 주의할 필요가 있다.

또한 많은 경우 행정기관은 자체의 연구기관을 운영 관리하고 있는데, 그들 연구기관은 자체적으로 자료를 수집하여 대부분의 경우 하달된 문제를 해결하기 위해 처리 · 분석하여 보고서를 작성 · 제출하게 된다. 그런 보고서 작성은 일반행정이나 정책결정에 유용한 정보를 제공하기 위한 것인데, 비록 그 보고서를 통해 제공된 정보가 국가나 국민에게 도움이 되더라도, 연구를 의뢰한 행정기관이 원하는 바가 아닌 경우에는 그 정보가 활용되지 않고 조기에 사장되는 수가 없지 않다. 이는 행정정보 처리체제의 책임성이 강조되지 않는 한 그 관리가 민주적으로 이루어지고 있다고 볼 수 없다.

② 대표성 문제

정보처리가 민의를 조사하여 특정한 정보를 산출하는 경우 행정정보체제는 대표성 문제에도 직면하게 된다. 예컨대, '사회문제조사연구소'에서 대통령 선거나 총선거에 대한 국민의 태도에 관한 정보를 얻기 위해 서베이(survey)를 실시하여 자료를 처리하는 경우, 조사 결과가 집권 여당에 불리한 것으로 밝혀졌다면, 집권 여당의 입장에서 그에 대한 대응책을 수립하여, 대외적으로 발표할 내용을 자당에 유리한 방향으로 조작해서 발표할 수도 있다.[6] 이때 바로 국민의 뜻이 제대로 반영되지 못했기 때문에 행정정보 처리체제의 대표성이 문제시되며, 행정정보 처리체제의 대표성은 대중매체의 역할에 의해 크게 좌우된다.

(3) 행정정보 산출체제의 분석

① 책임성 문제

행정정보 산출체제의 민주화 정도는 행정정보체제 전체의 민주화 정도에 가장 직접적으로 영향을 미친다. 기존의 경영정보론이나 그 밖의 정보론적 연구들은 주로 산출된 정보에 관해 취급했다. 대표적인 예로, '정보경제학(information economics)'의 입장에서 정보를 상품이나 재화로 보고 생산, 유통, 그리고 소비 측면에서 분석하여 문제점 개선에 역점을 두었다. 그래서 대개 정보체제에 관한 한 정보생산물(infor-

6) 사실 지난 대통령선거 후 갤럽연구소가 조사한 서베이 분석 결과를 투표 직전에 발표했는데, 분석 결과는 민정당 후보자가 절대적으로 우세하게 나왔다. 이에 대해 정치적 목적으로 조작 발표되었다고 야당 측에서 주장했다.

mation products)의 제조, 활용, 분산이 중심 논제가 되었다. 이런 관점에서 행정정보체제도 행정정보 산출의 관리에 중요성을 두게 된 것이다.

행정정보도 경영정보와 마찬가지로 일종의 재화로 간주하여 정보의 독점화 현상이 두드러지게 나타나게 되었다. 이런 공통적 속성에도 불구하고 행정정보가 경영정보와 다르게 정보의 소유 및 지배가 부의 증대라는 것 이외에 권한의 강화라는 정치적 역학 관계를 재정립시키는 아주 중요한 요인이 된다는 사실을 주목할 필요가 있다. 특정의 행정관리자가 동위의 다른 관리자들보다 양질의 행정정보를 더 많이 소유하거나 배타적으로 통제할 수 있을 때, 그는 그만큼 실질적인 권한이 커짐을 고려하여 행정정보의 공유를 위한 개방화를 주저하게 된다. 이 같은 행정정보의 독과점화가 관계 부처 간의 행정정보 관리를 위한 협조를 부족하게 만들어 조정의 문제를 심화시키게 된다. 이것은 나아가서 행정전산망 구축의 지연까지 불사하는 행태적 병폐로서 성공적인 행정정보망의 구축을 저해하는 중요한 요인들 중에 하나가 된다(안문석, 1988: 14-6). 아울러 이 같은 행정정보의 독과점화 내지 비공개성은 바로 행정정보 산출체제의 비민주화의 정도를 심화시켜 주는 요인이 된다. 왜냐하면 그런 독점화는 정보의 공유로 행정의 능률화뿐만 아니라 행정의 궁극적인 목표인 국민 복리의 증진까지도 저해하기 때문이다. 결국, 행정정보의 독과점화는 행정정보 산출체제의 책임성 문제가 된다.

② 대응성 문제

행정기관에 의해 산출된 행정정보의 독과점은 민주화의 다른 척도인 대응성 문제에도 저촉된다. 왜냐하면, 행정정보의 독과점은 행정정보 산출체제가 산출한 정보를 사용자인 국민의 접근을 제도적으로 금지하게 만들기 때문이다. 비민주국가일수록 행정정보의 독과점화를 통한 행정정보의 비공개를 획책함으로써 일반 대중의 접근이나 활용을 금지시키는 것은 결과적으로 행정기관의 책임성 소재가 밝혀지는 것을 꺼려하기 때문이다. 행정기관이 각종 정보를 보안이나 기타 이유로 비밀 또는 기밀로 묶어 실제로 일반 국민에게 심지어는 필수적으로 필요로 하는 일반 사용자들에게 공개되는 정보는 극소수에 불과하다(이동한, 1988: 240-1). 따라서, 비밀인 경우에도 정당한 이유로 국민이 납득할 수 있어야 할 뿐만 아니라 국민에 대한 사전 동의에 준거하여 보안성 정보를 규정해서 일반 국민의 접근을 제한해야 할 것이다.

행정정보체제의 민주화와 관련된 또 하나의 대표적인 문제는 산출된 정보가 국민의 기대나 뜻에 반하여 활용되는 경우이다. 즉, 사생활의 침해를 초래하는 행정기관의 정보활동이 그런 문제이다. 이 같은 문제가 행정정보 산출체제의 대표성을 침해하게 되는 것이다. 앞에서 언급한대로 행정정보원이나 자료의 수집은 소극적이고 강제적으로 이루어지기 때문에 국민은 어쩔 수 없이 개인 신상에 관계되는 정보를 행정기관에 보고하게 됨으로써 행정정보체제에 투입되나 그 후 행정기관의 특별한 목적으로 산출된 정보들이 국민들이 제공한 자료에 특히, 신상 문제와 관련된 자료에 근거할 경우, 국민은 개인적으로 밝혀지지 않기를 바라는 사항도 산출된 정보 속에 자동적으로 폭로되어 당사자에게 정신적으로 그리고 (또는) 물질적으로 불이익을 주게 되면 행정정보 산출체제의 대표성에 심각한 위협을 받게 된다. 예컨대, 특정인의 사유재산의 공개나 가족 현황 및 배경 등을 당사자의 사전 동의 없이 행정기관에 의해 독자적으로 폭로되는 경우가 많은데 그런 경우가 행정정보 산출체제의 대표성과 관련된 대표적인 사례가 될 것이다.

사생활의 침해와 관련해서 주지해야 할 심각한 현상은 산출된 정보가 원래 수집할 당시의 의도와는 다른 목적으로 전용되어 국민 개개인에게 커다란 피해를 준다는 것이다. 다시 말하면, 행정기관에 의무적으로 보고된 신상명세서의 내용을 행정기관이 시민생활의 통제를 목적으로 전용하거나 정치가들이 정치적 목적으로 사용하는 경우 그로 인한 당사자들의 피해가 다양하고 엄청날 수 있다는 것이다.[7] 게다가 행정정보의 독과점화 현상이 컴퓨터 및 통신기술의 발달로 인해 심화될 경우, 행정기관 이외에 일반 사조직에 의해서도 심각한 사생활의 침해가 발생할 수 있다. 이런 현상들은 바로 행정정보체제의 대표성이 부재함을 잘 나타내 주는 것이다. 따라서, 행정정보 산출체제는 마땅히 국민의 기대와 권익에 부응하여 예방하는 차원에서 사생활의 침해가 가능한 행정정보는 최종 산출의 결정 과정에서 금지시켜야 하고, 불가피하게 사생활의 침해가 발생한 경우에는 피해자에게 적절한 보상을 해 주어야 한다.

우리나라의 경우 한국정보보호진흥원 내에 개인 정보 침해 신고센터를 설치 운영하고 있는데, 정보통신망 이용 촉진 등에 관한 법률 상의 개인 정보 보호 규정이 이행되는지의 여부를 감시하는 임무를 수행하고 있다. 개인 정보가 침해당한 경우 신고센터 내의 소정의 양식에 따라 신고가 가능하며 개인 정보 보호와 관한 사항을 상담

7) 실제로 미국의 지방정부가 주민의 주소 등을 광고회사나 일반 회사에 제공함으로써 일정한 사례금을 받아 시정 운영에 활용한 사실도 있다.

이 가능하다. 신고가 접수된 경우에는 조사를 통해 법규 위반 여부 결정과 위반 정도에 따라 과태료 부과 등의 조치를 취한다. 이 밖에도 개인 정보 보호와 관련된 자료 제공과 더불어 사이버 포럼, 정보보호감시단, 개인 정보 보호와 관련된 국민 의식 제고를 위한 사업들을 수행하고 있다.[8)]

③ 대표성 문제

행정정보 산출체제의 대표성 문제는 이미 지적한 대로 대중매체의 역할에 의해 영향을 많이 받는다. 다시 말하면, 대부분의 경우 대중매체를 통해 행정정보가 일반 대중에게 전달되는데, 이때 그 행정정보가 사생활을 침해하는 경우 국민의 반대 의사를 행정기관에 동시에 전달하여 영향을 주는 순기능적 역할의 정도에 따라 행정정보 산출체제의 대표성의 확보가 좌우된다는 것이다. 그런데 여기서 주의할 점은 대중매체가 산출된 행정정보에 대한 국민의 의사를 행정기관에 전달하는 경우 국민의 요구에 대한 행정기관의 반응 여부 또는 대응 조치는 행정정보 산출체제의 대응성 문제와도 관련이 있게 된다.

(4) 결과의 종합 분석

지금까지 행정정보체제를 체제접근적으로 고찰한 이유는 행정정보체제를 기존의 총괄적인 접근 방법에 의해 고찰하는 경우, 과연 어느 부분에서 어떤 문제가 제기되는가에 대한 근원적인 요인을 분석할 수 없기 때문이다. 따라서, 이런 역동적인 행정체제의 근원적인 문제 요소를 파악하는 데에 체제접근법이 적합하다.

행정정보의 투입, 처리 및 생산 과정에서 야기될 수 있는 몇 가지 중요한 이슈들을 민주화 모형에 입각하여 체제접근법적으로 분석해 봄으로써 행정정보체제 전체의 민주화 정도를 평가해 보았다. 그 결과는 한국의 행정정보체제가 행정전산망의 추진과 함께 발전을 도모하고 있는 과정에서 아직도 중앙집권적 정보관리에 집착하고 있어 분권화 시대인 정보화 시대와 민주화 시대에 적절히 부응하고 있지 못함을 시사해 준다. 물론 이에 대한 검증을 해 보지 않아 결정적인 단정을 내릴 수 없다 하더라도, 여러 가지 이슈별 사례가 행정정보체제의 민주화 정도가 낮음을 밝혀 주고 있다. 아울러 행정정보체제가 민주화로의 도약이 계속되고 있음은 고무적일지라도 민주화의 확실한 보장을 위해 해결해야 할 선결 과제가 산적해 있음을 감지할 수가 있다. 그러

8) 한국정보보호진흥원 개인정보침해신고센터 홈페이지 자료 http://www.1336.or.kr/privacy. html

면 산적되어 있는 선결 과제가 대체로 무엇인지, 다시 말해서, 행정정보체제의 민주화를 촉진할 수 있는 방안은 무엇인지를 간단히 고찰하고자 한다.[9]

제 4 절 행정정보체제의 민주화 방안

행정정보체제의 민주화 방안, 즉 행정정보체제의 책임성, 대표성 및 대응성을 제고하는 방안으로는 다음과 같은 면에서 추진되어야 할 것이다.

(1) **법적 · 제도적 장치의 구축**

법적 · 제도적 장치의 구축이 달성되어야 한다. 행정정보 관리의 능률성 제고를 위한 관련 법규나 제도의 유지는 국민 개개인의 권리와 자유를 침해하는 경우가 많은데, 국민 개개인의 정보에 대한 권리와 자유를 옹호하며 보장해 주는 면으로 법적 · 제도적 조치를 취해야 할 것이다. 예컨대, '사생활 보호법', '행정정보활용법', '정보관리법' 등에서 정보의 생산, 통신, 소비뿐만 아니라 투입, 처리, 생산면에서 구체적으로 규정해야 할 것이다. 이는 행정정보의 독과점화를 방지 내지 치유해야 할 뿐만 아니라 정보력, 즉 정보 구입력, 정보 식별력 및 정보 수집력의 양극화 현상에 따르는 부작용을 방지해야 함을 의미한다(노규형, 1988: 27-43).

또한 행정정보체제의 법적 · 제도적 장치의 보완은 행정기관이나 행정정보체제의 관리층 소수에 의해 행정정보가 독과점화됨으로써 일반 행정정보 사용자들에게 나타나는 행정정보의 빈곤 현상과 정보통신 기술의 발달과 행정기관의 번문욕례(red tape)의 증가에 의해 초래되는 행정정보의 홍수 현상과 같은 행정정보의 불평등 현상을 해소하는 데 기여할 것이다.

더욱이 행정정보체제의 민주화를 위한 법적 · 제도적 장치의 구축은 인간의 존엄, 가치 및 행복을 추구할 수 있는 포괄적 권리에 대한 개별적 권리로서의 '알 권리'를 충족시켜 주고 보장해 주는 방향으로 확립되어야 한다. 여기서 '알 권리'란 소극적 측면과 적극적 측면에서 구분하여 설명할 수 있다. 소극적 측면에서 알 권리는 국가기

9) 이들 방안에 대해 좀 더 구체적인 연구가 이루어질 수 있겠으나 여기서는 개괄적인 개선 방향만을 제시하고자 한다.

관이나 타인에 의해 일반적으로 입수할 수 있는 정보원이나 자료에서 특정한 행정정보를 획득할 수 있는 정보에의 자유를 나타내며, 적극적 측면에서 알 권리는 국가기관이나 특정인에 대해 정보 공개를 요구할 수 있는 정보공개 청구권뿐만 아니라 자기의 정보을 잘못 정리된 경우에 그 정보의 정정을 요구할 수 있는 정보정정 청구권 및 자료은행(data bank)과 소식매체(news media)에의 접근권을 포함하는 좀 더 광의의 권리를 의미한다. 앞에서 설명한 행정정보체제의 문제점 중에서 책임성의 확보를 위해 부수적으로 국민의 정보활동을 보장하기 위해 행정정보체제의 대응성과 대표성을 제고해 주게 될 것이다.

(2) 대중매체의 감시 기능 강화

각종 통신매체를 포함하여 대중매체들의 행정정보의 투입, 처리 그리고 산출에 대한 감시 기능을 자체적으로 한층 더 강화해야 할 것이다. 이는 그들의 활동에 대해 법적·제도적 규제가 되어 있는 경우에 이의 해제는 물론 이루어져야 되겠지만, 각종 대중매체 자체가 과감한 행정정보에의 접근 및 활용을 시도함으로써 행정정보의 공개와 공유를 진작시켜야 할 것이다. 아울러 이러한 과제는 행정정보체제의 민주화를 실현시키기 위해 정보활동의 매개 수단인 대중매체 자체가 민주화되어야 할 뿐만 아니라 최소한 정보의 민주화를 위한 사명감에 넘친 민주화 의지가 지속적으로 표현되어야 함을 뜻한다. 이 방안은 일차적으로 행정정보체제의 대표성과 대응성을 일차적으로 제고해 주며, 부차적으로 그것의 책임성을 견지하게 하는 데 기여할 것이다.

(3) 일반 국민의 정보 인식 강화와 관리감독 의식의 고양

행정정보원의 제공자이며 아울러 산출된 정보의 사용자인 일반 국민은 행정 자료의 제공에서 보고의 의무와 함께 보고한 자료의 처리나 활용면에서 권리를 주장할 수 있어야 하고, 행정정보는 공동재산이라는 인식과 함께 산출된 정보에 대해서도 높은 관심과 적극적인 자세로 관리 감독하는 책임성을 가져야 할 것이다. 아무리 행정정보체제가 민주적 관리를 추구하는 노력을 기울이더라도 행정정보 활동의 대상인 일반 국민이 정보활동에 대해 민주적 시민 의식이 결여되어 있는 경우에는 온전한 행정정보체제의 민주화는 실현될 수가 없다. 이같이 국민의 성숙한 민주 의식과 의지는 곧 대중매체의 활동에도 감독자의 역할을 감당할 수 있게 함으로써 대중매체의 행정정보 활동에 대한 순기능을 견지하게 되어 궁극적으로 행정정보체제의 민주화 수준을 제고해 준다. 따라서 이 방안은 우선적으로 행정정보체제로 하여금 그 대응성을 강화시켜 줄 뿐만 아니라 부수적으로 그것의 책임성과 대표성을 앙양시켜 줄 것이다.

(4) 행정관료의 민주 의식 및 자세 견지

행정정보체제의 담당자인 행정관료들은 관료적 병폐(bureaucratic pathology)로 인해 초래될 수 있는 폐쇄적 행정행위로부터 좀 더 개방적인 행정행위, 즉 긍정적 측면에서 발전적 행정정보체제를 유지하고자 하는 노력과 자세를 견지해야 한다. 다시 말하면, 행정정보 관리자들은 민주화 사회에 적응할 수 있는 의식의 전환이 선행되어야 한다. 이러한 민주적 행정 주체로서의 역할을 수행할 수 있도록 행정관료들의 정치적 중립성이 보장되어야 할 뿐만 아니라 신분 보장이 제도적으로 병행되어야 할 것이다. 이 방안은 행정정보체제로 하여금 그 책임성과 대표성, 그리고 대응성을 두루 견지할 수 있게 하는 강력한 요인이 될 수 있다.

(5) 정보통신 기술의 확산 및 공유 지원

행정정보체제가 분권화될 수 있는 기술적 지원이 이루어져야 한다. 행정정보를 원거리에서도 공유할 수 있는 컴퓨터 및 통신기술의 발달을 전제로 하지 않고는 정보화사회의 성숙을 기대할 수 없고 그에 따른 분권화, 지방화, 민주화는 요원해질 수밖에 없다. 다만 정보화사회에 따라 민주화가 자동적으로 보장되는 것은 아니라는 부정적인 시각도 미래학자들 간에는 있다는 것을 유념하여 정보사회화에 민주화를 확보하기 위한 노력이 가일층 이루어져야 할 것이다. 이런 노력과 함께 정보화사회에서 정보활동이 사람만의 활동이 아니라 이미 주지된 바와 같이 기계라는 상대와의 상호작용을 매개로 이루어진다는 것을 고려할 때, 행정정보체제의 민주화를 기하기 위해서는 기술적인 면의 발달이 동시에 확보되어야 한다. 이 방안은 행정정보의 독점화뿐만 아니라 행정정보의 홍수를 초래할 수도 있으나, 첫 번째 방안과 함께 실시됨에 따라 그 역기능적 효과를 줄이면서 일차적으로 행정정보체제의 대응성에 기여할 수 있고, 부차적으로 책임성을 제고할 수 있게 할 것이다. 더욱이 정보기술의 공유가 보장되어야만 비로소 행정의 민주화도 보장될 수 있음을 유의할 필요가 있다.

(6) 대안의 동시다발적 추진

이미 암시된 바와 같이 행정정보체제의 민주화를 확보하기 위한 위의 방안들이 상호 독립적이고 배타적으로 존재하여 기능을 발휘하는 것이 아니라 상호 보완적인 관계에서 서로 밀접한 연관성을 맺고 있기 때문에, 별개로 추진되기보다는 동시다발적으로 추진되어야만 소기의 목적을 달성할 수 있다. 단지 이들 과제들 중에 어느 것에 더 역점을 두고 추진할 것이냐는 사회 전체적 여건을 고려하여 차별적으로 실시할 수 있을 것이다. 그러나, 이들 방안들을 많은 시간적 간격을 두고 실시하는 경우, 행정정보체제의 민주화에 대한 국민적 기대 효과가 감소하게 되어 결과적으로 이들 과제들을 해결하는 과정에서 정보민주화의 상쇄 효과를 초래할 가능성이 없지 않다.

참고 문헌

국내 문헌

강경근, "정보공개제도에 관한 연구," 고려대학교, 박사학위 논문, 1983.

———, "헌법상 정보공개와 한국법 제도의 현실," 「법학논총」, 숭실대, 제2집, 1986.

———, "정보화사회와 정보공개 구현," 「고시연구」, 1988. 9.

———, "정보화사회에서의 정보공개문제," 「통신정책동향」, 통신개발연구원, 1988, 겨울.

———, "정보공개법 실천의 의의와 법의 내용," 「시민주권과 정보공개」, 언론개혁시민연내 정보공개운동 토론회, 1998.

강근복 · 권선필 · 기영석 · 송충근 · 오덕성 · 정상철 · 조만형 · 홍형득, 「지식정보사회와 전자정부」, 서울: 나남출판, 1999.

강동범, 「컴퓨터범죄시론」, 서울: 경진사, 1985.

강세억, 「지식정보화사회 진전에 따른 새로운 지식정보정책 방향 연구」, 성균관대/정보통신학술연구과제, 2002. 12. 31.

강신택, "정보의 역할," 강신택 외, 「행정학개론」, 서울: 법문사, 1976.

강홍렬 · 최선희, "지식정보화를 위한 아키택처 정책 연구," 정보통신정책연구원, 2005.

구광모, 「대통령제: 참여자의 개성과 유형」, 서울: 고려원, 1986.

구병삭, "국민의 알 권리와 정보공개," 「사법행정」, 1981. 7.

———, "국정과 정보공개," 「월간조선」, 1981. 8.

———, "국민의 알 권리와 국정의 정보공개," 「법률행정논집」 고려대, 19집, 1981. 12.

———, "생활의 비밀 보호와 정보화사회," 「월간고시」, 1984. 10.

———, "정보공개 거부에 대한 구제 방법," 「월간고시」, 1989. 7.

구용완, 「컴퓨터시스템론」, 서울: 대림, 2007.

국가사회전산화 중장기계획(안), 1988. 5.

국토개발연구원, 「도시정보 관리체계의 개발: 대도시권 관리를 위한 정책연구(V)」, 1985. 12.

권기헌, 「정보체계론」, 서울: 나남출판, 2003.

권영설, "유럽 공동체의 정보통신정책," 「중앙행정논총」, 제5권, 1991.

권영성, 「신고 헌법학원론」, 서울: 법문사, 1982.
———, “전산화 시대의 법과 사생활의 비빌 보호,” 「월간고시」, 1983. 7.
———, 「고시계」, 314호, 1987. 2.
———, “정보산업의 발전에 대한 법의 변화,” 「민주정책과 정보통신산업」, 학술발표논집, 1988. 10. 14.
권오병 외, “유비쿼터스 컴퓨팅 기술을 적용한 차세대형 의사결정 지원시스템,” 한국경영정보학회, 「경영정보학연구」, 15(2), 2005.
권태준, “정보통신의 발달과 도시구조의 필요,” 김세원 · 추광영, 「정보화사회의 도전」, 서울: 무역경영사, 1987.
김경동, 「발전의 사회학」, 서울: 문학과지성사, 1979.
———, “사회의 발전: 장점과 과제,” 진덕규 외, 「한국 사회의 발전 논리」, 서울: 홍사단출판부, 1984.
김경섭, “해외 정보 선진국의 전자정부 현황,” 「국가기간 전산망저널」, 한국전산원, 1996.
———, “효율적인 정보자원관리를 위한 행정DB 공동활용,” 「국가전산망저널」 3(2), 1996. 6.
———, “제2차 행정전산망사업(1992~96)의 추진 내용과 성과, 「행정과 전산」, 총무처 정부전산정보관리소, 1997. 4.
김경섭 · 한세억, “진자정부의 논의와 실천적 함의: 전자정부 구현을 위한 정책 방안을 중심으로,” 「한국행정연구」, 6(4), 1997.
김광웅, “정책의 효율적 집행,” 「행정논총」, 14(2), 서울대학교, 1976.
김기옥, “행정사무자동화 기본계획 추진 방향,” 「행정과 진산」, 9(3), 1987.
김기환 외, “전자정부(u-지역정보화) 구현사업 영향분석 연구,” 행정안전부, 2008.
김길조, “지방행정 전산화의 확산 적용 방안,” 「한국행정학보」, 21(1), 1987. 6.
김대원 · 김석용, 지방정부에 있어서 행정정보시스템의 정보 질이 직무만족에 영향을 미치는 요인, 「한국지방자치행정학회보」, 17(3), 2005. 9.
김도승, 「정보화촉진기본법의 개편 과제와 전망」, 제9권, 정보통신정책연구원, 2008.
김도훈 외, 「행정학개론」, 서울: 대영문화사, 1988.
김동욱, “정책정보 공동이용을 위한 공공부문 정보화,” 「국가기간전산망 저널」 2(4), 1995.
———, “전자정부 구현을 위한 행정정보화의 효율적인 추진 방안,” 「행정논총」, 34(2), 1996.
———, “정보 공동이용의 활성화 방안,” 「지방화 · 세계화 · 정보화시대의 정책과제와 한국의 대응전략」, 한국정책학회 1997년도 하계학술대회 Proceedings, 1997.
김문성, “한국 관료제의 정책집행에 관한 연구,” 「한국행정학보」, 21(2), 1987. 12.
김문일, 「컴퓨터범죄론」, 서울: 법영사, 1989.
김병재, “정보화와 다원화사회,” 「정보화사회와 민주 발전」, 통신개발연구원, 1988. 6.
김상수 외, “전략적 의사결정을 위한 SDSS 프레임워크에 관한 연구: 프로세스와 기법을 중심으로,” *Information Systems Review*, 9(3), 한국경영정보학회, 2007.

김상용, “프라이버시권의 보호,” 「월간고시」, 1989. 7.
김성우·황주성, 「인간 중심의 지식정보사회 전면화를 위한 제언」, 정보통신·정책연구원, 2005. 1. 28.
김세원, “'정보화사회의 도전과 신정보기술의 육성,” 서울대 사회과학연구소, 「정보화사회」, 서울: 서울대출판부, 1986.
김세원·추광영 공편저, 「정보화사회의 도전」, 서울: 무역경영사, 1987.
김승윤 외, “한국 행정의 특성 및 행정에서의 지식관리에 대한 연구,” 「경영과학과 학술대회 논문집」, 2000.
김영미, 「지역간 정보화의 불균형에 관한 연구」, 한국외국어대학교 대학원 행정학과 박사학위 논문, 1992. 12.
김영봉, “정보산업 발전의 경제·사회적 영향,” 「국가정책과 정보통신산업」, 학술발표 논문, 1988. 10. 14.
김용우, “제2차 행정전산망사업,” 「행정과 진산」, Vol. 14. 1992. 4.
김은홍, “정보자원관리(IRM)의 개념과 실행 방안에 관한 연구,” 국민대 「경상논총」, 제10집, 1988.
김정흠, “정보화사회의 도래,” 통신정책연구소 한국교육개발원, 「미래 정보화사회와 교육」, 학술심포지엄 발표논문집, 1987. 8. 27.
김종기·황일청, 「지방공업 특성과 육성정책」, 한국개발연구원, 1987.
김종표, 「신지방행정론」, 서울: 법문사, 1991.
김주성·노미진, 「국내 차세대 PC 산업의 시장 현황 및 경쟁력 분석」, 한국전자통신연구원, 2008.
김진성, “정보산업의 발전과 기술인의 역할,” 「기술고시」, 제2호, 1989.
김철수, “정보공개는 왜 필요한가,” 「월간고시」, 1981. 8.
———, 「신헌법학개론」, 서울: 박영사, 1984.
———, 「헌법학개론」(증보판), 서울: 박영사, 1988.
———, “정보화사회와 기본권 보호,” 「정보화사회와 민주발전」, 통신개발연구원, 1988.
김태겸, “행정전산망 기본계획의 추진 방향,” 「행정과 전산」, 9(2), 1987. 9.
김현곤, “정보 공동이용의 세계적 추세와 시사점,” 「정보화저널」 4(3), 1997. 9.
———, “정보화 동향, 추진 성과 및 정책 방향,” 「정보화동향」, 통권 103호, 1998. 1.
———, “국가선진화를 위한 정보화 추진방향과 실천전략,” 한국정보사회진흥원, IT정책연구 시리즈 제6호, 2008.
김형열, “효과적인 정책집행모형에 관한 고찰,” 연세대학교, 「사회과학논문집」, 제16집, 1985.
나승훈 외, 「(ERP 구축을 위한) 경영정보시스템」, 서울: 형설출판사, 2001.
남궁근 외, 「기초지방자치단체 행정전산화의 추진전략에 관한 연구」, 1991 통신학술연구 과제, 1992. 3. 31.

내무부, 「지방자치단체의 지역정보화촉진 시행계획: 1997~2000」, 1997. 2.
노규형, “정보교육 활성화 방안,” 통신정책연구원, 한국교육개발원, 1987.
———, “정보화사회에서의 정치참여,” 통신개발연구원, 「민주사회 개발을 위한 정보화의 과제」, 정보문화의 달 기념 심포지엄, 1988. 6. 2.
노융희, “컴퓨터 범죄,” 「행정과 전산」, 10(4), 1988. 12.
노재범, “전자상거래의 대두와 기업의 대응,” 삼성경제연구소, 1996.
노화준, “정책학과 미래행정,” 강신택 외, 「행정학개론」, 서울: 법문사, 1985.
다케우치 히로시, “정보화사회의 가능성과 문제점,” 「현대사회」, 가을호, 1984.
대한전자공학회, 「LAN의 기초지식」, 서울: 청문각, 1988.
라융길, “행정정보의 공동이용 및 보호,” 「정보화로 가는 길」, 한국정보문화센터, 1998.
류승호, “해외의 지역정보화 현황,” Mimeograph, 1998.
문홍주, 「제5공화국 한국 헌법」, 서울: 해암사, 1980.
민 진, “공공정책 실패 원인에 관한 연구,” 「한국행정학보」, 19(1), 1985. 6.
박광로, 「ETRI, ‘꿈의 무선통신 시대’ 앞당긴다」, 한국전자통신연구원 2006. 11.
박동서, 「한국행정론」, 서울: 법문사, 1978.
박승진, “사이버 무역의 개념 및 발전 방향,” 「월간 정보화사회」, 1983. 3·4.
박인철·동아사이언스, 「과학동아」, 통권 제234호, 2005. 6.
박희경, 「개발 단계에서의 정보시스템 감사활동과 정보시스템의 품질에 대한 연구」, 숭실대학교 산업정보기술대학원, 2004.
방석현, 「행정정보체계론」, 서울: 법문사, 1989, 1994.
배임태, “정보공개법 운영 현황과 개선 방향,” 「시민주권과 정보공개」, 언론개혁시민연대 정보공개운동 토론회, 1998.
배찬권, 「차세대 고속 메모리시장의 경쟁구도: 전망과 분석」, 정보통신정책연구원, KISDI IT FOCUS, 2001년 5월호.
법무부, 「컴퓨터 프로그램의 법적 보호」, 1994. 12. 15.
변재옥, “알 권리(the right to know),” 영남대 「법정논총」 창간호, 1974.
———, “정보화 사회에 있어서 프라이버시의 권리,” 서울대학교 대학원 법학박사 학위논문, 1979.
———, “미국의 정보자유법의 운용상 문제점,” 「현대공법의 이론」, 목촌 김도창박사화갑기념, 1982. 11.
서남원, 「경영정보론」, 서울: 경진사, 1983.
———, 「경영정보론」, 서울: 무역경영사, 1985.
———, “정보화사회에 있어서 행정 변화,” 「행정과 전산」, 10(4), 1988. 12.
서순복, 「지식정보사회와 전자행정」, 서울: 대왕사, 2002.
서원우, “미국의 연방행정절차법,” 「공법연구」, 제11집, 1983.

서의현, "지식관리 시스템을 수반한 전문가 시스템 구축 도구," 「한국지능정보시스템학회 논문지」, 9(3), 2003.

서정우, "정보화시대의 매스컴," 「현대사회」, 가을호, 1984.

소영일 · 이종민 편저, 「컴퓨터원론」, 서울: 법영사, 1988.

———, 「MIS원론」, 서울: 법영사, 1989.

손완수, "전자상거래의 향후 전망과 과제," 「정보화사회」, 제122권, 1998.

손재식, 「현대지방행정론」, 서울: 박영사, 1991.

송병락, "정보화사회와 경제," 「정보화사회」, 사회과학연구소 편, 서울대학교출판부, 1986.

송인성, "지역정보센터 설치 및 육성 방안," 「행정과 전산」, 12(1), 1990. 3.

송희준, '초고속정보통신정책의 결정 요인과 추진전략', 「차기 정부의 정책과제와 전망」, 한국정책학회, 동계학술대회, 1997. 11.

신관호, "컴퓨터 소프트웨어의 법적보호," 「발명특허」, 1984. 8.

심동현, "컴퓨터 소프트웨어의 법적 보호에 관한 연구," *The Computer Vision*, 1984. 3. 4.

신영진, 「IT거버넌스에 따른 행정정보체계에 관한 연구」, 한국행정학회, 2006.

신용식 · 방용길 · 정원석 · 이주식, "정보와 통신," 「한국통신학회지」, 2004.

아오이 고오야, 「VAN이란 무엇인가」, 서울: 매일경제신문사, 1986.

안근영, "광대역통합망 구축 활성화 정책," 「한국통신학회지」, 2006.

안문석, "행정정보체제의 특징," *The Computer Vision*, 1988.

———, "행정정보체제의 특징," 「행정과 전산」, 10(1), 1988. 7.

———, "지방정부의 정책정보체계 설계 방향," 「한국행정학보」, 24(1), 1990. 6.

———, 「계량행정론」, 서울: 박영사, 1995.

안병락, "정보화사회와 경제," 서울대 사회과학연구소, 1986.

안병만, 「한국정부론」, 서울: 다산출판사, 1989.

안용교, "국민의 알 권리에 관한 연구," 건국대 박사학위 논문, 1974.

———, "국민의 알 권리와 국가기밀," 「문홍주박사회갑기념논문집」, 1978.

안청시, "정보화사회와 민주주의: 뉴 미디어 활용의 정치적 명암," 1987.

엄서호, "관광시장 분석을 위한 관광마케팅 정보체계(Tourism Marketing Information System)," 교통개발연구원, 「교통정보」, 1988. 8~9.

염재호, "지식정보화와 국가 발전," 한국행정학회, 「conference 자료」, 2002.

오 명, 「정보화사회의 통신정책」, 체신부 자료, 1985.

———, 「정보화사회 그 천의 얼굴」, 서울: 한국경제신문사, 1988.

오석홍, "정보화시대의 행정," 「행정과 전산」, 9(3), 1987. 12.

———, 「정보화사회에 대비한 공공인력의 정보통신교육 기본전략」, 서울대학교 행정대학원 부설 행정조사연구소, 1991.

유동주, "지방자치단체의 정보공개제도," 「자치행정」, 1990.

유승훈 · 정군오, 「지식정보산업의 정의, 실태 및 역할에 관한 조사 연구」, 정보통신연구진흥원, 2002. 12. 31.

유완재, "행정을 위한 컴퓨터의 활용 방향과 조건," 「한국행정학보」, 제8호, 1974.

유종열, "새 정책학 패러다임의 제안," 「한국정치학회보」, 제11집, 1977.

유종해, 「현대 행정학」, 서울: 박영사, 1986.

윤미영, 「2006 주요 IT이슈 및 디지털 미래 대응전략」, 미래전략기획팀 한국정보사회진흥원, 2007. 2.

윤상오, 「성과관리와 평가의 역할: 공공정보화 사례를 중심으로」, 한국전산원, 2004.

윤석민, "정보화사회 그 논의와 쟁점들," *The Computer Vision*, 1988. 12.

윤은신, 「정보학특강」, 서울: 김영사, 1988.

윤태기, "국민의 알 권리," 동대 석사학위 논문, 1982.

이강혁, "황적화의 '국민의 알 권리'에 관한 강평," 「월간고시」, 1986. 6.

이규정, "정보공개에 관한 헌법적 고찰," 경희대 석사학위 논문, 1985.

이규정 · 김현경, "신정부의 정보화 법체계 개편 방향과 과제," IT 정책연구시리즈 제2호, 한국정보사회진흥원, 2008.

이균성, "소비자 보호와 정보공개," 「월간조선」, 1981. 8.

이기수 외, 「지적재산권법」, 한빛지적소유권센터, 1996. 9.

이달곤, "정보화시대의 지방정부와 지방자치단체 간의 관계," 「한국행정학보」, 24(1), 1990. 6.

이동한, "지방정보화와 몇 가지 과제," *The Computer Vision*, 1988. 1.

이명호, 「지식 정보화사회의 패러다임에 부합하는 정보통신 연구개발정책 및 체계에 대한 연구」, 정보통신연구진흥원, 2000. 3. 1.

이명호 · 강준석, 「멀티-코어 서버의 성능 분석 및 특성화」, 한국정보처리학회, 2008. 10

이상윤, "일본의 정보통신정책에 관한 고찰," 「중앙행정논총」, 제8권, 1994.

이수성, 지역정보화와 지역개발, 한국정보문화센터, 「21세기 고도정보화사회 대비 8월 월례토론회」 발표 논문, 1990. 8. 29.

이수성 · 황주성, 「지역정보화 추진을 위한 종합대책」, 통신개발연구원, 1991.

이승종, 지방자치단체의 행정정보 공개에 관한 연구, Mimeo: 정보공개의 행정책임성에 관한 효과 및 공개 방향, 「지방행정연구」, 5(1), 1990.

이영환, 「시스템 분석과 설계」, 서울: 법영사, 1989.

이용규, 「행정정보체제론」, 서울: 박영사, 2003.

이윤식, "민주화와 행정정보관리: 민주화과정에 있어서 행정정보관리체제의 문제점과 그 개선 방안," 숭실대학교 「논문업」(사회과학편), 제6집, 1988.

———, "행정정보관리의 본질과 접근법에 관한 소고," 「한국행정학보」, 22(2), 1988.

———, 정보관리와 정책과정, 「한국행정학보」, 24(2), 1990.

———, 행정전산망사업 추진체제의 개선 방안: 사회 · 환경적인 차원에서, 숭실대 「사회과학

연구」, 제9집, 1991.
———, “정보공개제도의 한국적 모형 정립을 위한 시론,” 「한국행정학보」, 25(1), 1991. 5.
———, “지역정보화, 그 성공의 전제,” 「자치행정」, 제72호. 1994. 5.
———, 「행정정보체제론」, 서울: 법영사, 1996.
———, “국가 경쟁력 강화를 위한 전자정부의 추진방향,” 「한국행정학의 새로운 패러다임 탐색과 전망」, 1998년도 한국행정학회 동계학술대회 발표 논문집, 1998.
———, “지방행정의 환경 변화와 지역정보화 추진 방안: 작고 효율적인 정부 구성을 위한 지역정보화 추진 방안,” 「지역정보화」, 제3호, 1998. 2.
———, “시민사회의 시각에서 본 진자정부의 현안과 대책,” 크리스찬 아카데미하우스 「시민이 열어가는 지식정보사회」, 서울: 대화출판사, 1999.
이윤식 외, 「정책평가: 이론과 적용」, 서울: 법영사, 1987.
———, “21세기 정보통신정책의 방향과 조직개편,” 1997년도 정보통신정책세미나 Proceeding.
———, “21세기를 대비한 한국 정보통신정책의 방향 모색,” 「한국정책학회보」, 7(1), 1998. 3.
이은재, “지방자치단체의 정보체계에 관한 연구,” 한국지방행정연구원, 「지방행정연구」, 7(1), 1992. 2.
이정근, 「고성능 멀티코어 프로에서 설계를 위한 최적 코어 분할」, 한국정보과학회 학술 심포지엄 논문집, 2(1), 2008. 6.
이종원, “지방행정 전산화가 권력관계에 미치는 영향에 관한 연구,” 서울대 사회과학연구소, 1986.
이준호, 「국가지식정보자원관리 현황과 과제」, 안양대학교 사회과학연구소, 2004.
이진주 · 김상훈, “MIS 성과에 대한 평가모형,” 「경영과학의 응용」, 제2집, 1985. 8.
이진주 외, 「경영정보 시스템」, 서울: 다산출판사, 1989.
이창범, “전자상거래에 있어서 소비자보호의 법적 고찰,” 「소비자문제연구」, 제20권, 1997.
이학종, 「조직동기: 이론과 사례연구」, 서울: 세경사, 1984.
———, 「MIS와 경영조직」, 서울: 박영사, 1989.
일본 대장성, Softnomics Series, 제9권, 「고도 정보화사회의 패러다임」, 도쿄, 1983.
「입법조사월보」, 1987.
장상용 · 홍성범 공편, 「메가트렌드」, 서울: 고려원, 1988.
전기정 · 박홍국, 「의사결정지원 시스템」, 서울: 경문사, 2004.
전병재, “정보화와 다원화사회,” 통신개발연구원, 정책자료 88-08.
전산망조정위원회, 「국가 · 사회 전산화 중장기계획(안)」, 1988. 5.
———, 국가기간전산망추진계획, 1989. 1.
———, 정보사회 종합대책(시안), 1989. 11.
전석호, “정보화지수 어떻게 만들어지는가,” *The Computer Vision*, 1989. 1.

———, 「정보사회론」, 서울: 나남, 1993.
전자민원 G4C 홈페이지, http://www.egov.go.kr/
전자신문사, 「정보통신연감 1997」.
정국환, 「2단계 국가기간전산망사업 종합평가(1992~1996)」, 한국전산원 NCA Ⅶ-AER-97028, 1997. 12.
———, 「미래 사회의 정부가 일하는 모습은? 정보 공유와 시스템 연계 완성을 통한 차세대 전자정부 구현」, 한국정보사회진흥원, 2008. 4.
정대율·박상혁·박기호·오창규, 「정보시스템 분석 및 설계」, 서울: 컴원미디어, 2007.
정범모, "정보화사회와 인간생활," 통신정책연구소·미래학회, 「미래사회와 정보통신의 역할」, 1987.
정보공개에 따른 제도적 방향, 「사법행정」 11(3).
정보통신부, 1995: 초고정보통신기반연구반, 1994.
———, 「정보통신망 고도화 추진계획 초고속국가망 2단계 사업계획」, 1997. 9.
———, 「전기통신에 관한 연차보고서」, 2003.
정보통신연구진흥원, "지그비 분야 특허 동향," 「주간기술동향」, 1338호, 2008. 3.
———, "WPAN 부품 소개/WPAN 관련 용어 쉽게 이해하기," *IT SoC Magazine* 15호, 정보통신연구진흥원, 2006. 11.
정세영, 「IT거버넌스 평가 및 해석 체계에 관한 연구」, 연세대 대학원, 2007.
정영일, "농업통계, 개선할 점 많다," 「신동아」, 1984. 4.
정우열, 「행정정보체제론」, 서울: 청목출판사, 2005.
정정길, 「정책학원론」, 서울: 대영문화사, 1989.
정진욱, "근거리통신망(LAN)," 「행정과 전산」, 10(4), 1988. 12.
정찬모, "개인정보 보호에 관한 국제적 입법 동향 및 우리의 대응," 「정보사회연구」, 가을, 1997.
정철현, 「행정정보체계론」, 서울: 법문사, 2000.
정충식, 「전자정부론」, 서울: 녹두, 1997.
정홍익, "정보사회의 행정과제," 「행정과 전산」, 11(1), 1989. 3.
정휴봉, "전자상거래와 소비자 보호," 「소비자문제연구」, 제20권, 1997.
정희창·이승희, "광대역통합망(BcN)과 방송/통신 융합 기술 동향," 한국방송공학회, 2003.
조동성, 「최신경영정보시스템」, 서울: 석정, 1989.
조석준, 「조직론」, 서울: 법문사, 1973.
조영호, 「정보통신의 지방화 촉진에 관한 연구」, 통신개발연구원, 1991. 11.
주원식, "집단의사결정 지원시스템의 효율적인 운영에 관한 연구," 경성대학교, 1992.
竹內啓, "정보화사회의 가능성과 문제점," 「현대사회」, 가을호, 1984.
中山信弘, 「ソプトウェアの法的保護」, 東京: 有斐閣, 1993.

진덕규 외, 「한국 사회의 발전 논리」, 서울: 홍사단출판부, 1984.
채원호, “지역정보화의 기본 방향 모색,” 서울대 행정대학원, 「사회과학정책연구」, 12(1), 1990. 10.
천대윤, “우리나라 정보공개법을 통해서 본 정보공개정책의 문제점과 개선 방안,” 「지방화·세계화·정보화시대의 정책과제와 한국의 대응전략」, 한국정책학회 하계학술대회 Proceedings, 1998.
체신부, 「한국의 통신」, 1988.
———, 정보화입국과 지역사회 발전을 위한 지역정보화 정책방향, Mimeogragh, 1993. 6. 3.
총무처 직무기획단, 「신정부혁신론」, 서울: 동명사.
최기조, “정보 공동 이용을 위한 법적·제도적 개선 방안,” 「정보화저널」 4(3), 1997. 9.
최봉기, “정책정보의 기능과 가치평가,” 「한국행정학보」, 제15호, 1981.
최상철, “지방의 시대와 지방개발,” 「지방의 재발견」, 한국사회과학연구소 편, 서울: 민음사, 1985.
최 성, “사무자동화 추진방법,” 「행정과 전산」, 9(3), 1987.
최성수·김영선, “IEEE 802.15 WPAN: 근거리 무선통신 기술,” 「대한전자공학회지」, 34(3), 2007. 3.
최수만, “지방 발전을 위한 지방행정 정보체계 구축에 관한 연구,” 연세대, 「지역사회 개발논총」, 1990. 9.
최승기·이재근, 「u-City IT 인프라 구축 가이드라인 V1.0」, USN사업팀 U-city 지원센터 정보통신연구진흥원, 2008. 2.
최준영, 「유비쿼터스 정보기술과 지역정보화」, 한국지역정보개발원, 2006.
최창선, 「유비쿼터스 정보통신 공학」, 서울: 선텔레콤, 2008.
최홍석, “지역정보화정책의 추진 체계와 방향: 중앙과 지방의 역할 분담을 중심으로,” 「지방화·세계화·정보화시대의 정책과제와 한국의 대응전략」, 한국정책학회1997년도 하계학술대회 Proceedings, 1997.
통신개발연구원, 「ISDN」, 1988.
———, 「정보통신산업 동향」, 1997. 7.
통신정책연구소, 「정보화시대에 살다」, 1986.
———, 통신정책총서 87-4. 1987.
———, “세계의 프라이버시법,” 통신정책총서 87-8, 1987.
———, 「정보시대의 도래」 통신정책총서 87-10. 1987.
통신행정연구소, 「컴퓨터를 이용한 국가정보 시스템」, 통신정책총서 87-나. 1987.
특집: 소프트웨어의 법적 보호, “소프트웨어 법적 보호문제의 계보와 조류,” 「컴퓨터」(1983. 5).
특집: 소프트웨어의 법적 보호, “소프트웨어의 법적 보호와 앞으로의 과제,” 「컴퓨터」(1983.

5).
편인범, 「경영정보론」, 서울: 경진사, 1983.
하미승, 「행정정보체계론」, 서울: 법문사, 1999.
하완규, "고도정보사회는 어떤 사회인가," *The Computer Vision*, 1985. 3.
하이서울뉴스, 2007년 6월 11일자.
한국개발연구원, 「2000년을 향한 국가 장기발전 구상」, 총괄보고서, 1985.
한국미래학회, 「미래를 묻는다」, 제7집(1982), 제8집(1984).
한국사회학회, 「한국 사회 어디로 가고 있나」, 1983.
한국일보, 1988. 2. 4, 6면.
한국전산원, "전자주민카드의 사회 및 산업영향 분석," 1996.
———, "미국의 전자정부 추진 현황," 「정보화동향」, 통권 제89호, 1997.
———, "전자상거래의 확산에 따른 변화와 대응 방안," 「정보화동향」, 통권 92호, 1997.
———, 「정보화동향」, 4(1), 1997. 1.
———, 「정보화동향」, 4(2), 1997. 2. 10.
———, 「정보화동향」, 4(4), 1997. 3. 10.
———, 「1997 국가정보화백서」, 1997. 5.
———, "유럽 각국의 정보사회전략," 「정보화동향」, 통권 93호, 1997. 8.
———, 「정보사회의 지적재산권 개념 재정립」, 1997. 12.
———, 「정보화동향」, 통권 102호, 1997. 12. 29.
———, 「1998 국가정보화백서」, 1998.
———, "전자주민카드사업의 타당성 분석," 1998.
———, "정보화 동향, 추진 성과 및 정책 방향," 「정보화동향」, 통권 제103호, 1998.
한국전자통신연구소, 「정보화시대에 산다」, 서울: 운영사, 1986.
한국전자통신연구원, 「21세기 정보통신: 핵심기술 및 산업 전망」, 1997. 10.
한국정보문화센터, 「지역정보화 실태 및 수요조사 종합보고서」, 1992. 11.
한국정보보호센터 내부자료: 한국전산원, 1996.
한국정보보호센터 인터넷 자료.
한국정보사회진흥원, 「국가정보화백서」, 2008. 8.
한국정보통신기술협회, 「IT 839 전략 표준화 로드맵 Ver.2007 요약보고서 - 36대 중점기술별 요약」, 표준화 로드맵 1호, 2006. 12.
한국정보통신진흥협회, 「정보통신 주요 품목 동향조사월보」, 1998. 2.
———, 「정보화사회」, 통권 122호, 1998. 3·4.
———, 「정보화사회」, 1999. 1·2.
한국지방행정연구원, 「지방정부의 지역정보 관리체계의 확립 방안」, 1989. 2.
———, 「토지정보체계의 개발」, 1988. 8.

한국컴퓨터프로그램보호회, 「소프트웨어 지적재산권」, 여름호, 1998.
한국통신학회, 「정보통신과 뉴미디어」, 서울: 청문각, 1988.
한상범, "헌법상의 경제질서와 소비자 보호의 제문제" 「공법연구」, 제5집, 1977.
행정자치부, 「지방자치단체의 '99지역정보화 촉진시행계획안」, 1998. 6.
행정자치부, 「전자정부사업 연차보고서, 2007」, 2008.
현대사회연구소, 「2000년대를 향한 한국인상」, 1982.
현창희, 「지식정보사회와 통신기술 발전 전망」, ETIRI 정보통신기술경영연구소, 2000,3,30
홍기용, "지방자치와 지역경제," 「도시사회」, 한국도시사회정책연구소, 가을호, 1991년.
홍대기 · 강성진 · 조진웅, "WPAN 구현을 위한 바이너리 CDMA 기술 동향," 「주간기술동향」, 1310호, 정보통신연구진흥원, 2007. 8.
홍성걸, "정보통신 환경의 변화와 한국의 대응전략: 실질적 민간중심의 산업 발전을 위한 정책 제언," 「한국정책학회보」, 6(2), 1997.
후지테크시스템, 「지역개발과 정보화사전」, 1988.

국외 문헌

Ackoff, R. L., "Management Misinformation Systems," *Management Science*, 14(4), December 1967.
———, "Towards a Systems Concepts," *Management Science,* July 1971.
Ahituv, Niv. & M. Hadass, "Organizational Structure of a Complex Data Processing Department," *Information and Management*, Vol. 1, 1978.
Ahituv, N. & S. Neumann, *Principles of Information Systems for Management*, 2nd ed., Dubuque, IA.: W. C. Brown, 1986.
Alavi, M., "An Assessment of the Prototyping Approach to Information Systems Development," *Communications of the Association for computing Machinery*, Vol. 27, June 1984.
Altea, S. L., *Decision Support Systems: Current Practice and Continuing Challenges*, Reading, MA.: Addison-Wesley, 1980.
Alter, S. V., "How Effective Managers Use Implementation Systems," *Harvard Business Review*, November-December 1976.
———, "Implementation Risk Analysis," Working Paper Series, University of South California, Graduate School of Business Administration, Los Angeles, Calif., 1976.
———, "A Taxonomy of Decision Support Systems," *Sloan Management Review,* Fall, 1977.

———, *Decision Support System: Current Practice and Continuing Challenges,* Reading MA: Addison-Wesley, 1980.

Anderson, J. C. & R. Narasimhan, "Assessing Project Implementation Risk: A Methodological Approach," *Management Science*, June 1979.

Anderson, James E., *Public-Policy Making,* New York: Holt, Rinehart and Winston, 1979.

Anderson, Stanley V., "Public Access to Government Filer in Sweden," *American Journal of Comparative Law*, Vol. 21, 1973.

Andrus, Homan R., "Approaches to Information Evaluation," *MSU Business Topics,* Summer 1971).

Anthony, Robert N., *Planning and Control Systems: A Framework for Analysis,* Cambridge, Mass.: Harvard University Graduate School of Business Administration, 1965.

Appleby, Paul H., *Big Democracy,* New York: Alfred Knopf, 1945.

———, *Citizens as Sovereigns,* Syracuse, N. Y.: Syracuse University Press, 1962.

———, *Morality and Administration in Democratic Government*, Baton Rouge: Louisiana State University Press, 1952.

———, *Policy and Administration,* University, Alabama: University of Alabama Press, 1949.

———, "Public Administration and Democracy," in Roscoe C. Martin, *Public Administration and Democracy,* Syracuse, NY: Syracuse University Press, 1965.

Archibald, Samuel J., "The Freedom of Information Act Revisited," *Public Administration Review,* No. 4. July/August 1979.

Argyris, C. "Resistance to Rational Management Systems," The Staff of Innovation, (ed.), *Decision Making in a Changing World*, New York: Auerbach Publisher, 1971.

Argyris, C. & D. Schon, *Organizational Learning: A Theory of Action Perspective*, Reading, Mass.: Addison-Wesley, 1978.

Ashby, H. R., *Introduction to Cybernetics,* New York: John Wiley, 1963.

Award, E. M., *Systems Analysis and Design*, 2nd ed., Homewood, IL.: Irwin, 1985.

Axelrod, D., "Building the EDP Future in New York State," *Public Administration Review*, September 1962.

Barnard, Chester, *The Functions of the Executive*, Cambridge, Mass.: Harvard University Press, 1938.

Bavelas, A., "Communication Patterns in Task-Oriented Groups," *Journal of the*

Accoustical Society of America, November 1950.

Becker, T., *Investigation of Computer Crime*, U. S. Department of Justice, Law Enforcement Assistance Administration, Washington, D. C., April 1980.

Bell, Daniel, *The Coming of Post-Industrial Society: A Venture in Seoul Forecasting*, New York: Basic Books, 1973.

———, "Communications Technology for Better or for Worse," *Harvard Business Review*, 1979, 5-6.

Bembasat, J., A. S. Dexter, D. H. Drury, & R. C. Goldstein, "A Critique of the 'Stage Hypothesis': Thory and Empirical Evidence," *Communications of the ACM*, May 1984.

Benjamin, R. I., "A Generational Perspective of Information System Development," *Communications of the ACM*, 15(7), July 1972.

Bennett, J., "User-Oriented Graphics, Systems for Decision Support in Unstructured Tasks," in S. Treu, ed., *User-Oriented Design of Interactive Graphics Systems*, New York: Association for Computing Machinery, 1977.

Bennis, W. G., K. O. Benne, & R. Chin, *The Planning of Change*, New York: Holt, Rinehalt, and Winston, 1963.

Berger, P. L., *The Sacred Canopy: Elements of Sociological Theory of Religion*, Garden City, N. Y.: Doubleday & Co., 1967.

Berrisford, T. R. & J. C. Wetherbe, "Heuristic Development: A Redesign of Systems Design," *MIS Quarterly*, 3(1), March 1979.

Bertalanfty, Ludwig von, *General Systems Theory: Foundations, Development, Applications*, New York: George Brazillerm, 1968.

Besant, C. B., *Computer-Aided Design and Manufacture*, 2nd ed., New York: John Wiley & Sons, 1983.

Birch, A. H., *Representativeness and Responsible Government: An Essay on the British Constitution*, Toronto: University of Toronto Press, 1969.

Bjorn-Anderson, N., "Challenge to Certainty," in the Bemelmans, ed., *Beyond Productivity: Information Systems Development for Organizational Effectiveness*, Amsterdam: North-Holland, 1984.

Blanning, R., "The Decision to Adopt Strategic Planning Models," The Wharton working papers, The Wharton School, University of Pennsylvania, Philadelphia, Penn., 1979.

Blaylock, B. K. & L. P. Rees, "Cognitive Style and the Usefulness of Information," *Decision Sciences*, 15(1), 1984.

Bloustein, "Privacy as an Aspect of Human Dignity: An Answer to Dean Prosser," *N. Y. U. L. Rev.* 962, Vol. 31, 1966.

Bobrow, Davis B., "Policy Attention and Forecast Bias," Paper Presented the Annual Meeting of the International Studies Association, February 1976.

Boland, R. & W. Day, "A Phenology of Systems Design," in M. Ginzberg & C. Ross, eds., *Proceedings of the Third International Conference on Information System*, Ann Arbor, Michigan, 1982.

Boss, B. M. & H. J. Leavitt, "Some Experiments in Planning and Change," *Management Science*, September 1963.

Bostrom, R. P. & J. S. Heinen, "MIS Problems and Failures: A Socio-Technical Perspective: Part I: The Causes," *MIS Quarterly*, 1(3), September 1977a.

———, "Part II: The Application of Socio-Technical Theory," *MIS Quarterly,* 1(4), December 1977b.

Bowman, B., G. B. Davis, & J. C. Wetherbe, "Modeling for MIS," Datamation, July 1980.

———, "Three stage Model of MIS Planning," *Information and Management*, 6(1), February 1983.

Bozeman, Barry & Stuart Bretschneider, "Public Management Information Systems: Theory and prescription," *Public Administration Review*. Vol. 46, November, 1986.

Branscomb, Ann W., "정보화사회에서의 범과 문화," 김세원 · 추광영, 「정보화사회의 도전」, 서울: 무역경영사, 1987.

Browman, B. J., G. B. Davis, & J. C. Wetherbe, "Three Stage Model of MIS Planning," *Information and Management*, Vol. 6, 1983.

Buchanan, J. R. & R. G. Linowes, "Understanding Distributed Data Processing," *Harvard Business Review*, July/August 1980.

Burch, J. G. & G. Grudnitski, *Information Systems*, 4th ed., New York: John Wiley & Sons, 1983.

Burlingame, J. F., "Information Technology and Decentralization," *Harvard Business Review,* November-December 1961.

Burrell, G. & C. Morgan, *Sociological Paradigms and Organization Analysis*, London: Heinemann, 1979.

Carlson, E. D. & J. A. Sutton, "A Case Study of Nonprogrammer Interactive Problem Solving," *IBM Research Report RJ* 1382, San Jose, California, 1974.

Carlson, E. D. ed., "Proceedings of a Conference on Decision Support System," *Data Base*, 8(3), Winter 1977.

Cesareo, G., "Toward a Electronic Democracy?" in V. Mosco & J. Wasko, ed., *The Critical Communications Review*, Norwood, NJ: Ablex, 1984.

Childers, Thomas, "Information and the Disadvantaged: Overview," F. W. Horton & D. A. Marchand, *Information Management In Public Administration*, Arlington, VI: Information Resources Press, 1982.

Churchman, C. W., "Managerial Acceptance of Scientific Recommendations," *California Management Review*, Fall 1964.

Civiletti, Benjamin R., "Post-Watergate Legislation in Retrospect," *Southwestern Law Journal*, Vol. 34, 1981.

Cobb, Roger W. & Charles D. Elder, *Participation in American Politics: The Dynamics of Agenda Building,* Boston: Allyn and Bacon, Inc., 1972.

Cobb, Rober W., J. Keith-Ross, & Marc H. Ross, "Agenda-Building as a Comparative Political Process," *APSR*, Vol. 70, 1976.

Coleman, Roymond J. & M. J. Riley, "The Organizational Impact of MIS," in M. J. Riley, *Management Information Systems,* San Francisco. Holden-Day, Inc., 1981.

Comment, "Access to Government Information in California," *California Law Review*, Vol. 54, 1966.

Comment, "The Right to Inspect Public Records in Oregon," *Oregon Law Review*, Vol. 53, 1974.

Commission on Federal Paperwork, "Federal/State/Local Cooperation," *Information Resource Management*, U.S. Government Printing Office, 1977.

———, *Our Shadow Government: The Hidden Cost of Paperwork and Red Tape*, Staff Report, Washington, O. C., August 1977.

———, "The Paperwork Problem," in F W. Horton & D. A. Marchand, eds., *Information Management in Public Administration*, Arlington, VI: Information Resources Press, 1982.

Cyert, R. & J. March, *A Behavioral Theory the Firm,* Englewood Cliffs, NJ.: Prentice-Hall, 1963.

Dahl, Robert A. & Charles E. Lindblom, *Politics, Economics, and Welfare*, New York: Harper and Row, 1953.

Daniel, D. R., "Management Information Crisis," *Harvard Business Review*, Sept-Oct. 1961.

Danziger, James N., "Computer and Local Government and the Litany of EDP," *Public Administration Review*, Vol. 36, January 1977.

Danziger, J. N. & K. H. Kraemer, *People and Computers,* New York: Columbia

University Press, 1986.

Danziger, J. N. & Rob Kling, "Computers in Policy Process," James N. Danziger et al., *Computers and Politics,* New York: Columbia Univ. Press, 1982.

Davis, Gordon B., *Management Information Systems: Conceptual Foundations, Structure, and Development,* New York: McGraw-Hill Co., 1974.

———, "Strategies for Information Requirements Determination," *IBM System, Journal,* 21(1), 1982.

Davis, G. B. & M. H. Olson, *Management Information system: Conceptual Foundations, Structure, and Development,* New York: McGraw-Hill, 1985.

Davis, R., "A DSS for Diagnosis and Therapy," *Data Base,* 8(3), Winter 1977.

Delone, William, "Firm Size and Characteristics of Computer Use," *MIS Quarterly,* Vol. 5, December 1981.

Demarco, T., *Structured Analysis and System Specification,* New York: Yourdon, 1978.

Desanctis, G., "An Examination of Expectancy Theory Model of Decision Support System Use," *Proceedings of the Third International Conference on Information Systems,* Ann Arbor Michigan, 1982.

Dewey, John, *How we Think,* Boston: Heath, 1933.

Dickson, Gary W., "Management Information Decision System," *Business Horizons,* 11(12), December 1968.

——— ed., *DSS-82 Transaction,* Execution Systems Corporation, Austin, Tex., 1982.

Dickson, Gary W. & J. C. Wetherbe, *The Management of Information System,* New York: McGraw-Hill Book Co., 1985.

Dickson, Gary W., J. Senn, & N. Chervany, "Research in Management Information Systems: The Minnesota Experiments," *Management Science,* Vol. 23, May 1977.

Diebold, J. R., *Man and the Computer,* New York Praeger, 1969.

——— , "Information Resource Management-The New Challenge," *Infosystems,* 1979. 6.

Dizard, Wilson P., *The Coming Information Age,* N. Y. Longman, 1984.

Doktor, R. & W. F. Hamilton, "Cognitive Style and the Acceptance of Management Science Recommendations," *Management Science,* April 1973.

Douglas, S. & T. Gutback, "Production and Technology in the Communication /Information Revolution," *Media, Culture & Sociology,* 6(3), 1984.

Downs, Anthony, *Inside Bureaucracy,* New York: Little, Brown and Company, 1967.

———, "Search Problems in Bureaul," in F. W. Horton & N. A. Marchand, 1982.

Dror, Yehezkel, *Public Policy Reexamined,* San Francisco: Chandler, 1968.

———, *Ventures in Policy Sciences: Concepts and Applications,* New York: American

Elsevier, 1971.

Drucker, Peter, *Landmarks of Tomorrow,* New York: Harper & Brothers, 1951.

Duran, Edger S., *Social Information Processing and Statistical System: Change and Reform,* New York John Wiley & Sons, 1974.

Edward Ⅲ, G. C., *Implementing Public Policy,* Washington, D. C.: Congressional Quarterly Press, 1980.

Ein-Dor, Philip & EliSegev, "Strategic Planning for Management Information Systems," *Management Science,* Vol. 24, November 1978.

———, "Organizational Context and the Success of Management Information Services Function," *MIS Quarterly,* Vol. 4, June 1980.

———, "Organizational Context and MIS Structure Some Empirical Evidence," *MIS Quarterly,* Vol. 6, September 1982.

Ellul, Jacques, *The Technological System,* New York: Continuum, 1980.

Elmandjra, M., "Information: Is there a choice," *Development,* 1985.

Emery, James C., *Organizational Planning and Control Systems,* New York: Macmillan, 1969.

Enviornmental Protection Agency. V. Mink, 410 U. S. 73(1973): Note, "Notional Security and the Amended Freedom of Information Act," *The Yale Law Journal,* Vol. 85, 1976.

Etzioni, Amitai, "Mixed Scanning: A Third Approach to Decision Making," *Public Administrative Review,* December 1967.

———, *The Active Society: A Theory of Societal and Political Process,* New York: The Free Press, 1968.

EU Directive 95/46/EEC on the protection of individuals with regard to the processing of personal data and on the free movement of such data, OJ 1995 L281/31.

Everest, G. C., *Database Management: Objectives, Systems Functions, and Administration,* New York: McGraw-Hill, 1985.

Exestone Robert, *From Social Issues to Public Policy.* New York: John Wiley & Sons, 1978.

Fay, B., *Social Theory and Political Science,* London: Allen & Unwin, 1975.

Fesler, James, "Approaches to the Understanding of Decentralization," *Journal of Politics,* Vol. 27, August 1965.

Fick, G. & R. Sprague, Jr. eds., *Decision Support System: Issues and Challenges,* Dergamon: London, 1980.

Fite, H. H., "Administrative Evolution in ADP in State Government," *Public Ad-*

ministration Review, Winter 1961.
Forrester Research, "RFID: Icing on a Half-Baked Cake," 2004. 3.
Fourvenel, Bertrand de, "*Notes on Social Forecasting,*" Michael Young ed., *Forecasting and the Social Science*, London: Heinemann Educational Books Ltd., 1968.
Frederickson, H. George, *New Public Administration,* University, Alabama: The University of Alabama Press, 1980.
Fried, Charies, "Privacy," *The Yale Law Journal*, Vol. 77, 1968.
Fromm, E., *Escape from Freedom*, New York: HR & W., 1963.
Galbraith, John K., *The New Industrial State,* 3rd rev. ed., Boston: Hough Mifflin, 1978.
Gallieas, R. ed. *Information Analysis*, Sydney: Addison-Wesley Publishing Co., 1987.
Garfinkel, H., *Studies in Ethnomethodology,* Englewood Cliffs, N. J.: Prentice-Hall, 1967.
Gellhorn, W. & Byse, *Administration Law*, 1974.
Gerrity, Jr., T. P., "The Design of Man-Machine Decision System: An Application to Portfolio Management," *Sloan Management Review*, 12(2), 1974.
Gibson, C. F. & R. L. Nolan, "Managing the Four Stages of EDP Growth," *Havard Business Review*, January-February 1974.
Gillenson, M. L. & R. Goldberg, *Strategic Planning, Systems Analysis, and Database Design,* New York: John Wiley, 1984.
Ginzberg, M. J., "A Process Approach to Conducting Management Science Implementation," doctoral dissertation, MIT, Cambridge, MASS., 1975.
———, "Finding an Adequate Measure of OR/MS Effectiveness," *Interface*, 4(4), 1978.
———, "Key Recurrent Issues in the MIS Implementation Process," *MIS Quarterly*, Vol. 5, June 1981.
Glaster, G., "Plain Talk about Computers," *Business Horizons*, Fall 1967.
Gorry, G. A. & M. S. Scott Morton, "A Framework for Management Information Systems," *Sloan Management Review*, 13(1), Fall 1971.
Gottheimer, D., "Options in Forms Design," *Administration Management Magazine,* April 1977.
Gregory, R. H. & T. V. Atwater, Jr., "Cost of Value of Management Information as Functions of Age," *Accounting Research,* January 1957.
Groover, M. P. & E. W. Zimmers, *CAD/CAM: Computer-Aided Design and Manufacturing*, New York: Prentice-Hall, 1984.
Halfpenny, P., "The Analysis of Qualitative Data," *Sociological Review*, 27(4), 1979.
Hamelink, C. J., *Cultural Autonomy in Global Communications: Planning National Information Policy*, New York: Longman, 1983.

Hamilton, S. & N. Chervany, "Evaluate Information System Effectiveness-Part 1: Comparing Evaluation Approach," *MIS Quarterly*, 5(1, 2), September 1981a.

———, *MIS Quartery*, 5(3), 1981b.

Harmon, P. & D. King, *Expert Systems: Artificial Intelligence in Business*, New York: John Wiley & Sons, 1985.

Hattery, C. H., "EDP: Implications for Public Administration," *Public Administration Review*, September 1962.

Hedge, B., R. Fleck Jr, & B. Honess, *Management Information Systems*, Reston, VI: Reston Publishing Co., 1984.

Hemings, C. R., D. J. Hickson, & R. E. Schneck, "Structural Conditions of Inter-organizational Power," *Administrative Science Quarterly*, 19(1), March 1970.

Hickson, P. J., C. R. Hemings, C. A. Lee, R. E. Schneck, & J. M. Penning, "Strategic Contingencies Theory of Interorganizational Power," *Administrative Science Quarterly*, 16(2), June 1971.

Hirsshheim, R. A., "User Experience with and Assessment of Participative Systems Design," *MIS Quarterly*, Vol. 9, December 1985.

Hirschheim, R. A. & S. Smithson, "A Critical Analysis of Information Systems Evaluation," in N. Bjorn-Anderson, ed., Proceedings of the IFIP WG8.2 Conference on Information Systems Assessment, Noord Wijkerhout, August 27~29, 1986.

———, "Information Systems Evaluation: Myth and Reality," in R. Galliers ed., *Information Analysis*, Sydney: Addison-Wesley Publishing Company, 1987.

Hirshman, Albert O., "Policymaking and Policy Analysis in Latin America: A Return Journey," *Policy Science*, Vol. 6, 1975.

Hodge, B. R., Fleck Jr, & C. Honess, *Management Information System*, Reston, VI: Reston Publishing Co., 1984.

Hogwood, Brian W. & Lewis A. Gunn, *Policy Analysis for the Real World*, New York: Oxford University Press, 1984.

Hohn, D., "How Information Technology is Transforming Corporate Planning," *Long Range Planning*, 19(4), 1986.

Hoos, Ida R., *Systems Analysis in Public Policy Critique,* Berkley. CA: University of California Press, 1972.

Horton, Jr., F. W., "Computers and Paperwork," *The Bureaucrat*, Vol. 6, Fall 1977.

———, "Budgeting the Data and Information Resource," *Journal of Systems Management,* February 1977.

———, "Interdisciplinary Approach Sought for Information Management," *Information Aciton*, February 1977.

———, "Needed: A New Doctrine for Information Resource Management." 1977.

Horton, F. W. & D. A. Marchand, *Information Management in Public Administration*, Arlington, VI: Information, Resources Press, 1982.

Hurley, M. W. & W. A. Wallace, "Expert Systems as Decision Aids for Public Managers: An Assessment of the Technology and Prototyping as a Design Strategy," *Public Administration Review*, Vol. 46, Special Issue, 1986.

Ibramin, R. H., "Software Development Information System," *Journal of Systems Management*, 24(12), December 1978.

International Bureau of WIPO, *Model Provisions on the Protection Computer Software*, 1978.

Ito, Y., "The Jokoka Shakai (Information Society) Approach to the Study of Communication in Japan," In G. C. Wilhott & H. De Book, ed., *Mass Communicatlon Review Year Book*, Vol. 2, SAGE, 1981.

Ives, Blake & Scott Hamilton, "Knowledge Utilization among MIS Research," *MIS Quarterly*, 6(4), December 1982.

Ives, Blake, Scott Hamilton, & Cordon Davis, "A Framework for Research in Computer-Based Management Information Systems," *Management Science*, Vol. 36, September 1980.

Ives, B. & M. H. Olson, "Use Involvement and MIS Success: A Review of Research," *Management Science*, 30(5), May 1984.

Janson, M. A. & L. Douglas Smith, "Prototyping for systems Development: A Critical Appraisal," *MIS Quarterly*, Vol. 9, December 1985.

Janson, M. A. & M. Alavi, "An Assesment of the Prototyping Approach to Information Systems Development," *Communications of the Association for Computing Machinary*, Vol. 27, June 1984.

Jenkins, A. Milton, "Prototyping: A Methodology for the Design and Development of Application Systems," Discussion Paper, No. 227, School of Business, Indiana University, Bloomington, Indiana, April 1983.

Johnson, R. A. at al., *The Theory and Management of Systems*, 3rd ed., New York: McGraw Hill, 1973.

Kaalkota, Ravi & Andrew B. Whinston, *Frontier of Electronic Commerce*, Addison-Wesley, 1996.

Kahneman, Daniel, "Judgement Under Uncertainty: Heuristics and Biases," *Science*, Vol.

185, 1974.

Kanter, J., *Management Information Systems*, 3rd ed., Englewood Cliffs, N. J.: Prentice-Hall, 1984.

Keen, P. G. W. & T. J. Gambino, "Building a Decision support System: The Mythical Man-Month Revisited," in J. L. Bennett, ed., *Building Decision Support Systems,* Reading, MA: Addison-Wesley, 1983.

Keen, P. G. W. & M. S. Scott Morton, *Decision Support Systems: An Organizational Perspective,* Addison: Wesley Publishing Co., 1978.

Keeton, W. Page, *Prosser and Keeton on the Law of Torts*, 5th ed., 1984.

Kim, Ik-Sik, "A Comparative Study of Governmental Decentralization : Measuring the Distribution of Power between Central and Local Governments," A Dissertation Submitted, August, 1989.

Kim, Kyong-Dong & On-Jook Lee, "Middleclass Perception's of Economic Development and External Relations in Korea," *Journal of East and West Studies,* 14(2), 1985.

King, J. L. & K. L. Kreamcr, "Evolution of Organizational Information Systems: An Assessment of Nolan's stage Model," *Communications of the ACM*, May 1984.

King, W. R., "Strategic Planning for Management Information Systems," *MIS Quarterly*, 2(1), March 1978.

King, W. R. & J. I. Rodriguez, "Evaluating Management Information System," *MIS Quarterly*, 2(3), 1978.

Kingdon, John W., *Agendas, Alternatives, and Public Policies,* Boston: Little, Brown and Company, 1984.

Kish, J. L. & J. Morris, "Paperwork Management in Transition: An Impact of Automatic Data Processing," in American Management Association, *AMA Management Bulletin* #56, 1964.

Klein, H. & R. Hirschheim, "Issues and Approaches to Appraising Technological Change in the Office: A Consequentialist Perspective," *Office: Technology and People,* Vol. 2, 1983.

Kolb, D. & A. L. Frohman, "An Organization Development Approach to Consulting," *Sloan Management Review,* Fall 1970.

Korone, Robert M., *Systems Analysis and Policy Sciences; Theory and Practice,* New York: John Wiley & Sons, 1980.

Kraemer, K. H. et al., *The Management of Computers,* New York: Columbia University Press, 1981.

Kraemer, K. H. & J. N. Danziger, "Computers and Control in the Work Environment,"

Public Administration Review, January/February 1984.

Kraemer, Kenneth H. & J. N. Danziger, "Computers and Control in the Work Environment," in H. Kraemer, *The Dynamics of Computing,* New York: Columbia University Press, 1985.

Kraemer, K. H. & William H. Dutton, "The Interests Served by Technological Reform," *Administration and Society*, 2(1), May 1979.

Kraemer, K. H. W. H. Dutton, & A. Northrop, *The Management of Information Systems,* New York: Columbia University Press, 1981.

Kraemer, K. H. & J. Leslie King, "Computing and Public Organizations," *Public Administration Review*, Special Issue, 1986.

Kraushaar, J. M. & L. E. Shirland, "A Prototyping Method for Applications Development by End Users and Information systems Specialists," *MIS Quarterly*, Vol. 9, September 1985.

Kroeber, D. S. & H. J. Watson, *Computer-Based Information System: A Management Approach*, New York: Macmillan Publishing Company, 1984.

Kroeber, D. S, H. J. Watson & Archie Carroll, "The History of Computer Technology," *Computers for Business: A Book of Readings*, Dallas, Teyas: Business Publications, 1980.

Kuklinski, James H., "Representativeness and Elections: A Policy Analysis," *The American Political Science Review*, Vol. 72, 1978.

Kumar, Krishna., *Property and Progress: The Sociology of Industrial and Post-Industrial Society,* N. Y.: Pengiun, 1978.

Lagos, G., "The Revolution of Being: A Preferred World Model," in H. Munoz, ed., *From Dependency to Development*, Boulder, Col.; Westview, 1981.

Langer, Ellen J., "The Illusion of Control," *Journal of Personality and Social Psychology*, 32(2), August 1975.

Lasswell, Harold D. & Abraham Kaplan, *Power and society,* New Haven: Yale University Press, 1958.

Laudon Jane P., & Kenneth C. Laudon, *Essentials of Business Information System,* 7th ed. Prentice Hall. 2007.

Laudon, K. C. & J. P. Laudon, *Management Information Systems: A Contemporary Perspective,* New York: Macmillan, 1988.

Leavitt, Harold J. & T. L. Whisler, "Management in the 1980," *Harvard Business Review*, 36(6), November-December 1958.

LeBreton, P., *Administrative Intelligence Information System,* New York: Houghton

Mifflin Co., 1969.

Legge, K., *Evaluation Planned Organizational Change,* London Academic Press, 1984.

Lenk, K., "Information Technology and Society," in G. Friedrichs & A. Scaff. eds., *Microelectronics and Society*: 김도훈, 1988.

Lessnoff, M., *Evaluation Planned Organizational Change,* London: Academic Press, 1974.

Lewin, K., "Group Decision and Social Change," in T. Newcomb & E. Hartley(eds.), *Readings in Social Psychology,* New York: Holt Co., 1952.

Lindblom, Charles E., *The Policy-Making Process*, Englewood Cliffs, N. J.: Prentice-Hall, Inc., 1968.

Little, J. D., "Models and Managers: The Concept of a Decision Calculus," *Management Science*, April 1970.

Locke, John, "An Essay Concerning the True Original, Extent and End of Civil Government," *Social Contract*, Oxford University Press, 1931.

Lotte, E., Managing the Freedom of Information Act and Federal Information Polity, *Public Administration Review*, 46(6).

Lucas, Jr., Henry C., *Computer-Based Information Systems in Organizations,* Palo Alto, Calf.: Science Research Associates, 1973.

———, *Why Information Systems Fail,* New York: Columbia University Press, 1975.

———, "An Experimental Investigation of the Use of Computer-Based Graphics in Decision-Making," *Management Science*, Vol. 27, July 1981.

———, *Information Systems Concepts for Management*, 2nd ed., New York: McGraw-Hill, 1982.

———, *Information Systems Concepts for Management*, 3rd ed., New York: McGraw-Hill, 1984.

———, *The Analysis, Design, and Implementation of Information Systems*, 3rd., New York: McGraw-Hill, 1985.

Lucey, T., *Management Information System,* Hants: DP Publications Ltd, 1987.

Lundeberg, M., G. Goldkuhl, & N. Nilsson, *Infor-Systems Development: A Systematic Approach,* Englewood Cliffs, NJ.: Prentice-Hall, 1981.

Luthans, Fred, *Organizational Theory*, 4th ed., New York: McGraw-Hill Book Company, 1985.

Lynn, M. & E. Markus, "Implementation Politics. Top Management Support and Involvement," *System, Objectives, Solutions*, Vol. 1, November 1981.

Machlup, F., *The Production and Distribution of Knowledge in the United States,*

Princeton University Press, 1962.

——, *Knowledge, its Creation Distribution and Economic Significance*, Princeton: Princeton University Press, 1980~84.

MacKinseys Company, "Unlocking the Computer's Profit Potential," *The Mackinsey Quarterly,* Fall 1968.

Mansour, Ali & Hugh Watson, "The Determinants of Computer-Based Information System Performance," *Academy of Management Journal*, Vol. 23, September 1980.

March, J. & H. A. Simon, *Organizations*, New York: John Wiley & Sons, 1958.

Marchand, Donald A., "Information Management in Public Organization: Defining a New Resource Management Function," in Forest W. Horton & Donal A. Marchand, *Information Management in Public Administration*, Arlington, VI: Information Resources Press, 1982.

Marchand, D. A. & J. C. Kresslein, *Implementing IRM in a State Agency A Guide for Commissioners and Senior Executives*, The Institute of Information Management University of South Carolina, 1986.

Marchand, D. A. & J. J. Stucker, *Information Management In the State University*, Washington, D. C.: Commission on Federal Paperwork, 1977.

Martin, J., *Computer Database Organization,* Englewood Cliffs, N. J.: Prentice-Hall, 1975.

——, *Fourth-generation Languages,* Englewood Cliffs: Prentice-Hall, 1985.

——, *Systems Development from Probably Correct Constructs,* Englewood Cliffs: Prentice-Hall, 1985.

Mason, Jr., Richard O., "Basic Concepts for Designing Management Information Systems," in A. Rappaport, (ed.), 1975.

Masuda, Yoneji, *The Information Society as Post-industrial Society,* Tokyo: Institute for the Information Society, 1980.

Mayo, L. H., R. W. Anthony, & H. B. Freedman et al., *An Exploratory Assessment of Computer Assisted Makeup and Imaging Systems,* Washington, D. C.: The George Washington University Program of Policy Studies, 1980.

McCarthy, T., "The Poverty of Scientism in Information Systems," in E. Mumford, R. Hirschheim, G. Fitzgerald, & T. Wood-Harper, eds., *Research Methods in Information Systems,* Amsterdam: North Holland, 1985.

McFarlan, F. W., "Portfolio Approach to Information Systems," *Harvard Business Review*, September-October 1981.

———, "Information Technology Changes the Way You Compete," *Harvard Business Review*, May-June 1984.

McFarlan, F. W. & J. L. McKenney, "Corporate Information Systems Management: *The Issues Facing Senior Executives*," Homewood, IL. Richard D. Irwin, 1983.

McKenney, J. L. & F. W. McFarlan, "The Information Archipelago: Maps and Bridges," *Harvard Business Review,* September/October 1982.

McKenney, J. H. & P. G. W. Keen, "How Managers' Minds Work," *Harvard Business Review*, May-June 1974.

Mill, John Stuart, *Considerations on Representative Government,* Chicago: Henry Regnery, 1962.

Miller, G. A., "The Magical Number Seven, Plus or Minus Two: Some Limits on Our Capacity for Processing Information," *The Psychological Review*, 63(2), March 1956.

Mitroff, Ian I., John Nelson, & Richard O. Mason, "On Management Myth- Information Systems," *Management Science*, 21(4), December 1974.

Morgan, G. & L. Smircich, "The Case for Qualitative Research," *Academy of Management Review*, 5(4), 1980.

Morgan, G. ed., *Beyond Method,* Beverly Hills, Calif.: SAGE Publications, 1983.

Morrissey, K. & C. Williams, "Massachusetts Combats Welfare Frau," *State Government News,* December 1982.

Morton, M. S. Scott, *Management Decision System: Computer-Based Support for Decision Making,* Cambridge, Mass.: Division of Research, Harvard University, 1971.

Mosher, Frederick C., *The Democracy and the Public Service,* New York: Oxford University Press, 1968.

Mowlana, H., *Global Information and World Communication,* New York: Longman, 1985.

Mumford, E., "Participative Systems Design: Structure and Method," *Systems, Objectives, Solutions*, Vol. 1, January 1981.

Mumford, E., R. Hirschheim, G. Fitzgerald & T. Wood-Harper, eds., *Research Methods in Information Systems*, Amsterdam: North-Holland, 1985.

Mumford, E., E. Mercer, D. Mills, & M. Weir, "Problems of Computer Introduction," *Management Decision* 10(1), 1970.

Mumford, E. & M. Weir, *Computer Systems in Work Design: The ETHICS Method,* New York: Wiley, 1979.

Munro, M. C. & G. B. Davis, "Determining Management Information Needs: A Comparison of Methods," *MIS Buarterly*, 1(2), June 1977.

Murdick, R. G. & J. C. Munson, *MIS Concepts and Design*, 2nd ed., Englewood Cliffs, N. J.: Prentice-Hall, 1986.

Murdick, R. G., & J. E. Ross, *Introduction to Management Information Systems*, Englewood Cliffs, NJ. : Prentice-Hall, 1979.

Murdick, R. G. J. E. Ross, & J. R. Claggett, *Information Systems for Modern Management,* Englewood Cliffs, N. J. Prentice-Hall, 1984.

Myers, C. A., *Some Implication of Computer for Management*, San Francisco Industrial Relations Research Association Proceedings, 1966.

Nadar, Ralph, "Freedom of Information: The Act and the Agencies," *Harvard Civil Rights-Civil Liberties Law Review*, 5(1), 1970.

Naisbitt, John, *Megatrends: Ten New Directions Transforming Our Lives,* New York: Warner Books, 1982.

Naisbitt, John & Patrica Aburdene, *Re-lnventing Corporation,* New York: Warner Books, 1985.

Nau, D. S., "Export Computer System," *Computer*, February, 1983.

Naumann, J. D. & A. Milton Jenkins, "Prototyping: The New Paradigm for Systems Development," *MIS Quarterly*, Vol. 6, September 1982.

———, "Prototyping: A Methodology for the Design and Development of Application Systems," Discussion Paper, No. 227, School of Business Indiana University Bloomington, Indiana, April 1983.

Newman, P. & J. Newman, "Information Work," *The British Journal of Sociology*, 36(4), 1985.

Newman, W. M., *Designing Integrated Systems for the Environment,* New York: McGraw-Hill, 1977.

Newquist, Harvey P., "Expert System: The Promise of a Smart Machine," in 柳相鎭, *Readings in Computer Information Systems*, Seoul: Bob Young Sa, 1983.

Nolan, Richard L., "Controlling the Cost of Data Services," *Harvard Business Review,* July-August 1977.

———, "*Effects of Chargeout on User/Manager Attitudes*," *Communications of ACM,* 20(3), March 1977.

———, "Managing the Crises in Data Processing," *Harvard Business Review,* March-April 1975/March-April 1979.

O'Brien, David M., "Freedom of Information, Privacy, and Information Control A

Contemporary Administrative Dilemma," *Public Administration Review*, July/August 1979.

——, *The Public's Right to Know*, New York: Praeger Publishers, 1981.

Olson, Margrethe H. & Blake Ives, "Chargeback Systems and User Involvement in Information Systems; An Empirical Investigation," *MIS Quarterly*, 6(2), June 1982.

Parker, E. B., "Social Implication of Computer Telecommunication Systems," *Telecommunication Policy*, December 1976.

Pennock, J. Roland, "Responsiveness, Responsibility, and Majority Rule," *American Political Science Review*, XLVI(3), September 1952.

Pettigrew, A., *The Politics of Organizational Decision Making*, London: Travistock, 1976.

Ploman, Edward W., "정보화사회의 취약성과 그 해결 방안," 김세원·추광영, 「정보화사회의 도전」, 서울: 무역경영사, 1987.

Popadic, R. P., "Design of Chargeout Control Systems for Computer Service," in R. L. Nolan & F. W. McFarlan eds., *Information Systems Handbook,* New York: Dow Jones Irwin, 1975.

Porat, M. U., *Ihe Information Economy,* Washington, D.C: U.S. Office of Telecommunications, 1977.

——, "Communication Policy in an Information Society," in G. O. Robinson, (ed.), *Communication for Tomorrow Policy Perspectives for the 1980's,* N. Y: Praeger, 1978.

——, "The Public Buraucracies," in F. W. Horton & D. A. Marchand, 1982.

Porter, M. E. & V. E. Millar, "Technology and Competitive Advantage," *Harvard Business Review*, 15(3), 1985.

Powers, R. & G. W. Dickson, "MIS Project Management: Myths, Opinions, and Reality," *California Management Review*, Spring 1973.

Radnor, M. & R. Neal, "The Progress of Management Science Activities in Large U. S. Industrial Organizations," *Operations Research*, March-April 1973.

Radnor, M. & A. H. Rubenstein, "Implementation in Operations Research and R & D Organizations," *Operation Research*, November-December 1970.

Rainey, H. et al., "Comparing Public and Private Organization," *Public Administration Review*, Vol. 36, March 1976.

Reason, P. & J. Rowan, eds., *Human Inquiry: A Sourcebook of New Paradigm Research,* Chichester: Wiley, 1981.

Rein, Martin & Francine F. Rabinovitz, M. W. Weinberg, eds., *American Politics and Public Policy,* Cambridge: MIT Press, 1978.

Remus, Willam, "An Empirical Investigation of the Impact of Graphical and Tabular Data Presentations on Decision-Making," *Management Science*, Vol. 30, May 1984.

Review Symposium, *Contemporary Sociology*, Vol. 3, 1974.

Riggs, Fred W., *Prismatic Society Revisited*, Morristown, N. J.: General Learning Press, 1973.

Roberts, E. B., "Strategist or Effective Implementation of Complex Corporate Models," *Interfaces*, November 1977.

Robey, O., "User Attitudes and MIS Use," *Academy of Management Journal*, 22(3), September 1979.

Rockart, J. F., "Critical Success Factors," *Harvard Business Review*, March-April 1979.

Rose, M., *Computer, Managers and Society,* New York: Penguin Book, 1969.

Ross, D. T. & K. E. Schoman, Jr., "Structured Analysis for Requirements Definition," *IEEE Transaction on Software Engineering SE-3*, Vol. 1, January 1977.

Rowat, Donald C., "The Problem of Administrative Secrecy," *International Review of Administration Science*, Vol. 32, 1966. 2.

Rowat, D. C. ed., *Administrative Secrecy in Developed Countries*, New York: Columbia University Press 1979.

Rubin, B. M., "Information Systems for Public Management: Design and Implementation," *Public Administration Review*, 46(6), Special Issue 1986.

Schein, E. H., "Management Development of a Process of Influence," *Industrial Management Review*, May 1961.

———, *Process Consultation: its Role in Organizational Development*, Reading, MASS.: Addison-Wesley, 1969.

———, *A Theory of Group Structures Vol. 1.: Basic Theory*, New York: Gordon and Breach, 1976.

Schiller, H., *Who Knows: Information in the Age of Fortune* 500, Norwood, NJ.: Ablex, 1981.

———, *Information and the Crisis Economy,* Norwood, NJ.: Ablex, 1985.

Schmidt, Steffen, W. Mack C. Shelley, & Barbara A. Bardes, *American Government and Politics Today*, St. Paul: West Publishing Company, 1985.

Schmitt, J. W. & K. A. Kozar, "Management's Role in Information Systems Development Failures: A Case Study," *MIS Quarterly*, Vol. 2, June 1978.

Schultz, R. H. & O. P. Slevin, "Implementation and Management Innovation," in R. L. Schultz & D. P. Slevin, eds, *Implementing Operations Research Management Science,* New York: American Elseviea Publishing Co., 1975.

Schwartz, B. & H. W. R. Wade, *Legal Control of Government: Administrative Law in Britain and the United States*, 1972.

Scott, G. M., *Principles of Management Information System*, New York: McGraw-Hill, 1986.

Secretary of Defense Memorandum, "Management and Use of the Electronic Computer," July 26, 1966.

Seiner, N., *Cybernetics or Control and Communication in the Animal and the Machine*, New York: Wiley, 1984.

Senn, James A., "Essential principles of Information Systems Development," *MIS Quarterly*, Vol. 2, June 1978.

——, *Information Systems in Management,* Belmont, Calif.: Wadswerth Publishing Co., 1982.

——, *Analysis and Design of Information Systems,* New York: McGraw-Hill, 1984.

Seward, H. H., "Evaluating Information Systems," in F. W. McFaran & R. L. Nolan eds., *Information Systems Handbook,* Homewood, IL.: Dow Jones-Richard D. Irwin, 1975.

Shannon, C., "A Mathematical Theory of Communication," *Bell System Technical Journal*, 1950.

Shannon, C. & W. Weavea, *The Mathematical, Theory of Communication*, Urbana, Ⅲ: The University of Illinois Press, 1949.

Sharkansky, Ira & George Edwards Ⅲ., *The Policy Predicament,* San Francisco: W. H. Freeman Co., 1978.

Simon, H. A., *The New Science of Management Decision,* New York: Harper and Brothers, 1960.

——, "The Corporation. Will It Be Managed by Machine?" in M. L. Anshen & L. Bach, eds., *Management and Corporation,* New York: McGraw-Hill, 1960.

——, *Administrative Behavior,* New York: Macmillan, 1976.

——, "The Consequences of Computers for Centralization and Decentralization," in Dertouzos & Moses, eds., *The Computer Age: A Twenty-year View*, Cambridge, MASS.: MIT Press, 1979.

Slack, J. D., "Surveying the Impacts of Communication Technology," in B. Dervin & M. J. Voigt, eds., *Progress in Communication Sciences*, Vol. 5, Norwood, NJ: Ablex,

1950.

Smith, Jr., W. A, *Effectiveness of Information Systems*, Bethlehem, PA. Lehigh University, Dept. of I. E., June 1972.

Smythe, D. W., *Needs Before Tools: The Illusion of Electronic Democracy*, Honolulu: International Communication Association, 1985.

Snyder, D. P., "Information System-Creating a New Discipline to Manage the Information Explosion," A paperpresented at the Information Conference, Washington, D. C., February 16, 1973.

Sol, H. G., "Processes and Tools for Decision Support," *Proceedings of the 1982 IFIP/ILASA Working Conference on Decision Support Systems*, Cnorth-Holand, Amsterdam, 1982.

Song, J. H. & C. Farrell, "Using Information Technology for Strategic Purposes," Working Paper from M. I. T., July 1986.

Soragyem Jr., Ralph H., "A Framework for the Development of Decision Support Systems," *MIS Quarterly*, December 1980.

Sprague, Jr. R. H., "Development of Decision Support System," *Computing Newsletter,* December 1980.

——, "Characteristics of Decision Support Systems," *Computing Newsletter,* February 1981.

Sprague, Jr. R. H. & E. Carlson, *Building Effective Decision Support Systems,* Englewood Cliffs, N. J.: Prentice-Hall, 1982.

Stamper, Ronald, "Information in Business and Administrative Systems: Summary and Postscripts," in F. W. Horton & D. A. Marchand, 1982.

Stockfisch, Jacob A., "Bueaucratic Pathology," in F. W. Horton & D. A. Marchand, 1982.

Sussman, G., "Global Telecommunications and the Third World: Theoretical Considerations," *Media,* 1984.

Synnott, W. R. & W. H. Gruber, *Information Resource Management,* New York: John Wiley & Sons, 1981.

Szilagyi, Jr. A. D. & M. J. Wallace, Jr., 2nd ed., *Organizational Behavior and Performance*, Santa Monica, Cal.: Goodyear Publishing Co., 1980.

Tehranian, Majid, "정보화사회와 민주적 발전," 김세원 · 추광영, 「정보화사회의 도전」, 서울: 무역경영사, 1987.

Thompson, James D., *Organizations in Action,* New York: McGraw-Hill, 1963.

Tien, J. M. &, J. A. McClure, "Enhancing the Effectiveness of Computers in Public Organizations Through Appropriate Use of Technology," *Public Administration*

Review, Vol. 46, Special Issue, 1986.

Toffler, A., *Future Shock*, New York: Bantum Books, 1970.

——, *The Third Wave*, New York: Bantum Books, 1980.

Turner, J., "Computers in Bank Clerical Functions Implications for Productivity and the Quality of Working Life," unpublished doctoral dissertation Columbia University, New York, 1980.

U. S. Congress House Commitee on Government Operations, *U. S. Government Information Policies and Practices Administration and Operation of the Freedom of Information Act Hearings, 92nd Congress, 2nd session*, Washington, D.C.: U.S. Government Printing Office, 1972.

Van Maanen, J., "Reclaiming Qualitative Methods for Organizational Research: a preface," *Administrative Science Quarterly*, 24(4), 1979.

Vitalari, N. P., "An Investigation of the Problem Solving Behavior of Systems Analysis," unpublished doctoral dissertation, University of Minnesota, Minneapolis, 1981.

Vitalari, N. P. & G. W. Dickson, "Problem Solving for Effective System Analysis," *Communications of the ACM*, 26(11), November 1983.

Vroom, Victor H., *Work and Motivation,* New York: Wiley, 1964.

Wagner, G. R., "Enhancing Creativity in Strategic Planning Through Computer Systems," *Managerial Planning*, Julu-August 1979.

Wallace, W. A. & M. W. Hurley, "Expert Systems as Decision Aids for Public Managers. An Assessment of the Technology and Prototyping as a Design Strategy," *Public Administration Review*, Vol. 46, Special Issue, 1986.

Wamsley, G. L. & M. N. Zald, *The Political Economy of Public Organization*, Lexington, MA: D. C. Heath, 1973.

Weiner, N., *Cybernetics or Control and Communication in the Animal and the Machine,* New York: Wiley, 1984.

Weisenbaum, J., *Computer Power and Human Reason,* San Francisco: Freeman, 1976.

Wetherbe, J. C., *Systems Analysis for Computer-Based Information Systems,* St. Paul, Minn: West Publishing Co., 1979.

Wetherbe, J. C. & G. B. Davis, "Developing a Long-Range Information Architecture," *Proceedings of the National Computer Conference,* Anaheim CA: AFIPS Press, Vol. 52, 1983.

——, "Strategic MIS Planning Through Ends/Means Analysis," University of Minnesota, Management Information Systems Research Center Working Paper

Series.
Wholey, J. S. et al., *Federal Evaluation Policy,* Washington D. C.: Urban Institute, 1970.
Wickham, D. Q., "Let the Sun Shine in! Open-Meeting Legislation can be our Key to Closed Door in State and Local Government," *Northwestern University Law Review,* Vol. 68, 1973.
Wilkin, L. T., "Computer Impact on Public Decision Making," *Public Administration Review,* Nov./Dec. 1968.
Will, H. J., "Model Management System," in E. Grochla & H. Szypenski, ed., *Information System end Organizational Structure,* New York: Walter de Gruyter, 1975.
Williams, R., *Television Technology and Cultural Form,* New York: Schocken, 1975.
Wilson, James Q., "The Bureaucracy Problem," in Alan A. Ahshuler, *The Politics of the Federal Bureaucracy,* New York: Dodd, Mead and Company, 1968.
Wohlster Roberta, *Pearl Harbor: Warning and Decision,* Stanford, CAL.: Stanford University Press, 1962.
Yadav, S. B., "Classifying An Qrganization to Identify Its Information Requirements: A Oomprehensive Framework," *Journal of Management Information Systems,* II(1), Summer 1985.
Yates, Douglas, *Bureaucratic Democracy*, Cambridge, Mass.: Harvard Univ. Press, 1982.
Young, F. & P. G. W. Keen, eds., *DSS-81 Transactions*, Execution Systems Corporation, Austin, Tex., 1981.
Zan, W. M., "Blueprint For MIS," *Harvard Business Review,* Nov./Dec. 1970.
Zmud, R. W., "Laws of Control, Ambiguity Tolerance, and Information Design Alternatives: Correlations of Decision Behavior," *Proceedings of the American Institute for Decision Science*, Vol. 1, 1979.
Zmud, R. W. & J. F. Fox, "The Implementation Process: A Change Approach," *MIS Quartely*, 3(2), June 1979.

http://www.digitalpavilion.co.kr/it/ubiquitous.jsp

찾아보기

ㄱ

간주관성 87
간편성 378
간학문성 116
개방 루프 체제 124
개방적 질문 181
게리티(T. P. Gerrity) 439
경영정보체제(MIS) 131
경제성 379
계층성 118
계획(plan) 159
공공성 130, 152
과정평가 497
관리적 합리성모형 63
광대역통합망(BcN) 403
광역성 130
근거리통신망(LAN) 343
글레이서, 토랜스와 슈와르츠의 4단계 모형 199
기술결정론 50
기획(planning) 159

ㄴ

나라심한(R. Narasimhan) 254
나우만(J. D. Naumann) 210
나이스빗(J. Naisbitt) 25, 35, 44, 503, 536
낙관론 34
내부 접근모형 479
놀란(R. L. Nolan) 162, 165, 197
누적효과성 89
뉴 미디어 22, 25, 509

ㄷ

다량성 88
단지거(J. N. Danziger) 59, 62, 224
단지거와 클링의 모형 62
대응성 542, 549, 552, 556
대표성 544, 548, 552, 555, 558
더튼(W. H. Dutton) 63
데이비스(G. Davis) 83, 104, 113, 132, 170, 194
데이터 뱅크 체제 490
데이터베이스 관리체제 136
독점성 131
동원모형 478
듀이(J. Dewey) 423
드로(Y. Dror) 489

ㄹ

라비노비츠(F. F. Rabinovitz) 493

레빈(K. Lewin) 254
레인(M. Rein) 493
루빈(B. M. Rubin) 205, 225, 533
루카스(H. C. Lucas) 249
르부르통(P. LeBreton) 84
리그스(F. Riggs) 503
리비트(H. J. Leavitt) 58, 338, 438
린드블롬(C. E. Lindblom) 488
링(ring)형 근거리통신망 346

ㅁ

마스다(Y. Masuda) 35, 43, 47, 504, 537
마이어스(C. A. Myers) 62
마치(J. March) 105
만족모형 488
매체의존성 87
매체해득력 23
매케니(J. L. McKenney) 171
매클럽(F. Machlup) 26, 30, 35, 43, 90
맥도너(A. McDonough) 83
맥린과 소덴의 정보체제 기획 모형 160
맥팔랜(F. W. McFarlan) 171, 197
메타평가 281
모셔(F. C. Mosher) 543
모츨리(J. Mauchly) 310
모튼(M. S. Scott Morton) 439
목표지향성 120
무어의 법칙 318
무인화 55
무한가치성 89
무형성 86
문화지체 52
민원서비스 혁신(G4C) 시스템 66
민주화 모형 537, 550

ㅂ

바너드(C. Barnard) 423
바비지(C. Barbbage) 309
반복적 보증전략 204
반복적 체제개발 주기접근법(ISDC) 224, 226, 229, 533
버스(bus)형 근거리통신망 347
버치(A. H. Birch) 545
베어러 서비스 375
벨(D. Bell) 26, 35, 40, 504, 536
벨링거(G. Bellinger) 22
보먼(B. Bowman) 170
보먼 · 데이비스 · 웨서브의 정보체제 기획 3단계 모형 170
보즈만과 브레트슈나이더의 행정정보체제 접근법 147
보편다재성 86
복잡성 88
부가가치통신망(VAN) 356
부시(V. Bush) 310
부의 환류통제 126
분권화 45, 53, 64, 539, 558
분화성 117
브레인스토밍(brainstorming) 181
블루투스(Bluetooth) 355
비관론 36
비밀정보 131
비용 부과(chargeout) 198
비용/편익 비교 196
비이전성 88

ㅅ

사이먼(H. A. Simon) 59, 424, 443, 488

사이버네틱스(cybernetics) 83, 93
사이어트(R. Cyert) 105
사카무라 겐(坂村建) 402
사회기술 접근법 215, 217
사회성 87
상조작용성 118
상향식 기획접근법 206
상황적응이론 162
상황적응 접근법 171
샤논(C. Shannon) 83, 93
샤인(E. Schein) 254
선형 보증전략 203
설명모형 460
성장단계모형 162
셔바니(N. L. Chervany) 263
수락 보증전략 203
수명주기 방법론 204
수세(K. Zuse) 310
수정모형 488
수직적 기능 140
수학적 통신이론 93, 95
스타(star)형 근거리통신망 345
스탬퍼(R. Stamper) 156
시스템화 55
시워드(H. H. Seward) 105
시한성 88
신용가치성 89
신중론 38
신지방분권화 503
실험적 보증전략 204

ㅇ

아타나소프(J. Atanasoff) 310
암묵지 22
암상자(black box) 115
애쉬비(H. R. Ashby) 127
애플비(P. H. Appleby) 541
앤더슨(J. C. Anderson) 254
앨터(S. L. Alter) 253, 440, 459
야다브(S. B. Yadav) 193
어윅(L. F. Urwick) 423
업무정보 142
에이큰(H. Aiken) 310
에치오니(A. Etzioni) 489
에커트(J. P Eckert) 310
엘더(C. D. Elder) 477
예측정보체제 490
올슨(H. Olson) 83, 104, 113, 132
와이너(N. Weiner) 83, 93
와이저(M. Weiser) 402
와인버그(M. W. Weinberg) 493
외부 주도모형 478
운영정보 142
원형 접근법 210
왓슨(H. J. Watson) 147, 167, 441
웨서브(J. Wetherbe) 112, 170, 194, 210
위성통신망(Satellite Communication Network) 420
윌리엄스(R. Williams) 50
윌크스(M. V. Wilkes) 310
유도 브레인스토밍(guided brainstorming) 181
유비쿼터스 네트워크 402
의사결정 423
의사결정이론 109
의사결정정보체제 491
의사결정 지원체제(DSS) 429, 437, 440, 447
인터페이스(interfaces) 114, 175, 195, 247, 374, 458

ㅈ

자료분석 시스템 460
재커드(J. Jacuard) 309
적시성(timeliness) 103, 148, 274
적실성(relevance) 103
전략적 그리드 171
전략정보 141
전문가 시스템(ES) 66, 467
전환성 116
점증모형 488
접근가능성 33
정보 83
정보 가외성 98
정보 가치 47, 90, 102, 107
정보 능력 23
정보분석 시스템 460
정보이론 93, 95
정보 제공의 빈도 103
정보체제 개발 수명주기(SDLC) 201
정보체제모형 115
정보통신 기술 22
정보통신망체제 342
정보화사회 536
정보화지수 29
정의 환류통제 126
정책결정 과정 474
정책 과정 473
정책의제 설정 과정 474, 476
정책지침 493
정책집행 과정 475
정책집행 정보체제(PIIS) 495
정책평가 496
정책평가 과정 475
정책평가 정보체제(PEIS) 499
정치성 131
정확성(accuracy) 103, 274
제안모형 462
젠킨스(M. Jenkins) 210
조직적 다원주의모형 63
종합정보통신망(ISDN) 367
중층 정보사회 527
즉시화 55
지그비(ZigBee) 355
지방행정정보체제 528
지방화 500
지속성 88
지식가치설 41, 43
지식정보 20
지식정보 사회 15
지식정보 시스템 76
지식정보 폭증 현상 52
지식정보화 17, 58, 508, 511, 513
지식정보화 사회 15, 47, 51
집단사고(groupthink) 462
집단의사결정(GD) 462
집단의사결정 자원체제(GDSS) 463
집단적 합의 181
징후적 기술론 50

ㅊ

참여적 체제설계 접근법(PSDA) 214
책임성 540, 547, 550, 553, 555
체제(system) 111, 116, 121, 127, 201
체제개발 수명주기(SDLC) 접근법 201, 205, 207
체제 엔트로피 119
체제 접근법 152
초고속 정보통신 기반 395

초고속 정보통신망 395
총괄평가 496
총체성 117
최적모형 489
최적화모형 461
최종 사용자 개발 219

ㅋ

커클린스키(J. H. Kuklinski) 545
컴퓨터 범죄 554
컴퓨터 시스템 297
컴퓨터 해득력 76
켄트(S. Kent) 83
콜브(D. Kolb) 254
콥(R. W. Cobb) 477
크래머(K. L. Kraemer) 63, 166
크래머와 더튼의 모형 63
크래머와 킹의 4단계 모형 166
크뢰버(D. S. Kroeber) 167, 441
크뢰버와 윚슨의 4단계 기획모형 167
클라크(C. C. Clark) 26, 40
클링(R. Kling) 62
킨(P. G. W. Keen) 439
킹(J. L. King) 166, 174

ㅌ

테일러(F. W. Taylor) 338
테흐라니언(M. Tehranian) 15, 35, 38, 537
토플러(A. Toffler) 35, 44, 53, 536
통신성 87
통제 123. 163
통합화 56

ㅍ

파워즈(J. Powers) 309
파일 작성 시스템 460
페녹(J. R. Pennock) 541, 543
페이욜(H. Fayol) 423
폐쇄 루프 체제 125
폐쇄적 질문 181
포라트(M. U. Porat) 27, 30, 43
포트폴리오 접근법 197
폰 노이만(J. von Neumann) 310
표준운영절차(SOP) 493
표현다양성 87
표현전환성 87
푸어(V. Poor) 316
프레드릭슨(H. G. Fredrickson) 539
프로만(A. L. Frohman) 254
프로토타이핑 218
피규제성 119
필수적 다양성의 법칙 127

ㅎ

하향식 기획접근법 208
합리모형 487
합법성 131
해밀턴(S. Hamilton) 263
해밀턴과 셔바니의 평가모형 263
행동정보체제 491
행정전산망(PMIS Network) 382, 384
행정정보 129
행정정보 관리(AIM) 145
행정정보원 관리 145
행정정보 처리관리 146
행정정보체제(PMIS; AIMS) 131

행정정보체제의 기획 160, 200
행정종합정보 서비스(NATIS) 392
형식지 22
호튼과 마천드의 행정정보 관리 접근법 144
호프(M. Hoff) 316
혼합탐사모형 489
환류통제 125
황의 법칙 320
회계모형 460
효율성 379
후기산업사회론 40
휘슬러(T. L. Whisler) 58, 338, 438
홀레리스(H. Hollerith) 309
Critical Path Method 493
JII(Japan Information Infrastructure) 398
KII(Korea Information Infrastructure) 395, 396, 397
POSDECoRB 194
Program Evaluation and Review Technique 493
RFID(Radio Frequency IDentification) 410
TEN(Trans-European Network) 399
u-센서 네트워크(Ubiquitous Sensor Network) 418
u-City 517
WAN 353
WPAN 354

저자 약력

이윤식(李允植)

[약 력]

- 한국외국어대학교 정치학사
- 미국 아이오와주립대학교 정치학석사
- 미국 미시간대학교 정치학박사(정책평가 및 정보관리 전공)
- 미국 메릴랜드대학교(College Park) 풀브라이트 교수 겸 국비 해외 파견 교수
- 국무총리실 및 정보통신부 정보화사업평가단 반장
- 행정안전부 전자정부위원회 위원장
- 숭실대학교 정보지원처장, 교무처장. 기획조정실장
- (사)한국정책분석평가학회 회장, (사)한국정책학회 회장
- 정보통신부 지식정보자원관리평가위원회 위원장
- 국무총리 국가평가인프라구축추진단 자문위원장
- 대통령자문 정부혁신지방분권위원회 위원 겸 평가간사
- 국무총리 정부업무평가위원회 위원 겸 실무위원장
- 대통령 정책실 국가개혁과제점검평가단 단장
- 한국국제협력단 요르단 정보화사업 평가위원
- (현) (사)한국평가감사연구원 원장
- (현) 숭실대학교 행정학부 교수 겸 사회과학대학 학장

[수상]

- 1995, 미국 국무성 Fulbright Award 수상
- 2008, 대한민국정부 홍조근정훈장 수상

[저서 및 논문]

- 「정책평가: 이론과 적용」(법영사, 1987) 공저
- 「행정정보체제론(상)(하)」(법영사, 1990)
- 「(객관식) 행정정보체계론」(법영사, 1990)
- 「정책학의 주요 이론」(경세원, 1993) 공저
- 「시민이 열어 가는 지식정보사회」(대화출판사, 1999) 공저

- *The Legal Bases of U.S. Governor's Legislative Powers*(Seoul: Chomyung Press, 1990)
- *Building Effective Evaluation Capacity*(New Brunswick, NJ: Transaction Publishers, 1999) 공저
- *International Atlas of Evaluation*(New Brunswick, NJ: Transaction Publishers, 2002) 공저
- *From Studies to Streams: Managing Evaluative Systems*(New Brunswick, NJ: Transaction Publishers, 2005) 공저
- 「정부성과관리와 평가제도」(한국행정연구원, 2006년) 공저
- *Building an Innovative Infrastructure for the National Evaluation System* (정부혁신지방분권위원회, 2006)
- 「21세기 한국 행정과 정책의 주요 과제」(한국행정연구원, 2008) 공저
- "행정정보관리의 본질과 접근법에 관한 소고"
- "행정정보 관리체제의 본질과 접근법"
- "지역정보화, 그 성공의 전제"
- "우리나라 초고속 정보통신 기반 보안관리체제 구축 방향에 관한 연구"
- "공공부문 경쟁력 강화를 위한 전자정부의 추진 방향에 관한 연구"
- "행정정보화와 중앙정부 경쟁력 간의 관계에 관한 실증적 분석"
- "21세기를 대비한 한국 정보통신정책의 방향 모색"
- "행정정보화와 중앙정부 경쟁력 간의 관계에 관한 실증적 분석"(공저)
- "국가정보화를 통한 정부생산성 제고 방안에 관한 연구"
- "정보화사업에 대한 평가모형 및 방법론 탐색"(공저)
- "서울시 정보화사업의 평가와 과제"
- "우리나라 정부의 감사와 분석평가 기능의 관계"
- "지식기반 사회에서 정책평가 결과 활용 촉진을 위한 IT의 역할분석"
- "공공부문 정보화 성과관리 현황 분석 및 개선 방안에 관한 연구"(공저) 외 다수

신행정정보체제론

펴낸날 / 제1판 제1쇄 2009년 8월 31일
제1판 제2쇄 2011년 2월 25일
지은이 / 이윤식
펴낸이 / 임춘환
펴낸곳 / 도서출판 대영문화사
주소 / 서울 용산구 청파동 1가 178-2 ㊞ 140-869
등록 / 1975년 12월 26일 제3-16호
전화 / (02)716-3883, (02)714-3062
팩시밀리 / (02)703-3839
우체국 온라인 / 011353-02-009106

ISBN 978-89-7644-323-6

〔값 27,000원〕